国家出版基金项目
NATIONAL PUBLICATION FOUNDATION

岭南农业史（上）

吴建新 编著

世界图书出版公司
广州 · 上海 · 西安 · 北京

图书在版编目（CIP）数据

岭南农业史. 上 / 吴建新编著. — 广州：世界图书出版广东有限公司，2020.6（2023.2 重印）
ISBN 978-7-5192-7634-8

Ⅰ. ①岭…　Ⅱ. ①吴…　Ⅲ. ①农业史—广东
Ⅳ. ① F329.65

中国版本图书馆 CIP 数据核字（2020）第 112423 号

LINGNAN NONGYE SHI
岭 南 农 业 史

编 著 者：吴建新
责任编辑：朱　霞　刘　旭
装帧设计：苏　婷
出版发行：世界图书出版广东有限公司
地　　址：广州市海珠区新港西路大江冲 25 号
邮　　编：510300
电　　话：（020）8445 2179
网　　址：http://www.gdst.com.cn/
邮　　箱：wpc_gdst@163.com
经　　销：新华书店
印　　刷：广东虎彩云印刷有限公司
开　　本：787 mm × 1 092 mm　1/16
印　　张：50.5
字　　数：826 千字
版　　次：2020 年 6 月第 1 版　　2023 年 2 月第 2 次印刷
国际书号：ISBN 978-7-5192-7634-8
定　　价：248.00 元（全 2 册）

序

吴教授建新兄《岭南农业史》杀青，嘱我审阅并作序。我本以“不敢当”推辞，又觉盛情难却。细想起我与建新兄的交往，差不多和我们从事农史的时间一样长。20世纪70年代末80年代初，我在大学念书的时候，就知道有一条由江西赣州通往广东南雄的梅岭古道，这是历史上中国北方通往岭南的必经之地。当时京九铁路尚未开通，而我也未能通过这条古道进入岭南，但内心充满对岭南这片热土的向往。1983年，我大学毕业报考华南农业大学农业历史遗产研究室，未能如愿，也就错过了与建新兄成为同门的机缘。1985年，当我考取浙江农业大学游修龄教授指导的研究生时，他已从农业历史遗产研究室毕业，并留校工作，从事广东农业史的研究。

1990年6月，中国农学会农史学会在河北保定召开了首届中青年农史工作者论文报告会。会上评出优秀论文十篇。我和建新兄一同入围。此后我们一直保持联系，虽然见面的机会不多，但彼此心心相印。这期间，我也知道有那么一段时间，建新兄曾调离华南农业大学，暂时离开了专职从事农史研究的岗位，但他的心并没有离开，他与农史研究的缘分也从未中断。于是在2003年初，当机会重新来临之时，他又回到了华南农业大学，重操旧业，且经过几年的思考和积淀，迅速表现出大家归来的气象。

建新兄的研究主要集中于明清时期广东的农业史，内容涉及农垦（粮食）政策、土地利用、农田水利、粮食生产、园林畜牧、海产养殖、历史人物、农业文献、风俗文化等诸多方面，同时还将触角延伸到自新石器时代到民国时期。其中尤以民国时期的广东农业史研究更见功力。注重环境因素是建新兄农史研究的特色。这其实也好理解，与农业的两大特征——地域性和季节性相关的就是环境，而最近一二十年的学术发展已使环境史学俨然成为一代“显学”。岭南就是中国的一个特定的环境区域。岭南农业就是在这一特定的环境中发展起来的。

从环境史出发，建新兄考察了历史时期广东的农田水利（包括沙田、基塘、陂塘）、作物、肥料、农业类型等和山区、平原及三角洲等特殊地理环境之间的关系，以及环境压力下的技术选择。同时，他也将视野从自然环境延伸到社会生态，考察华侨与近代广东农垦事业，公民意识与近代广东水学与治水体系的发端，蚝壳带的农田保护，蔗糖业所反映的广东近代工业和近代农业，以及家族、村社与农业改良等。发表了数十篇在学界有影响的论文，并先后出版了《民国广东的农业与环境》（中国农业出版社，2011 年）、《明清广东的农业与环境——以珠江三角洲为中心》（广东人民出版社，2012 年）、《邓植仪评传》（广东人民出版社，2014 年）等著作。这一系列的工作不仅拓展了农业史的研究领域，也为本书的写作奠定了坚实的基础。2014 年 2 月，建新兄办理了退休手续。9 月，积三十年之功的《岭南农业史》也宣告完成。

岭南，是指中国南方的五岭之南的地区，相当于现在的广东、广西及海南全境。由于在五岭之外，又称岭外或岭表。岭南地处东亚季风气候区南部，北回归线横穿其中部，具有热带、亚热带季风海洋性气候特点。历史方又称为“炎方”。和中国的华北、江南一样，岭南农业也有着悠久的历史，一些学者甚至认为，岭南也可能是中国农业的起源地。但不可否认的是岭南农业在宋元以前落后于北方农业的发展，直到明清时期才赶上了全国的发展水平，清代以来，岭南的部分地区作为通商口岸，较早地受到外部世界的影响，得风气之先，在农业近代化方面走在了全国的前列。民国时期，岭南农业科技更在全国处于领先的地位。一部岭南的农业史就是一部由落后到先进、后来居上的历史。而这一历史又与岭南特殊的区位、环境、历史和人文有着密切的关系。

建新兄的著作首次对岭南的农业历史做了系统的梳理和重建。书中将岭南的农业历史划分为从新石器时代到秦以前、汉唐时期、宋元时期、明清时期和民国时期五个时间段，内容涉及每个时期影响岭南农业发展的自然环境、人口移民、农业政策、生产工具、土地利用、农田水利，以及大田作物、园艺作物、林业、牧业、渔业、副业，农产品储藏、加工和流通，农家经济和农业社会，农业文献和农业文化等诸多方面，是一本岭南农业通史开创性的不可多得的著作。

岭南农业史是中国农业史的重要组成部分。北魏贾思勰所著农学经典《齐民要术》卷十所谓“五谷、果蓏、菜茹非中国物产者”，其中有许多就是当时尚不在北魏统治之下的岭南物产。中国农业史上一些重要的成就首先就出现在岭南。华南稻作起源的说法虽然存在一些争议，但仍然是中国稻作起源值得关注的地方。黄猄蚁防治柑橘害虫技术的最初记载也是在岭南。海南黎族先进的纺织技术经黄道婆之手传到松江，有力地推动了当地棉业的发展。岭南又是甘薯等外来作物最早引种地之一。作为中国农业一个独特的区位单元，岭南农业既影响着岭北农业的发展，同时也受到岭北的影响。秧马就是岭南农业与岭北农业互动的一个典型例子。明清时期，广东农学就是在北方的影响之下发展起来的。清乾隆年间出版的《广东农谱》，其作者陈张翼还是浙江人。而道光年间成书的《耕话》四卷，其作者林伯桐便已是广东番禺人了。这些在建新兄的大作中都有论述。

建新兄的著作为我们提供了丰富而翔实的史料。以黄猄蚁防治柑橘害虫为例，一般性的中国农业通史著作都会提及托名晋代嵇含所著《南方草木状》的有关记载，但却很少提及这一技术的后续发展，而从这本《岭南农业史》中我们得知，这种生物防治技术在岭南一直都有使用。从晋唐时对黄猄蚁的买卖，发展到宋代专业养殖人家的出现，并采用了“猪羊脬盛脂”的诱捕法，再到明清时期的“以藤竹引度，使之树树相通”，强化了树虫的防治效果。到民国时期，广州增城、四会、从化等地的柑橘园都有应用。增城客家村的橄榄树上都有黄猄蚁的出产，农民按斤出售。据此，我们对这一独特的防虫技术的发展有了较为完整的了解。

符合生态原理的农业实践是明清时期中国农业发展的亮点。明人李诩《戒庵老人漫笔》所记常熟人谭参（又名谭晓）的事迹，引起了研究者们的广泛注意。谭参低价收购低洼农田，凿池养鱼，池上养猪，塍阜植果，取得三倍于稻田的收入。而在建新兄著的《岭南农业史》中我们得知，宋代岭南人陈益新就采用了与谭晓差不多同样的方式，“堤濒江之田，汇为池”，将种稻改为养鱼。联想到后来广受赞誉的桑基鱼塘，我们可以肯定这种做法由来已久。

建新兄的《岭南农业史》丰富了我们对中国农业史的理解，而要做到这一点又离不开对地方文献的发掘和利用。书中网罗宏富。除大量志书资料，如《广东通志》《广东新语》《粤海关志》《桑园围志》等以外，还包括农书、地方文集、家谱、族谱等。比如，《石湾霍氏崇本堂族谱》，特别是谱中所收录的《太原霍氏仲房晚节公家箴》就记载了很多的农业生产知识，涉及耕作、施肥、收成，以及水利、畜牧等方面的农学经验。明清和民国时期的广东农业史部分，则大量引用岭南本土出版的农学书刊，如《农声》《农事月刊》等。

写作一个地方的历史，常常容易在有意和无意之间存在地方中心主义的倾向。在重视地方文化建设为经济发展服务的今天，这种现象尤为明显。建新兄的著作能够跳出这种井蛙之见，从历史和全局的高度看待地方的发展，体现了历史学家求是的严谨学风。宋元时期，水田农具耖耙的广泛使用，标志着南方传统的水田精耕细作的整地技术的形成，具有重要的历史意义。

而在广东连县和广西梧州倒水出土的六朝时期的陶制水田模型就有类似耖耙的发现，据此有学者认为，耖耙是岭南各族人民发明的，宋代才传到长江流域及其以北地区。吴书中则明确地指出，耖耙不是最早出现在岭南，而是在长江流域。他认为，从春秋战国到隋唐，岭南的农耕水平显然比长江流域低得多。他甚至认为，先秦以前的岭南的锄耕农业不发达，不能为文明的产生提供物质基础。

作为一名读者，我在高度赞赏建新兄严谨的学风和大作所取得的成就的同时，也稍许感到一些不满足。首先是地域上的不平衡。广东只是岭南的一部分，但书中大量篇幅放在广东，而同属岭南的广西、海南等地着墨不多。这有资料上的原因，也与建新兄长期致力广东农业史的研究不无关系。其次是对于地域所派生出来的问题意识还不够突出。岭南农业的开发与其特殊的地缘因素有着非同一般的联系。如果在叙述岭南农业史独特性的同时，强化论述岭南农业与其外部世界的交流互动，则更有利于加深对岭南，乃至全国农业史的认识，做到立足岭南，放眼全国，面向世界。庶几则一部岭南农业史，就不只是岭南的岭南农业史，而是中国，乃至世界的岭南农业史。

不知是有意还是巧合，建新兄上次赠予我大作的落款时间是 2012 年 9 月 9 日。农历的九月初九是古时兄弟登高远望的日子，现已成为法定的敬老日。虽然建新兄已届退休，但以兄的年纪身体及健康状态，还远不到告老的时候。那么，就借着“九九”吉日，祝友谊天长地久，兄弟健康长久。

写作此序文时，建新兄有八句见赠：

铁杵卅年砺作针，一朝淬火竟成新。
红桃绿李飘潇雨，黄卷青灯寂寞人。
秋色千林难得桷，春涛一棹未通津。
圃田又见新花发，撷取秀枝当自珍。

我不通音韵，不谙平仄，也凑成八句为复，并为本文的作结。感谢建新兄以自己的智慧和汗水，积三十年之学，为岭南农业，为学界，为读者奉献的心力之作——《岭南农业史》：

卅年功业梦成真，岭南农史又建新。
遥想花城喧闹处，黄卷青灯素心人。
秋获本自春种始，耕耘是力不负勤。
谁说书生百无用，一片冰心照汗青。

曾雄生

2014年重阳节于北京

（曾雄生，中国科学院科学技术史研究所研究员，博士生导师，著名农史学家。）

概　论

第一节　主要研究内容

农业史研究的对象首先是农业生产物繁衍的过程，这是生产者生产资源与生态环境结合的过程。利用农业技术的“人”是掌握了一定生产资料和生活资料的生产者，他们的生产过程有投入和产出，因此，农业生产过程也是经济生产的过程。在农业生产过程中，生产者之间会发生一定的劳动关系和经济关系，组成农业生产资料所有权的制度和农业生产组织、农业聚落，这些关系可以称为经济社会关系，所以农业生产过程其实也是农业社会关系产生和再生产的过程，为此会出现维护生产秩序的法律制度，以及农业文献、农业习俗。以上伴随着农业的出现而发生的各个过程，就形成了我们所称的农业史，包括农业生产史、农业科技史、农业生态环境史、农业经济史、农村社会史以及农业习俗文化史等方面的内容。这些过程都离不开人的活动，所以农业史研究应该是以人为中心的农业研究。农业是传统社会里最主要的经济部门，影响着传统社会的各个方面。以一家一户为生产单位，耕织结合、自给自足的小农经济，构成了传统经济最基础的部分。传统国家的组成和运行，主要靠小农经济提供财力。所以，传统国家要维护它的正常运转，就要保持小农经济的繁荣。小农经济的兴衰与传统国家的兴衰息息相关。

区域农业史与区域通史有非常密切的关系，区域农业史是区域经济史的主体部分，能为研究区域通史提供最基础的材料和结论作为参考。每个地域的农业史构成中国整体的农业史。中国农业史的发展过程有“中心”和“边缘”之分。宋元时期，原被视为“蛮荒之地”的“边缘”的岭南，开始出现农业变革。广东沿海平原的农业，自明中叶以来经济地位“后来居上”，以商品性农业高度发展为特征；到了民国则以农业改良推动近代农业科学体系的发展，一度走在全国的前列。故明清到民国，广东农业在中国农业史中占一定地位。这就是“岭南农业史”学术研究的价值与魅力所在。《岭南农业史》就是基于以上观点而展开论述的。

《岭南农业史》时间上限为新石器时代，下限为1949年10月。地域范围主要是以广东地区为中心的“狭义的岭南”，即民国时期的广东行政区域，包括现在的广东全省、海南省以及1949年10月前属于广东现属广西的北海地区（钦州和廉州、防城港等地）；在论述上古时期时还会涉及今广西、越南北部等地区。

《岭南农业史》内容不局限于农业科技史与生产史，也不同于农业通史，而是以农业生产史、科技史为主，兼及农业经济史、农业文化史、农村社会史。在叙述分量上侧重于明清与民国，以彰显明代中叶到民国这一阶段广东经济地位后来居上的区域特征。

岭南农业史可以划分为以下几个阶段：

第一，新石器时代中晚期至秦以前——传统农业的萌芽时期；

第二，秦汉晋隋唐时期——传统农业的起步时期；

第三，宋元时期——传统农业的初步发展时期；

第四，明清时期——传统农业的飞跃发展时期；

第五，民国时期——近代农业的兴起和发展时期。

广东农史的研究，以20世纪70年代《珠江三角洲农业志》为最早，尽管该书有较多的错误和文献讹误，其论述的一些观点至今仍有参考价值，但它只是分门别类的志书体而不是史书体的著作。20世纪八九十年代，广东历史学界兴起了研究明清经济史的热潮，当时出版了三本关于明清广东社会经济史的论文集，收入了多篇关于明清广东农业史或与农业史相关的论文。谭棣华、叶显恩、李龙潜、黄启臣、刘志伟、陈春声、蒋祖缘等先生发表了关于明清广东社会经济史的具有较高水平的论文或者专著。学者们多侧重于商品性农业的讨论，对农业生产史、农业科技史、农业文化史方面的关注较少。

20世纪90年代以来，虽然明清经济史的研究热潮稍弱于80年代，但外省学者、广东高校和广东社科界的学者仍在继续自己的专业研究之余兼顾广东农业史的研究，其中有陈伟明、刘正刚、冼剑民、陈忠烈等学者。一些高校的专业研究人员先后发表了数十篇关于广东农史的论文，还承担了以广东农史研究为对象的省、部级课题。限于篇幅，有关这一方面的学术史论著和论文恕不一一列出。上述研究为本书的撰写提供了难得的学术参考资料，使本书得以在前人研究的基础上做进一步的探索。在行文中引用的学者们的成果，均在注解中标明。迄今为止，还没有一部从考古时期到1949年10月的通史式论述的岭南农业史，这就是本书的学术价值所在。

第二节　广东农业发展的自然地理条件

广东地处热带、亚热带地区，常年气温较高。然而气温也与地势有关，广东虽然多山地，但海拔超过400米的山岭较少，故全省气温除雷州半岛南部的徐闻与海南岛比较炎热外，南、中、北三部的气温差异不大。省内各地的气温大都以年初的1月、2月为最低，但从北到南仍有小差异，粤北韶关等地甚至低至0 ℃以下，但时间不长；最高温度多在6月、7月、8月，平均为29 ℃。在这种气温条件下，海南岛及雷州半岛的徐闻一年四季均适宜作物生长，而且适宜热带作物；而靠近南岭的韶关等地虽也可以一年生长作物，但生长的速度较慢。

广东濒临南海，每年南海热带气旋带来台风，使其雨量极为丰沛，下雨68—157天，但是各地的雨量不平均，且多集中于一年之中的数月，雨量最多的地方可达2 169毫米，最少的为1 128毫米；内陆比沿海地区雨量要少。降雨的时间各地也有差异，海南岛多集中在4—9月，临高县则集中在6—10月，粤北在3—10月。广东各地雨量在100毫米以上的时间占6个月以上，降雨的月份也是全年气温最高的时候。台风对雨量的分布影响极大，台风少则雨量少，台风多则雨量多，因此广东极易受到雨涝旱等灾害侵袭。

虽然雨量较多，但是降雨时间集中，且由于阳光充足，日照时间长，空气中水分的蒸发量也很大。广东的气候，其雨量与蒸发量比较（1912—1926年），雨量平均为1 654.1毫米，而蒸发量高达1 138毫米。如此，水汽的年平均蒸发量等于雨量的三分之二。个别地区水汽蒸发量大于雨量的时间在10月、11月、12月与次年1月。

广东的地形多为山地和丘陵，土壤容易受雨水的侵蚀和冲刷，从而出现崩塌而演变成沟壑。土色自白至黄白、黄红、紫、棕以至咖啡色不等，表土多为砂质壤土，经过改造成为耕地。在山冈高地常有大部分岩石露出，未受风化或风化不透而杂多量石砾者，称石质土，不适宜耕作。

由于气温高而雨水多，高地的风化土可达10米。山地有机质成分较低，一般只有1%—2%，少有达3%，甚有不及0.1%。但历史时期森林覆盖率较高的山区中土壤有机质成分是很高的，是良好的垦荒对象。

广东的低地土壤，主要分布在江河沿岸冲积地带、山谷地和盆地。由于地势低平，排水力较弱。每受水淹或者地下水位较高时，掘及数尺即见水。土色湿润时常为灰黑以至黑色，干时为暗灰、灰白或黄白色，甚少红色。土壤成分中有机质含量丰富，是良好的耕作土。江河上游之处则间有砂质壤土，谷地和盆地多为砂壤，在江河出海处土壤更为肥沃，多属黏壤或黏土。

省内大陆有珠江水系的东、西、北三江横亘其中，汇合到广州称为珠江。以广州为中心的珠江三角洲有狭义和广义之分。狭义的三角洲范围一般是指三水的思贤滘以下和东莞的石龙、西江的羚羊岭，又称“小三角洲”，习惯上一般人所谈的珠江三角洲就是指狭义的珠江三角洲。北江在飞来峡以下、西江在三榕峡以下、东江在剑潭以下地区，则统称为广义的珠江三角洲，又称“大三角洲”。“小三角洲”大致与明清广州府辖域重合，而“大三角洲”范围包括了珠江三角洲及其附近的韶关、肇庆、惠阳、佛山、广州五个地区中的二十四个县市。

省内大陆东部的潮汕平原有韩江、榕江、练江流经，韩江为全省第二大河流，仅次于珠江。韩江三角洲占了潮汕平原的大部分，故有时又将潮汕平原称为韩江平原。古代称为潮州平原，汕头作为商业港口于近代兴起，故潮州平原在近代改称为潮汕平原。

广东的耕地形势，大致是“七山一水二分田”。省内东江、北江、西江与韩江的上游地区，均为山岭错杂的地势，沿着河流的两岸，会有一些低地或洼地。如西江进入高要等县，绥江在四会，以及西北江、绥江交汇的三水等县，形成经常性的深水塱田。在各江流域山岭中水源充足的河谷盆地或山间平原，会形成坝田、垌田、坑田。在较高的山岭，会导致水源不足，只适宜种植林木或果树的旱地。在雷州半岛和海南岛，多为台地上的洋田。洋田易受海水侵蚀而盐碱化，但如果淡水充足或防海堤抵挡海潮使盐分冲掉，洋田的收获就会较好。如宋代雷州有陂渠灌溉系统和防海堤，号称有万顷洋田。沿海平原，主要是珠江三角洲和潮汕平原。珠江三角洲本是一个漏斗形的古海湾，而海湾上岛屿星罗棋布，在汉、唐、宋时期海侵可到达广州城，更远的年代海侵甚至能到达珠江三角洲的顶部。随着年代变迁，上游山区的开垦，三江河水汇合到珠江口，古海湾逐步被充填，海岸线向后退缩，原来古海湾上的孤岛成为平原上的丘陵。冲积平原在宋元时已经有了相当的面积；在明清至近代，珠江三角洲冲积平原基本形成，经过人类活动而在平原上形成复杂的堤围系统与耕地利用方式——潮田、围田、基水地（基塘）等，在环珠江口形成发达的渔业。潮汕平原也有很好的灌溉条件，历史上其农业生产水平不低于珠江，水稻生产的单位面积产量甚至高于后者；潮汕平原近海，渔盐生产也相当发达。珠江三角洲与潮汕平原都是广东农业条件较好和生产最发达的地区，并且由于商业繁荣，其经济作物种植在全省占有主要地位。在广东沿海的其他地区，一些小河流的出海口会有些沙田；而在不适宜耕种的地方，居民则主要靠盐业和渔业为生。

广东的主要粮食作物为水稻。全省绝大部分地区可以栽培双季稻，雷琼台地甚至可以终年种植，历史上此处曾有三熟稻的记载，但不一定是连作稻。杂粮有番薯、芋头、木薯、玉米、薯蓣等；经济作物有烟草、茶叶、蚕桑、甘蔗等；主要水果有香大蕉、柑橘、荔枝、龙眼、番木瓜、椰子、槟榔等。花卉、蔬菜也有不少优良品种，主要分布在城镇的郊区。由于光热资源和水资源丰富，主要作物通常和其他作物组成不同的多熟种植制度。其余适宜于北温带气候的作物，如大小麦、燕麦、荞麦、玉蜀黍、高粱、鸭脚粟、狗尾粟等，在省内中部及北部地区略有出产，为数不多且品质较差，远逊于岭北诸省所产。此外棉花以及一些不适宜在热带和亚热带高温、多雨、湿润气候中种植的作物，栽培也不及岭北地区。

目录

上篇 / 秦以前到宋元时期的农业

第二章 汉晋隋唐南汉时期的农业

第三章 宋元时期的农业

第四章　其他农业经济部门

第五章　农产品贸易与农家经济

第六章　农业组织与农业文化

第七章　农业交流

本篇结语

下篇 / 民国时期的农业

第一章　农业危机与近代农业的肇始

第二章　农业教育与农业行政的兴起

上篇

秦以前到宋元时期的农业

《岭南农业史》上篇分为三章：

第一章写新石器时代到秦以前，这是原始农业阶段。岭南原始农业的起源大致在新石器时代的中晚期。4 500年前石峡文化的出现，标志着新石器晚期原始稻作从岭北的传入，但是原始稻作没有充分发展起来。因主要食物非常丰富，人类采取了“最佳觅食模式”，所以缺乏原始农业发展的动力。经济生活以采捕渔猎业为主，原始农业仍处于初始阶段，没有形成江南那样的稻作文化，原始作物以淀粉丰富的块茎类为主。

第二章写秦汉六朝隋唐南汉时期，这是传统农业的初始阶段。岭北的移民带来了先进的农业技术，铁质的翻土工具标志着岭南进入了精耕细作的农业阶段，这一传播过程到东汉时期达到高峰，但是在六朝、隋唐漫长的时间里，却不见这一农业形式的后续发展。尽管如此，岭南农业资源仍被大规模开发，并被记载在北魏时期的《齐民要术》和各种“地志”中。秦代灵渠的开凿和唐代大庾岭扩宽，推动了岭南农业与岭北农业的密切交流，为后来的移民和农业发展奠定了基础。

第三章写宋元时期，这是传统农业的初步发展时期。这一时期尽管文献上有大量关于瘴疠的记载，但是在主要农业区出现了瘴疠消退，疟蚊、血吸虫的滋生环境被改变的现象，环珠江口冲积地大面积出现，自北而南的移民潮规模、数量和性质远远超过秦汉隋唐南汉时期，大大小小稳定的农业聚落遍布岭南大地。平原的围田地区出现了精耕细作农业的变革，先进农具促进了垦荒和水利。大兴水利建设，形成了早期的水利社会雏形。稻作制度虽然仍以一造制和再生稻为主，但是亩产量的提高显示了珠三角和潮州平原的围田地区已出现连作稻，“广米”从南宋起大量运销东南各省，园艺业、经济作物、蚕业、畜牧业、渔业都有不同程度的发展。宋元还出现岭南最早的农书类文献。农业社会中出现“耕读传家”的文化传统，“家园观念”由此上升为“家国观念”。宋元时期农业的进步为明清大发展奠定了扎实的基础。

第一章

新石器时代到秦以前的农业

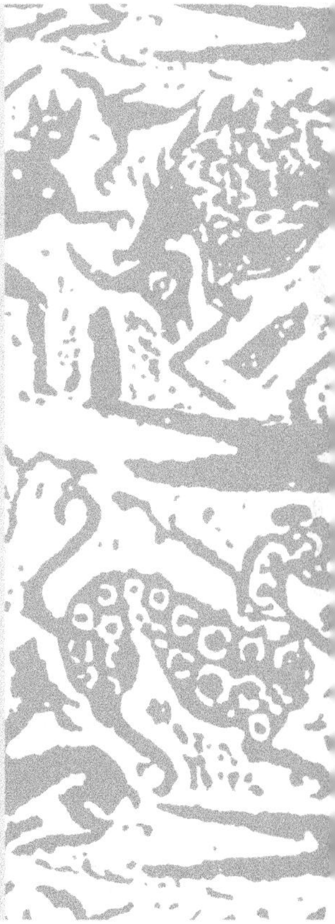

第一节

原始农业的起源

一、原始农业起源的生态环境条件和年代

旧石器时代晚期、新石器时代早期属于全新世时期。这一时期岭南活动着巨貘、剑齿象、熊猫、犀牛等动物，人类以洞穴为主要居住地。次冰期后，古人捕猎的主要对象——以剑齿象、大熊猫为代表的动物群大部分灭绝，这一环境上的变化迫使当时在华南洞穴居住的古人类开始培植块茎类的植物，使其成为食物来源之一。中石器时代的英德牛栏洞遗址、阳春独石仔遗址、封开黄岩洞遗址、英德青塘遗址、落笔洞遗址等洞穴遗址中都有栽培过块茎植物的可能。

距今 7 000—6 000 年，食物资源进一步减少，洞穴遗址的古人类逐渐移居到食物资源更丰富、靠近河流的盆地与台地上。冰期后，海平面迅速上升，各种营养物质在珠江三角洲江河与漏斗湾内聚集，使得该地区成为水生生物良好的栖息地，陆地上也有丰富的生物。丰富的贝类和鱼类等各类野生动植物，吸引先民进入该地区从事捕捞和采集业，从而产生了独特的珠江三角洲新石器文化。① 距今 6 000 年，在西北江的交汇处，出现了著名的西樵山文化。距今 6 500 年左右是古气候史上仰韶温暖期的早段，十分适合发展采捕业和在山岗、台地上开展原始农业，只是它们在经济生活中占的比例不大。

① 黄光庆:《珠江三角洲新石器考古文化与古地理环境》,《地理学报》1996 年第 6 期。

距今 5 000—3 000 年，珠江三角洲的生态环境又发生了变化。此时网河平原有所发展，遗址附近的水域中软体动物和底栖鱼类资源很丰富。较早时期水域辽阔而深，且常有变动，聚落多分布在低山、台地面积较小孤突在水域中的岗上，植物群落为热带亚热带植物，虽然有可供人类食用的资源，但较贫乏，与此对应的文化遗存内容较为单薄。稍晚陆地变成大块，资源较多，水域变小变浅，水产品易于捕捞，以蚝等贝类为多。①由于海平面相对稳定，沙丘和沙堤开始向海前延伸，潟湖逐渐淤积成陆，易于捕捞的水产资源递减。这种环境迫使人们向生产性经济扩展。②在距今 4 500 年左右的石峡遗址发现了原始栽培稻，但是石峡文化稻作的范围逐步扩大，有向粤北、粤西、粤中扩展的迹象。

进入青铜时代（岭南的青铜时代只是相对于中原的夏商周时期而言，本土青铜器实物不多），遗址一般坐落在低山上。山上植被覆盖较多，平原以灌木草本植物居多，乔木发育一般；水资源丰富，有种类繁多的水产动物；靠近山地的平原部分土壤肥力较高，近水的地方适宜稻作，缺水的土壤则适宜种植块茎植物或者旱稻。这一时期仍以撂荒制的刀耕为主，没有发展到熟荒耕作制的锄耕农业阶段。在青铜时代的稍晚阶段，引入了火耕水耨稻作的早期形态，人们多在原始森林的边缘活动，也尚未出现大规模砍伐森林的垦殖活动。而珠江三角洲，河宕类型、村头类型、深圳叠石山等遗址虽然聚落规模很大，但原始农业在混合型经济中仍未占主导地位，因此人类活动对生态环境的影响是微弱的。

岭南以谷物农业为特色的原始农业是在新石器时代的中晚期，且是在长江流域的推动下才发展起来的。距今 6 500 年以后，中国史前的稻作农业步入了快车道，并不断兴旺发达。③长江流域出现的原始稻作很快影响到岭南地区。将距今 6 500 年左右视为岭南原始农业发展的一个重要的分界线，是基于以下学界已经论述过的几个重要论点：由于气候

① 珠江三角洲史前遗址调查组：《珠江三角洲史前遗址调查》，载北京大学考古学系编《考古学研究（4）》，科学出版社，2000，第 355—403 页。

② 赵善德：《先秦时期珠江三角洲环境变迁与文化演进》，《华夏考古》2007 年第 2 期。

③ 裴安平：《史前广谱经济与稻作农业》，《中国农史》2008 年第 2 期。

变化和食物资源的变化，珠江三角洲的新石器时代遗址在距今 6 500 年时开始大量出现。[①] 珠江三角洲在距今 5 500 年前的海侵时接近现今的高度。距今 6 000 年前海平面急剧上升，[②] 迫使人们放弃原先的渔猎活动而向更高的地方迁移，再开辟新的渔猎活动场所从事农业创造活动。在原始农业最早和最发达的粤北、粤西地区，原始农业可能已经出现。（见下文的叙述）从工具方面说，与原始农业相关的双肩石器系统出现的时间最迟也在距今 6 000 年前。[③] 农史界在 20 世纪 80 年代的研究也提出推断：华南的“谷物的生产可能到新石器中晚期才显著发展起来”。[④]

二、各地区的农业考古

1. 粤北地区

英德牛栏洞遗址，距今约 12 000—8 000 年，出土石质工具，少量水稻硅体。这类洞穴遗址大约只能容纳 20—30 人的群体生存，栽培稻的发明需求显然不是很迫切。[⑤]

曲江马坝的“前石峡文化”，即石峡第一文化层，出土遗物为夹砂小釜罐和白陶镂孔圈足盘，没有大型石器，年代估计在距今 6 000—5 500 年。曾经被认为有稻遗迹。[⑥] 但是石峡一期的考古挖掘报告没有提及。[⑦] 这一文化层是否有栽培稻出现，是一个有待探讨的问题。

较石峡遗址的第一文化层稍晚些的英德史老墩遗址，出现了原始农

① 黄光庆：《珠江三角洲新石器考古文化与古地理环境》，《地理学报》1996 年第 6 期。

② 李平日等：《珠江三角洲一万年来环境演变》，海洋出版社，1991，第 55、65 页。

③ 彭适凡：《试述先越民族的两种生产工具》，《南方文物》1985 年第 1 期。

④ 梁家勉主编《中国农业科学技术史稿》，农业出版社，1989，第 13 页。

⑤ 邱立诚：《史前农业起源与生态环境的关系》，载《粤地考古求索——邱立诚论文选集》，科学出版社，2008，第 237 页。

⑥ 杨式挺：《广东新石器时代文化与毗邻原始文化的关系》，载《岭南文物考古论集》，广东地图出版社，1998，第 278 页。

⑦ 广东省文物考古研究所等：《石峡遗址——1973—1978 年考古发掘报告（上册）》，文物出版社，2014，第 13—29 页。

业的工具，从发掘的遗迹、遗物观察，这里是一处新石器时代中期的石器制造场。第一期文化约在距今 6 000—5 000 年，属于新石器时代的中期。史老墩遗址特殊的石器祭祀遗址中摆放的石器形体较大，个体长度在 16—23 厘米的石器，可以用于原始农业。[①] 奇怪的是，史老墩遗址与牛栏洞遗址没有直接的关系，也与后来的石峡文化没有关联。

到了距今 4 800—4 300 年的新石器晚期，广东原始农业有了标志性的发展——石峡第二期文化（考古学称为“石峡文化”）。这一文化呈现出与以往的考古文化截然不同的面貌，出现了种植栽培稻的原始农业聚落。石峡文化遗址出土了石器七百多件，有磨光石䦆、铲、锛、斧、钺、凿、镞，还有磨盘、磨棒和部分打制石器。在 14 座墓葬的随葬物品中发现一撮炭化米粒，一些窖穴、房址的墙中还发现了稻秆叶和掺和料泥，在红烧土中也有此类发现。石峡文化在粤北不是孤立的，仅仅在曲江县与它关联的遗址就有十多处。[②]

距今约 3 500 年的石峡中层，即石峡第三期文化与石峡下层的文化特征中看不到明显一脉相承的发展序列，二者之间存在较大的缺环。该文化层未见石峡文化时期锄耕农业大型高效的石器工具，如弓背锛、铲等，多见长身锛、梯形锛，一些有段锛和有肩锛。有些红烧土硬块是木泥墙的构建，有的掺有稻谷和稻草碎片。[③] 与石峡遗址三期一样，发现稻遗迹或石䦆、石铲工具的，有曲江乌石板床岭、翁源下角垅、连平黄潭寺、仁化覆船岭等。考古学者将与石峡中层相关的粤北地区农业遗存联系起来，称之为“鲶鱼转—石峡中层”，代表性遗址有鲶鱼转、龙归蒲杓岭、马蹄坪、韶关走马岗、始兴澄陂村、大背岭、石峡中层、翁源下角垅等。[④] 但是这些较石峡文化晚出的文化缺乏石峡文化那样多

① 英德市博物馆等编《英德沙口史老墩遗址》，载《英德史前考古报告》，广东人民出版社，1999，第 140、202 页。

② 杨式挺：《石峡文化类型遗存的内涵分布及其与樊城堆文化的关系》，载《岭南文物考古论集》，广东地图出版社，1998，第 217—226 页。

③ 广东省文物考古研究所等：《石峡遗址——1973—1978 年考古发掘报告（下册）》，文物出版社，2014，第 511、522、554 页。

④ 杨式挺等：《广东新石器时代文化及相关问题的探讨》，载《岭南文物考古论集》，广东地图出版社，1998，第 201 页。

的石器，发现栽培稻遗迹的地方也不多。只有始兴大背岭等几处距今4 200—3 500年的遗址，部分延续了石峡文化的稻作。

2. 粤西地区

粤西封开等地是仅次于粤北的考古地区。封开簕竹口遗址形成于距今7 000—6 000年的新石器时代中期，位于贺江东岸，遗址中不仅有陶器，还有大量石料和制作石料的废料。除了梯形弧背锛，也有石杵、石镞、砺石等。石器和陶器与桂林甑皮岩的文化面貌有一定的相似。[①] 有人还在簕竹口遗址陶器碎片表面和胎芯中的炭化物中，观察到水稻硅质体，认为此地有栽培稻的出现。[②] 杨式挺则进一步说明簕竹口遗址的发现，认为这个遗址填补了粤西新石器时代中期台地遗址的空白，在全省也是罕见的。[③]

乌骚岭墓葬群分布在杏花镇东南的山岗上，距今4 600—3 900年。从墓葬发现的大型石𰿓、石斧、石铲看，有曾发展农业经济的迹象。由于乌骚岭墓葬群与石峡文化有关系，此遗址的发现引出了石峡文化向西分布的问题。[④] 但是这个墓葬群附近没有生产和聚落遗址出现。

1982年，杨式挺等在封开县杏花河两岸进行了考古，发现塘角嘴、佛子岗、牛鼻冲、旧屋后山、嶒峡岗、禄美村对面岗、罗沙岗等八处新石器晚期遗址，而罗霍村后山、沙嘴山、羊额山、屋底后山、石峡后山和罗欧山等，也可能是新石器遗址。上述遗址发现有肩石斧，石峡文化出现的弓背𰿓、石凿、穿孔石铲，可作谷物加工研磨器的磨轮、石刀等。在禄美村对面岗1号墓还出土了玉石琮、玉石环、陶三足盘、陶三足豆、圈足盘等。所以杨式挺认为禄美村对面岗和乌骚岭墓葬群应属石峡文化类型，同类生产、生活工具和陶器的出现，可以间接证明这里一直存在

① 邱立诚:《从封开地区史前考古文化看广信作为岭南首府的历史背景》，载《粤地考古求索——邱立诚论文选集》，科学出版社，2008，第65页。

② 向安强、姚锦鸿:《广东封开杏花河发现的古栽培稻及相关问题探讨》，《农业考古》2006年第1期。

③ 杨式挺:《略论封开先秦历史文物在岭南的地位》，载《岭南文物考古论集》，广东地图出版社，1998，第140页。

④ 同上书，第142—143页。

农业经济。[①]

青铜时期，粤西是出土青铜器最多的地区。在四会平原，广宁的铜鼓岗与龙嘴岗略具规模，二者相距仅 1 千米，绥江往东南有四会的高园战国墓和颇具规模的鸟旦山大墓，此地东北不远处，还有清远马头岗。在西江上游有德庆落雁山大墓。[②] 这些大型墓葬表明在东周时期粤西的原始农业有了一定的发展。

3. 粤中地区

粤中地区主要是指狭义的珠江三角洲地区。这一地区在新石器时代中期以后出现的遗址，大多是采集渔猎业与原始农业结合的混合型经济，甚至以采捕业为主。比较重要的遗址在珠江口的咸头岭遗址，距今 7 000—6 000 年。[③] 咸头岭遗址是沙丘遗址，出土了斧、锛、石刀等砍伐工具。与咸头岭遗址地点相近、年代也在距今 6 000 年的大黄沙遗址，出土的石器中磨制石器占相当的比例，部分磨制石器很精致；器类以梯形类长条形斧、锛等为主，也有居住遗迹。[④] 令人奇怪的是，这两个遗址都没有发现网坠、吃剩的贝壳，但是有定居遗迹。这两个沙丘遗址的居民用简单的工具捕猎沙丘内潟湖中数量极多的鱼类，业余从事一些块茎类植物的挖掘和栽培。沙丘遗址是新石器时期广东沿海和环珠江口分布数量很多的遗址类型，较具特色。

新石器时代的中晚期，西樵山文化的遗址多为贝丘遗址，其中有以生产霏细岩双肩石器为主的大型石器制造场。杨式挺等将这种广泛分布在狭义珠江三角洲的霏细岩双肩石器与其他石器共存（如彩陶），有骨、角、牙、蚝、蚌、蚶等生产工具和饰物，有一次葬和拔牙习俗等特征的文化遗址称为“西樵山文化”。其工具器形有斧、锛、铲等，斧、锛数

---

① 杨式挺:《广东封开杏花河两岸古遗址调查与试掘》，载《岭南文物考古论集》，广东地图出版社，1998，第 19—40 页。

② 赵善德:《先秦时期珠江三角洲环境变迁与文化演进》，《华夏考古》2007 年第 2 期。

③ 此年代参看邱立诚:《广东文物考古三十年概述》，载广东省文物局等编《广东文物考古三十年》，暨南大学出版社，2009，第 1 页。

④ 深圳市博物馆等:《深圳市大黄沙沙丘遗址发掘简报》，载《广东文物考古三十年》，第 32 页。

量多，其中以霏细岩为原料的有段有肩石器半成品很多，在西樵山制作之后，输送到珠江三角洲各地，显示这里是独一无二的大型石器制造场，且对粤中文化遗址有较大的影响。1985 年杨式挺统计的珠江三角洲各地新石器时代中晚期含西樵山石器的遗址就有 110 处。[①] 西樵山文化还可以分为一期和二期文化，二期即河宕类型的文化遗址，双肩石器和有肩有段石器广泛使用。新石器时代中晚期，珠江三角洲地区原始农业进一步扩大，但是在经济生活中占比很小，狩猎和捕捞采集经济仍占主导地位。

新石器晚期的珠江三角洲山岗遗址，1960 年共发现 98 处，山岗约数米至 50 米不等，遗址范围有的长达 400 米以上，有的甚至连绵 1 千米左右。遗址靠近河流，多数遗址在岗顶的平台上，以向南朝阳为普遍；这类遗址在今村庄附近密集地发现，其中以广州、番禺一带分布最密。[②]

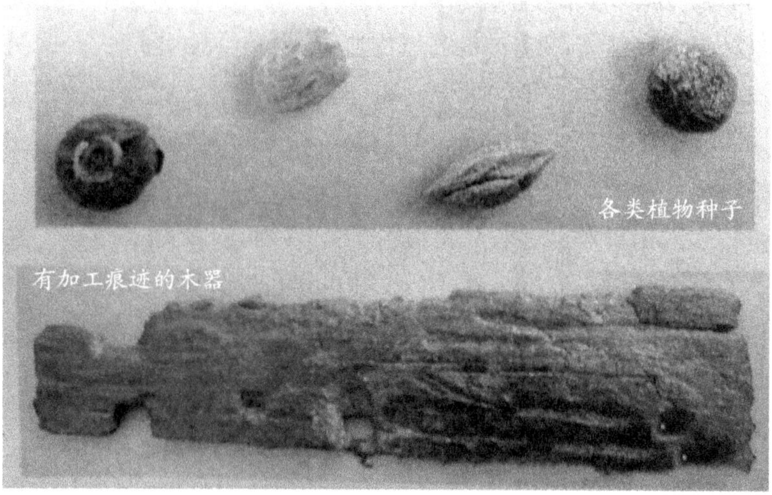

图 1–1　高明古椰遗址出土的木器工具和果核

进入青铜时代，重要的贝丘遗址有佛山河宕遗址。杨式挺对它的经

① 杨式挺:《试论西樵山文化》，载《岭南文物考古论集》，广东地图出版社，1998，第 165—187 页。

② 广东省博物馆:《广东中部低地区新石器时代遗存》，《考古学报》1960 年第 2 期。

济生活进行了推测：“河宕遗存，应当就是这类距今4 000年左右，生活在珠江三角洲地区的一种以渔猎经济为主，兼营农业，并擅长制作陶器的新石器时代晚期的古越族先民的聚落遗存。”[①]该遗址只出土石锛58件，多为中、小型，石斧和铲之类农耕工具较少。杨式挺提出的“河宕类型文化遗址”还有南海灶岗、西樵山鱿鱼岗、高要茅岗、三水豆兵岗等，年代大都在距今4 200—3 500年的新石器时代末期，这些贝丘遗址没有发现任何青铜器的遗迹，包括石范、酱釉陶、铜渣等。这些遗址，如河宕、村头等，甚至有较为大型的村落，以采捕渔猎生活为主，李岩则称之为岭南青铜文化时代的“村头类型”。[②]

距今3 500—2 500年，珠三角贝丘遗址数量骤然减少，广州和番禺附近有农业内涵的山岗和台地遗址大量增加，这与河口地区的水环境变化有关。[③]

4. 粤东地区

新石器时代中期，潮汕地区比较著名的遗址有潮安陈桥村贝丘遗址，位于韩江边的台地上。虽然此地最典型的工具是敲取蚝的“蚝砺啄”，也有手斧状石器，遗址中出土大量猪、牛等兽骨，估计有百头以上的动物遗骨。[④]陈桥类型遗址还有潮安的石尾山、海角山，澄海的苏北村、内底村，时间定在距今6 000—6 500年。[⑤]新石器晚期粤东北的遗址与粤北区的较为相近，如山岗遗址较多，石器以梯形与有段的为主。[⑥]而潮汕平原新石器晚期缺乏陈桥类型文化的延续，很难用一个适当的名称概括。1955年发现的葫芦山遗址、走水岭山遗址、粪箕坑山遗址、九

① 杨式挺：《略谈河宕遗址的重要发现》，载《岭南文物考古论集》，广东地图出版社，1998，第15页。

② 李岩：《广东早期青铜时代遗存述略》，《考古》2001年第3期。

③ 翁齐浩：《珠江三角洲全新世环境变化与文化起源及传播的关系》，《地理科学》1994年第1期。

④ 广东省文物管理委员会：《广东潮安的贝丘遗址》，《考古》1961年第11期。

⑤ 杨式挺：《广东新石器时代文化类型探讨》，载《岭南文物考古论集续集》，岭南美术出版社，2011，第13页。

⑥ 同上书，第14页。

斗尾山遗址等，出土的石斧、石锛都很小型、短身。[①]新石器时代末期到青铜时代的粤东潮汕地区遗址，有“虎头埔文化”“后山文化”“浮滨文化”。“虎头埔文化”主要是窑址、烧坑、残碎陶器等。“后山文化”的石器很小，看不出农业的痕迹，即使有农业，规模也很小。[②]比较重要的是相当于商代晚期到西周早期的浮滨文化遗址，但大多是墓葬，出土的青铜器很多是兵器，生产工具数量不多且小，发现生活遗址的只有普宁县牛伯公山。[③]

粤东部惠阳平原有属于春秋时代的横岭山墓葬，其随葬品来自附近的梅花墩窑址，两者之间有交换陶器的关系。博罗银洲豆兵岗贝丘遗址夹在二者之间，它们的关系显示出其有较为发达的属于“火耕水耨”类型原始农业的背景。[④]可惜没有大型聚落遗址和生产遗址为其证明。

5. 粤西南地区

粤西南地区包括古代广东的廉州（今广西北海）、高州、雷州以及海南岛一带，有的文章称为南路地区。新石器时代中期，这一地区比较著名的遗址是合浦东兴贝丘遗址。东兴遗址虽然打制石器多，但是石斧、石锛不少，[⑤]有农业文化的内涵。东兴贝丘遗址与潮安陈桥村贝丘遗址在许多方面有相似之处，但是粤西南新石器中期的遗址除了东兴遗址之外就没有其他大发现，其他遗址以沙丘、土坡为主，发现的都是一些零星的工具。在海南，新石器晚期的遗址在各地均有分布，大都属于台地和山坡遗址，主要分布在昌化江、南渡江、陵水河、万泉河等江流及其支流两岸的阶地和附近的岗坡上。南路地区和海南岛区的新石器时代文化有一定的地区特色，虽也显得不够发达，但与珠江三角洲、西江流域的

---

① 广东省文物管理委员会:《广东潮阳新石器时代遗址调查简报》,《考古通讯》1956 年第 4 期。

② 魏峻:《粤东地区考古学文化与环境的互动》,《南方文物》2008 年第 1 期。

③ 邱立诚:《论浮滨文化》《再论浮滨文化》，载《粤地考古求索——邱立诚论文选集》，科学出版社，2008，第 270—293 页。

④ 赵善德:《先秦时期珠江三角洲环境变迁与文化演进》,《华夏考古》2007 年第 2 期。

⑤ 莫稚等:《广东东兴新石器时代贝丘遗址》，载《南粤文物考古集（1955—2002）》，文物出版社，2003，第 176—177 页。

原始文化有一脉相承的关系，只是传入的时间较晚，而延续的时间又较长。①

新石器时代中晚期开始的岭南原始农业，既没有长江下游那样完整系列的稻作文化遗址，也不存在像中原地区那样先进的农业文化迅速扩张的情况，而且缺乏如前仰韶文化—仰韶文化—龙山文化那样发展脉络清晰、特征明显、分布地域广泛的农业类型。在秦以前，岭南还处在原始农业没有充分发展的阶段。

① 杨式挺:《广东新石器时代文化类型探讨》，载《岭南文物考古论集续集》，第18页。

第二节

原始农业的生产工具

一、原始时代的石器工具

1. 砍伐类工具

原始农业的农具中，砍伐类工具地位突出[①]，种类有锛、斧、刀等。起源于中石器时代的砍砸器、陡刃器等砍伐类的打制工具，石刀薄而易

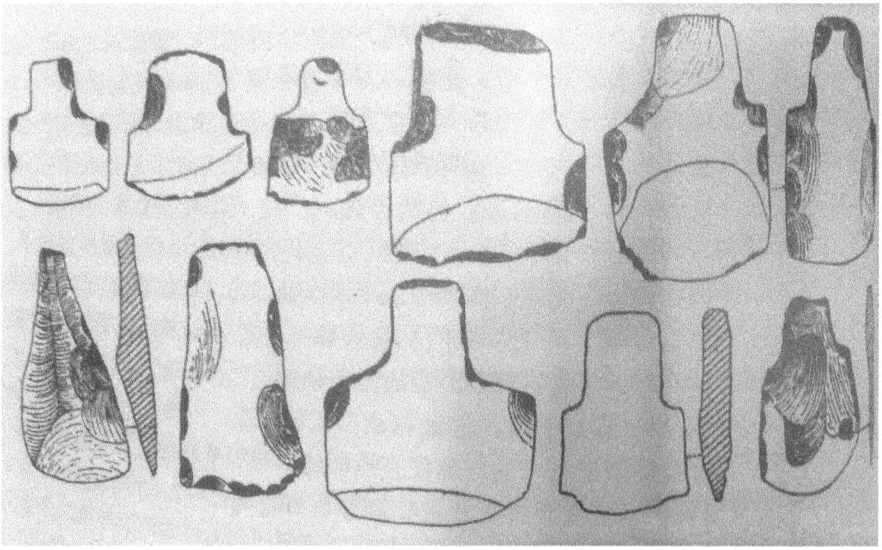

图 1-2　西樵山文化的双肩石器

① 梁家勉主编《中国农业科学技术史稿》，第 27 页。

断，我们将它归入收割工具。新石器时代的人们为了开垦田地的需要，提高砍伐林木的效率，将砍伐类工具的刃部加磨，并且为了利于手对砍伐工具的掌握，柄部加段和加肩部，就成了有段有肩石器。为了农作方便的需要，工具表面磨制的部分也越来越多，甚至通体磨光。

斧的身长与身宽的比例较小，刃端较扁和长度较大。刃端磨薄和斧上部打出双肩是一技术进步。距今10 000—8 000年的英德牛栏洞遗址已经出现刃部磨制的石斧。[①]手斧是最早出现的。有肩石斧在斧的器身上部两侧打出缺角，形成突出的柄部，用以装柄或绑柄。[②]西樵山霏细岩磨光双肩石斧是打制之后再磨制而成，这类石斧在东南沿海也有分布，在邻近的东南亚也有发现。[③]石峡二期只有长身斧、楔形斧与有肩有段石斧，可以斩伐树木，双肩小斧因器型太小而缺乏这一功能。石峡三期和石峡四期出土石斧仅各6件，可见作为砍伐用的石斧在石峡遗址中并不是主要的工具。在封开杏花河两岸的遗址中有肩石斧占石斧总数70%以上，这是当地新石器晚期遗址中石斧形制的一个特点。与过去西江两岸调查发现的情况是基本一致的。[④]

锛端部较窄，身宽与身长的比例较大。早期的锛是长形锛，不便手握，于是出现有段和有肩石锛，以利于实现装柄的需要。有段石锛，特点是带有段脊，以便更牢地按柄，从而延长手臂，提高效率。一般认为有肩有段锛是在长形锛的基础上进一步加工、改进而创造出来的，是南方地区从新石器晚期到青铜时代最富有特征的石质生产工具。[⑤]史老墩的长形锛为长方形、梯形、弧形，不见有段和有肩的石锛。[⑥]在距今4 500年的石峡遗址，出土石锛111件。石峡的拱背锛是锛发展阶段的初级型，

① 英德市博物馆等编《英德云岭牛栏洞遗址》，载《英德史前考古报告》，第69页。

② 杨式挺：《略论粤、港、海南岛的有肩石器和有段石器》，载《岭南文物考古论集》，广东地图出版社，1998，第308页。

③ 黄慰文等：《广东南海县西樵山遗址的复查》，《考古》1979年第4期。

④ 彭如策：《广东西江两岸地区古文化遗址的调查》，《考古》1965年第9期。

⑤ 彭适凡：《试述先越民族的两种生产工具》，《南方文物》1985年第1期。

⑥ 英德市博物馆等编《英德沙口史老墩遗址》，载《英德史前考古报告》，第179—192页。

高脊锛是高级型。史老墩遗址的锛与石峡遗址的锛在器形上没有看到技术的传承关系。①

石峡遗址中石锛类的砍伐工具占了大部分。石锛中长身、厚度较大，端部较宽的类型斩伐树木的功能较好。石峡二期遗址中长身锛数量达61件，占351件石锛总数的17.4%。石峡二期墓葬中长身锛也有46件，占随葬石器的4.78%。梯形锛数量107件，大多形体较小，不能斩伐树木。石峡三期长身锛，身长大于刃宽一倍以上，数量为121件，占石峡三期锛类的19.3%。石峡四期长身锛22件，占158件石锛的13.9%，如果加上大型的梯形锛，则石峡遗址中能砍伐树木的石锛数量就更多。②

1982年杨式挺在杏花河两岸调查，发现石锛91件。短身锛和有肩锛占的比例最大，典型有段锛则不如粤北多见。③我们倾向于认为较长的石锛才有砍伐的功能。杏花河两岸新石器时代晚期的遗址二三十处，有段和有肩锛不如石峡遗址一地之多，长身锛尤其偏少，是粤西原始农业逊于粤北的表现。

有肩有段锛、斧以及穿孔石斧等都能装柄，是生产工具制作技术的第一次突变和飞跃，标志着生产工具开始由单体结构向组合结构转变，是原始农业时期生产力发展的一个重要标志。④

2. 翻土工具

最早的翻土工具是掘土点种的木棒，也就是古代记载的耒。耒分为曲柄单尖耒和曲柄双尖耒，作为最早的点种工具，是民族考古和农业考古已证明了的。学术界争论较多的是掘土木棒是否需要加上一个重石，也叫穿孔石器，其作用是增加木棒掘土的力量。穿孔石器作为点种棒重

---

① 彭适凡:《试述先越民族的两种生产工具》,《南方文物》1985年第1期。

② 广东省文物考古研究所等:《石峡遗址——1973—1978年考古发掘报告（上册）》，第53—71页、第226页。

③ 杨式挺:《广东封开县杏花河两岸古遗址调查与试掘》，载《岭南文物考古论集》，广东地图出版社，1998，第30页。

④ 游修龄主编《中国农业通史·原始社会卷》，中国农业出版社，2008，第271、274页。

石的论点也得到了民族考古的支持。[①] 牛栏洞遗址已经发现穿孔石器，并且加磨，有人倾向于认为其是点种棒的重石。[②]

铲形器是自上而下作业的。刀耕农业发展之后，逐步过渡到锄耕农业。田地轮歇的时间缩短之后，点种之前需要翻土，以便让灰分被土壤覆盖，铲形器就是适应这个需求而诞生的。一说铲形器源自掘土的木棒。[③] 许多被认为是石铲的工具其实是石耜，其翻土功效大于耒。[④] 石峡二期遗址有 6 件石铲，均残。其余 21 件石铲作为随葬品散落在 14 座墓葬中。[⑤] 参与石峡挖掘的杨式挺曾报道石铲与稻谷共存于 61、80、104、43、42 号墓，他认为这种石铲的出现和盛行大体是在距今 5 000 年前后，看来并非偶然，这是和以原始农业的种植经济特别是栽培稻的种植发展相适应的。这些遗址出土的石铲，年代有先后，式样有差别，但总的来说是大同小异的。[⑥] 杨式挺将其中高 17—20 厘米的列入大石铲。[⑦] 石峡的大石铲是在墓葬里没有使用过的祭祀品，作为工具的长度、宽度，这

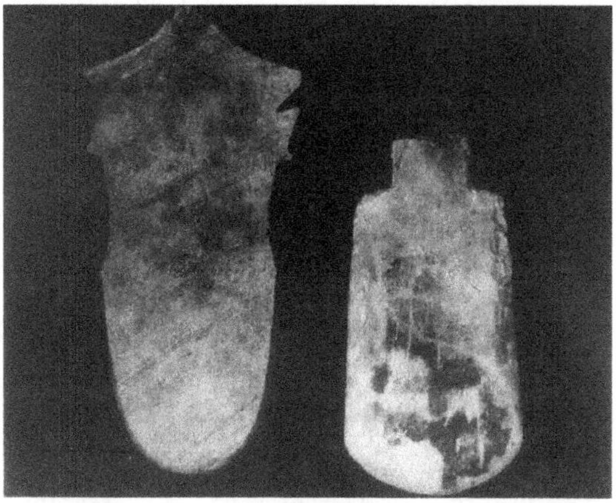

图 1-3　封开出土的新石器时代石铲

① 李根蟠等:《中国南方少数民族原始农业形态》，中国农业出版社，1987，第 22 页。

② 邱立诚:《英德牛栏洞遗址的初步研究》，载《粤地考古求索——邱立诚论文选集》，科学出版社，2008，第 223—231 页。

③ 李根蟠等:《中国南方少数民族原始农业形态》，第 19 页。

④ 游修龄主编《中国农业通史 · 原始社会卷》，第 266、277 页。

⑤ 广东省文物考古研究所等:《石峡遗址——1973—1978 年考古发掘报告（上册）》，第 55、227 页。

⑥ 杨式挺:《谈谈石峡发现的栽培稻遗迹》，载《岭南文物考古论集》，广东地图出版社，1998，第 67 页。

⑦ 杨式挺:《略论粤、港、海南岛的有肩石器和有段石器》，载《岭南文物考古论集》，第 308 页。

些大石铲都达到要求，关键是厚度，0.9—1.1、1.3、1.4 厘米厚的可以用于耕作，低于 0.9 厘米的石铲可能是作其他用途的[①]。石峡二期墓葬中的大石铲有一部分是实用型，虽然是作为祭祀品。杏花河的实用的石铲也只在二三十处新石器晚期的遗址中发现 10 件，且实用型只占一半。[②] 在岭南，石铲由于是自上而下作业，特别适合于水田耕作和翻土。故石铲可以视作水稻农业的标志性工具，但是需看器型是否实用型，需结合遗址相关实物来研究。

横斫式的工具有锄头。石峡下层的石䦆，也就是上文所说的弓背锛，石峡二期遗址中出土 17 件，石峡二期墓葬中随葬有 20 件。[③] 杨式挺曾报道这类石䦆与稻谷共存于 108、80、104、43 号墓。此外，在探方 11 号和探方 86 号也发现 3 件。其特点是长身弓背，两头有刃，上刃窄，下刃宽。窄刃的一头䦆身短，宽刃的一头䦆身长，犹如现在的铁镐。最大的一件长 31 厘米，上刃宽 3.8 厘米，下刃宽 6 厘米，背厚 4.6 厘米。其装柄方法，推测是将一根“T”字形的木杵上部贴紧（或套紧）䦆身中部，然后捆绑固定。这种石䦆一般比较厚重，可以用来掘土和垦殖；若与石铲配合，或可用来开挖沟渠。这种式样的石䦆，湖南安仁县安坪司遗址出土过，东南沿海未见过。[④] 这种工具只在石峡文化其他类型的遗址中零星出现过，在我国其他地方少见。[⑤] 可见这种弓背锛，在新石

① 广东省文物考古研究所等:《石峡遗址——1973—1978 年考古发掘报告（上册）》，第 229、230 页。刘壮已认为石铲又称石耜，遍举全国各地的实用型石铲，孟县涧溪一件石铲，厚 0.9 厘米；裴李岗一件石铲，厚 1.2 厘米，见刘壮已《中国古代的石耜》，《农业考古》1991 年第 1 期。桂南实用型的Ⅰ、Ⅱ石铲都是 1 厘米厚左右，见覃彩銮《从石铲遗存看桂南地区新石器时代晚期的农业》，《农业考古》1984 年第 2 期。

② 杨式挺:《广东封开县杏花河两岸古遗址调查与试掘》，载《岭南文物考古论集》，第 39 页。

③ 广东省文物考古研究所等:《石峡遗址——1973—1978 年考古发掘报告（上册）》，第 55、226 页。

④ 杨式挺:《谈谈石峡发现的栽培稻遗迹》，载《岭南文物考古论集》，第 219—226 页。

⑤ 杨式挺:《石峡文化类型遗存的内涵分布及其与樊城堆文化的关系》，载《岭南文物考古论集》，第 217 页。

器时代晚期并不普遍。

3. 收割工具

中石器时代采集野生谷类植物食用，以及采集纤维类植物用作纺织，都需要使用刀。牛栏洞出土蚌刀3件。穿孔蚌刀是较大的蚌壳在壳体中部加工一个或两个孔而形成，利用蚌壳长而薄的边缘作刃口。器具长度从10.8厘米至残长12.3厘米不等，有1.4—3.2厘米的孔径，都有使用的痕迹。[①]这是新石器时代石质镰刀的滥觞。蚌这种介类动物在岭南很常见，制作蚌刀取材方便。收割用蚝壳刀见于河宕遗址。石峡文化中没有石镰的出土，此原因可能是石峡古稻有易于落粒的特性而缺乏制作石镰的需求。石峡三期文化层有石刀5件，典型的1件呈长方形，穿孔，且磨光精细。[②]始兴大背岭遗址也出土了类似石刀，近似于用于收割的器物。

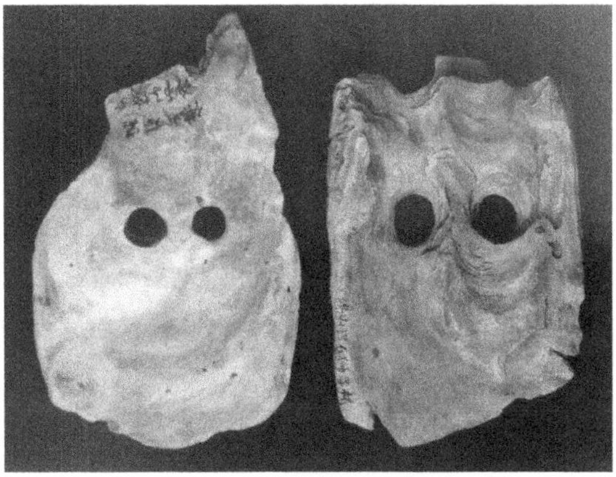

图1-4 佛山河宕遗址的穿孔蚝壳工具，可以用于收割

4. 加工工具

磨盘是用于加工谷物的工具，也有很多其他的用途。磨盘和磨棒有很多方法可以代替。例如地上挖一个坑，垫上兽皮，就可代替磨盘，用木棒代替石磨棒，也可加工块茎类食物或谷物。石磨和石杵不一定有具体的专门用途，初始可能是用作磨制石器或骨、角等器物时用，需要时可用作加工块茎类植物或谷物。这类加工工具在旧石器时代晚期和新石器时代早中期的岭南遗存中很少见。石峡二期文化层中发现磨盘6件与

① 英德市博物馆等编《英德云岭牛栏洞遗址》，载《英德史前考古报告》，第73页。

② 广东省文物考古研究所等：《石峡遗址——1973—1978年考古发掘报告（上册）》，第445页。

石杵类的磨研器 8 件，石峡三期发现磨盘 8 件、石杵 4 件、研磨器 9 件、磨轮 1 件 [①]。杨式挺所称的“鲶鱼转—石峡中层”类型，多出土专门的石磨盘和石磨棒。走马岗遗址出土磨盘 5 件，磨杵 3 件，器形均与鲶鱼转的相似。[②] 在粤东和环珠江口的遗址都有发现一些磨盘、磨棒等工具。由于史前时期谷物生产是否是主要的经济活动还无法确定，遗址中出土的磨盘、磨棒也可能用于加工块茎类作物或块茎类植物，以获取淀粉作贮藏之用。

二、用竹木、骨、贝类做成的工具

木和竹做成的工具最早用于采集、渔猎业。竹木工具可以用于制作尖状物，掘取块茎植物的根；竹木做成的矛、箭镞、弓等可用于打猎；竹木制作的鱼叉、竹编的渔具等可用于捕捞。人类制作的木铲、木锄、掘土棒等生产工具，在旧石器时代就已经出现。上述工具都是有民族志、民族考古材料可以证明的。由于竹木工具易朽，在岭南的考古发掘中很少完整地见到这类农作工具，但也有一些蛛丝马迹。木耜这类工具最适合在珠江三角洲的黏性壤土中使用。与增城金兰寺一期同时的东莞万福庵遗址出土木器 7 件，形如木锹，圆柱形，尖端用石器琢制而成，木心已腐朽，只有 2 件完好，长 14.2 厘米、圆径 4.3 厘米。[③] 民族考古学中举了不少中国南方少数民族使用竹木类工具的实例。有人曾列出这类农业工具的系统：尖木棒—耒—双齿木耒—木锸—木犁—木耜—木铲—木锄—木鹤嘴锄—木杵—木臼。[④] 南方少数民族在 1949 年后仍有将竹木作为掘土和播种的工具。[⑤] 在岭南，竹木类工具流传了很长时间，在农业

① 广东省文物考古研究所等:《石峡遗址——1973—1978 年考古发掘报告（上册）》，第 445 页。

② 广东省韶关市曲江人民政府编《曲江文物考古五十年（上）》，中国评论学术出版社，2008，第 116、121 页。

③ 莫稚:《广东珠江三角洲贝丘遗址》，载《南粤文物考古集（1955—2002）》，文物出版社，2003，第 207 页。

④ 周昕:《石器时代的非石质农具》，《古今农业》2001 年第 3 期。

⑤ 李根蟠等:《中国南方少数民族原始农业形态》，第 16—35 页。

生产中起重要作用。后世文献也有记载岭南少数民族对竹木工具的应用:“有石竹，大者径三寸，质实微空最坚，老者斧斤不能入，倭刀（日本刀）触之，立断。”[①]这种一般的刀都不能斩断的老竹子，确实是制作农具的好材料。另据记载：“有筋竹，茎直节平，不蛀，宜为矛。”[②]石竹既然可以做矛，做竹刀之类的工具一定也是锋利的。岭南长有很多坚硬的木材，如唐代文献记载:“桄榔木，……。其木刚，作铵锄，利如铁。”[③]这虽然是后世的文献记载，相信在新石器时代岭南的居民也已懂得这样做。但是石器时代加工竹木的能力有限，制作出来的竹木工具比较粗糙，使用效能会受到很大的限制。

在新石器时代，加工木竹工具、石锛、斧都是主要的，石凿、石锥等也很重要。石凿与锛、斧并列，是砍伐类工具之一。在加工竹木工具时，对木头起段、破板、断开、削榫、穿孔、凿孔、刳木槽、刳独木舟都必须用石凿配合锛、斧操作，石锥则用于钻孔。新石器时代中期的东兴遗址有不少锛、斧，还有石凿 14 件。[④]石峡墓葬中出土石凿 39 件，有长方体和长身有段两种，刃部有单面平刃直口和单面卷刃凹口之分。石峡 M47 出土了大小四件一套的卷刃凹口石凿，是当时使用的木作工具。[⑤]在不少遗存里出土的小型锛，可能就是凿，其用途是制作竹木工具。

动物的骨和牙齿及蚌、蚝等贝类的壳是骨器工具的制作来源。骨器工具发现比较早的典型遗址是陈桥遗址，器形多且数量大。但是陈桥类型的骨器制作方法没有传播出去。在珠江三角洲，新石器时代中期遗存中的骨蚌器极少，晚期遗存中的骨蚌器较为丰富，其出土数量以贝丘遗址最多，山岗遗址次之，沙丘遗址最少。种类有骨锛、骨凿、骨锥、骨叉、骨矛、骨镞、骨针、骨鱼钩、骨环及蚝壳类等，其中以骨镞的数量

---

① [清]屈大均:《广东新语》卷二七《草语·竹》，中华书局，1985，第683页。

② 同上。

③ [唐]刘恂:《岭表录异》卷中，鲁迅校勘本，广东人民出版社，1983，第17页。

④ 莫稚等:《广东东兴新石器时代贝丘遗址》，载《南粤文物考古集（1955—2002）》，第176—177页。

⑤ 广东省博物馆、曲江县文化局石峡发掘小组:《广东曲江石峡墓葬发掘简报》,《文物》1978年第7期。

最多。骨器的加工工艺一般都较精致。[①]但是总的来说，在岭南以蚌、蚝、骨、牙为材料的工具数量不太多，以农作为对象的工具更少。

三、青铜时代的工具

岭南的青铜时代大致在商周之际开始，[②]不能与中原的相比。但从农学史来说，青铜时代也是岭南的金属工具与木石工具并用的时代，而且竹木农具应用数量也有上升。这方面的研究，需从青铜工具的应用情况入手。青铜工具的应用从李龙章的研究大致可以看出：

表 1-1　岭南发现的青铜工具统计表（到 2005 年止）[③]

	斧	锛	凿	刮刀	削	刀	刻刀	镰刀	锯	叉	锸（锄）	合计
广东	133	9	16	156	90	1	12	1	2	4	4	428
广西	86	4	5	8	12	13	—	—	2	9	3	142

到 2009 年为止，还有 17 处青铜文化遗址被披露，其中比较重要的是罗定背夫山战国墓、广宁县龙嘴山战国墓、博罗银岗遗址。[④]这些遗址也出土了不少青铜工具。上表所列工具，斧、锛、刀、镰刀、锸（锄）是农具，而凿、刮刀、削、锯属于制作竹木农具的工具，刻刀被用于制作竹木农具也有可能。青铜加工工具的出现，使坚硬木材能被加工成农业生产工具，竹木质农具得以被大量应用，从而使制作困难且效率低的石器工具逐渐退出原始农业生产领域。有人指出：岭南早期青铜文化中，“石器的变化相对缓慢，这些石器也不是所有（青铜时代）遗存都有发

① 吴曾德等：《论新石器时代珠江三角洲区域文化》，《考古学报》1993 年第 2 期。

② 李龙章：《岭南地区出土青铜器研究》，文物出版社，2006，第 15、17 页。

③ 同上书，此表据该书第 193、196、197、198、201、202、204、205 页制作。

④ 广东省文物局等编《广东文物考古三十年》，暨南大学出版社，2009，目录第 1、2 页。

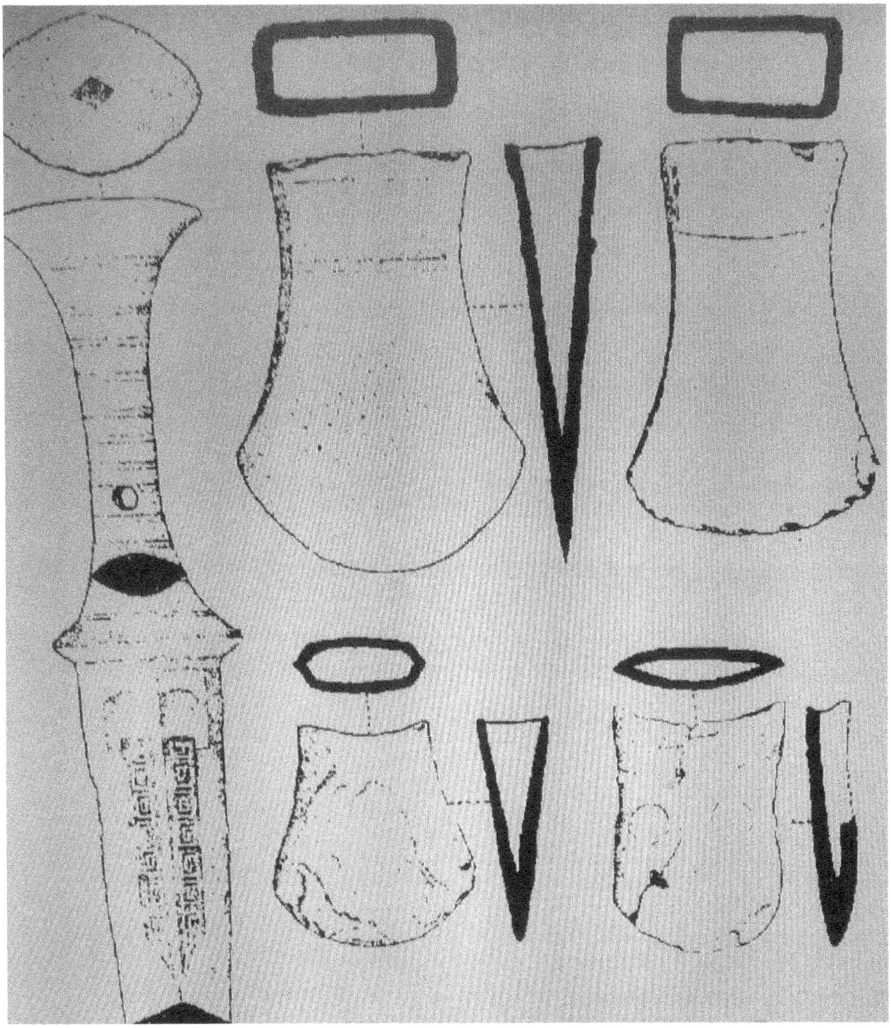

图 1-5　广州出土的青铜斧头和青铜剑

现。”[①] 夔纹陶文化发现的石器也不多，此时石器的使用已急剧衰落。[②] 米字纹陶文化的墓葬中只见砺石一种石器（主要用于磨砺铜器工具）。作为曾经用于生产、生活的重要用具，石器逐步走入历史。[③] 看来青铜

① 杨杰：《岭南地区青铜时期文化研究》，社会科学文献出版社，2011，第70页。

② 李龙章：《岭南地区出土青铜器研究》，第98页。

③ 李龙章：《岭南地区出土青铜器研究》，第125页。

时代岭南石器生产工具数量减少且小型化是大势所趋。青铜锛、斧可以作砍伐工具，有助于开辟更多的耕地。对横岭山墓葬铜锛、斧等砍伐工具的分析证明了当时男女用铜器共同进行火耕农业。[①]不过由于青铜难得，除去用于对竹木工具的加工，直接作为工具用于农耕的机会是不多的。

广东铜刮刀、铜削出土最多，加工竹木工具的能力强于广西，或可证明青铜时代广东原始农业较为发达。

① 郭立新:《墓葬情境分析与身份标识：以博罗横岭山墓地为例》,《中山大学学报（社会科学版）》2006 年第 5 期。

第三节

原始稻作的起源与可供利用的植物

一、原始稻作的起源

华南稻作起源一直是中国稻作起源研究中备受关注的论题之一。最早提出中国稻作起源于华南的是民国时期国立中山大学的水稻专家丁颖，1949 年后他又对这一观点进行了进一步的阐述。① 关于稻作起源的诸理论中，有稻作起源于野生稻分布中心的边缘地带一说。根据这一理论，华南是中国野生稻分布的中心，却不一定是稻作的起源中心；长江中下游是中国野生稻分布中心的边缘地带，反而是栽培稻的起源中心。稻作考古的资料也显示，岭南稻作考古的内容较之长江中下游是较为薄弱的；水稻起源的研究越来越倾向于长江流域，系列完整的稻作考古遗址主要出现于长江下游。②

距今 12 000—8 000 年的英德牛栏洞遗址发现少量的水稻硅质体，包括有双峰硅质体和扇形硅质体，但仅凭此不能说明稻作的起源。广东考古学界对牛栏洞遗址是否有稻作农业存在较大的分歧。对此持怀疑态

① ［民国］丁颖：《中国栽培稻种的起源及其演变》，《农业学报》1957 年第 3 期。

② 关于水稻起源长江流域的研究，早期主要成果参看：游修龄《从河姆渡遗址出土稻谷试论我国栽培稻的起源、分化与传播》，《作物学报》1979 年第 3 期；严文明《中国稻作农业的起源》，《农业考古》1982 第 1 期；严文明《再论中国稻作农业的起源》，《农业考古》1989 年第 2 期。

度的有杨式挺等人。[1]笔者认为，仅有水稻硅质体，而未发现相关的农作工具，牛栏洞遗址中的稻作起源证据显然薄弱。石峡第一期文化层中曾经报道的稻谷遗迹，在正式发掘报告中则无报道。另外，封开县西江支流贺江东岸的台地上的簕竹口遗址，被认为是新石器中期岭南一处重要的从洞穴遗址到台地遗址的代表。簕竹口遗址的发掘报告中没有提到栽培稻遗迹。但向安强等在遗址第 7 层发掘的陶器碎片表面和胎芯检测出的炭化物中，观察到稻硅质体，因此将此遗址列入距今 7 000—6 000 年的古稻遗存加以考察。[2]陶器加上水稻硅质体可以看作稻作产生的证据，但还需要生产工具、生活生产遗址的相关考古发现。因此，距今 7 000—6 000 年以前广东的稻作起源尚需更多的考古发现才能证实。

迄今为止，栽培稻遗迹最有说服力的还是距今 5 000—4 500 年的曲江石峡文化。石峡遗址中二期遗存和墓葬属于新石器晚期，出土的磨光石镬、铲、锛、斧、凿、镞，还有磨盘、磨棒和部分打制石器是其特色工具；在墓葬和窖穴、房址墙发现的稻遗迹，经过鉴定认为是栽培稻。[3]曲江石峡中层、曲江马坝狮子岩附近李岭山遗存、曲江马坝泥岭遗址、曲江乌石床板枰遗址、翁源县坝仔下角垅遗址中，都发现了古稻遗迹，与石峡文化都有一些关联。看来石峡稻作在粤北的确有过一段“扩散”的过程。值得说明的是，石峡稻作的扩散和石峡文化的扩散虽然有联系，但还是有所区别的。考古学界注重的是从陶器的类型等方面说明石峡文化与周边文化之间的关系，但我们在这里强调的是石峡文化在其扩散过程中是否伴随着稻作，当然还有农具的扩散。

粤西地区的栽培稻遗迹都分布在封开的杏花河两岸、苦稔岗遗址和旧屋后山遗址里，这可能还与石峡稻作传播有些关系。粤东地区出现稻遗迹的有揭阳新亨区龙车溪、龙川坪头岭遗址、平远县长田乡龙颈村寨

① 杨式挺:《广东农业考古概述》，载《广东文物考古论集续集》，岭南美术出版社，2003，第 255 页。

② 向安强、刘桂娥:《岭南史前稻作农耕文化述论》，《华南农业大学学报（社科版）》2004 年第 4 期，第 124—130 页。

③ 杨式挺:《谈谈石峡发现的栽培稻遗迹》，载《岭南文物考古论集》，第 64 页。

顶山遗址。[①]

在粤中，高明古椰贝丘遗址曾报告在水稻田里发现20粒古稻，同时出土的还有陶器、石器以及木桨、动植物遗骸等，年代距今4 000年左右。但是没有关于这个遗址的详细发掘报告和这批古稻粒的正式鉴定报告。[②]笔者曾询问主持发掘者崔勇，他认为这些稻粒和栽培稻没有直接的关系。香港沙下遗址虽发现古稻米1粒，[③]但是缺乏与稻作相关的证据。

目前考古发现，栽培稻的遗迹出现在粤北、粤西以及粤东部分地区，粤中地区暂时可以排除。上述遗址出土的“栽培稻遗迹”仅仅限于稻壳、稻粒、水稻硅质土，甚至是陶瓷上的一些稻的印痕等，没有发现栽培稻的生产遗址，例如田埂、排水沟和田块等，以及大量用于水田作业实际应用过的大石铲等工具，这是最大的遗憾。粤中的茶岭、陂头岭遗址应有稻作的遗迹。

综上所述，岭南真正意义上的稻作传播的路径为：距今5 000—4 500年，岭北的稻作文化传到了石峡，然后传到粤西，初步形成粤北

① 以上详细情况见：杨式挺《谈谈石峡发现的栽培稻遗迹》，载《岭南文物考古论集》，第64页；莫稚《五羊城传说新解——从一团炭化稻谷壳说起》，载《南粤文物考古集（1995—2002）》，文物出版社，2003，第272页；杨式挺《石峡文化类型遗存的内涵分布及其与樊城堆文化的关系》，载《岭南文物考古论集》，第219—226页；刘成德《曲江乌石床板样发现的石峡文化遗存》，载《曲江文物考古五十年（上）》，中国评论学术出版社，2008，第185页；《中国稻作起源的再思考》，载《中石器文化及有关问题研讨会论文集》，广东人民出版社，1999，第360页；向安强、刘桂娥《岭南史前稻作农耕文化述论》，《华南农业大学学报（社科版）》2004年第4期，第124—130页；刘志华、向安强等《考古发现的广东古栽培稻品种及其品名的商业利用》，第十届东亚农史学术研讨会，2010年，广州；《一场大雨惊现千年文物：广东封开出土4 000年前旱稻颗粒》，《羊城晚报》2003年3月10日A2版；向安强、姚锦鸿《广东封开杏花河发现的古栽培稻及相关问题探讨》，《农业考古》2006年第1期，第33—45页；杨式挺《建国以来广东新石器时代考古略述》，载《岭南文物考古论集》，第98页；龙川县文化局《龙川县文物志》，2004，第18页；杨式挺《广东农业考古概述》，载《广东文物考古论集续集》，岭南美术出版社，2003，第260页。

② 《十大考古新发现：广东古椰贝丘遗址》，《中国文物报》2007年1月12日第2版。

③ 杨耀林：《深圳古墓中的稻谷遗存》，《农业考古》1983年第3期。

和粤西两地的稻作分布地，距今4 400年前传到广州地区附近，距今约4 000年传到粤东。

20世纪70年代末期，广东农业科学院粮食作物研究所对石峡古稻标本的鉴定结果是："出土的谷壳，从粒形、大小及表面的纹理与现在我国栽培稻相同，属于*Oryza sativa L.*（稻）种。""品种的籽粒较短，从粒形看包括籼、粳两大类。在这两类型之间，不同长、阔、厚度的米粒都有，反映当时品种比较混杂，纯度较差，人工栽培程度较为原始。"[①]广东农林学院农学系认为："47号墓谷粒印痕较细长，长阔比为2.25倍，是籼稻型。""42号墓照片左起第二粒长阔比为2.05倍，……综合看，还应是籼稻。""从红烧土中看到谷粒或米粒的大小和形状很不一致，反映当时品种的纯度很差，农业耕作技术比较原始。"广东省农业科学院粮食作物研究所还认为，探方47下层出土的粳型米粒，很可能属于粳糯。[②]总的结论为，石峡稻还是处于较原始的状态。

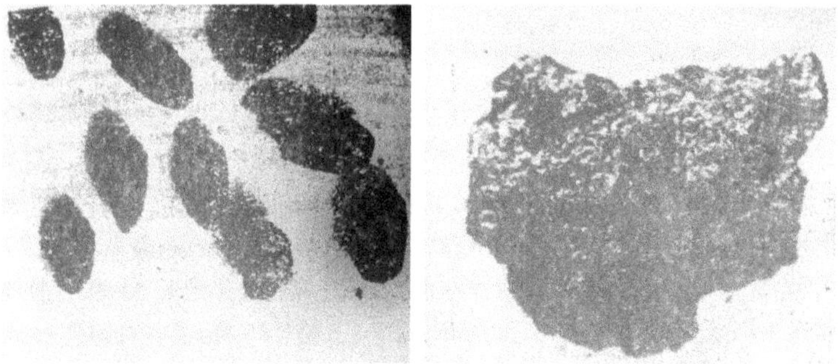

图1-6 石峡遗址的炭化稻谷和米粒烧土凝块

将石峡文化遗址中生活遗址的工具和墓葬里的工具混在一起统计[③]，笔者认为是不合适的，因为只有生活遗址里的工具才能真实反映人们的日常活动。据《石峡遗址》报告中披露的农具分析，石峡稻作只能是旱稻而

① 广东省文物考古研究所等:《石峡遗址——1973—1978年考古发掘报告（下册）》，第677、678页。

② 同上书，第679页。

③ 杨式挺等:《广东先秦考古》，广东人民出版社，2015，第516页。

非水稻。[①]因为二期文化层出土的17件石䦆，是适用于马坝的红土壤的。在二期文化层中出土的一些大型的石斧或锛，绑上木柄，也可以作为耕作红壤土的翻土工具。而二期文化层遗址出土的6件石铲，仅有3件穿孔的大石铲可作为工具，而这些石铲又仅有1件厚度1.2厘米，其他均薄，明显不适宜耕作。而大量的实用型石铲却存在于墓葬里。[②]缺乏足够的证据将大石铲和弓背䦆定为石峡二期的主要农业工具[③]。在石峡二期文化层中没有水田，仅存在旱田，应是用弓背䦆进行耕作。因为实用型大石铲只能在水田的黏土中操作，如果用于红壤土的翻土作业，是很容易破碎的，在石峡二期遗存中出土的石铲均为残件，可证。这可以解释这个现象：因为实用性的石铲不能经常性地用于日常生产活动，就作为随葬品了。而在遗址中出土的弓背䦆数量远远多于石铲，证明在石峡日常的翻土农具是弓背䦆，因为这种工具更适宜耕作红土壤。如果石峡稻作是旱稻，则产量是很低的。屈大均曾经描述过清初海南黎族的旱稻："岁中亩无半收，田皆下下，即上田每亩不过五斗。"[④]清初海南黎族最好的旱稻田折算为每市亩产稻谷56斤（28千克），在60斤（30千克）以下。曲江红土壤瘦瘠，含有机质少，古稻的单穗结实率很低，原始种植业条件下亩产会远低于60斤的水平。海南热带天气，可以接连在不同的地块上种植二造甚至三造，是"异时异获异亩"的所谓"再熟稻"。[⑤]但是曲江气候低，在石峡文化时代，土地也不足，一造是当然的。从谷物贮藏方式也可推测，稻谷在石峡二期、三期都不是大量的贮藏食物，二期遗址的红烧土中掺杂的稻谷壳、稻秆也不是大量的，没有迹象表明石峡二期文化层中的灰坑有贮藏谷物的功能。石峡稻作大致停留在熟荒耕作制的初期，由于红土壤地力易于退化

---

① 早期的旱稻不一定出于食用的需要而是祭祀需要，祭祀用的旱稻可能会先于水稻种植。见俞为洁《从祭祀用稻看旱田陆稻先于水田水稻》，《农业考古》2004年第1期。

② 广东省文物考古研究所等:《石峡遗址——1973—1978年考古发掘报告（上册）》，第55—56、227—278页。

③ 杨式挺等:《广东先秦考古》，第533页。

④ [清]屈大均:《广东新语》卷一四《食语·谷》，第376页。

⑤ 关于"异时异获异亩"这个概念，见吴建新《汉晋隋唐时期岭南的农业文化》，《农业考古》2006年第3期。

而不易恢复，还可能还会向生荒耕作制回归，这就产生了可开荒地不足的情况。生荒耕作制和熟荒耕作制都需要轮歇的土地，前者需要的轮耕地更多而且歇耕的时间更长。石峡二期文化层用于耕作的旱地不足，还体现在二期墓葬随葬的15座墓：其中出土20件实用型的石镬，数量比在二期遗址中出土的还多。[①] 如果耕作急需工具，则不会有这样多的实用型石镬随葬。所以不能因为二期文化层和墓葬中随葬的稻遗迹，以及遗址、墓葬中的翻土工具，就断言石峡稻作已完全达到发达的锄耕农业阶段。石峡古稻不仅产量低下，而且谷粒不够饱满，淀粉量不足，作为果腹的食物，着实不够理想。

石峡的稻作，可能是为了“少数人的食物”，或者是作为酿酒的原料而存在。在11座二次葬的墓中，发现稻粒作为随葬品的，仅有一座墓，且为一次葬。[②] 少数人是指石峡二期文化层中二次葬的主人，那些被学者们称为石峡“父系氏族社会上层”的人物。[③] 这些人拥有的酒器可为佐证。石峡二期文化层出土陶壶，二期墓葬中随葬的陶壶28件，[④] 陶罐66件，[⑤] 簋10件，[⑥] 此外觯型器、陶瓮[⑦]，都是可以盛酒的器皿。石峡二期墓葬中的随葬稻谷可能是酿酒的原料。而后世随葬稻谷为酿酒原料的葬俗，或是远古流传下来的。20世纪80年代深圳出土数以百计的自唐宋到明清的墓葬，“每座墓中必有稻谷遗存”，1949年以前当地居民仍有用稻谷和酒为随葬品的习俗，称为“千年酒，万年粮”。[⑧]

近年使用新方法对古稻粒进行研究。向安强、张文绪等在2006年

① 广东省文物考古研究所等:《石峡遗址——1973—1978年考古发掘报告(上册)》，第226页。

② 同上书，第658—659页。

③ 方志钦、蒋祖缘主编《广东通史（古代上册）》，广东高等教育出版社，1996，第104页。

④ 广东省文物考古研究所等:《石峡遗址——1973—1978年考古发掘报告(上册)》，第370页。

⑤ 同上书，第372页。

⑥ 同上书，第378页。

⑦ 同上书，第378—379页。

⑧ 杨耀林:《深圳古墓中的稻谷遗存》,《农业考古》1983年第2期。

将石峡古稻进行生物学分析，以普通野生稻、籼稻、粳稻和八十垱古稻为参照系，进行数据测定，得出结论：石峡古稻是一个栽培种群；石峡古稻性状演化度已远离祖先种普通野生稻，但还未演化到粳稻的变域，尚处于原始古稻和籼稻之间。[①] 栽培稻未驯化完成的阶段，谷粒的饱满度低且易落粒，产量会很少，远未能成为主要的食物来源。在新石器的中晚期，广东一些地区出现了栽培稻，但是能否成为一种持续的区域性文化，还是存疑比较稳妥。

关于石峡稻作的来源，岭南考古学界并未有很一致的意见。杨式挺在早期的研究中倾向于石峡文化与江西樊城堆文化关系最密切，后来又提出石峡文化与湖南、福建考古文化的关系。[②] 新的考古发掘报告认为，石峡文化与良渚文化、樊城堆文化都有交流。[③] 归结到一点，石峡的稻作是从岭北传过来的，它在延续的过程中与周边文化都曾有交流，但显然未能成为序列完整、分布广泛的原始稻作文化。

二、块茎类植物栽培和可供开发利用的植物

1. 块茎类植物

块茎类植物是最早栽培的作物。块茎类植物不仅在旧石器时代晚期、新石器时代早期的农业起源时起过重要作用，而且在新石器时代中晚期的原始农业中，也是古人类的重要食物。童恩正指出：史前时期南方的原始民族有过一个栽培块茎植物的阶段。[④] 他一并指出了以下的规律性现象：凡是种稻的民族，就一定知道种植芋薯类作物；而以栽培芋薯类植物为主的民族，则不一定知道种稻。这似乎是暗示着芋

① 张文绪、向安强等：《广东曲江马坝石峡遗址古稻研究》，《作物学报》2006 年第 32 卷 11 期，第 1195—1198 页。

② 杨式挺：《广东新石器时代文化与毗邻原始文化的关系》，载《岭南文物考古论集》，第 279—280 页。

③ 广东省文物考古研究所等：《石峡遗址——1973—1978 年考古发掘报告（上册）》，第 396—397 页。

④ 童恩正：《中国南方农业的起源及其特征》，载《南方文明》，重庆出版社，2004，第 97 页。

薯类作物的栽培早于稻。[①]

（1）芋头

考古发现证明，天南星科植物是珠三角主要分布的植物之一。天南星科芋属中的芋，学名 *Colocasia esculenta*，多年生湿生草本，块茎呈卵形和伸长的根状，富含苦味水分或乳汁。原产亚洲南部，现在我国各地均有栽培。[②]在对南方少数民族的民族考古中，芋头被认为是最早栽培的块茎类作物。云南的怒族、景颇族、阿昌族等都最早栽培芋头。[③]怒族等将生长在水沟里、田边地角的野生芋翻挖出来，驯化为家芋。对野芋头的食用是驯化的第一步，李根蟠等提到怒族等民族采食野生芋。[④]但是野生芋头是有毒的，应该需经过一定的栽培时间，并在食用之前经过去毒的程序才能吃。明代海南人种植的一种"三年蒴"，"形如蒴而长大，经三年始可食。煮，失法则麻口。"[⑤]这可能就是一种人工移植的野生芋头，必须种植三年，而且须经过去毒才能吃，如果不得其法，野芋中的化学成分就会使口腔发麻肿胀并有生命危险。但是由于其易于栽种，明代海南人还在高田处种植"天南星"，[⑥]这种"天南星"应该也是野生芋头的一种。说明华南的土著食用芋头的历史是很悠久的。

（2）葛根

葛也是块茎植物，很早就被食用。葛根，为豆科植物野葛的根，属多年生植物，是中国南方一些省区的一种常食蔬菜，其味甘凉可口，作为药物应用，其主要成分是淀粉，而在远古时期却是淀粉类食物。清代的文献称："葛根，大如小儿臂，白如萝卜，亦可为粉冲食。"[⑦]珠江

① 童恩正：《中国南方农业的起源及其特征》，载《南方文明》，第102—103页。

② 中国科学院华南植物研究所编《广东植物志（第九卷）》，广东科技出版社，2009，第201—202页。

③ 李根蟠等：《中国南方少数民族原始农业形态》，第128—132页。

④ 同上书，第130页。

⑤ 正德《琼台志》卷八《土产上》，广东历代方志集成本，第97页。

⑥ 同上。

⑦ [清]张渠：《粤东闻见录》卷下，收入《粤东闻见录·南越游记》，广东高等教育出版社，1990，第98页。

三角洲史前遗址中，大黄沙遗址的第四层出土的夹砂陶釜的底部发现了炭化粮食。后来根据现场的鉴定，这种炭化的食物结块可能是食用的块茎类植物，如葛薯之类的藤本块根植物。[①]

（3）薯蓣

薯蓣科9属，我国只有薯蓣科1属，52种，15变种，广东及海南21种，4变种。薯蓣科虽多种，但是不少种的根茎有毒，或不太可口。薯蓣科薯蓣块茎可供食用。其中常用、无毒、味道可口的有甘薯，别名甜薯［*Dioscorea esculenta*（*Lour.*）*Burkill*］，亚洲南部有野生种。[②]其中栽培种有薯蓣（*Dioscorea polystachya*），块茎肥大，长圆柱形，或长圆锥形，长达1米，垂直生长。茎右旋，通常紫红色，无毛。果期7—11月，生于海拔500—700米处的山坡、疏林、灌丛中，全国各地均有分布，块茎可食用。[③]参薯（*Disocorea alata Linn.*），野生块茎的常为长圆柱形，栽培的变异大，有长圆柱形、圆锥形、球形、扁球形，或有各种分支，皮褐色至黑色，断面白色带紫色。果期12月至次年1月。广东各地山区广为栽培。[④]薯蓣古代称为“甘薯”，不是明清从海外引进的旋花科番薯。六朝时的《异物志》记载：“甘薯，似芋，亦有巨魁。剥去皮，肌肉正白如肪。南方人专食之，以当米谷。蒸、炙皆香美。宾客酒食亦施设，有如果实也。”[⑤]一些薯蓣科的薯蓣野生种，有小毒，也含淀粉，被当作采集植物，去毒后就能吃。如属于薯蓣科的薯莨（*Dioscorea cirrhosa*），[⑥]也有块茎，不过味苦、性凉，小毒。主要作染料用，但是饥荒时也有食用的。古代海南人就将薯莨“灰水浸二三宿，煮数次去其毒水，亦可食。”另外有一种植物叫“绑头”，岁饥去毒后可食用，“制

---

① 陈杰:《珠江三角洲史前经济形态试析》,《南方文物》1998年第3期。

② 中国科学院华南植物园编《广东植物志（第六卷）》，广东科技出版社，2005，第394页。

③ 同上书，第397页。

④ 同上书，第395—396页。

⑤ ［宋］李昉等:《太平御览》卷九七四《甘薯》，引陈祈畅《异物志》，中华书局，1960，第4318页。

⑥ 中国科学院华南植物研究所编《广东植物志（第六卷）》，第396页。

法与薯莨同”，但是食之前，要“置田中，验鱼为无毒，方敢吃”。[①]这些植物应该是从考古时代开始食用的。

2. 可供食用和利用的主要植物

（1）芭蕉

岭南是芭蕉的栽培起源地。野生芭蕉原是有种子可以发芽的，在培育的过程中，种子逐渐退化。根部吸根的蘖生芽条能力反而强大了，以便长出芽条来维持生长。另外由于气候的影响，野生芭蕉也会产生基因突变，导致种子退化而根部能孽生茎条。这一现象应该出现在先秦以前。汉六朝时期文献记载的芭蕉已经是退化了种子的品种：“蕉树，子、房相连，甜美，亦可蜜藏。”[②]其未驯化前为野蕉（*Musa itinernans Cheesman*），据报道，在珠三角有很多大型粗壮草本野生芭蕉，高达 6 米，果圆柱形，成熟时有棱角，具黑色种子。花期为夏秋两季。分布在两广、福建、云南等，生于山谷中。叶鞘纤维可做绳索等；茎可作猪饲料。本种是目前世界上栽培作水果的蕉类的亲本之一。[③]但这种芭蕉已远离了野生状态。

一些木本的野生植物，富含淀粉，是古人采食的对象。如桄榔木，外皮有毛，似栟榈而散生，其叶可制作绳子，木头坚硬，“皮中有似捣稻米片，又似麦面，中作饼饵。”[④]

岭南有许多野生甘蔗生长，直到清代，广东尚有野生甘蔗分布，如新宁县有甘蔗山，“山上有草，味如甘蔗，故名”。[⑤]它虽然不能饱腹，但是含糖丰富，其味道之甘美是很多植物都比不上的。梁家勉认为，中国甘蔗栽培最早的地方是华南，人们嘴嚼甘蔗富含糖液的茎部。[⑥]原始人以野生甘蔗的茎部获取糖分，能增加身体热能的供应。

---

① 正德《琼台志》卷八《土产上》，广东历代方志集成本，第 97 页。

② ［宋］李昉等:《太平御览》卷九七五《甘蔗》，引徐衷《南方草物状》，第 4320 页。

③ 蒋谦才、李镇魁主编《中山野生植物》，广东科技出版社，2008，第 264 页。

④ 《后汉书》卷八六《南蛮西南夷传》，［唐］李贤注引沈盈《临海异物志》。

⑤ 同治《广东图说》卷一一《新宁县四》，中国方志丛书本，第 134 页。

⑥ 梁家勉:《甘蔗史证》，载《梁家勉农史文集》，中国农业出版社，2002，第 512 页。

（2）苋菜

野生苋菜及其种子是古人的蔬食，香港深湾遗址发现了 11 粒苋菜的种子。[1] 苋菜的种类很多。如刺苋，别名勒苋菜（*Amaranthus spinosus Linn.*），直立草本，花果期 5—11 月，分布在广东及海南各地，生长在荒地和路旁草地上。嫩茎可作蔬菜食用。[2]

（3）蕨类植物

一些蕨类植物的根茎富含淀粉，在古代是岭南人的度荒食物，对它们的采食从原始时代就已开始。蕨，蕨科，蕨属[*Pterdium aquilinum*（*Linn.*）*Kunnver. latisculum*（*Desv.*）*Underw.ex Heller*]，多年生草本，高达 1 米。根状茎长而粗壮，横卧地下，供食用或酿造；也供药用。[3] 可吃的蕨类根茎还有金毛狗，蚌壳蕨科金毛狗属［*Cibotium barometz*（*Linn.*）*J.Sm*］草本，高达 3 米，根茎粗壮，大而直立，密生金黄色长绒毛，形如金毛狗头。生于华东、华南及西南。长在山脚沟边和林下阴处酸性土上，

图 1–7 被称为“黄狗头”的蕨类植物的根富含淀粉，从石器时代到清代都是古人的食物

① 秦维廉编《南丫岛深湾考古遗址调查报告》，香港考古学会专刊，1978，第 257 页。

② 中国科学院华南植物研究所编《广东植物志（第四卷）》，广东科技出版社，2000，第 99 页。

③ 蒋谦才、李镇魁主编《中山野生植物》，第 10 页。

在山地较为常见。根状茎含淀粉，以前经常被采集，现在是国家Ⅱ级重点保护植物。[①]广东人称之为“黄狗头”，常见于方志记载。三水银洲豆兵岗贝丘遗址中发现大量蕨类植物的花粉，[②]从侧面证实贝丘古人对蕨类植物的应用。

（4）果类植物

果类是很好的食物。石峡文化二期发现的96粒野山枣核，有52粒是给死者的祭祀品，另外还出土了一枚核桃，至今遗址附近仍有这些野生果树。[③]数量众多的核果作为祭祀品，可见是重要的食物。在西江边的高要茅岗遗址发现橄榄135粒（果品有青橄榄、乌橄榄），白果核7粒，山枣核6粒，柿壳半片[④]。茅岗遗址据碳十四测年，距今4 500年，说明广东是橄榄的原产地。六朝唐代还有关于野生橄榄树的记载。嘴嚼橄榄汁液使人解渴，吃后的渣滓也可果腹，白果富含淀粉和维生素，山枣和柿子也是可吃的，这些都是山上的野生资源。随处可见的野生荔枝也应该是古人食物。人们还可以采食竹笋，竹笋有甜味和苦味的，“山中采笋者，辄鬻其甜而自食其苦，谓甜者胀人，苦者可久食耐饥云。”有的竹笋“剥之肥白而脆”。[⑤]野生菌类随处可摘食，生长在松树旁的称为“地肾”，“熟之味甘以香”。[⑥]山中还盛产木耳，“阳春、茂名，……其山深，故多朽木，……木耳以桑、槐、榆、柳、榕树上生者良，柘木次之。”[⑦]木耳是山林中最常见的果腹之物。

（5）藻类植物

生长在海边的人们，除了吃鱼虾类或贝类，也有藻类植物可采食：“海菜，产琼之会同。……海有研石，广数里，横亘海底，海菜其莓苔

---

① 蒋谦才、李镇魁主编《中山野生植物》，第7页。

② 银洲遗址发掘考古队：《柱状取样阀在贝丘遗址发掘中的作用》，《中国文物报》1996年6月25日。

③ 广东省文物考古研究所等：《石峡遗址——1973—1978年考古发掘报告（上册）》，第388页。

④ 杨豪等：《古代高要茅岗水上木构建筑遗址》，《文物》1983年第12期。

⑤ ［清］屈大均：《广东新语》卷二七《草语·竹》，第686页。

⑥ ［清］屈大均：《广东新语》卷二七《草语·地肾》，第712页。

⑦ ［清］屈大均：《广东新语》卷二七《草语·木耳》，第713—714页。

也。白者为琼枝，红者为草珊瑚，泡以沸汤，……有纸菜，其薄如纸，乃咸水之皮所成，其色如青苔，则以日光而成。潮退时附沙上，土人浣白之为蔬。有紫菜，薄而叶大。有石发，蒙生海石上，春时采之，色碧绿。有海带，亦薄而长，或散条，或结绳缕，或如短马尾，黑绀色，与鹿角、龙须皆海之菜也。”[①] 海滨地带的生物为贝丘遗址的居民提供了丰富而复杂的食物。[②]

（6）可供纺织用的植物

在解决穿的问题上，岭南人很早便懂得用树皮做衣服遮体。环珠江口发现大量的石拍或陶拍，学者们认为这是制作树皮布的工具，树皮布衣服在一段时间内是岭南人的衣着。[③] 清代黎族尚有用树皮布，材料有楮树、厚皮树、箭毒树等，“生黎隆冬时取树皮捶软，用以蔽体，夜间即以代被。其树名加布皮，黎产也。”[④] 现代黎族残存的制作树皮布技艺，是用很坚硬的木棒甚至铁刀敲打树皮，用很大的力量将木皮松软化，树皮中的汁液被强力挤出，晒干之后就可以制成布。看来树皮布不一定用石拍制作。杨式挺先生认为，出土的许多石拍，形体多较小且轻，不知如何拍打厚厚的树皮？[⑤] 所以，新石器时代遗址中出现的石拍应根据形状大小予以区分，是否应一律冠以制作树皮布的工具，是值得商榷的。

纺轮发明之后，古人就能利用一些富含纤维的植物的皮、茎纺织衣服或绳索，衣服可以在秋冬寒春防寒，绳索可以用于竹木建筑、船缆，细的麻线还可以织渔网。纺织技术是农业生活史中的重要发明之一。香港深湾遗址发现了 3 粒蓖麻的种子，有几个因素说明这些种子不是外侵进来的。[⑥] 野生蓖麻，大戟科蓖麻属（*Ricinut communis Linn.*），粗壮草

① [清]屈大均：《广东新语》卷二七《草语 · 海菜》，第 720 页。

② 娄欣利等：《村头遗址的资源与生计方式研究》，《南方文物》2009 年第 3 期。

③ 邓聪：《香港古代树皮布文化的发现及其意义浅析》，《东南文化》1999 年第 1 期。

④ [清]张庆长：《黎岐纪闻》，《岭海见闻 · 黎岐纪闻》，广东高等教育出版社，1992，第 119 页。

⑤ 2014 年底杨式挺先生给拙作原始农业部分的批语。

⑥ 秦维廉编《南丫岛深湾考古遗址调查报告》，第 257 页。

本或草质灌木，高达 5 米。种子可榨油但有毒。[①] 其茎韧，皮纤维可制绳索。利用最多的还是野生麻类。在广东，这些可能被利用的植物有光叶山黄麻（*Trema cannabina Lour*），灌木或小乔木，分布于两广、福建、台湾、浙江等省区，生于路旁、灌丛或疏林中。茎皮纤维代纤维用。[②] 野生苎麻，荨麻科苎麻属［*Boehmeria nivea*（*Linn.*）*Gaudich*］，亚灌木。分布在两广、福建、台湾和云贵等省区，生于荒地、山坡、路旁。茎皮纤维可纺织。[③] 野生芭蕉的茎叶、野生葛麻、个别种类的竹子、未长成竹的老笋也是纺织的原料，岭南古代土著居民生活中盛行的"蕉布""葛布""竹布"，可能就起源于新石器时代。岭南土著很早就利用木本棉花织布，《尚书·禹贡》中"岛夷卉服，厥篚织贝"有不同的解释，但大家一致认为其中的"岛夷"指东南海岛（包括海南岛）之夷，"织贝"是印度梵语"木棉"的音译。海南岛黎族人民至今仍称整株的棉花为 Jibei，称絮为 bei。[④] 一般认为《尚书·禹贡》是战国的著作，将海南土著利用木本棉的时间，定在战国时期。我认为定在新石器时代出现纺轮的时期较合适。

在一段时期内，树皮布衣服和纺织的衣服是共存的。如在距今 6 000 年的咸头岭遗址出土了半成品纺轮 4 件，也有可以制作树皮布的石拍 6 件。[⑤] 在宝镜湾遗址中出土了 4 件可能与制造树皮布有关的石拍。这些石拍或有刻纹或为素面，在器身的侧面都有便于装柄的凹槽，是制作树皮布的工具。纺轮的大量出现，表明纺织的布取代了树皮布，从而使人的穿着迈向新的阶段。在宝镜湾遗址中出土的石纺轮、陶纺轮，就

① 蒋谦才、李镇魁主编《中山野生植物》，第 109 页。

② 同上书，第 150 页。

③ 同上书，第 159 页。

④ 彭世奖：《莫负英名书信史　清风扫地更无遗——试评〈广东省志·农业志〉古代部分的美中不足》，载倪根金主编《生物史与农史新探》，台湾万人出版社有限公司，2005，第 650 页。

⑤ 深圳市文物考古鉴定所等：《广东深圳市咸头岭新石器时代遗址》，载《广东文物考古三十年》，第 18 页。

是用于纺织的工具。[①] 发掘报告还认为在宝镜湾上出土的编织绳索的纤维，其原料是岛上就近大量存在的野生麻类，或者在远古时期就有先民种植的麻类。宝镜湾遗址渔网捕鱼很发达，当时的居民已经开始利用野生植物纺织渔网，并可能已经懂得利用薯莨科的薯莨染网。从纺轮形制可看出当时居民对纤维植物的应用程度。纺轮是一种中间穿孔加轴转动的捻线或纺线的工具，质地多为陶制的，也有石质的，在岭南大量出现在新石器时代晚期，延续时间长达数千年，捻出的纤维线一般用来编织衣服，这时树皮布已经被纺织的衣服所取代。石峡遗址中发现纺轮93件，有扁平圆柱形、算盘珠形等，部分还刻有米字、十字、漩涡等装饰花纹。石峡附近有野生麻，当时石峡人用石锛剥取野生麻纺织衣服。[②] 南海鱿鱼岗贝丘遗址发现66件纺轮，大多刻有十字加曲线线纹。[③] 河宕遗址的第三、第二文化层出土各种形制的陶纺轮113个，较完整的80个。值得注意的是，第三文化层的陶纺轮底面多有刻划花纹，花纹为十字纹，或者是十字纹的四等分内加单线、双线或多线弧线纹。若与曲江石峡第二期、第三期文化，以及南海灶岗和三水白泥豆兵岗贝丘遗址出土的陶纺轮相比，河宕遗址的陶纺轮有自己的特点。[④] 从纺轮花纹的制作看，南海灶岗和三水白泥遗址同属“河宕类型”文化。[⑤] 从纺轮型式看，新石器时代晚期至青铜时期文化遗址的纺织水平很高，能大量利用麻类植物等纤维植物，也可能已经开始栽培苎麻之类的纤维植物。用作纤维织物的野生植物还有葛麻、蕉麻、单竹、白竹、苞竹、穀树、勾芒木、勾

① 广东省文物考古研究所、珠海市博物馆：《珠海宝镜湾海岛型史前文化遗址发掘报告》，科学出版社，2004，第337页。

② 李岩：《珠江流域新石器时代晚期农业考古概述》，《农业考古》1988年第1期。

③ 广东文物考古研究所等：《广东南海市鱿鱼岗贝丘遗址的发掘》，《考古》1997年第6期。

④ 广东省博物馆等：《佛山河宕遗址——1977年冬至1978年夏发掘报告》，广东人民出版社，2006，第139页。

⑤ 同上书，第140页。

藤、编木等。[1]纺纶的出现，使麻可以织成渔网，而渔网需要薯莨染过方耐咸耐浸，珠海宝镜湾遗址出土大量石网坠、石锚、碇，说明渔网的应用。渔船身、渔网、绳都需要薯莨漆染过，说明当时对野生薯莨的应用在滨海比较普遍。

① 彭世奖:《略述百越人对衣用纤维植物开发利用的贡献》,《古今农业》1992年第3期。

第四节

采捕业和畜牧业的起源

一、采捕业起源

1. 贝丘遗址的采捕业

贝丘遗址是环珠江口及沿海地区分布最广和数量最多的文化遗存。在这些遗址上，往往堆积大量的贝类，显示古人以贝类为主要的食物。贝丘遗址可分为三类：（1）河岸型贝丘，其贝类为来自河道的淡水贝类，或者是半咸水半淡水的贝类，纯咸水贝类基本不见，如蚬壳洲贝丘遗址。（2）海湾型贝丘，其贝类以半咸水或广盐性的种属为主，一般位于海湾或离海岸较近的地方，罗山嘴即属此列。（3）河潮型贝丘，贝类居于两者之间，来自河口或受咸潮影响的潮流段，如万福庵。

河岸型贝丘遗址规模较大，海湾型与河潮型不发达。[①]但也不尽然，如河宕遗址是半咸水半淡水的贝丘型。不管是何种贝丘遗址，食物系统都非常丰富。如河宕遗址中，出土食物遗骸有：（1）哺乳类——亚洲象、水牛、麂、水鹿、梅花鹿、猕猴、野猪、獾类、狗。（2）爬行类——马来鳄、鳖类。（3）鱼类——硬头海鲶（俗称赤鱼），青鱼（草鱼、鲩），或者鲤鱼的咽喉骨。咽喉骨是鲤鱼科所具有的结构，咽喉部坚硬密集的牙齿可以咬碎贝壳类。河宕第三文化层及其窖穴包含数以吨计的贝壳，主要是沿海河口地带的丽蚌、兰蚬（即河蚬），个体较小，还有少量的

① 李岩等：《珠江三角洲贝丘遗址考古研究的实践与思考》，《南方文物》1995年第1期。

牡蛎，品种有大型而长体的僧帽牡蛎和较小型而短体的近江牡蛎，以及螺、珍珠贝、蛏等。[①]河宕遗址中只有骨矛、骨镞，看来不需渔网捕鱼。[②]硬头海鲶在增城三江镇金兰寺、东莞企石镇万福庵贝丘遗址以及香港南丫岛深湾遗址中也有发现。深湾遗址发掘报告称，硬头海鲶和断斑石鲈（俗称头鲈）都属于深海鱼类，每年春夏之交洄游至近海湾或河口地带产卵，较容易被捕获。[③]捕获这些洄游性鱼类不必使用复杂的捕捞技术，只需石镞、骨镞、骨叉、骨枪等工具，甚至竹制的渔具都可以。茅岗遗址就有这类工具和竹篾编织物，但是没有发现网坠。当时的发掘面积只有112平方米，但是现场是广阔的稻鱼共作田地，报告说遗址范围长达千米，宽约百米。[④]这里的居民以鱼类为主食是没有问题的。古椰贝丘遗址出土动物有淡水龟、鳖类和硬骨鱼，其中鲶鱼科和鲈鱼科等少量种属可以辨别。陆生动物有野猪、鹿、牛、狗和亚洲象等。[⑤]暂不见有网坠报道。在贝丘遗址有专门的工具采食贝类。潮安陈桥村遗址的蚝砺啄是主要石器，和东兴贝丘遗址的一样，是敲啄蚝的工具。[⑥]沿海遗址中的尖状石器可分为一个单独的类别，也可以用于开蚝。[⑦]因为贝类丰富，有的贝丘遗址延续的时间很长，如唐代文献中的吃蚝及其他贝类为生的卢亭就是贝丘居民的遗孑。

2. 沙丘遗址的采捕业

沙丘遗址在环珠江口和沿海分布较多，生态环境都是沙堤—潟湖类型。所出遗物多见软体动物躯壳以及鹿、牛、鱼、龟的遗骨，骨哨、锥

① 广东省博物馆等:《佛山河宕遗址——1977年冬至1978年夏发掘报告》，第105页。

② 同上书，第41—42页。

③ 同上书，第107页。

④ 杨豪等:《广东高要县茅岗水上木构建筑遗址》,《文物》1983年第12期。

⑤ 《广东高明古椰贝丘遗址（新石器时代晚期）发掘取得重要成果》,《中国文物报》2001年1月12日第2版。

⑥ 莫稚等:《广东潮安的贝丘遗址》，载《南粤文物考古集（1955—2002）》，文物出版社，2003，第249页。

⑦ 广东省文物考古研究所等编《珠海宝镜湾——海岛型史前文化遗址发掘报告》，科学出版社，2004，第165页。

等骨器，网坠、蚝蛎啄和石球等工具。陶器上有波浪纹、圈点纹等装饰图案，都与其生态条件相吻合。[①] 也有学者总结出：沙丘遗址均位于滨海地带，海产资源如软体动物、节肢动物、脊索动物等异常丰富，大多数可供人类食用；另外，藻类植物也种类繁多，可供食用的也为数不少。[②] 沙丘遗址中网坠的报道也不多，有的遗址中甚至不见网坠的报道。年代距今 6 000 年的咸头岭遗址、大黄沙遗址中都没有网坠，也没有鱼叉等渔业工具，遗址中也没发现贝壳。我们推论这些遗址的古人类使用竹编的渔具捕捞鱼类。当然，沙丘遗址也有用渔网捕捞的。香港元朗的沙丘遗址，一个鱼虾网遗迹在 TA3 和 TA13 的 L3C 层中发现。该层出土的 13 块粉砂岩扁平椭圆形的河砾石，呈长椭圆形分布成一个撒开的网。砾石最大者长 7.5 厘米、宽 4.8 厘米、厚 1.6 厘米；最小者长 3.6 厘米、宽 3.4 厘米、厚 0.6 厘米，其中有 7 件砾石两侧有凹缺，其上有明显的捆缚痕迹。[③] 但总的来说，沙丘遗址中的渔网捕捞业不一定发达。沙丘遗址也不是绝对不适合农业，因为潟湖平原干涸的时候是可以种植水稻的，遗址的附近山地也可以种植块茎类的作物。发掘报告认为，咸头岭遗址东北部的潟湖水位下降逐渐形成沼泽地带，其中大部分又形成了初步的种植条件，[④] 斧、锛大多是可以用于砍伐的工具。咸头岭的工具系统表明它存在刀耕农业，虽然不会占重要地位。沙丘居民迁徙性较强，易于受台风影响，洄游性鱼类资源缺乏时也会使居民迁徙。故沙丘遗址中的文化层一般较薄，即使有农业也不会持久。

海岸型贝丘遗址和沙丘遗址的居民还可能从事盐业。珠海沿海的遗址中，“出土陶釜数量特多，并有排列密集的灶坑出现”，朱非素怀疑是煮盐的灶坑。[⑤]

---

① 李果：《环珠江口新石器时代沙丘遗址的聚落特色》，《考古》1997 年第 2 期。

② 商志䚩等：《环珠江口史前沙丘遗址的特点及有关问题》，载《深圳考古发现与研究》，文物出版社，1994，第 166 页。

③ 莫稚等：《香港元朗下白泥吴家园沙丘遗址的发掘》，载《南粤文物考古集（1955—2002）》，文物出版社，2003，第 344 页。

④ 广东省文物局等编《广东文物考古三十年》，第 21 页。

⑤ 朱非素：《珠海考古研究新成果》，载《珠海考古发现与研究》，广东人民出版社，1991，第 241 页。

3. 山岗与台地遗址的采捕业

新石器时代晚期珠江三角洲山岗遗址，一般多在河流上、中游及支流的河谷两岸盆地上发现，且多与河流相隔一段宽 20—80 米的冲积台地，也有不少毗邻河流的。多数遗址在岗顶的平台上，以向南朝阳为普遍。此类遗址在村庄附近密集地被发现，其中以广州、番禺一带分布最密。[①] 广州近郊北部的飞鹅岭遗址有 9 个分布地点，以平坦山岗为遗址中心，再延及四周坡地，滨水近山，便于猎取野兽、采集果实、砍伐木材，以及开采山下的田地耕作。该遗址出土各种石器 276 件，大部分为磨制，大型的如有肩石斧、有肩石锛和有段石锛。不过，报告中举出的有肩石斧似乎偏短，长 7—7.5 厘米、宽 5—6 厘米、厚 1.5—2.4 厘米。即使是长身式，也只是长 11.6 厘米、宽 5.4 厘米、厚 1.8 厘米。报告根据石斧、石锛等工具推断，已经出现了农业。[②] 山岗和台地遗址居民捕捞聚落旁边河流的鱼类和贝类为食物，用竹子做成的弓箭或石镞捕杀山岗的野生动物。由于捕捞和打猎的食物是不稳定的，所以山岗、台地遗址的农业经济成分较贝丘遗址要高些。

4. 海岛型捕捞渔业

海岛型的遗址中渔网捕捞以珠海宝镜湾为最典型。在这个遗址中，出土网坠 1 096 件。发掘报告将它们分为 A、B 两型，A 型 960 件，此类网坠通常统称为“亚腰形”网坠，是网坠中的最基本形制。器形的加工仅限于便于系绳的缺口和凹槽，对器形进行加工根据凹口的有无和凹口制作方法的不同，分为六亚型。B 型 136 件，将石料进行加工整形后，再加工便于固定系绳的凹口或槽口。往往是将大石块加以整修，以达到网坠所需的重量、大小和系绳的基本要求。这些大石块或是临时就近在岩石上砸下的，或是将较大的河卵石进行整体加工，或是将使用过的穿孔网坠、砺石、凹石器等加以利用。根据系绳凹口的数量和制法，B 型

① 广东省博物馆:《广东中部低地区新石器时代遗存》,《考古学报》1960 年第 2 期。

② 李始文:《广州东郊飞鹅岭地区新石器时代遗存调查探掘报告》,《中山大学学报》1959 年；麦英豪:《广州东郊遗址调查试掘记》,《考古通讯》1957 年第 5 期。

分为三个亚型。①

宝镜湾的网坠不是多件配合使用的。系于编织而成的网衣的边缘，使网能张开并下沉，以达到网鱼的目的。相当多的网坠上能观察到打制、琢打或磨制的痕迹，甚至可能观察到长期使用的磨痕。② 报告认为 B 型网坠是宝镜湾居民的独创。③ 宝镜湾遗址出土可以作为网坠的沉石 59 件。这些坠形石器中，有一大批重量大于 500 克，报告将这些石坠定名为沉石。沉石也是渔网的部件，与常形网坠的使用方法大体相同，并常与其配合使用，数量相对较少，更不似网坠需要几十个配合使用。有时，沉石也可以单独使用。沉石在选材上与网坠大体相同，只是更重。④

宝镜湾遗址出土锚 1 件，为椭圆形花岗岩砾加工而成。沿短轴外部凿出一周较深的用于系绳的凹槽，槽宽 2.5 厘米，深 0.5—1.1 厘米。器体长径 33 厘米，短径 27 厘米，厚 13 厘米，重 18.5 千克。⑤ “说明宝镜湾居民在出海作业时使用石锚以便于较长时间地将船固定在某一位置。”⑥ 这个锚是迄今（2004 年）为止所发现的南海地区先秦时期最大的一件石锚。⑦ 香港涌浪出土的石锚与宝镜湾出土的形制一样，也是椭圆形河卵石制成的，另一件在珠海平沙棠下环遗址中出土的，与宝镜湾所出石锚相比，形状制法都大体相似，只是形体稍小而已。⑧ 石锚在实际使用中可能还有木钩件配合使用，只是木钩件没有保留下来。综合宝镜湾出土的网坠、沉石、石锚的分析，发掘报告认为在当时出现了围网渔业。珠江口渔场海底平坦倾斜度较缓，冬季多北风，夏季多东南风，经济鱼类很多。宝镜湾所在的高栏岛，是万山群岛中的一个小岛，这一带自古以来就是鱼群活动的重要场所，丰富的鱼类资源是先民充足的粮

---

① 广东省文物考古研究所、珠海市博物馆等编《珠海宝镜湾——海岛型史前文化遗址发掘报告》，科学出版社，2004，第 120—125 页。

② 同上书，第 381 页。

③ 同上书，第 385 页。

④ 同上书，第 132 页。

⑤ 同上书，第 136 页。

⑥ 同上书，第 152 页。

⑦ 同上书，第 370 页。

⑧ 同上书，第 390 页。

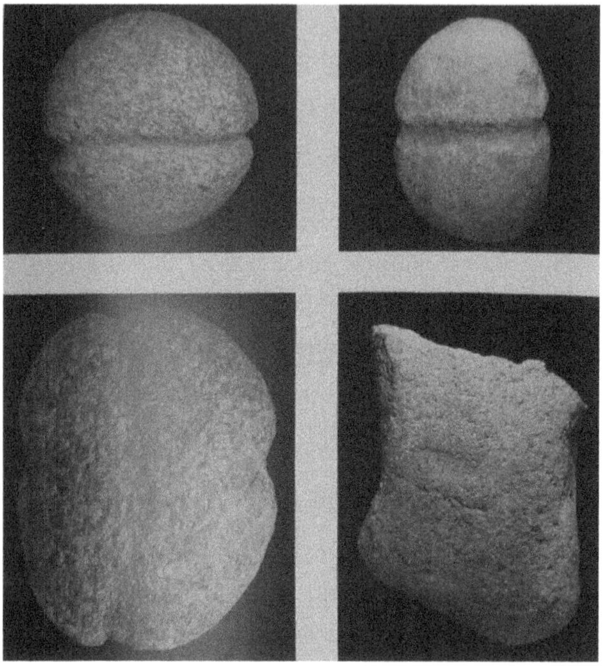

图 1-8　珠海宝镜湾遗址出土的石网坠

仓，为大规模的海洋捕捞提供了良好的自然条件。在珠江口地区，与宝镜湾遗址年代相当的香港涌浪遗址①，另一处年代稍晚的珠海平沙棠下环遗址②，都分别出土 800 余件网坠，可见先秦时期环珠江口地区的海洋捕捞生产已经有了相当的规模，宝镜湾遗址这种规模的渔网捕捞不是个别的现象。在环珠江口发现石网坠的地点有珠海后沙湾遗址、平沙棠下环遗址、水井遗址、草堂湾遗址、前山南沙湾遗址、横坑仔遗址、香洲棱角咀遗址、东澳湾遗址、亚婆湾遗址、青湾遗址、东澳岛南沙湾遗址、水涌遗址、南水挪家咀遗址、拱北西瓜铺、老虎沟遗址、中山张家边珊洲遗址、城区农科所、中山翠亨平顶、香港马湾东湾仔北遗址、元朗下白泥吴家园、东湾遗址、白芒遗址、鹦歌山山岗遗址、台山铜鼓沙丘遗

① 招绍瓒等:《香港涌浪新石器时代遗址发掘简报》,《考古》1997 年第 6 期。

② 古运泉等:《珠海平沙棠下环遗址发掘简报》,《文物》1998 年第 7 期。

址等。[①]宝镜湾遗址没有出土古船遗存,但是在岩画上有刻画船只的图像。石器时代的船只都是将粗大的树木覆倒用火烧，然后将烧过的大木翻转过来，用石斧、石锛、石凿等工具将木炭刳去，由此往复循环，直到大木刳薄之后才成独木舟,用两只独木舟固定联结在一起并行,称之为“方舟”，在海上航行很平稳，可以进行围网作业。

二、畜牧业起源

牛栏洞遗址发现了数量较多的鹿骨，其中青壮年的个体很多，有人据此推测牛栏洞遗址在距今10 000年可能已经有鹿的驯养。[②]但是鹿类在岭南并不是人的共生动物，而且鹿从野生到驯化的过程较之野猪到家猪的过程更为复杂。原始农业中的动物畜养业应该主要是猪和牛，而要得知猪和牛的驯养是否已经发生，首先需调查古遗存中是否有猪骨和牛骨的出现。在岭南的遗址中，出土猪、牛等动物遗骨的大多是平原地区的贝丘遗址。有牛、猪骨比较多的首推潮安陈桥遗址，年代距今约6 500年，该遗址有牛、猪、鹿、鱼、龟的骨骼。发掘报告称陈桥遗址的石斧、锛、两端器的出现显示了原始农业的发达，家畜已有一定的发展,估计至少有百头以上的动物遗骨。[③]距今4 200—3 500年的河宕遗址,坑内填满大小贝壳、兽骨以及文化遗物，坑底动物遗骨有猪髀骨、猪骨、狗骨、猕猴头骨、鹿角等，夹杂陶片。[④]鉴定者推论：“河宕遗址的先民们把当时正在饲养的青壮年个体作为种猪输送到附近其他部落去，而

① 广东省文物考古研究所等编《珠海宝镜湾——岛型史前文化遗址发掘报告》，附表《珠江口及邻近地区出土石坠》，科学出版社，2004，第380页。

② 张镇洪:《从英德云岭牛栏洞遗址出土的文化遗物来看岭南农业的起源》，载倪根金等编《古今农业论丛》，广东经济出版社，2003，第69页。

③ 莫稚:《南粤文物考古集（1955—2002)》，文物出版社，2003，第256页。

④ 广东省博物馆等:《佛山河宕遗址——1977年冬至1978年夏发掘报告》，第23—25页。

幼年个体由于饲养技术不成熟，易于生病，结果被大量宰杀吃掉。”[①] 这样的推论类似臆测，科学性不足。研究报告称茅岗遗址中的猪、牛、羊是家养的，“估计是在遗址附近的山上野牧”。[②] 距今约 4 035 年的增城金兰寺遗址的发掘报告均以出土兽骨数量的多寡来推论动物的驯养。茅岗遗址虽据碳十四探测距今 4 500 年，但据实物推测可能在距今 4 000 年左右，《广东高要县茅岗的渔猎经济与家畜》一文中透露猪的“吻部两侧的犬牙，既粗而且向外弯突”[③]，明显是野猪的特征，近年的考古学论著亦认为在中石器时代、新石器时代有动物驯化的萌芽和发展，但是没有动物骨头的科学鉴定依据[④]。仅凭出土动物骨头的年龄组合、猪的犬齿长相对出土猪骨进行鉴定，是非科学且不严谨的。对甑皮岩猪骨的鉴定法和结论受到袁靖的质疑，即为明证。[⑤]

鉴定动物遗骨是否人工饲养，学术界已经摸索出了一套科学方法。如利用动物骨头，分析它们的稳定同位素 C 、N 和微量元素，就可显示其家猪和野猪的不同食性；利用 RAPD（随机扩增多态性 DNA 标记）、微卫星等多位点分子标记，可望理清古代猪个体间的亲缘关系；对猪骨进行 QTL（数量性状座位）分析，可显示家猪和野猪的经济性状之区别；骨物理机械性能分析能显示家猪在封闭环境中与野猪不同的骨骼特征。[⑥]

当人类的狩猎业和采集业，或者是原始农业不能满足生活需要时，古人为了应对食物危机，在狩猎时将幼小的动物拘禁起来并喂食，由此才产生原始畜养业的萌芽。但是由最初的拘禁小动物发展为长期的养殖

① 张振洪：《佛山河宕遗址出土部分脊椎动物遗骨的鉴定意见》，载广东省博物馆等《佛山河宕遗址——1977 年冬至 1978 年夏发掘报告》，广东人民出版社，2006，第 175 页。

② 杨豪等：《广东高要县茅岗新石器时代水上木构建筑遗址》，《文物》1983 年第 12 期；关于家畜养殖的论点还可以参看杨豪《广东高要县茅岗的渔猎经济与家畜》，《农业考古》1981 年第 2 期。

③ 原始家猪的犬牙已经退化，见《中国近代农业科技史稿》，中国农业科技出版社，1996，第 33 页。

④ 杨式挺等：《广东先秦考古》，第 140—142 页、第 571—577 页。

⑤ 游修龄主编《中国农业通史 · 原始社会卷》，第 239—240 页。

⑥ 胡耀武等：《家猪起源的研究与思考》，中国文物信息网，2004年3月23日。

业，则需要多种因素的结合，如养殖经验的积累、丰富饲料的提供、生活的迫切需要、人与动物的关系日益亲密等，其中最重要的因素是原始种植业在经济生活中的占比，当其占较大比例时，畜牧业才有发展的基础，没有这些因素，驯养家畜的过程在初期就会中断。显然，贝丘遗址的主要食物贝类是有季节性的，因此这里的经济大多是采集、渔猎和原始农业的结合，这样的经济类型是不能支撑初级阶段的动物持久驯化的。所以，在沿海的贝丘遗址中早期的畜养业的发展，有赖于原始种植业的持久性而成为比较稳定的经济类型。在距今 3 500—2 500 年，由于沿海环境的变化，贝丘遗址数量剧减，贝丘居民迁移到山岗遗址和台地遗址，这里的种植业较之贝丘遗址在经济中的重要性增大了，可能才出现比较稳定的畜养业。

三、先秦时期畜牧业的证据

在青铜文化时期，某些地区种植业有了一定的发展，遗存中有动物的陶塑就不足为奇了。人们将日常经常接触的物品转化为艺术品，说明这些物品和人们生活密切相关。在珠三角东部地区的遗址中，出现陶塑的猪、牛、鸡、鸭，说明了畜禽驯养业的出现。夔纹陶时期的博罗龙溪镇龙岗村遗址中，发现了牛、马、羊等动物陶塑。[①] 梅花墩窑址的年代约在春秋时期，出土 34 件动物模型，质地以泥质陶为主，原始瓷和夹砂陶很少。大部分动物模型光素无纹，少数见有圆圈纹。牛分为弯角和直角两种。T4③：10，泥质灰褐陶，有弯角和四肢，形近现代水牛。另一件仅存头部，形状与前者相似。T1③：9，泥质灰白陶，仅存头部，直角，形近现代黄牛。T2③：1 与 T2③：2，其形状也似近代黄牛。羊，数量较多。T4③：14，泥质灰陶，为羊头状饰件，长颈，大肚，背有脊棱，身饰方格纹。高 13.2 厘米。狗，T2③：9，泥质灰陶，残长 7.6 厘米。

① 杨式挺：《从考古材料看香港与祖国内地的历史关系》，载《岭南文物考古论集》，广东地图出版社，1998，第 340 页。

鸡，T4③：18，泥质红陶，身上有羽状纹，长 9.2 厘米。[①] 增城战国墓发现陶鸡 1 件。[②] 博罗银岗遗址有陶马，灰陶，残存头部，较精致。陶狗，残存头部。银岗一期大致在西周、春秋时期；二期大致在战国时期。银岗遗址是一处延续时间很长的大型制陶工场遗址，该场从西周、春秋、战国似无中断过。[③] 博罗县共有两处古窑址，与东莞石排镇园洲等陶器制作遗址维持了这么长的时间，没有附近地区农业聚落的支撑是不可能的。年代距今 3 500 年的粤东地区浮滨文化多发现鸡形壶陶器，[④] 是否与当地家鸡的饲养有关，也值得考虑。动物陶塑在香港的大湾、蟹地湾、万角咀等地的遗址中都有发现。[⑤] 不过仅凭动物陶塑不能还原动物在青铜时期的畜养全貌，还需要与农业遗址的情况结合起来考察。这有待进一步的考古发现和成果来证实。

① 广东省文物考古研究所等:《广东博罗县园洲梅花墩窑址的发掘》，载《广东文物考古三十年》，第 185 页。

② 莫稚:《广东增城、始兴的战国遗址》，载《南粤文物考古集（1955—2002）》，文物出版社，2003，第 331 页。

③ 广东省文物考古研究所:《广东博罗银岗遗址发掘简报》，《文物》1989 年第 7 期。

④ 邱立诚:《关于揭阳早期历史的几个问题》，载《粤地考古求索——邱立诚论文选集》，科学出版社，2003，第 134 页。

⑤ 杨式挺:《从考古材料看香港与祖国内地的历史关系》，载《岭南文物考古论集》，第 340 页。

第五节

原始农业相关问题

一、原始农业是否为岭南早期文明做出过贡献

对秦以前本地的原始农业，以往的研究只集中于石峡等地出现的古稻研究[①]。而对于先秦以前的文明，学界的研究对此有较为肯定的意见。[②]有的学者纯粹从陶器的型式分析岭南的文明进程。[③]

什么是文明？文明不同于文化。文明的起源条件是指，农业经济发展到了一定阶段后，农业能够提供丰富的食物，足以能够支撑从社会群体分离出另一部分人居于社会的上层，进行政治的、文化的创造，在此基础上产生国家、城堡，创造文字和艺术，甚至产生法律制度，一部分人得以统治另一部分人。如果脱离了对“农业经济发展到了一定阶段”，即锄耕农业的基本分析，侈谈文明的发生，无疑是缘木求鱼。区家发注意到了石峡文化与石峡中层之间的巨大差异，对岭南文

① 杨式挺:《谈谈石峡发现的栽培稻遗迹》，载《岭南文物考古论集》，第63页。向安强、姚锦鸿:《广东封开杏花河发现的古栽培稻及相关问题探讨》，《农业考古》2006年第1期。向安强:《岭南史前农耕农业述论》，《华南农业大学学报》2004年第4期。杨式挺《谈谈石峡发现的栽培稻遗迹》对石峡的铲、弓背锛有些论述。

② 方志钦、蒋祖缘主编《广东通史（古代上册）》，第109—116页。

③ 卜工:《岭南文明进程的考古学观察》，《历史人类学学刊》2005年10月第3卷第2期。

明的起源说提出了质疑。[①] 杨式挺的研究也表明，石峡中层以及部分青铜时代文化的遗址，只有两处有古稻的遗迹，不见含有大量稻遗迹的遗址，也不见有数量很多的类似石峡文化的弓背镢、石铲、锄等工具，石铲也仅是零星发现。[②] 石峡中层文化较之下层文化大有不同而有退化的迹象，且石峡文化向周边地区的扩散并没有复制同类型的稻作文化。石峡文化中的工具在农业生产中如何应用也是一个未解之谜。石峡二期的大石铲在石峡三期不见大量发现。而杏花河遗址中实用的石铲也只是在二三十处新石器晚期的遗址中发现 10 件大石铲。一般说来实用的只有Ⅰ型、Ⅱ型铲，Ⅲ型、Ⅳ型石铲丧失了实用功能而多用作祭祀。[③] 大石铲的分布情况与祭祀功能的转向，可能与石铲的制作困难有关。根据广西扶绥县中东遗址出土大石铲的统计，大石铲的制作成功率约 43%，大部分石铲坯因容易破碎和残缺而不能成形。[④] 这可能是影响石铲普遍应用的一个原因。大石铲作为一种祭祀用具，说明它曾经在翻土作业中是高效率的，却是稀有的。因为它是高效率的，人们渴望得到它。但是它难制作，容易破碎，人们越难得到它就越珍视它，于是将它摆设起来，形成一种对高效率工具的崇拜，其制作的形式越来越趋向非实用性。这也说明了岭南新石器时代晚期的锄耕农业遇到了工具方面的瓶颈问题，以大石铲为代表的水田耜耕（锄耕）农业没有充分发展起来。石峡二期的大石铲没有得到传播，反而是弓背镢，在曲江龙归圆墩岭，仁化县覆船岭，始兴田心遗址，封开杏花镇对面岗、罗沙岗、楷秧岗、揭阳宝山岽等遗址中都有少量发现[⑤]，这说明石峡二期的稻作一度扩散到粤北、粤西和粤东。

岭南考古学界以未发现城堡遗址为憾。其实文献记载先秦以前岭

① 区家发:《广东先秦社会初探——兼论 38 座随葬青铜器墓葬的年代与墓主人问题》,《学术研究》1991 年第 1 期。

② 杨式挺:《石峡文化类型遗存的内涵分布及其与樊城堆文化的关系》，载《岭南文物考古论集》，第 219—226 页。

③ 杨式挺:《广东封开县杏花河两岸古遗址调查与试掘》，载《岭南文物考古论集》，第 39 页。

④ 蒋廷瑜等:《桂南大石铲研究》,《南方文物》1992 年第 1 期。

⑤ 杨式挺等:《广东先秦考古》，第 569 页。

南的部落或者“方国”，处于刀耕农业不断迁徙的阶段，没有必要建设城堡，甚至不知城堡为何物，因为城堡的建筑物——城墙来源于农业的防水坝，护城河来源于灌溉农业的引水渠或者是排水渠。当时岭南农业还未进入需要挖沟、建筑水坝的阶段，作为永久性建筑物的城堡当然没有。古文献记载岭南的越人好相互攻击，其实就是各个部落为了争夺生存资源而进行的斗争。故粤东的浮滨文化，石质兵器特别精良，但生产工具却很粗糙，这正反映游耕农业的特点，有学者称之为“浮滨王国”。当时“浮滨”居民四处迁徙，可能是畲族的先民。新石器时代到青铜时期，岭南地区出现过若干的刻划符，陶器上的刻划符号是文字产生的先声。杨式挺与邱立诚对史前时期岭南陶器上的刻划符号都有过深入的论述。邱立诚认为无论刻划符号或是文字，都与农耕文化的发展息息相关。[①] 史前时期，表示箭镞、表示刀的陶符多，可能表示草和谷物的陶符少，表示兽面纹的陶符也很常见。[②] 这些陶符表示农业和渔猎业结合的经济生活状态多些。在珠江三角洲的贝丘遗址则有较为浓烈的近江渔业经济的特色，如在河宕遗址的陶器上，有一批单个的线型符号，如 ×、||| 等常见的记数符号，应当含有某种会意或象形的意味，如 ≋ 与水、川有关，↑↑ 应表示矢、镞，也有解释为矛头的。[③] 河宕陶符也有一部分图形，是目前粤港陶符中少见的，如 ⊠、⊠ 8 个 6 种，前两个包含有，田、⊠ 字加廿，后四个像鱼形或渔网。联系河宕遗址出土的大量河海鱼骨，这些鱼形或渔网的出现，正是现实生活的写照。[④] 总的来说，岭南文化遗存中的刻划符显然非常朴拙，距离成型的文字还很远，特别是与农耕有关系的刻划符数量很少，不足以反映当时的农耕经济是当时人的主要生活来源。另外，岭南崖画中表现的以渔猎文化为主的图像，以宝镜湾的最典型。农耕文化中以

① 邱立诚：《揭阳出土陶器上刻划符号的研究》，载《粤地考古求索邱立诚论文选集》，科学出版社，2003，第 310 页。

② 杨式挺：《概说粤港古陶符及其相关问题》，载《岭南文物考古论集续集》，第 193 页。

③ 同上书，第 117 页。

④ 同上书，第 117—118 页。

性交巫术反映古人渴望动植物繁衍的图形在北方很常见，而岭南不见报道，折射出当时岭南人的文化中不太热衷于动植物的繁衍。总之，先秦以前岭南的锄耕农业不发达，不能为国家、文字等文明的产生提供物质基础，是不争的事实。

二、新石器时代到青铜时代岭南锄耕农业不发达的原因

原始农业不能为岭南早期文化的迅速发展提供坚实的基础，还有如下原因：第一，岭南的土壤环境限制了原始农业的发展。土壤环境对锄耕农业至关重要。商周时期的黄河流域地区虽然也是以木耜为主，但是能“自肥”的黄土土壤结构异常疏松、均衡，并具有良好的保水性，利于原始木器的翻掘，稍加锄耕就有不错的收成。[①] 虽然岭南原始农业起源很早，但是受到土壤环境的限制。童恩正指出华南主要属于红壤区（应该是广大的丘陵地区而不是三角洲范围的平原地带）。这种壤土的特点是腐殖质含量很少，呈强酸性反应，矿物质胶体吸收性差，土壤侵蚀严重。华南土壤遭到侵蚀之后，由于当时人们缺乏施肥以及其他改良土壤的技术，是不适应农耕的。[②] 而长江下游的黏性壤土则适宜水稻农业的发展。以上这些地区的土壤在耕作数年之后经过休息就能恢复地力。而珠江三角洲的冲积平原在先秦以前是海侵深入的古海湾，还没有形成大片的肥沃的冲积土可供耕作，故新石器时代晚期至青铜时代，三角洲还是贝丘遗址、沙丘遗址为多，以采捕渔猎业为主，兼营原始农业；而在台地、山岗的遗址也由于地力下降的关系，农业不能提供充足的食物，必须辅以采集和打猎。故石峡文化锄耕农业虽发达，但石镞占石器总数的一半以上，说明它的经济生活中捕猎业也占重要地位。第二，岭南的生态环境资源丰富，为这里生存的人类提供了丰富的食料，缺乏原始农业进一步发展的内在动力。由于植物资源丰富，特别是水生动物易得，采集狩猎捕捞的经济容易维持，

① 何炳棣:《中国农业的本土起源》,《农业考古》1984 年第 2 期、1985 年第 1 期、1985 年第 2 期。

② 童恩正:《中国南方农业的起源及其特征》，载《南方文明》，第 89 页。

因此出现很长时期内保留几种不同经济类型的社会并存的情况，农业部落也很容易从其他方面得到食物的补充，从而感受不到改进生产的压力。[①]在这种食物体系的影响下，即使从岭北来到岭南的原以农耕为主要生活方式的人们也会采取“最佳觅食模式”，并过度依赖这一食物系统而放弃较之采集捕猎业劳动支出大得多的农耕方式，或部分放弃农耕。这种食物系统与原始锄耕农业为主而形成的食物系统有质的区别，前者是不稳定的，且处于剩余不足的状态，不能催生社会分工，从而不能产生严密的社会组织结构，进一步上升达到文明的阶段。第三，岭南生态环境恶劣，人口素质低下，这也是限制农业劳动力效率的一个重要因素。汉唐至宋元时代，文献上多有关于岭南瘴疠而使人短寿和多病的记载，这种情况在原始森林广布的史前时代的岭南想必就更是如此。原始森林广布，使用简陋而不锋利的木石工具难以砍伐大树而限制了耕地的扩展，生荒耕作制难以过渡到熟荒耕作制，土地的产出难以增加，单靠不稳定的自然经济渔猎捕采业，不能确保人一年四季对营养摄入的需求。瘴疠肆虐，血吸虫、毒蚊、蛇虫和气候炎热限制正常的农业活动，过劳则人多病而寿命短，限制了原始农业发展所依赖的劳动力的增长。对原始时代遗存的体质人类学的零星记载，也证明了这一点。香港东湾仔墓葬中，“小孩的墓葬的比例很大。在东湾仔的 15 个人骨标本中，死亡年龄不超过 10 岁的有 6 个，占总数的 40%，其中两个更是小于一岁半的婴儿……推测小孩是在马湾岛上土生土长的先民所生的孩子，长期在沙堤上生活。由于生活艰苦，小孩的夭折率很高。”[②]有人对香港深湾遗址出土的墓葬主人遗骨进行了研究，估计其年龄与健康状况，经测定，发现有 17 个个体为成年、青年和少年（以青年为主），占整个深湾 27 个个体的 63%，就算那些没有测定出年龄的人骨全部为老年，63% 的人都是成年以下，可见其寿命之短。17 个个体中还有几个患营养不良症。可以窥见当时的社会因

① 童恩正：《中国南方农业的起源及其特征》，载《南方文明》，第 102 页。

② 邹兴华：《论香港东湾仔北遗址史前墓葬的考古学意义》，载《中石器文化及有关问题研讨会论文集》，广东人民出版社，1999，第 460 页。

为缺乏各种保障，而致人的寿命极为短促。[①] 对河宕遗址墓地的 57 个墓葬人骨进行性别年龄观察，男 19 例，女 27 例，无法判别性别的 11 例。死亡年龄大多在 24—55 岁间的壮中年期，未成年死亡率高，活到老年的很少。[②] 可见，宋代《岭外代答》中关于岭南“惰农”，劳累过度则多病易死的情况，在原始时代就已如此。秦以前岭南原始文化虽然有所进步，但一直发展较为缓慢，恐怕与上述原因不无关系。

三、对岭南原始农业与岭南文化特征的思考

岭南原始农业与文化有其独立的发展历程。苏秉琦认为，石峡虽小，干系甚大，它是透视岭南岭北的窗口，向北可以看到中原，向南看到的是岭南的一片新天地：一、石峡墓陶器的组合是盘鼎盘（盘鼎、盘）；二、大量使用十字镐（石䦆），这适合于开垦南方的红壤土；三、有肩石器、有段石锛发达。[③] 笔者由此认识到：以石䦆和有段有肩石器工具为组合的，是以石峡文化为代表的原始农业，在红壤土耕作的是旱稻，或者是块茎类作物。原始栽培业占比很低、采捕业比重占优的生计经济，也能产生新石器时代中晚期父系氏族社会的权力结构，这是当时岭南原始文化的特征，这与中原仰韶文化、龙山文化是不同的。

苏秉琦还认为，佛山河宕遗址的时代约与石峡文化相当，但没有发现时间较早的青铜器。可是在汕头的饶平发现了早商时代的铜戈、玉戈、石戈，还有釉陶尊。韶关地区和汕头地区出土的石戈，从最原始的无阑戈到有阑戈，其发生、发展的过程都是在中原所没有见到的。[④] 这段话重申了岭南原始文化有其独立的发展过程，具有同中原文化的不同特征。佛山河宕遗址虽然是贝丘遗址，但也有大型聚落遗址，没

① 李果等：《香港沙丘遗址的文化生态学考察》，载封开县博物馆等《纪念黄岩洞遗址发现三十周年论文集》，广东旅游出版社，1991，第 219 页。

② 广东省博物馆等：《佛山河宕遗址——1977 年冬至 1978 年夏发掘报告》，第 122 页。

③ 苏秉琦：《岭南考古开题——杨式挺〈岭南文物考古论集〉序》，载杨式挺《岭南文物考古论集》，第 1 页。

④ 同上。

有原始稻作的痕迹，可以命名为“河宕文化”。在环珠江口确实存在一群距今 4 300—3 500 年的，以贝丘遗址为主和从事渔猎捕捞经济生活为主的遗址和墓葬，它们中出土的生产工具以中小型有肩石器、有肩有段石器，还有骨角器、蚝蚌器等生产工具。[①] 可见在 4 300—3 500 年这一时段，环珠江口还缺少“火耕水耨”的农业，或者只有浮露在水面的山丘、麓地、台地上有块茎类的栽培。

出现“火耕水耨”的农业，可能是在梧州、开封以下的西江流域。杏花河两岸 10 件大石铲，其中Ⅰ型、Ⅱ型都是实用型的，其中Ⅲ型是实用型并且有缺损的痕迹，而在广西出土的Ⅲ型是祭祀型的。实用型Ⅰ型是霏细岩制作的，应与西樵山文化有关。封开大石铲实用型的占出土遗物一半。[②] 这说明，杏花河两岸大石铲既与广西有关，也与西樵山文化有关。可以推论，封开在新石器时代晚期以后有“火耕水耨”的水田农业，不同于石峡文化的红土壤旱稻。虽然杏花河两岸的水田农业还需通过发现遗址来进一步证实，但可以确定，其工具受广西的影响，也受西樵山文化的影响。

杏花河禄美村对面岗遗址的古墓随葬品中发现石琮，镂刻文饰，有简化兽面纹，被认为与江苏吴通草鞋山等地遗址的石琮完整兽面纹有关系，也与粤东海丰县田墘镇出土的一对玉琮相近。封开寺墩三号墓有类似的玉琮。[③] 石琮、玉琮是良渚稻作文化特有的礼器，它的传播在某种程度上说明了岭南水田农业与江南的交流，也说明江南的“火耕水耨”农业在新石器时代晚期和青铜文化时期之交在岭南的传播或者影响。后世文献将进行“火耕水耨”的少数民族称为“溪洞之民”，这些民族往往在山间的盆地或称为“洞”的丘陵包围的平原居住，依靠有水泉自流灌溉的水田系统耕作。“溪洞之民”的居住点相对固定，而“畬田民族”随处迁徙不定。“溪洞之民”一般只在自流灌溉系统

---

① 广东省博物馆等:《佛山河宕遗址——1977 年冬至 1978 年夏发掘报告》，第 147 页。

② 杨式挺:《广东杏花河两岸考古遗址调查与试掘》，载《岭南文物考古论集》，广东地图出版社，1998，第 32、39 页。

③ 杨式挺:《岭南文物考古论集》，第 26、27 页。

内耕作土地，除非灾害或人口增长、资源不足、地力下降才迁徙。

西周至战国，珠江三角洲的海面上，沿岛屿发育、沿江岸发育的土地变得大块，可以耕作。尤其是春秋晚期，吴越国的越族通过海上流到广东沿海，传来了“火耕水耨”水田农业。处于东江支流的猪牯岭等遗址，与相邻的增城、博罗同属珠江三角洲东部，与属于战国时代的横岭山遗址有文化交流。博罗的圆洲遗址、梅花墩遗址都是专业化的陶瓷制造遗址，其中出土家畜和家禽的陶塑，说明当时已经有畜牧业，前者年代相当于西周与春秋时期，后者相当于西周至战国。同时期的不同原始农业部落居民可能曾向圆洲、梅花墩等地居民供应粮食，以换取精美的陶塑和礼器。青铜时代的青铜农具和礼器，说明当时岭南文化无疑已经上升了一个阶梯了。

所以，粤北的刀耕火种旱地农业受到了岭北楚文化的影响。广东的“火耕水耨”农业，西面和北面都受到楚文化影响，沿海平原受江南越文化、闽越文化、江南楚文化的影响。而且，环珠江口和潮汕的原始农业及其文化也会受到海外如东南亚原始文化的影响。岭南原始农业的交流和岭南原始文化的发展是一个值得进一步探索的问题。

第二章

汉晋隋唐南汉时期的农业

第一节

岭南政局、农业聚落与生态环境

一、岭南政局与生态环境

1. 中央当局政策与岭南农业

从秦汉到唐，中央对岭南的统治政策缺乏特定的农业发展政策。秦亡后，赵佗立南越国，第一次建立了岭南大地上与中央王朝若即若离的小王朝。从南越王墓中出土的铁农具及其他随葬品推测，南越国时期的农业有较大的发展，足以支撑版图广大的南越国百年之久。南越国灭亡之后，汉朝对岭南实行郡县制，通过简括人口增加赋税，中州人大量迁徙岭南，东汉时出土的与农业相关的冥器，都反映南越国之后岭南农业的繁荣。三国时期，岭南一度被纳入吴国的范围，后来被西晋、东晋、南朝等统治。这些时期，国家派驻岭南的一些官员是对岭南政局的稳定有贡献的。北方的战火没有烧到岭南，创造了支持社会经济发展的相对稳定环境。但是，晋六朝时期对岭南的州郡，“诸蛮陬俚洞，沾沐王化者，各随轻重，收其赕物，以裨国用。又岭外酋帅，因生口翡翠明珠犀象之饶，雄于乡曲者，朝廷多因而署之，以收其利。历宋、齐、梁、陈，皆因而不改，其军国所须杂物，随土所出，临时折课市取，乃无恒法定令。列州郡县，制其任土所出，以为征赋。”[①] 这说明晋南朝中央对岭南没有特定的农业政策和赋税政策，“军国所须杂物，随土所出”意味

① ［唐］魏征:《隋书》卷二四志一九《食货》，中华书局，2000，第 674 页。

着广州官员对岭南土著的极度榨取，虽有“市取”亦以很低价格强买。岭南地方官员还限制对土著供应铁器，以及向少数民族征战，掠夺“生口”为士兵和奴仆，甚至将“生口”卖出牟利，豪族（岭南没有传入北方的士族门阀制度，只有少数民族和汉人的豪族）、贪官横行。这些都对岭南的农业生产力造成了很大的摧残。

唐代，岭南实行较为开明的税制。史载：唐武德元年，中原是每一丁租二石，岭南民户“上户一石二斗，次户八斗，下户六斗；若夷獠之户，皆从半输”。[①] 同时废除了向土著征收“赕物”的做法。唐初，广州都督萧龄之上表中央，建议严令岭南郡县官员不得“税人子女”、土著首领不得“肆情侵夺，纵欲殃民”，命令都督、刺史勤政，依法判案。这些命令下达后，“蛮俗称便，威惠大行”。[②] 这实际是对前代官制和税制的改革，岭南区域性豪族因此走向衰落。户税优惠政策在武则天时期终止，[③] 在均田制衰落以后，岭南实行两税法。史载：“唐自租庸调法既坏之后，兵戈日兴，土狭费广，陌钱间架之类往往病民。”[④] 总的来说，唐代政策对农业的影响，是优于前代的。

南汉是岭南中古史的黑暗时期。除了在南汉初期情况稍好，其余大部分时期的南汉皇帝都荒淫无道。史载：南汉“乾德元年……赋敛繁重，琼州斗米四五钱。置媚川都，定其课，令入海五百尺采珠”。[⑤] “刘鋹时计口以税，虽舟居皆不免。”[⑥] 南汉滥设郡县收税以供皇帝消费，广州城内皇帝园林众多，城市周围寺庙广布，寺田连绵阡陌，大量农民土

① ［唐］杜佑：《通典》卷六《食货六·赋税下·大唐》，商务印书馆，万有文库本，1936。

② ［明］郭棐撰、黄国声等点校《粤大记》卷一〇《官迹类》，中山大学出版社，1998，第259页。

③ 张泽咸：《汉晋唐时期农业》，中国社会科学出版社，2003，第532—533页。

④ 广州市地方志编纂委员会办公室：《元大德南海志残本（附辑佚）》卷六《赋税》，广东人民出版社，1991，第9页。

⑤ 道光《广东通志》卷一八四，续修四库全书本，上海古籍出版社，1995，第103页。

⑥ ［元］脱脱：《宋史》卷三〇三列传六二《魏瓘传》，中华书局，1985，第10035页。

地被剥夺。皇帝日日荒淫，郡县长吏日日侵渔，人民日纳无名科敛，农业遭受摧残。南汉立国五十多年，南汉皇帝对人民无止境的压榨和搜刮，对农业造成的残害是很严重的。但从元代马端临《文献通考》卷十九记载南汉国的杂税有牛骨税、水硙、灌溉水利等项，也可看到南汉时期农业技术也有进步。

2. 选择循吏、能吏治理岭南，在一定程度上促进农业发展

岭南与中原有五岭阻隔，中央王朝只能以循吏来管理岭南。东汉时九真太守任延、锡光都是推动岭南农业发展的循吏。所以史书称："岭南华风，始于二守焉。"① 此后卫飒为桂阳太守，还有桂阳令茨充、合浦太守孟尝都是东汉的循吏。② 这些人是治理岭南、推动农业发展的榜样。

东汉末，士燮集团占据岭南，虽无什么善政，但至少"二十余年疆场无事，民不失业，羁旅之徒，皆蒙其庆"。③ 自吕岱平定岭南之后，东吴派了几个能干有为的人到岭南。比较著名的有陆胤，治理交州10年，在其任上，"田稼丰稔"。④ 虞授为广州刺史，在岭南"劝课农桑，阖境大治"。⑤ 滕修，在州厅梁上绘了五仙人骑五羊负五谷来到广州的故事，以表示重视农事，也采取了一些有利农业的措施，"因稼丰稔"。⑥ 五羊神话故事的出现，反映了岭北粮食作物优良品种在汉到三国时期传入的情况。

晋代，朝廷以岭南为官者多贪渎，欲革弊，以清官吴隐之为广州刺史。隐之"清操愈厉"，⑦ 是后世清官的榜样。但后世守岭南者，像吴隐之那样的清官以及对岭南农业有所贡献的官员寥寥无几。故后人评价：

---

① ［南朝］范晔：《后汉书》卷七六列传六六《循吏》，中华书局，1965，第2460、2462页。

② 同上书，第2459、2460、2473页。

③ ［西晋］陈寿：《三国志》卷四九《士燮传》，中华书局，1959，第1191页。

④ ［西晋］陈寿：《三国志》卷六五《陆胤传》，第1410页。

⑤ ［明］郭棐撰、黄国声等点校《粤大记》卷六《宦迹类》，第150页。

⑥ ［宋］李昉等：《太平御览》卷一八五"厅事"引，并见胡守为《岭南古史》的考证，第89—90页。

⑦ ［唐］房玄龄：《晋书》卷九〇列传六〇《良吏》，中华书局，1983，第1518页。

"五岭以南，自李唐以前，声名文物，远不逮夫中原。"[①]

唐代，循吏、能吏的数量较前代多了。如武则天时期的王方庆，"在任数载，秩毫不犯"，禁诸州首领贪纵，官府不能受酋帅贿赂。当时，"议者以为有唐以来，治广州者无出方庆之右"。[②]唐代任职岭南的官员宋璟、李尚德、卢奂都对岭南经济发展有贡献，"时谓自开元后四十年治广，有清节名，宋璟、李尚德、卢奂三人而已。"[③]唐代中期以后，由于岭南的外贸发达，商税、盐铁以及农业赋税对于国家日显重要，这就形成韩愈所说的不成文的制度："故选帅常重于他镇，非有文武威风、知大体、可畏信者，则不幸往往有事。"[④]唐宪宗时，孔戣在岭南以为政宽和出名。[⑤]此后的岭南节度使，较有政绩的还有徐申、赵昌、马总等。[⑥]唐代还出现了州县一级注重农业的循吏。开元二十五年（737 年），杜楚宾为雷州刺史，"简稼器，修稼政"，要求下属吏员"辨穜稑之种，周知其民，与其所宜地，以为法"。[⑦]又如贞元年间徐申任韶州刺史，原来韶州户口为七千，上任后"比六年，倍而半之"[⑧]。缘于采取了正确的农业生产措施，"假之牛犁粟种与食，所收其半与之，不假牛犁者三分与二，田久不理，草根腐，地增肥，又连遇宜岁，得粟比余田亩盈若干，凡积粟三万斛"。[⑨]贞元六年（790 年），张蕴被推荐前往岭南任职，以其

① [清]梁廷枏:《南汉书》卷九《廷枏曰》，广东人民出版社，1981，第44页。

② [后晋]刘昫:《旧唐书》卷八九列传三九《王方庆传》，中华书局，1975，第 2897 页。

③ [宋]王象之:《舆地纪胜》卷八九《广州·官吏上》，江苏广陵古籍印刻社，1991，第 751 页。

④ [唐]韩愈:《送郑尚书序》，收入《全唐文》卷五五六，续修四库全书本，第 1643 册，第 182 页。

⑤ [宋]王象之:《舆地纪胜》卷八九《广州·官吏上》，第 752 页。

⑥ [明]郭棐撰、黄国声等点校:《粤大记》卷八《宦迹类》，第 211 页。

⑦ [唐]杜楚宾:《雷乡县白石鹿记》，收入《全唐文》卷三七四，续修四库全书本，第 1640 册，第 1893 页。

⑧ [宋]欧阳修:《新唐书》卷一四三列传六八《徐申传》，中华书局，1975，第 4694 页。

⑨ [唐]李翱:《(前略)徐申行状》，收入《全唐文》卷六三九，续修四库全书本，第 1644 册，第 410 页。

人在其他地方任上，“劝课农桑，置立保社”。[①]晚唐时李某任韶州刺史，经过一番治理，“一年粗治，二年称治，三年大成”。[②]

唐中后期的岭南地方安定，农业有所发展，加上盐铁、市舶之利，地位较之汉、南朝以及唐前期以前重要多了。

二、农业聚落与生态环境

1. 农业聚落

（1）岭北移民

岭北移民南迁，首先在于开辟道路。秦征伐岭南，将原来少数民族经常行走的崎岖山麓拓宽，因此后来的秦人能沿着这些道路移民岭南。最早的岭北移民始于秦始皇时期，共三次，大约 53 万—56 万人。[③]但实际数量可能没那么多。南越国设立以后，赵佗治理下的南越国“甚有文理，中县人以故不耗减，粤人相攻击之俗益止，俱赖其力”。[④]秦时的移民“与百粤杂处”，完全与南越族人融合在一起。南越国为了和岭北贸易，也开拓了往岭北的通道。汉武帝时征岭南，发现从云南的西江道下广州，西江道还可从灵渠转梧州入粤。东汉时卫飒为桂阳太守，在粤北凿山通道五百余里，渐成邑聚。因此两汉时期大批“中县”人迁入岭南。考古发现证明了这一点，有陶屋、陶仓等器皿为代表的墓葬分布地区以珠江三角洲，粤西以及粤北的乐昌、清远等交通要道为多。汉代移民，不仅是出于战争、贬谪、戍守等原因，还有商业原因。2000 年初，光是在合浦（广西北海）由文物部门勘查并编号树立标志的有封土堆的

① ［唐］令狐楚：《为人作荐昭州刺史张憑状》，收入《全唐文》卷五四二，续修四库全书本，第 1463 册，第 44 页。

② ［唐］皇甫湜：《朝阳楼记》，收入《全唐文》卷六八六，续修四库全书本，第 1645 册，第 360 页。

③ 方志钦、蒋祖缘主编《广东通史（古代上册）》，第 182—183 页。

④ ［汉］班固：《汉书》卷一下帝纪第一下《高祖下》，中华书局，1965，第 73 页。

汉墓就有 1 056 座。[①] 广州是闻名全国的商业重镇，1982 年记载的汉代墓葬就有 319 座。[②] 商业的交流带动了农业的移民，东汉墓葬中出土的与农业有关的冥器较之西汉丰富得多，表明垦殖移民传入了先进的农业技术。

西晋末到隋代是岭北移民南迁的高峰期。[③] 永嘉之乱引起南方人向相对平安的岭南迁移。东晋时，江南赋役过重，百姓多从海路到岭南。[④] 六朝时，豪强士族迁入岭南，大多率宗族、宾客和乡党同行。从珠三角在全国占有的人口比重来看，西晋太康年间为 1.23‰，隋大业年间为 2.89‰，历经 320 年，比重提高了 1 倍多。[⑤] 东晋时期，岭南也有岭北移民的侨郡，但不多。更多的北方移民到岭南之后，在复杂多变的民族融合中变成了地道的岭南土著，如冼夫人的丈夫冯宝家族俚人化，再与冼夫人的俚人组成冼冯集团，即其中一例。

隋唐时，岭南变为重要的流放地。贞观以后，广东人口大幅度增长，到开元元年（713 年），广东人口估计为 1 037 727 人，实际人口达到 1 092 437 人，增长的人口集中在粤中、粤北和粤西，粤东则次之。[⑥] 唐代中期以后人口增多，与垦殖移民有很大关系。因为张九龄在开元四年（716 年）冬十一月主持拓宽大庾岭，路修成后“坦坦而方五轨，阗阗而走四通，转输以之化劳，高深为之失险”。[⑦] 东南江、浙、闽数省人民可以从鄱阳湖—赣江进入这条通道，即顺着浈江下北江，直下可至珠江三角洲，或散居于岭南各地。福建等省移民入粤东潮州和广东沿海，

① 杨式挺：《略论合浦汉墓及其出土文物的特点》，载《岭南文物考古论集续集》，第 388—389 页。

② 广州市文物管理委员会等：《广州汉墓》，文物出版社，1981，第 183、204、252、295、359 页。

③ 方志钦、蒋祖缘主编《广东通史（古代上册）》，广州高等教育出版社，1996，第 329 页。

④ [唐] 房玄龄：《晋书》卷七三列传四三《庾翼传》，第 1392 页。

⑤ 赵庆伟：《六朝时期岭北汉人迁入珠江三角洲浅析》，《中南民族学院学报》1986 年第 4 期。

⑥ 方志钦、蒋祖缘主编《广东通史（古代上册）》，第 471—473 页。

⑦ [唐] 张九龄：《开大庾岭路记》，收入《全唐文》卷二九一，续修四库全书本，第 1638 册，第 607 页。

则有海路可通。安史之乱后，涌起的移民潮意义非常重大。从全省来说，迁民集中在粤北的韶州、连州、广州等地，形成了持久的居民点。如乳源泽桥山就有从泰和、泰元、元嘉、大明、开元等年份明确、年代连续的8个墓葬，其中还有不明年代的65座，但据随葬品辨别也是六朝唐代墓葬。[①] 南汉时，中州人士多栖止岭南。

汉魏六朝隋唐总的趋势是民族融合，这奠定了宋元岭南开发的基础。汉魏六朝唐代岭南农业的重心在粤北，“岭南属州以百数，韶州为大”。[②]

（2）早期农业聚落

汉到唐、南汉的农业聚落，主要有以下类型。

一是豪族和官员建立的庄园，使用僮仆或部曲从事生产。广州汉墓中出土的陶庄园，很有气派，其特征与北方的庄园无异。晋代出土陶水田的墓葬中，随葬品都非常丰富，其主人看来是庄园主或者豪强、官宦。如肇庆市坪石岗东晋墓有陶水田，墓主生前曾被封“广州苍梧广信侯”，

图2-1　东汉墓出土的陶庄园模型

① 广东省文物局研究所:《〈乳源泽桥山六朝〉隋唐墓简介》,《考古》2007年第2期。

② [唐]皇甫湜:《朝阳楼记》，收入《全唐文》卷六八六，第1645册，第4146页。

任职地在广信县（今广东封开县至广西苍梧县）。而且该墓还出土了陶器瓮、罐、人俑、马、城堡、井、畜圈、鸡笼等，以及玻璃器、金器、银器、铜器、铁器等；[①]广西梧州倒水田的耙田模型上，有陶俑的衣着和该墓出土的武士俑一致，反映该墓主人是庄园主；佛山澜石东汉墓还出土了很多牲畜冥器，表明墓主人拥有丰富的农业生产方面的物质资料；黄埔区大沙镇姬堂村西晋墓反映出一个以农为主的富有家族拥有的庄园财产，出土的明器有陶水田、陶马厩、陶牛栏、陶鸡舍、陶井、陶囷、陶灶以及日常生活用具青釉瓷器、龙凤纹铜镜等；广州沙河的一处西晋贵族墓也有灶、牛车、骑马俑、滑石猪、青釉器具等出土。[②]

文献也有记载这类庄园。晋增城人周灵甫，“家素以财称长雄，有家兵部曲万余人”。[③]唐代东莞县香山镇石岐的郑愚“世殷富，驺僮布满溪谷，皆纨衣鼎食”。[④]大庄园还种植能盈利的经济作物。《广志》记载在合浦和交趾有“桂园”。[⑤]《岭表录异》记载：“槟榔，交、广生者，……交趾豪士，皆家园植之。”[⑥]这些槟榔园的规模，据《林邑记》载林邑国人“家有数百树，云竦如坠绳也”。[⑦]又如《岭南异物志》载邕州首领宁洄“资产巨万，僮伎数百”。[⑧]唐初粤西豪族冯盎就有“奴婢万余人”。[⑨]六朝时的陈佛智，“承累世之资，藏镪巨万，部曲数千”，

---

① 广东省文物考古研究所等:《广东肇庆市坪石东晋墓》，载《广东文物考古三十年》，第431、432、435页。

② 广州市文物考古研究所编《广州考古六十年》，广东人民出版社，2013，第84—86页。

③ [明]黄佐:《广州人物传》，陈宪猷疏注、点校，广东高等教育出版社，1991，第452页。

④ 嘉靖《香山县志》卷六《人物》，日本藏中国罕见地方志丛刊，第374页。按：唐代香山尚属东莞。

⑤ [宋]李昉等:《广志》，收入《太平御览》卷九五七，第4249页。

⑥ [唐]刘恂:《岭表录异》补遗，第89页。

⑦ [宋]李昉等:《太平御览》卷九七一《果部八》，第4340页。

⑧ [宋]李昉等:《太平御览》卷九〇八《兽部二十七》，第4027页。

⑨ [后晋]刘昫:《旧唐书》卷一〇九列传五九《冯盎传》，第3388页。

部曲数千大多是从事种植或手工业。[①] 唐代海南的冯若芳[②]、陈武振、韦公干[③] 等几个豪族占有奴仆进行生产。唐代岭南的守土官也有庄园，如唐初彭城人萧龄之为广州都督，向朝廷上表奏称“都督、刺史多居庄宅，经旬月不至府”[④]。

另一类是官庄。汉代交趾有官营柑橘园置“橘官”，“主岁贡御橘”[⑤]。《广东新语》追记：“唐有柑橘园，在罗浮。”[⑥] 唐代岭南地方官为了适应进贡荔枝的需要而在广州西郊设荔枝园。庄园中的劳动者与庄园主形成很强的依附关系，这是六朝唐代庄园经济的特点。南汉时，则以官庄和寺庙庄园为多。

2. 移民聚落

来自北方的移民会开垦土地，形成自己的聚落。广州等地的汉墓、西晋和六朝的墓葬已经证明了移民的存在，在文献上也能得到证实，如汉自耕自足的农户，丁密“非家机布不衣，非己种瓜果不食”[⑦]；罗威“事母至孝，耕耘为业，勤苦身体”。[⑧] 吴国陆胤将这些人作为“先贤”来记载，他们大概是移民聚落中比较出名的人物。曾昭璇通过文献考索和历史地貌学的研究认为：在东莞、番禺、顺德的台地和山岗上，唐代的移民聚落耕作的多是坑田和峒田，如珠三角桑园围内的锦屏山，南坡为扇形地和坡积面发育地区，地势倾斜，有利山泉灌溉，但土层浅薄，多沙，底部更由砾石层造成，故保水能力低，肥力低。居住旧有土著居民，多是

① 《晋康志》，收入马蓉等点校《永乐大典方志辑佚》，中华书局，2004，第2826页。

② 〔日〕真人元开：《唐大和上东征传》，中华书局，2000，第68页。

③ [唐]房千里：《投荒杂录》，收入《太平广记》卷二八六、卷二六九，中华书局，1961，第2113、2282页。

④ [明]郭棐撰、黄国声等点校《粤大记》卷一〇《宦迹类》，第259页。

⑤ 不著撰人《异物志》，收入《太平御览》卷九六六《果部三》，第4286页。

⑥ [清]屈大均：《广东新语》卷二五《木语》，第632页。

⑦ [吴]陆胤：《广州先贤传》，收入《太平御览》卷二四六《职官部四十四》。

⑧ 同上。

唐代建村居民，查有四姓氏施、杜、姜、何姓。[①] 这些移民聚落的居民，大多是自耕农，有选择种植作物的自由。他们不仅种植禾稻，还种植茶叶等作物。唐代李翱曾记载：王野人名体静，同州人，来到广东罗浮山，“积十年，乃构草堂，植茶成园，犁田三十亩以供食，不畜妻子。……因野人遂成三百家”。[②]

3. 游耕部落与“溪洞”之民

南越国时期的越人和六朝到唐代的俚、僚与瑶族，有从事旱地农业的游耕部落。刘禹锡《莫瑶》诗云：“星居占泉眼，火种开山脊。”[③] 粤东有从事火耕的先畲民族。这些部落将旱田耕种三年之后，土地瘦瘠即抛荒，然后选择新地耕种。还有一类是“溪洞”之民。《汉书》提到海南的黎族先民，“男子耕农，种禾稻纻麻”。[④] 在五指山的黎族先民有两类，一类是耕种山栏地的火耕部落，一类是在山间水源较多的谷地、平地种植水稻的“溪洞”之民。萧梁时的广州地区，“火耕水耨，弥亘原野”[⑤]。《隋书》卷三一《地理志（下）》有关于江南、岭南火耕水耨的记载。唐代《禁岭南货卖男女敕》提到“居人与蛮獠同俗，火耕水耨”。[⑥] 此处将“居人”与“蛮獠”并列，或是移民到岭南的汉人因为环境的因素而接受了“火耕水耨”。宋代文献也记载岭南粤西地区的火耕水耨，如《舆地纪胜》卷一〇一《德庆府》条记载：“其俗火耕水耨，食稻与鱼，康泷一同，夷獠相杂。”宋皇祐二年（1050年）薛利和《春州建置记》记载广东的阳春地区：“夷獠杂居，其地土下湿，宜稻粱，民力穑外，

① 曾昭璇：《宋代珠玑巷与迁民珠江三角洲农业发展》，暨南大学出版社，1995，第224—225页。

② [唐]李翱：《解惑》，收入《全唐文》卷六三七，续修四库全书本，第1644册，第379页。

③ [唐]刘禹锡：《莫瑶》，收入《全唐诗》卷三五四，中华书局，第3962页。

④ [汉]班固：《汉书》卷二八下《地理下》，第1670页。

⑤ 《广州刺史欧阳頠德政碑》，收入[唐]欧阳询《艺文类聚》卷五二《善政》，中华书局，1965，第946—947页。

⑥ [宋]敏求编《唐大诏令集》卷一〇九《禁岭南货卖男女敕》，商务印书馆，1959，第567页。

常优逸自足。”[①]这些都是从事水田作业的居民。

三、生态环境与农业资源转变

秦汉六朝隋唐时期的岭南，原始森林密布、动植物丰富、蛇虫毒物甚多，只有习惯了本地环境的粤人才能生存下来。秦平岭南时，粤人“入丛薄中，与禽兽处”，自丛薄中击秦军。丛薄、禽兽即原始林中的植物、动物。瘴疠和疟蚊是岭南人最大的生存敌害。汉武帝时欲击岭南，淮南王刘安上书，谓岭南地“行数百千里，夹以深林丛竹，水道上下击石，林中多蝮蛇猛兽，夏月暑时，呕泄、霍乱之病相随属也”。[②]而且，岭南夏天多台风，称为“飓风”“飓母”，“四面而至”。[③]

东汉六朝时期的《异物志》等“志录”[④]，记载岭南的植物十分丰富。岭南地区也栖息了大量的野生动物。如亚洲象：“广之属郡潮、循州，多野象。潮循人或捕得象，争食其鼻，云肥脆，尤堪作炙。”[⑤]“鳄鱼，其身土黄色，有四足修尾，形状如鼍，而举止趫疾，口森锯齿，往往害人。南中鹿多，最惧此物。”[⑥]韩愈诗《泷吏》：“恶溪瘴毒聚，雷电常汹汹。鳄鱼大于船，牙眼怖于侬。”[⑦]犀牛种类众多，有胡帽犀、毛犀、堕罗犀、骇鸡犀、辟尘犀、辟水犀、光明犀。[⑧]此外还有不少的孔雀、倒挂鸟等珍禽。瘴疠在唐代文献中有反映：“岭表山川，盘郁结聚，不易疏泄，故多岚雾作瘴。人感之多病，腹胀成蛊。俗传有萃百虫为蛊，以毒人。

① 曾枣庄、刘琳主编《全宋文》第38册卷一〇四九，上海辞书出版社，2006，第293页。

② [汉]班固:《汉书》卷六四上列传三四上《严助传》，第2775页。

③ [唐]李肇:《唐国史补》卷下，收入《唐五代笔记小说大观》，上海古籍出版社，2000，第199页。

④ 关于“志录”的概念，参看本章第五节“记载岭南农业的文献与岭南农业文化”。

⑤ [唐]刘恂:《岭表录异》卷上，第10页。

⑥ [唐]刘恂:《岭表录异》卷下，第27页。

⑦ [唐]韩愈:《泷吏》，收入《全唐诗》卷四三一，中华书局，1960，第3825页。

⑧ [唐]刘恂:《岭表录异》卷中，第28页。

盖湿热之地，毒虫生之，非第岭表之家，性惨害也。”[①]瘴疠在唐人的诗歌中有很多的记述。瘴疠是对于岭南不良生态环境的概括性描述。由于森林广布而导致空气壅滞，森林中动植物遗骸堆积发酵而产生有毒气体，待空气吹散时便会产生毒害，或风雨不时、寒热变幻而容易使人得病；森林和湿地中的疟蚊、湿地的血吸虫也危害人类。广泛分布的瘴疠和原始森林，说明岭南地区还有广大的未开发地区。由于人类的食用习惯和人类活动区域的扩大，亚洲象和鳄鱼等动物遭到剿杀，野生动物的活动范围被挤压。唐代瘴疠之地较之汉代时已经缩小一些，粤北的连州和韶州环境变好，成为了当时岭南的文化中心。

珠江流域上游已经有了一定程度的开发，人类经济活动对珠江流域的生态环境有较大的影响。这一点反映在珠江各大河流中含沙量的增加，进而推进了珠三角滨海地的冲积。唐代珠三角农业聚落多在山岗、台地上，虽然当时冲积平原有所扩大。冲积的土壤多沿岛屿发育、沿岸边发育，也有的沿河道上的沙洲发育。晚唐时香山镇（时属东莞县）郑愚中进士，从石岐海出发，写下一首诗歌云：“台山初罢雾，岐海正分流。渔浦飏来笛，鸿逵去翼洲。”[②]台山指香山的南台山，古代香山八景之一，岐海是石岐海的别称，“岐海正分流”说明当时烟波浩荡的石岐海已经有海中发育的沙洲，洲嘴正对着石岐，形成很宽的河床雏形。诗歌的后两句说明当时石岐海还是渔场。既然石岐海有沙洲，石岐镇周边亦应有沿岛屿发育的滩涂。唐代有香山岗贝陈氏、隆镇李族、得能都郑氏迁移到石岐[③]，显示了唐代香山镇的人群居住在低洼平原，因为人口繁衍而其分支迁徙到石岐镇居住，耕作新开发的土壤。石岐镇的土地冲积反映了珠江口漏斗湾已经被冲积土填充了相当一部分。这是北宋土地开发的基础。但形成面积广大的耕作土壤尚需时日。

① ［唐］刘恂：《岭表录异》卷上，第 3 页。

② 嘉靖《香山县志》卷六《人物》，第 375 页下。此四句见于《全唐诗》。

③ 民国《香山县志》卷三《氏族志》，中国方志丛书本，第 97—200 页。

第二节

农业生产工具与早期水利

一、农业生产工具

1. 冶铁业对铁农具应用的影响

岭南铁工具的使用从战国的晚期开始。秦时“程郑，山东迁虏也，亦冶铸，贾椎髻之民，富埒卓氏”。[①]胡守为认为“椎髻之民”即岭南人。[②]而铁器自楚传入的可能性最大。属于战国晚期的米字纹陶类型遗存往往出土铁器，如博罗银岗二期、始兴白石坪、深圳叠石山、封开利羊墩三期、乐昌对面山、平乐银山岭等。[③]南越国时期“高后自临用事，……出令曰：‘毋予蛮夷外粤金铁田器；马牛羊即予，予牡，毋与牝’”[④]，表明南越国时期尚需从岭北输入铁器或半成品，再行锻铸。但是铸铁原料少，限制了铁农具的应用。东汉时有九真太守任延，铸农具，推广牛耕，“教之垦辟”。[⑤]铁工具在农作上的效率相当于石器五倍，材料易得、耐用时间和反复铸冶次数优于铜器，是农业工具材质上的重要进步。但是汉代实行铁官营，卫飒为桂阳太守时，禁止长沙民私铸，改为官铸，

① [汉]司马迁：《史记》卷一二九《货殖列传》，中华书局，1959，第3278页。

② 胡守为：《岭南古史》，广东人民出版社，1999，第35页。

③ 李龙章：《两广地区米字纹陶类型遗存和广州汉墓的年代》，《考古》2006年第2期。

④ [汉]班固：《汉书》卷九五《南粤王传》，1965，第385页。

⑤ [南朝]范晔：《后汉书》卷七六列传六六《循吏》，第2462页。

粤北民得不到冶铸法。铁农具两汉时在岭南的应用还是不太广泛，中央政府一直防范少数民族掌握冶铁技术以铸造兵器，故严防冶铁技术的传播，以致当时竹木农具还占比较重要的地位。晋代时“东土多役，百姓乃从海道入广州，刺史邓岳大开鼓铸，诸夷因此知造兵器”，庾翼奏：“夷人若知造铸之利，将不可禁。”[①] 因为古代广东多地表铁矿，得冶铸法就能铸铁兵器和农具。

唐代的铁冶政策，虽然还是官榷的状态，但是出现了民间冶铸，官来收税的制度：“凡天下出铜铁州府，听人私采，官收其税。”[②]《元和郡县图志》记载，广东的怀集县，有“骠山，在县东北四十二里。多铁铆，百姓资焉”。[③] 还有广西藤州的桂岭县，也有铁铆，“自隋至今（唐）采取”。[④] 唐代中央有盐运使，各道也有盐铁专官。唐僖宗时，郑畋“请以岭南盐铁委广州节度使韦荷”。[⑤] 可见唐时盐铁有专官，但只管理冶铸收税，和汉魏六朝时禁止或限制民间私铸、官营为主的情况大不相同。唐代民营冶铸可以根据生产的需要制作农具，对农业生产有较大的推动作用。

2. 铁农具的类型

（1）砍伐类工具

杨式挺将战国到汉代的铁斧分为三式。Ⅰ式铁斧为长方梯形，首宽于刃，方銎平刃。它与河南辉县战国铁斧和辽宁抚顺莲花堡的Ⅰ式镬十分相似。Ⅱ式铁斧出土于广州西汉早期墓，方銎弧刃，首宽于刃或首刃相当，銎下口无凸弦纹。Ⅲ式铁斧出土于徐闻东汉墓，长方形弧刃，刃略宽于首，半圆形銎。[⑥] 汉代以后，铁斧取代了青铜斧。铁斧是原始农业中石斧、青铜时代铜斧的延续。这是因为石斧过于笨重，

---

① ［唐］房玄龄：《晋书》卷七三列传四三《庾翼传》，第 1392 页。

② ［后晋］刘昫：《旧唐书》卷四四志二四《职官三》，第 3705—3706 页。

③ ［唐］李吉甫：《元和郡县图志》卷三四，中华书局，中国古代地理总志丛刊本，1983，第 889 页。

④ 同上书，第 923 页。

⑤ ［宋］欧阳修：《新唐书》卷一八五列传一一〇《郑畋传》，第 5402 页。

⑥ 杨式挺：《关于广东早期铁器的若干问题》，载《岭南文物考古论集》，广东地图出版社，1998，第 71 页。

且不够锋利；铜斧虽然效率高于石斧，但数量少，原料却不易得。铁斧兼有锋利和原料相对易得的优点。铁斧在砍伐森林、开辟荒野、拓展农田方面起了很大的作用。

（2）翻土类与收割类工具

根据对两汉墓葬的分析，2012年统计出广东锸、锄、镬、铁镰等铁制翻土类工具为22件。[①] 如果加上乐昌对面山的3件[②]、澄海龟山汉代遗址的5件[③]、五华狮雄山汉墓1件[④]、中山市的1件[⑤]，汉代广东墓葬出土的翻土农具共为32件。分布地点主要是以广州为中心的珠江三角洲，粤西的封开，粤北的乐昌，粤东的五华、澄海等地。

锸 盛行于汉代的一种翻土工具，其特征是端部和端部两边形成一个凹形，两端凹下的部分有槽以便装木叶。木叶插入槽中，往上装条柄，可以是从上往下作业的锹；如果在并入木槽的木叶上凿一个方形的銎，木柄直穿入木叶，就成了锄头。这种样式的农具在后世珠三角农业中称之为“梆”的整地农具上还能找到痕迹（见本书上篇第三章第二节）。刃部较宽的锸翻土效率高，在中山翠亨村平顶出土的铁锸，长9厘米，刃宽11.5厘米，凹字形，弧刃，两侧有槽以装木叶。[⑥] 刃部宽度在10厘米以上的显然与刃部5厘米的是不同型式的锸。刃部5厘米的锸，可以做手锄除草，而刃部10厘米的锸用于锄地翻土。

锄、镬、铲 与锸有所不同，三者都是整块铁锻铸而成，锸为了能节省整件器具的铁原料，做成凹口的型式。有些考古文献中所称的锄实

① 彭浩：《广东地区汉代墓葬出土农业遗存初步研究》，硕士学位论文，吉林大学，2012，第18—20页。

② 广东省文物考古研究所等：《广东乐昌县对面山东周秦汉墓》，《考古》2000年第6期，第334页。

③ 广东省文物局等编《广东文物考古三十年》，第240页。

④ 广东省文物考古研究所等：《广东五华狮雄山汉代建筑遗址》，载《广东文物考古三十年》，第319页。

⑤ 甘建波等：《中山历史文物综述》，载中山博物馆编《中山历史文物图集》，1991，第6页。

⑥ 同上书，第43页。

际上是有凹字形的锸，如广州汉墓中发现的一些锄实际上是锸。[①] 广西贵县西汉后期出土的全铁制的方直裤式锄和半环圆刃式锄[②]，就不是凹口的。南越王墓出土镢2件，西耳室出土铁铲2件，均锻制。[③] 镢的端部较长，用于开荒效率最高，中原地区原始农业中最常见的石镢，到青铜时代演变为铜镢，是实用的工具。锄头具有深耕开荒的功能，所以在开荒中最常用。铲则多用于中耕除草。

铁镰刀 广东出土汉代的铁镰不多，只有西汉前期建设大马路蛇头岗墓葬（M1117）1件，镰身呈弓形，齿刃锈蚀圆钝，柄圆筒形，较短，圆銎透底，以安木柄，木柄全朽无痕。[④] 南越王墓西耳室也出土了1件铁镰（C72），弯月形，前端渐收束，后端平齐。[⑤] 铁镰出土数量少，南越王墓的1件还全器用丝绢包裹，似乎是稀罕之物用于祭祀。

汉到南朝考古发现中出土的铁农具还是很少。到1988年，战国晚期到南朝的铁器共发现828件，其中还包括明器，作为农业工具的只有71件。[⑥] 铁农具出土数量少，与上文所述作为冶铁业基础的矿山开采和冶炼铁矿的技术不普及有关。但是从汉代开始，广东农业生产过程中的主要铁制农具砍伐类、翻土类、中耕除草类、收割类已经齐备，有了传统农业生产工具的早期特征，较之木石为主要材料的原始农业工具有了飞跃的发展。在上述的铁农具中，以锸、锄、镢、铲这类翻土工具最具历史意义。因为在先秦以前，岭南的锄耕农业并不发达，阻碍了农业生产向更高的程度跃进，从而对社会发展有很大影响。而从战国晚期开始出现的翻土铁农具在实际生产中应用，使岭南农业向高层次的翻耕深锄的中耕农业迈进，这是岭南传统农业开端的主要标志。

① 广州市文物管理委员会等:《广州汉墓》，第237页；杨式挺:《关于广东早期铁器的若干问题》，载《岭南文物考古论集》，第72页。

② 广西壮族自治区博物馆编《广西贵县罗泊湾汉墓》，文物出版社，1988，第84—86页。

③ 广州市文物管理委员会等:《西汉南越王墓（上册）》，文物出版社，1991，第103、106页。

④ 广州市文物管理委员会等:《广州汉墓》，第163页。

⑤ 广州市文物管理委员会等:《西汉南越王墓（上册）》，第103页。

⑥ 杨式挺:《广东农业考古概述》，载《岭南文物考古论集续集》，第263页。

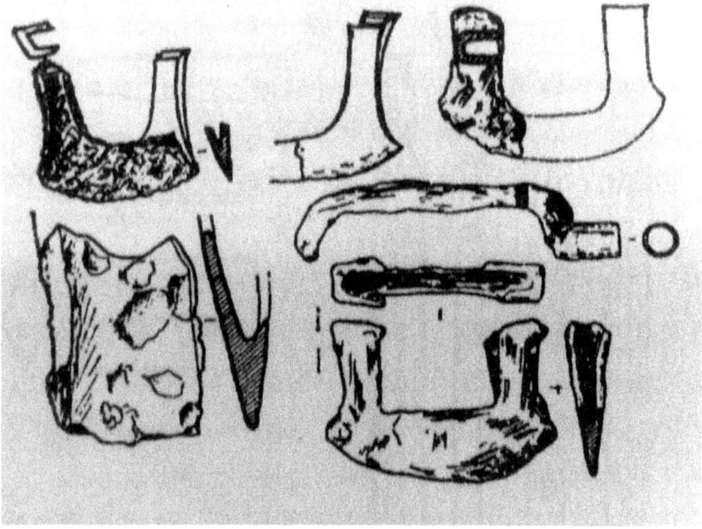

图 2-2　广东出土的从战国时代到东汉的铁农具

犁、耙　出土的冥器表明，汉代岭南局部地区已经出现牛拉犁的耕作法。尽管还没有铁犁铧在广东出土，只有冥器犁铧的出土，但是结合关于铁器传播的文献记载①，以及佛山澜石出土的陶水田，说明岭南局部地区在东汉已经有铁犁的应用。②广西贺县莲塘东汉墓出土了两件铁犁铧，都作三角形，底面平，正面隆起，中空，可容犁头。③可与佛山陶水田的犁头模型互证。六朝时期，耙曾在局部地区应用。在广东连县的一座晋墓发现陶水田模型，一丘水田有一人架一牛耕地，一丘水田有人架一牛耙田，犁和耙都采用单牛拉挽的方式。这种耙有六个较长的齿，上部有横扶手，耕者横扶把手操作，不是站在耙上。广西梧州倒水公社的一座南朝墓中也有这种六齿耙，也是用牛拉挽的形式。农史界据此认为这种耖耙是岭南各族人民发明的，宋代才传到长江流域及其以北地区。④而笔者认为这类耖耙最早不是出现在岭南，而是在长江流域。从春秋战国到隋唐，岭南的农耕水平显然比长江流域低得多，而且两广

① [南朝]范晔:《后汉书》卷七六列传六六《任延传》，第 2460 页。

② 徐恒彬:《汉代广东农业生产初探》,《农业考古》1981 年第 2 期。

③ 岳庆平:《汉代岭南农业发展的地域差异》,《史学月刊》2000 年第 4 期。

④ 梁家勉主编《中国农业科学技术史稿》，第 250 页。

出现耖耙的两个地点分别位于北江上游和西江上游，都是唐代张九龄拓宽大庾岭之前岭南、岭北文化的交汇点，所以连州和梧州发现的陶水田中的犁耙，可能都是来自岭北的长江流域。梁朝宗懔撰《荆楚岁时记》记载："四月也，有鸟名获谷，其名自呼。农人候此鸟，则犁耙上岸。"[①]这种早期的耙可能就是耕者横扶把手操作的多齿耙，首先出现在楚地，然后传到岭南。唐代徐申在粤北屯田，有"假之牛犁"，与"不假牛犁者"二种租佃方式，即由官府供给佃户牛犁与租佃田地者自带牛犁，收获品分成方式各不相同。[②]这说明到了唐代，牛耕在岭南较之汉代更为普及了。徐申为了修韶州治地和请人耕作公田，还"大市器用"[③]，说明唐代岭南有买卖农器的市场。

这一时期竹木工具仍在农业生产中占较大的比例。铁质的木作工具比青铜工具更为锋利，能更好利用优良的木材。铁斧是最基本的木作工具，此外配合铁斧用的还有刀、锛、削、刮刀、凿等。南越王墓中出土的削、凿等工具数量甚至比铁锸等工具还要多，从侧面说明木作工具的重要性。竹木工具其实在唐代到明清、民国一直都有使用。唐人《岭表录异》中记载：桄榔树可以制造锄头。《岭外代答》卷八"槟榔"条记载：桄榔木，可以制作多种器具，土人"取其坚以为弩箭"。《广东新语》卷二十五《木语》中也记载：桄榔树叶子可纺织巾布，须可制绑船用的绳子，树的木髓还富有淀粉可以食用，其木"肌甚刚，可作锄及枪以代铁，番人多用之"。《岭南丛述》卷四十引嘉靖《广东通志》："犁藤，可以为农犁。"裴渊《广州记》曰："石麻竹，劲利，削为刀，切象皮如截芋。"[④]沈怀远《南越志》记载用作弓箭的竹类有沙麻竹、棘竹。《南州异物志》记载乌浒人用"弧竹"制成"弧弓"。[⑤]后来的传统农具材料都是铁器和竹木并存的。

---

① [梁]宗懔撰、宋金龙校注:《荆楚岁时记》，山西人民出版社，1987，第42页。

② [唐]李翱:《(前略)徐申行状》，收入《全唐文》卷六三九，续修四库全书本，第1644册，第410页。

③ 同上。

④ [宋]李昉等:《太平御览》卷三四七《兵部七十八》，第1599页。

⑤ 同上书，第1588页。

二、早期水利设施

秦代开凿的灵渠是这一时期最伟大的水利工程，它连接了长江水系和珠江水系，兼有灌溉、交通的功能，并且经过历代的维护，直到唐代以后仍发挥作用，唐代杜佑在讨论漕运时提到岭南米，从侧面证明唐代灵渠是能航运的。汉唐岭南已经在水田作业中应用灌溉设施。目前出土的汉晋陶水田都显示它们的四边都有田埂，表现为三种地形的水田。一是在珠江三角洲的沙田区，如佛山澜石东汉墓的陶制水田长 39 厘米，宽 29 厘米，最高 10 厘米；船长 21 厘米，宽 7 厘米，通高 6.8 厘米，材料为泥质红陶；水田分六方、五方，田面刻水波纹，田旁还附有船，表明是珠三角水乡的生态环境。[①] 广州黄埔区大沙镇姬堂村西晋墓出土的陶制水田模型，呈长方形，中间有“十”字形田埂，把田亩分隔为大小同等的 4 块水田，田埂边都装有一个捕鱼的竹笥（涨潮时鱼随水进去而出不来的器具），显示这里为有潮水到达的东江与珠江交汇处的沙田。[②] 二是在珠江三角洲的台地水田，如番禺市桥沙头，东汉后期陶制水田，1 件，长方形，如格盘，中间内凹，四周微翘。四边砌埂，围成方田，其内先砌十字埂，形成“田”字形地块，龟岗 M13 的陶水田，其中三块地砌斜，有田埂。沙头太平岗方形如盘，周边及中间有突起的畛界，划分为四等分，平面如一“田”字。[③] 市桥台地水田未利用潮灌，反映当时台地周边滨海地堆积不大，人们利用台地丘陵中流出的山溪水灌田，称之为坑田。市桥台地有很多涉及“坑”的地名，其中有秦及唐代聚落。[④] 这与曾昭璇所说的珠三角唐代聚落历史地貌是一致的。[⑤] 三是在山区的陶水田，如连县附成公社西晋古墓出土的陶水田，四角各有一漏斗状设

① 广东省文物管理委员会：《广东佛山市郊澜石东汉墓发掘报告》，《考古》1964 年第 9 期。

② 广州市文物考古研究所：《广州晋代考古的重要发现——黄埔姬堂晋墓》，载《广州文物考古集》，文物出版社，1998 年。

③ 广州市文物考古研究所等：《番禺汉墓》，科学出版社，2006，第 299 页。

④ 朱光文等：《名村坑头》，岭南美术出版社，2013，第 6 页。

⑤ 曾昭璇：《宋代珠玑巷与迁民珠江三角洲农业发展》，第 224—225 页。

图 2-3　西晋出土的连州陶水田，上有牛犁田和驾牛的陶俑，也显示微型水田设施出现

施，中间纵贯一田埂将耕地分成两块[①]。广西倒水田的耙田模型，作长方形，长 18 厘米、宽 15 厘米，水田四周筑有田埂，中间纵贯一田埂，将耕地分为两块，一角设有漏水设施。[②]韶关西河西晋太康七年（286 年）墓出土的陶水田，模型呈长方形，中间纵贯一田埂，分成两块水田。韶关东晋咸和二年（327 年）墓出土的陶制水田模型，呈长方形，田的四周都有隆起的田埂，两对角各留一排水口。[③]肇庆市坪石岗东晋墓陶制水田，长方形底作平台，内以十字栏起表示四块水田。[④]有田埂就需要将田里的水围起来，以便适应水稻的生长，还需要有进水渠，只是田块模型没有显示。此外还需要有泄水口，在连县附成公社西晋古墓出土的陶水田，四角各有一漏斗状设施；肇庆市坪石岗东晋墓陶制水田，三个侧边沿有漏斗形器，表示两块田之间可通水或排水。[⑤]田埂将水田划分好，

① 徐恒彬：《简谈广东连县出土的西晋犁田陶田模塑》，载《华南考古论文集》，科学出版社，2001。

② 李乃贤：《浅谈广西倒水出土的耙田模型》，《农业考古》1982 年 2 期。

③ 毛茅：《韶关东晋出土文物介绍》，《广东文物》2002 年第 1 期。

④ 广东省文物考古研究所：《广东肇庆市坪石岗东晋墓》，载《广东文物考古三十年》，第 431—432 页。

⑤ 广东省文物考古研究所：《广东肇庆市坪石岗东晋墓》，载《广东文物考古三十年》，第 431—432 页。

是水稻栽培技术发展的基础。虽然以上水田依托的只能是很简陋的水利设施，但是认为汉到唐，岭南水利还是空白，[①]这是不正确的，至少出土的陶田模型已能证实当时的农田已经存在简陋的水利设施。

从汉、晋到唐代以前，有文献显示广东有较大型的水利设施。汉、晋、唐时期岭南的水利工程技术是从岭北传过来的。秦在广西修建了灵渠，但这一大型水利的技术没有传到广东。汉代桂阳太守周某在粤北开凿乐昌泷，使人投石于水道深处，“凿截回曲”，使艰险的水道改观，“由是小傒乃平直，大道允通利，抱布贸丝，交易而至”。[②]乐昌泷是广东历史上第一个改善航运的大型石工水利工程。第一个水坝工程出现在晋代，史载：“晋刺史邓岳筑坝以杜牂牁之水，今溪洞之南近海有沙湾、紫泥。”[③]沙湾、紫泥都在番禺，但这是为对少数民族的作战而建设的堤围，是否有防洪灌溉功能则不能肯定。20世纪70年代曾昭璇两次调查高要金西围，认为是唐代堤围。[④]此说也是可以成立的，因为珠江三角洲呈西北高而东南低的地势，最早的堤围就在高要平原。唐代肇庆平原上“绮田坧平，锦嶂壁立”，[⑤]“绮田坧平”，显示这些田地有良好的灌溉设施，可能与堤围的建设有关。潮州的北门堤，“自唐至宋元世有修筑”，说明唐代潮州平原已开始有堤围的建筑。韩江三角洲上部连接榕江、练江平原，开发了一大片稻作区，贞元十二年（796年），官员李刺史在郡城附近建“观稼亭”。晚唐五代，为了捍卫这里的田园，竹竿山下有了堤围的兴建。[⑥]

① 唐森等:《论宋元时期广东水利建设的勃兴》,《暨南学报（哲学社会科学版）》1985年第2期。

② [汉]《桂阳太守周府君功勋之纪铭残石》，载伍庆禄、陈鸿钧《广东金石图志》，北京线装书局，2015，第17—18页。

③ [明]黄佐：嘉靖《广东通志》卷六七《峒獠》，大东图书公司，1977，第1746页。

④ 曾昭璇等:《珠江三角洲唐代堤围历史地貌学研究》,《农史研究》第6辑，中国农业出版社，1985，第26—29页。

⑤ [唐]李邑:《端州石室记》，收入《全唐文》卷二六二，续修四库全书本，第1638册，第291页。

⑥ 黄挺、陈占山:《潮汕史（上册）》，广东人民出版社，2001，第83页。

山区的陂塘水利则最早出现在连山，“龙腹陂，在龙口村。相传东汉有东氏兄弟三人筑”。[①] 唐森对此传说有怀疑。[②] 但是对照东汉连县等地陶水田的出土，连山龙腹陂被称为岭南最早的陂塘，是可信的。南齐“永明二年（484 年）秋，始兴、曲江县山崩，壅底溪水成陂”。[③] 这应该是指当地人民利用山洪冲成的大坑修成陂塘用以灌溉。隋代高明山区出现陂塘：“金钗陂，在杨梅都。相传隋冯（家）白氏捐金钗创筑，故名。溉田数十顷。”[④] 唐代广州附近也出现陂塘，《元和郡县图志》卷三十四记广州增城县东北一百五十里，有石陂，“溉田□余顷”。[⑤] 这些都是古代岭南山区陂塘建设的最早文献记载。五代时，惠州登山堤，在惠州仙福都泊头村，长约一百九十丈。后周广顺年间（951—953 年）“乡人筑以遏山溪之涨”。[⑥] 不过这是防止山溪泛涨的堤围，可能是陂坝，在防止溪水在雨季暴涨时泛滥，同时有灌溉的功能。南汉国时，大臣黄损在其家乡连州“捐资筑高良之耶陂灌田，乡里赖之”。[⑦] 宋人林绚的五世祖某，曾为南汉的官员，“所作怀州大陂，凡溉田万顷，民到今赖之”。怀州即怀集，宋代属广南东路，这一记载出自宋人郑侠，他曾在粤北做官。“溉田万顷”大概是千亩之误，“民到今赖之”显示这个水利工程到宋代还存在。[⑧] 南汉时杂税有“水硙”“溉田水利”[⑨]，

① 道光《广东通志》卷一一九，第 623 页。

② 唐森：《论宋元时期广东水利建设的勃兴》，《暨南学报（哲学社会科学版）》1985 年第 2 期。

③ ［梁］萧子显：《南齐书》卷一九志一一《五行》，中华书局，1972，第 379 页。

④ 道光《广东通志》卷一一七，第 598 页。

⑤ [唐]李吉甫：《元和郡县图志》卷三四，第 889 页。笔者按：“溉田□余顷”中佚字，无可考。

⑥ 嘉靖《惠州府志》卷五《地理》，天一阁本，第 24 页。

⑦ ［清］梁廷枏：《南汉书》卷四《黄损传》，第 54 页。

⑧ ［宋］郑侠：《怀集林府君墓志铭》，载《全宋文》第 100 册卷二一七八，第 10 页。按：陈欣《南汉国史》，广东人民出版社，2010，第 390 页，说黄损在连州“耶陂”是南汉唯一见于记载的水利工程，实误。

⑨ ［元］马端临：《文献通考》卷一九《征榷考六》，万有文库本，商务印书馆，1936，第 180 页。

说明陂塘水利推动的水碓、陂塘应该不少，否则不会列为税收。随“水硙”出现的应该还有将水从低地提到高地的水车。“水硙”还包括用水转翻车舂米、舂香（祭神用的香枝原料）的加工工具。因南汉时，上至帝王，下至民间皆信佛，广东寺庙香枝需求甚大，《广东新语》记载这类舂香的水碓为“香碓”。另外六朝和唐代文献上有许多岭南“溪洞之民”的记载，“溪洞之民”就是岭南土著在那些山间平地、盆地上围绕水泉灌溉系统而形成的聚落居民。

地下水资源的利用在汉代有了很大的发展。两汉墓葬中陶水井很多。到 2012 年止，广东出土的两汉墓葬中出土的陶井共 168 件，这些井大多有上盖和护栏，多为食水井，分布在广州及其附近地区。[①]文献记载的著名广州井泉就有秦汉时广州九眼井，唐代时日泉井、月泉井、流水井、乾明井四大名井。[②]考古发现的汉代南越国和东汉的广州古井有十处，现存最深的超过十米，此后六朝到唐代的水井是随着农业聚落的发展而增加的。广州城从汉代南越国时立城，经历东汉、六朝、隋唐、南汉，早期的城市水利已经出现。南越国时的宫署石构水池遗址、南越国木构水闸遗址、南汉国水关遗址、南汉城墙的排水设施[③]，都说明广州城在历代的建设过程中已经有水利设施的存在。城市中的水渠、水井也可以用作灌溉，特别是可以灌溉聚落旁边种植蔬菜和水果的圃田。

① 彭浩:《广东地区汉代墓葬出土农业遗存初步研究》，第 22—23 页。

② 曾昭璇:《广州历史地理》，广东人民出版社，1991，第 154—157 页。

③ 广州市文物考古研究所编《广州考古六十年》，第 24、31、37、47 页。

第三节

主要农业经济部门

一、稻作农业

1. 耕作法与栽培法

文献上很少记载这一时期的耕作法，但是从东汉到晋代的陶水田能略窥一二。到目前为止，广东已经出土十多块陶水田，分布在佛山澜石、番禺市桥、广州黄埔、连县、韶关、肇庆、博罗、德庆等地。这些地点仅限于西江、北江流域与广州附近地区，东江地区仅有一处，而粤东韩江流域和粤西南没有。

使用牛耕与耙田　佛山澜石东汉墓中出土的水田模型上，有两个陶俑分别在两块地上犁田，陶俑前面的地上塑有犁头。从陶俑一手扶犁一手赶牛的样子，可以看出这时广东已采用较为进步的一人驶牛犁田的犁耕方法，而不是二牛抬杠的耦犁。[①] 虽然仅凭很小的陶犁头似乎很难说明这个工具的大小和型式，需要考古实物才能评估，但陶塑犁头还是表明了当时稻田有犁耕。不能忽视的是，番禺沙头龟岗 M10 东汉后期墓葬中陶水田也有犁头；怀集县博物馆藏的陶水田，原有两只牛，似乎原也有犁在；黄埔区大沙镇姬堂村晋代墓葬的陶水田有赶牛犁田的情景；韶关东晋咸和二年（327 年）墓出土的陶制水田模型以及肇庆市坪石岗东晋墓水田，也有陶俑驾牛犁田。看来东汉到晋代，广东水田耕作使用

① 徐恒彬：《汉代广东农业生产初探》，《农业考古》1981 年第 2 期。

牛拉犁，不是孤证。文献记载：罗威，汉番禺人，“先世遗以负郭之田，力耕以自给，非其力不食也。邻家牛数犯其穑，威刈刍潜纳其门而去。牛主惊怪，阴使人广求，乃觉是威”。[①]这一记载表明当时农家是有牛的。《交州记》：“俗好鼓琴，牧竖于野泽，乘牛唱辽辽之歌。（歌曲说牛力强弱，耕具轻重也。）”[②]歌词中的“牛力强弱”和“耕具轻重”说明牛拉犁在岭南地区是存在的。

晋代岭南的耙不同北方旱地农业用的耙。《新唐书》卷四十三上《地理志》，记雷州置于唐武德四年（621年），辖海康、遂溪、徐闻三县，“遂溪县，本铁耙、椹川二县，后并省，更名”。《太平寰宇记》卷一百六十九记遂溪县有“铁耙溪，溪有石似铁耙”。有人据此认为当地人民已经普遍使用耙进行耕作。[③]这是农具的应用在历史地名上的反映。

移栽 有学者认为佛山澜石出土的陶水田内从事劳动的陶俑，有移栽秧苗的样子。[④]番禺市桥沙头东汉后期墓的陶田，每块田格内有成级的粗篦纹，田内原有7俑，1俑残，仅留痕迹，其余6俑戴笠，或低头，或弯腰，呈劳作状。这个低头或弯腰的劳作状态似是反映插秧的，这与澜石稻田模型上刻划的整齐有序的秧苗相对应，研究者认为这证实了广东最迟在东汉应用了育秧移栽技术。[⑤]但这些稻苗移栽的技术，很难在汉到晋的文献上得到证实。《四民月令》所记载的“别稻”，虽然是有将稻苗移栽的意思，但与后来为了缩短大苗在大田生长的时间而采取育秧后移栽的方法可能是不同的，因为其“移栽的具体方法不清楚”。[⑥]《齐民要术》中的水稻移栽只是为了除草和间苗。[⑦]因此在汉晋时岭南是否出现移栽是无法确定的。

① [明]欧大任：《百越先贤传》卷四，北京图书馆古籍珍本丛刊，书目文献出版社，第46页。

② [宋]李昉等：《太平御览》卷五七二《乐部十》，第2586页。

③ 张泽咸：《汉晋唐时期农业》，第541页。

④ 徐恒彬：《汉代广东农业生产初探》，《农业考古》1981年第2期。

⑤ 向安强等：《浅论广东出土的汉晋水田模型》，《农业考古》2007年第1期。

⑥ 梁家勉主编《中国农业科学技术史稿》，第205页。

⑦ 同上书，第275页。

唐代反映稻田移栽的十二首诗歌中[1]，地域在岭南的只有刘禹锡的《插田歌》：“冈头花草齐，燕子东西飞。田塍望如线，白水光参差。农妇白纻裙，农父绿蓑衣。齐唱郢中歌，嘤伫如竹枝。……”[2]这首诗是刘禹锡在连州任职时所写，反映的是粤北农民插秧的情景；“齐唱郢中歌”即插秧人唱的是楚地歌，说明育秧移栽技术从楚地传来。应该说，唐代中期以后岭南才有插秧移栽的技术。

汉、晋、唐时期岭南稻作农业中的施肥问题，也值得探讨。在广东的汉墓，出土了大量汉代的陶屋、畜圈，陶屋有厕所，畜圈贮畜粪，这些技术应当是从岭北传入的。

两汉广州墓出土的干栏式陶屋大多附设畜栏或厕所。[3]在出土的陶屋中最早有牲畜圈与厕所的是西汉中期的墓葬。[4]东汉后期出土的陶屋有的厕所与鸡舍相连，只是中间有墙间隔；有的畜圈在房子的旁边。还有三合式陶屋 11 件，分属 11 座墓，两后屋中必有一厕所用，多数厕所

图 2-4　广州汉墓出土的陶屋，有厕所的牲畜圈

① 华林甫：《唐代水稻生产的地理布局及其变迁初探》，《中国农史》1992 年第 2 期。

② [唐] 刘禹锡：《插田歌》，收入《全唐诗》卷三五四，中华书局，1983，第 3962 页。

③ 广州市文物管理委员会等：《广州汉墓》，第 332—333 页。

④ 同上书，第 226—227 页。

在向户外的一侧开口，有的专设斜梯以登，作为圈栏用的后院还较其他陶屋扩大了三倍。[①]

汉代还有独立于房屋之外的专门畜圈。因为与屋舍连接的畜圈养殖的牲畜数量有限，专门的牲畜圈养畜数量多，积肥也多。1984 年，广州沙河发现一座东汉墓，有陶牛圈 1 件，里面有放牛的俑和数头牛，神态活现。以往在广州汉墓中发现的圈栏多附属于民居，单独作为畜圈并不多见。这一牛圈对研究广州地区当时的畜牧业提供了宝贵的实物资料。[②] 但由于火耕水耨和刀耕火种占优势，应用肥料的主要是人口密集的地区，如广州、韶关的城郊农村。

汉魏六朝、唐代岭南种植技术的一个成就是在冬稻中下种植绿肥以作肥料。《齐民要术》卷十引晋代郭义恭《广志》记载："苕草，青黄色，十二月稻下种之，蔓延殷盛，可以美田，叶可食。"彭世奖认为苕草"十二月稻下种之"，只有广东才能有这样的热带、亚热带条件，[③] 说明我国南方早在晋代已有冬种绿肥的习惯。《广志》所记虽未明指在广东，但《齐民要术》卷十在引用这一段话时已经把它划归"非中国产者"，即非后魏政权管辖范围内的产品。彭世奖的说法是正确的。

运用精耕细作的方法实行稻作，收成应该是不错的。在出土陶水田的墓葬中，有水稻实物的出土，如西村水厂皇帝岗 M4029，出土的陶仓内有已经炭化的稻谷；[④] 番禺沙头龟岗 M10、M12，东汉后期稻壳散置于墓地，已炭化，数量较少。（M10 的是谷子，M12 的是豆子和谷子。）[⑤]《全唐文》卷六百三十九《徐申行状》：徐申在韶州募民"能以田者"垦公田三百顷，耕种者使用了牛耕，又利用了翻土将荒草覆盖为肥的技术，收成"得粟比余田盈若干，凡积粟三万斛"。[⑥] 这三万斛粟米是受募种田者交给政

① 广州市文物管理委员会等:《广州汉墓》，第 423 页。

② 广东省博物馆:《广州沙河顶发现一座东汉墓》，《考古》1986 年第 12 期。

③ 彭世奖:《历史上岭南水稻的特色栽培法及其展望》，《古今农业》1987 年第 1 期。

④ 广州市文物管理委员会等:《广州汉墓》，第 357 页。

⑤ 同上书，第 341 页。

⑥ [唐]李翱:《（前略）徐申行状》，收入《全唐文》卷六三九，续修四库全书本，第 1644 册，第 409—410 页。

府的官租，根据原定租率，三百顷公田总产量当在 6 万—9 万斛之间，平均亩产 2—3 斛。[①] 这是岭南关于稻作亩产量的最早记载，也是唐代岭南稻产量的最高水平。唐代岭南还是火耕水耨为主，粤北地区是岭南与岭北文化交汇之地，徐申为京兆人，“能以田者”即岭北移民，将先进的稻作技术传到粤北的水田地区，才有如此高的产量。

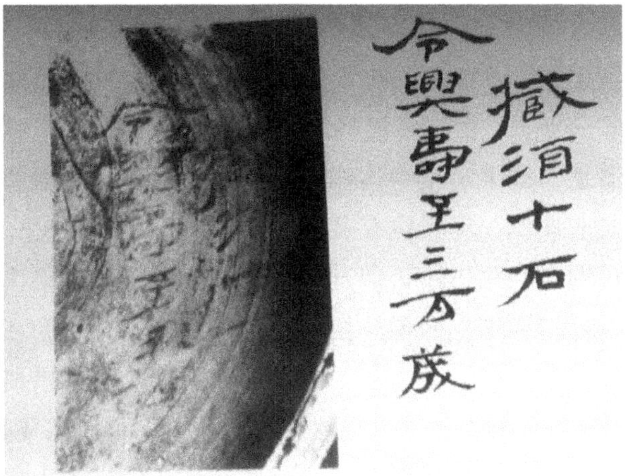

图 2–5　广州汉墓出土的陶提筒，盖内书“藏酒十石令兴寿至三百岁”，酿酒原料多，显示稻米生产的发达

令我们困惑的是，不仅在六朝以后的考古文物中很少见岭南施肥的证据，文献也缺少如耨田、稻苗移栽、施肥这些关键技术，更缺乏考古发现。东汉到六朝唐代这么长的时期内出现先进农业技术的缺环，个中原因实在值得深思。唐代的文献记载中，岭南的民居一般仅带有简单的茅寮，不见关于厕所的记载，岭南土著居民是没有积肥习惯的。南汉时，统治者收民间“牯牛骨”税，[②] 由此推断南汉时期有用牛骨灰为磷肥的技术。

2. 关于栽培制度

东汉及其以后的文献多有关于再熟稻的记载。但是古人对此语焉不

① 李伯重：《唐代江南农业的发展》，中国农业出版社，1990，第 143 页。

② [元] 马端临：《文献通考》卷一九《征榷考六》，第 180 页。

详，需要做些辨析。

西晋人左思《吴都赋》称“国税再熟之稻”，刘逵注引《异物志》云：“交趾稻夏熟，农者一岁再种。”《广志》曰：“南方地气暑热，一岁田三熟，冬种春熟、春种夏熟、秋种冬熟。”[①] 此外，《初学记》《太平御览》《齐民要术》都有引用《异物志》的记载。古文献记载南方农作物多为夏、冬熟的情况，只有《广志》说的是“一岁田三熟”。

关于这些“再熟稻”，需要辨析：对广东佛山澜石东汉墓 M14 陶水田附船的陶田，[②] 学者们倾向于认为这是东汉时期珠三角地区早晚二造连作的真实写照。[③] 由于东汉杨孚《异物志》及六朝文献中所述的再熟稻细节不清楚，遽下定论为连作的双季稻证据不足。澜石东汉陶水田所谓“早晚二造连作”场景也有疑问：插秧的田是否是上一造刚收割完稻犁过的？收割完的稻田是否即刻犁田种稻？虽然我们不否认汉晋陶水田反映的是一种精耕细作的稻作技术，但并不倾向于认为在汉晋时代岭南有精耕细作的双季稻。因为双季稻需要“不畏难、不惜费、毋辍工、毋违时”，“早晚并栽”，“讲究耕耘粪种收刈”，还需要兴修水利。[④] 汉晋唐岭南地区还缺乏精耕细作双季稻的经济条件、人力条件。但是这一时期岭南早稻品种已经成熟，是对中国稻作的一大贡献，因为种植时间早的品种对后世的双季稻有重要影响。

汉代到唐代的再熟稻大多是再生稻。《三国志》卷四十八《孙亮传》记五凤元年（254 年），“水灾为患”，注引《江表传》云：“交趾稗草化为稻。”实际上这是收割过后的稻田被水浸了以后，水田中的稻茬自然而然长出了再生稻，由于蘖生能力强，长势超过了稗子，故有所谓“稗

---

① ［唐］徐坚：《初学记》卷八《岭南道》，中华书局，1962，记交州三田，第 193 页。

② 徐恒彬：《汉代广东农业生产初探》，《农业考古》中华书局，1962，1981 年第 2 期。

③ 广东省博物馆等：《广东佛山市澜石东汉墓发掘报告》，《考古》1964 年第 9 期；方志钦、蒋祖缘主编《广东通史（古代上册）》，第 252 页；此外引述这一观点的论文和论著较多，不一一列举。

④ ［清］李彦章：《江南催耕课稻编》（早稻之时、早稻之法等篇），百川学海本，第 19—33 页。

化稻”现象，这在岭南稻作中是很平常的事情。《齐民要术》卷十引晋代郭义恭《广志》：“有盖下白稻，正月种五月获。获讫，其茎根复生。九月熟。”① 彭世奖认为这条史料指的是岭南，因为稻作“正月种五月获”的农事安排只有热带、亚热带的岭南才有。② “盖下白稻”为一种专门用于再生稻栽培的蘖芽性能特强、宿生性好的品种。广州地区“稻经获再生者，名稻孙”。③ 再生稻能节约人力和种子，充分利用土地资源和水稻宿生性，所以汉晋唐文献的岭南再熟稻多为再生稻。而“异时异亩异获”，即充分利用光、热和土地资源，一年四季在不同的地块上种植稻子，然后一年四季在不同的地块里都有收成。这就是《广志》上所说的“三熟稻”、《抱朴子》中所说的“南海有九熟之稻”和《岭外代答》卷八“月禾”④ 的实际情况。

对汉六朝唐岭南的农业，不能回避对火耕水耨的辨析。因为在古代文献上，有许多叙述长江以南的火耕水耨是包括了岭南在内的。《史记》记载在江南灾荒时，汉天子下令：“江南火耕水耨，令饥民得流就食江淮间欲留之处。”⑤《汉书》有类似记载，所述之江南或楚地，是包括了岭南在内的南方。火耕水耨是流传于从汉中、巴蜀一直到长江中下游、淮水流域、岭南北的江西、两广等地的一种水稻农业类型。在岭南，这种农耕方式流传时间更长。⑥ 火耕水耨往往与饭稻羹鱼相结合，是一种生产与生活形态结合的经济生活方式。在珠江三角洲的滨海沙田持续到宋元，甚至在明清民国时还残留着。火耕水耨在地广人稀的水生动植物资源丰富、沼泽地多的水乡地带实行，从本质上说是一种自然农业，不需花费很多劳动就能获得较好的收成，实际上也是劳动生产率较高的劳

---

① ［唐］徐坚：《初学记》卷二七《草部附五谷》第十引《广志》，第660页。

② 彭世奖：《历史上岭南水稻的特色栽培法及其展望》，《古今农业》1987年第1期。

③ ［宋］郑熊：《番禺杂记》，收入［宋］曾慥《类说》卷四引，古籍刊行社，1956，影印天启刻本。郑熊为北宋初人。

④ ［宋］周去非：《岭外代答》卷八，丛书集成初编本，第94页。

⑤ ［汉］司马迁：《史记》卷三〇书第八《平准》，第1347页。

⑥ 岭南在六朝和唐代火耕水耨的具体记载见第二章第一节关于农业聚落的论述。

作；因土稀烂，火耕水耨不用牛耕，也是劳动成本低的因素。[①] 汉代王充的《论衡·书虚》以及后来的《水经注》提到东南地区“苍梧象耕，会稽鸟田”的传说，就是指东南地区的百越民族看到野生动物群践踏过的土地之后，由此得到启发用于水稻耕作。[②]

彭世奖认为火耕水耨的另一个特点是直播。直播是不是一定就是撒播？至少早期一定是撒播的。但是撒播不匀会使稻子萌发之后，田中的稻苗特别散乱而不利于吸收田中养分，古人会不会从中得到启发而采取点播的方式？点播的方式始于何时？这都是值得研究的。撒播会使杂草与稻苗一起生长，不好耨草，从而只好放水淹浸稻田，此时种植的多是深水莲和大禾等耐浸的、米质特别粗粝、保持较多原始性的稻品种，它们会随着水的上升而向上长，草则会被淹死，这就是水耨的由来。火耕水耨还有怎样理解用火的问题。最早解释火耕的是东汉应邵：“烧草下水种稻，草与稻并生，高七八寸，因悉芟去，复下水灌之，草死稻独长，所谓火耕水耨。”[③] 应邵的这个解释引起了许多争论，彭世奖认为在特定条件下，应邵介绍的方法是可行的，但是又认为他对火耕水耨的解释不能使人满意。[④] 只有天野原之助对此解释最为完满：在初春地干时放火，然后直播谷种，随着降雨量的增大（六月间）而灌水，以促进水稻的生长，陆生杂草遭水浸而被淹死，从而达到抑制杂草的目的。[⑤] 汉晋岭南出土的陶水田有进水和出水的装置，如能控制水的进出，按照天野先生的解释，当是在初春田干草盛时就放火烧草，以其灰肥田；稻长大时则放水淹死草。但这已经不是原始形态的火耕水耨了。

广东山多田少，在水源不足的地方，刀耕火种就成为了火耕水耨之外的主要农作方式。按照广东七山一水三分田的地理形势，汉六朝和唐时期适宜刀耕火种的山地较之火耕水耨的水田还要多。畲田与火耕水耨

① 彭世奖：《火耕水耨辨析》，《中国农史》1987年第2期。

② 曾雄生：《象耕鸟耘辨探论》，《自然科学史研究》1990年第1期。

③ [汉]班固：《汉书》卷六《武帝纪注》，第183页。

④ 彭世奖：《火耕水耨辨析》，《中国农史》1987年第2期。

⑤ 〔日〕天野原之助：《中国农业史研究》，第469页，转引自彭世奖《中国农业历史与文献研究》，世界图书出版广东有限公司，2016，第243页。

一样，曾是广泛分布在南方地区的旱地农作。畬田的称呼最早出现在唐诗中，岭北的有“古木畬田火，澄江荡桨人”[①]，广西的有“种田烧险谷，汲井凿高原”，[②]广东的有李德裕诗“五月畬田收火米，三更津吏报潮鸡”[③]。火米即旱稻米粒，可见畬田种植的是旱稻。刘禹锡职连州时，有诗云：“何处好畬田，团团缦山腹。钻龟得雨卦，上山烧卧木。……下种暖灰中，乘阳开坼蘖。苍苍一雨后，苕颖如云发。”[④]这首诗就是写粤北的瑶族种植畬田的情况，其耕作方式似较为简单：将树木砍倒，将谷粒直播，然后用土将它覆盖；谷粒蘖芽后，如果有雨水，其长势甚为畅茂。事实上，原始形态的刀耕火种，并非如此简单，技术内容之丰富和复杂比得上灌溉农业。原始的刀耕火种还有一整套技术体系，是传统农业技术的源头。[⑤]

汉代南方已经传入北方的旱地作物。三元里马棚岗 M1134 西汉早期陶瓮内，尚存半瓮粮食，已炭化黑色，经鉴定是黍的籽粒。[⑥]广州先烈路龙生岗汉墓 M4013 有高粱，出于陶提筒内，经鉴定，籽粒形状、大小和现在的栽培高粱相同。[⑦]《广州汉墓》还报道出土小米，[⑧]番禺沙头龟岗东汉墓 M12 中也出土有谷子（小米）和豆子。[⑨]小米即粟，也是稷。这是北方旱地农作物传入广东的最早证据。刀耕火种主要作物还有薯蓣科的薯蓣，西晋的《南方草木状》、陈祈畅《异物志》都有记载。[⑩]

在汉晋六朝及隋唐时，岭南地区占优势的农作方式分别是火耕水

① ［唐］戴叔伦：《暮春游长沙东湖赠辛兖州巢父二首》，收入《全唐诗》卷二七四，第 311 页。

② ［唐］戴叔伦：《桂阳北岭偶过野人所居聊书即事呈王永州邕李道州圻》，收入《全唐诗》卷二七四，第 311 页。

③ ［宋］王象之：《舆地纪胜》卷八九《广州风俗形胜·诗（上）》，第 754 页。

④ ［宋］王象之：《舆地纪胜》卷九二《连州·诗》，第 777 页。

⑤ 李根蟠等：《中国南方少数民族原始形态》，中国农业出版社，1987，第 53—77 页。

⑥ 广州市文物管理委员会等：《广州汉墓》，第 180、483 页。

⑦ 同上书，第 357 页。

⑧ 同上书，第 483 页。

⑨ 广州市文物考古研究所等：《番禺汉墓》，第 341 页。

⑩ ［宋］李昉等：《太平御览》卷九七四《果部十一》，第 4318 页。

图 2-6　广州东汉墓出土的干栏式陶仓

耨与刀耕火种。这两种农作方式的单位面积产量都是很低的，史载："交趾稻再熟，而草深耕重，收谷薄。"[①] 再生稻并不注重中耕除草，草和稗子会夺去土地的养分，稻的产量会降低。有人指出汉代岭南农业发展的地域不平衡性。[②] 六朝到唐代，粗放农业的地域分布反而比汉代扩大了。而在战乱的晋代，广州有"永嘉世，九州荒，余广州，皆平康"的砖铭[③]，这种情况还延续到南朝，反映岭南僻在一隅，局势安稳而粮米有余的状况。唐代中期以后岭南由于开发远胜于前代，稻谷有了剩余，开始为朝廷所重视。唐杜佑在论述漕运路线时，就曾提到"江、湖、黔中、岭南、蜀、汉之粟"。[④] 杜佑亦曾任岭南节度使，知道岭南有余粟，故将岭南米考虑到漕运米中。这是历史上中央王朝的官员第一次提到岭南米。

二、园艺作物

1. 荔枝与龙眼

荔枝栽培起源于两广和海南。汉代以前已经培育荔枝。唐代刘恂《岭

① [宋]李昉等：《太平御览》卷八三九《百谷部三》，第 3751 页。

② 岳庆平：《汉代岭南农业发展的地域差异》，《史学月刊》2000 年第 4 期。

③ 广州市文化局等：《广州西村晋墓出土砖铭》，载《广州文物志》，岭南美术出版社，1990，第 121 页。

④ [元]马端临：《文献通考》卷二五《国用考三·漕运》，第 242 页。

表录异》以及段公路《北户录》都提到两广交界处梧州有果实味酸而劣的早熟种，表明西江流域的山区是荔枝从野生到栽培驯化的过渡地带。晋张勃《吴录》记载："苍梧多荔枝，生山中，人家亦种之。"[①]"生山中"与"人家亦种之"并提，分别指荔枝的野生种和栽培种。宋沈怀远《南越志》："荔枝洲有焦核、黄蜡者为优。"[②]这个荔枝洲位于广州的河南。[③]《岭表录异》和《北户录》两书提到唐代岭南共有三个荔枝品种：《北户录》提到的"无核类鸡卵者"，还有焦核与蜡荔枝。中国第一部荔枝专著——北宋初年郑熊的《广中荔枝谱》，记广东荔枝品种凡二十二，还保留在宋代吴曾的《能改斋漫录》卷十五《方物》中。[④]北宋初距晚唐时间不长，郑熊的《广中荔枝谱》所载的很多品种当在唐时已经出现。清末文献记载在南海县沙丸堡大冲乡圣堂村尚有一株唐荔：其树"大十围、高五丈，广荫数亩，其干中空，可容数十人……相传唐代有圣堂古寺，树乃寺僧所植"[⑤]。

六朝和唐代多个荔枝品种的出现，意味着荔枝繁殖的关键技术——"驳枝法"，又称为"圈枝法"，已经很常用。因为荔枝如果用有性繁殖——实生法，发生遗传变异的概率很高，原有品种的风味就会失去，甚至会变酸。荔枝树的无性繁殖法为：用高大荔枝树圈枝，将长势良好的分丫枝条用环剥法削去其树皮，然后将树皮受伤处包起来，定时往圈枝处灌溉水分，剥掉皮的地方接受水分和母树的养分不久后就会长出细小的根条，根条变粗了以后，将圈枝以上部位的荔枝条锯下，移植到土中，一棵与母树果实风味一致的新荔枝树就成长了。

汉代将荔枝移植到长安，扶荔宫中"荔枝自交趾移植百株于庭"，无一生者。[⑥]这是岭南荔枝第一次大规模移植岭北的记载。

---

① [宋]李昉等：《太平御览》卷九七一《果部八》，第4306页。

② [唐]段公路：《北户录》卷三，丛书集成初编本，第37页。

③ 杨宝霖：《广东荔枝小史》，载《自力斋文史农史论文选集》，广东高等教育出版社，1993，第31页。

④ 同上书，第395页。

⑤ 宣统《南海县志》卷四《舆地略三·物产》，中国方志丛书本，第606页。

⑥ 何清谷：《三辅黄图校释》，中华书局，2005，第208页。

杨宝霖先生根据大量文献考证，唐玄宗时期杨贵妃所吃的荔枝产自南海。[①]张九龄《曲江集》卷一《荔枝赋并序》称：天宝年张九龄到长安时，对同事说起岭南荔枝，“诸公莫知之”。则杨贵妃所吃岭南荔枝当是在高力士专权之时，问题是岭南荔枝如何传到几千里之外的长安。宋、清代福建运到北方的贡荔，是用驳接法成活的桶栽荔枝。在果实已结成粒米大而发青的时候，选择果实较多的枝条从母树上用高位圈枝的方法驳枝，然后就在圈枝处箍装有泥土的桶。驳枝生根之后浇水，一棵矮小的将要结果的荔枝树就可以成活。用瓦盆在长途运输中会摔破，而木桶则可以避免。运送的途中注意保护果树和浇水，到了目的地时，在南方发青的果实就成熟了。桶栽荔枝树形体很小，对于水陆运输完全不成问题。不过在嫁接时需要计算好果实成熟时间与旅途花费的时间，必须在荔枝刚刚成熟时运到北方，运输时间过长和过短都不行。

唐代已经形成以广州为中心、以珠江水运为主导，水陆相连和海相通的岭南交通网络。[②]据清人吴应逵《岭南荔枝谱》卷五引清道光年间阮福的考证：“自关中至广州数千里，即飞骑置堠，亦不能七日即至也。当如汉武移植扶荔宫故事，以连根栽于器中，由楚南至楚北、襄阳、丹河，运至商州秦岭不通舟楫之处，而果正熟，乃摘取过岭，飞骑至华清宫则一日可达耳。”[③]可见唐代岭南桶栽荔枝传送方式是水陆联运。唐代岭南贡荔运到长安，诗人争相吟咏，是荔枝文化兴起的标志。

龙眼与荔枝齐名。岭南也是龙眼的栽培起源地。宋代《太平御览》卷八〇二《珍宝部一》记载，三国时，士燮守交趾，供奉吴国，“奇物异果蕉、椰、龙眼之属，无岁不至”。汉武帝时上林苑中引种的果木中有龙眼。[④]六朝到唐代的文献指出了龙眼树的植物学性状。《交州记》曰：“龙眼树，高五六丈，似荔枝而小。”说其树的形态与荔枝树差不多。[⑤]

① 杨宝霖：《唐代岭南贡荔小考》，《古今农业》1990年第1期。

② 方志钦、蒋祖缘主编《广东通史（古代上册）》，第517页。

③ [清]吴应逵：《岭南荔枝谱》卷五《南越五主传及其他七种》，广东人民出版社，1982，第91页。

④ 何清谷：《三辅黄图校释》，第208页。

⑤ [宋]李昉等：《太平御览》卷九七三《果部十》，第4313页。

《岭表录异》曰："龙眼，子如荔枝，叶小，壳青黄色，形圆如弹丸大，核如木患子而不坚，肉白带浆，其甘如蜜。一朵恒三二十颗。荔枝方过，龙眼即熟，南人谓之荔枝奴。"[①]这是对龙眼树植物学形态最完整的描述。

2. 芭蕉和柑橘

野生芭蕉的味道较涩，不是很甜，但是它富含淀粉，且茎条可以纺织，热带和亚热带地区古人最早的饮食活动与芭蕉也有关。古人将大的芭蕉叶放在竹编的筐子里放置东西，甚至可以直接盛装食物，《南夷志》有："南诏土无食器，以芭蕉叶藉之。"[②]这鼓励了人们将它驯化成栽培植物。汉代上林苑里移植的岭南植物，其中就有甘蕉。[③]六朝的《南州异物志》很详细地记载了芭蕉和淀粉含量极高的"牛角蕉""羊角蕉"，"牛乳蕉"可能是可吃的牛角蕉，"大如耦子"是大蕉，虽有甘味但不甜，茎条能用来纺织蕉布。可见大致在汉六朝时期岭南已经具备基本的芭蕉栽培种。

柑橘类包括柑子、橙、橘子、柚子等在内，属于芸香科。汉代武帝时上林苑中引种的果木中有柑橘。[④]《广州记》将"壶橘"的柑橘属植物与荔枝并列，为"南珍之上"。[⑤]《岭表录异》曰：在冬天成熟的山橘子"容、广之人，带枝叶藏之。入脍醋，尤加香美"[⑥]，很正确地指出了柑橘的植物学特征和食用方法。汉代在岭南设置官营柑橘园，汉代杨孚《异物志》曰："橘为树，白华而赤实，皮既馨香，又有善味。江南则有之，不生他所。交趾有橘，置长官一人，秩三百石，主岁贡御橘。"[⑦]罗浮山是汉唐官办柑橘园的一个地方，所产柑橘别有风味，裴渊《广州记》特别提到："罗浮山有橘，夏熟，实大如李。"[⑧]唐代罗浮山的柑

① [唐]刘恂:《岭表录异》卷中，第19页。
② [宋]李昉等:《太平御览》卷九七五《果部十二》，第4320页。
③ 何清谷:《三辅黄图校释》，第208页。
④ 同上。
⑤ [宋]李昉等:《太平御览》卷九七一《果部八》，第4286页。
⑥ [唐]刘恂:《岭表录异》卷中，第14页。
⑦ [宋]李昉等:《太平御览》卷九七一《果部八》，第4286页。
⑧ 同上。

子是贡品，开元时还曾经移植到长安。[①]南汉时，税收对象有“橘园”，应当是民间的种植园。[②]

六朝唐代岭南的柑橘栽培技术有较为突出的进步。宋之问曾经来过岭南，其《过蛮洞》诗云：“林暗交枫叶，园香覆橘花。”[③]这是写冬天用布覆盖在橘树上，至明年春夏果皮变青，使果实味道更酸美。又《登粤王台》诗云：“冬花采卢橘，夏果摘杨梅。”[④]前一句是指在冬天将柑橘的花朵打下一些，以减少花朵对果树营养的消耗，使来年柑子果实结得更大。岭南地区的橘农也应用黄猄蚁防治柑橘害虫，托名嵇含撰《南方草木状》记载：“交趾人以席囊贮蚁鬻于市者。其窠如薄絮，囊皆连枝叶，蚁在其中，并窠而卖。蚁，赤黄色，大如常蚁。南方柑树若无此蚁，则其实皆为群蠹所伤，无复一完者矣。今华林园有柑二株，遇结实，上命群臣宴饮于旁，摘而分赐焉。”[⑤]对此唐代文献也有记载，该记载与《南方草木状》差不多：“云南中柑子树无蚁者，故人竞买之，以养柑子也。”[⑥]说明黄猄蚁可以防治柑橘害虫的技术在晋唐时期广泛应用。黄猄蚁除了可以防治天牛虫之外，还可以防治多种害虫，使柑橘外形保持良好。没有使用蚂蚁防治害虫的果树，即使有果实也会因为虫害而损害外观。上述是世界上最早的生物防治柑橘害虫的技术。

3. 橄榄与其他果品

岭南是橄榄的栽培起源地。广东汉代遗址和墓葬里出土的果品类有橄榄、杨梅、李[⑦]、桃、酸枣和板栗[⑧]等，其中以橄榄最多，有果、叶和核。在六朝唐代还有关于野生橄榄树的记载，“野生者，高不可梯”[⑨]。

---

① ［唐］李肇:《唐国史补》卷下，收入《唐五代笔记小说大观》，第 201 页。

② ［元］马端临:《文献通考》卷一九《征榷考六》，第 180 页。

③ ［唐］宋之问:《过蛮洞》，收入《全唐诗》卷五二，第 629 页。

④ ［唐］宋之问:《登粤王台》，收入《全唐诗》卷五三，第 651 页。

⑤ ［晋］嵇含:《南方草木状》卷下，《广州大典》子部农家类第 3 册，第 517 页上栏。

⑥ ［唐］刘恂:《岭表录异》卷下，第 85 页。

⑦ 广州市文物管理委员会等:《广州汉墓》，第 180 页。

⑧ 同上书，第 341 页。

⑨ ［唐］段公路:《北户录》卷二，第 39 页。

橄榄可分为青橄榄和乌榄二种。岭南人很早就懂得利用这些橄榄果。六朝缺名《异物志》记载岭南人用盐擦橄榄树身“则其果自落”[①]。这是利用盐分改变橄榄树的生理特性，使其果自然脱落。古人认为青橄榄生食味酸，蜜糖腌制味道才佳。[②]这是对青橄榄的加工利用。对于乌橄榄，文献上称为“木威”，“削去皮，以为粽”。有学者认为这是后世所称之榄豉、榄角。[③]

4. 槟榔、椰子

槟榔是一种很多人嗜好的植物，原产东南亚，产地主要分布在热带的海南。最早记载槟榔是汉代司马相如《上林赋》中的“仁频”。[④]仁频即槟榔，有泻气攻积，健胃驱虫的作用。陶弘景《名医别录》云：“杀三虫伏尸，疗寸白。”寸白即今日绦虫，槟榔杀寸白虫，这是现存文献中最早的记载。《名医别录》还提到猪槟榔、玉槟榔、大腹子等，其实是以槟榔为原料制作的不同产品。唐代的《备急千金要方》《千金翼方》也多处提到槟榔的药用方法。岭南瘴疠极重，嚼食槟榔是为了驱瘴，其习惯是将槟榔与碱性的牡蛎灰和辛辣的扶留藤（蒟，胡椒科植物）三者合食。久而久之，服食槟榔就成为一种岭南、岭北都流行的饮食习惯，当然岭南食用槟榔的风气更盛。唐代时“槟榔，交、广生者，非舶槟榔，皆大腹子也”。[⑤]在海南，“村户在唐时已称极盛”[⑥]，槟榔是最主要的果类产品。

椰子主要是作为果类传到岭北的。在晋六朝时期的文学作品中，往往将槟榔、椰子并列。椰子是珍贵的果品，与槟榔一样在海南、交趾等

① ［宋］唐慎微：《重修政和经史证类备用本草》卷二三“橄榄引”，人民卫生出版社，1982，第479页。

② ［北魏］贾思勰：《齐民要术》卷一〇《橄榄》，石声汉译注，中华书局，2015，第1268页。

③ 缪启愉等：《汉魏六朝隋唐植物“志录”辑释》，中国农业出版社，1990，第158页。

④ ［汉］司马迁：《史记》卷一一七列传第五七《司马相如》，第3028页。

⑤ ［唐］刘恂：《岭表录异·补遗》，广东人民出版社，1983，第85页。

⑥ 道光《琼州府志》卷四四《杂志》，中国方志丛书本，台湾成文出版社，第1016页。

热带地方种植很普遍：“椰出交趾，家家种之。”①

5. 引进的果品

唐代传入中国的果品中，有三种在广东。

海枣，又称波斯枣、海棕、枣椰等，原产于西亚或北非。《酉阳杂俎》有记载。《岭表录异》也记载“波斯枣，广州郭内见其树”，此文还详细记载了波斯枣的生长性状。②海枣看来是在广州贸易的波斯人传入的，现多零星栽培于台湾、广东、广西、福建、云南等省及自治区。

偏核桃又称巴旦杏，原产中亚细亚，最早见于《酉阳杂俎》。《岭表录异》记载：“偏核桃出毕占国，肉不堪食。胡人多收其核遗汉官，以称珍异。其形薄而尖头，偏如雀嘴，破之食其桃仁，味酸似新罗松子。性热，入药亦与北地桃仁无异。”③

树菠萝，又名菠萝蜜、木菠萝，木本。菠萝蜜出自梵语，最早见于《酉阳杂俎·卷十六·广动植之一》的记载。其生长特性是在树干上结出果实，甜而可吃，核子可炒吃。最早传入是在广州西郊的南海庙：“波罗树，即佛氏所称波罗蜜，亦曰优钵昙。其在南海庙中者，旧有东西二株，高三四丈，叶如频婆而光润。萧梁时，西域达奚司空所植，千余年物也。他所有，皆从此分种。”④故现在南海神庙仍称之为菠萝庙。

2003年，广州考古部门对南汉的德陵、康陵进行了挖掘，出土本地产果蔬香蕉、慈姑、桃、柿子、荸荠等陶制像生。非本地产的有木瓜、菠萝的果实。按考古报告中所描绘的图样，木瓜似为番木瓜科木瓜，菠萝为草本菠萝。⑤番木瓜科木瓜原产美洲，康熙二十一年（1682年）吴绮《岭南风物记》始有记载；草本菠萝也是原产美洲的水果，清代才有文献记载。故在南汉德陵、康陵出土的陶制番木瓜、草本菠萝可以存疑。元代文献记载：“甜瓜，南海、番禺、新会皆有。郡人谓南汉时种熟，

---

① [北魏]贾思勰：《齐民要术》卷一〇引《广志》，第1255页。

② [唐]刘恂：《岭表录异》卷中，第18页。

③ 同上。

④ [清]屈大均：《广东新语》卷二五《木语·波罗树》，第634页。

⑤ 广州市文物考古研究所：《广州南汉德陵、康陵发掘简报》，载《广东文物考古三十年》，第531—532页。

进贡为‘御爱瓜’。”[①]既然南汉时的“甜瓜”可以进贡到岭北，那就是可以保存时间长且可口的果类，但是否与南汉王陵中出土的象生物有关，则不能遽下结论。

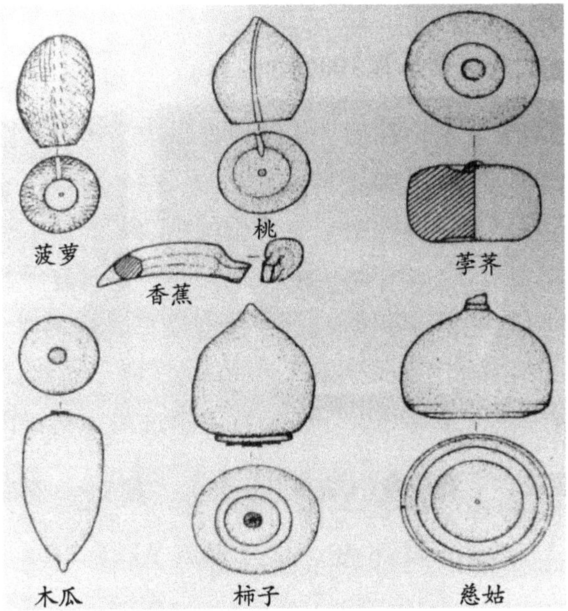

图 2-7　南汉王陵中出土的陶水果像生
（图中的菠萝、木瓜年代存疑）

6. 蔬菜

汉代广东墓葬中不见盛装蔬菜的陶器，蔬菜实物也不易保存。也有可能蔬菜是极为普通的食物，而不作为冥器随葬。在广西贵县罗泊湾汉墓中出土有黄瓜籽。[②]广东连州东汉墓曾出土一些白色瓜子，在圜底器内仅留残迹。[③]汉六朝是有瓜类栽培的，裴渊《广州记》曰：“有瓜冬熟，号为金钗，味乃甜美。”《岭南异物志》曰：“儋崖种瓠，成实，率皆

① ［元］孛兰肹等撰《元一统志》卷九《广州路》，赵万里校辑，中华书局，1996，第 670 页。

② 广西壮族自治区文物工作队：《广西贵县一号墓发掘简报》，《文物》1978 年第 9 期。

③ 广东省文物考古研究所等：《广东连州东汉墓发掘简报》，《文物》2012 年第 2 期。

石馀。”[1]

广州还盛产芥菜，《岭南异物志》曰：“唐孟常于岭表买芥菜。”[2]《岭南异物志》曰：“南土，芥高者五六尺，子如鸡卵。广州人以巨芥为咸菹，埋地中，有三十年者。贵尚亲宾，以相饷遗。”[3]芥菜果子为长角果，果身长约3—4厘米，可以为种子。叶茎可做腌制品，是农家不可或缺的副食品。

岭南有多年生木本茄树。《岭南异物志》曰：“南土无霜雪，生物不复凋枯。种茄子，十年不世，生子，人皆攀缘摘之，树高至二丈。”[4]晚唐的《岭表录异》有类似的记载，“南中草莱，经冬不衰，故蔬园之中，栽种茄子，宿根有二三年，渐长枝干，乃为大树。每夏秋熟，则梯树摘之。三年后，树渐老，子稀即伐去，别栽嫩者。”[5]这种树茄，较刘恂稍早的段成式《酉阳杂俎》卷十九记载：“岭南茄子，宿根成树，高五六尺，姚向曾为南选使，亲见之。”杨宝霖根据这条史料指出《岭表录异》中的树茄不是传闻。后来常吃的茄子，是外来的。[6]而且《岭表录异》所载之树茄，在晚清尚有，需“梯树采之”，而且是据“采访册”。[7]

《北户录》记载了广东的好几种蔬菜，其中“蕹菜，叶如柳，三月生”，还有东风菜等数种。[8]因而能确定蕹菜为栽培作物。《南方草木状》卷上：“（蕹菜）叶如落葵而小，性冷，性甘。南人编苇为筏，作小孔，浮于水上，种子于水中，则如萍，根浮水面。及长，茎叶皆出于苇筏孔中，随水上下，南方之奇蔬也。”很明确指出在水上用芦苇（或者用竹篾）编成筏，夹上蕹菜苗，就能在水中蔓生。南汉时，“民云：海之浅水中有藻荇之属，被风吹沙，与藻荇相杂。其根既浮，其沙或厚三五尺处，

① ［宋］李昉等：《太平御览》卷九七九《菜茹部四》，第4337页。

② ［宋］李昉等：《太平御览》卷九八〇《菜茹部五》，第4340页。

③ 同上。

④ ［宋］李昉等：《太平御览》卷九七七《菜茹部二》，第4330页。

⑤ ［唐］刘恂：《岭表录异》卷中，第14页。

⑥ 杨宝霖：《广东外来蔬菜考略》，载《自力斋文史农史论文选集》，第328页。

⑦ 同治《番禺县志》卷七《物产》，中国方志丛书本，第53页。

⑧ ［唐］段公路：《北户录》卷三，第32—33页。

可以耕垦，或灌或圃故也。夜则被盗者，盗之百余里外，若桴筏之乘流也。以是植蔬者，海上往往有之。”[1] 但这并不是《王祯农书》上所说的“葑田”。《南汉书》卷十四《林楚材传》记载：南汉大宝末（958—960 年），有“稻田”自海上浮至鱼藻门外。此“稻田”亦应是种蕹菜的“筏”而已。可见六朝唐代南汉时广州种植蔬蕹菜的“浮田”很常见。段公路《北户录》第三卷还记载岭南有苦荬菜。苦荬菜，菊科，栽培历史悠久。《北户录》还记载泥婆罗国献波棱菜。波棱菜即菠菜，大致是六朝时传入，这是唐代引种的最重要的蔬菜。菠菜引种中国后，经人工选择之后不到五十年便演化出许多品种，医生已经掌握它的药用价值和食用价值，被记载在武则天时期孟诜著的《食疗本草》中。[2] 东风菜疑指冬风菜，《广州记》曰：“冬风菜，陆生，宜肥肉作羹。二者微味，人甚重之。”[3] 从外国传入的“献佛士菜”未知何种。“睡菜，五六月生于田塘中，叶类茨菰，根如藕梢，土人采根为盐菹。食之或云好睡。”[4] 这里提到的“茨菰”，是一种很常见的淡水生球茎植物，与睡菜“生田塘中”表示这些植物是人工栽培。常见的水生植物还有荸荠、芡实、莲藕等，都是岭南水乡常见的蔬菜，只是没有文献记载，且在考古中也难见到实物而已。

7. 花卉

据说古代岭南的花卉多缺花香。[5] 六朝时期传入两种花香很浓的花：“耶悉茗花、末利花，皆胡人自西国移植于南海，南人怜其芳香，竞植之。”“耶悉茗”即素馨花，[6] 又名素英、野悉蜜、玉芙蓉，属木樨科；花多白色，极芳香，大约是六朝唐代时由外国商船传入。茉莉，为木樨科素馨属常绿灌木或藤本植物的统称，原产于印度、巴基斯坦，引入中国的时间当与素馨花同。这两种花都香烈异常，六朝唐时妇女喜欢将其

---

① ［宋］李昉等：《太平广记》卷四八三引《玉堂闲话》，第 3982 页。

② 杨宝霖：《自力斋文史农史论文选集》，广东高等教育出版社，1993，第 323 页。

③ ［宋］李昉等：《太平御览》卷九八〇《菜茹部五》，第 4342 页。

④ ［唐］段公路：《北户录》卷三，第 31 页。

⑤ ［晋］嵇含：《南方草木状》卷上，《广州大典》子部农家类第 3 册，第 512 页上栏。

⑥ ［晋］嵇含：《南方草木状》卷上，第 512 页上栏。

作为头饰，花儿一时成为需求，故有“竞植之”的现象。又有指甲花“其树高五六尺，枝条柔弱，叶如嫩榆，与耶悉茗、末利花皆雪白，而香不相上下，亦胡人自大秦国移植于南海。而此花极繁细，才如半米粒许，彼人多折置襟袖间，盖资其芬馥尔。一名散沫花。”① 指甲花又名凤仙花，因其花头、翅、尾、足俱翘然如凤状，故又名金凤花，凤仙花属凤仙花科一年生草本花卉，传入时间也是在六朝时。

又有药用类的花卉，如豆蔻花，“其苗如芦，其叶似姜，其花作穗，嫩叶卷之而生。花微红，穗头深色；叶渐舒，花渐出。旧说此花食之破气消痰，进酒增倍。太康二年，交州贡一篚，上试之有验，以赐近臣。”② 豆蔻花为姜科植物白豆蔻，主要是药用。山姜花“茎叶即姜也，根不堪食。于叶间吐花、作穗如麦粒，软红色。煎服之，治冷气甚效。出九真、交趾。”③ 山姜花为姜科植物，主要也是药用。

三、经济作物

1. 甘蔗

岭南是甘蔗的栽培起源地。公元5世纪后期陶弘景《名医别录》记载的“荻蔗”，是最早出现的甘蔗品种专名，这一品种能向纬度较高的地带即向长江流域扩散，属于甘蔗分类学的“中国型”，是甘蔗的原始栽培品种。④ 不著撰人的《异物志》记载：“甘蔗，远近皆有。交趾所产甘蔗特醇好，本末无薄厚，其味至均。围数寸，长丈余，颇似竹。斩而食之，既甘；迮取汁为饴饧，名之曰‘糖’，益复珍也。又煎而曝之，既凝，如冰，破如博棋，食之，入口消释，时人谓之‘石蜜’者也。”⑤ 早期榨取甘蔗汁液的方法是用杵臼捶烂甘蔗，将蔗汁过滤晒干就可以得到石蜜。魏晋南北朝的石蜜大多是外国的贡品，张衡《七辩》曰：“沙

---

① ［晋］嵇含：《南方草木状》卷中，第515页上栏。

② 同上。

③ 同上。

④ 梁家勉：《甘蔗史证》，载《梁家勉农史文集》，第349页。

⑤ ［北魏］贾思勰：《齐民要术》卷一〇引《广志》，缪启愉校释，第586页。

饧、饴、石蜜，远国贡储。”[①] 唐初开始从西域传入制糖法，[②] 但是这一榨蔗和熬糖法不见流传到岭南。唐代蔗糖的食用还是限于社会的上层，或作药用。后周时，“应天下州府旧贡滋味食馔之物，所宜除减。”其中湖南的白砂糖在除减之列。[③] 人们食用蔗还是以蔗浆为主，《全唐诗》中关于蔗浆的诗歌有六首，关于石蜜的诗歌有两首。

2. 茶叶

古代岭南土著最早的茶叶是苦登茶。《广州记》曰：“酉平县出皋卢，茗之别名，叶大而涩，南人以为饮。”[④] 皋卢即苦登茶，是冬青科冬青属苦丁茶种常绿乔木，叶味苦，又称为“过罗”“物罗”。皋卢是岭南土著对这一饮料植物的称呼。岭北茶的传入与佛教有关。东莞茶山，梁武帝时僧人建雁塔寺于铁炉岭，沿山边莳茶，清季万寿庵尚存古茶一树。[⑤] 唐代陆羽《茶经·八之出》记载岭南的韶州、象州有茶出品，“往往得之，其味极佳”。这是关于岭南人工栽培茶的最早记载。唐代时，新会龙溪乡有茶庵，用于祭祀禅宗六祖，“山麓种茶，味最佳。昔唐高僧一行卓锡到此，结庵种茶，呼为小明朱洞。”[⑥] 唐代王体静在循州浮山构草堂，在他建立茶园后，二十年内，这里已经有三百户人家迁入。[⑦] 晚唐时，安徽诗人曹松“移植顾渚茶于山中，教山民焙茶”，[⑧] 是西樵山茶之滥觞。南汉时“乌利道人，不知何许人……至西樵山，耽喷玉岩之胜，构屋栖焉。辟谷食，能用禁咒，于所居侧辟园，遍植茶株”。[⑨] 元代马端临《文

① [宋]李昉等:《太平御览》卷八五七《饮食部十五》，第3811页。

② 梁家勉:《甘蔗史证》，载《梁家勉农史文集》，第359页。

③ [宋]薛居正等:《旧五代史》卷一一〇《(周书一)太祖本纪第一》，中华书局，1974，第1463页。

④ [宋]李昉等:《太平御览》卷八六七《饮食部二十五》，中华书局，1960，第3845页上栏。

⑤ 民国《茶山乡志》卷一《物产》，收入《中国地方志集成·乡镇志专辑》，第374页上。

⑥ 新会外海龙溪志略编辑委员会:《龙溪志略》卷上，1971，第19页。

⑦ [唐]李翱:《解惑》，收入《全唐文》卷六三七，第379页。

⑧ 康熙《南海县志》卷一〇《人物传》，日本藏中国罕见地方志丛刊，第170页下。

⑨ [清]梁廷枏:《南汉书》卷一七，第93页。

献通考》卷一八《征榷考》记载，中唐时，盐铁使王播增天下茶税，税率达50%，岭南也在列。可以推测当时岭南产茶不少。

3. 木棉、麻与葵扇

棉花的栽培与传播是这一时期纤维植物和纺织业的重大事件。棉花古称吉贝（或古贝）、木棉等，分为草本棉和木本棉两种。在第一章，我们把海南人织布的时间定在先秦时代。到汉唐时岭南土人制作的棉麻等布已经传到岭北，唐人诗歌中称之为“桂布”，其实是包括了海南、高州等地的吉贝布。白居易有诗云：“桂布白似雪，吴绵软于云。布重绵且厚，为裘有余温。”[①]“吴绵细软桂布密，柔如狐腋白似云。”[②]“腹空先进松花酒，膝冷重装桂布裘。”[③]棉花制作的“桂布”与八眠蚕的絮制作的“吴绵”并列，“桂布”白而且细密，显示出较高的制作水平。“桂布”之说似乎表示木本棉花的种植和纺织是从广西开始，事实上应该是从海南到广西、广东西南部的俚人部落开始的。《后汉书》记载的“广幅布”可能就是吉贝织造的。而早期种植的是木本棉花，《异物志》曰：“儋耳夷……纺绩为业。”[④]《南州异物志》曰：“五色班布以丝布，古贝木所作。此木熟时状如鹅毳，中有核如珠，细过丝绵。人将用之则治，出其核，但纺不绩，在意小抽相牵引，无有断绝。欲为班布，则染之五色，织以为布，弱软厚致，上毳毛。”[⑤]这不仅记述了木本棉的生长形态，还记载了将棉籽抽丝线然后纺织、染布的技术过程。木本棉在宋以前已经广布于闽广地区是不争的事实。[⑥]岭南还有麻布、蕉布、葛布、竹布等纤维织物。长期的纺织棉花技艺的积累，奠定了海南等地在宋以前棉纺织技术的领先地位。苎麻栽培也应用于宿根栽培技术，西晋时陆机的《毛诗草木鸟兽虫鱼疏》卷十已经详细记载：“苎即麻也，

① ［唐］白居易：《新制布裘》，收入《全唐诗》卷四二四，第4668页。

② ［唐］白居易：《醉后狂言·酬赠萧、殷二协律》，收入《全唐诗》卷四三五，第4823页。

③ ［唐］白居易：《病中诗十五首·枕上作》，收入《全唐诗》卷四五八，第5197页。

④ ［宋］李昉等：《太平御览》卷七九〇《四夷部十一·南蛮六》，第3502页。

⑤ ［宋］李昉等：《太平御览》卷八二〇《布帛七》，第3650—3651页。

⑥ 漆侠：《宋代植棉考》，载《求实集》，天津人民出版社，1982，第118页。

科生数十茎，宿根栽地中，至春自生，不岁种也。荆扬之间，一岁三收，今官园种之，岁再割，割便生。”而且特别指出：“今南越苎布，皆用此麻。”可见其所说的栽培技术，虽不是专指广东，但肯定也包括广东在内。[①] 六朝地志对蕉麻等作物都有记载。

葵扇是由棕榈科植物制作的。岭南棕榈科植物很多，汉代司马相如《上林赋》中的“栟榈”就是文献上关于岭南棕榈科植物栽培最早的记载。在南朝时已经有人工利用棕榈植物制作葵扇。东晋时，“安少有盛名，时多爱慕。乡人有罢中宿县者，还诣安。安问其归资，答曰：‘有蒲葵扇五万。’安乃取其中者捉之，京师士庶竞市，价增数倍。”[②]《新会乡土志》认为其时新会尚未有行政建制，这些蒲葵产自新会东南，通过中宿县卖给岭北的商人输入江左，是新会土产输出最早之历史。[③]

4. 蚕桑业与丝织业

岭南的蚕是多化性蚕，也受到岭北蚕业的影响。《林邑记》曰：“九真郡，蚕年八熟，茧小轻薄，丝弱绵细。”[④] 汉代熹平三年（174 年）桂阳太守开凿乐昌泷，“由是小溪平而直，大道允通利，抱布贸丝，交易而至”[⑤]。晋代左思《吴都赋》中提到的“国税再熟之稻，乡贡八蚕之绵”，蚕桑专家认为这是指属于吴国的岭南地区，是典型的多化性蚕[⑥]。岭南原产的热带多化性蚕，蚕茧的重量很轻，生丝的韧度也很脆，只能作棉被用。东汉时茨充为桂阳令，“教民种殖（植）桑柘麻纻之属，劝令养蚕织屦”[⑦]。这是岭北蚕传到岭南的最早记载。《隋书》在叙述

① 彭世奖：《莫负英名书信史　清风扫地更无遗——试评〈广东省志·农业志〉古代部分的美中不足》，载《中国农业历史与文献研究》，世界图书出版广东有限公司，2016，第 101 页。

② ［唐］房玄龄：《晋书》卷七九列传第四九《谢安传》，第 2076 页。

③ 光绪《新会乡土志》一之三，粤东编译公司铅印本，第 31 页。

④ ［宋］李昉等：《太平御览》卷八二五《资产部五》，第 3677 页。

⑤ ［汉］桂阳太守周府君功勋之纪石铭残石，第 18 页。

⑥ 杨宗万：《从“乡贡八蚕之绵”探索我国蚕业的起源》，载《农史研究》第二辑，中国农业出版社，1982，第 95—104 页。

⑦ ［南朝］范晔：《后汉书》卷七六列传六六《循吏》，第 2460 页。

了江南、江右的风俗以后，说其地“一年蚕四五熟”①。很明显六朝、隋时在江南等地还有多化性蚕。岭北蚕体大，茧亦大，产丝多，传入之后，能适应岭南的气候，与岭南本地土蚕杂交，能改变岭南蚕丝的品质。深圳市宝安南朝墓出土滑石蚕 1 件，M10：2，曲身，尖头钝尾，蚕身中间横刻一周凹槽，长 3.6 厘米、径 1.5 厘米。②作为饰物，这个蚕体还是很大的。汉、六朝时与岭北蚕同时输入的还有岭北的桑树，逐步适应岭南的热带、亚热带气候后，一年四季都能生长，适应了多化性蚕的生长。

唐代广东多化性蚕的养殖明确见于文献记载。海南“十月作田，正月入来，养蚕八度，收稻再稻”③。唐人诗歌：“有地多生桂，无时不养蚕。”④明显是多化性蚕的特征。《韩昌黎集》卷二十二《潮州祭神文》说：“岁且尽矣，稻不可以复种，而蚕不可以复育也。农夫桑妇，将无以应赋税继衣食也。”可见潮州在唐代有桑蚕。最早记载广州地区蚕业的有《新唐书》卷四十三上《地理七》，岭南贡品有广州丝布，爱州九真郡纱、絁，雷州海康郡的丝。元代马端临《文献通考》卷三二三《舆地考》“古南越”条记载韶州、循州均“贡绢”。既然唐代广东地区已有丝布、绢布作为贡品，估计其质量也较高。

广东的丝织也有一定的水平。高要县居人有“杂缯百二十疋”，往旁县卖缯，赁牛车一乘，卖之而致富。⑤在日本的正仓院，收藏有被命名为“广东锦”的唐代丝织品。这种织物，是以染花丝经织成，展示了较高的印染和丝织水平。⑥唐代苏鹗《杜阳杂编》卷中记载：唐永贞元年（805 年），广州的官府向朝廷进贡年仅十四岁的奇女卢眉娘，能织造图案复杂的丝织品，卢眉娘应该是在官府开办的织锦机构中从小受到

① ［唐］魏征：《隋书》卷三一志二六《地理下》，上海古籍出版社，二十五史本，第 3361 页。

② 深圳博物馆：《深圳市宝安南朝墓发掘简报》，载《广东文物考古三十年》，第 447 页。

③ 〔日〕真人元开：《唐大和上东征传》，第 69 页。

④ 《全唐诗》卷三八四《张籍送严大夫之桂州》，第 4318 页。

⑤ ［宋］王象之：《舆地纪胜》卷九六《肇庆府·景物下》，第 797 页下引晋代干宝搜神记。

⑥ 祝慈寿：《中国古代工业史》，学林出版社，1988，第 309 页。

训练的织女。唐代广东的蚕丝已经出口至阿拉伯国家。唐末，黄巢军队占领广州，“砍伐了围绕广州城的桑树种植园”[①]，另一本《中国印度见闻录》记载黄巢军队“把那里（广州）的桑树和其他树木全都砍光了”，以致“阿拉伯各国失去货源”[②]。“围绕广州城的桑树种植园”这一句很重要，证明唐晚期广州地区的蚕桑业有相当大的规模。[③]三国时吴国派交州牧步骘来到南海，“骘登高远望，睹巨海之苍茫，观原薮之殷阜，乃曰：此诚海岛膏腴之地，宜为都邑”。“观尉（赵）佗旧治处，负山带海，博敞渺目，高则桑土，下则沃衍。”[④]“海岛膏腴之地”表明广州附近冲积地有一定的开发，是种植稻的田地。而高岗上种植桑树，展现了汉末魏晋时期广州地区的土地利用方式。在吴国占岭南时，广州附近的高地桑区已经出现；唐代时广州附近低地平原则出现了大片的高地桑树种植园。

① 马苏第:《黄金草原》，耿升译，青海出版社，1998，第181页。

② 穆根来等译《中国印度见闻录》，中华书局，1983，第96页。

③ 李庆新:《濒海之地——南海贸易与中外关系史研究》，中华书局，2010，第108—109页。

④ [北魏]郦道元:《水经注》卷三七《泿水注》，陈桥驿校注，杭州大学出版社，1999，第652页。

第四节

其他农业经济部门

一、林业

汉魏六朝时对岭南船材的利用可见六朝时裴渊《广州记》，此文中曰："力陈岭，民人居之，伐舡为业。随树所居，就以成槽。皆去水艰远，动有数里。山生一草，名曰膏藤，津汁软滑，无物能比，导地牵之，如流。五六丈舡，数人便运。"[①]"舡"指独木舟。由于铁斧、铁凿、铁锯的应用，造独木舟就不用火烧、石凿，而可直接用铁器"刳"木；效率提高了，但也说明用木板、船钉造船的技术还不普遍。卢循起义时，

图 2-8　广州黄花岗东汉汉墓出土的陶木船

① ［宋］李昉等：《太平御览》卷九九五《百卉部二》，第 4348 页。

“使人伐材于南康山，至始兴贱卖之，居民争市之，船材大集”[①]。可见，造船业给当时的木材带来了需求。

在六朝到唐代的文献记载中，两汉墓葬中明器的民屋形式没有能流传下来。开元天宝年间的宋璟为广州都督，“广州旧俗，皆以竹茅为屋，屡有火灾。璟教人烧瓦，改造店肆，自是无复延烧之患”[②]。但是记载只是说宋璟“改造店肆”，而没有大规模推广以瓦取代竹茅为材料的民舍。到了元和年间杨于陵为岭南节度使，“教民陶瓦，易蒲屋，以绝火患”[③]。这时对建筑房屋的木材有了一定的开发利用。

至于生活用材方面，岭南人用木材来做生活用具。如“叶细如桧，其身坚类于柏”的抱木，即水松，粤人也称水杉，以之“刳之为屧”，因其木“不胜刀锯”，木质较软，只能做木鞋。[④]

六朝到唐时期盛产天然香树香料。不著撰人的六朝《异物志》曰：“木蜜，名曰香树，生千岁，根本甚大。先伐僵之，四五岁乃往看。岁月久，树材恶者腐败；惟中节坚直，芬香者独在耳。”[⑤]通过砍伤香树，使其树脂流出，经过若干年才确定其“中节坚直芬香者”，就是最名贵的沉香。《南州异物志》对沉香和其他级别的香料有了辨别。但这些辨别往往通过口岸商人们对外来香的界定而命名，汉唐甚至宋代中国文献记载香料时，会对香料的种类和产地出现一些讹误。[⑥]

唐初，冼夫人的后代冯盎为粤西豪族，被召进京，唐太宗问他：“卿宅去沉香远近？”对曰：“宅左右即出香树，然其生者无香，唯朽者始香矣。”[⑦]冯盎提到的香树在住宅的旁边，可见粤西南的天然香树资源非常丰富。汉晋六朝及唐代岭南已经有专门进行香料贸易的市场和商人，政府有专人管理香料贸易。《太平广记》记载：“汉雍仲子进南海香物，

① [宋]王象之：《舆地纪胜》卷九〇《韶州·州沿革》，第758页下。

② [后晋]刘昫：《旧唐书》卷九六列传四六《宋璟传》，第3032页。

③ [宋]王象之：《舆地纪胜》卷八九《官吏上》，第752页。

④ [唐]段公路：《北户录》卷三《抱木屧》，第43页。

⑤ [宋]李昉等：《太平御览》卷九八二《香部二》，第4348页。

⑥ 〔美〕劳费尔：《中国伊朗编：中国对古代伊朗文明史的贡献 着重于栽培植物及产品之历史》，林筠因译，商务印书馆，2001，第280—316页。

⑦ [宋]李昉等：《太平广记》卷四一四引《国史异纂》，第3368页。

拜为涪阳尉，时人谓之香尉。日南郡有香市，商人交易诸香处。南海郡有香户，日南郡有千亩香林，名香出其中。”[①]“千亩香林”，也不能确定是野生林或者是人工林。“南药”的称呼在唐五代时出现。五代时波斯后人李珣弟“以香药为业”，李珣著有《南海药谱》一书，记载了不少的岭南药材和香料。[②]

漆是重要的装饰原料。漆树在岭南有广泛的分布，如怀集县，有“泉山，在县西三十二里。其上多漆树”[③]。岭南古代有专门采漆、制漆的部落。《南越志》曰：“绥宁白水山多漆树，高十余丈，刻漆常上树端。鸡鸣日出之始便刻之，则有所得。过此时，阴气沦，阳气升，则无所获也。凡刻漆，别有氏族以为业，膺前缘木处，胼胝如人脚也。”[④]这里首次记载了岭南漆树的采集技术，说明最迟在六朝时，岭南就有了专业化制漆的人群。南朝宋时增城县置绥宁县，县有白水山。对这些人群的记载夹杂了怪异的描述，表明这是在深山中专门采漆的部落，或是宋代《岭外代答》中记载的木蜑（dàn）。后世广东的漆多是山区的少数民族采集的，正与此记载合。南越国时期就应用了漆，在广州农林下路南越国时期的墓葬，发现不少漆器。[⑤]

汉唐岭南的原始森林中分布着众多藤类植物。这些藤类不少能结果，且能食用。科藤属于棕榈科的黄藤属植物，有较为广泛的用途。六朝时不著撰人的《异物志》曰：“科藤，围数寸，重于竹，可以为杖。篾以缚舡，及以为席，胜于竹也。”[⑥]科藤可以做拐杖，可以造船，还可以制作席子，与日常生活关系密切。有的藤类做成的手工艺品，是畅销的商品。《岭表录异》曰：“南土多野鹿藤，苗有大如鸡子，白者细于筯。采为山货，流布海内。儋台琼管百姓，皆制藤线，编以为幕。其妙者亦

---

① ［宋］李昉等:《太平广记》卷四一四引《十洲记》，第3368页。

② 杨宝霖:《南海药谱作者李珣小考》，载《自力斋文史农史论文选集》，第196—197页。

③ ［唐］李吉甫:《元和郡县图志》卷三四，第889页。

④ ［宋］李昉等:《太平御览》卷七六六《杂物部一》，第3399页。

⑤ 广州市文物考古研究所:《广州市农林东路南越国“人”字顶木椁墓》，载《广东文物考古三十年》，第340—341页。

⑥ ［宋］李昉等:《太平御览》卷九九五《百卉部二》，第4405页。

挑纹为花药鱼鸟之状，业此纳官，以充赋税。”[①]

六朝及唐代岭南常见的风景树有被称为木棉的攀枝花。《广州记》曰：“（攀枝花）枝似桐枝，叶似胡桃而稍大，出交、广二州”。[②]作为风景树的还有刺桐树。唐人诗曰：“越岭向南风景异，人人传说到京城。经冬来往不踏雪，尽在刺桐花下行。”[③]梅在粤北的大庾岭通道两旁很多，是张九龄拓宽大庾岭所植，直到清初屈大均还记载：“夹道有数百株，左回右转，多张曲江手植。”[④]榕树在村落间很常见。六朝时不著撰人的《异物志》有韵文记载：“榕树栖栖，长与少殊。高出林表，广荫原丘。孰知初生，葛、累之属。”[⑤]“高出林表，广荫原丘”一句很形象地描述了榕树的树形。榕树在城市中也很多，六朝及唐代开始传入佛教寺庙，形成了特殊的寺庙园林。萧梁时光孝寺天竺僧人移种菩提树，至清初时已历千年。[⑥]

汉魏六朝和唐时期竹类植物的分布极广。唐代有盐户犯禁，逃入罗浮山中，见“遇巨竹万千竿，连亘岩谷”[⑦]。岭南是中国竹类植物的主要分布地。晋朝戴凯之在考察了岭南岭北的竹子之后，指出“竹之别类有六十一焉”[⑧]，为此写出了中国第一部竹类专谱《竹谱》。在这本书里，他特别提到了岭南多种竹子的生长形态与利用。粤北的韶州竹纸质量很好，“韶之竹笺”是唐代的著名纸笺。[⑨]新兴种植簕竹环城以防备俚人和僚人。其他可为建筑用材的竹子，如“筀摩竹，桂、广皆殖，大若茶碗，竹厚而空小。一人止擎一竿，堪为茆屋椽梁柱也。其种者，钐其竿，每

① ［唐］刘恂：《岭表录异·补遗》，第 88 页。
② ［宋］李昉等：《太平御览》卷九六〇《木部九》，第 4262 页。
③ ［唐］朱庆馀：《南岭路》，收入《全唐诗》卷五一四。
④ ［清］屈大均：《广东新语》卷二五《木语·松》，第 609 页。
⑤ ［宋］李昉等：《太平御览》卷九六〇《木部九》，第 4262 页。
⑥ ［清］屈大均：《广东新语》卷二五《木语》，第 619 页。
⑦ ［唐］刘恂：《岭表录异》卷中，第 15—16 页。
⑧ ［唐］徐坚：《初学记》卷二八《竹第十八》，第 694 页。
⑨ ［唐］李肇：《唐国史补》卷下，收入《唐五代笔记小说大观》，第 197 页。

截二尺许，打入土，不逾月而生根叶。明年长芽笋，不三载而成林”[①]；“桄榔树，生广南山谷”，似乎还是野生的多[②]。但是随着农业聚落的稳定，这一木本植物用途更为广泛，既可作工艺品，也可造船和造农具，其树皮中还有淀粉可吃，也有人工栽培的了。

二、畜牧业

1. 牛

最早记载岭南有饲养牛的文献是《汉书》：海南儋耳、朱崖郡“民有五畜”，颜师古注为“牛、羊、豕、鸡、犬”[③]。这一记载为六朝文献所证实。牛排在五畜的第一位，只是中原人的观念。岭南土著的牛，与东非土著的一样，不用于食用，而是用于少数人宴会以及显示社会地位的，食物缺乏时则根据互惠原则享用。文化人类学称之为“牛畜丛结”。[④]

汉初南越国还需要从岭北输入母畜。吕后禁止向岭南输出母畜，引起南越王的反弹。[⑤]这证明南越国缺乏牛，也缺乏牛的繁殖技术。西汉前期墓葬不见有关畜牧的冥器，在西汉中期发现的64座墓中，只有9座墓中各出土的九件陶屋下层有饲养牲畜的栏圈。[⑥]西汉后期23座墓中有陶制禽畜模型随葬，其中牛16件，分别出于4座墓，大多为伏卧状。[⑦]《广州汉墓》记载东汉前期墓葬39座的资料，其干栏式房屋，下层未见禽畜，但见窦洞，应是饲养牲畜的圈栏，4015：4的1件陶牛即说明这个现象。[⑧]上述西汉到东汉的墓葬中陶牛的出土文物，从一个角度说明西汉时牛还不够普遍，到东汉时饲养牛才比较普遍，且逐渐成为财富的象征，特别是东汉后期墓葬明器，反映了养牛的情况。

① ［唐］刘恂：《岭表录异》卷中，第16页。

② 同上书，第17页。

③ ［汉］班固：《汉书》卷二八下《地理下》，第1670页。

④ 童恩正：《人类与文化》，重庆出版社，1998，第110—111页。

⑤ ［汉］班固：《汉书》卷九五《南粤王传》，第3851页。

⑥ 广州市文物管理委员会等：《广州汉墓》，第228页。

⑦ 同上书，第285页。

⑧ 同上书，第333页。

1984年，广州沙河发现一座东汉墓。有陶牛圈1件，圈内有五头牛，或立或跪伏，大小不一，神态各异。以往在广州汉墓中发现的圈栏多附属于民居，单独作为畜圈并不多见。这次发现的牛圈，对研究广州地区当时的畜牧业提供了宝贵的实物资料。[①] 单独牛圈栏的出土反映了东汉时期牛的饲养的确较西汉有所发展。

彭浩2012年统计的汉代42座墓葬中，出土了90件陶牛。[②] 这反映出陶牛的出土不是像某些学者说的那样“普遍”，应该说，只能是有一定经济实力的、起码是自耕农身份的人才能饲养牛。

彭浩注意到广东汉墓所出的陶牛全属黄牛，未见水牛。[③] 这个观察很细致，也值得深思：说明岭南的黄牛是从岭北传来的，而且用于劳作。唐代岭南有水牛，但不是为耕作，用处之一是为畜肉。岭南俚人“土俗不爱骨肉，而贪宝货及牛犊。若见贾人有财物、水牛者，便以其子易之，夫或鬻妇，兄亦卖弟”[④]。又史载：“容南土风，好食水牛肉。言其脆美。或炰或炙，尽此一牛。”[⑤] 这是名副其实的“全牛宴”。《北户录》卷

图 2-9　岭南汉墓出土的陶牛，大多数是黄牛

① 广东省博物馆：《广州沙河顶发现一座东汉墓》，《考古》1986年第12期。
② 彭浩：《广东地区汉代墓葬出土农业遗存初步研究》，第7页。
③ 同上书，第26页。
④ [宋]李昉等：《太平御览》卷七八五《四夷部六·南蛮一》，第3478页。
⑤ [唐]刘恂：《岭表录异》卷上，第9页。

图 2–10　南越王墓出土的金牛头，是水牛

二有“褒牛头”的食谱，是用“嫩牛头”做成。[①] 可见直到唐代水牛在广东还主要是食用和财产象征。汉代广东还有个体较小的犎牛。《广志》曰：“有罢牛，犹庳小，今谓之稷牛，又呼果下牛，出广州高凉郡。”[②]

2. 猪

广东汉代墓葬从西汉中期开始用木猪随葬。广州西汉墓中期（2050:39）出土 1 件，木质腐朽，仅辨其形。西汉中期墓开始出现陶猪，有两座墓出土了 4 件。东汉前期出土 3 件，东汉后期出土 24 件。[③] 另外据统计，在广东 25 座墓葬中出土了 38 件陶猪。[④] 如果加上陶屋中圈栏里的猪，汉代农家饲养的猪应该比牛多。广州汉墓中期墓葬发现的 64 座墓中，有 9 座墓中各出土 9 件陶屋，陶屋中的下层有饲养牲畜的栏圈，但不见陶制禽畜模型。[⑤] 东汉后期一些墓葬开始用滑石猪随葬，最早在黄花岗出土滑石猪 1 件。[⑥] 晋代南朝初唐时流行滑石猪随葬，且大多是独立出土，没有和陶屋、圈栏同时出土。（出土文物较多，不一一列举）较晚如英德浛洸镇隋至初唐墓 20 座，发现滑石猪 12 件。[⑦] 滑石猪与陶猪的出土

① [唐]段公路:《北户录》卷二，第 29 页。

② [宋]李昉等:《太平御览》卷八九八《兽部十》，第 3985 页。

③ 广州市文物管理委员会等:《广州汉墓》，第 349、432、333、284 页。

④ 彭浩:《广东地区汉代墓葬出土农业遗存初步研究》，第 26 页。

⑤ 广州市文物管理委员会等:《广州汉墓》，第 228 页。

⑥ 广州市文物考古研究所:《广州黄花岗汉唐墓葬发掘报告》，《考古学报》2004 年第 4 期。

⑦ 徐恒彬:《广东英德浛洸镇南朝隋唐墓发掘》，《考古》1963 年第 9 期。

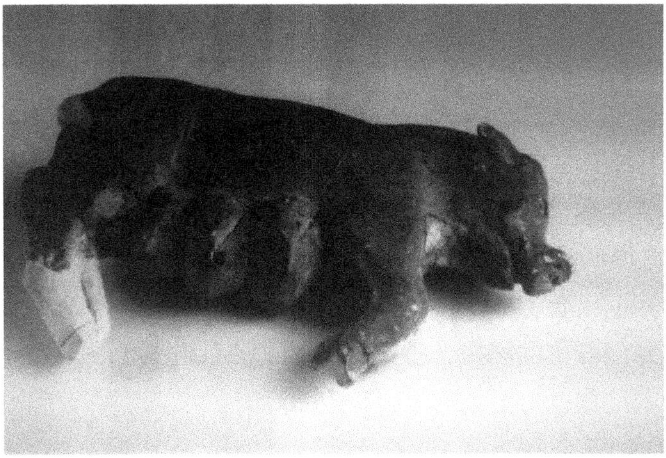

图 2–11　广州东汉墓出土的母猪喂奶陶制品

都反映了猪和人在日常生活中的密切关系。从文献也可看出家猪的饲养。不著撰人的《异物志》曰：“郁林大猪，一蹄有四五甲，多膏。买者以铁椎刺其头，入七八寸，得赤肉，乃动。”[①]这头猪不是野猪，而是在市面出售的家猪，观者认为有奇异之处才记载。唐代岭南人重视招待客人的“不乃羹”，就是用“羊鹿鸡猪肉和骨同一釜煮之，令极肥浓漉”的羹汤。[②]

汉代出土的陶猪已经有华南猪的特征。广州西汉后期墓出土的 M3019：51 为母猪，躺卧地上，四肢伸开，正在给仔猪哺乳；M3019：62 为公猪，与华北大耳型猪不同，体形肥胖，作伏地状。这两只陶猪相同的特点是头短宽，耳小直立，颈短阔背腰宽广，臀部及大腿发育良好及四肢较为粗短，属于华南猪的类型。[③]从这种优美的体态可以推出我国汉代的华南猪已具备早熟、易肥的优良特点。[④]但令人困惑的是，在六朝及唐代文献上不见这种屋舍和猪圈相结合的砖石结构的住宅形式，而是竹木结构的干栏式屋舍下养猪的形式。

汉唐时期华南猪通过阿拉伯商船由海道传到欧洲，古罗马时期，利

① ［宋］李昉等：《太平御览》卷九〇三《兽部十五》，第 4007 页。
② ［唐］刘恂：《岭表录异》卷上，第 9 页。
③ 广州市文物管理委员会等：《广州汉墓》，第 284—285 页。
④ 梁家勉主编《中国农业科学技术史稿》，第 224 页。

用华南猪改良的欧洲猪吸收了广东猪早熟、易肥、肉味鲜美的特征，从而育成新品种“罗马猪”。这一史实在大英百科全书有记载。[①]

3. 羊

羊是广东的主要家畜之一。汉书记载海南有羊，[②]六朝时期的文献也记载：“朱崖、儋耳二郡，……人民可十万余家……犬羊相聚，不服德教。”[③]说明海南黎族先民很早就养殖羊。截至 2012 年，在广东 32 座汉代墓葬中出土了 40 件陶羊[④]，从出土的个体总数来说不亚于陶猪数量。还有专门养羊的圈栏，番禺员岗村东汉墓也出土了羊圈 2 件，[⑤]东莞虎门的东汉墓也出土了陶羊圈和陶羊。[⑥]

4. 狗和马

狗是最早驯化的家畜，几乎可以说有农家的地方就有家狗。《汉书》和六朝时期的文献都记载海南有狗的饲养。在广东 30 座汉代墓葬中就出土了 33 件陶狗。[⑦]

广州黄埔姬堂晋墓出土陶马厩[⑧]，说明富贵人家在当时已有养马。坪石岗东晋墓出土陶马 1 件（M1：33）：雄壮健硕，四足站立、马口微开、双鼻凹入、双耳竖起；颈部马鬃毛凹入处呈槽形，马尾缺失；身、足粗壮，前胸略前突，前足后倾、后足前倾作奔跑状；施深褐色衣，四足裹胎。[⑨]

---

① 徐旺生：《中国养猪史》，中国农业出版社，2009，第 146 页。

② ［汉］班固：《汉书》卷二八下《地理下》，颜师古注，中华书局，第 1670 页。

③ ［六朝］《王氏交广春秋》，收入《水经注》卷三六，郁水注引，陈桥驿校注，杭州大学出版社，1999，第 634 页。

④ 彭浩：《广东地区汉代墓葬出土农业遗存初步研究》，第 26 页。

⑤ 广州市文物考古研究所：《番禺员岗村东汉墓》，载《华南考古 1》，文物出版社，2004，第 243 页。

⑥ 广东省文物考古研究所等：《广东东莞虎门东汉墓》，《文物》1991 年第 11 期。

⑦ 彭浩：《广东地区汉代墓葬出土农业遗存初步研究》，第 26 页。

⑧ 广州市文物考古研究所编《广州考古六十年》，广东人民出版社，2013，第 86 页。

⑨ 广东省文物考古研究所：《广东肇庆市坪石岗东晋墓》，载《华南考古 1》，文物出版社，2004，第 262 页。

5. 鸡、鸭、鹅

在汉代的23座墓葬中出土了53件陶鸡，[①]反映出鸡是主要的家禽。肇庆市坪石岗东晋墓出土鸡笼1件，内置三只陶鸡，蹲立、昂首、尾端散开呈扇形，身上刻划出羽毛。[②]六朝时开始出现斗鸡的品种。不著撰人的《异物志》记载岭南特有的“潮鸡”。[③]《西京杂记》曰：“成帝时，交趾、越嶲献长鸣鸡。即下漏验之，晷刻无差。长鸣鸡一鸣一食，时不绝，长距，善斗。”[④]《南越志》：“曾城县多山鸡也。利距，善斗。世以家鸡斗之，可禽也。”[⑤]“曾城县”即广州增城县，“山鸡”即原鸡，利用家鸡和原鸡相斗，擒住原鸡后将二者相配，还会产生新的鸡种。这种鸡肉质结实，味道很好。

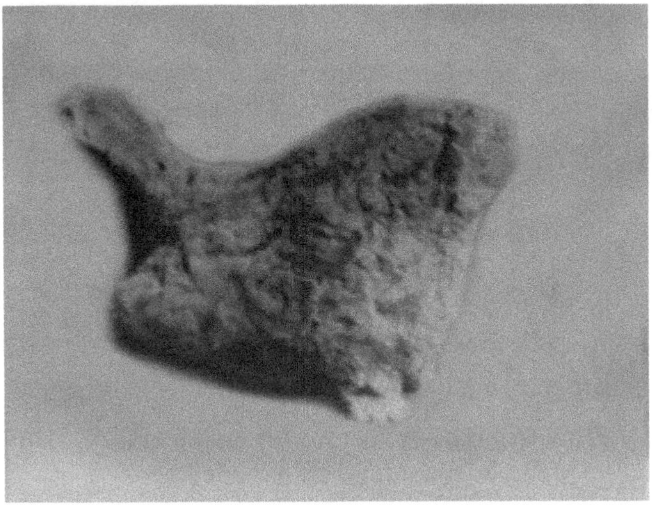

图2-12　番禺汉墓出土的陶鸡

鸭和鹅也是主要的家禽。在33座墓葬中出土了63座陶鸭，在20

① 彭浩：《广东地区汉代墓葬出土农业遗存初步研究》，第26页。

② 广东省文物考古研究所：《广东肇庆市坪石岗东晋墓》，载《华南考古1》，第259页。

③ [宋]李昉等：《太平御览》卷九一八《羽族部五》，第4703页。

④ 同上书，第4074页。

⑤ 同上。

座墓葬中出土了 31 件陶鹅。[①] 番禺大石飘峰岗 M3、M4 等 8 座墓，出土东汉前期墓中陶鸭 20 件 [②]，占出土陶鸭总数的三分之一，这似乎显示在珠江三角洲水乡，《广东新语》上所称的“海鸭”品种就已经出现。唐代岭南有人专养鹅、鸭以取金的，《岭南异物志》曰：“广州浛洭县金池黄家，有养鹅鸭池。常于鸭粪中见麸金片。”[③]“陈怀卿，岭南人也，养鸭百余头。后于鸭栏中除粪，粪中有光爚爚然。”发光的是金。[④] 宋代，岭南有“俚语乍富人，必曰：连山鸭，肚有金。言其内有所储也”[⑤]。所述当为唐代的事。

图 2-13　番禺汉墓出土的陶鸭

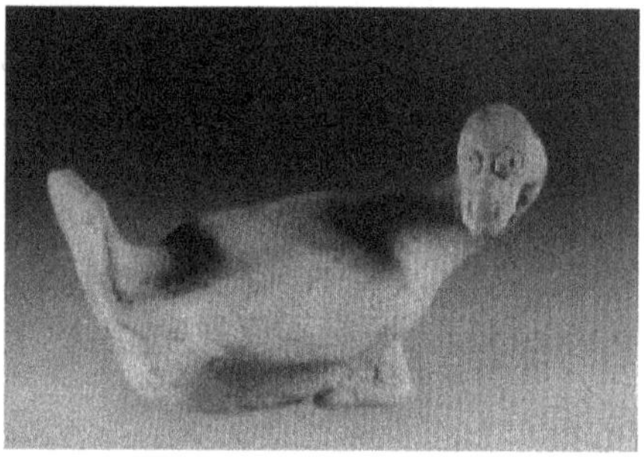

图 2-14　番禺汉墓出土的陶鹅

唐代岭南土著的“豪西”家中的鹅毛被，就是主要以鹅毛为原料制成的。[⑥]“岭南风俗，家有人病，先杀鸡鹅等以祀之，将为修福。若不差，即次杀猪狗以祈之。不差，即次杀太牢以祷之。”[⑦] 丧葬、祭祀中杀家禽和家畜的顺序不同，也反映当时人对禽畜的价值观念。南汉时，税收有“鹅鸭”一项，说明农家多鹅鸭。[⑧]

唐代还有白鸽的饲养，从海外传入：“南海舶，外国船也，每岁至安南、

① 彭浩：《广东地区汉代墓葬出土农业遗存初步研究》，第 26 页。

② 广州市文物考古研究所等：《番禺汉墓》，第 310—313 页。

③ [宋] 李昉等：《太平御览》卷九一九《羽族部六》，第 4078 页。

④ [唐] 张鷟：《朝野佥载》卷二，收入《唐五代笔记小说大观（上）》，上海古籍出版社，2000，第 24 页。

⑤ [宋]《湟川志》，收入《永乐大典方志辑佚》，第 2593 页。

⑥ [唐] 段公路：《北户录》卷二，第 19 页。

⑦ [唐] 张鷟：《朝野佥载》卷五，第 64 页。

⑧ [元] 马端临：《文献通考》卷一九《征榷考六》，第 180 页。

广州。……舶发之后，海路必养白鸽为信。舶没，则鸽虽数千里，亦能归也。”[①]“鸽，大理丞郑复礼言，波斯舶上多养鸽。鸽能飞行数千里，辄放一只至家，以为平安信。”[②]《开元天宝遗事》记载：“张九龄少年时，家养群鸽，每与亲知书信往来，只以书系鸽足上，依所教之处飞往投之。九龄目之为飞奴。时人无不爱讶。”[③]白鸽的饲养由外国商船传入，张九龄是文献记载中最早饲养白鸽的中国人，但粤北的鸽子养殖是从广州传过去的。

三、渔业

汉魏六朝及唐代岭南的捕捞渔业主要是以近海与内河为主，汉代出土的网坠可证。徐闻县五里镇汉代遗址出土陶网坠6件[④]，澄海龟山汉代建筑遗址出土网坠18件[⑤]。但是这些出土的网坠很小，显示网具不大。徐闻县和澄海都近海，这些网坠显示出当时的海洋捕捞业多使用小型网具。史前时代珠海宝镜湾有稍具规模的海洋围网业，在汉唐文献中不见记载。《北户录》《岭表录异》记载的都是规模较小的江河或近海捕捞业。

南越王墓中的水产动物遗骸，有鲤科鱼类、龟鳖类，均为典型的淡水生物；软体动物如耳螺、笋光螺和蚬等，则为一半淡水、一半咸水生物，主要栖息于珠三角河口地区；青蚶、楔形斧蛤、龟足等都是南方沿海常见的种类。[⑥]文献记载捕捞的近海水产，如六朝时徐衷《南方草物状》记载水马、鱀鱼，[⑦]《岭表录异》记载主要有鲎、乌贼、石头鱼、比目鱼、

① [唐]李肇:《唐国史补》卷下，收入《唐五代笔记小说大观》，第1991页。

② [唐]段成式:《酉阳杂俎》，卷一六《广动植之一》，台湾学生书局，中国南海诸岛文献汇编影印本，1975，第87页。

③ [五代]王仁裕:《开元天宝遗事》卷上，中华书局，2006，第16页。

④ 《广东徐闻县五里镇汉代遗址》，载《广东文物考古三十年》，第324页。

⑤ 同上书，第333页。

⑥ 王将克等:《象岗南越王墓出土动物遗骸的研究》，《中山大学学报》1988年第1期。

⑦ [六朝]徐衷:《南方草物状》，石声汉辑本，中国农业出版社，1990，第41—44页。

鸡子鱼、鲐鱼、鲐鱼、鲶鱼、章举、海镜、海虾；蟹类动物有水蟹、蝤蛑、黄膏、招潮子等；淡水鱼类有嘉鱼、竹鱼、白鳣。[①]沿海和淡水的水产，构成了土著居民膳食中的肉食品类。

岭南海产的采集是一项重要的经济活动。有些海产除了可以食用之外，其躯壳还可以作为艺术装饰品。这些艺术品是岭北人追求的珍品之一，也是海上丝绸之路上的货物。如沈怀远《南越志》记载："南海以虾头为杯，须长数尺，金银镂之。"[②]《北户录》记载："红虾出潮州、潘州、南邑县，大者长二尺，土人多理为杯。……今九真、交趾以为杯盘，实奇物也。"[③]玳瑁做成的饰品也是畅销的产品。

南珠是南海贸易中的最主要商品。南汉时期设"媚川都"采集珠江口的珍珠。合浦是南珠的主要产地，东汉时"郡不产谷实，而海出珠宝，与交趾比境，常通商贩，贸籴粮食"，当地人以采珠为生[④]。珠分等级，徐衷《南方草物状》称珠分三等，[⑤]沈怀远《南越志》记载珠分九等："大五分以上至一寸八分，分为八品。有光彩，一边小平，似覆釜者，名珰珠。珰珠之次为走珠，走珠之次为滑珠，滑珠之次为磥砢珠，磥砢珠之次为官两珠，官两珠之次为税珠，税珠之次为芯符珠。"[⑥]东汉时合浦太守孟尝以前代守土官多贪秽，珍珠资源减少，民生受影响，孟减少采集次数，珍珠资源复盛，商贾得以流通。[⑦]上等珠是贡品，"每年太守修贡，自监珠户入池，池在海上，疑其底与海通。又池水极深，莫测也。如豌豆大者常珠。如弹丸者亦时有得，径寸照室，不可遇也"[⑧]。汉六朝及南汉时期的南珠大多通过走私渠道流通。

蚝是分布在珠江口咸淡水分界线的贝类，是水上居民的重要食物。唐代文献记载的卢亭，实际上是先秦以前贝丘居民的遗孑："卢亭者。

① [唐]刘恂:《岭表录异》卷下，第25—82页。
② [宋]李昉等:《太平御览》卷九四三《鳞介部十五》，第4189页。
③ [唐]段公路:《北户录》卷二《红虾》，第60页。
④ [南朝]范晔:《后汉书》卷七六列传六六《循吏·孟尝传》，第2473页。
⑤ [唐]徐坚:《初学记》卷二七《珠第三》，第648页。
⑥ [宋]李昉等:《太平御览》卷八〇三《珍宝部二》，第3567页。
⑦ [南朝]范晔:《后汉书》卷七六列传六六《循吏·孟尝传》，第2473页。
⑧ [唐]刘恂:《岭表录异》卷上，第5页。

卢循昔据广州，既败，余党奔入海岛，野居，惟食蚝蛎，垒壳为墙壁。”①蚝生长在珠江口咸淡水分界线上，史载：“海夷卢亭往往以斧揳取壳，烧以烈火，蚝即启房。”②“卢亭”用蚝肉往墟市换酒。东莞所产蚝已经非常有名。《南越志》曰：“南土谓蛎为蚝甲，为牡蛎。合涧州圆蛎，土人重之，语曰：‘合涧一蛎，虽不足豪，亦可以高也。’”③按：合涧州应是东莞之合澜洲之误，也是宋元明清文献上的靖康海。这个地方在宋元成为了养殖蚝的起源地。

唐代开始出现淡水养殖业，但禁止鲤鱼的养殖，致使百姓不得不养殖别的鱼类。青、鲩、鲢、鳙等鱼类的养殖，就是在这种形势下发展起来的。④《岭表录异》记载：“新、泷等州，山田拣荒平处锄为町畦。伺春雨丘中聚水，即先买鲩鱼子，散于田内。一二年后，鱼儿长大，食草根并尽。既为熟田，又收鱼利；及种稻，且无稗草。乃养民之上术。”⑤新、泷等州即今新兴、罗定、郁南、云浮等县，位于西江两岸。山区人民在长满杂草的山田上放养鲩鱼，用鲩鱼吃草的特性将山田里的杂草吃光，且鲩鱼的粪便还能肥田，将土壤改良，后既可以种植水稻，又得鱼利。这是广东最早关于稻鱼轮作的记载，也是最早养殖鲩鱼的记载。说明当时的人们对于鲩鱼的食性已相当熟悉，如果鲩鱼子是捞自西江，必定同时获得鲢、鳙、鲮三种。⑥在西江上活动的水上居民对鱼花（苗）的捕捞在唐代就已经开始。

《北户录》记载另一种鱼种的采集法：“南海诸郡，郡人至八九月，于池塘间采鱼子，著草上，悬于灶烟上。至二月春雷发时，却收草浸于池塘间。旬月内如虾蟆子状，悉成细鱼，其大如发。土人乃编织藤竹笼子，涂以余粮，或遍泥蛎灰，收水以贮鱼儿，鬻于市者，号‘鱼种’。

---

① [唐]刘恂:《岭表录异》卷上，第9页。

② [唐]刘恂:《岭表录异》卷下，第81页。

③ [宋]李昉等:《太平御览》卷九四二《鳞介部十四》，第4184页。

④ 梁家勉主编《中国农业科学技术史稿》，中国农业出版社，1989，第373页。

⑤ [唐]刘恂:《岭表录异》卷上，第7页。

⑥ 佛山地区革命委员会编写组:《珠江三角洲农业志（初稿）》第三册，1976，第4页。

鱼即鲮、鲤之属，育于池塘间，一年内可供口腹也。”[①]南海诸郡是指珠江三角洲地区，可见当时养鱼业普遍，已经有鱼种的买卖，且池塘养殖的鱼类可供应一年的需要，淡水养殖已成为当时重要的经济活动。这还是中国淡水养殖中有关鱼苗运输和人工保存鱼卵越冬最早的记载。[②]

四、农副产品加工业

秦汉六朝唐时代的收割工具已有铁镰。在广州蛇头岗汉墓出土的一件铁镰基部圆銎，或即王祯《农书》中所谓“艾”。[③]可惜出土的铁镰不多。南越王墓葬中有一件用丝绸包裹的铁镰，表明镰刀是珍物，用于祭祀以祈祷丰收。珠江三角洲沙田与西江沿岸的塱田，收割时水位很高，农人只能坐艇收割，因只是割稻穗的上端部分，用手抓小刀割穗即可，故不用较长的铁镰或者是用锋利的竹器割穗。在粮食加工工具方面，岭南多杵、臼并用。

岭南脱粒的原始工具是连枷，因为是竹木所以不易保存。将谷粒和谷壳分离的是臼。在广州汉墓中，小岗路大元岗M3031、M3020墓，先烈路龙生岗M3013墓发现西汉后期的陶臼：Ⅰ型，长方形，中部凹下，两端高起，当中各有一个圆窝，附有陶杵；Ⅱ型，长方形，一端较大，一端较小，平面如箕，小的一端高起，中心有圆窝，大的一端如池。与东汉墓出土陶屋内的陶俑舂米的臼，形状完全相同。[④]广东的汉墓还发现舂米的陶俑。佛山市郊澜石东汉墓M2东汉后期陶屋内，中间坐一执棒舂米俑。[⑤]乐昌市对面山东周秦汉墓M174、东汉后期墓葬M171，陶

① [唐]段公路:《北户录》卷一，第16页。

② 彭世奖:《广东在传统农业科技史上的全国之最》,《学术研究》1997年第10期。

③ 杨式挺:《关于广东早期铁器的若干问题》，载《岭南考古文物论集》，第72页。

④ 广州市文物管理委员会等:《广州汉墓》，第282—283页。

⑤ 广东省文物管理委员会:《广东佛山市郊澜石东汉墓发掘报告》,《考古》1964年第9期。

图 2–15　广州东汉墓出土的舂米陶俑

屋的作坊内有三俑，其中二俑持棒作舂米状。[①]

西周时期，中国已经有了仓、廪、囷等贮藏粮食的方法。广东的汉墓出土很多陶仓、陶廪、陶囷。到 2012 年，在 56 座汉墓中出土 56 个囷，在 57 座汉墓中出土了 62 件仓，在 1 座墓中出土有 4 件廪。陶仓、陶囷等粮食贮存设施的出土地区主要以乐昌、韶关、清远、广州这类南北交通通道及龙川地区为主。[②] 此外，出土文物中还有木仓、石仓。合浦发现铜仓，表明当时人重视储粮。[③] 毗邻广东的梧州，汉墓中出的铜仓，仓内尚存大量的稻谷。仓室是屋子架构，是贮藏粮食的最完备形式，封闭且储量大，拥有粮仓的墓葬主人当是不一般的人家。[④] 在番禺员岗村东汉墓除了出土陶仓 1 件，还在 M2：53 / 40 墓出土箫 1 件。考古发

① 广东省文物考古研究所等：《广东乐昌市对面山东周秦汉墓》，《考古》2000 年第 5 期。

② 彭浩：《广东地区汉代墓葬出土农业遗存初步研究》，第 23 页。

③ 杨式挺：《略论合浦汉墓及其出土的文物》，载《岭南文物考古论集续集》，第 398 页。

④ 杨式挺：《从考古发现试论梧州与封开的历史关系》，载《岭南文物考古论集续集》，第 380 页。

掘者称：篅是地面用竹木搭建的囤粮食的地方。《说文·竹部》："篅，以判竹，圜以盛谷者。"该陶篅筒形，有地台。方唇，斜沿，直口微敞，斜直壁，平底内凹，带地台，底部四圆孔，用以立柱。一侧开长方形门，门框、门楣、门槛均较突出，门框两边各有一洞，一人双脚和左手呈蹼形粘于篅壁。篅盖为大伞形，大敞口，平顶微内凹，中有突起的攒尖。篅墙壁上下腹各施2道弦纹，其间饰双波折纹和菱形格间短线纹，表示篅壁的竹木搭架结构。篅盖顶至口沿处有4组双弦纹，其间密布刷印的篾纹，有长有短，基本上靠上以短居多、靠下以长居多，显示弦纹盖为茅草所覆盖。[①] 这种用竹木搭建的储粮方式流传到六朝和唐代，成为了主要的储粮方式。

① 广州市文物考古研究所：《番禺员岗村东汉墓》，载《华南考古1》，第236—237页。

第五节

记载岭南农业的文献与岭南农业文化

一、最早记载岭南农业的文献

东汉时广州人、议郎杨孚的《异物志》，又称《南裔异物志》《交州异物志》《南裔志》等，属于地志。它记载以广州为中心的岭南地区的物产、地理、风俗，其中最重要的农史资料是关于再熟稻、荔枝与龙眼栽培、汉代在岭南设“橘官”的记载。其后在东晋、南朝时有不少人仿照杨孚《异物志》的体例创作同名著作，在不同程度上记载了岭南的农业资源。所以到了六朝时，《异物志》就演变为地志的体例，而不仅仅是东汉杨孚独创。这类地志有万震《南州异物志》、沈莹《临海异物志》、薛莹《荆杨已南异物志》、陈祈畅《异物志》、佚名《异物志》等。此外属于地志类的还有徐衷《南方草物状》、徐衷《南方记》、魏完《南中八郡志》、俞益期《与韩康伯笺》、刘欣期《交州记》、沈怀远《南越志》、裴渊《广州记》、顾微《广州记》、佚名《广州记》、竺法真《罗浮山记》、谢灵运《罗浮山赋》等。它们都有一个特征，就是用很简略的语言记载岭南风物，其中对动植物的记载尤其多。有人也将这些地志统称为“志录”，说它们是“岭南开发的产物，最早记载了岭南植物”。这些地志或“志录”，计《异物志》、《南方草物状》、地记三类书共记录 235 种岭南植物。[①]

① 缪启愉等:《汉魏六朝岭南植物“志录”辑释》，中国农业出版社，1990，第 210 页。

至于托名为西晋嵇含撰的《南方草木状》，有人认为它是一本唐宋之间有人伪造的书，但是《四库全书总目提要》认为它文字古雅，可信是西晋时期的著作。《中国农业科学技术史稿》引用了它里面关于黄猄蚁防治柑橘害虫的史料，认为这是世界上最早的关于生物防治害虫的案例。《南方草木状》是古代第一本区域植物志，里面有不少岭南的栽培作物。汉晋六朝地志中关于物产、风俗的记载，对岭北人认识岭南农业有重要的作用。荔枝、龙眼、芭蕉、柑橘、橄榄、甘蔗、槟榔、椰子，在西汉武帝时都曾经被移植到国家园囿上林苑中。司马相如的《上林赋》记载了上林苑中的这些热带、亚热带作物；北魏《齐民要术》卷十记载了岭南的甘蔗、橄榄、荔枝、龙眼等作物，都可以说明岭南作物资源北传在当时已十分普遍。

唐代刘恂的《岭表录异》、段公路的《北户录》，可以看成汉晋六朝地志的延续，记载的岭南农史资源尤为珍贵。它们的体裁与题材，大体上与汉晋六朝地志相同，但记载农业的内容更多，显示唐代农业的发展。《岭表录异》已失传，现在我们能看到的是辑佚本。这本书记载了岭南的动植物与农业资源，其中与广州地区有关的农业资源也有记载，如记载黄猄蚁防治柑橘害虫的技术；《北户录》中记载南海的鱼苗养殖，都是很有价值的史料。

二、隋唐南汉时期岭南农业文化

首先，汉魏六朝隋唐时期，一方面，丰富的自然资源给人们提供了相对充足的生活来源，但长时期内仍维持着低能量的物质循环方式和较低水平的生存方式；另一方面，恶劣的自然环境削弱了劳动生产力，阻碍了人们向开发自然资源的深度和广度进军，限制了新的资源利用方式的应用和提升本地特色的技术文化类型。其次，作为农业文化的规范，如中央的农业法令、政策在长时期内未能对岭南少数民族有足够的影响力。虽然秦代就在岭南设立中央管辖之下的郡县制度，实际上中央政府的农业法令、政策难以渗透到岭南少数民族之中并发生作用，造成岭南少数民族聚居地与北迁中原人民的分隔，减慢了民族融合的进程。再次，后来的文献称之为“蛮风”的岭南少数民族民俗文化，是本土农业文化的精神文化形态或者是衍生形态，它们既有光辉灿烂的一面，也有丑陋落后的一面——如信巫、拜鬼、不信医却杀牛医病以及一些婚姻、伦理方面的陋俗，是阻碍岭南农业历史进程的一个因素。其光辉灿烂的一面，如广泛流传在岭南土著中的铜鼓文化，其起源与稻作农业有直接的关系：因为祈求丰收、天下雨霖而产生了对青蛙的崇拜，创造了值得称道的铜鼓文化。岭南稻文化还衍生了庆祝丰收的歌舞音乐，唐刘恂《岭表录异》卷上记载：“广南有春堂，以浑木刳为槽。一槽两边约排十杵，男女间立，以舂稻粮。敲磕槽舷，皆有遍拍，槽声若鼓，闻于数里。”国家也注重改造岭南的土著文化。东汉时任延教民耕种，应用牛耕；平帝时，锡光为交趾太守教民婚嫁礼仪制度，有利于促进小农户经济的形成；六朝时岭北与岭南土著结合的最佳例子是冼冯集团的结合。此外，国家也发布有利于变革岭南民俗的法令，如唐代显庆四年（659 年）令岭南初举进士明经；唐元和元年（806 年）禁岭南掠良民为奴婢。[①]任用岭南土著的“南选”制度在一定程度上提升了岭南土著对中原文化的认识。唐政权专门为岭南地区制定了特殊税制，它既有汉人和夷僚的区分，又有着户等高低的不同税则，还有着税米、税钱、税丝乃至税牲口的差异。对夷僚户减半征税，自是依据劳动生产率高低所实施的一种税收优惠政策，而为前代所未见。[②]六朝末冼冯家族兴起之后，隋唐之际岭南豪族对中原政权的归化已经不是一个孤立的现象，而是本土少数民族对中原文化的归属心态在政治上的反映。俚僚等少数民族对中原农业文化的认同心态最终确立，构成本土文化与中原文化融合的关键一环，也为中原农业文化在岭南深深扎根打下基础。而本土的农业技术文化则在后来宋元和明清两个岭南文化的演进时期中得到了提升。[③]晚唐、南汉时，珠江三角洲地区等沿海平原的移民自成稳定的聚落，以土地神为祭祀神，南汉杂税

① [明]黄佐：嘉靖《广东通志》卷六《事纪四》，第 80、89 页。

② 张泽咸：《汉晋唐时期农业》，第 533 页。

③ 吴建新：《汉六朝隋唐时期岭南农业文化的特色——兼述冼冯家族的兴起与岭南农业文化的关系》，《农业考古》2006 年第 4 期。

中有“社酒”[1]，对农民春、秋两次祭祀社神喝酒都收税，说明到了晚唐、南汉时期以社稷神为祭祀中心的移民聚落已经不少。南汉时，珠江三角洲的东莞有象群践踏耕地，官兵杀象，建镇象塔以镇之。这表明除了滨海平原，山地丘陵的开发亦加速，镇象塔也是农业文化的标志之一。

① [元]马端临:《文献通考》卷一九《征榷考六》，第180页。

第三章 宋元时期的农业

第一节

农业政策、移民与生态环境

晚唐到宋元时期是精耕细作的江南水田农业形成时期，水田农业技术随岭北移民传到了珠江三角洲。宋元时期，珠江三角洲发生了农业技术变革，随着水利社会雏形的出现和家族文化的传播，农业社会也出现了重要的变迁。

一、农业发展政策

1. 政策对农业的影响

宋元时期，王朝对岭南有明确的农业政策。首先，赋税制度朝着有利于农业的方向发展。宋灭南汉，为稳定社会，首蠲刘氏王朝苛税。宋将军王明，随潘美征岭南，占领一地，“明遍历部内，视民疾苦，旧无名科敛，悉条奏除之，岭表遂安”[①]。南汉的其他科敛如捕鱼钱与“橘园、水硙、社酒、莲藕、鹅鸭、螺蚌、柴薪、地铺、牯牛骨、溉田水利”等杂税在太宗淳化元年（990年）废去。[②]这些措施减轻了岭南人民的负担，且促进了农业多种经营与水利建设。南宋时期，对东南沿海省份的开发加强了。一方面，招集流民开垦荒地；另一方面，实行经界法，以清丈田亩增加税收。但是南宋时对岭南的无名之赋增多，宋代经界法不行，田赋不均的现象普遍存在。广南州县多赋税不足，元代的《南海志》指

① ［元］脱脱：《宋史》卷二七〇《王明传》，第9266页。

② ［元］马端临：《文献通考》卷一九《征榷考六》，第186页。

斥宋代“土狭费广，陌钱间架之类往往病民”。[①]元初注意革除宋代在岭南的弊政。元代至元二十二年（1285年）九月初五日，广东道宣慰司同知吕恕上奏：岭南“典雇”（典卖）是“亡宋旧俗”，请朝廷下令禁止，建议将已经“典雇”的奴婢人等放还，“今后毋得将亲生男女典雇，如贫窘之家急需钱物无处折措，依腹里例，止许立定周岁每月文字，觅贷供依吏唤，年限满日，即便放还”。诏令准此为各行省的通例。[②]元初潮州凡宋代“无名之赋一切蠲除，惟种田纳地税，买卖纳商税”，也蠲免客户丁米。[③]

宋元对岭南实行劝农制度。宋代有劝农师，官员有劝农的职责。国家劝导大力开垦岭南的荒地，种植作物，太宗端拱年间（988—989年），诏令江南、两浙、岭南等地，“劝民益种诸谷”[④]。国家还在岭南推广作物栽培，以增加粮食生产。如淳化四年（993年）二月，“诏岭南诸县，令劝民种四种豆及黍、粟、大麦、荞麦，以备水旱。官给种与之，仍免其税。内乏种者，以官仓新贮粟、麦、黍、豆贷与之。”[⑤]大中祥符年间，从安南引进的占城稻，有史料证明是这个时期从福建推广到岭南的。元代蒙古人虽入主中原，但是对农业的重视程度不亚于宋。元代的劝农制度较之宋更为完善。元代忽必烈时期组织精通农事的官员编撰了《农桑辑要》，翻印了《王祯农书》，令传播到各地，这两本农书也是此时传到广东民间的。元代在农村基层设立农桑社以推广农业技术和组织农民进行农业生产、开展水利建设。乡村中有“田老”之类劝农的人物，如元代琼山的义丰、遵化、丰好等处民田受水患，“至元丁丑春，诸田老以闻于郡，檄委前雷庠二教张宜举董其役。有田之民不期而至”[⑥]。可

① 广州市地方志编纂委员会办公室编《元大德南海志残本（附辑佚）》卷六《户口》，广东人民出版社，2008，第9页。

② 佚名：《元典章》典章五十七《刑部十九》，海王邨古籍丛刊，中国书店出版社，1990，第802页。

③ 《三阳图志》，收入《永乐大典方志辑佚》，第2762页。

④ ［元］脱脱：《宋史》卷一七三，第4159页。

⑤ ［清］徐松：《宋会要辑稿·食货一》，中华书局，1957，第17页。

⑥ ［元］王修翁：《水利碑记略》，正德《琼台志》卷七《水利》，广东历代方志集成本，第80页。

见元代一些农村基层已经建立农桑社。

2. 吏治对农业的影响

宋元为了发展岭南的农业，注意对廉吏的选择，也重视官在“能”方面的素质，因为“廉”能减少对人民的需索，直接或间接支持农业生产，“能”则反映官员执行国家农业政策的能力，直接促进其任所的农业生产。宋朝对岭南“择帅尤重，必有绥怀之德，济以肃服之威，使之统临，乃能镇静”[①]。淳祐时国家设“廉吏碑”，[②]元祐时蒋之奇以“南海饶宝货，为吏者多贪声”，将汉代到唐代廉能出名的岭南守土官供奉起来，以倡导廉、能的官场风气。[③]两宋时期对守岭南的要员要求各有所侧重。宋理宗嘉熙四年（1240年），刘克庄任广南东路提举常平，他说：“岭峤以南，去天尤远。先朝将指，居多馆学之名流。近岁擢才，稍用米盐之能吏。”[④]这是对南宋守岭南的长官选拔特征的概括。能吏须具有政务、刑狱、赋税、教化、劝农以及军事才能。元代官制以达鲁花赤为长，元初循吏辈出，《元史》称“元初风气质重，与汉初相似。世祖始立各道劝农使，又用五事课守令，以劝农系其衔，故当是时，良吏斑斑可见”[⑤]。故元代在岭南的达鲁花赤并不尽是无治术之人，至于汉人中的能吏更是不少。方志和正史中的宦绩或循吏传能反映吏治的变化。据道光《广东通志》“宦绩略”的统计，从秦代到南汉朝，守岭南的官吏中有191名载入方志的宦绩中。而在宋元两代中，宋代有369名，元代有84名。[⑥]宋元两代载入宦绩的官员远远多于南汉以前历朝。以百年计，宋元两代的岭南名宦数量，元代还多一点。宋元能入方志宦绩中的官员大多廉能兼备，这是与唐以前所不同的地方。宦绩中包括官员在守御、城市建设、教化、生产等方面的政绩，而且对农业有贡献的官员数量很多。宋元时

---

① [宋]李焘:《续资治通鉴长编》卷四二四，上海古籍出版社，1986，第3995页。

② 道光《广东通志》卷二三七《余炎传》，第82页。

③ [元]脱脱:《宋史》卷三四三《蒋之奇传》，第10916页。

④ [宋]刘克庄:《启·广东提举谢李垂相》，收入《全宋文》第328册卷七五四〇，第73页。

⑤ [明]宋濂:《元史》卷一九一《良吏传》，中华书局，1976，第4355页。

⑥ 道光《广东通志》卷二三五、二三六，第55—142页。

期，守岭南的廉吏、能吏在岭南农业方面的作用主要是减省徭役和贡物，减轻农民负担。宋元弊政甚多，有赖地方能吏的“纠偏”以纾民力。能吏还教化人民，改善农业环境；大力促进垦荒；兴修水利；劝课农桑，传播农业技术。关于这些内容，后面的论述将会涉及。所以北宋以来的经济增长速度，大大超过了唐初以来的增长速度。① 对岭南来说，宋元时期在新的农业政策与吏治环境下，农业发展的成果远远超过了汉唐。

二、岭北移民、早期农业聚落与农业经营

1. 移民潮

宋元时期，特别是两宋，有大量的岭北人迁移到岭南。珠玑巷移民是一个关于宋元移民的流传较广的传说，但不是宋代珠三角移民的全部。虽然珠玑巷传说中苏妃、胡妃的故事真假莫辨，但移民的事实大体可信，定居点有都图甲的内容，是明人追述祖先时加上去的，但是它反映的宋代两次大规模南徙广东各地（主要是珠江三角洲）的情况，却是事实。②

在南迁的移民中，整个宗族南迁的情况往往很普遍。以罗贵为首的多个氏族都是整族迁徙的。杨宝霖考证了南宋绍兴元年（1131 年）开始，由罗贵等 97 家 33 姓向珠江三角洲各县移居的具体时间。③ 另一次是在南宋末年，岭北的湖南、江西等省人民逾岭而南。随南宋行朝由闽入粤的大量军兵士民、宋朝宗室等，在南宋行朝灭亡之后定居于广东各地，移居地主要是珠江三角洲和韩江三角洲这些待开发土地较多的沿海平原。其余的移民都是流水式的，而不是海潮覆压式流向珠三角。移民较多的还有潮汕平原。宋元时迁入潮州的姓氏有 62 个，北宋时迁入 13 个，南宋 28 个，宋元之交 10 个，元代 11 个，大部分来自福建。④

两宋时期的移民，使广东的人口结构发生了自秦汉以来的一次大变

---

① 漆侠：《宋代经济史》，上海人民出版社，1987，第 59 页。

② 陈乐素：《珠玑巷史事》，载《求是集（第二集）》，广东人民出版社，1984，第 271—274 页。

③ 杨宝霖：《罗贵 97 家集体南移的时间考证》，载广东炎黄文化研究会《岭峤春秋——珠玑巷与广府文化》，广东人民出版社，1998，第 126—134 页。

④ 黄挺：《潮汕文化源流》，广东高等教育出版社，1997，第 60 页。

化。由于宋元移民南迁，唐代以前岭南地广土稀的现象得到了初步改变。根据《太平寰宇志》的记载，宋初平定广南时，只得 170 263 户。[①] 元丰（1078—1085）初年，广东的户数和人口数比宋初增加三倍多，主要是由于宋代大户改小户，且隐漏人口减少，实际人口增加，未入籍的人口加入保甲。[②] 根据州郡方志发现南宋广州、南雄、潮州、新州等地的人口较之元丰年间都有了增长。[③] 这几处都是移民最多的地方。广州在宋初主户 64 796，客户 78 463，合共 143 259 户，以每户 5 人计算，人口共 716 295。北宋淳熙年间主户 82 090，客户 103 623，合共 185 713 户。《南海志》上记载总人口 255 877，为每户 1.78 人，显然不符合事实，如仍以每户 5 人计算，淳熙年间广州及其下属县份总人口应为 928 565 人。宋末虽然有战乱导致元初人口数大减，但移居广东的人口构成了元代人口发展的基础。如大德《南海志》卷六《户口》记载：广州下辖录事司和 7 个县，至元二十七年（1290 年）户数为 172 284，大德八年（1304 年）户数为 180 873。如按平均每户 5 人计算，至元二十七年广州人口 861 420，大德八年（1304 年）人口 904 365。[④] 大德年间广州的人口数已经接近宋淳熙年间的人口数。大德年间是广州农业比较发达的时期，人口数逐渐恢复是符合当时情况的。

根据黄挺等人对宋元潮汕人口的计算，按每户 4.5—5 人计算，北宋开宝初实际人口数约 135 000—150 000 人，元丰三年（1080 年）达到 336 069—373 400 人。到淳祐六年（1246 年），潮州实际人口数可达到 611 991—679 990 人。至元二十七年此地的人口数当在 50 万—55 万间；至顺三年（1332 年）应在 55 万—60 万之间。这些数据已超过北宋，但仍与南宋此区的人口有不小的差距。而元末到至顺的 40 多年间，潮州人口净增 5 万。[⑤]

① 方志钦、蒋祖缘主编《广东通史（古代上册）》，第 706 页。

② 同上书，第 708 页。

③ 郎国华：《从蛮裔到神州——宋代广东经济发展研究》，广东人民出版社，2006，第 38—39 页。

④ 广州市地方志编纂委员会办公室：《元大德南海志残本（附辑佚）》卷六《户口》，第 2—3 页。

⑤ 黄挺、陈占山：《潮汕史（上册）》，第 108、248、249 页。

以广州和潮州两大城市及其周边农村地区数量庞大的人口，构成了岭南两大农业中心区。大量移民的进入引起人口暴增，改善了人口的素质。宋代移民还以宗族或家族抱团结体的形式进入迁移地，比起力量弱小的土著有人口上的优势，这是自秦汉六朝唐代以来移民史上少见的。

2. 农业聚落

由于移民的大量迁入，岭南的农业聚落形式发生了巨大的变化。首先，刀耕火种和火耕水耨的范围受到了移民聚落的限制。宋代始出现这样的记载："二广山谷间不隶州县，谓之瑶人，舟居谓之蜑人，岛上谓之黎人。"[①] 移民以家族的形式占垦，自然对刀耕火种和火耕水耨土著的生存空间有所挤压，岭南人群之分野明显亦自此始。[②] 在珠江三角洲，移民群体以圈占、置买等方式占有了大量耕地或无主荒滩，南迁人民"结筏南下"，多择"水口""罗星"一类有着良好耕作条件和垦殖扩张条件好的风水地作为自己的定居点，同时占有和聚落相连的大片耕地。移民聚落在建设耕地的过程中修建大型或小型的水利设施，大大小小的村庄点缀在水道还很宽的"海"边，即海拔较高的冲积地或台地、低丘陵上。

唐宋顺德平原的聚落地有明显区别。曾昭璇以桑园围内龙江的锦屏山为例，说明唐代当地建村的聚落在山脚，耕的是坑田。而宋代建村的聚落多在桑园围内的冲积平原，开垦的是冲积地，肥力较高。在番禺市桥台地、东莞城区的唐宋聚落和开垦都有这样的案例。[③] 在堤围建设得较好的围田区，聚落向低地迁移趋向更为明显，因为聚落靠近农田更利于农作。

珠三角移民多为庐墓一体的聚落形式。这以市桥台地的何氏为典型。明永乐间何如澄《沙湾原始考》：宋代何姓"由雄而入广，由广而至番禺之青萝。夫青萝一乡，前踞虎门之巨川，后扆萝山之峻岭，元峤山辅其左，九平石拥其右，山明水媚，而一地迂回，坦夷其中。当时地广人

① [宋]陈师道：《后山谈丛》卷六《瑶蜑黎人》，收入《宋元笔记小说大观》第二册，上海古籍出版社，2001，第1624页。

② 吴建新：《宋元时期岭南的"蜑"》，载林有能等《疍民文化研究（二）》，香港出版社，2014，第150—162页。

③ 曾昭璇等：《宋代珠玑巷迁民与珠江三角洲的农业开发》，暨南大学出版社，1995，第222—229页。

稀，原有张、劳二姓居焉。余四世府判公爰相兹土，有田可耕，有水可渔，有山可樵，有地可牧，生者可养，死者可葬。……乃卜居于此……”[1] 何氏聚落背靠大山，而聚落前是市桥台地的边缘，当时已经有大片冲积地，这种聚落形式体现了农业开发和家族祭祀的双重需要。

明永麻間何如澄撰沙灣原址攷云余先世由雄而入廣由
廣而至番禺之青蘿夫青蘿一鄉前踞虎門之巨川後扆蘿

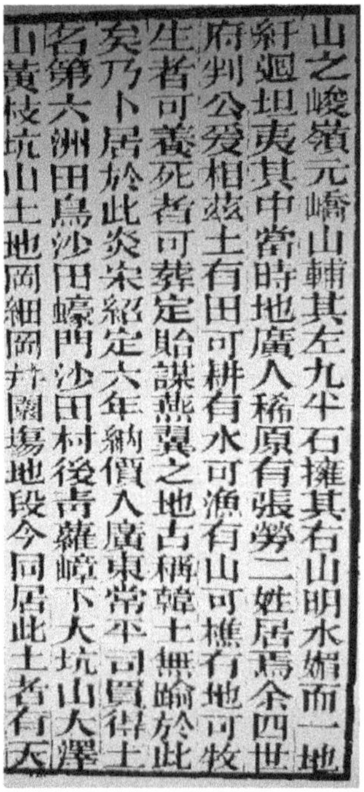
山之峻嶺元嶠山輔其左九斗石擁其右山明水媚而一地
紆迴坦夷其中當時地廣人稀原有張勞二姓居焉余四世
府判公爰相茲土有田可耕有水可漁有山可樵有地可牧
生者可養死者可葬定貽謀燕翼之地古稱韓土無踰於此
矣乃卜居於此焉宋紹定六年納價入廣東常平司買得土
名第六洲田烏沙田蠔門沙田村後青蘿嶂下大坑山大澤
山黃枝坑山土地岡細岡荇園場地段今同居此土者有天

图 3-1　《沙湾原始考》叙述了番禺沙湾何氏宋代迁来时的聚落格局（《番禺县续志》）

3. 农业经营

宋元时期，农业经营发生了重要的变化。首先是自耕农经济的发展。在两宋岭南的开荒运动中，不少农民转而成为自耕农。“崇宁中，广南东路转运判官王觉，以开辟荒田几及万顷，诏迁一官，”并令以后能课民种桑垦田者，“优其第秩”。[2] 这是汉唐以前没有过的官方主导下大规模的开荒运动，有着全国性的影响。这些开辟的田地多为自耕农所占。

① 民国《番禺县续志》卷四三《余事志一》，中国方志丛书本，第 609 页。

② [元] 脱脱:《宋史》卷一七三志《食货上一》，第 4168 页。

两宋时，东江的循州、惠州官员都招徕流民种植，给予耕牛与种子，鼓励耕作，这些人也成为自耕农，很快循州、惠州便在“番禺都会中为最饶富”[①]。珠江三角洲和韩江三角洲、雷州半岛因为大型水利建设的进行，沙田、围田、洋田等都有开发，都成为了岭南主要的粮食产地，自耕农成为水利建设与水田农业的主要生产力。在山区每岁秋收完毕，江西人入粤贩牛，称之为“作冬”，久而久之，他们便由入岭南贩牛“作冬”，变为入岭南开垦荒地。[②]这些人也多开发山地而成为自耕农。南宋时因为国家转为战时经济，自耕农经济受到损坏。但是在珠江三角洲有很多无主的未开垦荒地，在远离地方统治圈的荒滩辟隅，耕作荒地的移民就成为自耕农。宋元时期是岭南史上移民最多的时代，也是自秦汉以来自耕农数量最多的时代。虽然促进了土地开发，但宋代由于土地兼并，自耕农沦为佃户的现象应不少。到了南宋，自耕农的经济状况比北宋差。[③]

宋元的佃户称为“客户”，占全部人口总数的比例可观。两宋广东主户和客户，后者的比例占54.8%—55.8%，[④]可见佃户经济占的比重较主户多些。大中祥符七年（1014年），“诏江南、广南伪命日民田并以见佃人为主，讼者官勿受理，克复后即论如法”[⑤]。这在法律上保证了佃农佃耕权的法律地位。另外，国家规定“无得侵扰客户，遇灾沴即蠲省之”[⑥]。封建国家将官田出租时，也要按照民间惯例，订立契约，以便收成时按契约规定分配，使国家和租佃者两造共同遵守。[⑦]主户拥有一定的资产并向国家纳税，这一举措被视为国家的根本。而客户拥有

① [宋]王象之:《舆地纪胜》卷九一《循州风俗形胜》，第769页下。

② 曾雄生:《宋代岭南地区的生态环境与稻作农业》，载《生物史与农史新探》，第389页。

③ 方志钦、蒋祖缘主编《广东通史（古代上册）》，第845页。

④ 同上。

⑤ [宋]李焘:《续资治通鉴长编》卷八三《大中祥符七年》，[清]黄以周补辑，上海古籍出版社，1986，第729页。

⑥ [清]毕沅:《续资治通鉴》卷三三《宋纪三十三》，中华书局，1985，第731页。

⑦ 漆侠:《宋代经济史》，第209—210页。

一定的财产时，就必须作为主户编入主簿中，但是不一定入籍。[①]客户有了迁徙的自由，如果起移到珠三角的无主滩地上开垦，就有可能变为自耕农。宋元时珠三角出现自耕农经营和佃户经营的普遍化，与珠三角水利建设的发展也很有关系。因为水利建设使田地价值增加，形成稳定的聚落，客户不轻易“起移”，精耕细作的农业就有了发展的基础。

宋元岭南地主土地所有制发展的最大特点是早期宗族或大家族地主所有制的形成。这在珠江三角洲和韩江三角洲这些沙田特别多的地方最明显。宋元在珠江口和珠江两岸淤积的已成荒滩很多，开发沙田的成本很低，但需要强大的势力才能占有。宗族拥有文化上的权力资源和财力，自然成了最大的沙田拥有者。宋代家族开发沙田的例子很多。刘志伟对沙湾何氏宗族的研究表明，清代民国广东最大的宗族地主何氏的庞大族田就是从宋代开始积累的。[②]南宋末不少乡豪参与厓山之战，自称“乡贤”，后人借此名义，占垦大量田地，如广州梁氏，被奉为“乡贤”，“受两朝（元明）褒录”，元朝梁氏诏备祖捐银建祠纪念其先祖，购买田二顷为祭田，其疆界“东至大海，西至界涌，南至（南海）三山”，实际疆域从白鹅潭的花地湾起，经花地河道到南海的三山、平洲十数里水道两旁的滩地，数倍于二顷多，直到万历年间仍被官府确认。[③]此外还有本书屡次提及的清远两岳朱氏。由此形成了元代一批占有大量田地的乡豪。宋元通过开垦田地而拥有谷米等财产致富的例子也很多。如明景德年间陈琏记载东莞不少的地主“善治生”，精于计然之术，“农贾交作”[④]，“农”表示耕作，“贾”就是逐“什一之利”，包括根据丰歉之年对米价的涨落，将米谷买贱卖贵，或者对市场上需要的农产品低买高卖。香山小榄梁氏先祖在宋代“世为商业”，其后代梁弼臣，在元末“营麻布

① 吴松弟：《中国人口史（第三卷）· 辽宋金元时期》，复旦大学出版社，2000，第 35 页。

② 刘志伟：《宗族与沙田——番禺沙湾何族的个案研究》，《中国农史》1992 年第 4 期。

③ 万历四十八年契约，见谭棣华、冼剑民编《广东土地契约文书》，暨南大学出版社，2000，第 2 页。

④ 吴建新：《〈琴轩集〉所见宋元明前期东江三角洲的大族与精英》，载《东莞地方文献与东莞学人研究文集》，齐鲁书社，2015，第 279—290 页。

业于乡土”[①]。这些人就是宋元时期已见雏形的粤商群体代表。

宋元时在珠江三角洲和韩江三角洲，形成了一个占有大部分土地、水利资源和储蓄大量粮食的人数众多的富有阶层。[②]这类人也进行商品性农业的经营。大家族地主自己也参加农业生产，或者出租土地给佃户以及利用僮仆耕作。这种田庄与东汉六朝唐代使用部曲生产的庄园经济完全不同。在移民特别多的珠江三角洲、韩江三角洲，民风不受有病不吃药而“杀牛祭鬼”等陋俗的影响，从而促进了精耕细作技术的发展。

三、生态环境变迁与农业资源的变化

宋元时期岭南的生态环境还很恶劣，瘴疠在很多地方还存在。宋朝政府特意规定了流配犯人的“远恶州军”，其中广东就有南、恩、新、循、梅、高、雷、化、宾、容、琼州、万安、昌化、吉阳军等州军。[③]“广南风土不佳，人多死于瘴疠。其俗又好巫尚鬼，疾病不进药饵，惟与巫祝从事，至死而后已。方书，药材未始见也。”[④]类似的记载还很多。

农业开发能促进瘴疠的消退。如宋代“师中募民垦田……于是地稍开辟，瘴毒减息”。[⑤]所以，宋代珠江三角洲，韩江三角洲，东江下游，粤北的南雄、连州、雷州半岛的洋田和琼州的东路等地，生态环境稍好转，主要农业区的瘴疠也逐步消退，这意味着山地大片原始森林面积开始缩小，同时意味着主要大型动物和珍稀禽类生存空间的缩小。象、鳄

① [民国]梁卓勋编《大榄梁氏族谱》卷三《四房世系》，香山聚文印务局，1925，第60页上。

② 吴建新:《从“广米”看宋元珠江三角洲地区富有阶层的兴起》,《古今农业》2014年第2期。

③ [宋]谢深甫监修《庆元条法事类》卷二八《编配流役》，续修四库全书本，第585页。

④ [宋]曾敏行:《独醒杂志》卷三，收入《宋元笔记小说大观》第三册，第3228页。

⑤ [宋]李焘:《续资治通鉴长编》卷一九七《嘉祐七年》，文渊阁四库本，史部编年类，第317册，第284页。

鱼、孔雀都在宋代时灭绝。[①]华南虎也有被捕杀的记载，南宋时广南西路，虎原不伤人，后“风声日益变，加百物涌贵，而虎浸伤人”[②]。广东开发更盛，虎伤人比广西更为常见了。

农业资源在这一时期也发生了很大的变化。堤围建设使三角洲的河道不再游衍而侵害田地。农民将堤内低地沼泽的水排干，使之变为可耕作之地，疟蚊、血吸虫的滋生环境也被改变。鸭稻结合的农作方式使啮食稻芽的蟛蜞被消灭，滨海农田适合水稻生长。晚唐以来，珠江三角洲海平面相对稳定甚至相对下降，上游山区由于开垦使下游来沙大增，到宋元淤积日渐增加，大片前缘浅滩淤高。筑堤和围垦，起到束水归槽的作用，加速了河流泥沙在河道两旁及河口港湾的堆积，环珠江口的海滩迅速地向外延伸。陆地的外伸和海水的后退，使潮流入侵减弱，促进水土淡化。[③]这有利农民利用潮灌的方式引淡洗咸，改造土壤，再应用精耕细作的技术，土地熟化后可以向水稻土转变。宋元更由于海岸线的向后推移，西北江、东江的淡水资源挤压海潮后退，大片的低地土壤可以用种植芦苇或筑低塱的方法加速成田。西北江三角洲宋代滨线大致在新会双水—小冈—礼乐—江门外海—中山古镇—小榄—大黄圃一带，因为这一带是三角洲平原宋村的最南界，往南（除五桂山等山丘、海岛）未见宋代遗物和宋代村庄。番禺冲缺三角洲大致在沙湾—黄阁之间。东江三角洲宋代滨线在望牛墩—道滘—厚街附近，元代光华埠一带已有重要村落，反证宋代已经成陆。[④]环珠江口的大海变为小海，经过耕作，水道两旁形成面积广大的水稻土，聚落旁边、市镇和城市近郊的圃田，是这一时期农业资源最大的变化。而在山区，特别是在东江、北江、西江、韩江流域上游的移民增加，斩伐原始森林而垦为耕地，畬田、峒田、梯田等方式使瘴疠消退，加速水土流失，但也有修筑陂圳山塘，改善农作环境。由此形成山区开发与珠江三角洲、韩江平原相互关联的生态—经济的关系。

① 曾昭璇:《试论珠江三角洲地区象、鳄、孔雀灭绝时期》,《华南师范大学学报（自然科学版）》1980年第1期。

② [宋]蔡絛:《铁围山丛谈》卷六，中华书局，1983，第115页。

③ 李平日等:《珠江三角洲一万年以来环境演变》，海洋出版社，1991，第91页。

④ 同上书，第75—96页。

农业生产工具与农田水利

一、农业生产工具

1. 冶铁业对铁农具的影响

宋元岭南铁矿资源的开发，较之唐代广泛。北宋时有铁场 11 处，分布于番禺、仁化、翁源、清远、高要、阳春、程乡、归善等地。[①] 另曲江还有一个有十几座圆形冶铁炉的铁场，为史志所失载。[②] 新会也曾发现规模较大的宋代冶铁工场。[③] 宋前期，广东铁的产量约为 5.3 万斤，到政和六年（1116 年），广东漕司言："本路铁场坑冶九十处，收铁二百八十九万斤，猛增五十倍以上。"[④] 虽然铁矿的开采主要和铜的冶炼有关，但多余的铁可以用于制造农具。

元代的资料不多，《元史》载：铁，"其在各省者，独江浙、江西、湖广之课为最多"[⑤]。原宋代的广南东路，元代分属江西、湖广行省，说明元代广东铁资源的供应并不会比宋代少。铁场的增多，为农业生产提供了铁工具制作的原料。

宋元冶铁业是民营的。国家只对铜、锡、铅等有色贵金属冶炼实行

① 郎国华：《从蛮裔到神州——宋代广东经济发展研究》，第 123 页。
② 《广东发现古代冶铁遗址》，《光明日报》1962 年 3 月 30 日。
③ 《本省首次发现古代冶铁遗址》，《南方日报》1961 年 11 月 28 日。
④ [元] 脱脱：《宋史》卷一八五《食货下七》，第 4528 页。
⑤ [明] 宋濂：《元史》卷九四志四三《食货二》，第 2381 页。

垄断，并对私自开采有严厉的司法处罚，对铁则没有。[①]一般说来，宋代对田器是不收税的。南宋时，岭南的锻铸工艺明显提高，广南西路的锻铸水平表现更为突出，南宋人周去非的《岭外代答》多处提到岭南雷州等地的锻铸业。铁冶的开采和锻铸业的发展对铁农具的应用起到了很大的作用。

2. 主要农作工具的传播

宋元时期中国农具已经臻于成熟阶段。宋人曾之谨作《农器图谱》，元代王祯《农书》将《农器图谱》扩充为十几类，既有前代已经使用的，也有创新或改良的，共 103 种。这一时期的农具创新特点是高效、省力、专用、完善、配套等，种类繁多。[②]虽然文献上没有提及宋元岭南具体使用什么农具，但是根据这一时期移民浪潮引起的农业技术扩散程度和农业开发的成果，以下工具应该是用到了的。

（1）高效开荒工具的应用

砍伐树木开垦山地需要锋利的工具，铁斧的需求量很大。史载：开宝三年（970 年），大举南征，宋军“拥丁夫数千，畚锸皆作”。[③]畚、锸都是农业生产中的工具，畚是装土的，锸是掘土的。锸应是对横斫式和由上往下作业的锄类工具的笼统称呼。开荒工具“镢”身长而锋利，对杂草树根的去除很有效率。崇宁中，广南东路转运判官王觉主导的垦荒运动，“开辟荒田几及万顷”。[④]铁斧、铁锄、铁锸、镢类工具在这次垦荒运动中得到更广泛的使用。又嘉泰年间（1201—1204 年）梁克俊“守循十年”，在其任上发动人民垦荒，“给种与牛，流民载耒来归”，[⑤]既然官给予牛，流民所携带的“耒”就是指牛拉的犁等农具，也可能是宋元时才出现的专门用于开荒的工具。用牛牵引的犁刀对破土和切断新开荒地的根株效果最好。宋代文献将此称为犁刀、銐刀，乾道五年（1169

---

① [宋]谢深甫监修《庆元条法事类》卷二八《榷禁门》，第 334—335 页。

② 梁家勉主编《中国农业科学技术史稿》，第 382—383 页。

③ [元]脱脱:《宋史》卷二七〇《王明传》，第 9266 页。

④ [元]脱脱:《宋史》卷一七三《食货上一》，第 4168 页。

⑤ 道光《广东通志》卷二三八《梁克俊传》，第 94 页上。

年）记载，在宋代官庄中，开荒有三头牛配銐刀一副的劳作方式。[1]

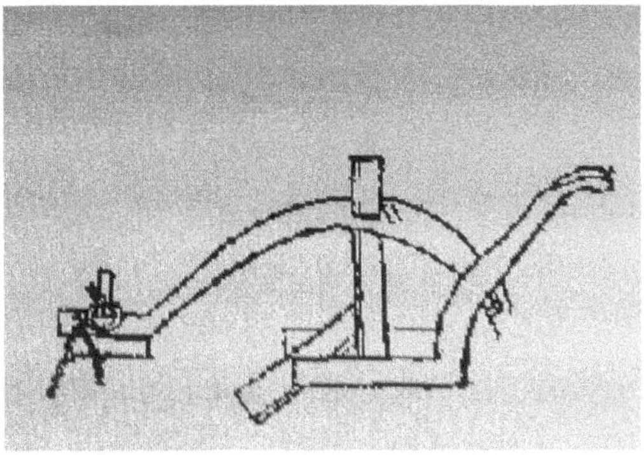

图 3–2 用于开荒的銐刀

宋代民间缺牛，官府推广得最多的是踏犁。踏犁其实是耒的另一种演变，保持曲柄单尖类的形式而安装上铁犁铧头，汉代已经出现。[2]因为岭南开发较晚，宋代将它作为一种开荒的农具加以推广。但在水田中，踏犁由于端部窄，效率较低而不能使用。《王祯农书》提及的水田翻土工具有铁搭，这是江南在牛拉犁很少，农民缺牛的地方用的。在珠江三角洲的潮田中，使用得较多的是一种叫“栣”的翻土农具。潮田的泥土黏性很重，用端部窄而厚的铁锄不行，只有栣能适应。这种横斫式的工具，端部和端部两边形成一个凹形，在并入木槽的木叶凿一个方形的銎，木柄直穿入木叶，刃口镶嵌铁。“栣”与汉代的铁锸有渊源关系，只不过宋元的栣端部两边口较之汉代锸的凹口要宽得多。如果是从上往下作业的，就是锹，用于堤围建设时挖泥块，以及铲秧、挖深鱼塘。嵌入凹口端部以上的部分为荔枝木做成的木板。1994 年彭世奖报道过广州近郊黄埔的沙田区中的木栣，称这种工具“一般都用坚硬的木材制成，其形制则因地而异，不尽相同”[3]。栣与汉代的锸之关系，四会坳仔岗墓葬出土宋代大铁锸可证。杨式挺认为四

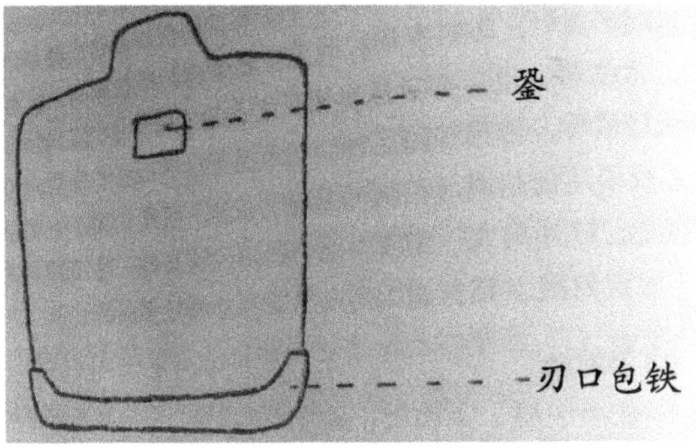

图 3–3 用于潮田耕种的栣

① 梁家勉主编《中国农业科学技术史稿》，第 383 页。
② 同上书，第 175 页。
③ 彭世奖：《略论珠江三角洲挣稿制的兴衰》，《中国农史》1994 年第 2 期。

会宋墓中出土的这个铁锸正是在珠江三角洲的“烂湴田”（粤语对黏质壤土的称呼）里常用来挖沟、铲秧、修堤围、挖泥的工具，是从上往下作业的，并说他有使用这种工具的经历。[①] 四会大旺农场位处塱田区，这类湿地排干水才能大规模开垦。杨式挺的说法是对的。

（2）除草工具的应用

宋元珠江三角洲的围田区实行犁—耙—耖的作业方式，废除了火耕水耨的粗放作业，这是随着土地的集约经营而出现的。犁过的水田，土块还很大，再耙一遍过后还要用耖过一次，这样做是为了水田土壤泥浆化，从而便于插下的秧根扎得更深。而在低洼沙田区，牛耕派不上用场时，就只能用梆耕作，称为“水梆田”。用梆耕过的田，农民直接用脚将田块踩烂之后就播种，不一定有耙、耖的过程。[②]

但是秧苗插下之后，稻田中的杂草，如稗子、水草等稻的共生植物会和稻苗争夺肥料，于是除草的耨具就出现了。宋代化州“其地有名为耨山”[③]。其山以“耨”为名，可以推知与耨的除草作业有关。用耨具

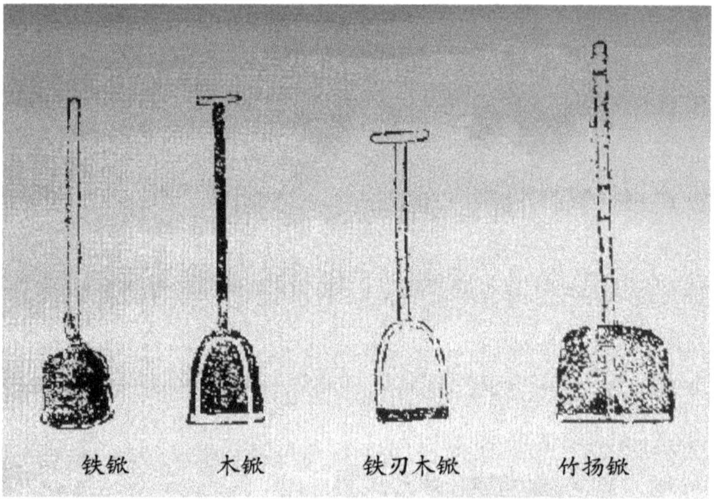

图 3–4　《王祯农书》记载的农具

① 杨式挺：《广东农业考古概述》，载《岭南文物考古论集续集》，第 271—272 页。

② 据 1984 年笔者做毕业论文时在中山县沙田区黄圃镇农村访查。

③ [宋] 王象之：《舆地纪胜》卷一一六《广南西路·化州·景物上》，第 899 页下。

的山田，肯定不是畬田，而是水田、横坡耕作的山坑田或是有水源的梯田。《王祯农书》提到的南方水田的耨具有“镫锄”，“划草具也，形如马镫，其踏铁两旁作刃甚利，上有圆銎，以受直柄，用之划草，故名镫锄。柄长四尺，比常锄无两刃角，不致动伤苗稼根茎，或遇少旱或熇苗之后，垄土稍干，荒岁复生，非耘耙耘爪所能去者，故用此划”[①]。除草还有间苗的作用，因为稻斜出的分蘖根太多，会影响主茎的穗粒饱满度，需要在除草时切除多余的分蘖根，“镫锄”就能派上用场。《王祯农书》记载南方水田的耨具还有“耘荡”“爪耘”“薅马”等，因为缺乏岭南的记载，不便做太多的推论。可能在南宋与元代亩产量较高的潮汕平原和珠三角部分地区会有使用，而环珠江口的低沙田是不耨草的。

（3）秧马的传播

秧马，是一种插秧的工具，起源于长江中游的水田地区。苏东坡作秧马歌，记述了它的形制。[②]从《王祯农书》所载的秧马图来看，秧马首尾翘起，人坐在弯曲的中间部分插秧。绍圣元年（1094年），苏东坡贬谪惠州后，又将秧马形制介绍给惠州博罗县令林天和，林建议略加修改，制成“加减秧马”，又介绍给惠州太守，经过推广后“惠州民皆已使用，甚便之”。以后粤北的龙川令翟东玉将上任时也从苏轼处讨得秧马图纸，带往龙川推广。[③]南宋时，洪适曾在广州，为“缓带堂”上梁时作祈祷文，后附一诗云：“抚字心劳歌匝野，卖剑

图 3–5　苏轼推广过的秧马

① ［元］王祯：《东鲁王氏农书译注》卷一三《农器图谱四》，缪启愉译注，上海古籍出版社，1994，第231—232页。

② ［宋］苏轼：《秧马歌并引》，收入［清］王文诰校注《苏轼诗集》卷三九，中华书局，1982，第2051页。

③ 曾雄生：《宋代岭南地区的生态环境与稻作农业》，载《生物史与农史新探》，第397页。

归来不带牛，携锄竞去寻秧马。”[①]刘克庄曾在广东为官，亦有诗道：“秧马从今渐可行，林鸠未好便呼晴。敢云使者乘轺传，聊为君王式耦耕。……”[②]上述文献说明秧马先从惠州流行，后来传播到到广东各地。不过秧马似乎与本土插秧习惯相左，大多只作承秧用，它在宋代岭南的推广说明了当时育秧移栽具有普遍性。

（4）水车的推广与除草工具

南汉时的“水硙”，是水车驱动的。水车在宋代更普遍了。北宋熙宁年间，杜靖国守连州，写信给郑侠言“车陂之利”，请为当地军民解决食水问题而建水车引水入城，后来此车废。熙宁十年（1077年），连州守杜靖国与郎中张公修复之。在引水入城时，还采用了以轮汲水设施，“以城中之民其口万计，而车陂之利一轮为不足，又于其旁增置一轮，于是城中远近无不均济”。[③]李根蟠认为所谓“车”则是水轮，轮数可视需要增减，这应该就是筒车。杜靖国和他的搭档张公做的工作是修复车陂、增加水轮，而连州的车陂是早已存在的。李根蟠认为广东使用筒车的历史可以追溯到北宋初年以至更早。[④]据《元大德南海志残本（附辑佚）》卷一〇记载，元代番禺县有“车陂正铺”“车陂中铺”（今广州东圃尚有车陂、番禺沙湾有车陂街）。《粤东简氏大同谱》记载车陂系一世廷睿公居住在车陂，“宋时为永泰，元明为龙溪，今为车陂”。[⑤]这里记载的“车陂”正是大德《南海志》提到的地方，广州东部滨珠江边仍有这个地名。“车陂”是指用水转水车运河水上田。筒车、牛车、辘轳转车都是大型的水车，后来则发展为小型的拔车，是可以将水提上数尺高度的手摇水车，是在后世珠三角常见的提水工具，也是很好的低

① ［宋］洪适：《广州缓带堂上梁文》，收入《全宋文》第214册卷四七一五，第123页。

② ［宋］刘克庄：《次韵李仓春一首》，收入《后村先生大全集》卷一二，四部丛刊本。

③ ［宋］郑侠：《连州重修车陂记》，收入《全宋文》第321册卷二一七六，第13页。

④ 李根蟠：《水车起源和发展丛谈（上辑）》，《中国农史》2011年第2期。

⑤ ［民国］简朝亮：《粤东简氏大同谱》卷九《家传谱·世传》，收入《北京图书馆藏家谱丛刊·闽粤侨乡卷》第44册，北京图书馆出版社，2001，第1314页。

田排涝、高田灌溉的工具，在宋元农家应该有这种必备的工具。李根蟠在论述水车的发展史时，指在南方水乡“水车仅次于耕牛，和舟船一起列在其他农具的前头，可见其在农民家庭经济中地位之重要”。李根蟠高度评价水车的出现在经济史和技术史上的重要地位。①

宋元先进农具在岭南的推广，使岭南农业实现了前有未有的飞跃。虽然，在大片潮田地区与山谷盆地、谷地中，残存了火耕水耨的方式，山区中应该也随着陂塘的出现而建造了梯田，但是畲田在全部耕地中占的比例还较大。总体上说，岭南的农业与江南的农业发展水平还有较大的差距，但在珠三角、潮州平原已经出现工具的技术变革。

二、农田水利

1. 水利工程

水利建设是宋元岭南农业的一个重大成就。唐森在 20 世纪 80 年代已经指出：由于较为普遍的水利建设的展开，此时期的广东已进入了一个“具有真正开发意义的新阶段”。②我们认为这个“真正开发意义”，是指水利建设的大规模开展是宋元岭南农业变革的基础。因为“广米”是宋元“广货”中的一大产品，为了开垦更多的水田，宋代时要求官员重视水利。此外移民的到来和人口增殖，也使元代民间兴起水利建设。

在宋元，西北江三角洲从高要平原开始，水利堤围逐步向下游扩展。经笔者对方志资料的统计，宋代西北江三角洲以上平原堤围共 20 条，长度 48 795 丈，捍护田地 3 488 顷；东江三角洲堤围 5 条，长度 18 020 丈，捍护田地 12 228 顷。元代堤围集中在西北江三角洲以上平原，共 30 条，长度 53 322 丈，捍护田地 4 887.2 顷。③在西北江三角洲，元代最重要的是桑园围的合围，并以吉赞横基的建设为标志，故修于清代同治年间的《桑园围总志》将修建吉赞横基的文章放在卷首第二篇，以显示其重

① 李根蟠：《水车起源和发展丛谈（上辑）》，《中国农史》2011 年第 2 期。

② 唐森：《论宋元时期广东水利建设的勃兴》，《暨南学报（哲学社会科学版）》1985 年第 2 期。

③ 佛山地区革命委员会编写组编《珠江三角洲农业志（初稿）》有统计，但是讹误较多。笔者据各县方志做了重新统计。

要性。桑园围本是一个开口围，出水处水位高于出水处以下水位，没有堤围。这是由于高要以下平原呈西北高向西南倾斜的地势，一定要地势高的三水大路峡围建设以后才可合围，明清的方志记载显示，大路峡围决则吉赞横基多决，两者之间关系密切。大路峡围建于元至正元年（1341年），[①] 则桑园围合围在元代至正元年或以后。桑园围合围以后，围内潮田可以成围田，产米更多。在其他有河道需要防水的地区，也出现了堤围。如西江南路的南恩州，宋代有辣达堤、北宿堤。[②] 鹤山有古冈围、朗围。[③] 潮州平原的堤围和灌溉系统在宋代也渐趋完善。黄挺举出宋代建筑的江东堤、北门堤、南桂堤、水南堤、南桂新堤、溪东堤、北堤、南堤。他认为潮汕地区最早的堤围是北宋周明辨建筑，以后不断有官员加建。[④]

宋代珠江三角洲内丘陵的陂塘 12 宗，元代山地的陂塘 13 宗。[⑤] 不少陂塘是民修的，而且规模很大，如宋代香山县山区有罗氏女捐田建设的陂塘，名为罗婆陂。[⑥] 清代记载这个陂塘溉田达 200 顷。宋代东莞的王家渠，迂回三十余里，溉田数十顷。[⑦] 元代新兴县的马港陂，“在县南三四里，宽百亩，引卢溪水，溉田百余顷。元至正为乡人陈文广筑。源自雅岗村头澳陂，流抵山陂，灌石古庙、养古冈、挞桥、陂仔、上印村、下印村、观洞、含桃八乡田亩”，是一条溪流上的数道陂圳，引水溉田，受益田亩百余顷。[⑧]

宋元时期雷州台地最重要的水利工程是与防海大堤结合的特侣塘—

① [明]彭懋淳：《鼎修大路圩窦记》，收入嘉庆《三水县志》卷一四《艺文上》，中国方志丛书本，第 277 页。

② 康熙《肇庆府志》卷一六《水利志》，中国地方志集成广东府县专辑，上海书店，2003，第 683 页上。

③ 民国《鹤山县志未成稿》，中国地方志集成广东府县专辑，上海书店，2003。

④ 黄挺等：《古代潮汕地区的水利建设》，载《潮学研究》第 2 辑，汕头大学出版社，1994，第 194—196 页。

⑤ 笔者根据各县方志和宋元文献统计。

⑥ [清]刘孀芬辑《刘氏本支谱（中山）》（不分卷），光绪抄本。

⑦ 嘉庆《东莞县志》卷一三《水利》，广东历代方志集成本，第 468 页。

⑧ 道光《广东通志》卷一一七《水利》，第 595 页上。

西湖陂渠灌溉系统。特侣塘是雷州城外的一个山塘，西湖则是城外一里的一个蓄水地。宋郡守何庾开渠筑堤，建闸导流，“灌东洋田四千余顷”。[①] 乾道五年（1169 年），郡守戴之邵在特侣塘的附近，再开一引水渠，以加快水流出而减少淹塞，其新开渠水与另一山塘张赎塘水汇合，筑长渠与西湖水汇合，渠以长堤护之，并设桥以通往来。渠水水位升高，堤坝高屋建瓴，以闸泄水，雷州东北上游之田尽得灌溉，分为二十四渠的陂渠系统形成。为了防止海潮涌入，戴之邵还加建了防海大堤。在此之前，绍兴年间雷州官员胡薄已经建防海堤，不过比较低矮。[②] 宋代雷州

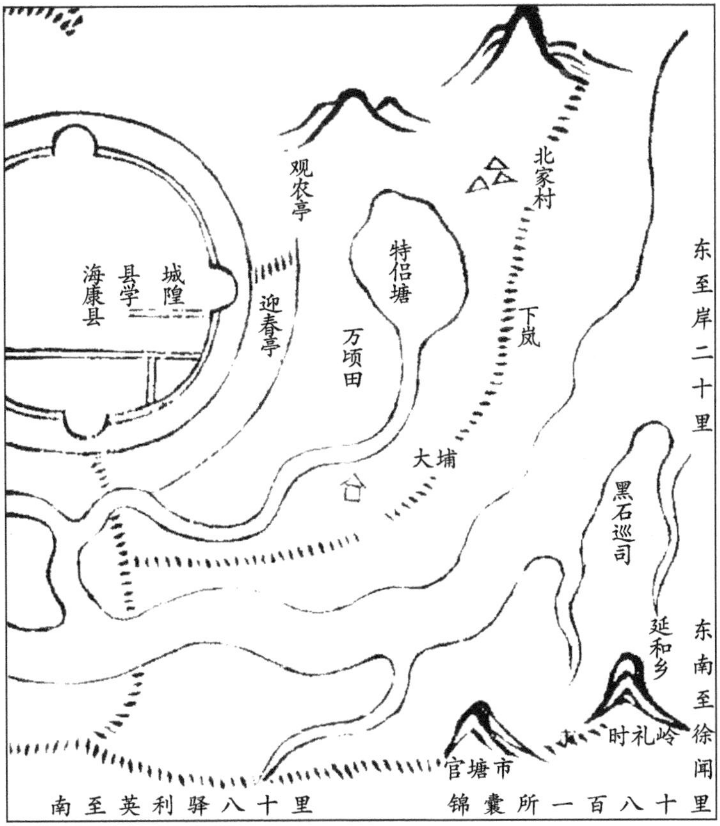

图 3–6 特侣塘——建于宋代，是古代广东最大的陂渠水利系统，在民国时仍发挥作用

① 万历《雷州府志》卷三，日本藏中国罕见地方志丛刊，第 186 页上。

② [宋]薛直夫:《渠堤记》，收入万历《雷州府志》卷三，第 83 页上下。

还有 15 个小陂塘。[1] 元代有 8 个小陂塘。[2]

宋元海南岛的水利集中在琼东地区。文献记载宋代水利有 4 宗，集中在琼山。最早的水利设施是度灵塘，建设时间在开宝八年(975 年)，“开修渠堰溉水田三百余顷，居民赖之”。知州事李易主持了这项水利工程的建设，故向朝廷报告。[3] 此外还有 4 宗水利设施。元代时，至正三年(1343 年)到至正七年(1347 年)，琼山县进行了一次大规模的水利建设，“堤、桥、车、闸修制有方。七年之内方始成效。凡通水利者一十八处。成熟田者凡十万余顷”[4]。十余万顷当是十余万亩之误。此外元代海南还有十多处水利设施。

2. 水利工程技术

宋元时期岭南的水利技术已经不是汉唐时期可以比拟的了，岭北移民带来的先进水利技术，使本地的水利建设出现了飞跃发展。

（1）因地制宜选择合适的堤围基址和高度

历史上首次直接描绘用两个直尺并联方式进行水准测量的是宋元符三年（1100 年）的《营造法式》。该书卷二十九中除介绍了利用水平原理制作的“水平真尺”外，还介绍了“真尺”水准仪，其为用于陂塘建设的水准仪。但在此之前，从《周礼·稻人》起，直到唐代多建造坝塘，肯定有水准测量技术，只是《营造法式》作了总结。[5] 在宋元两代岭南的官修堤围中，已经普遍采用了水准测量技术，因为当时建设水利的很多能吏本身就是水利专家。宝祐元年(1253 年)潮州复建南桂新堤，官员“乃相地之宜，避水之冲，立标以定其北。北起许银巷口，南抵五福堂后，而又外筑涵南横堤，以障数千户口”[6]。文中的“立标”大概就是指水准仪以及指南针这类的仪器。民间不一定有这类仪器，但能用

---

① 万历《雷州府志》卷三，第 182—187 页。

② 同上。

③ [元]脱脱:《宋史》卷九六，第 2379 页。

④ 正德《琼台志》卷七《水利》，广东历代方志集成本，第 80 页。

⑤ 游修龄主编《中国农业百科全书·农史卷》，中国农业出版社，1995，第 7 页。

⑥ [宋](宝祐元年)吕大圭:《新堤记》，载黄挺等《潮州金石文征(宋元卷)》广东人民出版社，1999，第 182—183 页。

土办法得出堤围的水平线。曾昭璇做过田野调查，发现在西江下游的两岸堤围建设中，“堤围线取自缓流河岸地段，水浅而流缓，用谷壳浮水定线，金西、古劳各大围均如此。桑园围更记载在山冈为节点定线”[①]。因为西北三角洲呈西北高，东南低的地势，堤围大多都是建设在水流较缓的水段，在江面上遍撒谷壳，水退后，谷壳便粘附在岸边，形成一条水平线。潮水最高时撒谷壳，水退时留下的谷壳形成一条直线，堤围能

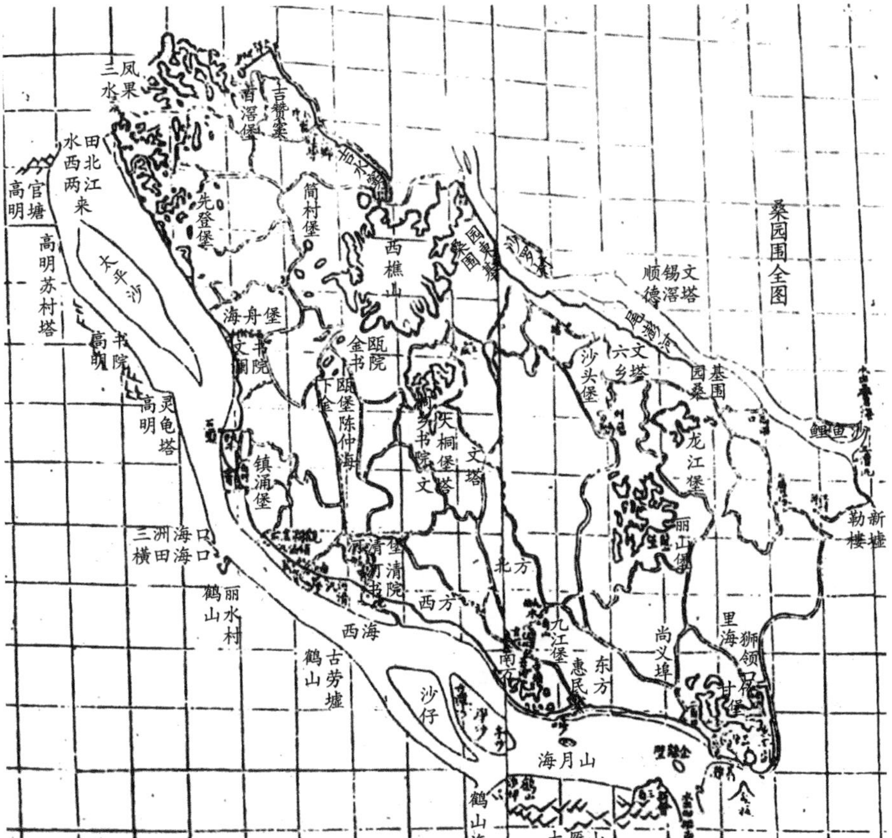

图 3–7　桑园围全图（桑园围建于宋代，合围于元代，是珠江三角洲最重要的堤围之一）

① 曾昭璇：《宋代珠玑巷与迁民珠江三角洲农业发展》，第 235 页。

高于这条谷壳形成的水平线则可防涝。这方法虽土得很，但符合水准测量的原则。

宋元时期修堤需要打地基。古人利用因地制宜的原则，堤围基址多选择在咸淡水分界线后退而形成的蚝壳带。清代《东莞县志》记载："在广州近郊东面，猎德而下至于虎门，所有沿海坦田多系蚝壳基址。"顺德、番禺亦多蚝壳，清代人将沙田分类时，蚝壳带为基的沙田为一类。清代文献还提到在顺德、新会、番禺等县都有以蚝壳带为基础的沙田。[①]这些蚝壳带其实是宋代海岸线退缩的标志，人们在蚝壳带上建堤围，可以省去建设基础堤围的费用。

珠三角的堤围，都与潮水有一段较长的距离，只有夏秋涝水季节才与水接触。以秋拦基、土垦、土堤、石垦、蚝龙带为基础的堤围，都遵循"不与水争地"的原则，因为与水争地，洪涝会冲蚀基址，堤围容易崩塌。堤围多顺地貌而建。从西江下游的高要平原到高明河两岸，地势高，水位也高，而到了桑园围地面，地势渐渐倾斜，水势呈西北高东南低的形势，故高要平原到高明河两岸的宋元堤围，最低的九尺，最高的达到一丈二尺。而在桑园围，宋元时大约只有三尺，洪峰到下游河口消散，并向下游减低，终至消失，桑园围的尾闾水位高于出水处水位，故不封闭，呈开口围的形式。西江下游的存院围也是向下开口的形式。而且，东江围和桑园围的建设，都采取以江边的山岗为屏障，在山与山之间用土堤连接起来的形式。这样做减少了建设堤围和维护堤围的工作量。

（2）使用泥土为堤并在水利设施关键部位用石材

宋元广东的堤围多为土坝，大多是就近取泥，泥土必须是黏土，并经过牛反复踩踏才能使用。但在当时的关键水利设施中已经运用石材。在香山县小榄麦氏的必达祖，南宋时"捐钱十万，立石基以防水患"[②]，《珠江三角洲农业志（初稿）》认为这是珠江三角洲最早的石堤。但作者根据《（香山小榄）麦氏族谱》的上下文，认为它是设在潟湖干涸

① 吴建新：《明清广东的农业与环境——以珠江三角洲为中心》，广东人民出版社，2012，第244—246页。

② 光绪《（香山小榄）麦氏族谱》，韵礼堂刊本。

之后成的坑田与山丘之间的陂坝。[①] 北宋时南雄州的两大陂塘——凌陂和连陂，都"伐石为渠"，或"伐石筑陂"。[②] 石窦在元代普遍应用。元代高明河两岸民修，堤围总长 13 516 丈，共 25 个石窦，平均 540.6 丈设石窦一个。[③] 凿石为渠和石窦，都可以视为对石材的利用。嘉定十年（1217 年），李华为连州司法，"时楞伽峡颓水逆行，城郭连年昏垫，华力请于郡，复赴漕台建议，身任疏凿之责，三载"[④]。宋代东莞的王家渠，迂回三十余里，灌田数十顷。[⑤]

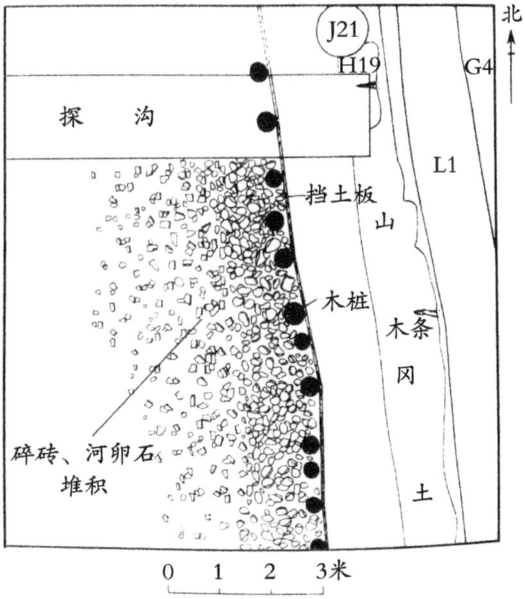

图 3–8　广州出土的宋代堤围遗址水坝基础工程剖视图

桥闸合一与桥堤合一的水乡特色，在宋元时期就已经形成。这种桥闸，只有用石材建造才能坚固。宋绍定年间，东莞人重建德生桥，乡人"取石于近山，取材于邻境"，"桥成，下泉石，为水门三"[⑥]。这种

① 吴建新：《南宋元环珠江口的县域变迁与土地开发——以香山县为中心》，载《海洋史研究》第十七辑，科学文献出版社，2021，第 199—212 页。

② 万历《广东通志》卷三三《南雄府名宦》"宋人凌皓传、连希觉传"，中国稀见地方志汇刊本，第 786 页上。

③ 据崇祯《肇庆府志》卷一八《水利志》，广东历代方志集成本，据 504 页统计。

④ 万历《广东通志》卷二一《广州府名宦》，第 502 页上。

⑤ 民国《东莞县志》卷二一《堤渠》，中国地方志丛书本，第 643 页。。

⑥ [宋]梁该：《重建德生桥记》，收入民国《东莞县志》卷九二《金石略一》，第 3426 页。

有水门的桥其实是堤闸合一。

（3）陂渠综合系统技术与利用水车的陂渠系统

特侣塘—西湖水利系统达到了宋代岭南陂渠水利的最高水平。它的特点为：其一，远离水源建设陂渠。其二，将渠水引到洋田的最高处建设闸。其三，桥闸合一。何庾引西湖水时就有东、西闸，西闸闸上置桥名曰惠济，东闸引水南流至通济桥，与特侣塘合一。其四，防海大堤与灌溉系统结合，八千八百丈五尺的防海大堤和三千多丈的陂渠互为表里，宋人说："海，潮田之螟螣也；湖，塘田之膏雨也。"① 其五，特侣塘—西湖水利系统环绕雷州城，烟波浩渺的水道为城市增添亮丽风景。陈大震，咸淳七年（1271 年）知雷州，"虑西湖湮废，乃大筑堤岸。徙苏祠于湖之西，改为平湖书院，复建八亭，于堤上增其概胜"②。元代高明有"风车总陂"，溉田十余顷。③ 元大德九年（1305 年）万州有水利设施名"洪口"，是万州的达鲁花赤命吴显昌率人"开导赤容大溪流经车头等处"，灌溉该县东南二洋田。④"风车总陂""车头"显然都是以风力为动力的水车和灌溉渠相结合的综合水利系统，将水提上高地的陂塘中，然后用灌溉渠分流水到田地。

① ［宋］薛直夫:《渠堤记》，收入万历《雷州府志》卷三，第 183 页上。

② 万历《广东通志》卷五八《雷州府名宦》，第 465 页上。

③ 崇祯《肇庆府志》卷一八《水利志》，第 504 页；道光《广东通志》卷一〇七，第 599 页上。

④ 万历《琼州府志》卷三《水利》，广东历代方志集成本，第 61 页。

第三节

主要农业经济部门

一、稻作农业与栽培制度

1. 稻品种的情况

宋元岭南已经育成了适应本地风土的稻品种，最值得注意的是深水稻在西江下游与珠江口分布很多。这些稻种虽然在宋元岭南文献中缺乏记载，但分析它们有助于理解宋元广东平原的土地利用方式。适宜深水的稻种有两种。其一是同时具有耐咸和耐浸特性的品种，清代文献称之为“虾稻”，多生长在咸淡水分界线的沙田。其二是仅耐浸淡水的深水稻，一般生长在西江两岸的淡水塱塘中。

在岭南，长期的旱地农业已经使特别耐旱的稻品种成型。曾雄生论述了“陵禾”在岭南的传播，他认为“陵禾”亦有称之为“旱稜”“菱禾”“火米”“畲禾”，当是陆稻同一品种或品种群。唐宋时期，畲田主要分布在上起三峡，经武陵，包括湘赣五岭以下，至东南诸山地、两广的地区。岭南地区是畲田集中分布的地区之一，也是畲稻的主要产地。①

宋元岭南还有一些水稻土种。如雷州半岛的“界禾”，生长在晚冬和来年夏天，“地多沙卤，禾粟春种秋收，多被海雀所损。相承冬种夏收，号芥禾，少谷粒”。因其种植粗放，且受沿海鸟类的啄食，收成量很低。

① 曾雄生:《宋代岭南地区的生态环境与稻作农业》，载《生物史与农史新探》，第399—402页。

雷州半岛还有再生稻，“又云再熟稻，五月十一月再熟”[①]。这一时期的“界禾”，可能已经演化为一个特殊的稻种，只适宜在深冬时播种，来年收成。这时的再生稻，萌蘖能力更强，颗粒的饱满度更充足，产量明显增加，是长期种植的结果。北宋初曾记载：“稻经获再生者，名稻孙。”[②]雷州半岛是典型的热带气候，有称之为“月禾”者，是“异时异亩异获的一造稻”。岭南的土著聚居地也出现了优质稻种。如“真珠米”，“出右江横山寨，粒圆而香滑，他所罕见”。[③]珠三角围田区内水利条件好，居住在那里的人们会更重视优质稻种的筛选。如香山县三灶岛的宋代黄字上下围，“有田三百余顷，极其膏腴，玉粒香美甲于一方”。[④]在元明之际成书的《湟川志》记载了5个流传在粤北的稻种——“早稻（俗曰百日早）”“红稻”“白稻”“八月稻（迟稻，纯白）”“粳米”。[⑤]

占城稻是值得一提的品种。唐宋时期与中南半岛地区贸易频繁，接触颇多，而安南“其境土多占禾”。[⑥]占城稻直接从交趾、占城等地传入岭南也很有可能。广州与安南、占城有密切的贸易关系，较早传入占城稻。潮州《三阳志》记载潮州毗邻福建，是最早传入占城稻的地区。后世方志也有这样的追述。[⑦]不过作物在民间传播不及政府官员推广来得快。大中祥符四年（1011年），时“帝以江淮两浙稍旱即水田不登，遣使就福建取占城稻三万斗，分给三路为种，择民田高仰者种之，盖旱稻也，内出种法，令转运使揭榜示民”[⑧]。推广的过程中各地具有劝农职责的官员起了很大作用。岭南是占城稻变异集中的地区，故后世文献追记：广州，“倚山接海，水泽环匝，故农易为力而虽罕不登，黏种始

① [宋]乐史:《太平寰宇记》卷一六九《岭南道十三·海康》，文渊阁四库本，第564页下。

② [宋]郑熊:《番禺杂记》，收入[宋]曾慥《类说》卷四。

③ 《建武志》，收入《永乐大典方志辑佚》，第2863页。

④ 嘉靖《香山县志》卷八《杂考》，第415页。

⑤ 《湟川志》，收入《永乐大典方志辑佚》，第2594页。

⑥ [宋]周去非:《岭外代答》卷二《外国门上·安南国》，第17页。

⑦ 康熙《潮州府志》卷一〇《物产》，潮州市地方志办公室影印本，1997，第463页。

⑧ [元]脱脱:《宋史》卷一七三志一二六《食货上一》，第4162页。

得之番舶，宋世又以交趾种，令岭南播之，其品最繁。旧志有青黏、有黄黏、有花黏、有银黏、有油黏，又有鼠牙黏、冷水、抛犁、茅包黏、黄鱼串……独交趾黏为多”[①]。占城稻衍生出耐旱和耐水浸、生长期短的品种，对双季稻的推广有很大的作用。

2. 关于耕作与栽培制度

宋元时期岭南耕作制度的最大变化，是在人多地少的珠三角、潮汕地区的围田区中实行耕—耙—耖的耕作方式。耕—耙—耖的耕作方式需要牛的牵引，这需要确认牛耕使用的广泛性。唐代时粤北已经使用牛耕。北宋潮州牛耕普遍。如“郑敦义，湞阳人，哲宗朝知潮阳县。官市翠羽黄牛革峻急。敦义因上书言：‘黄牛善耕，耕农以子视之，今吏急征皮，窃恐为害不止一牛，小民将无恃以为命。’朝廷命罢之”。[②]这些记载从侧面说明牛是农家的最重要财产；对黄牛视之如子，证明旱地耕作中使用牛耕的普遍性；平原和山区的水田用水牛。在海南也有牛耕，苏东坡在海南看到，贩牛客从高州、化州运牛到海南，“百尾一舟”，但渡海时损失很大，苏轼还说海南“耕者与屠者相半”。[③]“耕者”，在黎区是牛踩田，在汉区应该是犁田。南宋开禧年间，萧鳞知仁化县，有“有失牛者，意其邻。鳞曰：暮夜不可知，毋遽伤汝善邻。已果得牛于林中。”[④]

岭南的牛耕与官员推广很有关系。宋代官田中，多有牛出租给佃户，如太平兴国年间，官给田民耕，“先以官牛给与民，岁取租”。[⑤]嘉泰初梁克俊“守循十年”，劝农耕作，“给种与牛，流民载耒来归”。[⑥]宋代对杀牛有禁令。大中祥符八年（1015 年），宋真宗下诏：“自今屠

① 康熙《广州府志》卷一〇《物产》，中国书目文献出版社，北京图书馆古籍珍本丛刊，1998，第 110 页。

② 隆庆《潮阳县志》卷一一，天一阁藏明代方志选刊本，第 1 页。

③ ［宋］苏轼：《书柳子厚〈牛赋〉后》，收入《苏轼文集》卷六六，中华书局，1986，第 2058 页。

④ ［明］郭棐：《粤大记》卷一一《宦迹类》，黄国声等校注本，中山大学出版社，1998，第 311 页。

⑤ ［宋］李焘：《续资治通鉴长编》卷二四《太宗·太平兴国八年》，文渊阁四库全书本，第 314 册，第 352 页。

⑥ 道光《广东通志》卷二三八《梁克俊传》，第 94 页上。

耕牛及盗杀牛罪不致死者，并系狱以闻，当从重断。”[①] 北宋时北人杀耕牛者配关中，后禁令稍弛。南宋时官员奏“宰杀耕牛，旧法罪止徒，今皆配广南，立法太重”，应该是南宋时耕牛多了，官员建议遵“祖宗旧制，轻重适中”。[②] 对杀牛者的严刑峻法应该会使岭南人对宰杀耕牛的行为有所收敛。林一鸣知惠州，在其任上“禁屠牛”。[③] 淳祐四年（1244年）方大琮知广州，写《广州劝农文》，向人民宣传：“农以牛为主。”[④] 元代札忽进义，香山县达鲁花赤，“恤民劝农桑，察民贫者给以牛、种且减其租。”[⑤] 宋元时期岭南的能吏劝农时，对牛耕的推广起了作用。由上可知，宋元时期，在珠江三角洲平原、潮汕平原，牛耕较为普遍，应是确实的。在广阔的潮田区，历史上有“人田”和“牛田”之分，低洼水田也叫水梆田，是用木梆之类的翻土工具工作的，而“牛田”是用牛拉犁耕作的，在土地硬实、坦程较高的潮田，是不排斥牛耕的，而且有耙耖和耨草。上述香山达鲁花赤札忽进义给民牛耕田，证明在元代香山县有“牛田”（坦程很高，土地硬实的沙田），役使牛就有了耕—耙—耖的畜力基础。珠三角的沙田、稻田，由于秋收时多水涨，收割时只能割稻秆端部的稻穗，留下的稻秆很长，农民等水退后将稻茬以上的部分割去做燃料或者是做牛的饲料。冬耕时就需要先用犁耕一遍。屈大均在谈到沙田耕作时说：“咸潮不生，大禾尤易生育，以牛犁其莱，以人犁其汙。”[⑥] 莱就是草与稻茬，用牛犁翻，放水浸泛，以沤化草与稻茬，这时泥土已经很烂，然后以梆锄之，再用脚踩烂土块、用梆拨平泥土就可。彭世奖说，梆水田不需犁耙，往往用木梆翻转耥平即可。[⑦] 他调查的是广州近郊黄埔东江边的低沙田，没有长草，收割时可以放干水，故春耕

① [清]徐松:《宋会要辑稿·刑法二》，第165册，大东书局本。

② [宋]李心传:《建炎以来系年要录》卷一二八《绍兴二十有六年冬十月己未》，文渊阁四库全书本史部第327册，第475页。

③ 万历《广东通志》卷三二《惠州府名宦》，第70页下。

④ [宋]方大琮:《广州乙巳劝农文》，收入《全宋文》第321册卷七三六六，第85页。

⑤ 道光《广东通志》卷二四一《札忽进义传》，第141页上。

⑥ [清]屈大均:《广东新语》卷一四《食语·获》，第397页。

⑦ 彭世奖:《略论珠江三角洲挣稿制的兴衰》，《中国农史》1994年第2期。

时放水入田，浸泛土地之后用梆耕作。

宋元的岭南，出现了多种形式的种植制度。首先，在有堤围的地方，田地能控制潮水进出后，就舍弃了大排大灌的单季稻，出现真正意义上的以精耕细作为基础的双季稻。潮州《三阳志》：“地居东南而暖，稻尝再熟。其熟于夏五六月者曰早禾，冬十月曰晚禾，曰稳禾，类是赤糙米，贩而之他州曰金城米，若秔与秫即一熟，非膏腴地不可种。独糙赤米为不择。秋成之后为园。若田半植大、小麦，逾岁而后熟，盖亦于一熟者种耳。麦与菽豆，惟给他州用，不杂以食。其本业盖如此。”[①]这里包含了多种种植制度。“其熟于夏五六月者曰早禾，冬十月曰晚禾，曰稳禾”，这是双季稻。潮州学者说，潮州《三阳志》称这里的晚稻为“稳禾”，是有特定含义的。潮州地方早稻成熟期刚好遇上夏涝，淫雨暴洒，加上会有台风，对收获影响很大。晚稻则不同，寒露过，雨水定，收获更有保障，更稳定，故称之为“稳禾”。自唐宋以来，这个气候征象没有多大变化，因而“稳禾”“稳冬”的叫法一直保留到今天。[②]在耕作水平较高的珠江三角洲围田地区，包括东莞平原、市桥台地，双季稻是存在的。当然再生稻仍然会存在，但其品质相当固定，产量会比汉唐的高些。[③]元代人在文章中提到，潮州“地平土沃，饶鱼盐，以故殷给甲邻郡”[④]。稻米是其出口货物大宗。

岭南适宜的气候为双季稻提供了优越的气候条件：“天地一气，冬夏一律，物不凋瘁，生意摩息，冬缔夏葛，稻岁再熟。”[⑤]曾雄生认为：“总的说来，宋代岭南地区的稻田多熟制不能估计过高。最普遍的稻田制度还是一年一熟制。一季收获后，大田即处于休闲状态，这种情况直到近代仍没有改变。”[⑥]这个结论放在宋元是为中肯之论，但明清沿海平原

① 马蓉等点校《永乐大典方志辑佚》，中华书局，2004，第 2861 页。

② 庄义青：《论两宋时期潮州的社会发展》，《韩山师范学院学报》1997 年第 3 期。

③ 郭文韬：《略论中国再生稻的栽培历史》，《中国农史》1993 年第 4 期。

④ [元]周伯琦：《肃政箴》，收入《永乐大典》卷五三〇〇《潮·潮州府三》。

⑤ [宋]苏过：《斜川集》卷六《志隐》，丛书集成初编本，第 108 页。

⑥ 曾雄生：《宋代岭南地区的生态环境与稻作农业》，载《生物史与农史新探》，第 399 页。

则不一定。“莞号广闻邑”[①]，以围田为主，当是以产米出名，故称“闻邑”。南海、番禺、新会这些县份潮田与围田都有，香山主要是潮田，东莞同为产米之地，一熟稻亦主要在潮田。正德《琼台志》卷七《风俗》有这样的记述：“冬种夏收曰小熟，夏种冬熟曰大熟。自宋播占禾种，夏种秋收今有三熟者。”这是由于占城稻传入之后的三熟连作吗？我看不是。总有学者认为上古文献记载岭南的“再熟稻”是一年栽种两次。[②]我们在汉唐一章已经说明岭南历史上的“再熟稻”大多是再生稻或“异时异亩异获”，是一年一熟制。“无月不种，无月不收”[③]只是汉唐“异时异亩异获”情况的延续。旱地一熟制连年种植，三年之后必须休耕。潮田也不例外，在珠江口“打秧而不耨草”[④]，即使改直播稻作为插秧，却没有耨草的作业；也不施肥，完全靠珠江水带来的沉积泥土作为肥料。所以《广东新语》说环珠江口的潮田种植三年，还要再种草三年，“田荒至三年，又复肥沃”，才能再种稻。[⑤]

稻麦复种制是学界讨论比较热烈的问题。宋代岭南推广麦子，是为了运销外省，岭南人只以稻米为食。《三阳志》“麦与菽豆，惟给他州用，不杂以食”[⑥]可证。宋代的惠、循地区，种植麦子很多，苏东坡有《游博罗香积寺并引》序云：“寺去县七里，三山犬牙，夹道皆美田，麦禾甚茂。”诗则云：“二年流落蛙鱼乡，朝来喜见麦吐芒。东风摇波舞净绿，初日泫露酣娇黄。汪汪春泥已没膝，剡剡秋谷初分秧。谁言万里出无友，见此二美喜欲狂。……”[⑦]这不是稻麦复种制，而是在不同的地

---

① [宋]李昴英：《东莞县学经史阁记》，收入《文溪存稿》卷一，文渊阁四库本，第1181—1200页。

② 李根蟠：《再论宋代南方稻麦复种制的形成和发展》，《历史研究》2006年第2期。

③ [宋]周去非：《岭外代答》卷八《月禾》，第94页。

④ [清]屈大均：《广东新语》卷一四《食语·谷》，第371页。

⑤ [清]屈大均：《广东新语》卷二《地语·沙田》，第52页。

⑥ 《三阳志》，收入《永乐大典方志辑佚》，第2861页。《三阳志》有宋代的，也有元代的。《永乐大典》未注明。

⑦ [宋]苏轼：《游博罗香积寺并引》，收入[清]王文诰校注《苏轼诗集》卷三九，第2112页。

里分别种植麦子和稻。诗歌中写的是夏初，麦田的麦子刚刚“吐芒”，尚未收成，在田里只是嫩黄一片；而稻田里正在插播晚熟稻（秋谷，一造）的秧苗。能否在种植一造之外再种植小麦，需要看具体情况。一种可能是客户为主户耕作，秋收交了禾租，然后在田中犁掉稻茬，起畦种植冬小麦，因俗例收麦归客户。这种情况出现在客家山区较多。但是若客户在种植小麦时，不加施肥料，地力就会下降。

3. 关于稻米产量的估算

从水稻亩产量可以看出宋元珠江三角洲水稻生产的进步。东莞“觉华寺旧有田地八十亩。盖宋咸淳二年（1266 年）将仕郎徐渊、教谕何汉清所舍也。见本寺钟铸，岁收租一百六十斛，以供佛赡”。[①] 亩租为 0.75 石，亩产为 1.5 石。这条史料没有说明是收谷还是米，如果是米，则产谷为 3 石。宋嘉熙时，东莞有学田二顷，计租“米二百八十四石”，[②] 则宋代嘉熙时学田租金为 1.42 石米，折合谷为 2.82 石，亩产为 5.68 石谷（这个数字应是双季稻的）。按照上述两个数据平均计算，亩产为 4.34 石谷，应该是围田地区的产量。不过这些数字还比较高，需要进一步找更多案例，估计宋代珠江三角洲围田亩产在 3 石谷左右。元代南海县有学田“良村水口田拾顷被本处豪民朴佃，每岁仅纳租米柒拾贰石，犹复连年拖欠”，官员力主核定田数和产谷数，“豪民伏辜，退还前田。并委南海县尹张拱辰同教谕徐中文理亩监收，乃得谷壹仟捌佰肆拾贰石壹斗伍升。”[③] 则亩租 1.84 石，每亩产谷 3.684 石。这也是围田地区的产量。黄挺研究元代潮州地区的亩产，约 3.3 石谷。[④] 两地的稻谷亩产大致差不多。宋元珠江、潮州平原围田的稻谷亩产和全国应呈一样的发展趋势，元代应该比宋代高些。吴慧计算宋元全国粮食亩产量，指出：“元代亩

① [明]卢祥：《觉华寺僧田记》，收入崇祯《东莞县志》卷八《外志》，《广东历代方志集成·广州府部》，第 371 页上栏。

② [明]戴铣：《学田记》，收入民国《东莞县志》卷一七《学宫》，第 482 页。

③ 广州市地方志编纂委员会办公室：《元大德南海志残本（附辑佚）》卷九《学校》，第 59 页。

④ 黄挺等：《元明清潮州地区的粮食亩产量》，载《潮学研究》第 3 辑，汕头大学出版社，1995，第 113 页。

产之所以能比宋代增长，是凭借南宋时南方农业发展的基础。”[①] 黄挺对潮州的研究没有宋代资料，无法对比。笔者对宋元潮州平原的稻亩产进行研究，发现宋代25个案例，平均亩租1.57石谷，亩产量为3.14石谷，折合今量为299斤；元代14个案例，亩产量为2.4石谷，元代斗量折算为公制高于宋，折合今量为329.46斤。元代潮州亩产比宋代增加了30.46斤。[②] 大致说来，在水利、耕作、栽培条件好的岭南沿海围田地区，水稻的亩产量较之汉唐已经有很大的进步；从宋元两代比较，元代应该比宋代还会高些。可见，珠三角平原和潮州平原分别成为广东两个粮食生产最发达的地区，在宋元时期已经形成。这在岭南水稻史上是一个辉煌的成就。

在环珠江口存在面积广大的潮田。潮田种植水稻，不除草不施肥，完全靠水抑制草的生长，冲积泥是最好的天然肥料，这类潮田不用很复杂的水利设施。在滩涂种植芦苇三年为先锋植物，让滩涂变硬实之后就可以种耐咸耐浸的大禾——深水稻，在不用投入太多人力和物力的情况下，单季稻的产量一般可达75公斤。产量虽低，但彭世奖认为清代直到新中国成立初期在珠江三角洲的低沙田区还残存这种农作制，说明劳动生产率还是很高的。[③] 潮田亩产140斤是清代、民国的数字，沙田中还有蟛蜞为害，以及受台风、咸潮浸泛，产量不稳定，而且宋元时潮田耕作较之明清还粗放，估计亩产在100斤左右。如果将面积广大的潮田以及山区中存在的畲田产量和围田产量加以平均，宋元广东的稻谷亩产和江南比还是有很大差距的。

围田和潮田的开发，使珠江三角洲成为了“广米”的主要来源。[④] 据崇祯年的案牍称，“粤东沙坦，强半沙田”，并引明代的《赋役全书》记载，广东自洪武年间到崇祯初年增11万顷，全省沙田共34万顷。[⑤]34

① 吴慧:《中国历代粮食亩产研究》，中国农业出版社，1985，第165—167页。

② 吴建新:《宋元潮州平原粮食亩产研究》，潮州商会2017年潮学研究国际学术研讨会论文，印尼·坤甸，2017年5月。

③ 彭世奖:《略论珠江三角洲挣稿制的兴衰》,《中国农史》1994年第2期。

④ 吴建新:《宋元广米来源考》,《羊城今古》2014年第4期。

⑤ [明]颜俊彦:《盟水斋存牍》二刻《清核田亩详》，中国政法大学出版社，2002，第641页。

万减去 11 万，有 23 万顷沙田应是宋元及其以前开发的，当以宋元所增为多。虽然这是全广东沿海沙田的数字，而珠江平原和潮州平原应占大多数。这就是“广米”输出东南各省的基础。宋元“广米”的出现表明广东与东南各省形成地域性的分工，显示广东以稻作农业为主的农业结构日显重要，标志着岭南经济区在中国南部地位，较之汉唐有了很大的提升。

二、园艺作物

1. 荔枝与龙眼

荔枝是最著名的岭南佳果。宋人对闽粤两地的荔枝做了比较，一般认为粤荔逊于闽荔。岭北人没有到过岭南，故有此言。到过岭南尝荔枝的人，都赞美岭南荔枝。宋仁宗时，陈襄曾歌咏广州的荔枝道：“番禺地僻岚烟镍，万树累累产嘉果。”[①] 杨万里在广州做官，提到“荔枝园园花”[②]，说明广州近郊多荔园。至于广州附近的“荔枝洲，上有荔枝，冬夏不凋”[③]，这是在六朝时就已经出现的荔枝产区，估计宋时这里已经有生长多年的古荔。一说荔枝洲，“在南海东四十五里，周回五十里，刘氏创昌华苑子上”[④]。《舆地纪胜》又记载：“刘王墓，在郡东北二十里，漫山皆荔枝树。”[⑤] 刘王墓在番禺小谷围，已经为考古所证实。增城产荔枝很多，苏东坡有多篇诗歌咏增城荔枝。清初《广东新语》记载从增城到番禺的荔枝生产带在宋代已经形成。

宋代岭南出现了记载荔枝品种的专书。北宋初，郑熊随军到岭南，作《广中荔枝谱》，此谱已佚，保留在《能改斋漫录》卷十五，“郑熊亦尝记广中荔枝，凡二十二种”。记载的焦核荔枝（核小肉多）、火山

① [宋]陈襄:《荔枝歌》，收入傅璇琮等主编《全宋诗》卷四一二，北京大学出版社，1995，第 5074 页。

② [宋]杨万里:《寒食对酒》，收入《诚斋集》卷一六《南海集》，文渊阁四库本，第 1600—1609 页。

③ [宋]乐史:《太平寰宇记》卷一五七《广州》，第 468 页下。

④ [宋]王象之:《舆地纪胜》卷八九《广州·古迹》，第 749 页下栏。

⑤ 同上书，第 751 页上。

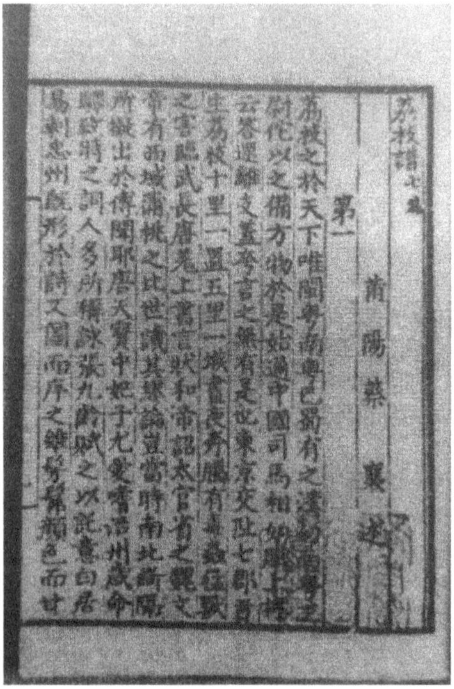
荔枝譜
第一　莆陽蔡襄述
荔枝之於天下唯閩粵南粵巴蜀有之漢初南粵王尉佗以之備方物於是始通中國司馬相如賦上林云荅遝離支蓋夸言之無有是也東京交趾七郡貢生荔枝十里一置五里一堠晝夜奔騰有毒蟲猛獸之害臨武長唐羌上書言狀和帝詔太官省之魏文帝有西域蒲桃之比世譏其繆論豈當時南北斷隔所見出於傳聞耶唐天寶中妃子尤愛嗜涪州歲命驛致時之詞人多所稱詠張九齡賦之以託意白居易刺忠州既形於詩又圖而序之雖髣髴顏色而甘

图 3–9　宋代蔡襄《荔枝谱》（明刻本）

荔枝（三月红），是在六朝唐代已经出现的，而大蜡荔枝、小蜡荔枝（子有大小者，皆熟而黄）当是从唐代的蜡荔枝演化而来的，其余的品种都是新出现的。或以其肉色，以其果核大小、果状大小，以其皮特征、果浆特征，或果子成熟的先后、树叶特征等来描述这些品种。荔枝品种繁多表明驳枝技术的广泛应用。

元代荔枝的资料较少，《元一统志》：“荔枝，番禺、南海、东莞、新会、增城并有之。”[①] 增城是古老的荔乡，其余番禺、南海、东莞、新会是农业最发达的水乡，种植的荔枝应是很多的，表明《广东新语》中记载的“水枝”即适宜低地平原的品种群已经出现。荔枝的品种在大德《南海志》中可见，记载 17 个品种，[②] 有些品种如大将军、小将军、丁香、海山楼、绿罗包、金钗子已经见于前代的记载，其余都是新增的。元代岭南荔枝的生产是较宋代更为进步的。

龙眼是仅次于荔枝的岭南佳果。《政和本草》：“龙眼，生南海山谷。今闽、广、蜀道出荔枝外皆有之。……荔枝才过，龙眼即熟，故南人曰为荔枝奴。”[③] 荔枝熟后，龙眼接着登场。其实龙眼之味美，实不亚于荔枝。龙眼还有别名绣水团、金弹子等，《清异录》记载：“贾人自岭外还，得一枝龙眼，已盐干，凡四十团，共千枚。至荆南，献高保勉，引作小

① [元]孛兰肹等撰：《元一统志》卷九《广州路》，第 668 页。

② 广州市地方志编纂委员会办公室：《元大德南海志残本（附辑佚）》卷七《物产·香药》，第 34 页。

③ [宋]唐慎微：《重修政和经史证类备用本草》卷一三，第 330 页。

琅玕栏子立置之，名之曰海珠蘗。龙眼金，余但知其名绣水团、川弹子而已。”[①]绣水团、川弹子分别是龙眼的品种。宋元人咏叹龙眼的诗歌不多，显示龙眼的栽培不如荔枝之盛。广西的龙眼也比不上广东。[②]但广西龙眼“暴干寄远，北中亦为佳果”[③]。《元一统志》卷九《广州路》记载：龙眼，“番禺、南海、东莞、清远、新会、增城并产”。龙眼多种在院落或田野间，数量比不上荔枝。

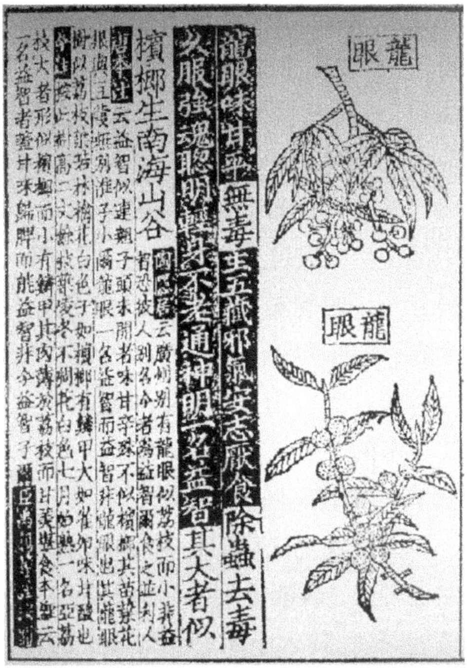

图 3–10　宋代《重修经史证类本草》记载广州的龙眼

2. 柑橘

柑橘也是岭南佳果。宋人诗歌有岭南“橘林”的记载。且柑橘较之荔枝、龙眼易于贮存，故能寄往岭北。苏东坡谪居惠州，作诗歌赞扬一个种植柑橘，有二顷田的秀才：“水底笙歌蛙千部，山中奴婢橘千头”[④]，说明宋代广东的柑橘与荔枝一样有大户种植。而且，宋代岭南出现多个柑橘品种。有的品种优良，被纳入贡品。天圣四年（1026年），庚戌，诏：“温、鼎、广等州岁贡柑，不得以贡余为名，饷遗近臣。”始，王曾言于帝，请断贡余。帝曰：“贡且劳矣，况其余乎！”亟命罢之。[⑤]罗浮山原产贡柑，宋初尚为贡品，史载：“太平兴国中，有中人取其实以进，爱其味美，因移植苑中，故世贵之，竟传罗浮甘。”[⑥]

① [宋]陶谷：《清异录》卷上，收入《宋元笔记小说大观》第一册，第47页。

② [宋]范成大：《桂海虞衡志·志果》，广西人民出版社，1986，第81页。

③ [宋]唐慎微：《重修政和经史证类备用本草》卷一三，第330页。

④ [宋]苏轼：《赠王子直秀才》，收入[清]王文诰校注《苏轼诗集》卷三九，第2118页。

⑤ [清]毕沅：《续资治通鉴》卷三七《宋纪三十七》，第851页。

⑥ [宋]庄绰：《鸡肋编》卷下，中华书局，1983，第113页。

元代广州有“源柑、银柑”“有馒头柑，以其小尖如馒头，香味不减温柑”。[1] 馒头柑原产自广州、潮州，《桂海虞衡志》记载广南西路：“馒头柑，近蒂起馒头，尖者味香胜，可埒永嘉乳柑。”[2] 是自广南东路传入。

3. 芭蕉

《岭外代答》记载有几个品种：“蕉子，芭蕉极大者，凌冬不凋。中抽干，长数尺，节节有花，花褪叶，根有质，去皮取肉，软烂如绿柿，极甘冷，四季实，土人或以饲小儿。……又名牛子蕉。鸡蕉，子小，如牛蕉，亦四季实。”[3] 大的品种是牛子蕉，小的是鸡蕉。“芽蕉，小如鸡蕉，尤香嫩甘美，南人珍之，非他蕉比。秋初方实。”[4] 鸡蕉、芽蕉都是果实较小的香蕉。

4. 橄榄

橄榄较之汉唐时代有新的功用。橄榄味甘涩，嚼后余甘不尽，保存期也较长，故能寄到岭北，宋人诗歌中多吟咏以寄托感情。橄榄可与酒、茶等同列，传入中州后成为珍贵的礼物，可登大雅之堂。欧阳修诗云：“霜苞入中州，万里来江波。幸登君子席，得与众果罗。”[5] 橄榄中的乌榄，“如橄榄，青黑色，肉烂而甘”[6]，可见乌榄不但作为豉味，还能生吃。

5. 西瓜

西瓜不是中国原产。《新五代史》记载“契丹破回纥得此种”[7]，胡峤为萧翰掌书记，随翰入契丹，得此种归。杨宝霖先生引用宋代洪皓《松漠纪闻续》，言其在绍兴十三年（1143 年）从金国返回，携其种至江西。[8]

---

① 广州市地方志编纂委员会办公室：《元大德南海志残本（附辑佚）》卷七《物产》，第 34 页。

② [宋] 范成大：《桂海虞衡志 · 志果》，第 81 页。

③ 同上书，第 83 页。

④ [宋] 周去非：《岭外代答》卷八《花木门 · 蕉子》，第 87—88 页。

⑤ [宋] 欧阳修：《橄榄》，收入《全宋诗》卷二八五，第 3620 页。

⑥ [宋] 范成大：《桂海虞衡志 · 志果》，第 81 页。

⑦ [宋] 欧阳修：《新五代史》卷七三《四夷附录（第三）》，中华书局，1974，第 900 页。

⑧ 杨宝霖：《永乐大典中的南海志》，载《自力斋文史农史论文选集》，第 169 页。

元代初，西瓜已经传到广州：“广州自至元归附后，方有此种。其实圆碧而外坚，其子有三色：黄、红、黑。北客云：瓜凉可止烦渴，过食不为害，其仁甘温。今岭南在在有之，遂为土产。”① 其传播路径非常清晰，明初已经传到占城，路径当是经过岭南。

6. 槟榔、椰子

槟榔、椰子是海南主要的园艺产品。其盛况在宋元文献多能反映。宋代的文献记载：海南“惟槟榔、吉贝独盛，泉（州）兴贩大率仰此”。② 这是因为吃槟榔已经成为一种民俗，不但岭南人消费槟榔，而且到了岭南的北人也与岭南人一样以吃槟榔为平常事。笔记《鹤林玉露》的作者罗大经来到岭南，自称：“余始至不能食，久之，亦能稍稍。居岁余，则不可一日无此君矣。”③ 元代这种风俗有增无减，槟榔树林是黎族村落的标志，元人范椁有诗歌描述，出了县城，就可见槟榔的黎山。④ 南宋周去非《岭外代答》卷八《槟榔》记载：“槟榔，海商贩之，琼管收其征，居什之五。广州税务，槟榔税岁数万缗。”可见南宋时国家将琼州所产，以及从海外贸易所得槟榔都征税。槟榔是宋元时期广州市舶司的重要收入。

椰子是美味佳果。岭北人到岭南，回到内地时多携带椰子，因其贮存时间长，魏某自南海归，赠梅尧臣椰子，梅诗云：“割鲜为饮器，津浆若美酒。”⑤ 宋人周密云：“今人以椰子浆为椰子酒。”⑥ 其实是椰子放久了，里面的椰子水糖化之后会有酸化的过程，初成酒时味道好，时

① 广州市地方志编纂委员会办公室：《元大德南海志残本（附辑佚）》卷七《物产》，第 38 页。

② [宋] 赵汝适：《诸蕃志》，收入《中国海南诸群岛文献汇编》，台湾学生书局，1985，第 293 页。

③ [宋] 罗大经：《鹤林玉露·丙编》卷一《槟榔》，收入《宋元笔记小说大观》第五册，第 5320 页。

④ [元] 范椁：《槟榔寨》，收入康熙《琼山县志》卷之十《艺文·诗》，日本藏罕见地方志丛刊，书目文献出版社，1992，第 593 页下栏。

⑤ [宋] 梅尧臣：《李献甫于南海魏侍郎得椰子见遗》，收入《全宋诗》卷二五六，第 3139 页。

⑥ [宋] 周密：《齐东野语》卷一《椰酒菊酒》，收入《宋元笔记小说大观》第五册，第 5556 页。

间久了就变味："味美如牛乳，穰中酒新者极清芳，久则浑浊不堪饮。"[①]

7. 花卉

素馨花在宋元时几乎可以称之为广州的"市花"。史载："素馨花，番禺甚多，广右绝少。土人尤贵重。开时，旋掇花头，装于他枝，或以竹丝贯之卖于市，枝二文，人竟买戴。"[②] 洪适记载广州城内有地名素馨巷，[③] 描述了广州妇女以此花装饰自己的习俗。宋代始传说南汉时刘氏王朝的一个侍女名素馨，其冢生此花，因名。宋代《南海百咏》记载广州城西为专门种植素馨花的产地，大德《南海志》续记："弥望皆种此花。其香他处莫及。古龙涎香饼及串珠之类，洽以此花，则韵味逾远。贩女或以蕉丝为穗鬻于市。"[④] 素馨与茉莉的花经蒸馏过的花露水，是加工其他香料制品的原料。

宋代岭南妇女也以茉莉为装饰品，"闽广市中，妇女喜簪茉莉"[⑤]。甚至海南黎族妇女中也盛行此俗，"东坡在儋耳，有姜唐佐者从乞诗。……有黎女插茉莉花，嚼槟榔，戏书姜秀郎几间曰：'暗麝着人簪茉莉，红潮登颊醉槟榔。'"[⑥] 茉莉花色以素白为主，与素馨花相近，故在宋人的诗词中有时会同时出现："素馨花、在枝无几。秋入阑干十二。那茉莉、如今已矣。"[⑦] 宋代对外贸易发达，不少外国花卉引进广东，余靖诗云："石多群星象，花多外国名。"诗注："异花皆舶上所来，岭北无之。"[⑧]

8. 蔬菜类

宋元岭南有多种蔬菜。杨万里《罗仲宪送焯菜谢以长句》诗云："蔬

---

① [宋]周去非：《岭外代答》卷八《花木门》，第85页。

② 同上书，第91页。

③ [宋]洪适：《盘洲文集》卷七八，四部丛刊本。

④ 广州市地方志编纂委员会办公室：《元大德南海志残本（附辑佚）》卷七《物产》，第38页。

⑤ [宋]陈善：《扪虱新话（上集）》卷四《论南中花卉》，丛书集成初编本，第41页。

⑥ [宋]释惠洪：《冷斋夜话》卷一，收入《宋元笔记小说大观》第五册，第2717页。

⑦ [宋]郑刚中：《或茉莉素馨孰优》，收入《全宋诗》卷一三九七，第1930页。

⑧ [宋]余靖：《寄题田待制广州西园》，收入《武溪集》卷一，四库全书本。

经我缁尽，不见焊菜名。金华诗里初相识，玉友尊前每相忆。坐令芥孙姜子芽，一见风流俱避席。”[①] 最后一句表明这种蔬菜的美味，连芥菜和姜子的味道都不及。焊菜，十字花科一年生草本植物，别名野菜子、铁菜子、野油菜、干油菜、山芥菜、地豇豆，是一种有食用价值的野菜。

杨万里《蕈子》还描述了岭南山中的菌类植物：“蜡面黄紫光欲湿，酥茎娇脆手轻拾。色如鹅掌味如蜜，滑如簟丝无点涩。”[②] 菌类植物的栽培，在唐末的《四时纂要》已经记载，这种“蕈子”是野生还是人工栽培的也未可知。杨万里还吟咏了竹笋和蕨菜：“只逢笋蕨杯盘日，便是山林富贵天。”[③]《船中蔬饭》也记载了这两种蔬菜。竹笋是人工栽培的竹子林中采摘的，蕨菜是野生的。莴苣也是民间常见的蔬菜，“江外岭南、吴人无白苣，但种野苣，以供厨馔，生食之，所谓‘莴苣’也。（以下引《农桑辑要》）……其茎嫩，如指大，高可逾尺，去皮蔬食；又可糟藏，谓之‘莴笋’；生食又谓之生菜，四时不可厥者。”[④] 将“野苣”栽培成“莴笋”，可见在宋元间其已被驯化栽培。其味清苦，夏秋间熟。据《王祯农书》记载，常见的蔬菜还有茼蒿、苋菜、莙达等。蕹菜在五代时已经

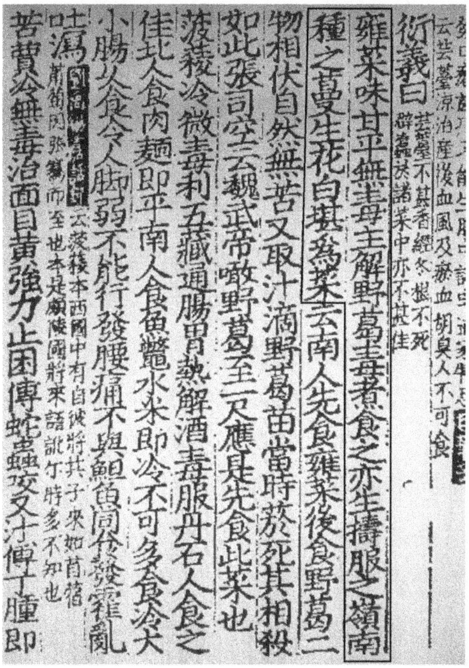

图 3–11　宋代《重修经使证类本草》记载广州的蕹菜

① ［宋］杨万里：《罗仲宪送焊菜谢以长句》，收入《诚斋集 · 南海集》，文洲阁四库全书本，第 1160 册，第 178 页。

② ［宋］杨万里：《蕈子》，收入《诚斋集 · 南海集》，第 181 页。

③ ［宋］杨万里：《初食笋蕨》，收入《诚斋集 · 南海集》，第 169 页。

④ ［元］王祯：《王祯农书》卷一五《农器图谱八》，王毓瑚校，第 139 页。

传到福建，“土人号龙须菜”[①]。

元代岭南有芥、菘、蔓青、芥蓝、芸台等57种蔬菜[②]，大部分是人工栽培的。其中“蒲突”杨宝霖先生认为是苦瓜，首见于《元大德南海志残本（附辑佚）》。[③]《永乐大典》卷11907引《图经志》注云：“一云浮突，即苦瓜也。其味清苦，夏秋间熟。”按《永乐大典》中引的《图经志》多为宋代著作，则苦瓜的种植在宋代岭南或已出现。

9. 园艺种植技术的新发展

宋元由于岭北农业技术的传播，精耕细作在专业化的园艺栽培上应该得到应用。如茉莉花的栽培，“番禺亦多，土人爱之。以淅米浆日溉之，则作花不绝，可耐一夏，花亦大且多，倍常花。六月六日又以鱼腥水一溉，益佳”[④]。《桂海虞衡志·志花》也有类似的记载。米浆和鱼腥水中含有较多的养分，以此灌溉茉莉花，长势会很好。元代大概从外国又传入茉莉花的新品种，《元大德南海志残本（附辑佚）》记载有黄色的茉莉花。[⑤]

另外，荔枝、龙眼等果实长势要好，必须要除草、施肥，还要打秋梢，来年果子才粒大而饱满，否则缺乏甜味和发生品种的退化。所以这一时期的荔枝、龙眼等行销很广的水果栽培，出现了集约化经营。蔡襄《荔枝谱》中对荔枝树过冬技术、歇枝的现象（大小年）都有记载，但是没有《王祯农书》中以下这句话：“其根浮，必须加粪土以培之。性不耐寒，最难培植。才经繁霜，枝叶枯死，遇春二三月再发新叶。”[⑥]在驳枝后长成的荔枝苗，因为初种植在土中，加肥以固其根，则是元代

---

① ［宋］陶谷：《清异录》卷上，收入《宋元笔记小说大观》第一册，2001，第49页。

② 广州市地方志编纂委员会办公室：《元大德南海志残本（附辑佚）》卷七《物产》，第40页。

③ 杨宝霖：《自力斋文史农史论文选集》，第170页。

④ ［宋］周去非：《岭外代答》卷八《花木门》，第91页。

⑤ 广州市地方志编纂委员会办公室：《元大德南海志残本（附辑佚）》卷七《物产》，第34页。

⑥ ［元］王祯：《东鲁王氏农书译注》卷一三《百谷谱集之七》，缪启愉译注，第560页。

福建和广东种荔枝时都采取的措施。

利用黄猄蚁防治柑橘害虫的技术也有发展。《鸡肋编》载："广南可耕之地少，民多种柑橘以图利。常患小虫损食其实，惟树多蚁则虫不能生，故园户之家，买蚁于人，遂有收蚁而贩者，用猪羊脬盛脂其中，张口置蚁穴傍，俟蚁入中则持之而去，谓之'养柑蚁'。"[①]这条记载透露了专业化柑橘生产的存在，专业养殖黄猄蚁的人家，采用了"猪羊脬盛脂其中"的诱捕法；而且黄猄蚁不耐寒，养殖黄猄蚁者应该也掌握了让蚂蚁安全过冬的技术。

胡椒科植物的荜茇、荜拨，原产印度，后传入波斯，再传入中国，宋代岭南地区有栽培。宋代医书引《图经》云："荜拨出波斯，今岭南有之，多生竹林内，正月间苗作丛。"以下述其培护、收获，又记载"端州（今肇庆）荜拨"[②]，显示为肇庆特产。荜拨喜荫生环境，竹林下间种荜拨，实为生态型的药圃。

① ［宋］庄绰：《鸡肋编》卷下，第112页。

② ［宋］唐慎微：《重修经史证类本草》卷九《草部·中品之下》，第228页。

第四节

其他经济作物

一、甘蔗、茶叶和纤维作物

1. 甘蔗

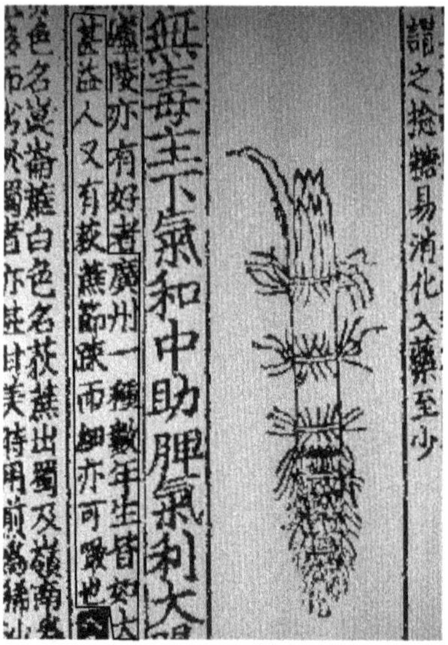

图3–12　宋代《重修经史证类本草》记载广州地区的甘蔗

宋时期，中国的甘蔗品种出现了明显的分化。古人根据甘蔗的颜色，将其分为茎皮紫红色的“昆仑蔗”和蔗皮浅清或浅黄色、色素较赤色种为淡色的白蔗，其代表种是“荻蔗”。“昆仑蔗”是果蔗，“荻蔗”类中还有“荻蔗”和“竹蔗”的称呼，专门作榨糖用。①

宋元时期中国甘蔗的分布地，“福唐、四明、番禺、广汉、遂宁有之，独遂宁为冠”②。这里的“番禺”是泛指广南东路以广州为中心的珠江三角洲地带。《元一统志》载：与广西滕州与两广交界处的肇庆、德庆等地也产糖，“土人沿江种甘蔗，冬初压取汁作糖，以净器贮之，蘸之以竹枝，皆结霜。……今德庆有一二民户，往往能之”。这种“竹枝霜”，不

① 梁家勉:《甘蔗史证》，载《梁家勉农史文集》，第350页。

② [宋]王灼:《糖霜谱》第一，华南农业大学藏刻本。

能造形。《元一统志》还记载：番禺、东莞等地，“乡村人煎（甘蔗汁）为沙糖，工虽不逮蜀汉川为狮子形，而味亦过柳城也”。[①] 广东的沙糖显然不是“竹枝霜”的水平，只是造形稍差于蜀地，糖的甜味也比广西产的糖高。清初屈大均《广东新语》中所述广东的甘蔗主要分布区为番禺、东莞、增城、阳春四县。宋元前三县已明确记载，而明清阳春县在肇庆境内，毗邻德庆，西江南北路有榨蔗熬糖的传统，因而明清阳春是产糖地的说法是有渊源的。可见明清时期广东主要的甘蔗产区在宋元时已见雏形。而且，根据文献记载，宋元时甘蔗栽培技术已经是“一个辉煌时期”，表现为：耕作应用轮种，治地注重深耕和做畦，对种茎注重节密和多芽，注意施肥，以及及时收获以免甘蔗糖分损失，还发明了一种“种子母蔗”（《清异录》）的方法，都是当时甘蔗栽培的成就。明清的甘蔗栽培，大致是沿用上述宋元时代成法。[②]

2. 茶叶

宋元传统饮品皋芦茶仍在盛行。“崔与之为广西提点刑狱，遍历所部，至浮海巡朱崖……朱崖地产苦蕟，民或取叶以代茗，州郡征之，岁五百缗。”[③] 以苦登为饮品并为政府收税，可见有一定的生产量。

宋元广东的茶叶生产有了发展。在宋代国家对岭南不实行榷茶，也是因为产茶地少且岭南是烟瘴之地。事实上榷茶是存在的。因为地方官为解决地方财政困难，会私自对茶榷税，如上文提到的海南官员对苦登茶的榷税。岭南有茶的出产，但是量不多，榷之徒扰民。但是产茶很多的地方，地方财政紧时则要收税，故令便宜裁制。北宋朝廷对岭南茶时弛时榷。南宋时因为财政紧张，岭南始正式榷茶。高宗绍兴元年（1131年）广南东路为2600斤，广南西路为89736斤。[④] 建炎二年（1128年），天下收税的产茶地，有广东二州，税额二千，产茶地为南雄、循州。广

① ［元］孛兰肹等撰《元一统志》卷一〇，赵万里校辑，第759页。

② 详细考证参看：梁家勉《甘蔗史证》，载《梁家勉农史文集》，第354—355页。

③ ［元］脱脱：《宋史》卷四〇六《崔与之传》，第12258页。

④ ［清］徐松：《宋会要辑稿·食货二九》，中华书局，1957，第5317页上。

西五州，税额八万，产茶地为静江府、融、浔、宾、昭州。[①] 乾道年间广南东路为 2 100 斤，广南西路为 52 528 斤。[②] 从以上茶额看，似乎广南东路比广南西路产茶少，事实上东路产茶多，只是东路私茶多而已。林光朝和杨万里等人都专门被朝廷任以缉私茶的任务，清代方志的大事记中还记载了宋代本地茶寇之猖獗。

元代地方官有权不对地方上出产的茶榷税，反证元代的榷茶其实不比南宋时严密。大德年间，广州“茶钱贰仟壹百叁拾捌贯有奇”。[③]《元一统志》记载：广州路，“茶，诸县并出”。[④] 则元时期广州河南茶、南海西樵茶已经有大量生产，不然不会有这样数量较大的茶税。而且，元代岭南茶已经非常出名，元初宰相耶律楚材有诗咏岭南茶：“高人惠我岭南茶，烂赏飞花雪没车。（注云：是日作茶会值雪）玉屑三瓯烹嫩蕊，青旗一叶碾新芽。……”[⑤]“嫩蕊”“新芽”都显示了采茶业的水平，似乎是河南茶和西樵茶的特征。而且元代广州的饮茶风气也很有特色，《南海志》记载广州人饮茶，用乌榄核的仁子“荐茶”。[⑥]

3. 纤维作物

这一时期纤维植物利用最具意义的是闽广地区棉花栽培与棉纺织业的发展。海南黎族由于盛产香料而被卷入东南沿海地区的贸易网络，木本棉花因此种植多了。宋代《琼管志》记载：“吉阳地狭民稀，气候不正，春常苦旱，涉夏方雨。……妇女不事蚕桑，止织吉贝。”[⑦] 由于东南沿海对木棉织品的巨大需求，“闽岭以南多木棉，土人竞植之。采其花为布，

---

① [宋]李心传:《建炎以来系年要录》卷一七《建炎二年八月》，文渊阁四库全书本，史部第 325 册，第 271 页。

② [清]徐松:《宋会要辑稿·食货二九》，中华书局，1957，第 5318 页。

③ 广州市地方志编纂委员会办公室:《元大德南海志残本（附辑佚）》卷七《物产》，第 34 页。

④ [元]孛兰肹等撰《元一统志》卷九《广州路》，第 669 页。

⑤ [元]耶律楚材:《西域从王君玉乞茶因其韵七首》，收入《湛然居士文集》卷五，清光绪桐庐袁士刻渐西村舍丛刻本。

⑥ 广州市地方志编纂委员会办公室:《元大德南海志残本（附辑佚）》卷七《物产》，第 34 页。

⑦《琼管志》，收入《舆地纪胜》卷二一七《广南西路·吉阳军·风俗形胜》，第 953 页上。

为吉贝。”[1]有学者认为，在宋元时期，冬季耐低温的一年生草本棉出现，在长江流域都能生存，便很快传播开来。这对宋元中国的纤维作物结构起了重大影响。[2]

岭南棉花的纺织技术传播也是棉花传播的一个重要因素。历经长期经验积累，宋代岭南棉织技术已经非常成熟。北宋文献记载闽广的纺织技术：“土人摘取去壳，以铁杖杆尽黑子，徐以小弓弹令纷起，然后纺绩为布，名曰吉贝。今所货木绵，特其细紧者尔。当以花多为胜，横数之得一百二十花，此最上品。海南蛮人织为巾，上出细字，杂花卉，尤工巧，即古所谓白叠巾。”[3]这一记载对木棉的去壳、脱籽、弹花、纺线，织造的各个技术环节描述都很清晰，其布细密紧致、花色多样斑斓，显示高超的纺织技术。南宋时海南的织造技术又有了提高，《岭外代答》记载海南黎族妇女“衣裙皆吉贝，五色烂然。无有袴襦，徒系裙数重”[4]。“五色烂然”形容木棉布的精美。元代黄道婆将黎族的纺织技术传到松江地区，被认为是广东纺织技术对中国纺织技术的一个重大贡献，这一历史事件学界论述很多，不赘。不过，在黄道婆之前，华南地区的纺织业与江南的交流已经存在。漆侠认为，在黄道婆到松江之前，当地木棉纺织业已经有了一定的基础，只是“无踏车、椎弓之制”，结合至元《嘉禾志》的记载，可以看出它们之间的一致性。[5]黄道婆对江南一带棉纺技术贡献主要在于传播了纺、弹的工序与工具，为草本棉的传播与加工提供了技术基础。闽、广等地的纺织技术对长江流域和黄河流域纺织业的产生做了巨大贡献。对苎麻等麻类织物的记载多了起来，蕉布仍是土著的织物，南宋以后育成专供织布的水蕉、布蕉或蕉麻。[6]

① [宋]庞元英:《文昌杂记》卷中，文渊阁四库全书本。

② 梁家勉主编《中国农业科学技术史稿》，第406—407页。

③ [宋]方勺:《泊宅编》卷三，收入《宋元笔记小说大观》第二册，第2118页。

④ [宋]周去非:《岭外代答》卷二《外国门上·海外黎蛮》，第19页。

⑤ 漆侠:《宋代植棉考》，载《求实集》，第122页。

⑥ 彭世奖:《略述百越人对衣用纤维植物开发利用的贡献》，《古今农业》1992年第3期。

二、蚕桑业与丝织业

在宋元时期，岭南的蚕桑生产有了发展。首先，围绕着广州地区的蚕区向冲积平原比较大的南海桑园围一带（包括明代景泰年间分出的顺德县）扩展。西北江在西樵山以下形成冲积平原，从桑园围的名称看，《珠江三角洲农业志（初稿）》的作者认为是与此地产桑有关。[①]地名来源没有问题，但合围在宋代则有误。这一地区是珠三角蚕桑业历史最悠久的产区。宋元桑园围民居从高地向低地的迁移一定是西樵山以下已经淤积到一定高度和面积为前提的。人们从高地迁移到低地，就会建设基壆以护田，抽干水以种稻。宋代龙山、龙江一带已经有小堤围，类似的基段会更多，最重要的东基和西基的基段的初步形成，为元代桑园围的合围奠定了基础。元代九江乡有宗族建设鸭舌基[②]，这仅是桑园围的一个小围。基段内的村庄既有种稻，也有因为地势低洼而挖塘养鱼。南海九江乡由于地处桑园围下游，地势低洼，故最早挖塘，向西江上从事捕捞业的疍民买来四大家鱼的鱼花，逐步积累了鱼花的养殖技术。九江是桑园围内最早养殖四大家鱼和有桑基鱼塘的地方。属于南海的龙山、龙江的聚落，都已经从事蚕桑业，可能已经也有桑基鱼塘。[③]

从宋元文献看，岭南的桑树已经具备岭南特色。洪适在新州，诗歌《暮春》云："鸠鸣近似见桑叶，村暗全然无杏花。"（注云：……广中桑如茶树，未及青已取而饭蚕。……）[④]"桑树如茶树"证明广东种植的是矮小的地桑。而且"未及青"即采叶对岭北引来的荆桑、鲁桑生长有干预，促使其逐渐具备一年四季都产叶的能力。

宋代的岭南蚕有更多记载。《鸡肋编》："南人养蚕室中，以炽火逼之，

① 佛山地区革命委员会《珠江三角洲农业志》编写组：《珠江三角洲农业志（初稿）》第四册，1976，第 4 页。

② 光绪《九江儒林乡志》卷一《舆地略一·山川》，光绪九年刊本，第 31 页下—32 页上。

③ 佛山地区革命委员会《珠江三角洲农业志（初稿）》编写组：《珠江三角洲农业志（初稿）》第四册，第 4 页。

④ [宋] 郑刚中：《暮春》，载《北山文集》卷一九，同治退补斋本。

欲其早老而省食，此其丝细弱，不逮于北方也。”[①]“以炽火逼之”这句与清代广东蚕书记载蚕农在阴湿天气用炭火提高蚕室温度的做法相似，故《鸡肋编》记载养蚕的“南人”是岭南的蚕农。“其丝细弱”也说明粤丝在养蚕时“以炽火逼之”以及桑叶未青时即采来喂蚕所产生的不良效果。广东的蚕本为多化性蚕，与移民带来的岭北一化性蚕杂交，变为广东蚕耐寒的头造和二造种，可能出现在宋元时期。对岭北传来的荆桑、鲁桑频繁的采摘，会使其适应岭南的气候，一年四季都能产桑，从而适应岭南多化性蚕的生长需要。宋元正是岭北传来的桑、蚕逐步适应岭南气候的一个重要的转折期。

宋代岭南的天蚕也得到利用。天蚕是杂食性蚕，其丝坚韧，可作钓鱼丝、织造渔网等用。天蚕多产于两广，“野蚕乃食枫叶。”其注云：“蚕茧有丝，渔者取之为纶，或取织䌷”。[②]元代《文献通考》卷三二三《舆地考》记载南雄和韶州都有“贡绢”，可能是天蚕类的丝绢。

三、林业

1. 森林植物资源的开发利用

宋元岭南的建筑、造船、燃料、冶铸、陶瓷等行业都需要大量的木材，这些木材从各地输往广州等城市。宋元广东的航运业很发达，所用的船材多且大：“浮南海而南，舟如巨室，帆若垂天之云，柂长数丈，一舟数百人，中积一年粮，豢豕酿酒。”[③]这种船只的大“柂”来自深山。在粤西南所产的“乌婪木，用以为大船之柂……此柂一双，在钦（州）直钱数百缗，至番禺、温陵，价十倍矣”。[④]在南宋的《舆地纪胜》中，有树木大规模砍伐和运输的记载，东莞县的松木山，“林荫蓊蔚，大者合抱。农隙采山如织，百材于此取办。”[⑤]对木材的采伐和运输甚至

① ［宋］庄绰：《鸡肋编》卷上，第19页。

② ［宋］王象之：《舆地纪胜》卷一一五《广南西路·宾州·风俗形胜》，第894页下。

③ ［宋］周去非：《岭外代答》卷六《器用门·木兰舟》，第62页。

④ ［宋］周去非：《岭外代答》卷六《器用门·柂》，第63页。

⑤ ［宋］王象之：《舆地纪胜》卷八九《广州·景物上》，第748页下。

远达绥江流域的山区。“顾水，在四会县北一百五十里。源出清远县，流至顾水口，入子江水之上流，有美材巨木，从水口作巨筏而下货于南海。”[①] 北江和东江都有木材运到广州。元代文献记载，“循（州）之山林，鞭、楠、杞、梓”出产到外地。[②] 表明以广州为中心的城市建设吸引了大量的木材集中交易。

宋元时期出现“南药”的称呼。“南药”其实是岭南产药材和香料的并称，当然还包括了外来的香料，价值都很高。宋代清官以是否购置南药显示自己是否清廉。余靖在广州任职时，禁止官吏不得市“南药”。宋元时关于岭南药材的记载多了起来。《太平寰宇记》《舆地纪胜》等地志对岭南药材多有记载，《政和本草》中也记载了不少岭南药材。名贵药材一般作为贡品，宋代，“先是，岭南输香、药以邮，置卒万人，分铺二百，负担抵京师。朝议病其烦扰，诏户部判官凌策与诸路转运使规制之”，凌策请运至南安军，再水路转运，费用大减。[③] 这里的香、药是分开的，主要是来自对外贸易，也有作为贡品的岭南中药材。对森林中药材资源的认识和利用，是宋元岭南社会的一大进步。

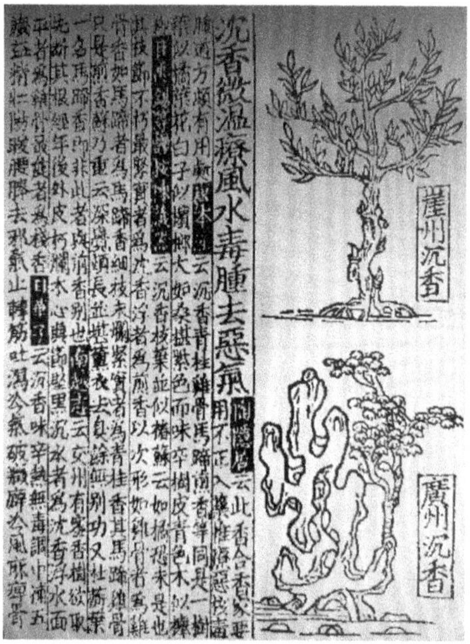

图3-13 宋代《重修经史证类本草》记载海南和广州的香木

香料在宋元时作为生活用品和药用。宋代社会上下追求香料，远甚

① [宋]王象之:《舆地纪胜》卷九六《肇庆府·景物上》，第795页下。

② [元]刘应李:《大元混一方舆胜览·循州路》，四川大学出版社，2003，第602页。

③ [宋]李焘:《续资治通鉴长编》卷五二《真宗·咸平五年》，文渊阁四库全书本，第314册，第704页。

于历史上任何一个朝代。海南岛的檀香与牛、槟榔是市舶司的重要商品。宋人丁谓著《天香传》，记载粤西南的高、雷、廉等地的檀香树开采太多，只有海南岛的香树保存较好。大德《南海志》记载在新会上、下川岛的香树遭到大规模的斩伐。[①]香山得名是因五桂山和黄杨山产香，但香山立县，只因其地产盐，不是因其产香，估计香山的天然檀香树资源在南宋时已经枯竭。故在上、下川岛上的野生香被大量采集。

香料植物分为草本和乔木类，如“缘藤，南人以为香”[②]。花卉类的香料制作也与宋人追求香料有关。其他的草本香料，如“粪陆香，南人以为香”[③]。还有一种零陵香，又名薰草、香草，禾本科多年生草本植物，“宜、融州多有之”。[④]排草香，出日南，状如白茅香，芬烈如麝香，亦用以合香，诸草香无及之者。[⑤]

2. 人工栽培林木的发展

宋元时期岭南出现了大大小小固定的农业聚落，尤以珠江三角洲和潮州平原为多。聚落的周围会根据风水学的原则种植榕树、攀枝花、水杉。榕树，“易生之木，又易高大，可覆数亩者甚多”。[⑥]常见的聚落树木还有木棉树。“木绵树高四五丈，花殷红，大如瓯，类山茶花，时如锦漫天，既谢有绵飞如柳絮。”[⑦]这种木棉树也叫攀枝花，开花后的籽会绽开棉絮，但纤维短不能纺织。在珠江三角洲水乡河涌两旁大多种有水松。元明之际，赵介与王佐等结社南园，“植二松于所居”。[⑧]这一松树是水杉，因粤人常称水杉为水松。水杉树往往和桄榔、木棉、榕树等构成庭院里、池塘边、河岸堤坝上的林木景观。宋元时大修驿道，

---

① 广州市地方志编纂委员会办公室：《元大德南海志残本（附辑佚）》卷七《物产》，第29页。

② [宋]王象之：《舆地纪胜》卷九七《新州·景物下》，第803页上。

③ [宋]乐史：《太平寰宇记》卷一五七《广州》，第472页上下。

④ [宋]范成大：《桂海虞衡志·志香》，第30页。

⑤ [宋]周去非：《岭外代答》卷六《食用门·众香》，第72页。

⑥ [宋]范成大：《桂海虞衡志·志草木》，第101页。

⑦ 广州市地方志编纂委员会办公室：《元大德南海志残本（附辑佚）》卷七《物产》，1991，第38页。

⑧ 万历《广东通志》卷二四《广州府人物》，第574页上。

或村庄中的道路,因此行道树为聚落之间或城乡之间增添了亮丽的风景。如大庾岭在唐代张九龄扩宽以后,“好事者因以夹道植梅矣”。[①]

宋元时期岭南出现了盈利性的林木栽培。如油料树木的栽培,“乌桕子油如脂,可灌烛,广南皆用,处、婺州亦有。”[②]桄榔树不仅是很好的庭院树木,而且用处很多,“其根皆细须,坚实如铁,镞以为器,悉成孔雀尾斑,世以为珍”。[③]岭南很早就产桂树为造船材料,“古时番禺多桂”。[④]松树是建筑用材,“年深滋长,大者可作屋柱,小亦中肩舆之扛”。[⑤]竹是人工种植最多的,“岭南竹品多矣,杰异者数种”。[⑥]

漆是宋元岭南“广货”中的大宗产品。南宋末方大琮叙述广东“产米、产漆,又有番货”,从福建、浙江的船只来买广米和广漆。[⑦]“广米”和“广漆”二者并列,可见“广漆”是南北交换的大宗货物。

由于檀香需求很大,在东莞的一些居民种植蜜香树,获得成功。大德《南海志》记载了新会上、下川岛的檀香树资源之后,又载:“今东莞县地名茶园,人盛种之,客旅多贩焉。”[⑧]按照一棵香树数十年才能采香计算,大德年距南宋不远,则东莞茶园的香树栽培起始时间可能在南宋末期。这一情况正好与茶园的移民时间大体一致。

四、畜牧业

1. 牛

曾雄生说,宋代一些农业发达的地区往往耕牛较为缺乏,主要原因

① [宋]张师正:《倦游杂录·妇人题佛塔庙诗》,收入《宋元笔记小说大观》第一册,第767页。

② [宋]庄绰:《鸡肋编》卷上,第32页。

③ [宋]周去非:《岭外代答》卷八《花木门·果实附·桄榔》,第85页。

④ [清]屈大均:《广东新语》卷二五《木语》,第614页。

⑤ [宋]范成大:《桂海虞衡志·志草木》,第103页。

⑥ [宋]周去非:《岭外代答》卷八《花木门竹》,第85—86页。

⑦ [宋]方大琮:《上郑金部逢辰书》,收入《全宋文》第321册卷七三七九,第311—312页。

⑧ 广州市地方志编纂委员会办公室:《元大德南海志残本(附辑佚)》卷七《物产》,第38页。

是种植业侵占了本可以用于畜牧业的有限土地。[①] 但是在宋代岭南有很多闲置荒地，长草很多，放牧正合适，这是岭南较岭北生产更多牛的主要原因。由于来岭南贩牛者多，征收“贩牛税”已成为宋代两广各州、郡经济收入的来源之一，由于各地多设关津（墟市）收税，朝廷命各地不得重复征收牛税。[②] 元代岭南民间也是很多牛的，所以海南的牛可以自给，北宋时靠高州、雷州商贩运牛来的情况，在元代应该有改变。至元末，萧泰登为廉访使，“出海南师所掠生口六百七十五人，牛马三千六百有奇，还之民”。[③] 这是海南黎族野牧的牛羊。

尽管宋元岭南的土著还保留杀牛祭神、医病祭鬼的习俗，但是，牛作为耕畜越来越受到重视。除了因为宋朝在岭南推行了较为严格的禁屠牛令之外，还因为发生牛疫时，朝廷向民间颁布了医牛良方。大中祥符五年（1012 年），宋真宗下诏：“令群牧司选医牛方，颁之天下。”[④] 北宋时岭南养很多牛，苏轼《书柳子厚〈牛赋〉后》提到化州、高州多养水牛，能供应海南。东坡在惠州，诗云：“草木生故墟，牛羊满空渎。”[⑤]“渎”原意为水沟，“空渎”可引申为江边长满草的河滩地，可以牧牛。元丰年间，潮阳县的一个乡村规定，“不得放纵牛马踏践道路”。[⑥] 牛马养殖甚多，以致居民相约不能在道路上放牛马。牛马的放养，在各地农村是一样的。牛放养之多，还因为牛皮在军事等方面用途广泛。陈希伋，元祐间知梅州，“时下诸州取黄沙牛皮，及出内库钱买珠以备国用，州郡无敢违命。希伋独不忍繁民，上封书事，奏免。州人

① 曾雄生：《跛足农业的形成——从牛的放牧方式看中国农区畜牧业的萎缩》，《中国农史》1999 年第 4 期。

② [清] 徐松：《宋会要辑稿 · 食货一八》，中华书局，1957，第 5120 页。

③ [元] 程钜夫：《监察御史萧君墓志铭》，收入《元文类》卷五一《墓志》，中华传世文选，吉林人民出版社，1998，第 839 页。

④ [元] 脱脱：《宋史》卷一七三《食货》，第 5119 页。

⑤ [宋] 苏轼：《江涨用过韵》，收入 [清] 王文诰校注《苏轼诗集》卷三九，第 2119 页。

⑥ [宋]《海阳县社坛禁碑》（元丰六年，即 1803 年），收入黄挺等《潮州金石文征（宋元卷）》，第 51 页。

德之”。[1]南宋时，岭南进入垦荒高潮，牛耕更普遍。黄勋，绍兴年间知新州，“课民耕犊，便上其数于官，自是一郡无敢私杀牛”。[2]萧鳞，字耕道，开禧乙丑进士。为仁化县令，教民用牛转辘轳。[3]林一鸣，知惠州时，采取各项劝农措施，其中之一是“去丧祭，禁屠牛。适有犯私屠者，其牛忽掣挚奔至厅下，若有所诉，见者惊异。一鸣命饲之，而治屠者，谓仁化所致”。[4]韩江三角洲、珠江三角洲沙围田开垦都需要耕牛，故民间杀牛风气亦有所收敛。

2. 猪、羊和狗

宋元时期，猪是农家饲养的主要牲畜，也是主要肉食。华南猪，被认为是良种猪，有学者认为，北宋京师开封猪的特征竟与华南猪相似，说明至少在宋代华南良种猪已经在北方饲养，可见宋代养猪、育种技术之发达。[5]岭北的猪也传到岭南，潮州著名的流沙猪，据说是宋代时福建移民传入的。[6]

乾道六年（1170年），“南雄州民家豕生数豚，首各具他兽形，有类人者”[7]。《宋史》的记载近于怪诞，但从侧面反映农家养猪的普遍。不仅农家养殖，在从事海上贸易的大船上，“中积一年粮，豢豕酿酒其中”。[8]《鸡肋编》有广人“啖猪”的记载。[9]猪与羊、犬的记载都有，但大多是祭祀用牲，“（生黎）病无药饵，但烹羊犬祀神而已”。[10]可见养羊和狗在农家很普遍。北宋时秦观被贬谪到岭南，诗述雷州一带的

① 万历《广东通志》卷四三《潮州府人物》，第177页上。
② [明]黄佐:《广州人物传》卷六，陈宪猷疏注、点校，第124页。
③ [明]郭棐:《粤大记》卷一一《宦绩类》，第311页。
④ 万历《广东通志》卷三二《惠州府名宦》，第70页下。
⑤ 张显运:《宋代畜牧业研究》，博士研究生论文，河南大学，2004，第249页。
⑥ 翁楚湘、宋升拱:《潮汕农业》，潮汕历史文化研究中心编，2000，第35页。
⑦ [元]脱脱:《宋史》卷六二《五行一下·水下》，第5343页。
⑧ [宋]周去非:《岭外代答》卷六《器用门·木兰舟》，第62页。
⑨ [宋]庄绰:《鸡肋编》卷下，第121页。
⑩ [宋]乐史:《太平寰宇记》卷一六九《岭南道十三》，第568页上下。

人祭祀:“出郭披莽苍,磨刀向猪羊。”[①]祭祀一般先以鸡,后以猪、羊、犬,后为牛,“祭神以牛犬鸡彘,多至百牲。”[②]元代这种情况无多大变化,元人诗云:“鹿酒香浓犬彘肥,黄茅冈上纸钱飞。一声鼓绝长枪立,又是蛮巫祭鬼归。”[③]当然祭祀完毕的牲禽都会被食用。珠江平原和韩江平原等实行精耕细作的地方,养猪是为了积肥,而实行粗放农业的少数民族养猪则是为了祭祀。

羊有花羊、绵羊[④],这两种羊可能是从北方胡羊引进繁殖而成的。英州还有乳羊。[⑤]

狗则是宋元时岭南人常吃的肉食。至今岭南尚有民谣“夏至狗,无出走”,就是说在夏至时吃狗,是为了驱除瘴疠,当是唐宋的遗风。

3. 鸭与鸡

在滨海平原稻区中,蟛蜞是常见的有害生物。在稻秧萌芽的时期,珠江口的沙田区中,蟛蜞“岁食谷芽为农害”。[⑥]江南将此称为“蟹灾”。最早记载珠三角稻区中防除蟛蜞危害稻田的文献是嘉靖年间南海人霍韬的《渭厓文集》,书中记载:“洪武、永乐、宣德年间,养鸭有埠,管埠有主,体统划一,民蒙鸭利。”养鸭是为了让鸭子除掉为害稻苗的蟛蜞。[⑦]鸭埠指将稻田划分为田段,供养鸭人放牧,有春天稻苗长,放水鸭吃螟虫和蟛蜞,秋天稻田收割之后放干水,农人收割长长的稻秆,然后让鸭子吃稻田遗穗。这两个时间段,养鸭人要向田主交纳费用方能获得稻田里放鸭的权利。既然洪武时有鸭埠,则鸭埠出现的时间至少可以上溯到元代,或者始于南宋,因南宋时珠江口沙田开发最盛。明初东莞人陈琏

① [宋]秦观:《雷阳书事》卷六《淮海集》,徐培均笺注,上海古籍出版社,2000,第234页。

② [宋]赵汝适:《诸蕃志》卷下《附海南》,第62页。

③ [元]鲜于枢:《思明州五首》,收入《元诗选》二集·丙集。

④ [宋]周去非:《岭外代答校注》卷九《绵羊》,杨武泉校注,丛书集成初编本,第359页。

⑤ [宋]范成大:《桂海虞衡志·志兽》,第56页。

⑥ [清]屈大均:《广东新语》卷二〇《禽语》,第524页。

⑦ [明]霍韬:《书蓄鸭事》,收入《皇明经世文编》卷一一八,续修四库全书本,第1657册,第622—623页。

记载，庚玄佑，元至正年生、明正统元年（1436年）死，其人在世时“捐资率乡人刱南海神庙行祠，舍鸭埠之租充香灯用”[①]。这是珠三角沙田区关于鸭埠租的最早记载之一，其最早出现年代或在宋元。养鸭和沙田农作结合为有特色的农业技术。值得注意的是，在珠三角的濒海沙田区中，一些宗族的早期历史与养鸭业有关，在“一些发育不是十分完备的小宗族讲述祖先起源时，常常提到其养鸭的经历”。[②]养鸭需要大量的鸭苗，因此出现专门孵化鸭子的宗族。如顺德北滘的辛氏，以焙鸭为业而致富。以鸭埠制放养家鸭防治蟛蜞，是宋元珠三角滨海田地农民的创造。明代陈经纶在他的《治蝗笔记》（1597年）中载尚在摸索利用家鸭防治蝗虫[③]，珠江三角洲的鸭埠制是否与江南利用家鸭除虫的技术有渊源关系，是一个值得探索的问题。

鸡也是宋元岭南农家主要的家禽，这一时期鸡的品种增加。宋代文献记载有六个鸡种：长鸣鸡，这种鸡的特点是形体矮小而身体壮大，它是家鸡和原鸡杂交成的品种，唐代时只有一种，宋代增至二种；潮鸡，分布于岭南、福建沿海；枕鸡；翻毛鸡；竹鸡；还有斗鸡，番禺最多，并且形成了斗鸡的风气和饲养技术。[④]记载番禺斗鸡的《岭外代答》是研究一千多年前我国斗鸡饲养技术的一篇不可多得的宝贵文献。[⑤]

五、渔业

宋元时期岭南以打鱼为生的人数多了起来。这其中的一个原因是南迁移民的到来，被迫下海打鱼或者亦耕亦农的土著居民增加。打鱼为生

---

① ［明］陈琏：《庾处士墓志铭》，收入《琴轩集》卷二七，东莞村头村民委员会影印本，第5册，2000，第1706—1708页。

② 朱光文：《神明祭祀与乡村权力格局——以番禺大谷围康公崇拜为中心的讨论》，《岭南文史》2008年6月第2期。

③ 彭世奖：《中国历史上的治蝗斗争》，载《中国农业历史与文献研究》，第223页。

④ ［宋］周去非：《岭外代答校注》卷九《禽兽门·斗鸡》，第380—382页。

⑤ 梁家勉主编《中国农业科学技术史稿》，第107—108页。

的“鱼蜑，善举网垂纶”[①]。水上浮家泛宅的渔人提供了丰富的水产品。渔民或蛋户经常打到大鱼，来到岭南的北人以此为奇而记录下来：“嘉祐岁中，广州渔者夜网得一鱼，重百斤，舟载以归。”[②]

沿海渔业和盐业往往并举，渔民在歇渔时，会从事盐业或走私盐。内河与沿海渔业的发展以及盐业的兴旺，推动了区域经济的发展。南宋时“潮州山水东南奇，鱼盐城郭民熙熙”[③]。惠州沿海“民业渔、盐之利”[④]。大德《南海志》记载“海为最钜，资生之物，厥族惟错，其洪纤巨细，千态万状”，“见人常食者”，鱼类近70种，贝类20种。[⑤]宋元采珠业仍最重要，集中在合浦一带海面。古人认为过度采集会使珍珠资源减少，这一点在宋元得到了更深刻的认识。这一时期对采珠的方法有详细的记载，《岭外代答》中所述的采珠的“蜑”，在《铁围山丛谈》中也有谈到。合浦珠市兴旺时，“商贾走四方，争辐辏，远民赖以安乐。”[⑥]“广珠”，或称“南珠”，是宋元时“广货”之一。“广珠”运到北方卖，利润很高。南汉时“广珠”还包括珠江口东莞海面的“媚川都”，有23处珠池，宋代时开时废，废的时候多些。元大德年珠池减少至10处。因为采珠耗费民力，元代东莞人上书请罢采珠。[⑦]

由于广州及其附近地区人口增加，对蚝类的需求量也增大，珠江口出现了南中国最早的养蚝业。靖康海，即今番禺龙穴岛、东莞虎门一带。靖康海对面有合澜海，宋元珠江口咸淡水分界线，是古代水上蜑民活动的场所，也是古代中国蚝类养殖业的起源地。[⑧]南宋末时番禺人李昴英

① [宋]周去非：《岭外代答》卷三《外国门下·蜑蛮》，第29页。宋元称“蜑”，明清为“蛋”，1949年以后称为“疍”。

② [宋]刘斧：《青琐高议》前后卷三《异鱼记》，收入《宋元笔记小说大观》第一册，第1106页。

③ [宋]王象之：《舆地纪胜》卷一〇〇《潮州·诗》，第821页上。

④ [宋]王象之：《舆地纪胜》卷九九《惠州》，第816页。

⑤ 广州市地方志编纂委员会办公室：《元大德南海志残本（附辑佚）》卷七《物产》，1991，第42—43页。

⑥ [宋]蔡絛：《铁围山丛谈》卷五，第100页。

⑦ [元]张惟寅：《上宣慰司采珠不便状》，收入崇祯《东莞县志》卷六《艺文》，《广东历代方志集成·广州府部》，第271页上下栏。

⑧ 吴建新：《古代的竹蛎与石蛎》，《农业考古》2007年第4期。

在《重修南海志序》中有云：广州附近有“蕉阜桃林之墟，蛎田蟹窟之屿”。[1]后一句子中的“蛎田”，就是《广东新语》中记载的“蚝塘”，因为人工养殖的蚝塘，有疆界上的划分，故可称“蛎田”。这是珠江口人工养蚝的最早记载。《元一统志》记载：“东莞县八都靖康场所产，其初有蚝，因生咸水中，民户岁纳税粮采取货卖。”[2]蚝民要纳税，蚝塘的分布面积应该是很大的。

宋元时期岭南的淡水养殖业发展很快，但唐代培育鱼花的方法仍在使用。北宋初记载：“溪湖中，草上多鱼子，收草曝干，春水种之池中，须臾化成鱼。”[3]记载与唐代《岭表录异》同。在渔业资源丰富的河段，出现了鱼埠，即捕鱼的专属码头：“岭南谓水津为步，言步之所及，故有罾步，即渔者施罾处。”[4]可见西江生长鱼花的河段已经被划为“鱼埠”，在本书第二章《渔业》推测唐代疍民的鱼花捕捞业已经出现，这一点在宋代文献中得到了进一步证实。宋元的移民聚落，村前往往有大水塘作为风水塘和灭火的水源，水塘必养鱼，所得之利作家族祭祀用。岭北的移民在入住地重建家族财产的时候，是将田地和鱼塘都作为族产置立的。这从一个角度说明在宋元珠江三角洲大开发时，鱼塘是比较普遍的农业资产。珠江三角洲族谱中有十余例关于宋元移民建池塘的记载，如新会、开平的谭氏，其祖慕凌翁是入粤始祖，两本族谱都记载他除了拥有许多田地之外，还“开塘一百口”。[5]在宋代迁移到南海九江乡的人，估计也已经从西江上疍户处买鱼花回来饲养，供应各地养殖业的需要，到元末明初鱼花养殖已有丰富的经验积累。明初陈琏记载：“宋承平时，东邑有大儒陈先生益新，乐温塘山水之胜，往居之。于是堤濒江之田，汇而为池，广可百余亩，绿波弥漫，光荡人目。既屋其上日读书，

① ［宋］李昴英：《文溪存稿》卷三《重修南海志序》，文渊阁四库本，第33—34页。

② ［元］孛兰肸等撰《元一统志》卷九《广州路》，第669页。

③ ［宋］郑熊：《番禺杂记》，收入［宋］曾慥《类说》卷四。

④ ［宋］吴处厚：《青箱杂记》卷三，收入《宋元笔记小说大观》第二册，第1651页。

⑤ ［民国］谭耀华：《谭氏志·慕凌祖》，铅印本，开平档案馆藏；新会《谭氏家谱·慕凌祖建祠》（不分卷），抄本。

以乐圣贤之道。……鸢飞鱼跃之地……先生殁百余年，风致苑然。”[①]“堤濒江之田”，就是将濒临江岸的本可以只栽耐浸水稻的田地，修建堤围，引水入田养鱼。陈益新的这个池塘有百亩，规模也算大的了。

六、农副产品加工业

宋元时岭南粮食加工技术也有了发展。用水车牵引水碓舂米，成为现实。东坡在惠州有诗：“要令水力供臼磨，与相地脉增堤防。”[②]他记载的是罗浮山下的水车转碓。朱熹给宋朝宰相的书信中说，“广米”的特征是“颗粒匀净，不杂糠秕，干燥坚硕，可以入藏”[③]。米粒“颗粒匀净”“坚硕”是优良稻品的特征；“不杂糠秕”显示谷米脱粒的过程中不是用木槽舂米，然后扬起破开的米谷，让它们分离。这些工具，穷人用“飏篮”，富人用“飏扇”。[④]“飏扇”分离米谷的效果好。村庄“右族”，囤积广米最多，只有他们能用“飏扇”。“干燥”显示加工过程中注意将谷米晒干而使之耐储存。可见“广米”在南宋时的东南各省广为畅销，除了市场供求关系之外，广米的质量提高也是重要的原因。

《王祯农书·农器图谱》记载的榨油机，广东地区应该也应用了。

图 3–14 《王祯农书》记载的榨油机

① ［明］陈琏：《琴轩集》卷一三，东莞市桥头村民委员会影印本，2000，第652页。

② ［宋］苏轼：《苏轼诗集》卷三九，［清］王文诰校注本，第2112页。

③ ［宋］朱熹：《晦庵先生朱文公文集》卷二六《上宰相书》，四部丛刊本。

④ “飏扇”记载见［元］王祯：《东鲁王氏农书译注》卷一五《农器图谱八》集之八、集之九，缪启愉译注，第660、665页。

酒在宋元时也成为流通的食品。宋代对酒实行专卖制度，但是对岭南实行万户酒制度，即国家对岭南酒不实行专卖。这项制度从北宋开始实行后，可是“小民无力酿造，榷酤之利尽归豪户”。[①] 虽然变为万户酒制度，但所谓民间自造，其实只有豪户才能为之。政府不榷，等于豪户在榷，让他们享有专利，政府向他们收税，然后由豪户专卖。以上万户酒制度主要在原不榷酒的地区发展，后变为税酒。元朝继续实行酒榷，但是做法与宋代有所不同。元朝将酒酿业务交由酒醋户进行，然后由官收税，酿酒户即可贩卖。史载：“国初有征收课税所，而州县酒醋悉隶。后大都则立酒课提举司，外而路府州县皆著课额，其利亦云厚矣。”[②] 大德《南海志》记载广州录事司及其属下各县有酒课、酵课、醋课三种税课，其中“酒课钞叁阡贰伯贰定壹两壹分玖厘，醋课钞伍拾陆定柒两贰钱柒分，酵课钞贰定叁拾两陆钱捌分”。[③] 从中可以看出，百姓的日常生活中，酒、醋还有酱料是重要的食料。

① 李华瑞等:《宋代榷曲、特许酒户和万户酒制度简论》,《河北大学学报》1993 年第 3 期。

② [元]翁天爵:《元文类》卷四〇《杂著·赋税·夏税》，收入《中华传世文选》，吉林人民出版社，1998，第 701 页。

③ 广州市地方志编纂委员会办公室:《元大德南海志残本(附辑佚)》卷六《税赋》，第 22—23 页。

第五节

乡村社会与农业文化

一、乡村社会的组织形式

宋元时期家族文化在农业社会中确立，特别是在珠江三角洲和潮州平原，家族通过祀先祭祖等活动，将有血缘关系的成员组织起来，耕垦沙田或其他农田，增强他们改造农业资源的能力，在水利等需要劳动力很多的农业活动中起到很大的作用。从宋元开始的这一乡村文化传统是岭南社会最重要的变化之一。[①]

祖坟是维系乡村族姓血缘纽带和划分耕种范围的重要依据和形式。当岭北人背离家乡在岭南生根时，更强调祖坟的需要。史载：南汉时“刘隐复好贤士，是时，天下已乱，中朝士人以岭外最远，可以避地多游焉。唐世名臣谪死南方者，往往有子孙或当时仕宦遭乱不得还者，皆客岭表”。[②]谪宦或为官者的子孙将先祖坟墓告知后代，有世代祖坟的存在就表示他们的后代不再是客居了。这一行为在《香港新界锦田邓氏族谱》嘉靖十四年（1535 年）陈蒸等人作的族谱序言中得到印证：其历

① 吴建新：《从〈琴轩集〉看宋元东江三角洲的大族与乡村精英》，载东莞市政协主编《地方文献整理与东莞学人精神研讨会论文集》，齐鲁书社，2015，第 279—290 页。

② ［宋］欧阳修：《南汉世家第五 · 刘隐》，收入《新五代史》卷六五，第 810 页。

代祖先“墓额则垒垒然犹存也”。[①] 大族普遍有蒸尝，如南海吕氏四世祖吕少望，生于宋高宗绍兴四年（1134年），原“延师训读，因元更革，遂废，拨土名白泥冈、查涌田五十亩，复于刘岗山下拨土名木良田三十亩以为蒸尝”。[②] 南来的移民如男性入赘女家，女家为户主，迁民就接受按照女性为祖宗的祖先崇拜的风俗。刘志伟指出，姑嫂坟在沙湾何氏宗族的祖先崇拜中，有着比他们的男性祖先更重要的位置。然后指出“妇人强，男人弱”是宋代岭南地方社会的一大特色。[③] 关于广州乡村中盛行的女子为户主的风俗得到宋代文献的证实，刘克庄为知广州方大琮写的墓志铭中提到广州民俗，其中一条是“无男而立女户”[④]。故广州官员令男女婚娶。北方男子与岭南女子通婚就改变了人的体质。宋朝的官员认为兴佛可以对“蛮风”有所排斥。贬谪广州的仕宦和任职广州的官员容忍佛学或者与僧人有来往，认为佛学使人向善。岭南民俗深受影响，寺庙在宋元时遍布岭南大地。没有家庙的平民可以舍田给寺庙（这在文献上有很多记载），将祖先的牌位放在寺庙里，以举行家族祭祀。寺庙或天后宫等土神祠还可以是家族或乡村议事的地方，这些祭祀神灵与祖先的地方是乡村的中心。

二、“耕读传家”风气的出现

宋元时期，富有阶层已建立了“耕读传家”的思想文化传统。“耕读传家”是国家正统的礼仪制度向乡村社会传播的基础。明初陈琏《琴轩集》中有许多“处士”。这些人自己有文化，在乡村往往不仅因为富有家产而闻名，还因为富有知识。有的人做官回到家乡，也因为富有知

① 《宋进士承务郎阳春县令符协祖墓碑文记》，《香港新界锦田邓氏族谱》，收入黄国信等主编《珠江三角洲盐业史料汇编——盐业城市与地方社会发展》，广东人民出版社，2012，第340页。

② ［清］吕卓宽：《南海吕氏家谱》，不分卷，光绪二十二年抄本。

③ 刘志伟：《女性形象的重塑：“姑嫂坟”及其传说》，收入《二十世纪中国民俗学经典·传说故事卷》，社会科学文献出版社，2002，第357—378页。

④ ［宋］刘克庄：《铁庵方阁学墓志铭》，收入《全宋文》第331册卷七六二五，第246页。

识而受到重视。值得注意的是，他们的知识结构不但包括国家的纲常礼仪，而且包括“资生”或“治生”的知识——务农和经商的知识。如新会伍氏，伍氏三世祖置田四百石，到了他的孙子即伍氏的五世祖，“治生有道，增业万石”。[①] 宋亡之后，不少宋遗民不仕，隐居在乡间“耕读传家”，研习农学。东莞王氏，“宋宣和……游于广因家宝安之厚街……值元之世，当国者阴废南产之士，虽有美材莫能自奋。……（王氏）以耕读为乐，子孙咸化之，知稼穑之勤，称诗礼之习……”[②] 王氏家族还建了一个“稼穑轩”，“当三农暇时，进子侄于前，述祖宗起家之勤，积累之厚，而申之以孝悌忠信之道；于稼穑之事，则谆谆焉告之。俾毋荒于嬉，毋怠于业，毋乖乎行，惟勤俭是尚，礼仪是敦，以永厥图”。[③] 可见乡村中的“耕读传家”是珠三角最早的家训之一，传统农学伴随着国家的礼仪制度一起在乡间传播。元代的官修农书《农桑辑要》，私修的《王祯农书》，都曾被元朝统治者公开印行，发行到乡村。这些农书不尽是谈农学的，也有经商的一些观点。其篇首大都有关于国家正统意识形态的文字。这些都与国家在乡村的统治是并行不悖的。

“耕读传家”刚开始仅局限于家园观念。随着乡村教化的进行，“耕读传家”的观念上升为“家国观念”。这一观念的突出表现是在南宋末厓山之战中，珠江三角洲的乡豪、士人纷纷起兵参与勤王，“富有阶层”捐出大米、军需品支援宋军。“家国观念”还表现在县政的施行等方面。[④]

三、早期水利社会雏形与基塘农业起源

在文献中宋元水利工程“官筑”“官修”“民修”“民筑”的背后，可以猜度出岭南早期水利系统运行与地方社会之间的关系。宋元广

---

① [明] 伍石斋:《伍氏诫子书》，收入谭棣华等《广东碑刻集》，广东高等教育出版社，2001，第 434 页。

② [明] 陈琏:《鳌台王氏族谱序》，收入《琴轩集》卷一七，第 977 页。

③ [明] 陈琏:《稼穑亭记》，收入《琴轩集》卷一四，第 716 页。

④ 吴建新:《从南宋元时期香山县政看香山文化的起点》,《艺术与民俗》2020 年第 4 期。

东官督民修的水利工程大致占当时全省水利工程总数的 41.8%。[①] 即使是官修的工程，民众也是参与的主体，官员只不过负责动员和组织民众。这种由官员主导组织民众修堤的社会关系，还不是严格意义上的水利社会，充其量只是治水社会的雏形。此外，民修的水利超过官修的水利，占 50% 以上，而且元代的民修水利数大大超过两宋。[②] 民修的水利设施表明民间有了不一定依附官方的治水组织，这种情况与宋元两代国家政权还未完全深入到乡村社会中有关。

乡村中已经出现了如墟（圩围）长、壆长、塘长，在西北江三角洲的桑园围称为“基段业户”等负责组织乡村民众进行水利建设的人物。如西江上的“镇南堤，城南五里上塘等乡，障田四十八顷。元至正元年墟长陆忠筑，出平田围”。[③] 明代东莞的壆长还掌握修堤的簿册，记载每户应负担的地段和轮换出役时间。[④] 这是从宋代沿袭下来的水利习惯。文献还多有记载乡村的富户应民众或官府要求，出资或主动肩负起水利兴修的责任。

因为宋元珠三角的堤围缺乏稳定的水利组织机构，且还没有出现水利法规，只有在修建堤围时组成宗族联合的治水组织，修围之后就解散。各村各族对自己田地所属基段的维修责任是清晰的，往往用“簿记”记载下来。但这个“雏形”已经是珠江三角洲的乡村重要的历史变化。

随着水利建设的兴起，“果基鱼塘”“桑基鱼塘”这类土地利用方式出现在南海县（包括顺德全部、新会一部分）的低洼地。如南海冈头邓氏先祖邓伯达在宋开宝年间迁来，“广拓产业，建室宇，凿池塘”。[⑤] 塘边必种果树。这一风俗闽广皆然。宋代蔡襄撰《荔枝谱》云：“兴化军风俗，园池胜处惟种荔枝。”[⑥] 所谓“园池”，就是池塘加果园的形式。对单家独院来说，是庭院农业；而开辟了河涌水利的水乡，连片的果园

---

① 根据笔者对广东各地方志以及宋元文献的统计得出结论。

② 根据笔者对广东各地方志以及宋元文献的统计得出结论。

③ 道光《广东通志》卷一一五《水利》，第 552 页上。

④ [明]曾养:《修筑福隆壆事宜》，收入崇祯《东莞县志》卷七《艺文》。

⑤ 南海《冈头邓氏族谱》，不分卷，佛山图书馆影印本。

⑥ [宋]蔡襄:《荔枝谱》，收入彭世奖《荔枝谱校注》，中国农业出版社，2008，第 8 页。

和基面果树的结合，就是经营性的“果基鱼塘”；如果有种桑养蚕缫丝的农家，会在基面种桑，就是“桑基鱼塘”。元明之间南海县水利环境已经大大改善——九江乡、龙江乡、龙山乡，已出现了“果基鱼塘”“桑基鱼塘”等新的土地利用方式。

四、岭南涉农著作与最早的农书类著作

宋元岭南的笔记类农业文献有南宋周去非的《岭外代答》和范成大的《桂海虞衡志》。这两本书虽然主要是以广西为叙述对象，但是有不少内容涉及广东农业和动植物资源，而且很多广西有的资源，广东基本上也有。《岭外代答》所记载的“惰农”条，记载的虽然是广西靖江一带的农业民俗，但其实在广东也有这种现象，说明广东土著的劳动力体质较弱，且粗放农业还广泛存在。《岭外代答》中还有不少关于两广农业资源的记载，对“广米”的记载有助于理清广米的来源。书中重要的史料还有对番禺斗鸡，对茉莉、素馨花，两广贸易关系等的记载。《桂海虞衡志》中的“志兽”志花等可以说是动物、植物志的专章。但它们还算不上是农书，只是东汉、六朝、唐代的岭南地志的延续，不过记载的内容比前代的地志丰富很多。

真正的农书类文献是岭南地方官所作的《劝农文》。宋元劝农制度衍生了地方官员的《劝农文》。地方官员每任职一地，或出郊劝农时，大都作《劝农文》，以示对农民劝导垦耕。但是宋元的官员劝农，大多流于形式，不少的《劝农文》空泛无物。

岭南留下来不多的《劝农文》，虽然涉及农业技术的不多，但是切中岭南农业民俗的弊端，言之有物，对改良“惰农”“杀牛祭鬼”等陋俗有作用。南宋后期方大琮在广州任职，先后有《广州甲辰劝农文》《广州乙巳劝农文》《广州丙午劝农文》《广州丁未劝农文》《劝种麦文》《劝织吉贝布文》，内容多是劝导岭南农民改变旧的民俗，以力农为主，可改革民间风俗之弊。如《广州甲辰劝农文》劝导人民“毋轻以犯法以残父母之身，毋狃于争财以伤兄弟之谊，毋诱嫠以速阴讼，毋停娶以长淫风。

婚姻以及时为贵，毋留老女以自乱；继绍以同宗为正，毋立女户以自绝”。[1]他的《劝农文》还反映了当时珠三角农业的情况，《广州乙巳劝农文》：“南海、番禺、增城、东莞、新会、香山皆濒海，大半为潮田。潮田宜无荒岁。”[2]《劝种麦文》[3]反映了南宋时广州附近地区种麦并不普遍。《劝织吉贝布文》反映了珠三角地区种植棉花和纺织业并不普遍，商业发达反而抑制了农业和手工业的发展。[4]《劝农文》流传下来的有潮州守许应龙《初至潮州劝农文》《次年劝农文》，[5]元至大四年（1311 年）东莞令郭应木《劝农文》在后代还被传颂。[6]也有人用耕织图劝农，如张抟霄，元至顺中为南雄路总管，在其任上“采豳风图，劝民务农”。[7]“豳风图”就是宋代流行的耕织图，往往将农事、蚕丝业的每一个技术环节用图画出来，并配一首诗歌，是诗画并茂的活教材。宋皇祐二年（1050 年）阳春知州薛利和建劝农亭以劝农，明代景泰年间阳春知县重建了这个亭。[8]劝农亭不是简单的一个亭子，亭子四周还画了耕织图以宣传农业技术。

北宋郑熊著《广中荔枝谱》记广东荔枝品种二十二，还保留在宋吴曾的《能改斋漫录》卷一五《方物》中，是中国最早的荔枝谱。其次是宋代熙宁年间张宗闵所撰《增城荔枝谱》，可惜这些书已佚。苏轼在谪居惠州时，写了《东坡酒经》，叙述了酒饼的制作与酿酒的过程，是岭南最早的酿酒文献。[9]

---

① 曾枣庄、刘琳主编：《全宋文》第 321 册卷七三六六，第 85 页。
② 同上书，第 85—86 页。
③ 同上书，第 88—89 页。
④ 同上书，第 89 页。
⑤ [宋]许应龙：《东涧集》卷一三，文渊阁四库本，第 1176 册，第 551 页上下。
⑥ 民国《东莞县志》卷四九《宦绩》，第 1851—1852 页。
⑦ 万历《南雄州志》卷三三《名宦》，第 787 页下。
⑧ 万历《肇庆府志》卷八《地理二》，广东历代方志集成本，第 156 页。
⑨ 苏轼：《东坡酒经》，收入《苏轼文集》卷六四，第 1987 页。

五、农业发展与宋元岭南文化

宋元时期的农业发展，比较突出的是珠江三角洲和潮州平原，这两个地方发生了较之汉唐先进得多的农业变革，经营方式上出现商品化的趋势。专门从事农业或渔业、农渔业盐业兼营的大家族遍布三角洲平原。广米成为重要的商品，岭南出现追求土地和热衷占有水利资源，从事生产与兼营商业的“富有阶层”，这也是这一时期乡村社会的新现象。[①]当然，我们只是以拥有粮食和土地等财产多少的标准来划分“富有阶层”，并不完全否定宋元岭南乡村是“乡豪社会”，而且“乡豪社会”也不是铁板一块，例如何真也深受儒家思想影响。所以，本书所称的“富有阶层”含“诗礼之家”和“乡豪”。本书所述的“富有阶层”中有部分家族组织通过生产谷米、商品性农业或其他商业活动而致富，且接受国家的正统意识形态，热衷乡村教育、乡村建设、乡村防卫和建立寺庙、赈济等公共事务，他们是否属于“乡豪势力”值得探讨。廉能兼备的官员治理地方，使宋元岭南的劝农、水利、省民徭役赋税等利于农业发展的县政得以施行，宋元岭南文化较之前代有了质的飞跃。对于理学，宋时期岭南处于“接受”阶段，也开始出现本土的儒学家，所以，刘克庄有诗赞：“番禺人物于今盛，闽浙彬彬未足夸。”[②]元代岭南儒学开始有创造性的突破。如元末明初的孙蕡，（是何真的幕僚），其著作除诗歌外，还有理学著作，被称为“岭表儒宗”。[③]稳定的乡村聚落产生了浓厚的家园情结，家族祭祀稳定了家族的凝聚力，长期居住在共同的地方，产生了共同的地域心理和民俗，人们在劳动生产等交往活动中形成不同的方言，在更大范围内产生了粤方言，这与乡村聚落的高度稳定有关。明代，在珠江三角洲的广州府、肇庆府、徽州府范围形成“广府语”（粤人称白话），在潮梅山地（今梅州、大埔县一带）形成客家话，在今潮汕地区形成属闽南语系的潮州话。由

① 吴建新：《从“广米”看宋元珠江三角洲地区富有阶层的兴起》，《古今农业》2014年第2期。

② [宋]刘克庄：《广州劝驾》，收入《后村先生大全集》卷一二。

③ [明]黄佐：《广州人物传》，陈宪猷疏注、点校，第291页。

于国家正统的意识形态的推进，家园情结又上升为家国情结，对国家的认同，使农业聚落中的人们团结在一起，参加到保家卫国的战斗中。在南宋灭亡时，珠江三角洲的战斗最为惨烈，不少富人阶层包括乡豪，不管他们的动机如何，捐粟或出乡兵支持南宋小王朝的抗元斗争，正是家国情结的表现。这些都是岭南文化在宋元农业发展的基础上产生的新现象。

本篇结语

新石器中晚期到宋元的农业历史表明，岭北和岭南的农业交流是推动岭南农业发展的基本动力。秦代开拓灵渠，从西面促进了长江流域与珠江流域的交流；唐代大庾岭的拓宽和宋元时期对岭南交通的进一步开拓，则从北面和东北面开拓了华中、东南各省与岭南的交流。而岭南农业的进步，无一不与国家的兴衰联系在一起。到汉唐时代，岭南农业的进步对于国家来说，几乎是无足轻重的，吸引中央王朝的只是来自番舶的奢侈品。随着经济重心的南移，岭南农业开始进入中央王朝的视野。唐代中期，岭南米已输调岭北。晚唐杜佑在讨论漕运的米时，再一次提到岭南的米。宋元时期，岭南平原地区农业社会发生了重大的变迁：一是在平原地区，精耕细作成为农业技术变革的主要方面，有了广袤的水稻土、圃田和人工栽培作物、畜禽资源。岭南的米和槟榔、盐、香、南药等“广货”成为了国家南方财政的重要来源，广州城也成为华南农林、鱼盐产品的贸易中心[①]；二是农业的经营方式发生了重大的变化，拥有自由迁徙权利的客户数量增多，在园艺业中最早出现商品性农业；三是乡村社会中代表着国家意识形态的农业文化进入基层社会。这些重要变化都为明清时期的农业进步打下了基础。

---

① 吴建新:《宋元广州城的农产品与鱼盐产品贸易》，载《广州文博》第十期，文物出版社，2017，第90—104页。

中篇

明清时期的农业

明清时期，传统农业全面发展。这一时期被称为岭南“后来居上”的经济旺盛时期。国家正统意识形态和统治力量以宋元以前没有的程度向基层社会渗透；大力实行劝农、垦荒、水利、粮食储备和赈灾政策，显示国家重视岭南的政治和经济地位。这一时期，宋元以来的宗族人口繁衍，加上岭北继续迁入大量人口，农业聚落的密度较之宋元更大，宗族成为村社的基本制度。这段时期田地开拓，导致大片的原始森林消失，动植物资源减少，水土流失，不利于农业的发展，但是沿海平原的淤积和开发强于前代，宜居和宜农环境也优于前代。从平原到山区大兴水利建设，水利社会在各地基本成型。各地出现不同的土地利用方式和生态农业类型的雏形。稻作农业上，双季稻非常普及，而且双季稻和冬种作物连作，形成三造制和各种套作、混作栽培法，施肥、选种等技术普遍应用，稻品种数以百计，水稻亩产量大幅增长。沿海平原地区经济作物的发展抑制了稻作发展，由于对外贸易的独特优势，广东的商品性农业在全国处于领先地位，专业化墟市在全省各地都有，以珠三角和潮州平原最多。广东的蚕桑业、蔗糖业、“果箱”（荔枝、龙眼等）、莞香、葵扇、槟榔、椰子等在全国独占鳌头。明清广东是番薯、玉米、花生、烟草以及不少外来园艺作物的最早传播地之一，这些外来作物对当时的农业技术、作物结构都有一定程度的影响。林业中，竹木松杉是主要的栽培品种，东莞人工栽培的香树制成的莞香闻名天下。渔业中，广珠是行销的商品，围网渔业遍布近海，不少渔民还到南海诸岛的渔场作业。南海九江乡在明代垄断了西江的鱼花捕捞业并掌握了鱼花养殖技术，成为华南最主要的四大家鱼苗供应地，为桑基鱼塘的形成奠定了基础。副业生产以家庭纺织业为主，晚清时兴起机器缫丝业，是蚕业生产中最重要的变革。明代的农书还少，主要以清代为多。明清时期形成“四民皆本”的思想文化，拜金主义盛行，为商品性农业发展提供了思想基础。

第一章

制度与技术

第一节

农业政策、人口与耕地的增长

一、广东当局的农业政策

1. 对守土官素质有更高的要求

官僚制度在明清时期君主专制制度下得到充分的发展。国家对守土官的综合素质要求更高，对官员在劝农等方面要求有更高的施政能力。故明清岭南出现了数量超过宋元的廉吏、能吏。

明代洪武年间，朝廷摧毁了宋元以来的乡豪势力，为廉能官吏在乡村的施政奠定了基础。在明代前期的官吏中，陈献章最推崇的是刘大夏。刘大夏，弘治十二年（1499 年）为总制两广军务，“广人故思大夏，鼓舞称庆。大夏为清吏治，捐供亿，禁内外镇守官私役军士，盗贼为之衰止”。[①] 姚镆，弘治进士，到广任职，注重地方政务，有廉名，追还霍韬和方献夫等大家族占夺的数千亩田产，还之官。[②] 梁材，弘治十三年（1500 年）进士，嘉靖四年（1525 年）广东布政使，“吏民输课，令自操权衡，吏不得预。时天下布政使，廉名最著者二人，材与姚镆也”。[③] 明代中叶廉能兼备，促进地方教化和农业发展的省级官员还有戴璟、潘

① [清]张廷玉:《明史》卷一八二《刘大夏传》，中华书局，1974，第 4845 页。

② 《明史》卷二〇〇《姚镆传》，第 5278 页。

③ 道光《广东通志》卷二四三《梁材传》，续修四库全书本，上海古籍出版社，1995，第 5149 页。

季驯、林富、孙永思等人。[①]

清代治理广东的大员中，有能力的不乏其人。顺治年开始迁海，沿海农业遭受重大损失，人民流离，康熙七年（1668年），广东巡抚王来任力主展界，被香山等县人民奉为神明。康熙十二年（1673年），金光祖督粤，与两藩势力作斗争，力争两粤通商，使缺粮的广东米谷供应稳定，从而也安定了社会人心。[②]清代前期“三朱”声名最著，“秣陵朱公桂桢巡抚广东，多惠政，粤人思之弗衰，所称三朱，公其一也。其二谓高唐朱制军祚，大兴朱太傅珪，皆先后抚粤，有德于民者”。[③]清初政府对广东巡抚的选择尤其重视。如清初前期的李栖凤、李士桢、朱宏祚、彭鹏、鄂弥达、杨永斌、孙士毅、程含章、高承爵、杨宗仁、王安国、朱桂桢、康绍镛等。粤督或粤抚选人条件多以熟悉粤政、能保持区域统治政策的连续性为主，出身科举或者是具有治理才能的汉大员担任巡抚已成不可逆转之势。[④]他们在开垦荒地、粮政、开放海禁、兴修水利、发展商品性农业方面做出了贡献。

方志中明清时期广东州县级中的名宦较之宋元多得多。以同治《广州府志》记载为例，明代广州知府能列入名宦的有27名，南海县28名，番禺县22名，顺德县27名，东莞36名，从化18名，龙门16名，增城40名，新会28名，香山38名，三水20名，新宁14名，清远16名，新安22名。[⑤]清代仍以广州府为例，同治《广州府志》只选到道光年，名宦中广州知府8名，南海县17名，番禺县15名，顺德县20名，东莞15名，从化7名，龙门10名，增城19名，新会14名。[⑥]尽管修志

① 韦庆远：《“百粤行将遍，三春思转穷”——论潘季驯巡按广东的政绩》，《学术研究》2005年第5期；戴璟，参见何华添《从嘉靖〈广东通志初稿〉看戴璟的社会治理思想》，学士学位论文，华南农业大学，2012；万历《广东通志》卷一三《林富传》《孙永思传》，中国稀见地方志汇刊本，第331页上。

② 同治《广州府志》卷二五五《宦绩五》，中国方志丛书本，第340页上。

③ ［清］陈徽言：《南越游记》卷三《巡抚遗爱》，载谭赤子校点《粤东见闻录·南越游记》，广东高等教育出版社，1990，第187页。

④ 关汉华：《清代广东巡抚考略》，《广东社会科学》2004年第2期。

⑤ 同治《广州府志》卷一〇六、一〇七，中国方志丛书本，第742—785页。

⑥ 同治《广州府志》卷一〇八、一〇九，第786—820页。

者选择名宦有不同的考量，但是入名宦者，至少治理地方有政绩，为农业的发展提供了一个好的环境。热衷劝农，指导地方人民发展农业的官员也是不少的。

2. 赋税政策

明清时期国家的赋税制度对农业发展有很大的影响。明代洪武、永乐年实行里甲和赋税相结合的制度，赋役黄册和鱼鳞图册虽然说是加强了对农民的控制，但同时也确定了农民对土地的所有权，一定时期内对农民发展农业生产的积极性有促进作用。但是这种“画地为牢”的制度，很快因赋役不均和民户逃亡而造成虚税现象。里甲制度崩溃，里甲中在户数量与实际数不一致，政府征收的赋税流失，社会危机发生，农业生产也受到损害。为此，在明代前期就开始实行里甲均平赋役的办法，从“均徭之法”逐步到赋役折银方向发展，经历成化、弘治中、嘉靖十一年（1532年）、嘉靖三十八年（1559年），逐步形成了“一条鞭法”的演变。[①]万历年广东大部分地区都实行了“一条鞭法”的改革。“一条鞭法”的核心是赋税徭役折银，对农业的影响尤为深远。折银之后，政府逐步将人口的统计转向对纳税人口和土地的统计，农民对国家的人身依附关系相对松懈，可以从事农业之外的手工业或者商业活动。由于赋税和徭役都折银，迫使农民将产品拿到市场去卖，在某种程度上促进了商品性经济的发展，从而刺激效益更高的经济作物的栽培。广东有独特的外贸优势，外贸得到的白银在广东流通，商人购买货物运销到岭北或出口，“带动了广东本地的商品经济的发展，并深深地渗入了广东城乡民间日常生活之中”。[②]隆庆、万历年间的对外贸易开放，刺激了万历以后商品性农业的“爆发式增长”。

明清鼎革，赋税徭役折银的改革在“摊丁入地”制度的逐步实行中得到发展。因为“一条鞭法”还有丁银，改革还不算彻底。“摊丁入地”就是将丁银按田亩逐步摊到地税中，有田者征税，无田者免征。康

① 方志钦、蒋祖缘：《广东通史（古代下册）》，广东高等教育出版社，2007，第369、374、375页。

② 刘志伟：《在国家与社会之间——明清广东里甲赋役制度研究》，中山大学出版社，1997，第141页。

熙五十五年（1716年），广东首先实行“摊丁入地”，雍正四年（1726年）始有差不多半数的县份实行，到乾隆元年（1736年），广东全部县份都实行了这一制度。[①] 刘志伟认为，“摊丁入地”的改革，是一个从明代后期到清代前期逐渐展开、深化和完善的过程。[②] 而且，康熙五十一年（1712年）还实行了“盛世滋生人丁，永不加赋”的政策，将全国征收的丁税固定下来，以后额外加丁只是补旧丁之缺。[③] “摊丁入地”和固定丁税，刺激了人口的增长和商品性经济的进一步发展。明清广东的赋税制度改革走在全国的前列，为农业的发展奠定了基础。清代广东的农业政策比明代较为开明，如明代对疍民实施疍籍制度，设立河泊所收税，致使疍民因为繁重的渔课逃亡。而雍正七年（1729年）颁布准

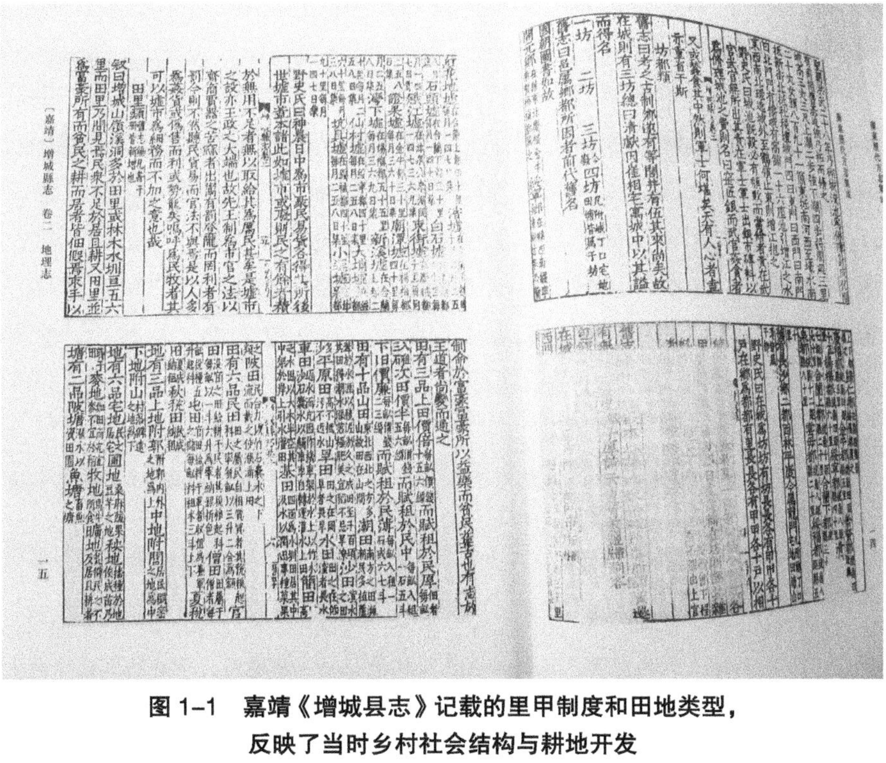

图 1–1　嘉靖《增城县志》记载的里甲制度和田地类型，反映了当时乡村社会结构与耕地开发

① 方志钦、蒋祖缘主编《广东通史（古代下册）》，第 821 页。

② 刘志伟：《在国家与社会之间——明清广东里甲赋役制度研究》，第232页。

③ 李龙潜：《明清经济史》，广东高等教育出版社，1988，第 339 页。

许疍户上岸定居、耕作的诏令，清代对疍户征收的鱼课亦大大减轻，这些政策有利于滨海平原的农渔业发展。

3. 垦荒政策

明清时期都采取鼓励人民垦荒的政策，以促进田土的开垦。洪武五年（1372年）五月、八月都发布全国性的垦荒诏，洪武二十八年（1395年）命令山东、河南等地新垦田，“俱不起科”。[①]这些全国性的诏令，对广东地方官员也起到了督促作用。如广州府：毕瑄，洪武五年（1372年）初任东莞令，“邑值兵燹之余，荆榛遍野，瑄与县丞八礼台，招徕安辑流亡来归，田里日辟”。[②]王世荣，洪武十六年（1383年）任东莞令，“时邑中寇变，人民流离，乃迁集劳来，资其不能为生者，俾复故业”。[③]在环珠江口各县，明初进行了大规模的军事移民屯垦，揭开了明代珠三角大开发的序幕。[④]

明初山区不少地方官员也采取了稳定社会、促进农耕的措施。洪武年间，惠州府河源县令邓文张任上，蠲免虚税多至5 974石，流民复业，咸获以安。[⑤]潮州知府白叔敏，“奏豁”绝户粮米，使人民得以开垦荒地。[⑥]江炳彝，洪武元年（1368年）程乡典史，奏免荒田粮米，“招民开垦，民德之”。[⑦]陈本，洪武二年（1369年）为海康知县，“招抚流移，编集图籍，抚绥初附，远近归者七百余家，……劝农桑，均赋役，尝导水以灌东洋之田，增筑圩岸以防斥卤”。[⑧]王伯贞，洪武十五年（1382年）

① 《明典章》第一册，洪武元年八月十一日诏令；[清]张廷玉：《明史》太祖本纪第二；《明太祖实录》卷三四。

② 康熙《东莞县志》卷六《名宦》，东莞市人民政府办公室据清刻本影印本，1994，第150B页。

③ 同上书，第151A页。

④ 吴建新：《明代珠江三角洲的农业与环境——以环境压力下的技术选择为中心》，《华南农业大学学报（社会科学版）》2006年第4期。

⑤ 万历《广东通志》卷三二《惠州府名宦》，第74页上。

⑥ 康熙《潮州府志》卷八《名宦》，潮州市地方志办公室影印本，1997，第328页上。

⑦ 乾隆《嘉应州志》卷八《名宦》，广东省立中山图书馆古籍部校点本，1991，第189页。

⑧ 万历《广东通志》卷五六《雷州府名宦》，第465页。

琼州知府，“辟田野，兴学校，政教大行，流民相率来归者万三千余口”。[1]

永乐时，当局也继续招垦流民复业，永乐五年（1407年）八月壬辰，广东布政司言：“揭阳诸县民多流徙者近招抚复业凡千余户……”[2]天顺四年（1460年）八月丁卯，“巡抚两广右佥都御史叶盛奏：‘广东韶州等府逃民动以万计，俱依附土民就田耕任。’”[3]大概从正统、景泰、天顺、成化年间开始，韶州历任地方官比较注意妥善处理土客之间的关系，招引了大量的移民，田土也因此得到大规模的开垦。成化年间粤北有一次大规模的移民垦荒，“苏铧［成化五年（1465年）任韶州知府］……百废皆作，田野辟。增五千九百九十余顷，户口新增三千七百九十余户”。[4]在嘉靖、万历时期，新开垦的农地一直在增加。张居正在任时期，形成了完整的治粤方略，主要提出了“开路”即发展交通、“招募流移垦荒”、减轻赋税三个措施。[5]万历九年（1581年）丈田，全省的田地数增加了[6]，一定程度上显示明代的垦荒是有成效的。

清代前期，岭南的田地开发达到历史的高潮。清初顺治年间和康熙年间早期，由于迁海造成沿海平原田地大量丢荒，农业生产大倒退。康熙四年（1665年）、康熙八年（1669年）部分展界，沿海平原田地得到部分复垦，到康熙二十二年（1683年）全面展界时，各地的荒地都得到不同程度的复垦。康熙二十二年展界之后政府财政收入大增，故康熙朝的豁免次数较多，数目较大，大大改善了垦民的生活和生产条件。全面展界之后的四五年已经恢复了繁荣气象，[7]一些地方复垦发展较快。

① 万历《琼州府志》卷九下《名宦》，日本藏中国罕见地方志丛刊，第296页上。

② 《太宗实录》卷七〇，台湾“中央研究院”历史语言研究所，1962，第981页。

③ 《英宗实录》卷三一八，台湾“中央研究院”历史语言研究所，1962，第6355页。

④ 万历《广东通志》卷三〇《韶州府名宦》，第736页下。

⑤ 颜广文：《张居正治粤方略评析》，《历史档案》2000年第4期。

⑥ 吴建新：《明清广东的农业与环境——以珠江三角洲为中心》，广东人民出版社，2012，第15—17页。

⑦ 方志钦、蒋祖缘：《广东通史（古代下册）》，第788页。

到了康熙后期，广大荒地被开垦，米价平稳，农业生产迅速增长。如康熙四十八年（1709 年），“民安耕凿，户乐康宁。广东虽处边隅，百姓之衣食农桑无日不在”。[①] 康熙五十四年（1715 年）广东巡抚的奏疏称，广东一年“两次丰收，米谷颇贱，……再查粤东沿海州县，田地广阔，抑且肥美”。[②] 这些显示的是农业生产欣欣向荣的情况。康熙后期到乾隆间，明末清初那种盗贼横行的现象不复见。雍正前期将目标指向未开垦的荒地。在广肇山区由粮驿道陶中正督率番禺县、新宁县、花县、阳江县、开平县、恩平县、鹤山县等县的知县，招徕惠、潮等州人民迁居，“共垦荒地二十一万零一百三十五亩”。从珠三角以东的山地，到粤西南的雷州，甚至粤北等地都报告有大规模的土地开发。[③] 雍正年间在新宁县等地招垦，到乾隆年间已是“东南其亩，隙地皆禾黍矣”。[④] 乾隆初期广东的耕地已经开发得非常充分，进入了一个新的垦荒高潮。乾隆十年（1745 年），全省只有粤西南的高、雷、廉府还分布七万多亩的新垦区可以垦辟，其他州府已无大片相连的荒芜之地。据乾隆十二年（1747 年）廉州知府的奏疏，在乾隆十年查出的七万五千余亩官荒，“招民垦辟，免其报升，迨乾隆十二年又经报荒二万四千余亩，查明亦山岗瘠土，钦遵旨一体办理”。[⑤] 乾嘉时期珠江口大片的水坦也被圈占，围垦从明代的占垦“已成之沙”转向围垦“未成之沙”。由于山区已无多余的荒地可供开垦，正在冲积成滩的河口平原便成为急待开发的土地资源。到嘉庆二十二年（1817 年），坐落在广州府六个沙田县的“报

① 广东巡抚范时崇奏折，康熙四十八年（1709 年）六月，《康熙朝汉文朱批奏折汇编》第 2 册，档案出版社，1984，第 520—521 页。

② 广东巡抚杨琳奏折，康熙五十四年（1715 年）五月初一，《康熙朝汉文朱批奏折汇编》第 6 册，第 271 页。

③ 两广总督鄂弥达奏折，雍正十二年（1734 年）五月，《雍正朝汉文朱批奏折汇编》第 26 册，江苏古籍出版社，1991，第 282—283 页。

④ 乾隆《新宁县志》卷二《食货册》，广东历代方志集成本，第 359 页下。

⑤ ［清］杨应琚：《劝垦水田》，收入道光《廉州府志》卷二三《艺文》，广东历代方志集成本，第 555—556 页。

垦年久之沙坦查有六千余顷”。[1]此后广东再无大规模的土地开发，道光年间地方官员请求朝廷准贫民开垦地脚山头畸零土地，概免税。晚清时期仍以沿海平原的冲积地开发为主。谭棣华认为参照同治五年（1866年）广东沙田清丈的数目，大致清末沙田约300万亩，约占全省耕地的10%左右。[2]明清珠江三角洲沙田的增长，使广州府的耕地面积在各州县中增加最快。

4. 劝农政策

明清时期都实行劝农政策，以推进农业的发展。明初的劝农从基层社会的管治做起。洪武三十年（1397年），国家令各地的“里”“各置木铎一”，每月六次由年老者或瞽者宣传国家的意识形态，令人民“各安生理，毋作非为”，意即勤恳劳作；“又令民每村置一鼓，凡遇农种时，月清晨，鸣鼓集众。鼓鸣皆会田所，及时力田。其怠惰者，里老人督责之。里老纵其怠惰，不劝督者有罚”。[3]永乐三年（1405年）重复洪武年间教民榜例。[4]这个制度与元代的农桑社有相似之处，但是当里甲制度趋于崩溃时，这种劝农方式能否继续进行是存疑的。明清时期兴起的乡约也有劝农、教化的成分。明代，“有司考课，令必书农桑、学校之绩”。[5]在珠三角这些发达农业区，当精耕细作随着封建教化的深入而成为日常普遍的农事活动时，简单的劝农形式反而不合时宜。但是在落后的地方劝农还是有必要的，如嘉靖年间，林希元任钦州令，“立田正、副，劝农老人，以教民耕织”。[6]

嘉靖年间黄佐所撰《泰泉乡礼》是一个士绅对乡村社会的综合治理方案，其中关于乡村社仓、义仓的建立和运作与农业生产密切相关，文末附宋代朱熹对南方稻田耕作技术论述较为精要的《劝农文》。这本

① 中国科学院地理科学与资源研究所等:《清代奏折汇编——农业·环境》，商务印书馆，2005，第389页。

② 谭棣华:《清代珠江三角洲的沙田》，广东人民出版社，1993，第224页。

③ 《明实录·太祖高皇帝实录》卷二五五，台湾“中央研究院”历史语言研究所，1962，第3677—3678页。

④ 《明实录·明太宗文皇帝实录》卷三九，第654页。

⑤ [明]徐光启:《农政全书》卷三，石声汉校注，农业出版社，1979，第65页。

⑥ 嘉靖《钦州志》卷一《风俗》，天一阁本，第32页。

书在明代嘉靖年间和清代道光年间都曾被广东当局印行到各地乡村[①]，对乡村社仓、义仓的建立和农业技术的推广都起了一定的作用。明清两代大力推广社仓、义仓制度，一方面也是防灾救灾的需要。防灾的需要是推动农业技术提高的一个因素。清代乾隆三十六年（1771 年）及四十二年（1777 年），由于灾荒，廉州官员教民务农，“民渐知服田力穑。迄嘉庆至今，种田之法更为精密”。[②]

明清时期不少能吏劝农往往将招抚流民、教化等活动结合在一起。明代英宗时规定：“凡流民，英宗令勘籍，编甲互保，属在所甲长管辖之。设抚民佐贰官。归本者，劳徕安辑，给牛、种、口粮。”[③]如方嵩，天顺八年（1464 年）由太学知阳江县事，“时流贼攻陷城池，民多流亡。嵩力请蠲赋三年，身率隶卒两三人，走高凉，招徕流移，民争襁负而归，嵩又设牛种三年，民皆悦服”。[④]正统初、成化、弘治、万历的顺德知县都在顺德劝农，推进当地蚕桑业发展，或修水利。此外，不少官员还传播农业技术。如广东双季稻很普遍，有的官员在其之上推广小麦栽培，形成稻稻麦的三熟制。“吴焕章……嘉靖二十二年（1543 年）由举人知阳江县事。……雅重农事，以三收法为民劝，冬麦夏粘晚稻三稔也。阳江习性懒癖，高山大原鲜尽其力，自章谆谆劝谕，而民始知种植之利。”[⑤]有的官员在山区传播新的作物品种。如陈乐祖，万历十八年（1590 年）永安知县，“教民始种麻豆芋姜，升德庆知州”。[⑥]雍正十年（1732 年）有官员在河源县“令乡民植之地不可耕者，俟其成长，取子为油利益”。[⑦]乾隆年间，河源县令陈张翼“劝民种桐、种茶、种松”，又作《广东农

① 《泰泉乡礼》在明清的传播，参看吴建新《明清广东的农业与环境——以珠江三角洲为中心》，第 228—230 页。

② 道光《廉州府志》卷一一《农桑》，广东历代方志集成本，第 235 页下。

③ ［清］张廷玉：《明史》卷七七志第五三，第 1875 页。

④ 康熙（二十七年）《阳江县志》卷三《名官》，广东历代方志集成本，第 268 页下。

⑤ 同上书，第 269 页上。

⑥ 道光《永安县三志》卷四《官师志 · 官绩》，中国方志丛书本，第 401 页。

⑦ 同治《河源县志》卷一一《风俗》，中国地方志集成本，第 333 页下。

谱》记述广东农事。[1] 类似的记载还有不少。

5. 水利政策

明清时期政府实行不同的水利政策，使明清两代的水利建设各有特色。明代早期广东水利制度还没有完备，水利建设一度是由乡间的“老人”或民众将水利建设的请求上达朝廷工部，由朝廷派员到地方督筑水利，或者是地方官直接上奏，中央批准进行水利工程建设。在这方面有不少案例。这种修筑水利的形式，在国家强大时还可以实施，对促进水利不太发达的岭南的水利建设也有用。但是民间奏筑没有形成经常性的制度，正统年以后就很少见这类水利建设的形式。事实上，正统以后地方官即使上达水利建设的要求都得不到回应，因此，由地方官员负起地方水利建设的职责。[2] 以雷州的特侣塘及防海大堤为例，主要由地方官员对这个在宋代就开始建筑的塘渠灌溉系统进行维护。在方志上，明代有 14 位雷州知府或知州、推官等级别的官员有大修特侣塘、防海大堤的事迹[3]，但是没有乡村士绅参与的身影。宋代特侣塘塘渠系统的岸长、塘长制度，是在明代官员动员水利建设时起作用的。明代沿袭了宋元时珠三角的基段业户制度、西江下游的圩长制度、东江三角洲的壆长制度。不过这些制度是和里甲制度联系在一起的，由有田者轮充，属于力役的性质。这种制度在嘉靖年间改革，按亩出钱代替了按田出夫。[4]

清代的水利管理有很大的变化。清代广东当局规定道台官员、州同知、州判、府的通判都有督修水利的职责，这一规定的特点在于打破了水利管理和建设的地域限制，所以清代地方官员主持水利建设的事例不胜枚举。[5]清代水利管理的另一特点是规定了县令及其以下的县丞、典史、巡检司都要管理水利。如嘉庆年间三水县34道堤围，其中县丞分管12道、

① 乾隆《河源县志》卷一一《农功》，广东历代方志集成本，第467—469页。

② 吴建新:《明清广东的农业与环境——以珠江三角洲为中心》，第266—267页。

③ 同上书，第16页注1。

④ 同上书，第271页。

⑤ 同上书，第276页。

胥江巡检司分管6道、典史分管7道、三水巡检司分管9道。[1]在桑园围，乾隆末年到嘉庆初，分管桑园围九江段的九江主簿嵇会嘉，因为督修水利成绩卓著受乡民士绅的赞扬，而被《南海县志》《广州府志》列入“宦绩”。[2]所以清代官府对水利建设的管理能力较之明代是加强了的。对于重要堤围，清代乾隆早期一度实行过完全的“官修”，后来因为财政不胜负荷而改为“官督民修”。在嘉庆、道光之间阮元督粤，以“借钱生息”的方法，即不动用赋税的正项，用杂项借给商人生息，用利钱资助“粤中大围”如桑园围的建设。清代的民间水利组织虽然沿袭了明代的基段业户制度，圩长制度，岸长、塘长的制度，但不同于明代里甲制度下的有田者轮充的水利组织，而是以士绅集团为中介的水利社会组织，官府仍严格控制民间水利组织的建立、资金筹集和使用、工程的勘探。这类水利组织以桑园围的“首事”——士绅集团为主体的水利组织为最典型。[3]在雷州的特侣塘、防海大堤维护中，康熙二十五年（1686年）、雍正八年（1730年）尚有动支官帑修建的记载。乾隆二十五年（1760年）广东巡抚建议采取“按田科派出夫修筑，不动官帑”，成为定例。雷州的陂渠、防海堤也不例外，《雷州府志》记载：从乾隆年到嘉庆年，以“首事”组织民间按田出钱出夫，组织岁修和灾后的重建，而这些活动也完全在官府的监督之下。[4]清代水利管理的能力效率较之明代有所提升。乾隆年间废止了动用官帑修民围的制度，广东最重要的桑园围在嘉庆年间官助岁修。光绪年间张之洞督粤，动用各种财政资源支持官围、民围水利，对晚清珠三角等地的水利建设起了很大作用。

① 嘉庆《三水县志》卷八《水利》，中国方志丛书本，第128—131页。

② 同治《广州府志》卷一〇八《宦绩五》，第800—1008页。

③ 吴建新:《明清广东的农业与环境——以珠江三角洲为中心》，第272—277页。

④ 嘉庆《雷州府志》卷二《地理·水利》，广东历代方志集成本，第86—87页上；嘉庆《海康县志》卷一《水利》，清刻本，第42页下—43页上。

二、明清时期广东的人口数与人均耕地、环境变化

以曹树基对洪武二十四年（1391 年）广东人口的修正数 385.1 万人为基数，洪武二十六年（1393 年）耕地面积为 23 734 056 亩，则人均耕地为 6.16 亩（军屯数除外）。万历二十八年（1600 年）是广东人口和耕地的最高峰，全省耕地为 33 417 071 亩（军屯数除外），人口为 8 489 275 人，则人均耕地为 3.94 亩，人均耕地面积不到全国平均数的一半。[①]

广东的耕地大致在乾隆三十一年（1766 年）才恢复到明万历二十八年的田地数量。直到嘉庆二十五年（1820 年），广东的民田数增加很缓慢，但人口数迅速飙升，沿海平原和部分山区出现了人多地少的现象，广东在历史上第一次向外大规模输出人口。[②] 嘉庆年间全省耕地 34 481 849 亩，人口为 21 405 000，人均耕地 1.61 亩，比万历二十八年减少 2.33 亩。人均耕地数最高的是南雄府，最低的依次是廉州府、连山厅、高州府、嘉应州，人均耕地不足 1 亩，但是这些山区很多所谓畸零地角山头土地是免于升科的，不在政府的税亩统计之内，所以这些地区的人均耕地不会低于 1 亩。但无论如何，到了清代中期以后，广东人口与耕地之间的矛盾已经十分尖锐，这一事实屡见于清代人的记载中。

随着人口的增加和耕地的开垦，明清时岭南生态环境发生了根本性的变化。在珠江三角洲和韩江三角洲，由于上游山区植被减少和耕地开发，河道水文发生变化，珠江口的古海湾被充填，海岸线向外推移，明清时期珠江三角洲冲积平原基本形成；韩江三角洲的面积也扩充了。珠三角由于堤围建设，束水归槽，珠江水网雏形初现，宋元文献记载中的“大海”逐步变为“小海”，围垦田地不断侵占河道。这虽然加大了抗潦抗灾的难度，但人们通过兴修堤围使平原上的生产环境和宜居环境改善，低地平原上民居和农田相互交错。山区也经历了由耕地开垦而引起的植被减少和水土流失等环境变迁，但因为耕地增加和水利大建设，山区农业经历了前所未有的发展，出现了宋元以前未经历过的进步。不论

① 吴建新：《明清广东的农业与环境——以珠江三角洲为中心》，第 17 页。

② 吴建新：《明清广东人口流动概观》，《广东社会科学》1991 年第 2 期。

平原和山区，各种土田形式在明清时期都具备。长期困扰岭南人的瘴疠和疟蚊大大减少。明代瘴疠在一些山区还存在，但到了清代已经后撤到五指山腹地局部地区。生态环境和人居环境的改善为农业生产发展奠定了基础。

但是明清广东山区的水土流失大大超过了宋元时期。耕地开发强度加大，随着缺粮、经济作物挤占稻田，山区农民开发畸零山荒。倾斜较高的山麓，建不了梯田，只能顺坡耕作，流入东、西、北三江和韩江的泥土增加，水灾涝灾频发。沿海平原开发沙田越多，水灾越甚；珠三角堤围越多，水灾亦越甚。山区在腊月有“猎冬”的习俗，带猎犬捕杀动物，平时捕杀动物取皮张为商品，加上平原对珍贵木材和燃料材的需求大增，为此山区动植物资源的多样性下降，山区的“虎灾”“虎暴”频发，晚清时华南虎大大减少，甚至不少山区县绝迹。在灾害频发的时期，也出现了应对灾害的措施和保护生态环境的制度和习俗。[①]

① 关于明清广东耕地的详细考证见吴建新《明清广东的农业与环境——以珠江三角洲为中心》，第 13—25 页。关于生态环境的变化与人类的应对措施，参看该书中篇和下篇，第 135—299 页。

第二节

农业生产工具与动力

明清广东的农具使用铁器制作是非常普遍的，这得益于佛山冶铸业在明代的兴起。明正统年间，鹤园冼氏六世宜冼灏通、细巷李氏、东头冼氏、佛山霍氏、江夏黄氏、纲华陈氏、金鱼堂陈氏、石头霍氏、石湾霍氏等家族从事冶铁业，早期以生产铁锅、铁钉、农具等日常用品为主。[①]有人认为，这些“炉户”铸造的铁农具是大批量的，他们不仅继承了前人的先进技术和经验，还在此基础上改革创新，发明了“擦生”铁农具的技术。明清时期，广东已经具备种类繁多的铁农具。[②]

清代佛山，铁农具的专业制作从冶铸业中分离出来。乾隆年间佛山铁农具集中在南部锦澜铺和东南社亭铺等地区，诗云：“铸犁烟杂铸锅烟，达旦灯光四望悬。”[③]有些街道以铸造的工具命名，如锦澜铺有“铸犁咀”[④]，道光年间又有铸犁大街的名称[⑤]，东南的社亭铺有“犁巷”[⑥]。如此命名显示这些街道都是以铸造这些农具为专业的。除了佛山的铸造

① 申小红:《族谱所见明清佛山家族铸造业》,《中国经济史研究》2011 年第 2 期。

② 鲍彦邦:《明清广东铁农具的生产》,《暨南学报（哲学社会科学）》1997 年第 4 期。

③ [清] 何若龙:《佛山竹枝词》，收入道光《佛山忠义乡志》卷一一，清道光刻本，第 47 页。

④ [清] 梁序镛:《佛山竹枝词》“孤村铸炼”，收入道光《佛山忠义乡志》卷一一，第 40 页。

⑤ 道光《佛山忠义乡志》卷一《乡域志》，第 28 页。

⑥ 道光《佛山忠义乡志》卷一《乡域志》，第 19 页。

业，农具在山区的矿区用废旧铁冶铸，但会受到国家的监管。嘉庆五年（1800年）户部咨复广督吉庆，令南海、东莞、新会、三水、新宁、清远、开平、龙川、兴宁、平远、镇平等县，“将各商每日铸出农具等项逐一填单，按月缴县查销”。[①] 清代准许运销废铁，如归善平海正税口，废铁往琼州，每担收银六分。[②] 潮州溪东小口，商船装载铁锅废铁出口，每百斤收银二分，还有附加税。又有铁船，满载收银四钱。[③] 这些废铁只能铸造农具等日常工具，铸造兵器是违禁的。

犁，除了犁铧部分是钢铁，其余大部为木质。[④] 因此有的地方专门制作犁的竹木部分。据清《粤海关志》记载：“归善平海正税口，有犁椽：每副收钱一文；犁犇（斜着支撑）：每捆收钱五文；曲零木（犁的曲辕），每件收钱一文。”[⑤] 藤类可以做犁的部件。如嘉靖《广东通志》记载：“青藤，俱可用为器。”“黄藤，节大如竹，可为棍。”（也可做多种器具）“犁藤，可以为农犁。”多种竹子也可以为器具，[⑥]“茏葱之属甚多，民多剖而丛之以为器”。[⑦] 犁架等部分正好用竹木制造。

排在犁之后的有耙：“犁耙则铁耙，用以犁田者也。”[⑧] 广东的耙除耙端部分为铁外，其他为木、竹、铁整合的配件，多用于平土耙细，培土除草，覆粪。[⑨] 在番禺，耙过的田地还须“辊轴，即古摩田器，用以摩平土面，谓之‘辘田’。……今（晚清）邑农于耙田后仍用辘轴摩田”，

① ［清］阮元修：《两广盐法志》卷三五《铁志》，道光刻本，第25页上。

② ［清］梁廷枏总纂《粤海关志》卷一九，袁钟仁校注，广东人民出版社，2002，第239页。

③ ［清］梁廷枏总纂《粤海关志》卷一二《税则五》，第242—243页。

④ 民国《潮州志·实业志·农业》，民国汕头艺文印务局铅印本，第11页上。

⑤ ［清］梁廷枏总纂《粤海关志》卷一二《税则五》，第234页。

⑥ ［明］黄佐：嘉靖《广东通志》卷二三《民物土产上》，大东图书公司，第583页下。

⑦ 康熙《广州府志》卷一〇《物产》，北京图书馆古籍珍本丛刊，中国书目文献出版社，1998，第116页上。

⑧ ［清］黄钊：道光《石窟一征》卷五《日用》，中国地方志集成本，第247页下。

⑨ 民国《潮州志·实业志·农业》，第11页上。

摩田之后还有犁耖，以便将泥土变得稀烂。[①]

常见的锄头，有厚锄、薄锄、镫锄、铁搭等。厚锄、薄锄形状差不多，只是端部厚度不同；镫锄似马镫；铁搭有四齿或六齿。厚锄用于砂质土；薄锄用于黏质土，就是宋元一章提到的“梆”；镫锄最适用于砂质土。铁搭中耕松土最佳，省力。[②]锄头与铁搭齿是由佛山等地的冶铸户铸造。锄头柄也有专业制作的。如《粤海关志》记载：归善平海正税口，出口的锄头柄，每把收钱一文。[③]整地工具有代耕架，是一种两头架设辘轳牵引犁，以代牛力的犁地工具，屈大均在北方见过，在《广东新语》中记载它的形状，说“吾欲与乡农为之”。[④]但是这种工具用得少，在北方也没有推广，在稀泥很多的潮田区更不能实行。在民田区，除草的有“田器”[⑤]，是锄头或耨、耙荡之类的除草器。

在作物栽培工具中，宋代广东出现的秧马仍在局部地区有使用。如珠江平原：明代番禺人李云龙《秧马歌》“须臾万叶削铊碧，宛似案辔临三军。露畦蹴遍沧波裂，陇首酸风梳翠鬣”，说的就是秧马。[⑥]客家山区：“大儿秧马田间驱，小儿竹马田间嬉。”[⑦]潮州平原：“村鼓畲歌放秧马，平畴耕遍绿云西。”[⑧]秧马用于承秧，如清代周祺诗：“一犁烟雨一声歌，秧马承秧处处多。”[⑨]承秧的工具还有秧盆，诗云“折腰大妇撑秧盆”。（原注：插禾时，积水田亩，秧贮盆，乘水推而东西之，曰撑秧盆。）[⑩]

① 民国《番禺县志》卷一二《实业志》，中国方志丛书本，第178页上。

② 民国《潮州志·实业志·农业》，第11页下。

③ [清]梁廷枏总纂《粤海关志》卷一二《税则五》，第234页。

④ [清]屈大均：《广东新语》卷一六《器语·木牛》，中华书局，1985，第449页。

⑤ [清]赵天锡：《调查广州府新宁县实业情形报告》，收入罗振玉编《农学丛书》第六集，光绪江南农学会石印本。

⑥ [明]李云龙：《啸楼遗稿》，收入《广州大典》集部别集第15册，第39页。

⑦ [清]周祺：《兴宁竹枝杂咏·山乡》，收入胡曦编《梅水汇灵集》卷七，光绪十二年铅印本。

⑧ [清]郑重晖：《韩江竹枝词》，收入[清]温廷敬《潮州诗萃》乙编卷一〇，汕头大学出版社，2001，第755页。

⑨ [清]周祺：《秧歌》，收入胡曦编《梅水汇灵集》卷七。

⑩ [清]周祺：《山乡》，收入胡曦编《梅水汇灵集》卷七。

在施肥工具方面，民国《潮州志》记载有尿筒、粪桶。有特色的是尿筒中的渗筒，特征是在筒的下侧方和下方钻微孔数十，使水或肥液由小孔中渗出。这一工具主要在园圃栽培中使用。[①] 在潮州平原和珠三角平原有专门用于取塘泥或河泥的涂锹，是自上而下作业的锸的形式。

图 1–2　外销画中农民用齿耙除草

在禾稻接近收成时，有“田压”，是用木条制作成丁字状，一为柄，一为压条，田禾大熟时，其禾倾斜阡陌间，用以压禾，不使蔓乱。[②] 禾稻收割之后，有架起禾穗的稻篮，早稻收获时用之以架起割掉的禾穗不使水湿。使禾稻的谷粒与稻秆分离的工具有摔桶，其主要附件有摔桶梯，其构造以两条坚硬的木做成微弓状，中间用竹条作横梁，若梯形者约十三条，以架起摔桶。摔桶还配以竹篾编成的摔斗笪，围在筒的周围，在摔打谷穗时防止谷粒飞扬。[③] 在珠三角的潮田区，收割时江水盛涨，

① 民国《潮州志·实业志·农业》，第 13 页下。
② 同上书，第 14 页上。
③ 同上书，第 14 页下。

农人坐船前往稻田，只割稻秆上部接近稻穗的部分，稻秆很短，脱粒时用连枷。这种情况在屈大均的《获记》中有记载。

谷粒加工中砻、碓、风柜等工具在古农书中有记载，在广东农村常见。在储藏谷物时，在谷堆或谷囤中插以“谷盅”，以竹皮片编成圆柱形，上下中空，用以调气，使谷堆中的气流能上升，谷不易发霉。晒谷时，“有谷耙，或曰透齿耙，用摊晒谷，即此物也。摊谷曰荡谷，故耙亦曰荡耙也”。[①]

图 1-3　外销画中的水路运输船，是水乡的物流设备

水乡中，小船最常用，岭南水乡称为艇，除了作为从村庄到田间水路上的交通工具，也搭载牛、犁。外销画中有搭载“田料”的场面，这些田料可能是肥料，也可能是运往鱼塘喂鱼的草。木质的小车在陆路运输中常用。清代人诗云：“黄沙一峒趁墟日，人在车轮声里行。”注解

① 道光《石窟一征》卷五《日用》，第 247 页。

图 1–4　木轮车，可以载人，也是运输农产品的工具

中说："墟中以车载物，轮声终日不绝。"[①] 新兴到阳春黄泥湾，这一段是陆路，贾客往往坐独轮车到新兴天堂墟，或者从新兴转水路到三水、广州。屈大均建议修筑运河以通之，"以通高、雷、廉三郡舟楫，免车牛挽运之苦"。[②] 从大庾岭的南坡到赣江的陆路上，牛车或独轮车也是常见的。由于车子承载的物件较重，所以有专门制作的牛车板从山区运往外地，作为装配牛车的配件。如粤海关的潮州北炮台正税口，出口牛车板，有大板者和小板者；甲子正税口则有车轮板出口。[③]

在农产品加工工具中，最重要的榨油机具和榨糖机具在乡村中普遍出现。《粤海关志》中有"油槽""油校""蔗校"的出口、进口记载。

《天工开物》记载了"油槽""油校"及其使用方法，结构多为卧式，以樟、檀、杞等径围粗大，木纹"循环结长"而坚实的木材挖成槽，"取四根合并为之。铁箍裹定，横拴串合而空其中，以受诸质，则散木有完木之用也"。中间有一平槽，是用来流油的，榨油时，榨油者站在

① ［清］罗嘉蓉:《峡内竹枝词》，收入《云根书屋诗钞》卷七,《广州大典》集部别集第 46 册，第 284 页。

② ［清］屈大均:《广东新语》卷四《水语 · 开浚河头小河》，第 173—174 页。

③ ［清］梁廷枏总纂《粤海关志》卷一二《税则五》，第 259 页。

高架上，以木槌撞击木楔，前端部的油果受撞击，油被挤出。也有横向式，榨油者举起吊起的大木槌向后走，再冲向前撞击木槽后端的木块，油就出来了。榨完油的渣滓就做成饼的形状。[①]

灌溉工具除了传统的戽、桔槔、辘轳之外，水车也广泛使用。水车构造虽然较为复杂，但是取材方便，甚至竹子就“可以为水车”。[②]翻车链带上的片子也是竹片或木片做成。明代，“番禺多高田，虞旱则为水车，转轮激水以上高原，地名车陂多有之。惟从化最巧，量水面至岸高若干尺，如其为轮，轮辐以细木干为之，每辐出枸处系一竹筒，但微系其腰，使两头活动，可以俯仰。置轴半岸，贯轮其上，岸上近轮处置木槽以承水。溪水散缓，则以石约归轮下使急，水急则轮转如飞。每筒得水则底重口仰，及轮至上，则筒口向下，水泻木槽，分流田中。不劳人而水利自足，盖利器也。夫桔槔，处处有之，或运以手，或运以足，或运以牛。机械之巧，无逾此矣。”[③]可见明代丘陵山区水车是非常普及的。山区木材很多，在水流特别急的地方，建造用石头做的的滚水坝花费工夫多而难度高，须用多条长长的粗木横亘在河中，抬高水位，将水引导到水车的位置，水力激转，车就能转动，水车能将水引到更高的田地。甚至用水车群引水，从高处到低处造成水量很大的陂塘，以灌溉高田。民国曲江下庙碑马渡水车群，内分三列共 24 架水车，造成蓄水量很大的陂塘灌溉高田。[④]这虽然是民国的记载，但既在宋元已有，且明清时期在山区也不是稀奇的事。即使是台地或平原，如耕地背靠山丘，也可以设陂灌溉。珠三角和潮州平原，堤围内如果出现内涝积水，水车能起到排涝的作用；如果田地高于河水，水车能抽水上灌溉渠，引水入田。水车中小的手摇水车即“拔车”和脚踏水车也很普遍。特别是脚踏水车使用最普遍。外销画中就有男女踩水车的场景。鲍彦邦统计明清广

① [明]宋应星:《天工开物·膏液》第十二，江苏广陵古籍出版社，1997 年影印本，第 326—327 页。

② 乾隆《阳山县志》卷五《物产》，故宫珍本丛刊本，第 13 页。

③ [明]郭棐:《粤大记》卷二九《水利·珠池》，黄国声等点校，中山大学出版社，1998，第 844 页。

④ 珠江水利委员会《珠江水利简史》编纂委员会:《珠江水利简史》，水利电力出版社，1990，第 247 页照片。

东山区机动牵引水车有大篷车、龙骨车、拔车、牛转水车等。[①]宋元时期在珠三角等地普及水利牵动的水碓，而磨面粉用的水磨在清中叶才传到粤北，“其造法比水碓加多一车，以拨转其横动力，樟滩村创造此磨迄今已有百年，视牛力赢数倍。今（宣统）大田峒、上崆溪、黄竹溪各地俱有之”。[②]

随着商品性经济的发展，出现了专门交换农具的集市。明代《东莞县志》记载：“二月十五日，山间民有聚于三角山下牛唐家村诸处，以农器耕牛相贸易，谓之犁耙会。”[③]《广东新语》有同样记载。“犁耙会”中，耕牛也是大宗的商品。明人诗歌云：“旧买黄牛欲教犁，每凭田叟得护持。儿童争抱喧门径，今发新生一牸归。”[④]这类犊子大多会在犁耙会或墟市中交易。饶平的内浮山墟，有“贸易牛只之所”。[⑤]这表明，随着农业的发展，农具和畜力的需求增加了。清代佛山霍氏家训中的“农家三十六善”，有“闲则料理农具”，可见农家很重视农具的维护，以减少购买农具的费用。[⑥]

明清广东“所饲皆水牛”[⑦]，是自宋元以来珠三角牛文化的继续。明初洪武四年（1371 年），朝廷命工部遣官往广东买耕牛以给中原屯种之民。[⑧]但是在战争或者动乱时，农家拥有的耕牛会被抢夺，农户拥有耕牛的数量就会减少。万历十八年（1590 年），瑶人在泷水县“占

① 鲍彦邦：《明清侨乡农田水利研究——基于广东考察》，广西师范大学出版社，2012，第 233—244 页。

② 宣统《英德县志》卷一六《物产》，《中国地方志集成·韶州府部》，第 714 页上。

③ 崇祯《东莞县志》卷一《风俗》，《广东历代方志集成·惠州府部》，第 61 页。

④ [明] 王渐逵：《绝句十首》，收入《青箩山文集》，《广州大典》集部别集，第 729 页。

⑤ 光绪《饶平县志》卷二《墟市》，《广东历代方志集成·潮州府部》，第 312 页下。

⑥ （道光）佛山《霍氏族谱》，（康熙）霍春洲《家训》，载广东省社会科学院历史研究所等编《明清佛山碑刻文献经济资料》，广东人民出版社，1987，第 480 页。

⑦ [清] 屈大均：《广东新语》卷二一《兽·牛》，第 533 页。

⑧ 《明实录·太祖高皇帝实录》卷六一，第 1189 页。

夺牛、田”。[1]被抢夺了牛的农户就只能合用牛只。顺治六年（1649年）知府郑龙光《南雄踏荒》诗注记载：“乡民五人共拖一犁，以无力买牛，合伴耕作也。”[2]德庆为少数民族较多的地区，“重牛田而轻性命。金悦二乡，盗颇少，牛马农事毕即纵之山野，至服役始收之”。[3]这种野牧方式也给偷盗耕牛的人可乘之机。随着地方官员发布禁止杀牛的命令，杀牛和偷牛的现象有所收敛，如清代“怀集宰杀耕牛成风”，“几成市肆之嚣”，知县顾旭明颁布《附宰杀耕牛禁约》禁之。[4]但明清时期还是经常出现偷牛的现象。清代《粤东成案初编》里就有数十例关于偷牛的案件。明清乡村的农业管理规约中也多有规定禁止偷牛的条文，这类碑刻很常见。可见牛是农家最重要的生产资料。康熙前期迁海，农民的牛受损失，复界初靠官府给予牛只复耕，如潮阳县县令张宏美“分给牛、种，民始各归故土垦荒复业焉”。[5]农民在迁海间牛受损的情况还见于珠三角。清初珠三角的蔗寮必用牛：“榨时，上农一人一寮，中农五之，下农八之十之。以荔枝木为两辘，辘辘相比若磨然，长大各三四尺，辘中余一空隙，投蔗其中，驾以三牛之牯。”[6]上农起码是富有的自耕农或者是经营地主，有三头牛。如屈大均是一个经营地主，有三头牛耕两广总制吴兴祚赠送他的沙田，他亲自参加劳动，“获既登场，以三牛旋转其上，凡五反覆，谷乃尽脱其秆，余乃以连枷施之”。[7]“广州凡潮田稍高者，犁必以牛。”[8]中农即一般的自耕农或者是较为富有的佃农，五户有三头牛，平均一户为0.6头。如果是下农，即较不富裕的佃农，八户或十户有三头牛，每户0.37—0.3头，牛只是合用或者是租来的。《广东新语》还载：“耕者合数十家牛，牧以一人，牧牛之田为牛田。”

---

① 道光《西宁县志》卷一二《事纪》，中国方志丛书本，第650页。

② 道光《直隶南雄州志》卷一七《艺文·诗》，中国方志丛书本，第327页上。

③ 嘉靖《德庆州志》卷七《提封志下·风俗》，广东历代方志集成本，第51页。

④ 乾隆《怀集县志》卷九《艺文》，故宫珍本丛刊本，第94页。

⑤ 光绪《潮阳县志》卷四《乡都》，中国方志丛书本，第46页。

⑥ [清]屈大均：《广东新语》卷二七《草语·蔗》，第690页。

⑦ [清]屈大均：《广东新语》卷一四《食语·获》，第597页。

⑧ [清]屈大均：《广东新语》卷二一《兽语·牛》，第533页。

广东农家认为黄牛力气比不上水牛，所以水田耕作使用的畜力，“皆水牛，春以犁田，冬以驮榨”。[①]清代粤中地区一般自耕农、稍富裕的佃农都会拥有耕牛，即使在坦程稍高的沙田区，佃农耕作的田地只要达到80—85亩，耕牛就是必不可少的。根据1950年广东省人民政府对万顷沙农村的调查，1949年以前的一般佃农都有自己的房子、农具、一支梆、一头牛、一条艇。[②]在道光年间的山区，耕牛“农家多畜之”[③]，但农家拥有的耕牛数量会少于平原地区，合用耕牛的情况更多。道光年间的记载：“吾乡（镇平县）牛税谷并非官家所征之税，乃倩人犁田，并赁其牛，至两季收成时，量谷以酬，每田得谷二石，则以二斗偿之，以此而名为牛税谷也。”[④]这种合租牛只的习惯在英德县也有，可见是比较普遍的现象。农家拥有耕牛少，固然与农家的贫困、牛的价格高有关，如清末“牛每只约值价银二十余两”[⑤]，二十余两等于二十余石，对农家来说是一笔很大的支出。道光三年（1823年），东安县佃农陈建恩欠人债，被追

图1-5 广州增城区车洞村春香的水碓
（2021年3月笔者摄）

① [清]屈大均:《广东新语》卷二一《兽语·牛》，第533页。

② 广东省人民政府调查组:《万顷沙农村调查》，1950，铅印本。

③ 道光《英德县志》卷一六《物产》，中国地方志集成本，第507页上。

④ 道光《石窟一征》卷五《日用》，第246页上。

⑤ [清]许南英:《广东阳春县实业调查报告》，收入罗振玉编《农学丛书》第六集。

债人“将其栏内牛只索取作抵。陈建恩以牛只系向人租用，恳求免牵”。[1]明清时期田场的细碎化与劳动力多也是广东山区农家耕牛少的原因。

明清广东的劳动力素质较之以往的朝代大大提高。由于岭北人口自宋代以来的迁入改变了岭南的人体素质，从体质人类学的角度看，明清时期“男弱女强”的情况有改变，男子体质增强，但从社会学看，女子地位急剧下降。在珠江三角洲，女子除“主中馈”之外，还要从事纺织、酿酒、养鸡鸭等家务事。如妇女的丈夫出外经商，还要“督童仆”，管理田场。在顺德、南海的基塘区，平民女性养蚕缫丝，男子耕塘。但是在一些地方，男子嬉游、女子耕作的风俗还存在。在以“力田”著称的潮州平原，“妇女勤于织纺”，“而依山之妇且代夫樵采，濒海者或拾海错，日鬻以给”，“至于插秧刈稻凡妇皆然”。[2]客家山区：“谁怜村妇种黄烟，灌溉辛勤不息肩。”[3]“村庄男子多逸，妇女则井臼、耕织、樵采、畜牧、灌种、缝纫、炊爨，无所不为，天下妇女之勤者莫此若也。”[4]“高州郡邑，民多游惰，不事生产”。[5]晚清时更因华侨出洋而致平原和部分山区流失大量男性强壮劳动力。以上都是明清广东劳动人手的大问题。

① [清]朱珪编《粤东成案初编》卷一一“酿逼自尽”，道光二十六年刻本。

② 雍正《揭阳县志》卷四《风尚》，日本藏中国罕见地方志丛刊，第330页上。

③ [清]张芝田:《梅州竹枝词》，光绪二十二年刊本。

④ 道光《石窟一征》卷五《日用》，第247页下。

⑤ [清]吴震方:《岭南杂记》上卷，丛书集成初编本，第14页。

第三节

肥料与土壤耕作、作物栽培技术

一、肥料种类

明清时期，利用肥料使农作物获得更好的收成已经成为沿海平原甚至是山区农民的普遍认识。明代佛山霍氏的晚节公时常“各耕佃一一省令下粪”。[①] 清初佛山霍氏家训中的“农家三十六善”之一是积粪，这是栽培的最低要求。[②] 一般说来，平原地区较之山区的粪料资源多，平地农下粪的积极性比山农高。

1. 天然肥料

明清广东的天然肥料有山区的灰粪。山地“种畲”时，将荒坡上草木烧后的草木灰作为肥料。此外，大量地获取庄稼的秆叶等制作熏土和厩肥。道光年间的《石窟一征》记载：“村庄以秆草、蔗渣、箬叶等物烧作粪种，名曰沤粪，亦曰沤火炉。”[③] 草木不足时，则大量铲草皮泥，“脱之者连根拔起，尚带土皮，故曰草皮”。[④] 将稻秆以及樵采得到的草木和草皮泥放在圈栏里，和牲畜的粪便一起经过牲畜的践踏，就成为厩肥，与草木灰、石灰一起施用。但是大量采集草木和草皮泥会造成植

① （佛山）《石湾太原霍氏崇本堂族谱》卷三《太原霍氏仲房世祖晚节公家箴》，载《明清佛山碑刻文献经济资料》，广东人民出版社，1987，第 468 页。

② （道光）佛山《霍氏族谱》，（康熙）霍春洲《家训》，载《明清佛山碑刻文献经济资料》，第 480 页。

③ 道光《石窟一征》卷五《日用》，第 245 页。

④ 同上书，第 247 页上。

被减少，表土裸露，水土流失。

珠三角和潮州平原等河流、鱼塘多的地方则取泥肥。明代文献记载："近河者可取河泥，更须人家沟水污秽涌聚处所之泥方肥。"[①]靠近人居的有机质充足的河涌泥肥、在鱼池里养鱼之后沉积的淤泥，都是很好的肥料。西江上水潦季节，泥沙随水流渟蓄在河道中，河涌水位高于堤围内田的水位，开闸放水实现潮灌，水流入田中，泥沉淀后成为非常好的天然肥。珠江三角洲盛行上泥。在基塘区，桑农驾小船到池塘，用长长的竹篙，端部加上一只畚箕，挖泥到船上，然后运泥覆盖上基面。在蔗区，疍民有专门的泥艇，平时被雇佣来在村庄的河涌中疏浚河道，为田地上泥也是其工作。疍民还有一类挖蚝壳艇，专门挖取珠江河河床上沉积的蚝壳供给烧灰或作墙壁，闲时被雇佣来挖河涌的泥上田。甘蔗田和香蕉田中，除了花生麸、豆麸之外，河泥就是主要的肥料。民国十四年(1925年)邵尧年的调查报告报道：东莞塘厦的蔗田，除了火灰粪之外，主要就是农闲时蔗农雇人用船只运泥到蔗园中作肥。[②]

这两种获取天然肥料的方法，体现了对生态环境的不同应用方式。肥料的缺少使农民向大自然索取有机质，取草皮泥就是向大自然索取的极端行为。而在珠三角应用泥肥却是保护当地水乡生态环境的一项重要技术措施。[③]

2. 人粪便和禽畜肥

明代中叶广东还有不少地方不用禽畜、人粪。明代万历三十一年（1603年）四会县"计一周庶几三获，土膏瘠，耨弗用粪，岁入一区不敌他郡之半"。[④]同时期雷州地区，"坑土旷而谷贱，人窳于耕作，

① 嘉靖《广东通志初稿》卷二三《田赋》"劝力本"，第420页下。

② [民国]邵尧年:《番禺、增城、东莞、香山糖业调查报告书》，国立广东大学农学院，1925，第49页。

③ 吴建新:《明清广东山区灰粪和平原泥肥应用的历史演变》，《中国农史》2008年第3期。

④ [明]陈一元:《绥俗考》，陈在万历三十一年任县令，收入光绪《四会县志》编一《风俗》，中国方志丛书本，台湾成文出版社有限公司，1974，第117页下。

不事蓄聚”。[①] 不用粪就使作物只能利用天然肥料或者田地弃耕，三年后复耕。

广州因为人口众多而周边农村肥料多。广州城内原有厕所收集人粪便，嘉靖早期戴璟任巡抚御史，说：“近来有司多作威福于街巷，禁其设厕所。”[②] 这说明明代嘉靖年间广州城市的粪便收集系统是不完善的，或者存在时存时废的现象。但人畜粪便还是被广州附近居民搜集。外国传教士在16世纪描述，广州城附近居民采集粪便：“他们背着粪经过全城时，为避免臭气，他们把粪装在外表极干净的桶里，尽管桶没有盖，仍显得国家和城镇的清洁。”[③] 同时，广州河里“有运肥的舢板”，“气味实在太难闻”，“广州港附近，专门有一些大桶来装运这些粪便”。[④] 这里描述的分明是广州城内的粪便收集系统。18世纪的外销画有一幅是一个妇女挑着粪桶在街上行走。[⑤] 这幅画可以和外国传教士16世纪的描述互证。1949年以后很长一段时间，早上搜集粪便的清粪工挨家挨户收集粪便。这是从明清民国传下来的广州城市清洁系统。清代佛山的粪便收集系统也见诸诗人冯雨田的竹枝词中：“生涯何碍担花粪，总贵千秋姓字香。”[⑥] 广州、佛山这类城镇无一例外地都有人工粪便的搜集系统。18世纪瑞典人奥斯贝克提到广州等城市里“许多穷人靠收集可以用作肥料的东西过活”，把这些肥料卖给“其他人”，“那些人再卖给有需要的农夫”。[⑦] “那些人”就是广州城市粪便收集系统中的“粪头”。粪便先是由粪工逐家逐户地搜集，然后由粪头统一处理

① 万历《雷州府志》卷五《民俗志》，日本藏中国罕见地方志丛刊，第204页上。

② 嘉靖《广东通志初稿》卷二三《田赋》“劝力本”，第420页下。

③ 〔英〕博克舍编注《十六世纪中国南部行纪》，何高济译，中华书局，2002，第85页。

④ 同上书，第78页。

⑤ 英国维多利亚阿伯特博物院等编《18—19世纪羊城风物——英国维多利亚阿伯特博物院藏广州外销画》，上海古籍出版社，2003，第180、177页。

⑥ [清]冯雨田：《佛山竹枝词》，收入钟山等编《广东竹枝词》，广东高等教育出版社，2010，第227页。

⑦ 〔瑞典〕彼得·奥斯贝克：《中国和东印度群岛旅行记》，倪文君译，广西师范大学出版社，2006，第98—101页。

图 1–6　外销画中的拾粪人

卖给四乡来的粪艇。清末广州城内嘉应会馆前河面，“常有粪草等船湾泊，阻塞水道，有碍往来”，客家生员请求官府“出示驱逐粪草等艇，不许在界内湾泊”。[①] 这些粪草艇就是来自南海、顺德基塘区的船只，直到人民公社时期还有顺德人常驻广州的买粪船。沿海各海关关口，常有运送肥料的船只，潮州饶平的黄冈正税口，有粪枯、茶、豆枯税则。[②]“粪枯”是指人畜粪便，不可能是干粪，这使人联想到潮州属县有粪便收集系统。乡村则不一定有这类系统，广州外销画有一幅是乡村一个农民在拾粪[③]，这说明乡村中有很多粪便，包括人畜粪。明代霍韬发达以后，将族田分给族人耕种，种稻者有“公栏”供给肥料，而治圃者“听自取粪”，“公栏”不给粪。[④]“公栏”应该是霍氏宗族的积粪

① 光绪二年《南海县告示碑》，收入谭棣华等《广东碑刻集》，广东高等教育出版社，2001，第 27 页。

② ［清］梁廷枏总纂《粤海关志》卷一二《税则》，第 224、258、251、252 页。

③ 英国维多利亚阿伯特博物院等编《18—19 世纪羊城风物——英国维多利亚阿伯特博物院藏广州外销画》，第 180 页。

④ ［明］霍韬：《家规》，收入《渭厓文集》卷一〇，续四库全书本，集 69，第 327—328 页。

系统，包括人粪便的储存。18世纪，番禺县北亭村人梁自适失去田地，无以为生，“同其子拾粪巷衢，十数年来，赖以糊口。初，族人以粪贱，任人自拾，今见适藉以衣食，特设例公投焉”。[①]

禽畜粪在明代珠三角、潮州平原等地也受到重视：“养猪者可以猪泥，养牛者可以牛泥，泥羊鹅鸡鸭等粪皆可积。”[②]清代农家牛只少，一般有养殖一两只猪，十几只鸡鸭。明清的家训，要求“牛羊鸡豚蕃息”，除了增加肉食，积粪也是目的。[③]《增城县志》认为当地“土化之法，川泊有坭，薪苏有烬。牛豕之蓄有遗秽，皆良”。[④]一般农家会有自己的粪窖、粪池以积粪，客家山区称为粪寮，“非止掘坑盛秽，且堆积肥田之粪，故谓之粪寮”。[⑤]养猪多的人家，有将猪粪晒干以作来年田肥的。东莞石龙，明代“镇未兴时，地地荒废，民间为人晾猪粪之所”。[⑥]每户农民有自己的“粪寮”，则乡村不一定不需要城镇那类粪便搜集系统。

3. 石灰、麸粪等肥料

广东的水稻土基本上是酸性土壤，所以需要施放石灰以中和。明清时施石灰已经非常普遍了，“从化之北九珠山，是多青石，居民燔灰以粪田，名曰石粪。盖田之瘠以石，而肥以灰，灰有火气，田得其暖而阳气乃生。火生于地，地之火不足，以人力之火补之，亦一道也。英德、阳山诸县，耕石田者十家而九，亦纯用石粪。以石而瘠，亦以石而肥，故其田多谷。”[⑦]山区农民将生石灰施于田中，还起杀虫作用。在珠三角沙田区和围田区，石灰不易得，则用蚝壳烧灰代替。明代农学家徐光启经过调查认为“广东壅蚝灰，壅稻亩用银一分约灰十余斤”，“南土

① [清]欧苏：《霭楼逸志》，收入李龙潜《明清广东稀见笔记七种》，广东人民出版社，2010，第159页。

② 嘉靖《广东通志初稿》卷二三《田赋》“劝力本”，广东历代方志集成本，第420页。

③ （道光）佛山《霍氏族谱》，（康熙）霍春洲《家训》，载《明清佛山碑刻文献经济资料》，第480页。

④ 嘉庆《增城县志》卷一《气候》，中国方志丛书本，第200—201页。

⑤ 道光《石窟一征》卷五《日用》，第269页。

⑥ [清]欧苏：《霭楼逸志》，第182页。

⑦ [清]屈大均：《广东新语》卷五《石语·石粪》，第185页。

图 1-7 外销画中的挖蚝壳船（蚝壳烧成灰是很好的肥料）

用螺蚌、牡蛎、蚶蛤等作灰，壅稻每亩用灰十斤以上”。[①]在粤海关的记载中，贝壳烧成的灰是商品，潮州关口的潮阳海门口、潮州正炮台、镇口挂号口、潮州正炮台、黄冈正税口、乌塘小口都有对石灰船、“灰壳船”、蚝壳船、蝌蟥壳船的税则。[②]潮州的嵣螃坪、环珠江口的蚝壳堆或蚝壳带被挖出的蚝壳，“卖与窑户烧灰或备宫室之用，或为粪田之具”。[③]石灰和贝类壳烧成的灰施予田地，对土壤的影响截然不同，“山泉之溉，其性多寒，和石灰而壅之，粉蚬壳而培之，则土膏之兴勃焉。

---

① [明]徐光启:《粪壅规则》，见杜新豪《粪壅规则整理》(http://www.360doc.com/content/12/0212/19/803452_186133240.shtml)。

② [清]梁廷枏总纂《粤海关志》卷一二《税则五》，第256、224页。

③ 嘉庆《澄海县志》卷六《生业》，中国方志丛书本，第67页；环珠江口的情况参看吴建新《明清广东的农业与环境——以珠江三角洲为中心》，第244—249页。

而石性燥烈，壅田数年土皆变埴，不若蚬灰之疏而润也。”[①] 山区农民认为酸性田使用石灰就可以，但若石灰用量过大，会使土地板结变硬。而珠三角地区用贝壳粉烧成的灰，再加上人畜肥、麸粪等，土壤不会板结，而且肥力会高些。

磷肥以骨肥为主。明代“闽广人用牛猪骨灰”。[②] 晚明的案牍记载：“曹积初之男曹宠繁贩牛骨为生，牙行罗应奇领同买骨。”[③]《广东新语》卷十四《食语》：“上番禺之粪以牛骨。”粤海关记载很多牛骨和猪骨的税则：“牛骨、猪骨每百斤各税三分。”[④] 牛猪骨从杀牛、猪最多的地方流往需求很大的地方。潮州潮阳达濠口、高州梅菉正税口都进口猪牛骨。[⑤] 原来出口牛猪骨最多的钦州，在道光年间反而要进口牛骨，[⑥] 表明当地施肥水平的提高。肇庆府山区多用牛骨烧灰，插秧时用作底肥，“沁秧根而后插”。[⑦] 广东的牛骨来源并不缺乏，因为广东的牛皮销量大，嘉靖间霍韬说：广东有皮革税，“天下皮革，两广最多，计岁入以千万数”。[⑧] 宰杀的牛只必然数量多，皮作制品，而肉供食用，牛骨就充作商品行销到农村作肥料，如廉州的灵山县在嘉庆年间从广西购入的牛骨“每岁约可售二三十万斤”。[⑨] 明清两代海南均有民谚“东路槟榔西路米”，但西路黎区，施肥只用羊骨，水利缺乏，耕作粗放。[⑩]

榨油之后的渣滓，广东称为“麸粪”。麸粪经过发酵之后，含有丰富的蛋白质和肥分，栽培甘蔗、烟草等好肥作物最好。“豆饼、麻饼、

① 嘉庆《增城县志》卷一《气候》，第 202 页。

② ［明］徐光启：《粪壅规则》，见杜新豪《粪壅规则整理》。

③ ［明］颜俊彦：《盟水斋存牍》一刻，《谳略》一卷《人命罗应奇系详》，中国政法大学出版社，2002，第 65 页。

④ ［清］梁廷枏总纂《粤海关志》卷九《税则二》，第 180 页。

⑤ ［清］梁廷枏总纂《粤海关志》卷一二《税则五》，第 256 页；《粤海关志》卷一三《税则六》，第 262 页。

⑥ ［清］梁廷枏总纂《粤海关志》卷一三《税则六》，第 266 页。

⑦ 道光《广宁县志》卷一二《风俗志》，中国方志丛书本，第 158 页下。

⑧ ［明］霍韬：《嘉靖三札·第一札》卷一上《疏》，收入《文敏公全集》，《广州大典》集部别集第 8 册，第 44 页。

⑨ 嘉庆《灵山县志》卷八《农务志》，广东历代方志集成本，第 139 页。

⑩ 正德《琼台志》卷七《风俗》，广东历代方志集成本，第 89 页下。

菜子饼，捣碎壅之田，甚肥。”[①]《广东新语》卷十四《食语》：“下番禺以茶子麸、麻麸。”并说韶州、连州、始兴地多茶子树。麸粪的使用与各地食用油的情况而有不同。客家山区长期食用茶油，道光年间镇平一带山区仍如此：“居家所用油皆茶子油。菜油、地豆油皆不用。……吾乡多茶子树，所榨油亦上品。”[②]则其地麸粪为茶麸。粤北山区盛行菜油，清初记载冬种多种植油菜，麸粪则以菜油麸粪为主。而花生油的广泛食用是在乾隆以后，花生油在一些地区已经成为主要的食用油。关于花生的栽培和榨油的记载广泛见于清乾隆、嘉庆、道光以后的方志和笔记中，花生麸粪盛行。认识到麸粪的作用后，各种麸粪都被使用，“油有数种菜油，蔓青子也。茶油，茶树子也。麻油，芝麻子也”。[③]“麸凡榨油之渣滓，俗皆谓之麸，有落花生麸、吉贝核麸、蔓青麸、菜子麸、桐子麸、麻子麸，皆可粪田。茶子麸可粪田，兼去诸油腻。”[④]山区单一施用石灰的习惯改变：“茶麸可以去垢，菜子麸、花生麸、桐子麸壅田最美。”[⑤]这种改变，对单纯使用或过度使用石灰而造成的土壤板结有缓和作用。

鸦片战争前，麸粪在种植甘蔗的地区交易颇为频繁。粤海关记载中的“油枯”运输频繁。江门海关口，高州、雷州的货船来贸易，装载良姜后，满载豆枯、花生、菜子运出外。[⑥]惠州的花生种植面积很大，花生麸运往潮州，惠州的甲子正税口贸易品有“油枯船”、馆口有“商船装油枯往潮”。[⑦]潮州各海关小口也有大量的“油枯船”进出口。[⑧]外地大船运来的油枯到海关的税卡后，小船再分运往潮州各地。往北方的潮州商船，返回时除了装棉花，有的还装载北方的豆枯。“海之南”的口岸，也有运豆枯往潮州的，如雷州的海安正税口，“凡双桅大白艚船装

① 嘉靖《广东通志初稿》卷二三《田赋》“劝力本”，第420页。
② 道光《石窟一征》卷五《日用》，第249页。
③ 乾隆《恩平县志》卷九《物产志》，广东历代方志集成本，第197页。
④ 同治《番禺县志》卷七《物产》，中国方志丛书本，第58页。
⑤ 同治《韶州府志》卷一一《舆地略·物产》，中国方志丛书本，第231页上。
⑥ [清]梁廷枏总纂《粤海关志》卷一一《税则四》，第221页。
⑦ [清]梁廷枏总纂《粤海关志》卷一二《税则五》，第228页。
⑧ 同上书，第244、255、258、259页。

豆枯满载，每船收钱一十二千文。……凡零星驳装往潮州豆枯，每担收钱三十文”。[①] 吴川县的梅菉是高州花生麸、豆麸的集散地，道光年间运往潮州的豆枯按担收税，往广州和佛山的豆枯船有大载、中载、小载的不同税钱。[②] 如此频繁的麸粪交易，表明蔗、烟草栽培中肥料用量很大。花生麸比豆饼的肥效高，但是后者便宜。广东蔗农看两者之间的价格变动来采买，花生麸价格高时用豆饼，两者价格持平时用花生麸。

二、土壤耕作技术与栽培管理技术

1. 土壤耕作技术

明清时期的土壤耕作技术有了很大的变化。明代，只有珠江三角洲和潮州平原及一些开发历史较久的山区谷地、盆地耕作较为精细，山区的广大地区还流传较为粗放的耕作方式。[③] 明代人王临亨《粤剑编》提到潮州、惠州一年二三熟，但是田里的草长得很高却不耨，收获很少。[④] 直到清代乾隆年间，广东不少地方："习俗少勤而多惰。江、浙之田必耘三次，粤人自播种之后即望秋成，鲜有尽力南亩者。……故其所收亦寡。"[⑤] 但是山区发展总的趋势是变成人烟密集的地区，在宋元时贫瘠的土地，明清时已经变成肥沃的耕作土壤。如程乡县，在宋元文献中还是"风俗土旷民惰，而业农者鲜"[⑥]，但是明代中叶则称此地"山谷中多林薮苑囿之利，土地沃饶"。[⑦] 这种情况应是明代中叶山区的一大变化。

珠三角和潮州平原，耕作则较为精细。16 世纪，外国传教士在广

① [清]梁廷枏总纂、袁钟仁校注《粤海关志》卷一三《税则六》，第 267 页。

② 同上书，第 260 页。

③ 吴建新：《明清广东粮食生产水平试探》，《中国农史》1990 年第 4 期。

④ [明]王临亨：《粤剑编》卷六《志风土》，收入《贤博编·粤剑编·原李耳载》，中华书局，1987，第 75 页。

⑤ [清]张渠：《粤东闻见录》卷上，收入《粤东闻见录·南越游记》，广东高等教育出版社，1990，第 19 页。

⑥ [宋]祝穆：《方舆胜览》卷三五，文渊阁四库本，引宋代《图经》，第 843 页下；[元]刘应李：《大元混一方舆胜览》"梅州路"，四川大学出版社，2003，第 606 页。

⑦ [明]黄佐：嘉靖《广东通志》卷二〇《风俗》，第 509 页上。

州附近农村看到的是："和使用人粪相同，他们在各种事情上都用巧劲，不用蛮力，他们用一头牛犁地，把犁制作得可以很好地开耕，虽则畦不及我们的宽。"①明代中叶至清代，这些沿海平原的耕作法与岭北精耕细作地区没有多大差别。冬耕晒田是广东各地都有的，这在《广东新语》有记载："每十月获终，即起土犁晒，根荄霜凝，则田可以不粪。"②珠三角的围田是冲积土，表土很深。在开春先犁田，然后"耙劳"：其法先于春耕。后以牛牵耙，耙碎犁晒时翻起之巨块，令受水渍，于正月雨水前后行之。耙田之后，用长木轴名曰"辊轴"者，两端系绳，以人横牵而倒行之，借以摩荡土面，清末番禺县农民于耙田后仍用辘轴摩田，耙完之后用耖耖田是在荡平田土后，泥块粉碎，受渍成糜，水干复实，更以犁耖松之，如冬耕法，惟不须暴晒。此古深耕意也。其五耙插：则于耖后再耙，令松起复归于平，与上耙耢同法。③耙之后还用辊轴摩田，再耖，可见其法流传时间很长。在夏收之后犁田称之为翻稿，同样实行耕—耙—耖的耕作法。在水稻的生长时期，有多次的耨草，番禺薅草皆

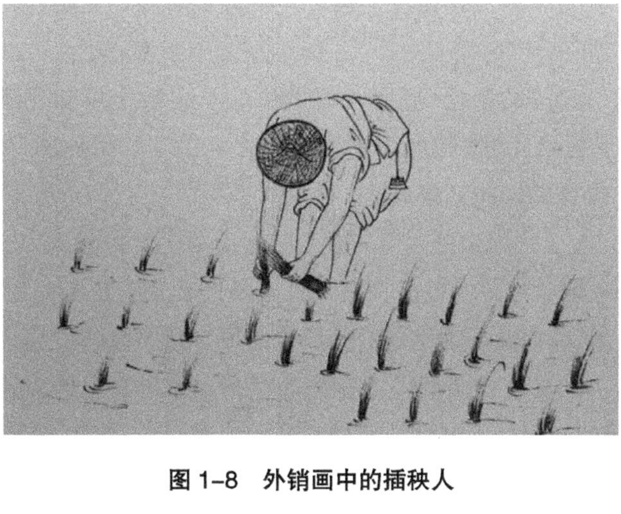

图 1–8 外销画中的插秧人

① 〔英〕博克舍编注《十六世纪中国南部行纪》，第 85 页。

② [清] 屈大均：《广东新语》卷一四《食语·谷》，第 374 页。

③ 民国《番禺县志》卷一二《实业志》，第 173 页上。

曰“葆草”，“葆”粤音读若“坳”。上番禺的山居客民谓之“耘田”，《番禺县志》认为“耘”“葆”皆深合古去草之义，与“薅”正同。[①] 方志作者考证薅草、耘田的粤语音“甚古”，说明这是从宋元沿袭下来的技术方法。16 世纪外国传教士在广州附近农村看到的“畦”，不是水稻田而是蔗园、芭蕉园、桑园，或者是种植其他园艺作物的园圃。这些田地由于种植经济作物，犁田会精细些，而且由于有上泥的环节，耕层很深，东莞等地的芭蕉园和蔗园历年上泥次数多了，还要将上面的耕层挖起放到一旁，将下面的生土削去，再铺回旧土，废弃的生土卖给烧砖瓦的。顺德的桑园则将表土削去卖给园圃做花泥，再在桑畦上铺上塘泥，这是桑田不需要轮种的原因。

2. 防虫技术

（1）生物防虫法

防虫技术有多种，其中最具生态意义的是生物抗虫。如沙田区，蟛蜞特别多，一夜之间能将刚刚成长的稻秧吃个精光。沙田的大禾，稻茎特别粗，“莳得其强，则毛蟛蜞不食”，而且“粒大而饭多”。[②] 稻种中多有芒长的品种，是稻在生长过程中为了防止动物啮食而形成的生态特性。如须仔，“谷带长芒”[③]。长须糯，出米率较低，“然人犹种之，以须长棘口，鲜禽畜耗也”。[④] 雷州粘，从名称上可知是原产自雷州，传到粤中，是因其“性粗生不畏蟊贼”。[⑤] 抗虫害的品种还有白翼愁，“以禾穗少受白翼虫伤损，故名”。[⑥]

（2）人工防除法

在蝗灾时，号召人民捕捉害虫是官员的职责。道光十五年（1835 年）清远县有蝗，“知县刘师陆以驱蝗法示民，蝗不为害”。[⑦] 柑橘园中有黄猄蚁治虫，果农在果树还没有长高时，寻找树身上的虫穴挖虫子，明

① 民国《番禺县志》卷一二《实业志》，第 173 页下。
② [清]屈大均《广东新语》卷一四《食语·谷》，第 374 页。
③ 光绪《四会县志》编一《物产》，第 173 页下。
④ 康熙《阳春县志》卷一四《物产》，广东历代方志集成本，第 451 页。
⑤ 康熙《花县志》卷三《物产》，中国方志丛书本，第 353 页。
⑥ 民国《赤溪县志》卷二《物产》，广东方志集成本，第 118 页。
⑦ 民国《清远县志》卷三《纪年下》，中国地方志集成本，第 66 页上。

人陶爽龄诗云："始插稚栽浇护惜，时寻蠹穴剧攻砭。"[①] 在荔枝园，"有虫名曰石背，喜食荔枝花蕊。荔枝多虚花，花十子乃一。又以石背之为贼，场师必务去之"，在龙眼园，场师以疏植防止金鸡虫为害，一亩只种二十棵树，以保证园圃中通风，"多则翳风而生金鸡虫，虫食龙眼花立尽"，在大寒的节令里，此虫攀附树身，用力摇树，虫则尽落。[②] 用竹子或草根做成梳子，可以除有丝的粘虫，如潮州蔗田，"去虫之法，用草根束成小把刷去之"。[③] 用粘度大的米粉或者面粉，做成糊糊团粘虫也可。晚清时，开平县种植的烟叶生虫，吃掉叶子，田主雇佣妇女用糯米粉和水糊成团，将虫粘出。[④] 吴川有一种伤稼之虫，"南人所谓兜鳌虫相类"，八月江水涨后四十日生，能啮食稻禾，"方物生时，农夫以手杀之"，或者用鸭食之。[⑤]

（3）用植物农药防虫

广东民间很早就懂得一些植物有毒，六朝时岭南土著懂得断肠草的剧毒性。民国时的调查表明，毒鱼藤（*Derrie lliptica Benth*）、鱼藤（*Milletliaparchycarpa Benth*）、辣蓼草（*Polygonumsp*）与蒜头辣蓼草、茶仔头混合剂，都是可以杀虫的植物农药。[⑥] 植物农药，在明清时已经投入使用。如崇祯《肇庆府志》卷十《物产》记载狗颈藤，用作毒鱼，称为鱼药；还记载有老鼠勒，"置鼠穴可辟鼠"。从对剧毒植物的认识而将其用于作物害虫的防治，是很自然的事情。清代民间用的最多的是烟草梗和烟草的下脚料做植物农药，大致从乾隆、嘉庆年间开始。比较早的记载有乾隆《嘉应州志》卷一《舆地部 · 物产》："烟草取其筋骨春末，杂石灰散布禾苗，杀虫兼滋润苗根。近（乾隆）则以生烟草杵烂，

① ［明］陶爽龄：《柑子苦》，收入康熙《肇庆府志》卷三〇《艺文》，稀见中国地方志汇刊，中国书店，1992，第 926 页下。

② 以上荔枝、龙眼防虫法俱载［清］屈大均《广东新语》卷二四《虫语 · 荔枝龙眼二虫》，第 596 页。

③ ［清］兴礼：《潮州糖业调查概略》，收入罗振玉编《农学丛书》第六集。

④ 广东省立中山图书馆编《旧报新闻》，岭南美术出版社，2012，第 1089 页。

⑤ 光绪《吴川县志》卷一〇《杂录》，中国方志丛书本，第 397 页下。

⑥ ［民国］赵善欢：《广东虫害初步调查报告书》，国立中山大学农学院出版部，1936，第 20 页。

置田中，效捷而功更省。所以州人种烟草者益众。”相同记载见于嘉庆《平远县志》卷二《物产》，文字稍异，当是后者抄前者。嘉庆《潮阳县志》卷十一《物产》有类似记载。乾隆《嘉应州志》记载的是直接将生烟草“杵烂，置田中”，这样做成本很高，只有烟草产地可以，其他地区多用烟草的茎、废叶做成药物，直接放置到秧苗的穴中，或者与石灰混合做烟骨水杀虫。道光《石窟一征》卷五《日用》：“粪田：石灰之外加以烟骨……烟骨者，烟叶之茎晒干，斩断用以粪田，谓之‘塞烟骨’。盖石灰可以杀奄蛤而烟骨可以死螟螣也。”道光九年（1829年）赵古农的《菸经》，以及清代道光以后的方志对烟草防治稻螟虫都有记载：插秧时，先将烟茎塞进土里，再插秧。烟草中的尼古丁溶解在水中，被稻根吸收以后，稻叶发生苦涩味，螟幼虫钻入稻茎就会被杀死，烟草还含有氮、钾、磷，肥效很高。[①] 烟骨水也用于防治菜蛆，喷后“则蛆遂绝”。[②]

3. 其他栽培技术

在双季稻的栽培管理方面，岭南人能充分注意利用节令掌握各个栽培环节。“立春后十日浸种。”[③] 夏季和冬季浸种时间一样，但是湿水次数不同，夏季四次，冬季两次，“夏至气候，湿度较高，发芽较易也”。在用秧的数量上，夏至用种较多，冬禾用种较少，因为夏禾不发旁苗，冬禾喜发旁苗。夏禾分秧，用铲秧法，用铲连土铲起，布谷多些，也有用扯秧之法，布谷十三日就可以分秧，夏禾过了立夏可不必分秧；冬禾皆用扯秧法，自布谷至分秧四十五十日才可。夏禾分秧，每头约十苗，冬禾高水田约七苗，低泽田约三十苗，高水田夏禾最密。高水田夏、冬禾皆于分秧后十五日，耨草一次，又七日一次。[④] 夏季水稻成熟，“其熟甚速，迟则谷即脱穗。冬禾熟特缓，故得以次刈获，先后相去有至月余者”。[⑤]

---

① 吴建新等：《明清以来广东的生态农业类型》，《中国农史》2005年第4期。

② ［清］许南英：《广东阳春县实业调查报告》，收入罗振玉编《农学丛书》第六集。

③ ［清］屈大均：《广东新语》卷一四《食语·谷》，第374页。

④ ［清］赵天赐：《调查广州府县宁新实业情形报告》，收入罗振玉编《农学丛书》第六集。

⑤ 同上。

明清时期水、土、肥的综合管理，也标志着精耕细作农业生产水平的提高。明代的家训记载："雇仆要有老人家最好。雨水一到，务令早耕。……谷芽生起，早须下粪，迟则草长，夺去粪味，禾不发。十月务令冬耕。如此着心，岁用足矣。"① "总要力勤粪多，方为上农。"② 这里强调乘雨水到来时，耕作之后能保墒；在稻萌蘖时早下粪促其生长，迟则被早生的草夺去肥料，也意味着需要除草，也强调要下肥充足。灌溉水的控制对土壤耕作和作物栽培有非常重要的作用，水乡对闸窦的管理也形成制度，这不仅是分水制度的需要，也是灌溉、排水、航运的需要。民田区的闸窦管理最严格，如清代顺德大洲海口、海尾设有水闸，由周、何两姓派人司启闭。③

轮种、间作、套种在明清时期已经成为普遍的栽培制度。栽培稻和其他作物的轮种对改良土地品质、提高产出的作用，也为农民所认识。乾隆年间，鹤山的禄洞、平冈、雅窑等地干燥而不可种植早稻，农民先种烟，土地因此变肥，"烟登乃植晚稻，所收过于腴田"。④ 因为烟草耗肥，农民下麸粪多，收获之后地力未尽，种晚稻会吸收地的余肥，故产量高。清末的调查报告记载，新宁县在双季稻之后的田地种番薯，"一田而岁三种，比未种薯之田，转觉丰收。盖种薯所施之粪，尚未吸尽，且收薯之时，根苗多遗土中也。又有冬禾既收之后，以其田种萝卜一次，来岁禾亦丰收"。⑤ 连平县，"山多田少，勤于耕种而熟获毕，接种油菜、大麦。平原无剩土"。⑥ 珠三角民田区双季稻下肥多，耕作也勤，秋收后犁翻田地，稻根化为肥料，番薯、萝卜等作物能吸收余肥。所以在双季稻和其他作物结合的三熟制下，如果特别注重施肥和耕作，地力反而有所提高。但是在施肥不足的情况下，多熟制会使地力下降，光绪《嘉

① （佛山）《石湾太原霍氏崇本堂族谱》卷三《太原霍氏仲房世祖晚节公家箴》，载《明清佛山碑刻文献经济资料》，第 468 页。

② （佛山）《石湾太原霍氏崇本堂族谱》卷三《农有百谷之当布》，载《明清佛山碑刻文献经济资料》，第 474 页。

③ 民国《顺德县志》卷四《堤筑》，中国方志丛书本，第 69 页上下。

④ 乾隆《鹤山县志》卷七《物产》，广东历代方志集成本，第 89 页下。

⑤ ［清］赵天锡：《调查广州府新宁县实业情形报告》。

⑥ 道光《广东通志》卷九三，第 157 页上。

应州志》就有这样的记载。所以民国时即使是在潮州这样技术集约的地方，农民认为“倘多一次冬耕，来年稻作肥料短少”。冬种仍然有阻力。[1]

增城沙贝等地，蔗和芭蕉、橘子、芋头等形成轮种、间种制度：“增城之西洲，人多种蕉，种至三四年，即尽伐以种白蔗。白蔗得种蕉地，益繁盛甜美。而白蔗种至二年，又复种蕉。蕉中间植香牙蕉与蜜橘、洋芋等，皆得芳好。其蕉与蔗，相代而生，气味相入，故胜于他处所产。”[2]在雷州，“蔗园收刈后，将蔗根犁起，或种豆或种薯一次，俟收刈后再于此植蔗”。[3]油菜、豆类、花生这类作物能起到肥田的作用。所以在双季稻和各种作物的搭配中，以稻稻油菜、稻稻花生、稻稻豆的组合最好。间种还充分利用了土地，起到增加收入的作用，如新宁县的芋头田间种番薯、豆类等。

万历年间王临亨的《粤剑编》记载“高、雷之间岁三熟，惠、潮之间岁二熟。余怪其获多税薄”，经过考察，才得知“粤农不讲农也殊甚。初以牛耕，下种之后，悉听于天，农夫只问刈获也耳。如此，岁收安得不薄？”[4]高州、雷州的“岁三熟”当是双季稻加冬种作物，或是“异时异亩异获”，惠州、潮州的是翻稿。他讲的是明代的情况。清代情况应有所改变，“惰农”的风俗消退，这在清代各县方志记载的农家月令中可以看出。[5]乾隆十年（1745年），两广总督策楞的奏折中称：广东田地，“凡种稻三四年必须停歇数载，以节地力，谚云：种五歇三”。[6]策楞的奏折是针对双季稻说的，谚语“种五歇三”中的“歇三”不是土地休闲三年，而是种植了五年的双季稻，就有三年要改种其他作物了，或种番薯，或种花生、油菜，等地力恢复了，三年之后再种植双季稻。

① 民国《潮州志·实业志·农业》，第23页下。

② [清]屈大均：《广东新语》卷二七《草语·蕉》，第688页。

③ [清]何炳修：《徐闻县实业调查概略》，收入罗振玉编《农学丛书》第六集。

④ [明]王临亨：《粤剑编》卷三《志物产》，第75页。

⑤ 见中篇第六章第四节。

⑥ 中国科学院地理科学与资源研究所等：《清代奏折汇编——农业·环境》，第88页。

第二章

农田水利、农田生态与生态农业类型

第一节

农田水利

一、平原与台地的水利建设

1. 珠江三角洲的水利堤围

珠江三角洲原是一个漏斗形的古海湾，平原形成的过程就是人类与海争地的过程。人类在不断地围海造田中，也要不断地兴建水利工程，以解决河网水系变动过程中发生的水患问题，改善人类生存与农业生产的环境。所以，兴建堤围工程就成为了珠三角平原形成过程中的头等大事。

表 2–1　明清时期珠江三角洲的堤围建设情况

			南海	顺德	番禺	东莞	新会	香山	三水	清远
明代	堤围数	累计	76	17		6	11		27	5
明代	堤围数	新增	70	16	2	2	11		27	5
明代	堤围长度（丈）	累计	85 934	14 991	850	28 085	18 928		15 295	1 200
明代	堤围长度（丈）	新增	62 632	14 991	850	7 300	18 928		15 925	1 200
清代	堤围数	累计	117	160	6	10	40	7	34	5
清代	堤围数	新增	41	143	4	4	23	7	7	
清代	堤围长度（丈）	累计	136 971	234 964	1 650	43 185		14 990	20 768	1 200
清代	堤围长度（丈）	新增	50 983	219 973	800	15 100		14 990	8 173	

（续上表）

			高要	四会	高明	鹤山	增城	博罗
明代	堤围数	累计	23	22	20			6
		新增	16	22	2			5
	堤围长度（丈）	累计	54 370	19 972	15 893			880
		新增	33 907	19 972	1 700			630
清代	堤围数	累计	40	36	25		2	6
		新增	17	14	5	16	2	
	堤围长度（丈）	累计	44 047	47 564	19 934		3 900	880
		新增	10 140	27 592	4 041		3 900	

资料来源：吴建新《明清广东的农业与环境——以珠江三角洲为中心》，第26—28页。

按照上表统计，珠江三角洲明代堤围共213条，其中新增的有178条；清代累计堤围数488条，新增283条。堤围长度明代累计256 398丈，新增162 110丈。清代累计570 053丈，新增355 692丈，没有长度的堤围有数十条，故堤围长度远不止上述数字。护田数各堤围有所不同，不少堤围没有护田数，难以确切统计，明代珠三角水田面积大约占农田总数的三分之一。[①] 清末“粤东全境共税三十三万八千六百余顷，俱以熟田计，水田占三之二，约二十二万顷有奇”。[②] 全省水田占全部耕地的65%，显示了水利建设对农田建设的推动作用。珠江三角洲的堤围护田和围垦的田地占了很大的比重。其中，石坝在沙田区中的大范围建筑，促进了沙田向围田的转变，这是在清代嘉庆、道光之间才开始的。到了光绪年间，沙田区中围田的普遍开发进入全盛时期。[③]

① 吴建新《明代珠江三角洲的农业与环境——以环境压力下的技术选择为中心》，《华南农业大学学报（社会科学版）》2006年第4期。

② ［清］祥林：《广东实业调查概略》，收入罗振玉编《农学丛书》第六集。

③ 〔日〕西川九喜子：《清代珠江三角洲沙田考》，《岭南文史》1985年第2期。

图 2-1　桑园围最顶部的吉赞横基，遗址尚在
（20 世纪 90 年代的一次抗洪曾启用此堤，以保护顺德、南海）

2. 韩江平原的堤围建设

明清时，随着韩江沿海低地和潟湖平原开发，韩江各分汊道的堤围向下修筑，以适应围垦起来的农田防洪和防咸的需要。明清韩江各汊河上修筑的堤围有：官路堤、许陇堤、小长桥堤、大长桥堤、渔洲后洋堤、新港堤、大牙富砂堤、南溪洋堤、金砂堤、上港堤、上三外莆堤（南北二堤）、中三外莆堤、下三外莆堤、套子堤、三辅堤、水南鲤鱼沟堤、隆都上堡堤、秋溪堤、隆都下堡堤、相思堤、前洋堤、卡路堤、后窖堤、沽洋汀堤、青坝堤、砂头堤总共 26 处堤围。其中有 18 条堤围有长度记载，总共 40 570.6 丈；其中建于明代的堤围 20 条，清代的 6 条。潮州平原上的大型海堤保护了韩江和榕江沿岸良田，使这里成为了全国著名的水稻高产区。[①]

① 黄挺等:《潮汕地区古代的水利建设》，载《潮学研究》第二辑，汕头大学出版社，1994，第 189—214 页。

3. 雷琼台地的堤围建设

雷州的特侣塘陂渠体系在明清时期的增筑，规模更大。本章第一节中，我们列举了明代雷州官员对雷州台地特侣塘、防海大堤的建设与维护。较大规模的有洪武四年（1371 年）雷州同知余麟孙、海康知县陈本、遂溪知县王渊的修筑，使雷州的防海堤长增至 22 998 丈（一丈≈3.33 米），堤围的长度和高度都超过了宋元。嘉靖三十一年（1552 年）知府罗敏夫把防海堤增筑至 41 000 丈，比洪武初加长了 18 002 丈。[①] 清代逐步将明代的土堤改为石堤，更提高了防海堤抵御风浪海潮的能力。清代乾隆年间起，海康、遂溪的防海堤由民间组织岁修，最大限度发挥了民间力量的作用，使防海堤得到了及时的维护。

明代琼北台地修建的圩岸有元代修建的滨壅圩岸，到了洪武年间再度崩陷，“飞沙壅水，相辅为害，屡塞不能”。洪武二十八年（1395 年），知县命“民之食其土者赴工，则通力合作，木石则计亩均出，命里老冯普昌等董其役。晨夜展力，越月功成”。成化年间又重修，在长约五里的河道两旁修起了高阔各二丈的圩岸，弘治年间再次修筑，“工倍畴昔”。[②]

海南环岛的田地，在台风季节来临时，北部和东部就会遭受风潮之害。因此在环岛台地有不少小型的防海堤。有些陂塘处于溪流的出海口，有蓄淡和捍海潮的作用。如琼山县的潭溪陂、光岭陂，都有这种功能。[③]

二、平原和台地的堤围水利技术

明清时期，本地人民在不断总结本地对抗水患经验的基础上，同时不断吸收北方人民在黄河、长江抗洪抗潦的经验，并根据本地水环境的变化，实践出了一套适合本地的堤围技术体系，治水取得了巨大的成就。

① ［明］李义壮《捍海堤记》，收入屈大均编《广东文选》卷一二，书目文献出版社，2000—2007，北京图书馆古籍珍本丛刊本，第 436 页。

② 正德《琼台志》卷七《水利》，广东历代方志集成本，第 80 页下。

③ 同上书，第 81 页上。

1. 增高培厚以减杀洪水危害

随着珠江水系水文形势的恶化，将堤围增高培厚是防止潦水漫过的最好方法。宋代南海（含顺德）堤围高度为 0.3 丈，明代为 0.5 丈以下，清代普遍接近 1 丈或 1 丈以上。[①] 堤围高度不是绝对划一的。顺德最高的堤围巩安围，高也只有 2 丈，阔 1 丈，最低处仍然为 5 尺（一尺 ≈ 0.33 米）。[②] 乾隆十五年（1750 年）以前顺德有 26 条堤围，1 丈以上高度的只有 2 条，最高 1.1 丈，最低 5 尺，堤围平均高度为 0.67 丈。[③] 则明代顺德堤围平均高度低于 0.67 丈，大致为 0.5 尺是有道理的。属于桑园围系统的九江大围内有大洲小围，从万历年间至嘉庆年间该围高度大致增加了 1 丈左右。此后不断加高。嘉庆年间桑园围主要堤围高度为 1 丈 5 尺到 1 丈 6 尺。道光《南海县志》记载桑园围普遍高度为 1.5 丈。乾隆六十年（1795 年）桑园围大修已经增高加厚，“视别围工程高出三尺有余”。[④] 嘉庆十八年（1813 年）、二十二年（1817 年）先后两次大修通修加高 3 到 4 尺。[⑤] 可见乾隆、嘉庆年间桑园围高度才普遍增加。西北江下游三角洲的堤围最高。西江上游的高要、高明、四会等县的堤围、韩江流域下游的堤围高度也呈增加趋势。堤围高度增加，基座一定须培厚，以增加对潮水的抵御能力。

2. 对于堤围险段的处理方法

堤围中总有一些险段最受洪水威胁易于溃决而造成水灾。对险段采取特殊的措施，趋利避害，就可以达到免于水灾的效果。

（1）避开险段，选址另建新堤

堤围最为险要的地方是经受河流洪水直射处。明代一些堤段的险要处由于没有特别的加固措施，就选址另建新堤，让险段避开水流直射。如南海县桑园围上游的李村围，明万历末年“水割圩垸，崩陷几尽”，

---

① 吴建新：《明清广东的农业与环境——以珠江三角洲为中心》，第 36 页。

② 民国《顺德县志》卷四《堤筑》，第 59 页上。

③ 乾隆《顺德县志》卷三《墟岸》，中国地方志集成本，第 848 页下—849 页上。

④ 《布政使陈为劝谕堤外再添石工以厚基身以臻完善事》，收入［清］明之纲《同治桑园围通修志》卷一《乾隆二十五年甲寅通修志》，四库未收书辑刊本，第 9 辑第 6 册，第 55 页。

⑤ 道光《南海县志》卷一六《江防略》，清同治八年刊本。

下游九江乡的士绅向官府建议在缺口处之外另筑新堤。三月后新堤段建成，“未几原基尽没”。[①] 因其堤段极“冲险”，到清代嘉庆末年，李村围万历时新建堤段又决，复修时沿用了明代的方法。[②]

晚清时记述潮州堤围水利的《鳄渚回澜记》则将这一方法总结为“让水营基”。海阳县的潘刘堤，正当韩江支流西溪之冲，“迎溜所以夺流，初循旧址塞之，继筑。迤东敌水，皆不果”。后来将新堤“较前凹入数丈”，“使堤前广，河宽水不夺溜，其气乃舒，舒则缓，缓则平，平则冲击力杀，堤完固矣”。[③]

（2）堤外加筑石坝，抵御险冲

除了在堤外放置蛮石之外，加强堤围险段抵御洪水冲击的另一个办法，是加筑石坝以缓冲水流的冲击力度，也叫堤外堤。这一方法在清代的堤围建设中普遍采用。嘉庆二十五年（1820年）官员余某被委派到桑园围督修水利，主张堤坝要在堤下砌条石，堤下还要“错用乱石堆垒，又筑石坝数道以杀水势”。[④] 但多道石坝阻水不仅要花大工夫，而且还会造成水流再次折射，危及对岸石坝安全。晚清的光绪《重辑桑园围志》总结了这一现象：“筑坝拒水，利在己，害在人；利在当前，害在日后。”后来改陂陀形的堤身使水潮冲击堤岸时呈旋转状态，以减杀水流冲击力，“不与水争地，而激其怒，较之拦截抵御，固杀焉”。[⑤]

韩江下游堤防的险段，强调堤围险段“外培荒石无以御冲击”，“非上流加石矶无以障狂澜”[⑥]，《鳄渚回澜记》则提出石矶要建在上游新旧堤的交接处，或者在堤坝的中凹合口处，“皆取其形势与故道，相冲

① ［清］朱次琦：《（南海）九江朱氏家谱》卷一二《杂录谱·杂录》，北京图书馆出版社，北京图书馆藏家谱丛刊本（粤闽侨乡卷），第2124页。

② ［清］明之纲：《同治桑园围通修志》卷三《嘉庆二十二年丁丑续修志》，第124页上。

③ ［清］陈坤：《鳄渚回澜记·二·让水营基》，咸丰七年刊本，第1—2页。

④ ［清］明之纲：《同治桑园围通修志》卷五《嘉庆二十五年庚辰捐修志》，“委员余刺史详文”，第192页上下。

⑤ 光绪《重辑桑园围志》卷一六《杂录上》，光绪己丑年刻本。

⑥ ［明］林熙春：《海阳县重修东津沙衙堤记》，收入康熙《潮州府志》卷一四《艺文记》，潮州市地方志办公室影印本，1997，第1059下—1060页上下。

递相逼，溜归东使新堤不受水，保一段之基，兼保全工程，缘得其要耳”。[1]

3. 筑堤堵口技术

筑堤堵口是堤围决口时修复堤围的关键技术。明洪武二十九年（1396 年）南海九江人陈博文筑倒流港时，创造了用船满载大石，然后沉船堵口的方法。此方法为后世沿用。嘉庆末年，在桑园围下游筑堤堵口，“买麻阳旧船四只，满贮巨石，可高丈余，驶至基边约离四五丈，相度厄要处所，凿而沉之”，沉船上的石头形成一道屏障阻水，再用“竹篓装载碎石绕船围护，上添巨石垒高”，次年岁修时“由旧迹而愈培愈厚固”，形成一道坚不可摧的堤坝。[2]

韩江下游堤围，在决口处筑成人字基头以避急流，然后再堵决口。咸丰年间堵潘刘堤，“决口筑至十余丈时，急溜深刷，下桩不受，沉篓不留，填筑不出，几至束手”。后来“使善泅者遍探其下，知隙外稍浅，于隙中就其浅处两基，迤东筑出，若人字然，以避急溜，人字交互处即

图 2-2　桑园围顶部的吉水窦，相传为明代方献夫建。光绪年陈启沅重修，用了红毛泥（水泥）。

① ［清］陈坤：《鳄渚回澜记·二·建矶得要》，第 5 页上。

② ［清］明之纲：《同治桑园围通修志》卷四《嘉庆二十四年已卯岁修志》，第 165 页上下。

以合口，后可制以为矶，一举两得焉”。[①]

4. 改土坝为石坝

明清时期石、灰等材料在堤围建设中普遍应用。[②] 明代已经出现石材的堤围，清代更多。桑园围在洪武年间筑塞倒流港时已经使用石料。乾隆元年（1736 年），鄂弥达上疏建议广东基围的险要之地都要改用石料[③]。顶冲险要段在嘉庆以后多改筑石堤、石护坡、石坝挑流。嘉庆二十四年（1819 年）进行了一次较大规模的石工工程，建石基九千余丈[④]，使桑园围得到比较彻底的加固。清代中期以后，珠江口“沙坦之承垦必筑石坝”。[⑤] 在广阔的水面横筑石坝，围垦未成之沙，这类围垦的石坝也是防潦的堤围。故清代的堤围用石料非常普遍。晚清时还从外国进口水泥和钢材，水利新材料革命悄悄兴起。清代珠江三角洲还大兴筑闸联围，以缩短堤围，增强堤围的抗洪能力。[⑥] 清代在环珠江口用石壆筑围加快了成田速度，并且在围垦时预设水利设施，使短时间内造成面积广大的围田。

明代雷州府的防海堤还是土堤。康熙五十七年（1718 年），广东巡抚法海疏言，海康、遂溪二县防潮堤“年久失修，以致海潮泛溢，侵损民田”，建议“东洋塘堤岸十七处，水闸十三处，每年用土修筑。今改用木石大工，以免随时修筑之劳。应如所请”。[⑦] 从此雷州的海堤由土坝改为石坝。

潮汕地区在明代创造了独特的龙骨堤。明代的沙衙堤“中砌地龙，以杜渗漏”。[⑧] 地龙是用贝壳煅烧成的灰合石料砌成，称为龙骨堤，比

---

① [清]陈坤：《鳄渚回澜记·二·人字基头》，第 4 页上。

② 鲍彦邦：《明清侨乡农田水利研究——基于广东考察》，第 55—62 页。

③ 广州市地方志编委会办公室等：《清实录广东史料（一）》，广东省地图出版社，1995，第 373 页。

④ 道光《广东通志》卷一一五《水利》，第 549 页下。

⑤ 道光《新会县志》卷二《舆地·水利》，中国方志丛书本，第 54 页下。

⑥ 吴建新：《明清广东的农业与环境——以珠江三角洲为中心》，第 206—209 页。

⑦ 广州市地方志编委会办公室等：《清实录广东史料（一）》，第 262 页。

⑧ [明]林熙春：《海阳县重修东津沙衙堤记》，收入康熙《潮州府志》卷一四《艺文》，第 1060 页上。

土堤要坚实。[①]

5. 疏浚河道

疏浚河道能降低水位，减轻堤围的压力，而且有航运之利。但是疏浚河道费用大，一般只是对重要河道才会采用这个方法。明代的方志根据河道淤塞而主张疏浚河道，万历《南海县志》卷一《山川》建议疏浚西南之沙，以方便广州的城市水利，但是一直没有官员做这件事。道光十三年（1833年），广东巡抚祈埙（道光十年巡抚）将石门水道獭矢坾一带的淤沙清除。[②]大概道光以后珠江河道水利形势日渐严重，疏浚水道，使航运畅通，并减轻堤围压力的工程日渐增多。清代佛山、顺德等地的重要河道都有疏浚的报道。

在韩江的堤围水利建设中，《鳄渚回澜记》主张"欲治堤必先治水"。但疏浚河道工程"工烦费重"，就提出"以人治水不若以水治水"，即在勘查水流的来势以后，在"沙坦低处挑浚深沟一道，上接来水，直达下游，宽约二三丈，不三月沟成正轨，遂通旁流"，以渐杀水势。堤围合拢以后，"大溜复趋故道，赖此深沟为引，水有所容，沛然莫御，以归诸海，从前淤垫之沙皆随流冲刷。此用力于堤务之先者也"。[③]这本关于韩江河道水利的专书详细叙述了疏浚河道的方法，显示了这一技术的地域性。

6. 植树种草护堤坡

明清时期很重视在堤坝上种草植树以加固堤坝。如明代东莞人曾某主张在东江堤上种植榕树和芦苇，认为这样可以固土和御浪。[④]清代多在堤坡上种植树木和草以固堤。道光《南海县志》主张在围基上距离基脚三四丈之外，土性肥饶处，"宜排栽荔枝、龙眼树，间二丈栽一株"，

① 黄挺等:《潮汕地区古代的水利建设》，载《潮学研究》第二辑，第204页。

② 同治《广州府志》卷一〇八《宦绩五》，第792页下。

③ [清]陈坤:《鳄渚回澜记·一·因势挑沟》，第1—2页。

④ [明]曾氏:《修筑福隆壆事宜》，收入崇祯《东莞县志》卷七《艺文》，第318—319页。

又从基脚自基面“栽草子”，使长成草坡护基。[①]一般禁止将树木种植在基面和基身，即使种了一般不主张斩伐，恐斩伐之后“干去根存，朽腐蚁蚀，基身更形空虚”，而要保护好树木，“应由南海县示令常时修剪枝叶，勿令招风”。[②]注意到树大招风则动摇基坝，用剪伐长枝条的方法使树冠变小而不受风力吹摇。

韩江两岸多在堤坡上加一层“灰篱”，即将贝类烧成的灰做成黏合剂成为土质堤坡的防护层，以减少堤坡被雨水冲刷。没有“灰篱”的，就在堤坡上种草，“其法先铺一层茅草，再垫一层沙泥，层积而上，沙草相借，雨露频沾，发生甚速，数月之后根盘蔓结则固”。[③]

雷琼台地沿海的防潮坝经常遭受风潮的袭击，容易圮废。在防潮堤坝上营造防风林，可以起到防风固堤的作用。并严禁随意砍伐。雷州海康县的《茂莲宗祠敦俗碑》：“禁本村四周坡草，以及沟口土围各堤苦芦竹木，不准参削。”[④]海南以琼山县的个案最多。如明万历年间、清乾隆年间重修的陂岸“可障田千余亩”，“岸外有临那、水坡、五里仔三处，海木护岸，立禁不许损伤”。[⑤]滨海堤壆不仅可以防止海水冲啮海岸，还可以挡住咸潮。堤壆内引淡洗咸，种植水稻，如清代海丰的淡水港，堤壆坏，“俱不能有收”，修好堤壆可招佃耕种。[⑥]

总的来说，明清广东的水利建设在北方长江、黄河的堤工技术基础上发展起来，经过本地人民的创造后，形成了明清具有本地特色的堤围工程技术。而在珠三角和潮汕地区、雷琼台地，各地的堤工技术又各有特点，构成各地堤围工程发展的基础。

① 道光《南海县志》卷一四《江防略》，清同治八年刊本，第23页下—24页上。

② ［清］明之纲：《同治桑园围通修志》卷五《嘉庆二十五年庚辰捐修志》，第192页下。

③ ［清］陈坤：《鳄渚回澜记·六·茅草》，第18页下。

④ 谭棣华等：《广东碑刻集》，第552页。

⑤ 咸丰《琼山县志》卷三《水利》，中国方志丛书本，第175页。

⑥ ［清］华衮：《华衮手记》附《淡水田始末》，李龙潜点校，收入《明清广东稀见笔记七种》，广东人民出版社，2010，第70—71页。

三、山区的陂塘水利建设情况与技术

1. 明清广东山区陂塘水利分布

表 2-2　明清广东山区陂塘水利分布统计表（水利设施以宗为单位）

		嘉靖十四年（1535年）	万历二十年（1592年）	康熙十二年（1673年）	乾隆	嘉庆道光	道光	道光咸丰同治	光绪	同治—宣统年间
（1）	广州府		65			126				
（2）	韶州府	206	302	418						500
（3）	连州							92		
（4）	南雄府		27				58			
（5）	肇庆府		134				289			
（6）	罗定州		65				88			
（7）	惠州府	22								125
（8）	潮州府	90（嘉靖年间）			698					
（9）	嘉应州				114				160	
（10）	高州府		177				99			
（11）	雷州府		45			45				
（12）	廉州府		24				141			
（13）	琼州府		72（万历四十五年）				120			

（资料来源：吴建新《明清时期广东山区的陂塘水利与生态环境》，载《人大复印资料·明清史》，2011年第9期。）

按照上表统计，明代广东陂塘渠圳 1 229 宗，清代 3 073 宗。清代比明代增长 150%。

2. 明清广东的山区水利技术特点

（1）利用地形的无堰陂自流灌溉系统

明代人认为："上水用导，中水用堤，下水用浚。"[①] 上水用导的

① 崇祯《肇庆府志》卷一八《水利志》，广东历代方志集成本，第 505 页。

方法用于山区，因地制宜，巧妙地利用水往低处流的原理，形成无堰坝的自流灌溉系统。

这类灌溉系统在东江流域较为常见。明代方志记载："海丰、和平、长宁、永安四邑作渠导水，不借陂塘，而海丰东西南三面借潮以济。"[①]所以明代惠州府的陂塘数偏少。惠州府的河源县，境内田地主要靠新丰江灌溉，此外，"惟以山源为主，……自山流出为溪，为涧，为河，为沥，为潭，为涌，莫不有沟浍以溉其田"。每约都有源圳或河的支流流经。[②]

这类利用天然地势形成的自流灌溉系统在广东山区随处可见。如粤北的英德县，蓝冈山"周二十里，林木阴翳，灵泉百道，灌溉甚广"；老虎板岩圳，"圳长十余里，溉冷水坑粮田甚多"。[③]

海南环岛台地中间高四面低的地形，利于采用自流灌溉形式。明代弘治以前，崖州"山高水浅，地多浮沙，若无河流以济之，则雨水虽多，耕作亦难"。境内两条源自五指山的河流，却得不到利用。弘治年间开始建设沟渠利用流水，正德年间崖州有 16 个水利设施，其中有 11 条名为沟的水利工程，是利用地形的自流灌溉设施，当地田亩多资灌溉。[④]这类自流灌溉系统在琼州台地还有很多。如在琼北的临高，有些溪河不用建筑石坝，完全利用从高往低的自然地势灌溉，如霖泉，"自石窦涌出，溉田千顷"。稼瑞桥水，"四十五里皆灌溉田亩，天然之利不假人力也"。[⑤]利用地形的自流灌溉系统，是因地制宜、减少投入的水利设施。

（2）堰水为陂，从上到下层级利用水源

如果田地高于水源位置，就需要设置陂坝，提高水位，再用水圳将水引到田地之中。明清在这方面的突出成就是在一条水源上设置多层的堰陂，从而达到充分利用水源、扩大田地灌溉面积的效果。这种类型的设施遍布于山区水源丰富、源远流长的大小河流上。如粤东，明代饶平

① 万历《广东通志》卷三五《惠州府水利》，第 30—31 页上。

② 乾隆《河源县志》卷一〇《源圳》，第 457 页。

③ 道光《英德县志》卷四《山》，第 251 页上；卷四《水利》，第 250 页上。

④ 正德《琼台志》卷七《水利》，广东历代方志集成本，第 83—84 页。

⑤ 道光《琼州府志》卷四《水利》，中国方志丛书本，台湾成文出版社，第 111 页上下。

县的樟溪，发源青峰洞山，东流四十里，依次有上下第一陂、上墩陂、乌涂陂、陈白陂。[①]如粤东北，嘉应州的“银锡溪一水合计有三十六陂”。[②]粤北英德县和曲江县交界的蕉园山、滑水山原始林，“树木丛茂，泉源浩大，流注英德陂一十八所，曲江陂一十所，所灌田数千顷”，其中也有不少是层级设置的陂圳。[③]

这类层级利用水源的陂渠系统，根据地形的需要采取了不同的技术措施。英德县的铁眼圳，“有巉石横塞圳口，高数丈，厚三四尺，皆以人功凿而穿之。大可二尺许，注溪湖底等处田，得溉者数千亩，利赖至今”。[④]“人功凿而穿之”即为人工开挖的穿山隧道。嘉应州的松口官陂，在明代正德年间由许余璘创筑，是“凿山通水，大分五圳，小决三十七支，溉田一千三百三十六亩”。[⑤]

此外，就地取材也是这一时期山区陂堰技术的特色。如琼州府的万州，明代正德年间万州有9个陂，“以木筑栅堰水灌田”，吴九陂“以藤络石作坝，名曰石络坝”。[⑥]《广东新语》记载山区各地更多的是“以竹石障壅成陂圳”。[⑦]

有的陂渠系统，由于水流经过多处冈峦，就需要一定的工程勘测和施工水平。如普宁县的上社寨、仔洋、冯厝寨、浡塘埔、新沟、冷水坑、乌泥坑数乡，需要灌溉渠引水。因为地势十分复杂，当众人言及水利，因为“工程浩大，罔敢有出声应者”。康熙二十年（1681年），有士绅方文振慨然承担此任，自己捐款，动员民众，择吉日开工，“浚沟由暗径山，远流五里许至深旺池，始为汇注，厚筑陂岸。曰祭下陂，立甲巡视，分疏淌流，自是受灌溉者十余里。横竖计田三千余亩……迄今

---

① 嘉靖《潮州府志》卷一《地理志》，日本藏中国罕见地方志丛刊，中国书目文献出版社，1992，第180页上下。

② 光绪《嘉应州志》卷五《水利》，中国方志丛书本，第71页上。

③ 同治《韶州府志》卷二一《经政略·田赋》“附例禁案略”，第429页下。

④ 道光《英德县志》卷四《水利》，第250页下。

⑤ 乾隆《嘉应州志》卷一《舆地部水利》，第40页。

⑥ 正德《琼台志》卷七《水利》，广东历代方志集成本，第82—83页。

⑦ [清]屈大均：《广东新语》卷一四《食语·谷》，第396页。

人怀其德”。[1]方文振显然就是一个熟悉水利建设的士绅人物。还有嘉应州银锡溪水上的三十六陂，是“乾隆间武德将军林奕盈仿台湾筑陂法，倡议捐造”。[2]乐昌县的官陂，是县中最大的陂堰，洪武二年（1369年）建成之后，于嘉靖二十五年（1546年）、顺治十七年（1660年）、顺治十八年（1661年）、康熙四年（1665年）、康熙五年（1666年）均旋毁旋筑，皆因洪水过大基脚不牢而溃决。康熙五十四年（1715年），知县任衡大加修治，主要是加固了陂堰的基础，据说此次修筑之后，该陂从仅能灌溉百余顷，到“灌溉千顷，水利甚溥”。[3]嘉庆初年（1796年）任嘉应州知州的罗含章，是一个熟悉水利工程技术的官员。南雄州的凌江，其西岸早已建有凌陂，罗勘察地形，试图在东岸建陂，但“独数百年来无议及者”。罗看到州城北门外的高田，以前只靠水车灌溉，渐渐河道淤浅，“然车之所遏沙土壅淤，而上流低田汇为巨壑矣”。罗含章勘查地形之后，引导农民废弃水车，在地势更高的凌江东岸建同丰陂，然后引水灌溉高田以代替水车。同丰陂建成之后，“高田低田皆无争矣”。[4]凌陂和同丰陂一直沿用到中华人民共和国成立以后，后来合建为著名的同凌陂灌溉系统，遗址今尚在。

（3）塘渠结合的灌溉系统

宋代以来广东只有雷州特侣塘陂渠系统最著名。明清时期这一水利设施大大普及。人们充分利用山中的塘，一是天然湖泊，二是人工在山间盆地建设陂坝拦蓄山水，用水渠引入田中。如河源县：“凡深溪巨涧，垒石截水则谓之陂，其洼地低坎聚流蓄水则谓之塘。塘有二。一则两山夹处自然低洼聚水，此官塘也。一则平地人为开凿积水蓄之，此私塘也。民间皆称为灌荫塘。”[5]可见天然湖泊为官塘，而人工水库属于私塘。山区中“无陂水灌溉者则取之塘。期不务蓄鱼而务蓄水，

① 乾隆《普宁县志》卷七《尚义》，广东历代方志集成本，第264—265页。

② 光绪《嘉应州志》卷五《水利》，第71页上。

③ 同冶《乐昌县志》卷三《水利》，中国方志丛书本，第50页上下。

④ ［清］罗含章：《新开同丰陂记》，收入道光《直隶南雄州志》卷二一《艺文》，第391页上下。

⑤ 乾隆《河源县志》卷一〇《陂塘》，第457页下。

旱则酌田多寡，轮定水分”。[1]塘与陂堰一样，需要与引水渠配套，而形成塘渠结合的灌溉系统。如明清时期嘉应州的莲花湖，“周围二里，深七尺”，“湖下三十六圳”；新庵塘，“疏圳分溉莆心杨、古状、白土三乡三十五顷二十五亩”。[2]在森林资源较多的地方，天然湖泊面积广大，湖泊与引水渠结合，灌溉面积广大。如英德县：“八角塘……长阔数里，周二百余里，水深洌，溉田二十余里。”“仰天塘……久旱不涸，溉田十余里。”“莲花塘……灌溉粮田百余顷，夏时莲花盛开，香闻数里。”[3]

有的地势较高的大山塘，还与地势较低的众多山塘用引水渠配套，从而形成塘与塘、塘与渠配合的陂渠系统。如嘉应州的“咸水坑塘，丙村堡共塘二十二口。明万历八年（1580年）乡人定议，春季塞十一口，秋季塞十一口，放水以筛内高涵为则，勒碑遵行，溉田四顷十四亩”。[4]与此类似的还有“泰山塘，在罗衣堡君（鱼）坑下，内有小塘六口。春季塞三口，秋季塞三口，故又呼为七口塘，溉下坝一段田五百余亩”。[5]这两个塘渠配套的灌溉系统，其特点在于能够利用大小塘与水渠的配置来实现水资源的合理分配。

明清时期山区出现的水塘，除了蓄水以外还要养鱼来提高效益，因此塘的施工技术有所提高。如塘址的选择：“塘口无定向，要于围基尽头处，择易于泄水而下有去路者开之。或阔七八尺，或六七尺深，与塘底称三方镶石块，平时以土掩筑其半，上编篱以障塘鱼之逸，恐牲畜坏践，蔽以棘茨，俗又呼为茨口。水长立浚之，无虞冲决矣。”[6]如果塘底为沙底，会发生渗漏，处理方法是：“将水放干，驱牛驾铁耙于塘内耙之，十余匝倘不效，再于基里坦坡尽处挖坑一路，约宽二三尺，深三四尺，拣细腻黄土逐层坚筑，一律平整，名曰铁门限，

① 乾隆《嘉应州志》卷九《兴宁县·水利》，第422页。
② 乾隆《嘉应州志》卷一《舆地部水利》，第39页。
③ 道光《英德县志》卷四《水利》，第250页下—251页上。
④ 乾隆《嘉应州志》卷一《舆地部水利》，第40页。
⑤ 光绪《嘉应州志》卷五《水利》，第68页下。
⑥ 乾隆《廉州府志》卷九《水利·陂塘》，广东历代方志集成本，第108页下—109页上。

自无有渗漏者。设旧塘年久渗漏，于坦坡培土以牛踹之，内以铁耙耙之。”① 实际上是将塘的底部构筑坚实以达到防止渗水的效果。引水设施除了地上的引水圳，还常用竹管凌空输水到灌溉的田地。明代增城县有“简田”：“田高乏水，因以大木半空其中，架于岸上，引水灌田。”② 这种凌空的输水竹管称之为“架枧”。（“枧”是竹子做成的输水管。）将明渠改为暗管，是引水技术的突破。乾隆年间廉州府人蔡义文，“埋片取对岸六府岭水，名曰透地龙，灌田数十顷，人多效之，其利甚溥”。“透地龙”就是埋设地下的竹管，在地面不可开圳处埋竹管于地下引水，但不得弯曲，免阻水流。③

水渠还要经常疏浚，以免阻水流。特侣塘渠系统在明代时经常淤塞。明代前期的天顺、成化末、弘治初年的守土官都有对陂渠进行疏浚。但是往往“递辟递淤，旋举旋废”，万历二十九年（1601年）推官高维岳对陂渠系统进行了一次大规模的整治。④ 清代特侣塘渠系统淤塞已经非常严重了，灌溉效能大为降低。陂圳和水车结合的灌溉设施在明清时很普遍，如果一条河流很长，落差很大，可以设水车几十座甚至百余座，有的至少也有十几台水车，旱地的价值因此得到提高，这种水利系统被称为“大利也”。⑤ 高处的水可以用竹子做成的管道输水到低田，如道光年间英德县有黄坭坡，“拨沙为堤截水，循岭排而下，溉田数千亩，至潭头村分为二。一溉上村田千余亩。一架枧溉下村田亦千余亩”。⑥

① 乾隆《廉州府志》卷九《水利·陂塘》，第108页下—109页上。

② 嘉靖《增城县志》卷二《地理志》，广东历代方志集成本，第15页。按：原文“简田”，当作“筒田”。

③ 乾隆《廉州府志》卷九《水利》，第108页下。

④ [明]许子伟:《高司理浚河记》，收入万历《雷州府志》卷三，日本藏罕见中国地方志丛刊，第84页上。

⑤ 道光《英德县志》卷四《水利》，第251页上，如波罗水“逶迤二三十里至波罗墟，旧有水车百余座灌溉粮田”。

⑥ 道光《英德县志》卷四《水利》，第251页下。

第二节

水资源利用与农田生态

农田生态的稳定很大程度上取决于水资源的利用。汉唐岭南的农业水平长期较为落后,原因之一就是没能利用水资源造就良好的农田生态。宋元时期虽稍有改观，但水资源利用的广度和深度仍然不足，其有效利用局限在珠江平原和潮州平原、雷州台地等地。明清时期广泛遍及平原和山区的农田水利建设，使水资源的利用深刻地改变了农田生态，由此引起了耕作制度、作物栽培制度、土地价值提升等一系列的变化。

一、水资源利用与珠江三角洲的潮田、围田、基塘

1. 水资源利用与潮田向围田的转变

珠江口平原是潮田分布的地区，田地肥沃，面积广阔，是广东最重要的产粮区。沙田开发的早期阶段，泥土尚是泥浆状态，盐分过多，只可在沙滩上种植耐咸、耐浸的芦苇以加速其淤积速度并改良土壤，此时的沙滩称为草埗阶段。栽培芦苇类植物多年后，泥土变得硬实，盐分减少，就可以在沙滩上修筑围基，待泥土坚实后就可种植耐咸水、耐浸的“虾稻”。随着田内淤泥的不断沉积，就可以种植其他品种的水稻了。或者将基壆变为石坝，成田速度更快，因地淤高了就可以栽培香蕉、甘蔗等经济作物。

明代的低沙田区主要是潮田的类型。嘉靖《香山县志》卷一记载田地的类型：“五曰潮田，东北海通广西，潮漫夕涸，稼宜交趾稿，每西水东注，流块下积，则沙坦渐高，植芦草其上，混浊凝积，久而成田，

然后报税，其利颇多。”“植芦草其上”改良土壤的方法，可用于开发冲积已久的沙坦。一般认为开垦“已成之沙”是明代垦筑沙田的特点。

清代沙田围垦的过程中，水资源的利用方式发生了变化。珠三角大部分的沙田都是在清代到近代形成的，以石坝圈筑“未成之沙”。在环珠江口大规模修筑堤围开发未成之沙是这时期人工围垦的显著特点。道光年间有人描述这一状况：“昔筑石坝以护沙，今筑石坝以聚沙，昔因河以为田，今且筑海为田。”[①] 大规模的围垦工程，使珠江三角洲主要大沙田区的基本轮廓在清代已经显现。平原的冲积大大加快，急速地改变了珠江口的自然地貌，使之按人类意志形成新的农业地貌。清代乾隆、嘉庆、道光年间的记载，使人强烈地感到这一巨大的变化。珠江水道流经的顺德、香山、新会、番禺、东莞等地，以前的广阔水面上“石坝横截海中”[②]，或“有靠河私设堤者，拦江私筑石坝者，海口不甚宽阔处圈田蓄沙，预图日后报垦者”。[③] 围垦的规模很大，“报垦税数自数顷以至数十顷、百顷亦不等”，筑成的石坝“周围数百丈以至数千丈不等”，并且有规划完整的水利系统和开发顺序。[④] 有石垦的潮田已经具备了充分利用水资源的能力，具备了向围田转变的基础。珠江口的大规模围垦，还缓解了民田区由于商品性种植业发展而造成的土地资源紧张的状况，为农业发展积累了可观的土地储备。同时，沙田开发给宗族带来了巨大的财富，间接为水利建设、基塘建设等农业工程的发展提供了条件。

2. 筑闸联围——围田区的扩大与基塘区的形成

由于水利堤围的急剧发展，以及环珠江口围垦的速度加快，珠江八大口门的水利宣泄减缓，上游水位抬高，又给珠江水网沿岸的防潦带来巨大压力，加上堤围建设中各自为政，堤系零乱，以致出现堤越多而水

① ［清］曾钊：《曾君钊送郑云麓观察山东都转序》，收入光绪《重辑桑园围志》卷一五《艺文》，光绪己丑年刻本。

② 同上。

③ ［清］朱士琦：《上粤中大府论西江水利书》，收入光绪《重辑桑园围志》卷一五《艺文》，光绪己丑年刻本。

④ ［清］龙廷槐：《敬学轩文集》卷一《与瑚中丞言粤东沙坦屯田利弊书》，载北京师范大学图书馆藏《稀见清人别集丛刊》第十二册，广西师范大学出版社，2007，第296—404页。

害越多的情况。由此人们采取筑闸联围的方法以整理零乱的堤系，减少水灾的发生。筑闸联围就是建闸门将涌滘堵塞，废除涌滘内的原有小围，或者将小围联成大围，缩短堤围的长度。这样小的水利单位就成为大的水利社区。因此在水利形势最严重的海南、顺德平原，筑闸联围规模最大。清代顺德143条堤围中，有88条堤围对闸窦有明确记载，统计为356个。[①]乾隆六年（1741年），南海县有59条堤围，捍护村庄413个，通潦窦穴155个。[②]这表明南海、顺德堤围多，筑闸联围也多。

筑闸联围的措施扩展到沙田县，且多在清代后期。如在清后期新会县的天河、横冈、周郡等小围在道光元年（1821年）联成天河大围；道光年间筑成的白藤、顺成、长丰等小围在咸丰三年（1853年）筑成五、七等大围，光绪三十年（1904年）连成大围百顷围；嘉庆元年（1796年）筑成东一围，以后陆续扩展，道光年间联成大围，捍田百顷。大鳌围，清初建成小围，到同治年间完成联围。[③]

香山以潮田居多，堤围多为低矮的小堤。直到清代的中后期，香山北部平原上西江干流曲折迂回，水流不畅，水患日多，于是出现了用于捍水的大型江堤。嘉庆二十三年（1818年）海洲乡北面的仰船海，筑成长两千余丈的永安围，捍田八十余顷。道光十三年（1833年）、道光十四年（1834年），古镇筑西成、东成、南美利、乐丰等小围。由于咸、同以后水患日剧，小榄在咸丰三年（1853年）联成榄都大围，同治年间古镇的小围又连成古镇大围、西成大围。这些都是清代香山最著名的大围。[④]

筑闸联围改善了水利工程的应用功能。联围前的堤围各自独立，不相统属。筑闸联围将这些不相统属的分散堤围连接在一起，设置闸窦，以时蓄泄，形成排灌结合的水利系统。

筑闸联围也有负面影响，这种负面影响在明代初期就已经出现。洪

① 广东省顺德县水利志编纂组:《顺德县水利志》，1990，第45页。

② 乾隆《南海县志》卷一一《水利志》，广东历代方志集成本，第241—253页。

③ 广东省新会县水利电力局编《新会县水利志》，1990，第66—67页。

④ 同治《香山县志》卷七《水利》，中国地方志集成本，第106—109页。

武二十八年（1395年）九江人陈博文主持倒流港筑塞工程，这是珠三角最早的筑闸联围工程，该工程沿着西江正干联围，牵涉南海、新会、三水县，堤围长达数十里。[①] 如果包括后来顺德县的辖地，则牵涉四县。筑闸联围之后，引起了上游水位的上涨，增加了上游的抗潦压力。

筑闸联围还会使河流的沙泥渟蓄在闸内河道内。支汊建闸后，堤围内水流缓慢，围内河涌里的沙泥因不易被冲走而淤积。如果在下游联围筑闸，阻断河道，会引起上游的强烈反对，从而引起社会冲突。但是由于堤系分散零乱，或者两围之间尚有缺口，引起水位上涨，筑闸联围是唯一的也是最好的选择。筑闸联围为南海、顺德连片基塘工程所需要的大规模水土整治创造了前提。

南海、顺德平原成田较早，地势低洼，此地的水利除了抗潦，还需防止内涝。在元代桑园围合围时，当地人民为了防止内涝，便挖池塘蓄水，基面种植作物。明代的基塘主要是"筑海为池"，就是将大片的宽阔的河涌筑断为池塘。这打乱了河涌水系，易引起水患。清代这种情况逐渐改变，挖田为塘逐步取代了"筑海为池"，避免了随意筑断河流引起的水系变化。筑闸联围使基塘连成一片，内涝减少而抗潦能力增强，这一措施普遍被接受。水利形势恶化，迫使水资源利用方式改变，从而引起栽培制度、作物、养殖业的一系列变化。乾隆末年至嘉庆以前潦水冲决堤围，潦水很快退去，人们尚可以借潦水退去的时间赶紧补插抢种，潦水退后留下的薄薄的淤泥被称为"西江麸"，可以肥田，损失还可以挽回一些。但嘉庆、道光以后，西江和北江水齐发时，"广、肇两郡诸围注满，越月不能消，以致晚禾不可以植"。[②] 在内涝长期不退的情况下，以双季稻为特征的水稻栽培不能在南海、顺德老围田区继续存在。清代桑园围内的南海烟桥何氏宗族的一个簿记记载："乾隆甲寅基决后，大涌之田，佃户多推不耕。自己耕田十石，田低水浸，有耕无收，亏本百

① 顺治《九江乡志》卷四《潜德列传》，顺治十四年刻本；道光《新会县志》卷二《水利》，第52页下。

② 道光《南海县志》卷一六《江防略》，广东历代方志集成本，第347页。

两上下。”[①] 佃户不耕，势必造成田地租金的下跌，因而烟桥的田主在嘉庆、道光以后倾向于改田为塘：“自嘉庆、道光年间大堤屡决，全围损失甚巨。吾乡地势洼下，比上游各乡尤甚。每当西潦盛涨，陴闸紧闭，淫雨为灾，积潦泛成泽国，田禾即被淹没。业户处田亩之沦于弃地也。于是改筑桑基。不及十数年，迄光绪初，乃尽变为基塘矣。同治纪元我大成户仅得八顷三十余亩，洎清末叶骤增至二十顷有奇。”[②] 加上南海、顺德有蚕桑业和水产养殖业的传统，基塘农业迅速普及，挖田为塘风气遍及两县水乡。

清代后期南海的方志中，在记述堤围时，多说明其基围“内包税田”的数量，这些基围内的田地大多为基塘，而咸丰《顺德县志》则明确记载了不少基围“内包桑基鱼塘”的数量。清代中后期南海、顺德基围内的桑基鱼塘大多为连片基塘区，是大规模整治水土的结果。

基塘，需要将田地挖为池塘，覆土于池塘四周，养殖业和栽培业并举。明代中期珠三角腹部已经出现部分不连片的基塘，而清代出现的连片基塘区是珠江三角洲水利工程系统的子系统，是明清时期珠三角堤围水利与土地利用方式发展到一定阶段的产物。连片基塘区不是简单地将田地挖深了事，而是大规模整治水土的农业工程，非单家独户的农家所能为，而是与当时的宗族制度结合的。

稻区变基塘的过程中重新规划了农田，堤围内的河涌和陆地也同样经历变动：“龙山水道今昔不同。有昔通而今塞者，有昔塞而今通者，亦有昔有而今无，昔无而今有者。即如西围一带，其始尽属民田，今则悉为桑基鱼塘，其水道亦随而变易。他如大陈涌之础头，小陈涌之桥头巷，其变水为陆者更可知也。”[③] 田变塘引起的这种变动应该更有利于水利系统的运行，因为它是基塘水陆大循环和排灌所需要的。

清代后期基塘的不断完善还体现在基与塘比例的固定化上，基塘工程技术也逐步成熟，以保证池塘的深度。这是保证池塘的蓄水功能和适

① ［民国］何毓桢等纂修《南海烟桥何氏家谱》卷九《杂录谱》，南海何氏1924年刻本。

② 同上。

③ 民国《龙山乡志》卷一《舆地略》，民国十九年刻本，第44页。

图 2-3 桑基鱼塘景色

应水产养殖的需要。

清代后期南海、顺德平原的连片基塘区有闸窦与河涌相连，池塘加深与堤围、闸窦、河涌一起，构成具有灌溉、排水、航运综合功能的庞大水利系统。至今（2014 年）在顺德龙江的左滩还能看到这一水利系统的残迹。西江大堤内，一座大水闸通向基塘区的河涌，河涌可以行舟，两旁就是基塘区，有渠道将河涌与基塘接通。大堤内渠横布，基塘错落，布局严整，显示出这是工程性的水利系统。

二、水资源利用与潮州平原的洋田

在潮汕平原，水利形势与珠江三角洲有很大不同。它的地理环境不像珠三角能产生基塘农业，而是出现了潮州平原独特的农田水利系统，造就了面积广大的肥沃洋田。

潮汕地区，集雨面积较小，夏秋时节，上游洪水发生洪汛，而下游河床比降小，河水泛涨，危害农田，故修筑防洪堤就非常必要了。但是韩江两岸有很多溪流，当咸潮上涌或韩江水涨时，韩江两岸的农田就受咸害或水浸。因此，在建堤围时，溪流与堤段之间要用“涵”即水闸来控制咸潮上涌时或江水盛涨时的水位，避免浸泛农田；而在旱季时又要开启闸门以放江水灌溉，旱季堤内田地水位高于堤外时，又要闭闸，使溪流水源不外泄，使之灌溉堤内田地。

宋时兴修潮州水利时，当地官员已经这样做。如潮阳的“上中下外莆堤”，堤内淡水能起到引淡洗咸的作用，宋代有“涵沟一十有六，凡有溢则自涵引水入沟泄于海”，宋知州事周明辨、王涤、张思，元朝知县赵良增、主簿张德明等人增修，能起挡住咸潮，潦季挡住潦水，旱季能起到灌溉的作用。[①] 明朝人口增加，“民沿堤上下以居，牲畜必资蕃以息，但众流暴涨，堤决而田庐人畜半沉，重河民之休戚所系甚大”。[②] 从正统年到嘉靖年都有官员增筑，保证涵沟不淤塞。嘉靖六年（1527 年）潮州知府王袍，“率民修之，增高三尺，广一丈”，能抵御台风和咸潮进入，二十年无事。潮阳的北厢堤也多由官员组织民众修筑，一定时期内达到了防咸的效果。[③] 这样从宋代到明清就构成了遍布潮州平原的堤围、闸门、水渠三位一体的农田水利系统。

韩江有众多的溪流流入，大多兼有灌溉和运输的功能，这些溪流主要是三利溪的水利系统与韩江堤围相互关联而形成的农田水利生态。明代潮阳太守周鹏时对三利溪和韩江之间的涵进行了整治，使三利溪、韩江、闸之间的水利关系更为密切：“引韩江水入三利溪，灌近城南北厢陈桥、新埔、云梯冈大围、枫溪等乡田。韩江之水由西北而东南，三利溪由东南往西北而入于海，而涵则江与溪脉络相维处也。盖溪高于海，江高于溪，溪借江水引入以溉田，而江涨则溪不能受，故设涵以时启闭，水小则启涵以通其流，水大则闭涵以遏其势”，但是“岁久渐倾圮”，

① 嘉靖《潮州府志》卷一《地理志》，第 169 页上。

② 同上书，第 169 页下。

③ 同上书，第 170 页上下。

已经不能灌溉，原因是溪水淤塞。清代乾隆己卯（1759 年）八月再一次进行疏浚，对三利溪、韩江之间起枢纽关系的涵进行了整治，“（涵）暴于外者，曰阳涵，人共见之。其伏于中者，曰阴涵，广狭长短与阳涵等，人莫得而见之。涵之上设板设关设墩，涵之外复设矶，皆有程度”，堤两边又植木三层[①]，创新之处在于有看得见的阳涵和看不见的阴涵，涵外有石矶以防护。

揭阳重要的水道有玉窖溪，在明代河岸为势豪所占，有碍灌溉和航运，嘉靖二十五年（1546 年），知府郭春震令豪民让出侵占的河道，“民以为便”。[②]潮阳县西北面的近海之地，向苦水咸，不宜禾稻，汐者动经数里，或千余里。明弘治二年（1489 年），潮阳县令王銮筑防潮堤，凿沟通泉，水利工程分别名为王公渠、通济港、仓头沟，潮阳濒海之地“由是而变为沃壤矣”。[③]但由于练江入海处平原有万余顷，仍受潮汐影响，十无三稔。清代道光十八年（1838 年），知县吴均倡建东溪塭，“御咸蓄水，开渠疏引，则自峡山以北，和平桥以南，兼及峡山大溪之南岸，广袤三十余里皆得资以灌汲。顾事关大小数十乡，应筑御潮坝闸二处，应开小沟万余丈”，工程完毕，形成了由水渠、防咸堤、水闸、桥梁组成的一个既可防潮，又可灌溉、交通的水利系统。[④]南溪是有利于揭阳水利的重要水道，如遇天旱，咸潮顺溪水涌入，同治年堵塞，建水闸，咸害得以解除。[⑤]同治时揭阳县的桃园水利，仍强调在筑堤之外，“堵泄之方，莫若坚开闭之闸”。[⑥]澄海县称为“泽国”，“御洪水则恃乎堤，而资灌溉则赖乎涵，民命攸关”，仅澄海就有堤围 24 条，与堤围和沟相关的“涵”51 个，比“涵”大的“水关”28 个，则用于泄水和进水

① 上述明代事和清代事见［清］周硕勋《三利溪记》，光绪《海阳县志》卷六《水利》，广东历代方志集成本，第 50 页。

② 嘉靖《潮州府志》卷一《地理志》，第 175 页。

③ 光绪《潮阳县志》卷四《水利》，第 50 页。

④ 道光十八年《东溪塭涵记（道光十八年）》，收入《广东碑刻集》，第 321—323 页。

⑤ 光绪《揭阳县续志》卷一《山川》，中国方志丛书本，第 32—34 页。

⑥ ［清］谢铼：《桃园涵碑记》，收入光绪《揭阳县续志》卷四《文篇》，第 500—501 页。

的大小闸门 79 个。[①]

从宋代到明清时期，潮汕平原遍布江堤、溪流、堤岸、涵、石矶等等设施组成的大大小小的水利系统，最大限度地利用了水资源，使潮汕平原的土地环境得到改善，为这一地区成为仅次于珠江三角洲的发达农业区奠定了基础。

三、水资源利用与其他水田

广东地方文献上记载的洋田，主要指平原、台地、盆地、谷地上灌溉水源充足的水田。如嘉靖《香山县志》卷一记载："洋田，沃野平原得水源之先者为上。"万历《广东通志》卷十六《广州府水利》记载：广州以北的从化到上番禺的流溪河流域，沿河流域水翻车、筒车到处可见，这类机械"惟从化最巧"，流溪水长 200 里，由于巧妙利用水利机械，"灌田最广"。增江流域一带平原和低地丘陵的灌溉条件也很好。这些能够利用水资源的盆地、平原上的田地被称为洋田，当然谷地间也有不少是坑田。

山间平阔之地，也可称为洋田。如大埔县："阳（洋）田可分二种，第一种村面广阔，可收早晚两造者，可谓之上田。第二种附近河岸者虽土地肥沃，上季常遭水患，早稻失收，仅晚稻收成一造，可谓之中田。……阳田土地较肥沃，晚稻收成之后更可植麦，至次年三月收麦之后，仍可插莳早稻，可以多收一造。"[②]

濒海台地的田地也可以称为洋田。雷州著名的特侣塘陂渠系统建成后，万顷洋田得到灌溉。所以宋代起雷州就成为了著名的粮食产区。但是由于靠近海边，潮水浸泛之后的田地不能耕作，"岁飓风作，涛激岸崩，咸潮泛滥无际。咸潮既消，则卤气复发，往往田苗伤败，至于三四年然后可耕"。[③]晚清时特侣塘陂渠系统由于淤塞和疏于管理，灌溉能

① 嘉庆《澄海县志》卷一二《堤涵》，第 98—108 页。

② 民国《大埔县志》卷一〇《民生志上·农田》，中国地方志集成本，第 220 页上。

③ [清]屈大均：《广东新语》卷二《地语·雷州海岸》，第 50 页。

力大大下降，这类洋田产量也随之大跌，产粮就少了。

梯田是各类山田中整地技术最为复杂的。梯田首先需要水资源的有效利用，《广东新语》记载：永安县内“有大村，高下棋列，稻田随山势开垦，徂夷相半，多狭长细畛，无有方广至数十亩者”。[①]这就是梯田。嘉庆二十三年（1818年），广东巡抚的奏疏中称：“广东省各属田地多在山谷之间，就地势逐层开成，名曰梯田，即平畴沃壤亦系沙地。”[②]18世纪奥斯贝克形容岭南梯田“高度和宽度都由斜坡决定”，“当雨水使上面的梯田泥土变松后，就通过渠道将水运送到下一层”。[③]故梯田其实是与山地水利系统结合的。只有水源充足，农民才会采取复杂的整地措施，实行横坡耕作，将田地修成等高线，做成能保持水土的梯田。乾隆《河源县志》卷十《源圳》：“至于力作既久，层累整饬谓之高排田。”这是将山麓上的埔修成的梯田。这时的埔田就不是坡田，而是水田了。田地修成等高线，可以横截水源。嘉庆《大埔县志》卷二《水利》记载：“民以食为尺，谷以水为命，谷得其利，民之利也。……埔依山垦田，鱼鳞绣错。”这些都是在水源充足的地区修整的梯田。广东的梯田因为水利条件的改善而得到推广，同时畬田的面积也相对减少。

平原地区有另一类低水田，称为洼田，分布在珠三角上部西江两岸的高要、高明，绥江的四会、三水等地的平原上，又称为葫田。

山势低洼之地常受泉水浸泛：“稍坦夷者曰麓，尽处多有泉，接其流以灌溉，为饱水田。泉出而喷薄者经年，土不枯厥。湴深或数尺至寻丈，牛不可耕，手自锄之。湴常及腰股，为湴田。”[④]这种田地又称冷板田，只能种植耐浸的稻种。

① ［清］屈大均：《广东新语》卷二《地语·永安县》，第60页。

② 中国科学院地理科学与资源研究所等：《清代奏折汇编——农业·环境》，第395页。

③ 〔瑞典〕彼得·奥斯贝克：《中国和东印度群岛旅行记》，第275页。

④ 道光《廉州府志》卷一一《农桑》，第236页。

四、水资源利用与土地价值和抵御生态环境变迁的能力

1. 水资源充分利用，极大地提高了山区的田地价值

水利设施的应用提高了耕地的价值。嘉靖《增城县志》将田地分为十品，山田中以用水车的“车田”、用筒车的“筒田”、有陂塘自流灌溉的“陂田”等价值最高。增城县的下田，产量1.5石至2石，“每亩价钱二三缗”，而中田每亩产量3石，“每亩价钱五六缗”，上田每亩产量6石，“每亩价钱十五六缗”[①]。上等田地价格分别是下等田的7—8倍、中等田的2—3倍。

水利直接影响山区农业技术的应用，比如土地的利用方式和栽培制度。山区还有埔田、坝地等，不论畬、埔、坝，民间都称为“水火田”，“犹江浙所谓靠天田也”[②]。这是水资源不能有效利用的结果。

山区水利条件好的水田，可以种植“翻稿”（双季稻），否则只能种一造的大冬谷。[③]在东江支流新丰江流域，水田盛行翻稿，而在河水灌溉不到的田地，只能旱作，“多有撮种撒种，不皆有事于栽插”。[④]没有水源灌溉，就采取直播、撒播的方式，栽培方式较为粗放。因此水利决定了作物栽培制度的技术选择。

陂塘水利能提高田地的水土保持作用。尤其是华南的砂质土壤，经过垦殖之后，如果没有植被覆盖，水土流失很快，而且趋向沙化。在砂质土上栽培作物，经水源灌溉，加上适当的耕作制度，就能够改善土质。如海南的西部，昌江河流域农田“浮沙荡溢”，无水不能种植，即使有水也要采用“蹄耕”这一原始的耕作法，黎族农民驱赶群牛，利用牛蹄将沙踩到泥底，泥和沙糅合在一块，才能栽培水稻。[⑤]在有水的条件下，沙化的土壤能通过耕作得到改良。如崖州的桥门沟，弘治年以前因为“累岁亢旱，失耕”，“此间山高水浅，地多浮沙，若无河流以济之，则雨

① 嘉靖《增城县志》卷二《地理志》，第15页。

② 乾隆《河源县志》卷一〇《源圳》，第458页。

③ [清]屈大均：《广东新语》卷一四《食语·谷》，第396页。

④ 乾隆《河源县志》卷一〇《源圳》，第458页。

⑤ 乾隆《昌化县志》卷一《风土》，故宫珍本丛刊本，第330页。

水虽多，耕作亦难”。[①] 弘治二年（1489年），知州林铎利用崖州城附近河流，“巡行阡陌，相势开筑引千家山下河水灌上，至今田无干旱，济民约二百余户”，此千家山河又“流经十里，各涧聚水成河，延二十余里”，灌溉田地一千余顷，当年就获丰收。[②]

陂塘水利对水土的保持作用，也与山区的林业密切相关。在文献上看到为数不多的林业县，由于有良好的植被，水利资源相当丰富。如丰顺县，是潮州府的森林大县，清代此地“田皆两熟，山水四时不绝”，大部分山田有充足水源。[③] 广宁县是粤西的森林大县，以盛产竹子出名，水源充足，清代此地“环邑皆山，菑畬颇少，然土略膏腴，且溪流湍急，筑陂置车可灌数十亩，故不大费人力。硗者岁或一收，腴者皆两收，亦乐土也”。[④] 乾隆、道光的《广宁县志》都记载当地的林业很发达。20世纪20年代的农业调查记载，广宁县耕山者多于耕田者数倍，耕田之利不如耕山，钦州也有这样的情况。[⑤] 这些例子说明，在森林植被广大的地方，涵养水土的能力强，水源丰富，田地易于灌溉，陂塘水利对于土地的水土保持作用更能显示出来。

2. 水资源合理利用，改善了平原的农田生态

水资源的合理利用，在珠江三角洲平原造就了围田区和基塘区，稳定了农田生态。如民国《顺德县志》记载：“大墩围，仅障南便田亩，东北无围闸提束，每逢潦至，水从泾口逆入横流堡内，田禾尽没，基塘半空”，同治三年（1864年）春，当地乡绅倡议在大墩围的东北口筑玉带围，修成之后，“洼田尽变沃壤，租息比旧倍增”。[⑥] 很明显大墩围原也是开口围，玉带围与大墩围连接后成了闭口围，围内田地有了防御水患的独立水利系统，才有可能向连片基塘区转变。南海、顺德的淡水养殖业习惯要求池塘排灌便利，池塘价值高低也往往以此为标准。清

① ［明］林铎：《桥门沟记》，收入正德《琼台志》卷七《水利》，广东历代方志集成本，第83—84页。

② 同上书，第84页。

③ 乾隆《丰顺县志》卷七《风土志》，广东历代方志集成本，第343页。

④ 乾隆《广宁县志》卷七《风俗志》，广东历代方志集成本，第74页上。

⑤ 吴建新：《民国广东的农业与环境》，中国农业出版社，2011，第222页。

⑥ 民国《顺德县志》卷四《堤筑》，第60页上下。

末卢燮宸《粤中蚕桑刍言·养鱼事宜条例》记载“鱼塘系当涌近海，易于出水者，谓之头筒塘”，租价最高，如“先有塘阻挡出水，必俟彼塘先行干底捉鱼上泥后，始可借其塘出水者，谓之二筒塘；如无出水者，谓之望天塘；有出水而未安窦塞者，谓之野塘”，后二者租价最低。野塘还因其瘦，“只可种茨菰、菱藕之属”而不能养鱼。早期南海、顺德的鱼塘在村堡水利系统未完善之前，多建于当涌近海之地的堤围附近，以抬高塘的租价。如桑园围的早期维护，多就近取土作堤围材料以降低修围费用，同时也有开挖鱼塘谋求出租，租金好作日后维护堤围费用。堤围附近的桑园芋地也挖为鱼塘。还有业主竟在堤围外修子堤挖鱼塘。基脚附近池塘的过度发展，削弱了堤围防御洪水的能力，嘉庆年间这些做法都被严禁。清代官员曾检查桑园围，认为堤围内基脚附近的塘在水涨时易崩堤，要填塘固基以确保堤围安全，但因池塘过多、士绅阻挠而难以实行。嘉庆二年（1797年）的《章程》就规定凡建于大堤旁边的鱼塘，在冬闲时节，必须“将基脚培筑高厚”，并将所有大堤旁的鱼塘造册登记存案，以便稽查，并不准在堤围旁建新鱼塘。[①]另一方面，村堡水利系统在清中叶以后逐步完善，鱼塘不一定当涌近海，只要有条件与村堡水利系统的排灌设施相连，就有可能建成租价较高的池塘。可见基塘工程与水利工程之间的关系是在形成过程中逐步协调的。经过历年的努力，堤围捍御洪水的能力不断加强，同时人们也将围内低洼土地从围田向连片的基塘区转变，以减少内涝的威胁。随着蚕桑业的发展，顺德、南海腹部基塘农业中残存的稻鱼轮作环节逐步消失了。

南海、顺德基塘区水利资源的充分与合理利用，就是要建设堤、闸、河涌、支渠、水塘、基面相结合，灌溉、排水、航运结合的大型水利系统，但这需要极大的资金投入。不过因为这是关系到村落、宗族生死攸关的大事，所以乡村的宗族舍得投入巨大的资金进行水利工程和基塘建设。围垦工程、水利工程和基塘工程三位一体，三者之间存在密切的经济联系，为农田生态的稳定提供了保障。

南海、顺德平原基塘区的宗族，是沙田的积极报垦者，也是水利建

① 吴建新：《明清广东的农业与环境——以珠江三角洲为中心》，第213页。

设和水利救灾的组织者。珠江口的人工围垦规模很大，“民之报垦者，每案或数人，或十数人，以至数十人不等，报垦税数自数顷以至数十顷百顷亦不等”，而且风险很高，“未成田之时，或屡筑而屡圮，或才筑而被风一扫荡然。以致力竭不支，展转相售，因而破家荡产者踵相接”。[①]所以围垦多为资金雄厚、势力强大的宗族。珠三角的宗族，从南宋时代开始开发沙田，经历明清时代的发展，族田的数量大为膨胀，主要资产形态就是沙田。由于族田不能买卖，经过数百年的积累，珠三角的宗族成为广阔沙田的拥有者。在珠江口工筑沙田，宗族通过合法的报税承垦和不合法的占垦，利用沙田“子母相生”（即由于冲积沙田面积不断衍生）的特点，占有越来越多的沙坦和水面，沙田作为族产的数量就非常惊人，通过批佃出租可带来可观的收入。此外，在老围田区中的基塘也是宗族的一大收入。所以，我们看到明清时期珠三角的堤围建设和基塘建设，宗族尝产提供了一大资金来源，才促成了基塘区水利资源的充分的、合理的利用。

广东的围堤，绝大部分是民间在农田开发过程中自行修筑的，一旦被水冲决，自然是“围民自行派修”“按税科银”，或仅由围内殷户捐款，或富户、商人先垫款，再按受益田亩收回本息。按亩科银往往主佃共同负责，每亩税银或二两或一两不等，或主六佃四或主七佃三。主六佃四或主七佃三，即佃户要负担四成、三成。从清代后期南海、顺德的堤围建设看，由于水患严重，维修费用从嘉庆以后一直呈上升趋势，佃户的负担自然加重。如桑园围在光绪十一年（1885 年）、十八年（1892 年）、二十三年（1897 年）、三十二年（1906 年）、三十四年（1908 年）分别决堤，修围费用分别为 30 000 两、8 000 两、14 580 两、20 000 两、10 000 两，全围长 16 000 丈，修围费用分别为 1.88 两 / 丈、0.5 两 / 丈、0.91 两 / 丈、1.25 两 / 丈、0.625 两 / 丈，远远超过在嘉庆二十二年（1817 年）的岁修费用 0.31 两 / 丈。而且从光绪十一年至三十四年只相隔 23 年，

① ［清］龙廷槐：《敬学轩文集》卷一《与瑚中丞言粤东沙坦屯田利弊书》，第 296—404 页。

平均 4.6 年发生一次大灾。[①] 此外统计南海县道光年间到宣统年间修筑的其他 18 条堤围，最高筑堤费用为 15.8 两 / 丈，最低为 0.7 两 / 丈，平均为 4.96 两 / 丈。[②] 顺德县道光年间建的古朗伍嘉元围，筑堤费用为 3.4 两 / 丈；蟠龙围，道光二十七年（1847 年）建，筑堤费用为 6.28 两 / 丈。[③] 同治元年（1862 年）玉带围 11.53 两 / 丈；巩安围，光绪二十四年（1898 年），14 两 / 丈。[④] 总的趋势是珠江三角洲的筑围费用逐年上升。

同时南海、顺德的佃户要承担的水利工程维修费用也是逐步增加的，不过佃户有能力承担这些费用。清代佃农有中农化的趋势，说明这一时期的佃农通过农业经营，经济能力大大提高，南海、顺德从事蚕桑业的佃户是富有的，可以承担日渐增加的水利负担。桑基鱼塘这一在珠三角腹部地区普遍存在的高效生态模式，显然增强了农户应对高涨的堤围费用的能力。种养结合的方式，以及晚清时期国际市场蚕丝的价格升高显然使这些“市场依赖型”农户的收入增加，抵御环境变迁的能力显然加大了。

稳定的农田生态能应对环境危机。15—19 世纪的小冰期气候有三个冷期，其中第三冷期定为 1820—1899 年。[⑤] 第三冷期内气候变化会导致经济萧条，吴承明将这个时期的气候变化引起的经济现象称为“道光萧条”；李伯重指出 1823—1834 年是江南长期衰退的开始，导致这一变化的原因除了太平天国革命、西方工业的冲击，另外的原因之一就是气候反常导致的水灾。[⑥]

① 根据宣统《南海县志》卷八《江防略》，中国方志丛书本，第 859—903 页的数字计算。

② 根据同治《南海县志》卷七《江防略》，中国方志丛书本，第 149—155 页；宣统《南海县志》卷八《江防略》，第 859—903 页的数字计算。

③ 咸丰《顺德县志》卷五《堤筑》，中国方志丛书，第 478—480 页、第 491—492 页计算。

④ 民国《顺德县志》卷四《堤筑》，第 60 页上下。

⑤ 郑斯中：《1400—1949 年广东省的气候振动及其对粮食丰歉的影响》，《地理学报》1983 年第 3 期。

⑥ 李伯重：《19 世纪江南的经济萧条与气候变化》，载王利华主编《中国历史上的环境与社会》，生活 · 读书 · 新知三联书店，2007，第 115—126 页。

但是在气候振动的19世纪中叶，珠三角蚕丝业却迎来了另一个繁荣的时期。由于基塘这类稳定的农田生态，南海、顺德等蚕丝区，从1736—1840年掀起第一次“废稻树桑”高潮，在19世纪的中后期又掀起全面性的“废田筑塘、废稻树桑”高潮[①]，以南海、顺德为中心的蚕区由此成为继江南之后的华南重要蚕丝区。珠三角蚕丝区的繁荣期发生在1820—1899年的冷期内。这有悖于学者们所说的第三冷期内经济衰退的情况。

19世纪的中后期，珠三角农业发展基塘区水利资源的充分和合理的利用，加上蚕桑业和缫丝业的发展，使这一地区并没有出现学者们所说的经济衰退，反而成为南中国经济最繁荣的地区。

潮州平原也由于有稳定的农田生态，成为仅次于珠三角最大的经济作物区。土地受益于水资源的合理利用，促成了农业经济的转型。明代潮州平原水利系统发达，潮阳、海阳、揭阳等核心地区，“地大民庶”，[②]本地稻米、土产交易频繁。清代不断地完善各地的水利系统，农工商业更为发达，乾隆时已达到高峰。三阳地区，“沃壤绣错”，“平畴无余，绿稼如云，环城内外，溪渚交流，舟楫纵横，仿佛三吴风景”。[③]如揭阳县，雍正年间为主要的产稻区，“八都之田可耕，困廪之登，他邑多望以取资而操奇赢”，[④]饶平县建设了二百余里的阳公溪，还建设了河口陂，经过城濠，近郭农田都得到灌溉，“水有所潴，可令亩一钟”，[⑤]（“亩一种”是古人对高产的叫法）说明了水利和粮食生产之间的关系。澄海县“号称沃壤，农安陇亩，女勤织纺，务本业，谨盖藏，为潮属九邑最”。[⑥]

潮州的商品性种植业以甘蔗为主，兴起时间和闽南同。甘蔗出口的

① 佛山地区革命委员会《珠江三角洲农业志》编写组:《珠江三角洲农业志（初稿）》第四册，第9、13页。

② [明]王銮:《弘治二年潮阳县志序》，收入隆庆《潮阳县志》卷一，天一阁藏明代方志选刊本。

③ 乾隆《潮州府志》卷五《形势》，中国方志丛书本，第63—64页。

④ 雍正《揭阳县志》卷一《图考》，日本藏中国罕见地方志丛刊，第327页。

⑤ [明]周瑛《阳公溪记》、[明]郭之奇《重疏河口陂记》，收入康熙《饶平县志》卷一五《艺文》，潮州市地方志办公室影印本，2002，第168—170页。

⑥ 嘉庆《澄海县志》卷六《生业》，第67页。

衰落期大致在19世纪80年代前后，故光绪十四年《揭阳县续志》、光绪十年《潮阳县志》、光绪十三年《海阳县志》仍然记载潮州蔗糖业的盛况，或者是对光绪初期以前蔗糖业的追述。如揭阳县的甘蔗，“栽种益繁。每年运出之糖包至数十万，遂为出口货物一大宗”。[①]揭阳从一个单纯的稻作产区变为经济作物大县。潮阳县“小民尽力农亩……田高土沃，力于耕种者且能成家”。[②]“力于耕”包括水稻和甘蔗栽培，以栽植甘蔗效益最高，光绪《海阳县志》记载：“邑田近多种蔗，其利颇饶。潮州糖业，以揭阳、普宁为最，潮阳、惠来次之，海阳、澄海又次之”。[③]这一记载是光绪十三年（1887年）的，可以追溯的时间还要更早。明代商品化的甘蔗栽培在潮州平原的起步比珠江三角洲还早些，盛期却在清代，表明以种蔗、榨糖致富的农家不少。在光绪二十九年（1903年）兴礼的调查记载：“光绪十年以前每县有150万包，每包142斤。后乃日少一日，目下至不及一百万包。”产量减少不主要是市场问题，兴礼说是“花生粕日少，豆粕价昂所致”。[④]所以光绪二十九年潮州糖业并不像徐闻糖业一样完全衰落。潮汕平原和珠三角一样，并没有在1820—1899年冷期内出现过经济衰退现象。

① 光绪《揭阳县续志》卷四《物产》，第421页。

② 光绪《潮阳县志》卷一二《风俗》，第151页。

③ 光绪《海阳县志》卷八《物产》，第70页。

④ [清]兴礼:《潮州糖业调查概略》，收入罗振玉编《农学丛书》第六集。

第三节

生态农业类型

生态农业是人类巧妙地利用资源配置，以较低的投入获得较大的经济效益，并能取得生态效益的农业生产方式。古代岭南最早的生态农业类型是将生物治虫应用于柑橘园和滨海稻田，明清时期，这些治虫方法得到发展，并且出现一些新的类型。

一、基塘种养结合

围田向基塘的转变，最初表现为果园垒高园地，四边挖沟堑以排水。这一记载最早出现在嘉靖《增城县志》卷二《地理志》。这种园圃称之为“基田”，最早就出现在东江口的沙贝，《广东新语》卷二十七《草语》记载此地的芭蕉、甘蔗种植很发达，土质是冲积土。但是当时“基田”旁边的沟堑可能有也可能没有鱼类的养殖[①]，基面占的面积很大。很快这种以种植为主、养殖为辅的土地利用方式遍及有围田的地方：“广州凡矶围堤岸，皆种荔支、龙眼，或有弃稻田以种者。田每亩，荔支可二十余本，龙眼倍之，以淤泥为墩，高二尺许，使潦水不及，以刍草盖覆，使烈日不及。而龙眼之干，欲其皮中之水上升，以稻秆束之。”“墩”

① 基田可分为蔗基、蕉基、橙基等。东莞、香山、番禺、增城的蔗基、蕉基、荔枝基、柑橘基等沟堑只排水，少有鱼类养殖。今广州海珠区种杨桃的“万亩果园”，堑中并没养鱼。而梁启超《说橙》一文记载新会的橙基旁的堑有养鱼。

高于水沟，可以泻水，保护果树根部不受水浸。[①]

鱼类养殖业特别发达的西北江三角洲地势极低洼，最早出现基塘。桑园围原为开口围，出水处水位高于以下水位，没有筑围。到元末明初，香山一带的沙田大开发，出海水道加长，桑园围出水处以下水位抬高，在一个名为“倒流港”的出水处经常倒灌潮水。洪武二十九年（1397年）南海九江乡的“里老”陈博民（一作文）带领桑园围的围民将“倒流港”筑塞。这样，桑园围的堤围可以挡住西潦，但防涝就需要挖深鱼塘蓄水，加上九江乡人大约从宋元以来就不断积累四大家鱼鱼花养殖业的经验，更在弘治年间获得了西江鱼花的捕捞权，加上九江人善于制蚕种，桑基鱼塘便最先在九江乡，以及同在桑园围内的龙山、龙江两个具有蚕丝业传统的地方出现。顺德在景泰年间从南海县分出，在成化元年（1465年）知县钱溥，开通河流环绕全县；弘治八年（1495年）知县吴廷举在全县大建土堤，并在堤与堤之间的河涌建桥梁，使顺德的河涌水利与基塘农业同时发展起来。到了万历年间，顺德的基塘农业已经非常普遍了。

万历《顺德县志》记载：“负郭之田为圃，名曰基。以树果木，荔枝最多，茶桑次之，柑橙次之，龙眼则树于宅，亦有树于基者。圃中凿池畜鱼，春则涸之播秧，大者至数十亩。若筑海为池者，则以顷计。”[②]顺德、南海的桑园围等地，处于当时西北江三角洲的下游，它的基塘完全不同于沙贝的“基田”，基旁边的大的塘可以蓄水养鱼，基面种植的作物种类也多，由此构成果基鱼塘、茶基鱼塘、桑基鱼塘等形式。中间还有池塘稻鱼轮作的环节，因为鱼塘的泥很肥，春天干塘之后正好做秧田，取秧苗时连塘泥铲去，池塘又可以挖深。一般认为，明代最主要的还是果基鱼塘，以顺德陈村最多，以种植龙眼、荔枝为主，直到清代陈村仍以果基鱼塘为主。在顺德的龙山、龙江，南海的九江等地，以桑基鱼塘最多。基塘的大致趋势，养鱼业是固定的，基面的作物则依据当地种植业的优势和市场的需求而确定，而且塘与基面的比例亦按照市场需要或当地产业优势、生态需要互有盈缩。明代九江的基面与池塘大致比

① ［清］屈大均：《广东新语》卷二五《木语·荔枝》，第624页。“荔支”今为“荔枝”。

② 万历《顺德县志》卷一〇《杂志第九》，广东历代方志集成本，第107页上。

例是二比八，因为九江以鱼花养殖为主，基面要大于池塘面积。[①] 清代农民认为桑基鱼塘以“四水六基”为最佳，这是农民在长期的实践中对桑基鱼塘生态经验的总结，在晚清的蚕书《广东蚕桑谱》《粤中蚕桑刍言》中有记载。

基塘种养结合，顺德等地桑树的高产稳产与基塘的关系非常密切。基面与鱼塘是一起整治的，而且二者的农事操作也关系密切。清末《粤中蚕桑刍言·治地》记载了以下几项基塘工程技术的措施：（1）用池塘养鱼，“其法将四成为塘，六成为基”，这一比例保持池塘深度适当，基面高度适当，可免水浸作物。（2）“培泥之法”。鱼塘每年的干塘和一年二三次的上泥，给基面的桑叶施肥。（3）“镶勘之法”，即用塘泥培护基脚，防止基面崩卸。（4）“盘基之法”。过高的基“必须用锄盘低，可使之平挫如旧”。这样基与塘始终保持适当结构和比例，起到调节水、土、肥的作用，使基塘保持稳产高产，发挥水利功能。整治旧桑基时，桑树头要挖去，以便犁深桑地，利于新植树；晒干淤泥，捶碎铺平，再耕深，桑树植株根就扎得深，能吸收池塘水，据说这样做“生桑常多，而叶靓润，以之饲蚕，其茧必厚而好丝”。[②] 可见基面桑叶高产不是稀罕的事。

池塘和基面作物之间的物质交流，以桑基鱼塘最完善。蚕桑业会产生蚕蛹、缫丝废水等物质，放到池塘里是最好的饲料。塘泥中富含鱼粪、有机质和基面随雨水留下的桑面沃土，蚕农挖塘泥覆上基面，可以杀死杂草和土壤病菌，给桑树提高水分和养分。晚清时还往池塘中放蚕沙即蚕的粪便喂鱼，也有将蚕粪放到桑基，以抑制杂草的生长。基面和池塘水面保持比例，桑树根系能得到池塘水的滋润，能防旱。[③] 晚清的鱼塘上还养猪，这在《岭南蚕桑要则·刍言》、光绪《高明县志》中有记载，农家认为蚕、桑、鱼、猪齐养，效益最高。池塘上还搭建厕所[④]，这种

① ［清］屈大均：《广东新语》卷二二《鳞语·鱼饷》：九江，“鱼塘十之八，田十之二”，第 566 页。

② ［清］卢燮宸：《粤中蚕桑刍言·种桑事宜条例·治地》，光绪十九年番禺黄从善堂刻本，第 3—5 页上。

③ 宣统《南海县志》卷四《物产》，第 610 页。

④ 〔美〕考活、布士维：《南中国丝业调查报告书》，黄泽普译，广州岭南农科大学，1925，第 105 页。

情景20世纪80年代中期笔者在顺德、南海等地访查时还见到。在顺德、南海一带的基塘其实是桑、蚕、鱼、猪、人共生的生态系统。（按：这一时期的桑基鱼塘是人民公社时期按照"桑塘田园化"的目标整治过的。）粪便多了，鱼塘的水会富氧化，水面漂着一层绿色，称为"绿皮"，养鱼者会将它捞走，最重要的是通过鱼塘的窦换活水，"当即开上窦，放去咸水数寸，换入生水为妥"。[①]

基塘系统外的物质也加入循环，晚清时还将榨油之后的油枯、大量的花生枯、豆枯、远处运来的草、人粪便运到池塘养鱼。为了适应养鱼业的需要，清代出现了专门种草的"草塘"，"专种饲鱼之草，其叶如银杏，惟鲩鱼食之"。[②]《粤海关志》记载广州的口岸有大量的粪枯，包括从广州运出的粪便、外地运入的榨油之后的豆枯、花生枯、茶枯，不少是运到顺德、南海的基塘区的。

有的地方在池塘上搭建饲养牲畜的栏圈，虽不是基塘的形式，却是现代所称"立体农业"的形式。清代中期灵山县在养鱼的池塘上养牲畜："马粪宜养鱼，羊粪尤美。今人作羊栈，多架于池塘，非独却暑，亦利其粪也"。[③]羊圈在池塘上，在夏天为鱼遮阴降温，羊粪则可以作为鱼类的饲料。

二、鱼类与其他作物的共生、轮作

南海、顺德等地的基塘中有稻鱼轮作的传统。至少在清代后期以前，桑园围等地还保持着一定面积的水稻田。这是农民为了应对粮食危机而采取的策略。往往在冬季干涸池塘时，将池塘改为秧田，直到清中叶还可。嘉庆年间顺德的龙山，"塘于春则播种取秧，于夏秋则养鱼，塘基上则种桑，下则栽芋。计其所入，鱼桑为重，鱼利之兴也"。[④]道光以后由于涝灾特别严重，种植水稻无收成，而且鱼塘挖得足够深，基塘生

① [清]卢燮宸：《粤中蚕桑刍言·养鱼事宜条例·换水添水法》，第34页上。
② [清]张渠：《粤东闻见录》卷上，收入《粤东闻见录·南越游记》，第44页。
③ 嘉庆《灵山县志》卷八《农务志》，广东历代方志集成本，第139页下。
④ 嘉庆《龙山乡志》卷四《田塘》，嘉庆十年紫金阁本，第6页下。

产环节中的鱼稻轮作便逐步退出。

稻鱼共生在珠江三角洲的潮田中存在，但鱼是自然放养的。潮田土壆有水窦，潮水可以大进大出，潮水退时，鱼虾就留在田中。潮水还带来冲积泥，潮水退后，泥沉积在田中，等于施肥。潮田中还有禾虫，是很畅销的食物。所以农民耕作潮田，除了收获水稻，还能采捕田中的鱼虾和禾虫，是很重要的副业。清代人诗云："共说围田花利多，纷纷塞箔向江莎。为图蟮蛤能供食，不利桑麻只种禾。"①

分布在珠三角上部四会、三水、高要等地的荫田，是古代河道泛滥形成的低洼地。光绪年间黄朝槐《宁阳杂存》卷一《物产》："低湿水田曰荫。"荫田又称塱田。这类田地因为长期积水，用作养殖鱼类或者种植水生作物。高要的荫田在潦水到来时，水深于平时，而鱼类往往随潮水进入，农民就将潮水进出的地方围截起来，荫田就成了天然的鱼池。荫田种植深水稻，水有多高，水稻就长多高。荫田中的鱼类也不需要放饲料，因为西江水进入时，大量的微生物就是鱼类的食物。乾隆年间张渠《粤东闻见录》卷上记载："高要又有西水塘。塘居低洼，江涨必遭淹没。四围为土堤，留窦出纳。涨至，大江之鱼入焉；涨退，以竹篱遮窦，使不得出而鱼乃留。此天地自然之利也。"宣统《高要县志》："邑人佃塘畜鱼，比比皆是。城北郊外之波海、黄塘、大榄俱鱼禾两利。"②这些说的都是鱼稻共作的荫田。

民田区的低洼地还可以实现鱼稻或者是鱼与蔬菜的轮作。道光年间陈炬墀所撰新会《龙溪志略》卷下，记载在新会外海乡的一口池塘："秋冬为菇塘，春为秧塘，夏为鱼塘，其利甚溥。"清代时，广州的西郊是主要的水生蔬菜产地，有面积很大的鱼塘。这里有蔬菜和鱼类的共生，或者轮种，"广州西郊，为南汉芳华苑地，故名西园。土沃美宜蔬，多池塘之利，每池塘十区，种鱼三之，种菱、莲、茨菰三之，其四为蕹田。蕹无田，以篾为之。随水上下，是曰浮田。"③半塘一带"土甚肥腴多膏物，种莲者十家而九"。④

① [清]赖洪禧（1770—1852，诗人）:《道滘杂咏用竹枝体》，收入《红棉馆诗钞》卷二,《广州大典》集部别集第44册，第795页。

② 宣统《高要县志》卷一一《实业》，中国方志丛书本，第487页。

③ [清]屈大均:《广东新语》卷二七《草语·蕹》，第703页。

④ [清]屈大均:《广东新语》卷二七《草语·莲菱》，第704页。

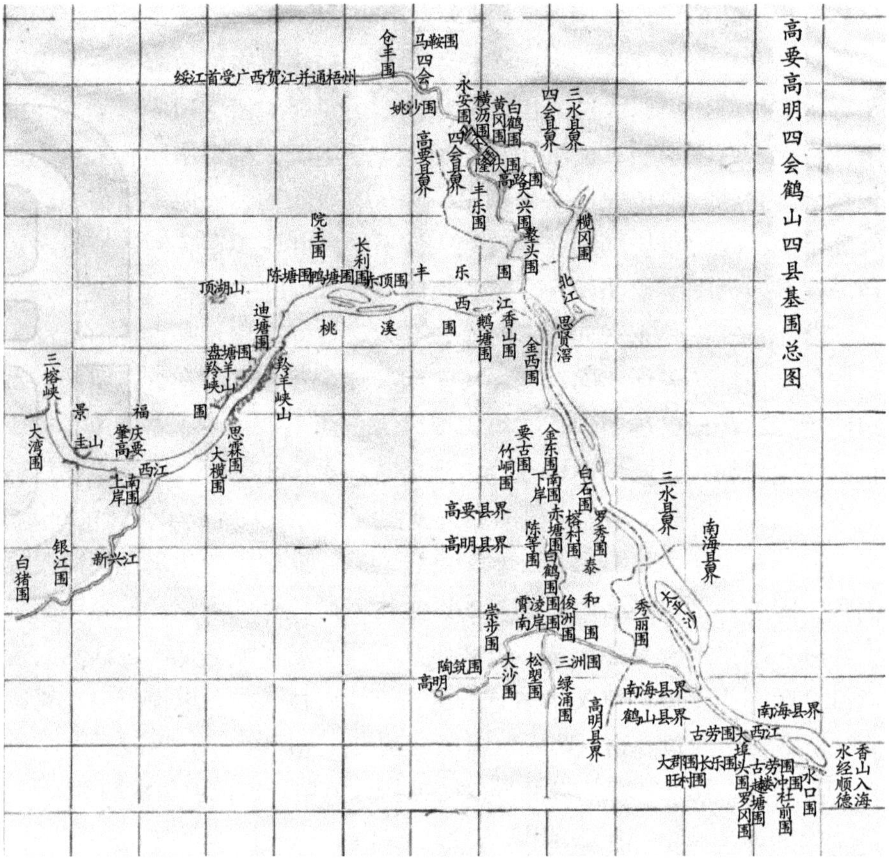

图 2–4　高要、高明、四会堤围内多是稻鱼共作的塱塘

山区也普遍存在稻鱼共作或轮作的栽培制度。吟咏客家山区的诗云："东塘高大过濠塘，塘下平田莳绿秧。窃喜年来稀大水，鱼花相共稻花香。"[①] 英德县的"断冈塘……可畜鱼耕稼"。[②] 广宁县山区的农民也有"耕塘"[③] 的做法，实为鱼稻轮作，是在水流丰沛的山坑田进行的。这种山坑田只能种植一造稻，《广东新语》记载为"大冬谷"，但是没有提到这种山坑田的养鱼程序。其实"大冬谷"普遍存在稻鱼轮作的形式："农（民）涸其塘艺谷，其谷曰'大冬'，至十月获而复以收鱼之利。"[④]

① [清]张芝田:《梅州竹枝词》，光绪二十二年刊本。

② 宣统《英德县续志》卷三《水利》，中国地方志集成本，第 541 页上。

③ 乾隆《广宁县志》卷七《风俗志》，第 3 页上下。

④ 康熙《长乐县志》卷一《气候论》，中国方志集成本，第 19 页。

这是清初的记载，在道光年间的《长乐县志》卷四《风俗》也有记载。大冬谷田多养殖鲤鱼："田鲤谓之禾头鲤，水田莳禾后可畜鲤，谓之禾头鲤。"[①]"禾头鲤"放养时，鱼苗、鲤鱼和水稻处于共生状态。山坑田一般严重缺乏有机质，土壤板结，养鱼之后，鱼能吃草，且鱼粪能增加土地肥力。所以"大冬谷"的产量比起二造田低不了多少，甚至持平。从康熙《长乐县志》的记载看，山区坑田大冬谷的稻鱼共生技术起码在明代已出现，屈大均只是没有了解详情而已。在西江的肇庆，崇祯年的方志记载了唐代《岭表录异》中所述的山田中养鲩鱼食尽草根，然后种植水稻的情况，且"今高明、（阳）春、新（兴）、德（庆）有行之者"。[②]可见西江上游的山田稻鱼轮作从唐代持续到明代末年，甚至清代。

三、稻田养鸭

明清时期，随着沙田的开发，越来越需要养鸭治虫。蟛蜞为灾，在道光《香山县志》中有记载。稻芽萌发的时期，蟛蜞随着潮水而来，在很短的时间内就将稻芽吃个精光，人工防除不管用。这时在稻田里放鸭群，就可以吃掉蟛蜞和稻螟虫等害虫。明代有关"鸭埠"的记载越来越多。南海人霍韬写的《书畜鸭事》说明了在洪武、永乐年间划分田界为"鸭埠"一事："香山、顺德、番禺、南海、新会、东莞之境皆产蟛蜞，能食谷芽，大为农害。唯鸭能啖食焉。故鸭唯广南为盛。以其蟛蜞能饲鸭，亦有鸭能啖蟛蜞，不能为农害也。"成化年间当局革掉鸭埠。但是由于养鸭有利可图，"顽民恃宦家子弟为靠山，恣恶无忌，因畜鸭而残民之稼，民不敢告"。[③]正德三年（1508 年），曹琚为广州知府，时蟛蜞为害，曹奉广东佥事陈金命，"复鸭埠之旧，以充军饷"，并巡行广州府属下七县监督复鸭埠。[④]但鸭埠时兴时废。嘉靖《香山县志》记载

① 道光《石窟一征》卷八《方言》，第 278 页下。

② 崇祯《肇庆府志》卷一〇《物产》，第 311 页。

③ [明]霍韬:《书畜鸭事》，收入《皇明经世文编》卷一八八，续四库丛书本，集 69，第 323 页。

④ [明]黄佐：嘉靖《广东通志》卷五〇《名宦》，第 1285 页上。

的养鸭民来自顺德，为放鸭至于杀人。养鸭民、农民、业户之间达成关于放鸭和收益的契约，明代倚仗官宦之家势力的养鸭户不遵守契约，乱放鸭以致禾田受损。万历《顺德县志》、万历《新会县志》都呼吁重建鸭埠，以除螃蜞之害。在清代，强势的仕宦之家受打击，鸭埠由大宗族管理，养鸭民和田主之间有了契约关系，养鸭民为暴的现象减少，稻田养鸭作为沙田区一项与农作制度相关的技术才能起到作用。东莞篁村张氏有乌沙鸭埠，是明代其先祖张家玉起兵殉节，“乡人悯其（祖）忠义”，将鸭埠之款“送出”，作为张氏祭祖之用，“数百年来相安无异。查鸭埠之款系将收获余谷养鸭田中，于主佃无伤”。[①] 鸭埠的收益由宗族、

图 2–5　外销画中的养鸭船

① ［民国］张其淦:《东莞张氏如见堂族谱》卷二五《田图》，莞城驿前街福文堂刻本，1922。

田主、放鸭民分享。清代方志上几乎不见养鸭民暴力纵鸭于田中的事例。首先，鸭埠的划分保证了宗族的利益；其次，养鸭民要交纳鸭埠的费用，并且遵守放养的时间，不得损害田中庄稼。这些成为珠三角乡间的俗例。一些宗族历数百年，仍然享有鸭埠的收益权，也是不成文的俗例。鸭埠分为春秋两造。春天的鸭埠专吃蟛蜞，秋天的鸭埠专吃农人收割之后的遗穗。去除蟛蜞为害的方法有人工捕捉，但是“蟛蜞山积”，潮水来时数量会很大，只有放养鸭才能起作用，明时人都认为“惟鸭能食之”。清代人诗云“鸭儿有埠鸭儿肥，禾际蟛蜞渐渐稀”，说的就是这种情况。[①]

稻田养鸭不止在珠三角的沙田，在广东不少地方都有。如潮州平原，“濒海之地多产蟛蜞，岁食谷芽为农害。惟鸭能食之。在田间春夏食蟛蜞，秋食遗稻，故易肥”。[②]其制与珠三角相似。民国《开平县志》卷四十五《杂录》：“今制：鸭所食遗稻，有埗。埗属诸乡。畜鸭者先与其乡租埗，至收割时然后纵鸭食之。其食蟛蜞亦然。谓之清水埗。从未有为农害者，亦善法也。”粤西的廉州也有鸭埠，“濒海之田，多产蟛蜞，岁食谷芽为农害”，为此亦设鸭埠。[③]设鸭埠的民间习惯还见于海南岛。光绪年间定安县社德堂村，共十多村议定乡规，“议六畜纵伤错者，按伤物之多少议取赔罚”，其中关于养鸭的条款有“议鸭埠各村轮掌，不论大熟小熟，俱要监期，不许先春。如果欲先春者，众议外，取租埠钱四千文入庙”。有不服者，“合众鸣官究治”。[④]禁止先春的意思大概是禁止在春天先行放鸭于田。这一禁令表明了海南鸭埠的习惯。而在粤东客家山区，则对在田间养鸭有严格的限制。大埔县有乡村禁止将鸭和牛乱放牧：“鸭……食谷种则秧不足，啜禾头则禾难生，及将熟蹂泥，十倍于啄食，且三勤壅肥，水尽被搅去，致田瘦无收……均害农家。……前屡禁革，日久怠玩，兹通乡再禁，勒石垂久……如犯禁，鸣锣公罚，持（恃）

① [清]陈坤：《岭南杂事诗钞》卷三，收入《广州大典》集部别集第68册，第331页。

② 嘉庆《澄海县志》卷二三《物产》，第287页下。

③ 民国《合浦县志》卷六《杂志》，广东历代方志集成本，第601页。

④ 光绪年《社德堂议禁碑》，收入《广东碑刻集》，第947—948页。

强呈官究治。”[①] 可见山区田地细碎，坎高塍小的特点，以及农民的认识不利于稻田养鸭。

四、生态型果园

果基鱼塘本身就是生态型的。果树种植在基面上，鱼塘养鱼，池塘的泥土不时覆盖上基面果树的根，能起到肥田的作用，池塘挖深则利于养鱼。新会生态型果园与一般的果基鱼塘稍有不同。新会的橙农在第一年时种下矮小的橙树时，将番薯、芋头等间种在橙树下，以在果树未结实时增加收入，并且可以改良土壤。第二年至第五年，新树仍未长得很茂盛，最忌阳光强射，为给果树遮阴和增加收益，橙农每年会在果树间种甘蔗、瓜、豆、芋头等作物。新会近海，每年的台风很多，为防止台风吹倒成年的橙树，就在果园外种植一排葵树，一排水松，这些树身姿婆娑，水松高大，防风效果最好；为了保险，堤内果园的边缘还种植荔枝、芭蕉、桃、李等树遮护橙树，果园和堤围之间的壕堑有水，还可以养鱼。第六年至第九年，橙都能收成，新会橙最闻名，销路很好，橙农的收益较高。这类符合栽培学原理和生态学原理的果园，记载在晚清梁启超的《说橙》中[②]，民国的文献也有调查报告提及这类橙园，并且在《番禺县志》有印证："凡耕围田者，于田四周筑土为矶壆，内环其田，外以障水，而杂植果木于矶上。"[③] 在围绕果园四周的矶壆杂植果树，原理与《说橙》一样。

柑橘类果园中有害虫，从中古时代出现的黄猄蚁防治害虫法，到了明清时期还在普遍使用。"广中蚁冬夏不绝。有黄赤大蚁，生山木中，其巢如土蜂窠，大容数升。土人取大蚁饲之，种植家连巢买置树头，以藤竹引度，使之树树相通，斯花果不为虫蚀，柑橘、林（柠）檬之树尤

① 乾隆六年《通乡禁碑》，收入《广东碑刻集》，第 893—894 页。

② [清] 梁启超:《说橙》，收入贺长龄《皇朝经世文编》卷二六《户政三·理财下》；吴建新:《明清广东的农业与环境——以珠江三角洲为中心》，第 66 页。

③ 民国《番禺县续志》卷一二《实业志》，中国方志丛书本，第 171 页上。

宜之。”[①] 明清时期，黄猄蚁防治害虫法的创新是用藤或竹子将树与树连接起来，蚂蚁就可走遍整个果园吃虫，防治效果由此加强。崇祯《肇庆府志》、顺治《潮州府志》、乾隆《番禺县志》都有关于蚂蚁防治害虫的记载。阳江县：蚂蚁，“黄赤者喜缘木为巢，如土蜂窝大。乡人售之园丁，架木引之食果虫。”[②] 番禺县：“广州温热，多白蚁……其黑蚁善擒龙荔柑橘虫。园家多畜之。”[③] 潮州：“广中蚁冬夏不绝，有贸蚁者以纸囊盛而饲之，种树家买取置树头，则花果不为虫蚀。或曰收其子为酱食。”[④] 这样，从肇庆到粤中、粤东的柑橘园都有应用黄猄蚁防治害虫。养殖黄猄蚁也应视为技术的进步。《广东新语》：“场师有养花先养蚁之说。”[⑤] 但场师的蚁是从养蚁人手中买来的，《阳江县志》说“乡人”养蚁应该从晋朝开始，岭南就有专门养殖黄猄蚁之人，明清时柑橘种植面积大了，专门的养蚁人就多了，黄猄蚁群如何采集、喂养和繁殖，都是专门的技术。特别是黄猄蚁有畏寒的习性，所以如何使蚁安全过冬，也是要解决的，“所以贩者谓之养柑蚁”。[⑥] 明清时，柑橘害虫能影响果树寿命，如不养蚁，果树则“其树易蠹，非畜蚁辟之，不十年朽矣”。[⑦] 养蚁防虫还能保证柑橘的质量。高要县的乳柑是贡品，“木性招蠹，凿取不足，恒畜蚁辟之”，否则不能为贡品。[⑧] 柑橘害虫能深入果内部，柑子成熟后，内部则溃烂不能食。万历年间有人将岭南岭北的柑子进行比较：“衢、闽皆盖溃，广橘则否，五月间可食。”[⑨] 溃就是易腐烂，原因是幼虫卵深入果中所致。广东所产柑橘没有这种现象，应该是和当时黄猄蚁防治法普遍应用有关。

---

① [清]屈大均:《广东新语》卷二四《虫语·大蚁》，第603页。
② 康熙二十七年《阳江县志》卷三《物产》，第140页下。
③ 乾隆《番禺县志》卷一七《风俗·物产》，广东历代方志集成本，第415页。
④ 顺治《潮州府志》卷一〇《轶事部》，顺治刊本。
⑤ [清]屈大均:《广东新语》卷二四《虫语·大蚁》，第602页。
⑥ 乾隆《广州府志》卷四七《物产一》，广东历代方志集成本，第1073页上。
⑦ 乾隆《恩平县志》卷九《物产》，第204页上。
⑧ 康熙《高要县志》卷五《物产》，广东历代方志集成本，第84页上。
⑨ [明]王临亨:《粤剑编》卷三《志物产》，第83页。

五、生态型茶园

明清时期，南海西樵山有三十二村，专以种茶为生。这里的茶畦间种一种名为蝇树的植物，最早见于嘉靖《广东通志》的记载："蝇木，高二三丈，叶如桑而厚滑，易长，多产增城、从化山中，十年可盈二拱。花白如茉莉，差小，香如糖花，开成毬群，群蝇味之，故名。可作锅盖、木杓，其小者南海西樵村人种茶植之，以为荫。"[①]关于这个类型的茶园，清初有更明确的记载："西樵多种茶，茶畦有蝇树，叶细如豆，叶落畦上，则茶不生螆。旱则蝇树降水以滋茶，潦则蝇树升水以熯茶，故茶恒无旱潦之患。又夏秋时，蝇皆集于蝇树不集茶，故茶不生螆而味芳好。盖蝇树者，茶之所赖以为洁者也，已受蝇污，而以洁与茶，为德于茶者也。然下山茶畦种之，山上则否，以山上云雾多，不生蝇也。"[②]道光年间，茶园间种蝇树的方法传到鹤山，道光《鹤山县志》卷之二下《物产》有记载。晚清时陈坤诗歌云："年年山下守茶畦，茶到成荫愿

图 2-6　外销画中西樵山采茶图

① [明]黄佐：嘉靖《广东通志》卷二三《土产上》，第 581 页上。

② [清]屈大均：《广东新语》卷二五《木语·蝇树》，第 651 页。

已齐。”[①] 笔者认为蝇木是含羞草科的楹树［*Albizia Chinensis*（*Osb.*）*Merr.*］。[②] 周晴研究了明清西樵山的植物群落，参照外销画中种茶和采茶的情景[③]，认为嘉靖《广东通志》和《广东新语》中记载的“蝇木”或“蝇树”是南岭黄檀（*Dalbergia balansae*）。黄檀木材坚韧致密，适宜用于制作对木材密度要求较高的锅盖和木勺。西樵山茶园四季产茶，因此虫害也相当严重，南岭黄檀耐虫力高，是较常见的寄主植物。南岭黄檀具有调节局部水循环的强大功能。周晴还注意到浙江有黄檀局部降雨事件的报道。徐燕千主编的《广东森林》报道过广东茶园间种南岭黄檀的情况。[④] 南岭黄檀根系发达，根群浅，侧根集中于离地表 30—40 cm 处，同时根幅大，成林的南岭黄檀根系常交织在一起，间作茶园树种，可防止茶园耕作过度带来的水土流失。[⑤] 这一生态茶园是生态农业发展史上的创造性奇迹。茶园中的“蝇树”能防虫，亦能降水，是何树种，值得进一步研究。

周晴还认为西樵山的畦茶多与大叶冬青苦丁茶间作栽培。茶树是灌木，耐阴，林茶间作只要遮阴适度，便有利于茶树新梢的生长。间作园比纯茶园生产的茶叶嫩度高，产量高，对夹叶比例小，茶多酚、儿茶素和纤维素含量下降，咖啡碱和氨基酸含量上升，因而苦涩味减少，提高了茶汤鲜爽度和香气，增进了绿茶的品质。同时间作可以提高土壤的保水能力，改善茶园小气候。清末广州地区出产的外销画中的制茶系列图画，很可能就是以西樵山为背景的。茶园畦间及茶园外围都需要种植特

① ［清］陈坤：《岭南杂咏》，收入《广州大典》集部别集第 68 册，第 331 页。

② 吴建新：《明清广东的农业与环境——以珠江三角洲为中心》，第 67 页。

③ 英国维多利亚阿伯特博物院等编《18—19 世纪羊城风物——英国维多利亚阿伯特博物院藏广州外销画》，第 125—128 页。

④ 《广东森林》编委会编著《广东森林》，广东科技出版社、中国林业出版社，1990，第 323 页。

⑤ 以上西樵山茶园中的“蝇树”为南岭黄檀的观点，见周晴《明清时期广东西樵山的生态有机茶园》，待刊稿。

定的树木。[①]周晴的研究很有见地，不过她认为外销画中的制茶系列图画完全取材于西樵山，则需商榷。因为文献上记载广州的河南才是最大的产茶区和制茶区，福建、浙江、安徽等地的茶都在这里分装出口。所以外销画中的制茶系列图画应是综合河南、西樵山等地的产茶、制茶情景而写成的。

① 周晴:《传统时代珠江三角洲农业生态史研究》，华南农业大学博士后研究报告，2013，第96页。

第三章

主要农业经济部门

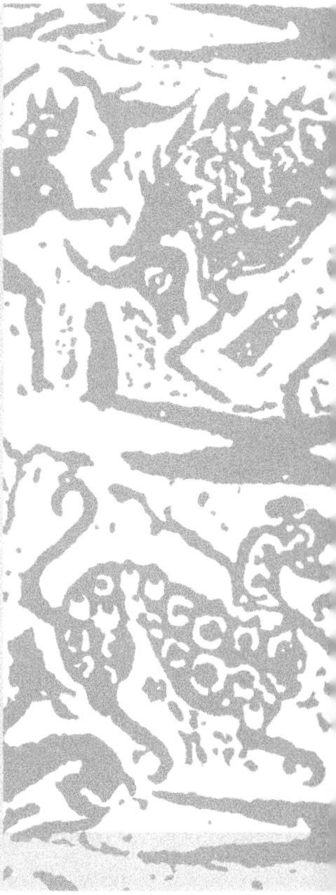

第一节

稻作农业与稻米产量估算

一、稻作生产及其栽培制度

双季稻栽培的实施前提是水利、肥料、耕作、栽培等配套技术的成熟，明清时期广东的这些技术条件大都具备，这一时代“再熟稻”的含义更多是双季稻的代名词。文献上多称之为“翻稿”，最初意思是早造收割完后就将稻茬犁翻再种植。嘉靖以前，广东的双季稻只在珠三角和潮汕平原分布的比例较高。明代万历二十年（1592 年），珠三角的水田大致占全部耕地的三分之一，则双季稻的面积大大低于全省耕地总面积的 30%。[①] 潮汕平原大致也是三分之一的比例。明代潮汕平原，水利比较发达，能够抵御咸潮和韩江水潮的地方双季稻比较普遍，是当地粮食亩产量增长的重要因素。[②]16 世纪外国人记载广东“有很多一年两收或三收的大稻田”。[③] 明末清初，在水利等技术条件具备的地方，“耕者必兼二田种之，自夏至秋，无时不获，无谷不备，是为上农”。[④] 即使是山区，“田在山罅，率津润成膏，不苦旱。旱田而瘠，则种大冬一

① 吴建新：《明代珠江三角洲的农业与环境——以环境压力下的技术选择为中心》，《华南农业大学学报（社会科学版）》2006 年第 4 期。

② 黄挺、陈占山：《潮汕史（上册）》，广东人民出版社，2001，第 294—302 页。

③ ［英］博克舍编注《十六世纪中国南部行纪》，第 92 页。

④ ［清］屈大均：《广东新语》卷一四《食语·谷》，第 374 页。

谷，岁一收。余皆种早、翻二谷，岁二收"。[1]水利充足、气候合适、纬度不太高以及土地肥沃的地方，一般就有双季稻。

清代大部分的地方志都有"翻稿"即双季稻的记载，这是人口增加、耕作水平提高以及清代各地兴起大小水利工程建设后水利条件改善的结果。以往高田没有水利时只是一熟，但水利条件好时，"高田一岁两熟。……潮田一熟"[2]是比较普遍的现象。清代双季稻的北界线可到粤北诸县如阳山、始兴、保昌（今南雄）等县，双季稻普及广东全省，而且在广东省绝大部分地区，双季稻的重要性甚至超过了单季稻[3]。关于双季稻的比例，乾隆二十九年（1764年）两广总督苏昌七月十五日（8月12日）奏："广东各属所种晚稻有一熟、两熟之分：其止种晚禾而不种早稻者十之二三，谓之一熟；收割早稻之后复种晚禾者，谓之两熟，十之七八。"[4]据晚清广州府通判祥林报告，"粤中田皆两熟"，全省耕地"三十三万八千六百余顷，俱以熟田计，水田占三之二，约二十二万顷有奇"。[5]则从乾隆中期到清末，双季稻约占全省耕地的三分之二。综上所述，明清时期广东的双季稻是逐步发展的，且在清代成为最重要的种植制度。

间作稻在广东多被称为挣稿、撑子、亚禾、捞藁等。明初开始出现于广东、福建、浙江、江西、江苏等省，挣稿单产少于双季稻，但远远高于单季稻。[6]到清中叶，其盛行于珠三角的沙田区和不少山区，也成为了一种很重要的稻栽培制。乾隆年间顺德人龙廷槐记载："粤东二月播种，三月莳早熟之秧，四月莳晚熟之秧。早熟之禾获于六七月，晚熟之秧获于十月。"[7]虽然明代文献记载岭南已经有挣稿制，但其在沙田

① [清]屈大均：《广东新语》卷一四《食语·谷》，第396页。

② 乾隆《新宁县志》卷二《食货册》，第361页上。

③ 周宏伟：《清代两广农业地理》，湖南教育出版社，1998，第139页。

④ 中国科学院地理科学与资源研究所等：《清代奏折汇编——农业·环境》，第216页。

⑤ [清]祥林：《广东实业调查概略》，收入罗振玉编《农学丛书》第六集。

⑥ 彭世奖：《略论珠江三角洲挣稿制的兴衰》，《中国农史》1994年第2期。

⑦ [清]龙廷槐：《敬学轩文集》卷一《与瑚中丞言粤东沙坦屯田利弊书》，第296—404页。

区的普及大致是清代中期以后。在粤西，有嘉庆《灵山县志》卷八记载的“捞藁田”；粤东潮梅山地道光年间有“撑子”，意即“以其挤于早稻之间”，适宜在低田，不忌浸。[①] 间作稻巧妙地避免了自然气候对水稻栽培的不利因素，如在珠三角沙田区的挣稿，避免了潮水期内咸潮对水稻的浸泛，而在南雄等山区的“亚禾”则避免了秋旱对水稻的侵害，一般挣稿制比单造制产量还高些，潮田的挣稿制产量可以达 300—400 多市斤。[②] 这比得上用传统农法的单季稻的一般产量。

除了间作稻，还有混作稻。嘉靖《兴宁县志》“人多种衬子”，特点是早粘谷和赤米混合后直播，夏季时赤谷和早粘谷一起刈去，早粘谷还能留根生长，故又称“衬子”。待其长出谷子又可收获。[③] 这种早粘谷是芽萌蘖性强的再生稻。这种混作稻，产量会比单造高些，但不及间作稻普遍。

明清广东文献的记载中海南有三季稻，但是明清海南的耕作水平低于广东大陆，“禾虽三熟，而秔稌往往不给”[④]。可见海南的连作稻并不是在精耕细作的水平基础上出现，本质仍是粗放式的栽培制。雷州半岛四季日照充足，“其稻无日不种，亦无日不获也”[⑤]，这就是我们在论述汉唐宋元稻作时所说的“异时异亩异获”的方式。生长期介于冬春之交的界稻、芮稻等，都是单季稻的品种。海南、雷州徐闻一带虽然是热带气候，能种植双季稻，但绝对不会有连作的三季稻。[⑥]

双季稻和其他作物轮作的一年三熟制非常普遍。双季稻之后的稻田再起畦，种植小麦、油菜、番薯、蔬菜等作物，就是冬种制度。明清冬种小麦或与官员的劝农活动有关，或者是宋代在潮梅山地延续下来的租佃习惯，佃户佃种田地，双季稻之后在田地上种植的小麦全归佃户。嘉

① 道光《石窟一征》卷五《日用》，第 246 页。

② 彭世奖：《略论珠江三角洲挣稿制的兴衰》，载《中国农业历史与文献研究》，世界图书出版有限公司，2016，第 274 页。

③ 嘉靖《兴宁县志》卷三《食货》，天一阁本，第 1098 页。

④ [清]屈大均：《广东新语》卷一四《食语·谷》，第 375 页。

⑤ [清]屈大均：《广东新语》卷一《天语·雷耕》，第 17 页。

⑥ 笔者按：人民公社时期，南海、顺德、番禺等县曾实行过三季连作稻，后来都因为肥料、品种与劳动力安排等问题，三季稻的产量还比不上双季稻的产量。

靖二十二年（1543年）阳江知县吴焕章在当地“以三收法为民劝”，冬种的就是小麦。[①] 万历二十年（1592年）以后广东结束作为余粮省份的地位，各地多建社仓、义仓，粮食供应开始紧张。明末清初的稻稻麦在不少地区是比较固定的栽培制了，如《广东新语》卷十四《食语》记载：“岭南阳地，故多粟而少麦，多小麦而少大麦。晚禾既获，即开畦以种小麦，正月而收。”清代方志中关于稻稻麦的记载很多，清代广东的地方官循例向皇帝报告本地的气候、粮价和作物收成情况时，麦子、番薯是继稻子之后必须报告的。乾隆五十六年（1791年）和道光十八年（1838年）广东地方官报告本地“早晚禾稻之外兼种二麦”，91个州县中实行稻稻麦的有58个州县。[②]18世纪中期奥斯贝克描述广州附近种植在高田中的麦子，是先在粪水中浸过，然后以直播的方式播种再犁过的，施过肥的秧床里长出苗之后，农历九月底移栽，次年春收获。[③] 在精耕细作的地方，如果冬种麦子能下足肥，对来年双季稻影响不大。

三熟制中稻稻番薯的轮种远远超过稻稻麦。《广东新语》卷十四《食语》记载了番禺农民在双季稻之后种番薯，这是广东最早的稻稻薯记载。清代随着番薯的推广，稻稻薯更为普遍了。地方志相关记载很多。周宏伟认为，清晚期广东三熟制的北界在镇平—兴宁—海丰—增城—四会—德庆一线。[④] 但粤北的南雄府在乾隆时有三熟制，“其田晚禾收后，勤者或种油菜莜麦”。[⑤] 双季稻和花生、油菜的轮种在保昌、乐昌等县都有记载。双季稻和油菜等作物的三造栽培，晚清时还有这个种植习惯。[⑥] 故清代双季稻和其他作物结合的三熟制的分布线还应该北移。其实冬种的条件各地都有，关键是劳动力和肥料条件。多熟制在清代非常普及，是广东栽培制度在全国领先的标志，“盖五谷天下所同，惟

① 康熙（二十七年）《阳江县志》卷三《名宦》，第269页上。

② 中国科学院地理科学与资源研究所等：《清代奏折汇编——农业·环境》，第317、447页。

③ 〔瑞典〕彼得·奥斯贝克：《中国和东印度群岛旅行记》，第274页。

④ 周宏伟：《清代两广农业地理》，第144页。

⑤ 乾隆《始兴县志》卷三《气候》，广东历代方志集成本，第35页上下。

⑥ 光绪《始兴乡土志·植物天然产》，光绪三十三年清风桥文茂印局，第60页。

再熟三熟，粤东独擅耳”。[①] 清代后期，由于广东需要进口价格很高的外洋米，农民为了减少支出，以杂粮代米，并且将杂粮也利用间种套种的方式种植，收成还不错。如光绪二十九年（1903 年）记载：当地农民在种芋头的地上间种番薯、黄豆，下足肥和耘草、培土，每亩可“得芋二千七百斤至四千五百斤，可得黄黑豆一石余，（番）薯七百斤至千斤”。[②]

明代的稻品种已经非常齐备，只不过因为明代方志较少，故稻品种的记载也较少。嘉靖《广东通志》记载 17 个稻品种。[③] 稻米生产最发达的增城在嘉靖年间的最主要的粘稻品种仅 8 个。[④] 万历年间雷州的稻品种有 18 种，[⑤] 而清代雷州府各县的方志记载的品种也大致是这个数字。但是《广东新语》记载的稻种就有 50 余种[⑥]，说明方志上稻品种的记载是不完善的。明清五六百年间，稻品种结构没有发生很大的变化，但其实民间还有大量的土种。根据民国时的调查，土种品种达数百种，大多是在明清时期形成的。道光时外来稻品种传入数量较前增加：“洋粘、竹粘，近岁来自洋舶，土人有种者，肥田宜之。”[⑦] 晚清时更多：“近时外来者如暹罗白尾齐之类，不可悉数。然结实必佳。旧时各种变异略尽矣。地喜更新也。”[⑧] 由于广东盛行双季稻和三熟制，故早晚两大品种群中，生长期短的品种特别重要。适应生态环境的有耐旱和耐浸的两大品种群。在山地上烧畲砍种称为“种畲”，由此形成特别耐旱的畲稻。沿海低洼地和咸田多，极耐水浸和耐咸的品种对防水患、咸潮很重要。沿海平原的水田最需要这类同时具有上述两种特征的品种。珠江口有大

① 乾隆《番禺县志》卷一七《风俗·物产》，第 408 页下。

② [清]赵天赐:《调查广州府新宁新实业情形报告》，收入《农学丛书》第六集。

③ [明]黄佐：嘉靖《广东通志》卷二三《土产上》，第 573 页上。

④ 嘉靖《增城县志》卷一〇《物产》，第 79 页。

⑤ 万历《雷州府志》卷四《地理志二》，第 196 页上。

⑥ 彭世奖:《论屈大均在广东农业文化史上的贡献》，《中国科技史料》1997 年第 1 期。

⑦ 道光《香山县志》卷二《物产》，广东历代方志集成本，第 302 页上。

⑧ [清]黄朝槐:《宁阳杂存》卷一《物产》，广东省立中山图书馆藏清刻本。

禾，耐咸和耐浸两个特征都有。出水莲，可以随水涨不断长高，在西江下游的深水塱田中最多。优质米在明清广东的民食中有重要地位，民国初年邬庆时《南村草堂笔记》卷一记载一般民众吃优质米，富人反而少吃。估计这种情况清代已然。所以优质米在稻品种中占有极其重要的地位。

二、稻米产量估算

为了说明明清广东稻米的生产水平的区域差异，以下将各地产量列表如下。

表 3–1 明清广东粮食亩产表（单位：斤）

地区	广州府	肇庆府	惠州府	南雄、韶州	雷、高、廉、琼州	潮梅山区①	潮州府②（潮汕平原为主）	全省平均产量
明代	427	393	383	390	235	361	440	376
清代	555	438	444	438	359	419	606	466
增长率	30%	11.45%	15.93%	12.31%	52.77%	16.07%	37.73%	23.94%

古代的地亩计量和民斗都十分复杂。上表依据的数据使用方志中的学田租计算，因为学田是官田，面积较民田准确些；而且收租是官斗，较民斗也准确些，能最大限度减少计算时因为田亩面积过大过小，以及量器不准确造成的误差。虽然如此，上述的计算结果只代表一种趋势，而不是说当时一定就有这些数字的产量。从上表看，明清时期广东粮食生产区域可以分为三组：（1）广州府和潮州府以平原为主的地区，明代分别为427斤、440斤，清代分别为555斤、606斤，是全省最高的。（2）以肇庆府、惠州府、南雄州、韶州府、潮梅山区为主的地区，明代亩

① 肇庆府、惠州府、南雄、韶州府、高雷廉琼州、潮梅山区亩产数字参看吴建新《明清广东的农业与环境》（广东省哲学社会科学课题结题报告，藏广东省社科联规划办），第438—459页。

② 黄挺：《潮汕地区元明清时期粮食产量探估》，载《潮学研究》第三辑，汕头大学出版社，1995，第130页。这里的潮州府主要包括潮阳、揭阳、海阳、惠来、饶平、澄海、普宁七县。

产量在361斤到393斤，清代亩产量在419斤到444斤之间。（3）粤西南的高、雷、廉、琼州，以台地和沿海平原为主的地区，明代为235斤，清代为359斤，是三组区域中亩产量最低的。以下分别说明三组区域差异情况。需要说明的是，水稻亩产数字不是绝对的，只能说明稻作水平发展的一般趋势而已。

1. 广州府和潮州府的粮食生产

广州府基本涵盖了珠江三角洲的范围。明清此地的稻生产可以分为沙田区和围田区两部分，地理分界线是市桥台地至新会圭峰山一列山丘台地，以北为围田区，以南为沙田区，东莞平原为中堂一线以下。

沙田区人少地多，耕作条件较为恶劣，水利条件较差，故多为潮田，只能实行单季稻或者被称为挣稿制的间作稻，产量较低。有学者举了明代广东亩产4石的例子，约合今4.292石。[①] 但引用的是《广东新语》卷十四《食语》中的文字："其一熟者为潮田，秋分而获，寒露而获，至霜降而毕获。谚云：好禾不过降也。每亩丰者四石，芒长粒大，炊之多饭，胜早稻。"这里用的是乡斗，明代2乡斗等于1官斗。《广东新语》所载潮田产量4石，实为官斗2石，折合今量为289斤，这个产量比水梆田的最低产量高出一倍，是屈大均所说的番禺沙湾水道边的"人田"，地势比水梆田要高，"以牛犁其莱，以人犁其污。其莳或一而再耘，或再而三"，其产量本来更高，只是因为蟛蜞、台风为害达不到高产。[②] 因为耕两次，耘草二至三次，故有300斤左右的产量。一造的潮田无论如何也达不到4.292石的高产。挣稿制产量比潮田单造高，亩产400斤左右，比后者高约100斤。我们在搜集到的明代43个数据中，399斤以下的为13个，大多为200—300斤，代表近海潮田的产量水平。

在围田区，由于人多地少，实行较为集约的耕作法，且肥料来源多，故亩产较高。在搜集到的明代43个数据中，600斤的4个，500斤的10个，400斤的13个。这些数字与文献记载的产量大体是一致的。如嘉靖年

① 王双怀：《明代华南农业地理研究》，中华书局，2002，第237页。

② [清]屈大均：《广东新语》卷一四《食语·获》，第397页。

间南海县的最高亩产量折合官斗为5石，中等产量折合官斗为3.5石(《霍渭厓家训》)，折合今量分别为723斤和506斤。万历九年（1581年）顺德学田碑中记载的22个数据，[①]计算的平均亩产量为3.16石，折合今量为456斤，表明当时顺德平均产量比南海稍低。珠三角东部的增城县，平均产量也稍低于南海、顺德。嘉靖年间增城的中等田“入租一石五”。[②]亩产为3石，折合今量为433斤。广州近郊的番禺苏氏的5个数据，平均产量为436斤，也与增城县的产量差不多。

清代广州府的田地租额中以钱租较多，故仅收入15个实物租数据。清代乾隆四十年（1775年）在顺德县出现的最高亩产量为1 191斤，乾隆五十五年（1790年）增城820斤，道光五年（1825年）东莞911斤，表明老围田区的产量在清代上了一台阶。老围田区的亩产平均水平也高于全广州府。嘉庆顺德县的稻田，“夏秋两熟，岁当每亩得七百斤，其次或六百、四百、五百斤不等”[③]。取其中数五百斤，折合今量为596斤（1清斤等于今1.193 6斤），高于全广州府555斤的平均水平。《广东新语》卷十四《食语》：“晚谷每亩所收，少于早稻三之一。”晚清广州近郊农家一季早稻一般亩产量为320斤[④]，则晚稻为214斤，合计为534斤，由于施肥少，产量稍有下降。

潮汕地区的亩产量是全省最高的。据黄挺统计的潮汕地区元—明末清初—清代中后期三个时期的产量，折合今量为377斤/亩、406斤/亩、606斤/亩。明代潮汕平原最高亩产量788斤，出现在万历十八年（1590年）。从此年到天启二年（1622年），一共11个数据，只有2个数据是362斤和358斤，其余均为接近500斤和500多斤的数据。明代后期平均亩产量为440斤，是全省最高的。虽然在清代前期潮汕粮食生产有一个低谷时期，平均亩产量只有367斤，但是在整个清代的趋势是上升

① 万历九年学田碑，收入民国《顺德县志》卷二《建置》。按：此碑中22个数据均为银租，以明代文献记载广东平均每石谷为银二钱，以此折算万历九年顺德学田的产谷数，平均产量为3.16石谷。

② 嘉靖《增城县志》卷二《地理志》，第15页下。

③ 嘉庆《龙山乡志》卷四《田塘》，第6页。

④ 宣统《广东地方农林试验场第一年报告书》，第45页下。

的，乾隆二十二年（1757 年）到清末产量上升更快，这一时期有 4 个数字是超过千斤的，其中 2 个数字出现在乾隆年间，1 个在嘉庆年间，一个在同治年间。[①]出现高产量的都是揭阳、海阳、潮阳这些潮汕平原的腹部地区，人口特别密集，历史上一直是精耕细作水平很高的稻作区。有一组清代潮州族田的租金也说明这一问题，澄海林氏 39 亩族田，注明是“溪西乡田”，其中“溪西内埼田七亩，四亩租六石四斗，三亩租四石二斗，带早晚”。[②]舍去最高的六石四斗不用，三亩租四石二斗按照五五分成，亩产为 8.4 石，折合今量为每亩 1 226 斤。这说明清代潮州地区的双季稻的确有亩产千斤的例子。

明清广州府和潮州府在稻栽培法上大体是接近的。明代广州府的佛山、南海、顺德、番禺等地，“勤施粪”“力田”是农家的基本要求。这些甚至在当地家谱、族谱、“家训”都有明文规定。这些已在第二章中谈过，表明珠三角的栽培已达到精耕细作的水平。但在商品性农业的背景下，珠三角稻作就局限在沙田区，而清代老沙田水利改善之后亦会改为经济作物区。

潮汕地区精耕细作的情况在方志上没有很详细的记载。但是明清的方志都提到过潮汕农民精于耕作，[③]清代方志这类记载多了：“小民尽力农亩……揭阳之粟甲于他县，虽缘田地广饶，亦由人工修举。”[④]这些记载虽然笼统，但都说明了潮汕农民善于耕作。在揭阳县这些以稻作为主的平原地区，稻作已经商品化和专业化，市场的米价直接影响稻农的收入。如康熙九年（1670 年），虽然风灾，“是时米谷大贱，谓之熟荒，按旧志云，揭惟耕农别无他业，谷太贵则病民，太贱则病农”。[⑤]“惟耕农别无他业”，即以种植稻谷为主，米价直接影响稻农的生计。旧志所说已经如此，即这种情况在清初以前已经形成。在这种情况下，稻农

① 黄挺:《潮汕地区元明清时期粮食产量探估》，第 109—136 页。

② [清] 林元里等:《澄邑南砂林氏大宗重修族谱》卷一《祭田》，嘉庆五年刊本，广东省中山图书馆藏。

③ 嘉靖《广东通志初稿》卷一八《风俗》，广东省地方志办公室誊印本，2003，第 381 页。

④ 雍正《揭阳县志》卷四《风俗》，第 329 页下。

⑤ 雍正《揭阳县志》卷四《祥异》，第 342 页下、第 343 页上。

就会以集约形式增加对稻作的投入，即大幅提高土地的利用率，改造低产田，以提高单位土地面积的产出。明清潮汕平原的亩产都高于广州府，明代前者比后者高 13 斤，清代高 51 斤。这说明，历史上潮汕农民在广东稻作技术方面的领先地位在明清时期已经形成。

2. 粤东、粤西、粤北山区的粮食生产

明代肇庆府、南雄、韶州、惠州府、潮梅山区等地区的平均亩产为 382 斤，低于明代南方水稻平均亩产 392 斤的水平[①]。从文献记载看，明代广东山区的耕作水平都较为落后。如嘉靖年间黄佐《广东通志》卷二十《民物志一·风俗》记载粤北的韶州、南雄府存在比较典型的“惰农”民俗。

有些记载则比较笼统，如惠州：“博罗则水耕火耨，食稻与鱼，民多耕牧。……海丰……乡人专务农桑……河源则地广人稀，山林深僻……农务耕稼。……龙川地广山多，民朴无诈，田亩是勤。惟长乐山谷中多良田，民乐生业。”如肇庆府：“地连广右，土薄民贫。故农务田亩，岁虽为二登，粒米亦不狼戾。”[②] 这些记载不能具体说明明代广东山区尽以“惰农”为主，或还是粗放农业的类型。我们在前文中已经指出，明清时代广东存在两种不同类型的耕作方式。一种是在地广人稀的山区，主要实施比较粗放的耕作栽培法。而在珠三角和韩三角这类宋元已经发生“农业变革”的地方，以及人口密集的山区、台地，珠江流域边的低地，精耕细作农业是其主要特征，明代广东山区仍然存在两种不同类型的耕作方式。总的来说，精耕细作的分布地会远远超过宋元时期。在明代广东山区的亩产数据中，肇庆府有 2 个亩产 600 斤，粤北有 2 个 578 斤，粤东潮梅山地有 492 斤和 506 斤，且这些数据多出现在明代后期，如惠州府在万历年间也有平均 400 斤的产量。这些产量都必须是在实行连作稻的基础上才有。这说明宋元时代的精耕细作农业在明代延续下来并有所发展，环境上的人稠地狭迫使人们改变粗放耕作。如明代双季稻比较普遍，但是由于粗放农业仍占多数，故平均亩产仍然低于南方的平均水

---

① 吴慧：《中国历代粮食亩产研究》，中国农业出版社，1985，第 171 页。

② 嘉靖《广东通志初稿》卷一八《风俗》，第 336—337 页下。

平。上述地区清代平均亩产为435斤，比明代增长12%。亩产增长是由于清代比明代人口剧增，人均占有耕地下降的情况更严重，促使耕作方式向劳力密集型转变。此外清代实行摊丁入亩，也是刺激佃农提高生产水平的一个动力。明代出现了“惰农”存在地区的耕作水平提高的记载。乾隆《保昌县志》卷三《风俗》：“农勉（力）作［原按旧志：谭大初谓农多卤（鲁）莽。今与昔殊］。”同属南雄府的始兴县，在康熙年间的农时记载还很简单，说当地早禾收获之后“莳翻”，或者“早禾田种苎麻、荞麦，迟则种油菜”。[①]这里说明双季稻只占一定的比例，有单季稻和麻、荞麦、油菜的轮种。到了乾隆年间，农时内容就丰富多了，乾隆《始兴县志》有完整的农家月令，显示精耕细作水平很高。[②]翻稿的种植面积显著增加，双季稻还和其他作物轮种。随着土地种植指数的上升，需要投入的劳力和肥料也要增加。这种情况是广东各地山区的普遍现象，而不独粤北一地是这样。但是山区稻产量普遍低于平原，清道光年间有人将客家山区镇平县的稻作产量和广州地区相比：“翻稻所收少于早稻五分之一，（屈）大均谓晚谷每亩少于早稻三分之一，则广州之稻与吾乡地力不同也。”[③]清远县，“两造必用灰粪，收成仍不及潮田之半”。[④]耕作水平的差异是山区与平原稻作水平产生差距的原因。

清代广东山区的农耕水平与岭北其他省份相比，也有一段距离。晚清广东的农书将肇庆、罗定山区和湖广相比，“湖广农家，咸以深耕是务，田底之泥，其必犁深盈尺，沤至皆成湴浆，是以湖广禾麦之穗，每一串谷则有三百余粒之多，罗阳每穗，仅得百余粒者，此虽两造，仍不及其之一造。皆因田底浅实，禾麦根短，所以穗短兼难耐旱”。[⑤]清末州府通祥林写的《广东实业调查概略》记载：稻谷，“各属皆有，……而以肇阳、罗（定）出产为多，惜未谙选种法，粪壅亦未善”，[⑥]晚清

① 康熙《始兴县志》卷八《气候志》，第424页。

② 乾隆《始兴县志》卷三《气候》，第35页。

③ 道光《石窟一征》卷五《日用》，第245页下。

④ 光绪《清远县志》卷二《舆地·风俗》，中国方志丛书本，第23页上。

⑤ ［清］赖新侬：《岭南蚕桑要则·劝业刍言》，佛山同文堂印本，泷阳蚕桑义学刊行，第13页下。

⑥ ［清］祥林：《广东实业调查概略》，收入罗振玉编《农学丛书》第六集。

广东部分地区的粮食亩产量有下降的情况，与水稻农业技术水平的衰退可能有一定关系。[①]

3. 粤西南雷、高、廉、琼州府的粮食生产

在明清广东地区中，粤西南诸府的粮食生产水平是最低的。明代粤西南的“惰农”习俗分布也很广：“高州府……土旷民稀，俗尚简朴”，雷州府的“遂溪……地旷田腴，俗不勤耕，遂多弃土荒泽”，廉州府“民虽务农作，然皆不粪不耘，仰成于天，又仅水稻一种，诸谷不植，故所获不厚”，[②]琼州府“西界田……耕作皆甚卤（鲁）莽。东田瘠虽粪，至有用骨者，然皆望天，不事桔槔。西田肥至有不用粪。黎田至有不用耙者。每岁耕作，惟取据农家口诀五行，以为趋避弛张之宜”。[③]明代人王士衡劝海南当地人种植小麦，将江浙和海南的种植法作比较：“今我附近乡人全不知耘为何事，间有知者亦仅耘得一遍。田间野草反多于苗。……今本处全然不复以粪为事。”[④]这说明海南稻作的中间环节不注重除草和施肥，粮食需要高州和雷州接济。

粤西南的高州和雷州由于不全是粗放农业，土地肥沃，又有良好的水利条件，故也是重要的粮食产区。如明代方志记载：“电白……教化渐行，民力耕作”，雷州“农务力耕，不尚华俊，蓄牛积种储谷发粜”，加上水利发达，洋田广布，“多沃壤，城东良田弥数千顷，陂塘如绣”。[⑤]即使是廉州府，灵山县“美田弥望，无分高下，皆有水泽沮洳之润。民务耕耘，尚畜牧，以牛之孳息为富。谷多不可胜食”，出产的粮食远销广州。[⑥]

清代粤西南的粮食生产水平提高了。粮食亩产提高到359斤，增

① 吴建新:《明清广东山区灰粪和平原泥肥应用的历史演变》,《中国农史》2008年第3期。

② [明]黄佐：嘉靖《广东通志》卷二〇《风俗》，第513页上、516页上、第515页上。

③ 正德《琼台志》卷七《风俗》，广东历代方志集成本，第20页。

④ [明]王士衡:《劝谕乡里种麦文》，收入正德《琼台志》卷八《土产上》，第94—95页。

⑤ [明]黄佐：嘉靖《广东通志》卷二〇《风俗》，第513页下、第515页下。

⑥ [清]屈大均:《广东新语》卷一四《食语·谷》，第371页。

长幅度达52.76%，虽然比广东其他地区要低，但是增加的幅度很大。我们搜集到的高、雷、廉三府的亩产量数据中的高产数字均出现在清中叶，如嘉庆年间信宜县的613斤，徐闻县的737斤，石城县的713斤。这并不是偶然的。清中叶粤西南人口增加，人均占有耕地下降了，嘉庆二十五年（1820年）高州府0.82亩，廉州府0.75亩，雷州府1.88亩。除了雷州府的数字高于全省1.58亩的人均耕地数，高州、廉州都几乎接近全省人均耕地数的一半。粤西南人均耕地数偏低的主要原因是乾隆前期准许高、雷、廉贫民开垦畸零田地，免于升科。开垦的很多土地都不纳入赋税田地统计中，而人口增加数统计了，这样人口和耕地之间的比例就失实了。但也说明粤西南的高、雷、廉地区经过清代前期的大规模移垦，可供开发的土地资源大大减少，粤西南地区精耕细作的农业得以发展。这种情况在清代的记载得到反映，如道光《钦州志》卷一《风俗》记载："今升平日久，生齿日繁，土著来氓渐集者众，不惟平原涧谷尽辟而耕，即海坪河岸亦塞而种，耕耘种植之道，讲求精妙无遗矣。"类似的记载在嘉庆《灵山县志》、道光《廉州府志》都有。当然粗放耕作仍未绝迹，如道光《廉州府志》卷四记载当地有"惰农"的习俗。故清代粤西南的粮食亩产量仍是偏低的。海南五指山中的黎区亩产更低，"岁中亩无半收，田皆下下，即上田每亩不过五斗"。[①]

尽管清代广东粮食亩产量出现了一定幅度的增长，但是，由于糊口生计型农家经济的存在、生态环境的恶化以及对天然资源的过度依赖使得地力下降，清代后期在局部地区还是出现了亩产量下降的情况。

因此不能对多熟种植制度下亩产量的提高估计过高。一是因为在山区，由于水利和地形、气温等条件的限制，双季稻种植的面积增加受到限制。如阳山县在乾隆年间推广双季稻，"于是四乡种早稻者，约有十分之二，稍裕民食"。[②] 阳山气候冷，一般在晚春才种稻，是单季稻；此处言种早稻，收获后种植晚稻，则阳山县在乾隆时双季稻只占十分之二。例如在山区的大冬谷，"得土气甚久，所收较两收之获，不甚相悬"。[③]

---

① [清]屈大均:《广东新语》卷一四《食语·谷》，第376页。

② 乾隆《阳山县志》卷五《物产》，广东历代方志集成本，第187页上。

③ 乾隆《河源县志》卷一一《农功》，第469页上。

二是多熟种植在山区受到水利、肥料投入等条件的限制，有些地方的双季稻产量有时甚至比不上腴田一造的产量。嘉庆《灵山县志》卷八："有以晚禾田作早造（界稻），计其谷数或不如一熟之丰。则限于地力然也。"客家山区和广州府的地力明显相差较大，《石窟一征》卷五《日用》记载：当地晚造较广州府晚造收获量少，是当地的地力不足所致。施肥水平和技术投入、农家经济水平的不同，是亩产量产生区域差异的原因。而且，明代中叶以后经济作物进一步排挤稻米的种植，商业化生产对稻米生产水平有很大的制约作用；清代中后期由于洋米价格低于土谷，更使农民种稻积极性不高，稻作水平更难提高，反过来对商品性农业有影响。农民缺少生产资料、被迫借助高利贷、水利失修等不良因素都会对粮食生产产生影响。[①] 山区地力的下降还与草皮泥的过度使用有关，如兴宁县"垦荒穷石罅，积草遍林皋。"[②] 后一句表明草皮泥作肥被应用，前一句表明土地的荒漠化，人们要在石罅中的"畸零"土地上种植作物。这说明了生态环境的变化影响了亩产量。

① 吴建新：《明清广东粮食生产水平试探》，《中国农史》1990 年第 4 期。

② ［清］卫希骏：《潇洒兴宁县》，收入咸丰《始兴县志》卷四《艺文》，中国方志丛书本，第 149 页。

第二节

甘蔗作物与榨糖业

一、甘蔗栽培技术

明代广东甘蔗的大规模栽培与嘉靖年间商品性农业的起步时间大致相同。[①]种植技术方面，虽然因循宋元，但是已经“开始（出现）见于纪录的值得重视的新做法”。[②]

1. 蔗种分糖蔗和果蔗

竹蔗专门用于榨糖，白蔗不能榨糖。[③]民国早期记载番禺等主要产区：茭塘司属甘蔗品种最多，有乌蔗、金山蔗、竹蔗、葵尾蔗、茅蔗、木蔗、蜡蔗、马孺蔗、山打根蔗、肉蔗等等。[④]文中所载不少品种清代已经出现。竹蔗是主要的榨糖蔗，选种时以萌蘖能力最强的蔗尾段，番禺人种时，“取蔗尾截断二三寸许”。[⑤]蔗尾部分三芽以上多为好，“选强壮之蔗种，有三芽以上于春季种之”，蘖芽多则产蔗多。[⑥]“曰竹蔗，曰荻蔗，连冈接阜，一望丛若芦苇，然皮坚节促不可食，惟以榨糖。”[⑦]

---

① 吴建新：《明清广东的农业与环境——以珠江三角洲为中心》，第47—48页。

② 梁家勉：《甘蔗史证》，载《梁家勉农史文集》，第355页。

③ 康熙《番禺县志》卷一五《物产》，广东历代方志集成本，第549页下。

④ [民国]邵尧年：《番禺、增城、东莞、香山糖业调查报告书》，第21页。

⑤ 康熙《番禺县志》卷一五《物产》，广东历代方志集成本，第549页下。

⑥ 民国《广东通志》《舆地略一·物产》，广东通志馆原稿残本。

⑦ [清]屈大均：《广东新语》卷二七《草语·蔗》，第689页。

这就是风土适应性极强的中国型蔗种，由于长期的定向选择，其根茎小而糖分高，适合土榨机的压榨力，而皮厚不可嚼。民国初文献记载的山打根蔗是清代外来传入的粗茎且糖分高的品种。不过粗茎种没有选育技术，会发生退化。而且粗径不合土榨机榨力，要压两次糖汁才尽出。新会的江门是珠三角甘蔗和蔗种的集散地，鸦片战争前大船、中船和小船装载"往省、佛各乡蔗种、甘蔗"。[①]江门是侨乡，是外来蔗种的引种地。

2. 间种及轮种技术

最迟在明末清初，广东已经采用了吉贝和甘蔗套种的技术："二月于吉贝中种之，拔吉贝时，蔗已长数尺。至十月取以榨汁。"[②]甘蔗多与水稻和芭蕉轮种，种蕉地，种完三年，伐去芭蕉，种植白蔗，"益繁盛甜美"。[③]由于种蔗和种芭蕉都用河泥作为肥料覆盖田面，田面逐渐升高，会慢慢不适合果及蔗的生长，此时就需要将肥沃的面层表土挖出放在一边，将底层土出售给制造砖瓦者，再将面层表土放回田面耙碎，种蔗两年，转栽种果树，果树旁边，复间植甘蔗。[④]而在旱地，甘蔗宿根三年，通常轮种花生、甘薯、陆稻等，经三年，再种竹蔗。灌溉便利之地，则轮种水稻、马蹄等，经二三年再种竹蔗。[⑤]也有农民种植甘蔗二三年，将蔗连根掘起，轮种落花生、甘薯、豌豆、油菜等物。经数年然后再种甘蔗。[⑥]这些虽然是民国早期的记载，应在宋元以来已经如此。

3. 选择甘蔗的宿根性，以降低生产成本

甘蔗能一年生，也有多年生，多年生的甘蔗能减少蔗种的投入，只需培育其宿根就能获得收成。广州附近，"增城白蔗尤美，冬至而榨，榨至清明而毕。其蔗无宿根，悉是当年，故美"。[⑦]但是屈大均又说："白蔗种至二年，又复种蕉。"[⑧]可见白蔗还是有两三年的宿根性。"根

① [清]梁廷枬总纂《粤海关志》卷一一《税则四》，第222页。

② 康熙《番禺县志》卷一五《物产》，第549页下。

③ [清]屈大均：《广东新语》卷二七《草语·蔗》，第688页。

④ [民国]邵尧年：《番禺、增城、东莞、中山糖业调查报告书》，第24页。

⑤ 同上书，第5页。

⑥ 同上书，第50页。

⑦ [清]屈大均：《广东新语》卷二七《草语·蔗》，第690页。

⑧ [清]屈大均：《广东新语》卷二七《草语·芭蕉》，第688页。

旧者以土培壅”[①]，收获甘蔗后，将宿根周围松土再培土以使其快出芽。潮州甘蔗可留宿根三年，则须掘去再种新蔗种或轮种作物。宿根多年能降蔗种成本，关键是“培壅”，即松土，斩旧根，施肥，蘖生新根。[②]

4. 使用撑扶的竹木以增加甘蔗的防风、防雨能力

“蔗之珍者曰雪蔗，大径二寸，长丈，质甚脆，必持以木，否则摧折。”[③]民国时的调查显示，在台风特多的珠三角低沙围田，竹木撑扶甘蔗是生产成本中的一大支出，此法能保障甘蔗不受风吹倒。

5. 改平种和竖放为斜种，以增加甘蔗芽的分蘖

《广东新语》记载，蔗农“凡蔗，以岁二月必斜其根种之，根斜而后蔗多蔗出”。[④]根据甘蔗栽培学，甘蔗种平放最佳。但斜种总比竖放好。

6. 注意施肥

番禺人在初种甘蔗的第一个月，“种至一月，粪以麻油之麸”。[⑤]潮州“从前种蔗，肥料用花生粕，此粕出琼州、廉州等处。近以花生日少，花生粕价高，故改用豆粕。每亩下肥之度，新植之年，下豆粕二百余斤，次年则须三百余斤，豆粕每百斤价约四元四角，花生粕则需五元五角以上。花生粕虽贵，然用豆粕须倍于花生粕。故仍以花生粕为得宜。本处豆粕，皆自天津牛庄贩来”。[⑥]农民看肥料价格和肥效变动施肥策略。珠三角水乡用船只给蔗园“上泥”[⑦]，泥土能覆盖野草，河泥中的有机质能给甘蔗上肥，减少花生麸、豆麸的用量，还能在甘蔗林中创造一个湿润的环境，以提高甘蔗的抗旱能力。

7. 除虫害

“种至一月，粪以麻油之麸。已成干则时揩拭其蝨，剥其蔓荚，而蔗乃畅茂。”[⑧]剥蔗荚，每年三四次，一可以防止“蝨”侵害，二是将

---

① ［清］《广东新语》卷二七《草语·蔗》，第689页。

② ［清］兴礼:《潮州糖业调查概略》，收入罗振玉编《农学丛书》第六集。

③ ［清］屈大均:《广东新语》卷二七《草语·蔗》，第689页。

④ 同上。

⑤ 同上。

⑥ ［清］兴礼:《潮州糖业调查概略》，收入罗振玉编《农学丛书》第六集。

⑦ 吴建新:《明清广东的农业与环境——以珠江三角洲为中心》，第64页。

⑧ ［清］屈大均:《广东新语》卷二七《草语·蔗》，第689页。

蔗叶剥掉以后能促进主茎的生长，增加产量。食田鼠也是除虫的方法之一，番禺、香山等蔗田和沙田区，以田鼠为“脯味”，即腊干的田鼠。[①] 甘蔗天热生虫，潮州蔗农“其虫只在叶底，去虫之法，用草根束成小把刷去之。蔗田不可令生草，每月须锄草”。[②]

总的来说，明清时期甘蔗的栽培技术比起宋元时期有了很大的进步。

二、蔗糖加工业

《广东新语》卷二十七《草语》中称“盖番禺、东莞、增城糖居十之四，阳春糖居十之六，而蔗田几与禾田等矣”，这一蔗糖生产的地理布局可能在嘉靖末年、万历年间已经形成，而且与宋元广东的蔗糖产区大致相同，阳春由于福建人多，主要产区的地位迅速形成。而且糖在粤北也成为商品，[③] 万历《高州府志》卷三《货之属》中记载有糖，表明糖是作为商品出现的。由于糖利巨大，来自福建的种蔗移民往往较之矿徒、炭党者安分，如在博罗县，闽人中的“种蔗者独安其业”[④]。笔者认为嘉靖、万历之间广东地区出现大规模甘蔗栽培的说法是有根据的。[⑤]

清初广东虽政局动荡，但蔗糖业不见萎缩。糖利巨大，以致顺治年间藩府和地方官垂涎于此，设牙行抽税盘剥糖商。大致在清初，广州府的蔗区远不止番禺、东莞、增城、阳春等地，新会也是一个重要的蔗区，甚至刚刚建县的花县也生产多种蔗糖，“洋末行于外省”。[⑥] 康熙年间恩平县“榨糖行贩，皆闽人专之”。[⑦] 雍正年间归善县“两江滨河土宜

① 康熙《番禺县志》卷一五《物产》，第 550 页上。

② [清] 兴礼:《潮州糖业调查概略》，收入罗振玉编《农学丛书》第六集。

③ 嘉靖《翁源县志·物产》货属部有糖，天一阁本，不分页。

④ 崇祯《博罗县志》卷一《物产》，广东历代方志集成本，第 36 页下。

⑤ 吴建新:《明清广东的农业与环境——以珠江三角洲为中心》，第 47—48 页。

⑥ 康熙《花县志》卷三《物产》，第 361 页。

⑦ 康熙《恩平县志》卷九《物产》，广东历代方志集成本，第 378 页下。

菽麦芋蔗，闽人犁来，襁负辐辏，奇赢之利，富常不赀”。[1] 乾隆年间博罗县“蔗产于荒区，闽人辟草莱而莳之，流寓多为盗囮，种蔗者独安其业食力，而易赡也”。[2] 至于粤西南的雷州、高州一带，风俗“大类漳潮”，闽潮移民更多，当地的蔗糖业早就在闽潮移民的影响下发展起来。从福建来的流民在广东各地种蔗熬糖，也传入了“蔗绞”榨蔗汁来熬糖的技术。崇祯八年（1635 年）成书的《肇庆府志》卷十《地理三·物产》记载，肇庆府“德庆、阳春，皆闽人浮寓种蔗，每岁榨糖，行贩于外，常数千金”。崇祯十年（1637 年）宋应星的《天工开物》已经记载甘蔗“产繁闽、广间，他方合并，得其十一”。广东与福建的甘蔗种植占了全国的十分之九。

明清时期广东沿海平原已经弃用臼杵榨汁的做法，而普遍采用辊轴式榨汁机，这是榨蔗技术的变革。嘉靖早年的记载：蔗，“潮人以之绞

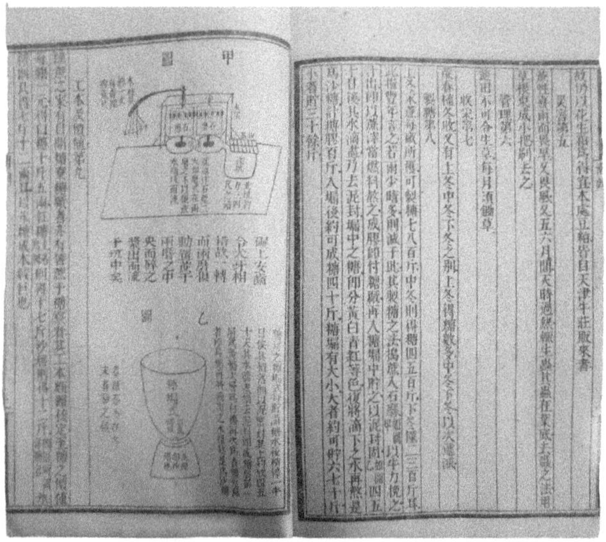

图 3–1　晚清的农业调查显示清代的熬糖法

① 雍正《归善县志》卷七《都里志》，中国地方志集成本，上海书店，2003，第 111 页下。

② 乾隆《博罗县志》卷九《物产》，中国地方志丛书本，第 351 页。

汁，炼为白糖”。[①] 嘉靖十七年（1538 年）的《增城县志》提到增城人“取蔗汁煎而成之”，[②] 没有用蔗绞，似乎表明嘉靖前期广州人还不会用这种机器。潮州人用的蔗绞是从福建传过来的。广州的蔗绞可能是从安南传过来，康熙十二年（1673 年）《广州府志》记载：“取糖法，广人陈彦英得自交州。以二巨木合而竖之，如绞吉贝车子状，以牛车挽之。如推面磨状。投蔗其中汁易出，日数千条可。每冬初遍诸村冈陇，皆闻戞糖之声。”[③] 广人陈彦英为何时人不得知，但是他出现在了康熙十三年（1674 年）的记载中，推测大概也是明代中叶或至少是晚明时人，广州府的辊轴式榨糖机即由此人自越南传入。

蔗校即立式辊轴榨蔗机。立式榨蔗机的两个辊轴，一个是转动的，另一个是不动的，中间插入甘蔗，糖水就从两条辊轴中间的槽流到斗中，“凡汁浆流板有槽枧，汁入于缸内”。[④] 辊轴有木质和石质的两种。宋应星《天工开物》卷上《甘嗜》记载的是木质辊轴，特别强调是用“巨轴”和“木用至坚重者”，以加强榨糖机对甘蔗的压榨力。唐立认为“17 世纪已经有石制辊轴，而至 19 世纪（蔗糖业）石辊已经极为普遍”。[⑤] 在广东的文献中，石制辊轴取代木质辊轴是再往后的事。《广东新语》卷二十七《草语》记载的广东的榨蔗机的辊轴是使用荔枝木制作，虽然木制，但用三条牛拉，榨力已颇可观，出蔗汁亦多。成书于雍正八年（1730 年）的范端昂所著《粤中见闻》卷二十五“蔗”条记载广东的甘蔗栽培和榨糖技术，也是引用《广东新语》的内容。乾隆年间李调元《南越笔记》卷十四“蔗”条记载：“以荔支（枝）木为两辘，辘辘相比若磨然。长大各三四尺，辘中余一空隙，投蔗其中，驾以三牛之牯，辘旋转则蔗汁洋溢。”《南越笔记》内容多抄自《广东新语》，但此条真实，因为“余尝舟至罗定州之界牌塘，见岸上灶烟冲突，停舟上岸访之，始见作糖之法，一一不爽如此”。可见李调元对榨机的记载是实地访查之后才引用

① 嘉靖《广东通志初稿》卷三一《土产》，第 521 页。
② 嘉靖《增城县志》卷一〇《物产》，第 97 页。
③ 康熙《广州府志》卷一〇《物产》，第 115 页下。
④ [明] 宋应星：《天工开物·甘嗜》，第 198 页。
⑤ 唐立：《云南物质文化（生活技术卷）》，云南教育出版社，1996，第212页。

《广东新语》的。《粤海关志》的税则中有“蔗校”或“蔗绞”，以“蔗校”为多，蔗校从木，当是荔枝木等硬木制造的，《粤海关志》中的“蔗绞”则指石辊轴的榨机。清代广州和潮州都是“蔗绞”、蔗校的制作中心。《粤海关志》记载广州的西炮台挂号口出口荔枝木蔗校，每副收银一钱。[①]因而广州城内有专门造榨甘蔗的机器。在江门贸易的海南船运“免单蔗校，每副收九色银二钱四分”。[②]海安正税口，东西二乡进口，杂木蔗校，每副收钱五十文。[③]《粤海关志》记载最晚的是道光十九年（1839年）五月以前的粤海关制度与通商事例。[④]这可与《南越笔记》内容互证，在1839年以前广东大多是应用木辊轴的榨蔗机。由此可以认为，清代中叶以前广东榨糖机的制造用材并没有很大的改变。

有一幅反映了中国19世纪广州附近榨糖技术的《中国制糖图》，用画图的直观形式记载了广州附近的二辊轴榨糖机，“石制辊装在石制地座中，以石桩固定，齿轮一排，为直齿”。[⑤]清代本地文献具体记载榨糖机结构的较少。最早的记载之一是道光《新会县志》卷二《物产》，文中提到“以二石相比如两磨，纳蔗其中，牛榨之……”，这里是用石辊轴的榨糖机。清末由地方官写作的《徐闻县实业调查概略》《潮州糖业调查概略》更明确记载粤西和粤东的榨糖机辊轴是石头制作的[⑥]。在清道光年以后，石质辊轴的榨蔗机应该是很普遍的了。石质辊轴压力大得多，蔗的出糖率会高些。清末，海南的榨蔗机都采用石辊轴了，“土人用石绞榨其浆，以煮糖。通琼以崖为上。而崖以中区为美”。[⑦]《新会县志》是道光二十年（1840年）成书的，则石辊轴的榨糖机在广东的普遍应用是1840年前后。石榨机比木榨机的出汁率更高，是生产力提高的表现。

① ［清］梁廷枏总纂《粤海关志》卷一一《税则四》，第217页。

② 同上书，第221页。

③ ［清］梁廷枏总纂《粤海关志》卷一三《税则六》，第268页。

④ ［清］梁廷枏总纂《粤海关志》卷一九《禁三令》，第369页。

⑤ 此画根据日本东京外国语大学亚非语文化研究所收藏本，唐立《云南物质文化（生活技术卷）》，第210、243页。

⑥ 罗振玉编《农学丛书》第六集，光绪江南农学会石印本。

⑦ 宣统《崖州志》卷三《物产》，广东人民出版社，1963年点校本，第63页。

明初珠三角的熬糖法依旧沿用竹枝霜的制法。[①] 嘉靖十四年（1535年）的《广东通志初稿》卷三十一《土产》记载潮州人已经懂得熬炼砂糖，而嘉靖三十九年（1560年）黄佐编纂的《广东通志》卷二十三《土产上》也记载广州人榨蔗“取汁以为砂糖”。[②] 则广州府人较潮州人获得熬白糖的技术稍迟些。明中叶潮州的糖已经非常出名，隆庆年间有潮阳县的砂糖[③]。万历年间郭子章记载：“潮之葱糖极白极松，绝无渣滓。”[④]16世纪出现所谓的“新法”就是当时引进的“粘土过滤”或“漂白”的技术，能够生产的白糖量多得多。[⑤] 这种方法较之宋元的“竹枝霜”取糖法有序而量多、质量好。清初这种熬糖法已经非常普遍，如番禺县：“蔗糖，榨蔗取汁煮成，有洋末、结末之分……有黄糖、黑糖之分，皆曰片糖。十月榨，正月止。商人售于外省。邑人岁时作粉食，家不可缺。”[⑥]“洋末”就是质量很好的沙糖。其中的技术环节会影响糖的质量：“凡汁浆流板有槽枧，汁入于缸内。每汁一石，下石灰五合于中。凡取汁煎糖，并列三锅如‘品’字，先将稠汁聚入一锅，然后逐加稀汁两锅之内。若火力少束薪，其糖即成顽糖，起沫不中用。”[⑦] 又说：“凡闽广南方经冬老蔗，榨汁入缸，看水花为火色。其花煎至细嫩，如煮羹沸，以手捻试，粘手则信来矣。此时尚黄黑色，将桶盛贮，凝成黑沙。然后以瓦溜教陶家烧造，置缸上，其溜上宽下尖，底有一小孔，将草塞住，倾桶中黑沙于内。待黑沙结定，然后去孔中塞草，用黄泥水淋下。其中黑滓入缸内，溜内尽成白霜。最上一层厚五寸许，洁白异常，名曰洋糖，西洋糖绝白美，故名。下者稍黄褐。”[⑧] 熬糖过程中最重要的是“看水花为火色”，即掌握火候和看糖水的泡沫，以及下灰的时机。“瓦溜”又称“糖漏”。

① 永乐《广州府志辑》，广东历代方志集成本，第89页上下。

② ［明］黄佐：嘉靖《广东通志》卷二三《土产上》，第579页。

③ 隆庆《潮阳县志》卷七《物产》，天一阁藏明代方志选刊本，第15页下。

④ ［明］郭子章：《潮中杂记》卷一二《物产·葱糖》。

⑤ 〔美〕穆素洁：《中国：糖与社会——农民、技术和世界市场》，叶篱译，广东人民出版社，2009，第163页。

⑥ 康熙《番禺县志》卷一五《物产》，第552页。

⑦ ［明］宋应星：《天工开物·甘嗜》，第199页。

⑧ 同上书，第200页。

糖漏中的糖经过另一个工序：“造冰糖者将洋糖煎化，蛋青澄去浮滓，候视火色。将新青竹破成篾片，寸斩撒入其中。经过一宵，即成天然冰块。造狮、象、人物等，质料精粗由人。凡白糖有五品，石山为上，团枝次之，瓮鉴次之，小颗又次，沙脚为下。”[①]这个工序使用的陶器称为糖塔，在佛山的石湾专门有行家烧制糖漏和糖塔，南海庞氏村内“花桥内有地一段名曰漏地，因石湾造出之缸瓦，有糖漏、糖塔二种得名”。[②]甘蔗产地如果熬糖技术不成熟，就用船只装运装有糖水的“糖漏”运往熬炼糖的地方，称之为“糖漏船”，外销画中有糖漏船[③]，穆素洁书中所言的装运糖水的船，即此。《粤海关志》中记载：糖水运入的地点有广州。[④]汕尾正税口，公平渡出口糖水。[⑤]糖水应该是运往熬糖技术高的潮阳。潮州北炮台正税口，糖漏船，有糖者每个收钱十钱，无糖空漏，每船照缸瓦船收，也有糖水运出外。[⑥]估计是运往澄海县加工。惠州乌坎正税口也有糖水运出，[⑦]估计是运往就近的东莞熬炼为精糖。海安正税口，糖水以三百斤作黄糖一百斤算饷。[⑧]估计是运往熬糖水平较高的雷州县城。海安正税口，有苦糖水。[⑨]雷州进口糖水加工为糖，同时也出口有糖水，每三百斤折算七十斤。[⑩]熬糖师傅在珠三角以东莞人为最多，嘉庆年间东莞“鸡栖坑之小柬、南社之双白，其名著于他省”[⑪]。清代东莞“冰糖制法尤为他邑之冠”[⑫]，因为“惟澄（海）人习此，故以煮

① [明]宋应星:《天工开物·甘嗜》，第200页。
② 《南海庞氏族谱》卷一六《杂录谱》，同治十一年刻本。
③ 英国维多利亚阿伯特博物院等编《18—19世纪羊城风物——英国维多利亚阿伯特博物院藏广州外销画》，第200页。
④ [清]梁廷枏总纂《粤海关志》卷九《税则二》，第173页。
⑤ [清]梁廷枏总纂《粤海关志》卷一二《税则五》，第235页。
⑥ 同上书，第258—259页。
⑦ 同上书，第227页。
⑧ 同上书，第266页。
⑨ [清]梁廷枏总纂《粤海关志》卷一三《税则六》，第267页。
⑩ 同上书，第268—269页。
⑪ 嘉庆《东莞县志》卷四〇《物产》，广东历代方志集成本，第672页。
⑫ 民国《东莞县志》卷一五《物产下》，中国地方志丛书本，第437页。

糖佣工雷琼等处颇多”[①]。清代海南甘蔗栽培业才兴起，原因是澄海人和福建人到海南开榨寮。广东各县很多福建人垄断了糖的熬制，这种情况从明代万历年间开始，粤东、粤西皆有，方志中称：“闽人浮寓种蔗，每岁榨糖行贩于外。”[②]广东的蔗糖水还北运，如海口正税口：苦糖水，每担收钱十文，往福建、江南等处，每担另收银一分。[③]潮阳正税口，往江南的糖船，如运糖水，每三百斤作一百斤收饷。[④]可见江南和福建的熬糖术水平高，从广东运糖水熬糖有利可图。一个蔗寮在一个榨季，只能组合100亩左右蔗地的甘蔗开榨。商业资本参与糖的生产过程，清初糖商“春以糖本分与种蔗之农，冬而收其糖利，旧糖未消，新糖复积，开糖房者以是致富”[⑤]。也有人专门给蔗农榨蔗汁，榨完一个乡村的蔗糖再转移榨机到另外的蔗区开榨寮，“这些榨糖者”“用整个乡村的甘蔗榨糖，再留给其他蔗糖加工者提纯，制作精糖和粗制的砂糖”。[⑥]这是商业和手工业资本介入糖业的另一种方式，促进了甘蔗的栽培和熬糖业的发展。

① 嘉庆《澄海县志》卷六《生业》，第65页下。

② 崇祯《肇庆府志》卷一〇《物产》，第324页下。另见崇祯《博罗县志》卷一《物产》，第36页下。清代其他方志也有记载。

③ [清]梁廷枏总纂《粤海关志》卷一三《税则六》，第273页。

④ [清]梁廷枏总纂《粤海关志》卷一二《税则五》，第255页。

⑤ [清]屈大均:《广东新语》卷一四《食语·糖》，第389页。

⑥ 〔瑞典〕彼得·奥斯贝克:《中国和东印度群岛旅行记》，第278页。

第三节

蚕桑业与丝绸业

一、蚕业生产发展概况

顺德、南海是广东蚕丝业的中心。顺德建县之后，顺德人获得了更多的蚕桑技术知识。正统初年（1436年）的周亶为浙江人，是顺德最早任职的县令，在其任上“郊行，常歌以劝农”。[①] 其中当有不少蚕桑业的技术。钱溥，直隶华亭人，天顺三年（1459年）为知县县令，“尝为耕桑政教图，男妇老稚皆见而知劝”。[②]“耕桑政教图”当为古代“耕织图”的一种（见宋元“乡村社会与农业文化”一节）。弘治元年至八年（1488—1495年）任顺德知县的吴廷举在县城南门建设“劝农亭”，“书农事要语于壁间”。[③]“农事”中包括了蚕桑业。可以说，在建县之后到晚明的一百多年间，顺德农桑、耕织结合的小农经济，在官吏的教化和农民自己的努力下得到了很大的发展。顺德的龙江与龙山在宋元时已兴起蚕桑业，明初时龙江的丝须纳税，万历年间顺德的基面作物，桑树占第三位。[④] 晚明时人陈邦彦说：广东中以广州为著，广属中顺德为著，“顺之郊龙山为著”。[⑤] 龙江因为蚕丝业最发达而著名。顺治《九江

① 万历《广东通志》卷二一《广州府名宦》，第508页。
② 咸丰《顺德县志》卷二一《列传·文传》，第1925页。
③ 万历《广东通志》卷一八《广州府亭榭》，第429页。
④ 万历《顺德县志》卷一〇《杂志第九》，第107页上。
⑤ 嘉庆《龙山乡志》卷一一《杂著》，第8页上。

乡志》卷二《生业》记载当地桑基鱼塘是8 ∶ 2的结构。九江其地低洼，在明代弘治年间垄断西江上的鱼花捕捞和养殖，则其地的桑基鱼塘在明代弘治年之后有较大的发展，不仅是鱼花生产中心，还是蚕种的制作基地。九江、龙山和龙江连成一片，是明代广东的蚕桑中心。广东其他地方也有蚕丝业，如肇庆，万历年间有土绸和土绢。①

明末清初是珠三角蚕桑业发展的一个重要阶段。广州的丝织业，以湖丝和粤丝搭配，织造出来的丝绸产品深受洋商欢迎，对本地蚕丝的需求也扩大。顺治年间桑区在桑园围的范围内有扩展，"蚕桑近来墙下而外，几无隙地，女红本务，于斯为盛。圆眼往时遍野，亦生业之借。经乱，剪伐塞路，及除老树，付桑麻，十去七八"，"大都九江利赖多借鱼苗，次蚕桑"。②当时，在南海、顺德等地，桑基鱼塘有取代果基鱼塘的趋势。康熙年间，九江乡"地狭小而鱼占其半，池塘以养鱼，堤以树桑，男贩鱼花，妇女喂爱蚕"。③九江乡人掌握制蚕种法，蚕桑业成为仅次于淡水养殖的第二大产业。蚕桑业不独是九江一地为盛，而遍及同在桑园围境内的海洲、镇涌、金瓯、绿潭、沙头、大同等堡，同样是以"鱼桑为业"。④在顺德县，蚕区也在扩展。成书于康熙二十六年（1687年）的《顺德县志》记载："有桑麻之业，饭稻羹鱼，果洧裸虾，不待贾而足。"⑤清初顺德除了与香山接壤的沙田区，蚕桑业几乎遍及境内，而仍以在桑园围境内的龙山、龙江为主产地：龙江堡"民务农桑，逐商贾之利"，龙山堡"大冈之上有墟焉。百物辐辏。……土沃民稠，……范铜丝织诸作比屋"。⑥龙山有祠产"金紫堂箱，康熙中叶置，所受各业皆桑基鱼塘"。⑦

① 万历《肇庆府志》卷一二《赋役二 · 物产附》，广东历代方志集成本，第252页上。

② 顺治《九江乡志》卷二《生业》，顺治十四年刻本，同治十三年重刊本，第18页下。

③ [清]屈大均：《广东新语》卷二二《鳞语 · 鱼花》，第558页。

④ 康熙《南海县志》卷六《风俗志》，日本藏中国罕见地方志丛刊，第120页上。

⑤ 康熙《顺德县志》卷一《风俗》，中国地方志集成本，第120页上。

⑥ 康熙《顺德县志》卷首《图经》，第82页上。

⑦ 民国《龙山乡志》卷五《建置略 · 祠堂》，第30页上。

龙江、龙山两地商业都发达，也同以蚕桑业著称，同时各有侧重。龙江仍以丝织业发达著称，所需蚕种，“率购之于九江”[①]。而由于蚕种的需求以及蚕种制作的利润很大，龙山人也可能在清前期初涉蚕种制作，从而为其以后在这一方面的垄断地位打下基础。这样在康熙中期，历史上珠三角南海、顺德蚕区分布的主要格局已经形成。1763年广州每担生丝价格已达245两，比1702年增长185.6%[②]。各国商船对广州生丝的迫切需求和生丝价格的急升，使珠三角掀起第一次废稻树桑的高潮。这一次高潮从1736年延续到1840年，[③]时间长达近百年。本地的蚕桑业更进一步排挤蚕区内稻田的栽培。乾隆年间顺德县“享鱼塘蚕桑之利”[④]，南海县的主要蚕桑业分布地大致和康熙年间一样[⑤]，但是原有蚕区内的情况与顺德相似，基塘进一步排斥了稻田，而使蚕桑业有较大的发展。

乾隆年间的蚕区还向顺德、南海的邻近地区扩展。如香山县的小榄“近年逐末者，每将村田锹基，种植桑果为生”；[⑥]鹤山的“坡山、围墩以上妇女以蚕桑为业”；[⑦]新会、高明等地都有蚕业。19世纪60年代后期，生丝外贸有了明显的起色。[⑧]废稻树桑高潮再起。珠三角的蚕丝区有了更大面积的扩展。这表现在：首先，传统蚕区内的残余稻作最终被排挤。这一时期，基塘农业固有的稻鱼轮作也被淘汰，基面作物中的桑芋间作完全被桑树密植所代替，以适应养蚕业扩大的需要。其次，在清代后期南海、顺德的方志中，可以见到蚕桑业并不限于桑园围内，几乎扩展到顺德全境、南海的大部，顺德蚕丝业占全省几乎一半。19世纪七八十年代由于机器缫丝业的兴起以及足踏缫丝机的出现，粤丝质

---

① ［清］屈大均：《广东新语》卷二四《虫语·八蚕》，第587页。

② 刘永连：《近代广东对外丝绸贸易研究》，中华书局，2006，第41页。

③ 佛山地区革命委员会《珠江三角洲农业志》编写组：《珠江三角洲农业志（初稿）》第六册，第9页。

④ 乾隆《顺德县志》卷四《户口》，第857页下。

⑤ 乾隆《南海县志》卷一二《习尚》，第255页下。

⑥ ［清］何大佐“榄溪竹枝词”诗注，何仰镐：《榄溪风物》，载《中山文史》42辑，1998，第267页。

⑦ 乾隆《鹤山县志》卷七《物产》，第692页下。

⑧ 刘永连：《近代广东对外丝绸贸易研究》，第65页。

量大大提高，反过来刺激蚕桑业规模的扩大。晚清顺德的机器缫丝业超过南海，成为蚕丝的最大生产基地。清末蚕桑业已不限于以南海、顺德为中心的蚕区，而是迅速向珠江流域扩展。北向清远等地，东向东莞，西向三水以及高明、高要等西江流域，再传播到广西。缺乏缫丝业技术和丝市场的蚕区,蚕茧大都流向容奇、桂洲这两个广东蚕茧的流通中心。[①]

二、养蚕技术

《广东新语》的“八蚕”条描述了广东养蚕业的技术特色。屈大均说：“广蚕岁七熟，闰则八熟。……广自三月至九月，月一熟蚕，以三十二日为度。……蚕驹既出，以桑芽喂之，二眠三眠，食叶渐有声，至四眠而蚕熟矣。凡蚕三日一蜕，蜕则不食，是谓一眠。眠至四而茧成。然眠必齐眠乃良，齐眠曰大眠，若九蚕眠，一不眠，则九为一所累而俱败矣。茧既成，时当正月，是曰大蚕。大蚕一岁一熟，熟至八日而出蛾，配其雌雄。又至八日而蛾卵，卵则蛾死，以纸裹卵藏之。至立春，蚕驹复出，故曰大蚕。其二蚕、三蚕曰小蚕，亦曰连蚕，言相连不绝，月月熟也。”[②] 这里说明顺德的蚕兼有二化性种的大造和混多化性种的轮月,可以一年四季都产蚕。蚕农在蚕初长时，只喂食桑芽；在蚕“二眠三眠，食叶渐有声”时，暗示蚕农会根据蚕体的变化而喂食不同的切桑。由于蚕农能掌握蚕的喂食进程，蚕可以“齐眠”，结茧时间一致，能防止“一不眠，则九为一所累而俱败”的不良后果。又谈到“炼种”的技术，“以纸裹卵藏之”，不使蚕受鼠虫害和风、潮湿侵害，使其在明年出第一造大蚕。《广东新语》中这段记载虽然很短，但其中内容都能在清末蚕书中找到痕迹。说明明末清初广东的蚕桑业已经形成本地的特色。而且《广东新语》的“八蚕”条说西晋左思赋中所写“乡贡八眠之蚕”，其丝只能做丝绵絮而不能纺织；又说岭南闰月八蚕而不说九蚕，说明当时蚕农已经认识到七、八造是最合适的，八造之外的寒造，摘取冬天的桑芽，会影响来年桑树的产量和质量。说明屈大

① 关于清代顺德蚕丝业的历史地位，参看吴建新《南国丝都——顺德蚕桑丝绸业发展史研究》（顺德文丛第三辑），人民出版社，2011，第 35—50 页。

② ［清］屈大均：《广东新语》卷二四《虫语 · 八蚕》，第 587 页。

均能科学认识到岭南、岭北蚕之间的区别。

清代光绪十二年（1886年）陈启沅著《蚕桑谱》（又称《广东蚕桑谱》）以书稿形式出现，已经被传抄不已，光绪十九年（1893年）卢燮宸《粤中蚕桑刍言》刊本出，宣统三年（1911年）赖新侬《岭南蚕桑要则》刻本出，虽然它们出现时间晚，但其中内容都是对前代累积下来的技术总结，并且有作者的见解。蚕书认为，总体而言，“吾粤土丝之美不及湖丝，栽桑饲蚕之法，亦不若湖之周且备”。[①]但是广东蚕桑业较之江南，仍有自己的特色。如蚕种，广东养蚕一年六七造，甚至八造，江南只有二三造。广东蚕种，“所吐之丝，有三色，有黄、有白、有嫩黄近青色，称之曰青茧。黄者名之曰金茧，白者曰银茧”。[②]明代万历年间，粤丝已经受外商欢迎并外销，证明当时广东丝的质量和特色已经受到注意，尤其以顺德的龙江和龙山技术水平最高。

广东养蚕的技术特点，是长期积累下来的。蚕农懂得利用天时，用人工趋利避害。陈启沅总结养蚕经验说，养蚕之道有十法：知性、辨色、掣风、避热、掣雨、审症、防蝇、掣蚁、护茧、缫丝。“知性”是要知道蚕的生长环境，养蚕过程中“有忌有不忌”，不使“咸秽之气沾桑”，避忌者而使蚕不受害。“辨色”是在蚕体生长过程中辨别蚕体变化而采取不同的喂食方式和技术。“掣风”“避热”“掣雨”，是指粤地多风雨和暑气，蚕室要通风，不潮湿，就需要采取措施避免风、暑气、雨水对蚕的侵害，特别是桑叶如受雨水打湿，要晾干才能给蚕喂食。“审症”

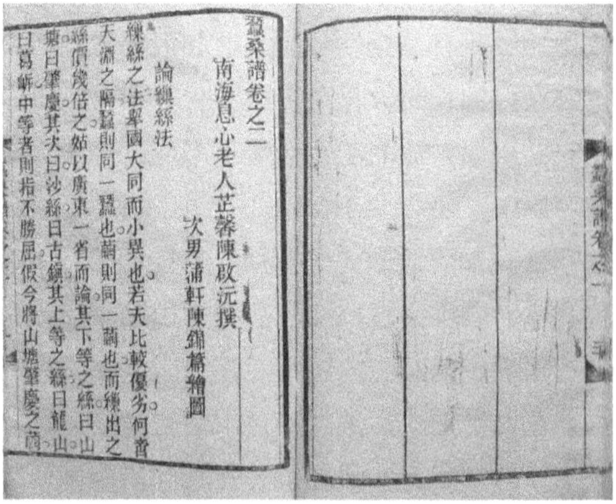
蠶桑譜卷之二
南海息心老人芝馨陳啟沅撰
次男蒲軒陳錦篔繪圖
論繅絲法
繅絲之法舉國大同而小異也若夫比較優劣何啻
天淵之隔蠶則同一蠶也繭則同一繭也而繅出之
絲價幾倍之殊以廣東一省而論其下等之絲曰山
塘曰肇慶其次曰沙絲曰古鎮其上等之絲曰龍山
曰葛岸中等者則指不勝屈假令將山塘肇慶之繭

图 3-2　陈启沅《蚕桑谱》论土丝产地

① ［清］陈启沅：《蚕桑谱·潘衍桐序》，清光绪二十九年刊本，华南农业大学藏本，第3—4页。

② ［清］陈启沅：《蚕桑谱》卷一《蚕桑总论》，第3页上。

是要注意养蚕过程中蚕体是否受病害影响，淘汰病种，留下强者喂食，如发现“僵蚕”时，是蚕已经有病害，不仅要将其去除，更要用薯莨摩擦其蚕窝，防止病害传染。“防蝇”是要求在蚕室的窗口设置纱窗，防止苍蝇进入蚕室，在蚕体上下卵。“挈蚁”是关于保留蚕种的，注意个体特别大的强壮蚕体，如有则留下来，下卵以作种。“护茧”，等待蚕吐丝时，“用火暗暗焙干，以则蚕吐丝便干，二则蚕身喜暖，固无隐丝之患”。陈启沅提出的这个“坑茧法”，其实与江南的“出口干”做法相同，应该是从江南传过来的技术。[①] 陈启沅在《蚕桑谱》中叙述某一项技术时，先讲江南蚕业技术，然后分析这一技术是否能适用于广东，给后人以启发。

另外两种蚕书都对养蚕技术有相似的叙述，也有各有特色，如《粤中蚕桑刍言·附养寒造蚕法》：“（冬天）此时以北风有雨无雾为宜，（蚕）室一些风丝不许吹入。然天气渐寒，须略用火烘，而桑叶亦少，将护较难。倘遇天暖桑多，亦有大熟而获利者，其御寒将护之法，略与养蚕种同，余法照正造行之便妥。（正造、蚕种共七造，加上寒造，共八造）。”[②] 寒造是清末才出现的，但是寒造如饲养不当，蚕造便失败。故《粤中蚕桑刍言》所述有指导意义。《岭南蚕桑要则·养蚕要则》强调蚕房的建设，要设在高处通风的地方，可以消除“蚕瘴”及黑头病等。“无论高低户牖，皆宜按于寒暑针度而启闭之”。又要远离厨房，煮炒之气不利于蚕，窗户宜用纱纸密封。根据寒暑变化，保持适当的温度。[③] 这里显示清末养蚕已经有用温度计。20 世纪 20 年代的调查认为，珠三角这种蚕房需要“制黑”，即白天需要紧闭蚕室门户和窗，可以防止大蝇的侵入。[④] 这种寄生蝇对蚕体侵害严重。

制种是特殊技术，明代这一技术为南海九江人所垄断。屈大均《广东新语》卷二十四《虫语》“然龙江蚕种，率购之于九江，而为丝及线乃独良，非女手之不同也，水色异也”，清代中叶制种技术为龙山人所

① [清]陈启沅:《蚕桑谱》卷一《养蚕赞育篇》，第 14 页上—20 页上。

② [清]卢燮宸:《粤中蚕桑刍言·养蚕事宜条列》，第 25 页下—26 页上。

③ [清]赖新侬:《岭南蚕桑要则·养蚕要则》，第 20 上—21 页下。

④ 霍华德等:《华南蚕丝业之调查》，广东省农业科学院蚕业研究所编印，1925，第 76 页。

熟习，制种技术超过九江。龙山“乡之大墟，有蚕纸行，养蚕者皆取资焉。”[①] 这表明随着蚕业的发展，九江制种业已经不能满足需要的数量，龙山的制种业是蚕业大发展的需要。

三、桑叶生产及其技术

宋元至明清时期随着技术交流愈加密切，鲁桑、荆桑、湖桑传入，与岭南桑杂交。杂交后的粤桑能适应多化性蚕的生长，桑农也摸索出一套特有的栽培技术。与湖桑不同的是，“广东则冬至节前后，尽斩其树，只留其头，待来年发蘧（即芽也，粤语音）。四十余天后，即采以饲蚕，故其叶不结，所以出丝亦不如也。广东桑倘长至六十日外而采之，则又枯碎失胶，饲蚕反无丝吐”。[②] 广东桑一年都生长，而且多为地桑，要及时采摘。外销画中有一图为树桑，农民搭梯摘桑[③]，只是画工按照蚕书画的。因为广东桑是地桑，桑种培育需专门化：“每年三四月将成熟之桑椹，俗名桑枣，用竹箩洗去其肉，留其核晒干，贮至下年二三月放栽。其放栽之法，将地锄松，取其泥面，再将该地底打结，复将面泥锄幼，分开畛（畦）数，每畛（畦）阔约五六尺，长约数丈，然后散核于面，以禾秆灰盖之，复将禾秆加盖面上。每日分早晚，洒水十余天，渐渐萌芽，待长至六七寸高，以薄肥灌之，再长至尺五六高或二尺高，便能移栽分种矣。初时之地，打结其底之故，盖因移栽之时，原株抽起，不至伤其正根蕴（粤语音，即较长的幼枝），其横蕴虽尽斩之，亦不碍，故俗名水松头。”[④] 集约生产的桑秧强壮，易于移植和生长，蘖生能力强，产叶多。育桑农根据低洼地和高亢地的不同需要，育成耐旱和耐湿的两大品种。鹤山桑苗，因为有主根，颇能耐旱，故远方农民多喜欢购买。南海大同桑苗，生长迅速，近地农民也喜欢采购。惟顺德各地农民，多

① 嘉庆《龙山乡志》卷四《田塘》，第 7 页上。

② [清]陈启沅:《蚕桑谱》卷一《蚕桑总论》，第 3 页下。

③ 英国维多利亚阿伯特博物院等编《18—19 世纪羊城风物——英国维多利亚阿伯特博物院藏广州外销画》，第 80 页。

④ [清]陈启沅:《蚕桑谱》卷二《栽种桑宜忌篇》，第 15 页上下。

图 3-3 外销画中的摘桑图

喜欢大同的桑苗。[1]大同在南海桑园围境内，其品种属于湿地桑，在南海、顺德的桑基上能适应生长。

桑农对于桑叶的采摘也有一定的技术措施，如《粤中蚕桑刍言》："当在日出以后，雾露干透，及日未西没，雾露未下之时为宜。否

① 〔美〕考活、布士维：《南中国丝业调查报告书》，第 42 页。

则叶有水气，蚕误食之，则变坏矣。”还有屈桑枝法、辟桑枝法，以促进桑树多发芽。[①]

桑园在种桑之前，必须深耕，选择桑地：“宜肥美，泥宜润泽而不淤，喜通风，能受日晒。虽喜雾雨，亦不宜过多。忌北风霜雪，不宜露薤，淤水侵之，数日即败。”[②]所以桑畦要培高，以降低地下水位。种植过烟草的田地不能种桑，“先曾种过烟者，该地如果改为桑园，该桑园固成毒区之物。即凡与烟相近之桑，饲蚕亦坏。凡属烟地，必须改种不食之物几年，方可将桑而种”。[③]《岭南蚕桑要则》主张桑地上的龙眼树也要砍去，因树虫会污染桑叶；桑园的经营要集约化，初垦荒地种桑，要下足肥料，除草务净，不主张桑树与其他作物间种，认为“凡诸亏(桑)木者，皆因草根之与粮蔬所害，如果要种粮蔬者，宁愿另地而种”。[④]南海、顺德桑农自清初起就在池塘四周种植芋头作为杂粮，顺治《九江乡志》有载。在冬季桑枝叶子少时，桑基间种蔬菜是一笔不少的收入。

桑园强调施肥。顺德、南海的桑基，除了上泥之外，还施麸粪，“豆麸一担灌桑一亩，灌麸之桑其叶厚，其色乌，可生两造。粪廿担只生一造，近养蚕之家多落蚕沙，其发生比诸豆麸虽逊，惟不生草，农人恒利用之。但有度数，过度则发热叶焦”。[⑤]当时的桑农不懂得蚕粪发酵之后才用，直接施在桑园，蚕粪在发酵时会起到杀草的作用，但也知道不能施过多，否则会伤害桑叶。“种桑之地太肥，亦沾咸味，蚕食之，必出黑头之症。”[⑥]

桑园也要经常除草，“每年于春时，基面多有草生，务先连根带头，勤勤芟薅净尽，勿使夺桑之肥。其老草仁尽有遗落，经雨复发，故仍于每造摘桑之后，即宜勤工芟除，然后浇肥为要。草类甚多，其名秧附子者，根头最韧，盘泥甚固，他如胡竹骨、瓜子菜、野葛菜等类，稍为易除也”[⑦]。关于桑基上桑树种植的密度，顺德人采取的是密植法，认为密植能防止

① [清]卢燮宸:《粤中蚕桑刍言·种桑事宜条例·采叶》，第9页上—10页上。
② [清]陈启沅:《蚕桑谱》卷一《蚕桑总论》，第3页上。
③ [清]赖新侬:《岭南蚕桑要则·种桑要则》，第16页下—17页上。
④ 同上书，第17页上。
⑤ 宣统《南海县志》卷四《物产》，第610页。
⑥ [清]陈启沅:《蚕桑谱》卷一《养蚕赞育篇》，第14页上。
⑦ [清]卢燮宸:《粤中蚕桑刍言·种桑事宜条例·治地》，第7页上。

草生，另外可以用上泥的方法杀死野草。但是过度密植，桑树间不通风，反而会影响桑树的生长。所以南海桑基采取疏植，桑树密度每亩4 800株，顺德为6 000—7 000株，故顺德桑基上的桑叶边会发黄。① 但是顺德人自有其经验所得：肥美之地，“密胜于疏也。如用水足之地而种，则宜每桑三行开一小坑，使其有塝则免饫水之患。按照顺德而计，每一亩地种桑七千余。”②

杀桑虫要用综合防治法：“或有时天气不齐，每出虫伤桑，非勤于捕捉，断难获利。虫有数种。正二月桑蘧初出之时，有虫如蟋蟀一式，俗名大头狗……治之之法，可用菜叶斩碎，和以信石粉（生石灰），放些少在洞口，该虫必食而死。有曰尺蠖，俗名按尺虫，又一种狗毛虫，皆要用大香火烧之，趁其细小示散较易治，既散开略恶治矣。无他，总宜勤捉可也。”③

陈启沅认为如果采用适当的技术措施种桑，“每实基一亩，种桑得法者，可每造收得六担有余，年中可得桑三十担”④。年产桑叶30担是桑基中最高的产量了。广东桑叶清初就已经开始高产⑤，这说明清代桑农已经总结出一套高产稳产的技术了。但桑叶产量也说明，清初到清末技术水平的进展没多大的变化。

四、晚清缫丝业的技术变革与经济变迁

自晚清以前，珠三角缫丝主要是用手车，效率低而出丝率不高，生丝质量差。虽然《广东新语》卷二十四《虫语·八蚕》提到“坡山之丝线良，龙江之丝绸良”，其丝既与蚕种有关，更与缫丝方法有关。洋人把持的粤海关，其报告经常提到粤丝质量差。1872年，陈启沅筹集资金在南海办起了第一间使用新式缫丝法的蒸汽机缫丝厂。继昌隆在“经纶堂事件”

① [清]姚绍书：《南海县蚕业调查报告》，收入罗振玉编《农学丛书》第六集。

② [清]赖新侬：《岭南蚕桑要则·种桑要则》，第16页上。

③ [清]陈启沅：《蚕桑谱》卷二《栽种桑宜忌篇》，第17页上下。

④ 同上书，第16页上。

⑤ 梁家勉主编《中国农业科学技术史稿》，农业出版社，1989，第546页。根据《广东新语》的记载，认为清初广东每亩年产桑叶3 500斤。

发生之后，被南海县令禁开，陈启沅到澳门再开一间丝厂，还使用了复缫法，生产四角丝和六角丝，分别供应欧洲和美国客商，获利颇丰。[①]1874年，龙山出现顺德第一间类似的丝厂。光绪初年（1875年），又有人在大良北关兴办了名为“怡和昌”的新式缫丝厂，从南海九江、大同雇佣女工。[②]但19世纪70年代还不是顺德机器缫丝厂出现最多的时期。宣统《南海县志》卷二十六记载，自陈启沅创办继昌隆之后，“三四年间，南、顺两邑相继起者多至数百家”。1900年，《海关十年报告》称，顺德有蒸汽缫丝厂200家以上。这个数字偏高，可能是将用足踏缫丝机所办的工厂都计算在内了。光绪十三年（1887年）两广总督张之洞给“总理海军衙门”的一个文件中提到，继昌隆迁到澳门以后，张派候补知县李长龄到珠三角调查，统计出“机器丝偈”，“嗣后顺德各县陆续添设，顺德一县共设四十二家，新会共设三家”，南海则一家都没有。[③]在继昌隆缫丝机器厂兴起之后，发生了经纶堂工人捣毁学堂村机器缫丝厂的事件，南海县令下令驱逐南海全部机器缫丝厂出境。顺德当时也有机器缫丝厂，但因为顺德农民兼业行为多，顺德也有“丝偈”和土织绢布、棉土布，每个村庄都有专业性的与蚕丝业无关的副业，蚕农还可以看市场上的丝价高低决定经济行为，丝价高时卖茧，丝价低时自己缫丝，并没有发生捣毁缫丝机器厂的事件，故光绪十三年顺德机器丝偈多而南海没有。这说明，将“经纶堂事件”与西方机器产业发展过程中工人捣毁机器的事件类比，是不确切的。经过官府的倡导，到宣统年间，“丝厂以顺德最多，南海次之，新会亦有约近百家”。[④]这是指机器缫丝厂而不包括足踏缫丝工场。

陈启沅还将手工缫丝机器改为脚踏缫丝机，或受《天工开物》记载的足踏车的启发，但前者有创新。据陈启沅在《蚕桑谱》中说，这种足踏机“器则少而攻则同”，可以用木炭，也可以用蒸汽机，后者称为“机汽单车”。陈启沅《蚕桑谱·自序》中说：“近十年间，通府属县，用

① 吴建新:《陈启沅传》，广东人民出版社，2018，第88页。
② 民国《顺德县志》卷一《物产》，第20页上。
③ [清]陈启沅:《蚕桑谱》，光绪三十四年奇和堂药局版扉页。
④ 宣统《南海县志》卷四《物产》，第622页。

此法者不下二万余人”“与旧法比论，会计年中（用新法）所溢之利，何只数百万金矣”，农民因此致富。足踏机也很快在顺德推广。这种足踏机一般家庭也可以购买和使用，甚至有人用“机汽单车”开工场进行规模化生产。

晚清从继昌隆开始的机器缫丝业，是广东近代经济史上的大事。从蚕丝经济来说，工厂化的缫丝业，使南海、顺德的一大部分手工缫丝业从耕织结合的农家经济中分离出来，蚕农就只卖茧，不用缫丝，有更多的时间从事副业，增加收入。而且养蚕和种桑业也有分离，出现专门的蚕农和桑农，分为茧市和桑墟。另外，机器缫丝厂的洋庄丝比土丝价格高出三倍多，生产规模也大，最盛时雇佣六七万女工，是中国最早的一批产业工人，当时一个女工的工资能供“三人之用”，给蚕桑农增加了收入，给闲散劳动力提供了出路，反过来对蚕桑业有重要影响。顺德缫丝业和桑基鱼塘独占鳌头，珠三角出口丝一度超过上海，顺德、南海成为近代的“南国丝都”。[①]

机器缫丝业还带动了民营机器制造业的发展。陈启沅懂得机器制造业和蒸汽机原理，他自制图纸，并从安南买回一轮船蒸汽机，指导广州陈联泰机器店拆解，陈联泰号称清末广东最著名的缫丝机器的制造作坊。陈联泰号在宣统《南海县志》有记载。机器缫丝厂的机器分别在广州、顺德乐从都有生产。后来陈联泰号部分工人创建了均和安机器厂、协同和机器厂，建造轮船发动机，机器牵引的碾米机等，成为近代广东民营机器和轮船制作业的鼻祖。一只轮船作为驳艇，拖着十几只无动力的木船，成为水乡普遍的运输方式，促进了水乡的农产品流通。蚕丝业还推动了金融、物流、商业的发展。生丝出口创汇，与华侨汇款成为抵消广东外贸逆差的两大支柱。这说明桑基鱼塘是一个产业链，推动了广东近代经济的发展。[②]

---

① 吴建新:《陈启沅传》，广东人民出版社，2018;《南国丝都——顺德蚕桑丝绸业发展史研究》(顺德文丛第三辑)，人民出版社，2011。

② 吴建新:《陈启沅传》，广东人民出版社，2018；吴建新:《佛山桑基鱼塘史》，广东人民出版社，2019。

第四节

园艺作物

一、主要果树的栽培与外来果品

1. 本土果类

明初广东荔枝的种植盛况可见于当时的诗歌。明初袁德裕《沙亭杂咏》记载东莞沙亭水乡“夹岸红云”。[①]明初珠江三角洲一带出现以荔枝命名的山丘、村落和庄园，不少地方有荔枝山、荔枝冈、荔庄、荔枝园、荔枝径、荔枝墩等地名，这些地方都盛产荔枝，荔枝树往往数以百计，如明代南海吕氏，“十五世祖讳翰……生于嘉靖元年，……以碁布一庄，植荔百余，四时花果夺目争妍”。[②]顺德“地产美茶奇花珍果，岁利可当田稼之入”。[③]珍果中当以荔枝、龙眼为最多。

明末清初，“广州凡矶围堤岸，皆种荔支（枝）、龙眼，或有弃稻田以种者”。[④]比较有名的有广州的荔枝湾、泮塘、南岸、西场，番禺的大石、新造、萝岗洞，广州增城的沙贝；顺德陈村；东莞东湖、石龙、茶山；新会；香山小榄；海南琼山、高州等地。清初屈大均记载他曾赏荔和考察荔枝，“予家在扶胥南岸，每当荔枝熟时，舟自扶胥历东西二

① 杨宝霖:《广东荔枝小史》，载《自力斋文史农史论文选集》，广东高等教育出版社，1993，第 416 页。

② ［清］吕卓宽:《南海吕氏家谱》，不分卷，光绪二十二年抄本。

③ ［明］李际明:《龙津记》，收入康熙《顺德县志》卷一〇《艺文》，第 360 页上。

④ ［清］屈大均:《广东新语》卷二五《木语·荔枝》，第 624 页。

洲至于沙贝，一路龙丸凤卵。若丘阜堆积，估人多向彼中买卖，而予亦尝为荔枝小贩。自酸而食至甜，自青黄而食至红，自水枝食至山枝，自家园食至诸县，月无虚日，日无虚晷，凡四阅月而后已”。[①]这里大致说明广州近郊的荔枝产区是以东郊的番禺为中心，向东延伸到增城、东莞，向南延伸至南海、顺德。此外新会、香山等县各有一些。从品种说，明清时期形成了水枝、山枝两大品种群，水枝多早熟种，山枝多晚熟种。清初，其中最著名的是增城挂绿。“广州荔以挂绿为第一品，实硕大味甘香，核细如豌豆，其壳上赤如丹砂，下绿如澄波，故名。”[②]新兴的香荔，以核小味香著名，清初吴绮《岭南风物记》认为是“荔中之神品也”。《广东新语》卷二十五“荔枝”条记载荔枝品种数十种，清乾隆间吴应逵《岭南荔枝谱》记载荔枝品种上百种，但是有重出。明清时期广东荔枝品种有100种之多是可信的。岭北人眼中，“黑叶为美”[③]。由于种植荔枝效益高，广州附近种植荔枝的村庄不少，如番禺大石、李村，东莞、增城等地，“其地千树荔”[④]“东粤故多荔枝，问园亭之美，则举荔枝以对，家有荔枝千株，其人与万户侯等”[⑤]。

龙眼是仅次于荔枝的佳果。明代龙眼多分布在顺德的陈村、南海的九江。明代九江人曾兆雷，“家饶富而用财丰俭举适其宜。……置祭田百余亩，手植果树千株”。[⑥]九江有种植龙眼的传统，曾氏种植的可能是龙眼。明末清初，屈大均在考察完荔枝树之后，又乘船“自南海之平浪、三山而东，一带多龙眼树，……龙眼叶绿，荔枝叶黑，蔽亏百里”。[⑦]南海的九江在顺治年间因为发展蚕桑业，多砍伐龙眼树。[⑧]陈村“居人

① ［清］屈大均：《广东新语》卷二五《木语·荔枝》，第625页。

② ［清］陈鼎《荔枝谱》，收入彭世奖校注《历代荔枝谱校注》，中国农业出版社，2008，第474—475页。

③ ［明］方以智：《物理小识》卷九《草木上》，万有文库本，第230页。

④ 康熙《东莞县志》卷二《风俗》，第62页B。

⑤ ［清］屈大均：《广东新语》卷二五《木语·荔枝》，第623页。

⑥ 顺治《九江乡志》卷四《文学列传》，第43页下。

⑦ ［清］屈大均：《广东新语》卷二五《木语·龙眼》，第626页。

⑧ 顺治《九江乡志》卷二《生业》，第18页下。

多以种龙眼为业，弥望无际，约有数十万株”。[①] 陈村是广东最集中的龙眼产区，而且直到晚清仍不断有诗文提到陈村的龙眼。如乾隆时期的经学家杭世骏诗云：“十里万株龙眼树，板桥横处是陈村。”[②] 清初龙眼有专门集市，“顺德之锦鲤海，诸邑龙眼若于此贸易，谓之龙眼市”，[③] 乾隆年间，这个龙眼水上市集仍存在。[④] 而东莞的峡内，有另一个龙眼水上集市。道光年间，番禺的韦涌，“乡之植龙眼以万计”。[⑤] 明代，龙眼“随子大小，定名二十余种”，[⑥] 随着人们口味的改变，一些肉薄，果实小，甜味不足的品种被淘汰。清初文献记载只有孤圆、青皮、黄壳3个龙眼品种。[⑦]《广东新语》记载6个品种：“最大者孤圆，次金字、山字、南字，小者蜜糖埕，迟者秋风子。”[⑧] 道光年间记载11个品种，其中“十叶”比得上福建的品种。[⑨] 十叶实为今之“石硖”，仍为人们所喜爱。

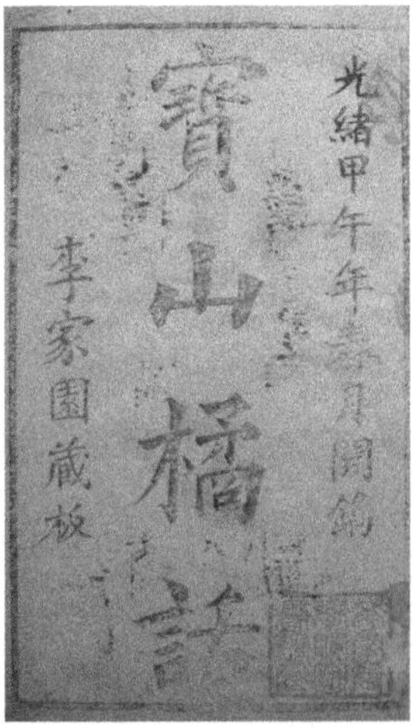

图3–4　化州橘红是药用果，这是产家的广告

柑橘类果木中以橙子、柑子为最多。广州为中心，西面高要、四会“饶橘林之利”[⑩]，清初屈大均记载了柑柚类产品的分布：“产四会者光滑，名鱼冻柑，小民供亿亦苦，柑户至洗树不能应。东面，产增城者，以沙贝、东洲、西洲为贵，其土高，多细白沙，与海潮远，咸味不接，故甘美。”（“供亿”意为贡品给有司，

① [清]屈大均:《广东新语》卷二《地语·陈村》，第44页。

② [清]杭世骏:《陈村口号》，载《岭南集》，《广州大典》集部别集，第389页。

③ [清]屈大均:《广东新语》卷二五《木语·龙眼》，第626页。

④ 乾隆《顺德县志》卷一《图经》，第812页。

⑤ [清]赵古农:《龙眼谱》自序，道光九年厂广山房刻本，第1页。

⑥ 崇祯《肇庆府志》卷一〇《物产》，第288页上。

⑦ 康熙《罗浮山志汇编》卷七《品种》，四库全书存目丛书，史部240册，第509页。

⑧ [清]屈大均:《广东新语》卷二五《木语·龙眼》，第626页。

⑨ [清]赵古农:《龙眼谱》，第6页下—7页上。

⑩ 崇祯《肇庆府志》卷九《地理2》，第282页上。

"洗树"即摘遍、尽。)"番禺鹿步都，自小坑火村至罗冈，三四十里，多以花果为业，其土色黄兼砂石，潮咸不入，故美。每田一亩，种柑桔四五十株，粪以肥土，沟水周之。又采山中大蚁，置其上以辟蠹。经三四岁，桔一株收子数斛，柑半之。柑树微小于桔，桔茂盛可至二十余岁，柑亦半之。熟时黄实离离，远近照映，如在洞庭包山之间矣。自黄村至朱村一带，则多梅与香蕉、梨、栗、橄榄之属，连冈接阜，弥望不穷……柑、橘、香橼，以四会为大家。"[①] 在品种方面，四会以冻柑、砂糖橘子著名，新会、萝岗以甜橙为最。新会的"黎檬子"也很著名。[②] 新会橙"实大而皮薄，瓤湿而核多，树老则反是"。[③] 新兴有变柑，味道甘甜，果大，皮薄。[④] 潮州的柑子也很著名。化州橘红是著名的药材，曾作为贡品，"循例报明上官至期采摘"。[⑤] 民间只能以"橙柚之皮皆充广陈皮"，新会橙皮做成的陈皮最著名。顺德的羊额"香美异常，并可疗肺热，相传为仙风所濡云"。[⑥] 罗天尺有诗歌《羊额香柚歌》称赞它的药用，据说比化州橘红还好。

海南的槟榔、椰子也是大宗农产品。明清时代的槟榔需求更为巨大。明代槟榔居于海南各种经济作物栽培之首，分布在东部的文昌、万州、琼山、会同、崖州、乐会，"俗以槟榔为命"，粮食生产靠海南西部供给，故有"东部槟榔西路米"的说法[⑦]，文昌、会同等县大致在正德年间"大家小户力种槟榔，坐地收利"。[⑧] 明末清初海南槟榔的种植面积扩大："槟榔，产琼州，以会同为上，乐会次之，儋、崖、万、文昌、澄迈、定安、临高、陵水又次之，若琼山则未熟而先采矣。会同田腴瘠相半，

① [清]屈大均:《广东新语》卷二五《木语·橘柚》，第603—604页。

② 道光《新会县志》卷二《物产》，第63页上。

③ 同上书，第62页下。

④ 乾隆《新兴县志》卷三〇《杂事》，中国地方志集成本，第526页下。

⑤ 道光《广东通志》卷九五，第192页上。

⑥ [清]罗天尺:《五山志林》卷七《辨物》，收入《清代广东笔记五种》，广东人民出版社，2006，第149页。

⑦ 正德《琼台志》卷七《风俗》，天一阁本，第86、89页。

⑧ [明]王士衡:《劝谕乡里种麦文》，收入正德《琼台志》卷八《土产上》，第95页。

多种槟榔以资输纳，诸州县亦皆以槟榔为业。”[①] 清代乾隆以后，槟榔的需求减少。雷州是海南槟榔的集散地，乾隆八年（1743 年）的《重修天后宫碑记》[②]，42 家槟榔行捐资 912 两，乾隆二十四年（1759 年）43 家槟榔行捐资 520 两作修庙费用[③]，乾隆二十九年（1764 年）27 家槟榔行捐资 116 两作修庙费用[④]。总的来说，从槟榔行对天后宫捐款的商行数目和捐资数来看，似乎可以说明乾隆年国内槟榔的商业比起明代和清前期来说有些衰落。原因是民间待客以茶、烟多。

其他果类中，以能腌制的橄榄、梅果为重要。乌榄多出从化、番禺、增城，榄豉为民间常见的佐膳食品，故种植颇多。梅果以南雄为最：“南雄以梅名天下，此又比户岁收之利，不劳而获者也。”[⑤] 山区的柿园也多，嘉靖年间兴宁县“其又多者曰柿子，所在成林，花初落，客商即入，直于主人，结庐守之。去皮暴之，名曰柿花。空其园，千斯箱以去”。[⑥] 柿子不一定作为水果，青柿子作染料，有一定的需求量，道光年间潮州海关有青柿子成船的税则，按整船收税。[⑦] 桃子、李子多出山区，明代方志中记载这两种水果分别有 10 个品种。[⑧]

2. 进口果类

嘉靖年间芒果引进到广东，嘉靖十四年（1535 年）记载：“芒果，种传外国，实大如鹅子状，生则酸，熟则甜，惟新会、香山有之。”[⑨] 芒果又称为“天桃”，普及时间在清代，雷州最多。“天桃名蜜望果……

---

① [清]屈大均:《广东新语》卷二五《木语 · 槟榔》，第 628—629 页。

② [清]《重修天后宫庙碑》，收入谭棣华等《广东碑刻集》，广东高等教育出版社，2001，第 539 页。

③ 同上书，第 540 页。

④ 同上。

⑤ 道光《直隶南雄州志》卷九《物产》，第 176 页下。

⑥ 嘉靖《兴宁县志》卷三《食货》，天一阁本，第 1099 页。

⑦ [清]梁廷枏总纂《粤海关志》卷一二《税则五》，第 253 页。

⑧ 崇祯《肇庆府志》卷一〇《物产》，第 288 页下；崇祯《兴宁县志》卷一《物产》，广东历代方志集成本。

⑨ 杨宝霖:《杧果来华年代考辨》，载《自力斋文史农史论文选集》，第 379—388 页。

邑人种之一园或百余树，方华时贾人即以钱定之，谓之买桃花。”[①] 荔枝有论园的“买夏”，芒果以花开时买园，可见商品性农业的特色。广州近郊有著名的品种“夏茅香芒”。[②]

番木瓜，称为万寿果、卍字果、蓬松果等，顺治《九江乡志》卷二《物产》瓜类记载“万寿果”，但没有具体描述。这是番木瓜的最早记载。在康熙二十一年（1682 年）吴绮《岭南风物记》，记载了“蓬松果”的生态特征。吴震方《岭南杂记》记载番木瓜最详细。康熙三十八年（1699 年）番木瓜已经传到杭州。[③]

番石榴在清代前期引进，吴川县引进的品种较好，其果“淡红色，味甘”[④]，应该就是著名的番石榴品种“胭脂红”。而在广州引进的品种较差，《番禺县志》记载番石榴“其味劣”[⑤]。

番菠萝在晚明番禺人何其伟的诗歌中提到：“共讶炎方产异葩，谁移仙种自天涯。”诗题明言为“番菠萝”。[⑥] 何其伟为嘉靖至天启时人，草本菠萝引进时间或在万历时。番菠萝在康熙年传入海南的，“叶可抽丝，绩麻织布”。[⑦] 清中叶雷州生产最多。草本麻的种植法与果用的不同，“种作麻者恒于阴处，不令生子，欲其叶长。种于高原者则收其子而已”[⑧]。清初人们掌握了草本菠萝的生长特性，阴生的长叶为纤维，阳生的结果。

明清引进水果，在近现代仍然非常普及的有芒果、番木瓜、番石榴、草本菠萝等，番荔枝则较少。

① 嘉庆《海康县志》卷一《物产》，第 87 页下。

② 同治《番禺县志》卷七《物产》，第 54 页下。

③ 杨宝霖:《清初的广东物产专著〈岭南风物记〉》，载《自力斋文史农史论文选集》，第 20 页。

④ 雍正《吴川县志》卷四《土产》，广东历代方志集成本，第 349 页上。

⑤ 乾隆《番禺县志》卷一七《风俗·物产》，第 411 页上。

⑥ [明] 何其伟:《送番菠萝一株谢正术纳斋诗以代柬》，收入《鷇音集》，《广州大典》集部别集，第 65 页。

⑦ 康熙《文昌县志》卷九《土产》，广东历代方志集成本，第 283 页上。

⑧ 嘉庆《雷州府志》卷二《地理·物产》，广东历代方志集成本，第 52 页。

二、花卉栽培

花卉中仍以素馨花栽培最重要。素馨花“广城河南花田多种之，每日货于城中，不下数百担，以穿花灯，缀红黄佛桑其中，妇女以彩丝穿花绕髻。而花田妇人则不簪一蕊也”。[①]素馨花民俗在明时盛，清初衰落，稍后复盛。茉莉花有从海外引进新的品种，“茉莉尤贱，有重者，三台者。又有番茉莉花。大如龙眼，千叶，极香。但花瓣层叠。鲜有开足者”。[②]“番茉莉花”状似梅花，同一树有先开后开，似两花同时开放，又称鸳鸯茉莉，是新引进的品种。此外有“露头花，多产番禺蓼涌，……夏月大开，以花置油上晒之，香落油中，芬馨隔岁不灭，以膏发，照读书，芳盈一室，广人甚珍之”[③]。

菊花的栽培以香山小榄最盛。明代当地人已经有栽培、欣赏菊花的风俗，清代乡人集种植的名种，设“菊试”“菊社”，乾隆壬寅（1782年）举办第一次菊花会，至嘉庆十八年（1813年）决定每六十年举行一次。因此“种菊之妙，吾榄为最……近来（乾隆年间）各省新种并至”，其中最珍贵的是“一捧雪”[④]，表明来自各省的菊花品种很多。冬末春初，外省花卉来粤以适应广府人迎春的需要。“水仙头，秋尽从吴门而至，以沙水种之，辄作六出花，隔岁则不再花，必岁岁买之。牡丹亦然。”屈大均有诗云：“冬尽人人争买花，水仙头共牡丹芽。”[⑤]

广州城中每月都有神诞，需要大量的花卉。而一年一度的花市大致产生在清代。广州近郊花埭园艺业起于清初康熙年间，专门栽种本地花卉，以及从海外、岭北进口花卉供应花市。[⑥]花卉品种的增加是为了花市的需要，广州河南、花埭就有不少专门的花场常年为神诞做花局。顺德“菊圃多在陈村”[⑦]，为当地或南海、佛山、广州等地的神诞花局供

① [清]吴震方:《岭南杂记》上卷，第45页。

② 同上。

③ [清]屈大均:《广东新语》卷二七《草语·露头花》，第700页。

④ [清]何大佐:《榄屑·菊试》，广东省中山图书馆藏手抄本。

⑤ [明]屈大均《广东新语》卷二七《草语·水仙》，第700页。

⑥ 吴建新:《花地园艺业小史》，《古今农业》1990年第4期。

⑦ 咸丰《顺德县志》卷三《风俗》，第301页。

应各种盆景造型的菊花。

清代有一个炒作兰花的市场，仅在清初《广东新语》中就记载了近20个兰花品种。[①]清代名贵的兰花身价陡增，如："兰一盆而过十枪，贵者价至百余金，村农衣食半生矣！"[②]还出现了专门炒作兰花的商人，被称为"兰侩"。[③]顺德还有以栽种兰花出名的园林："在大良淡园学圃，勒流六松园有窄叶种，龙山湛华园有阔叶种，他处未常有也。"[④]兰花商人品走于各兰圃，遇名种不惜千金购得再高价倒卖，如佛山杨氏园、邓止斋园、大良淡园、四会苏园等。《岭海兰言》的作者虽贫，遇到佛山万福园有名种，"不惜以重金购得数十枪"。[⑤]为了适应广东人的需要，来自河南、东北、福建、台湾、湖南、湖北、江苏、浙江的兰花名品荟萃广州，"无论何处所产，但叶和花与粤兰相类者，久种愈佳。与粤兰稍异者，易变劣种。与粤兰大异者，虽生不蕃"。[⑥]这说明出现了一个以豪富、诗人雅士为顾客的兰花市场。

明清时期广东也有不少的外来花卉传入。赛兰，"长二三尺，茎叶离披甚弱，盛以美盎，以竹圈数重护之。……一名暹兰，以来自暹罗斛，故名"。[⑦]"西洋莲，蔓细如丝，朱色，缭绕篱间。花初开，如黄白莲十余出，久之，十余出者皆落，其蕊复变而为菊。瓣为莲而蕊为菊。以莲始而以菊终，故又名西洋菊。"[⑧]西洋莲或西洋菊其实是藤蔓植物，与莲花、菊花无关。天竺葵在清代引进，此花又名"洋绣球"，亦藤本，"来自海外，一蕊或五花或六花，黄白二色，花心白者鹅黄色；黄者红色，鲜艳异常"。[⑨]清中叶有被称为"洋牡丹"的花卉，"牡丹亦以叶为花，

① [清]屈大均：《广东新语》卷二七《草语·兰》，第691—692页。

② [清]区金策：《岭海兰言》上卷《格理》，广东人民出版社，1992，第43页。

③ [清]区金策：《岭海兰言》下卷《白墨兰种》，第55页。

④ [清]区金策：《岭海兰言》上卷《鉴别》，第37—45页。

⑤ [清]区金策：《岭海兰言》下卷《白墨兰种》，第55页。

⑥ [清]区金策：《岭海兰言》上卷《鉴别》，第28页。

⑦ [清]屈大均：《广东新语》卷二七《草语·赛兰》，第693页。

⑧ [清]屈大均：《广东新语》收入《明清广东稀见笔记七种》，2010，第287页。

⑨ [清]江淹：《舟车闻见录》，收入《明清广东稀见笔记七种》，2010，第287页。

叶攒生，如牡丹。”[①] 乾隆时顺德人罗天尺有诗云：“自言岭外南枝花，何似牡丹西洋卉。西洋牡丹叶作花，赠言使君情尤好。”[②] 西洋牡丹，学名花毛茛，原产于地中海沿岸，在法国、以色列等国广泛种植，目前世界各国均有栽培。西洋牡丹，花形硕大，花色艳丽，故为人所喜爱。晚清亦传入乔木本玉兰，种植亦盛，“渐与茉莉、素馨争雄矣”。[③] 还有洋玫瑰，见于江淹《舟车闻见录》。菊花在明代的肇庆“无虑百种，诸色皆有”[④]。而广州作为中心城市，菊花的品种就更多，特别是清代还传入了不少洋菊品种。嘉庆、道光时人程含章有“与刘文学看各种洋菊”11首诗歌，记载了不少洋菊，提到“小榄每年十月斗菊，竞展洋菊”[⑤]，“粤中洋菊种类如雉尾、龙鳞之属，不一其名”[⑥]。丘逢甲在他的菊花诗的注解中写道：“近人多植洋菊”。[⑦] 山茶有从日本引进的宫粉。[⑧] 广州、潮州以及各地乡村城镇的园林多，“明代游宦经商，遍于四方，每致其嘉种以归，而农家者流讲求树艺，士大夫暇日又多以花木自娱。”[⑨] 明清时期出现了许多士大夫的观赏性园林，分布在广州、佛山、南海、顺德这些文化发达的地方，这些园林与文学与酒文化的兴盛有关。商人的经营性园林分布在顺德陈村、龙津堡，广州的河南、花埭等地。这些园林说明花卉品种在大范围传播，众多的园林与场师培育新品种适应赏花者的需要，成为当时花卉园艺业的新现象。

① ［清］江淹:《舟车闻见录》，收入《明清广东稀见笔记七种》，第287页。

② ［清］罗天尺:《醉花歌走笔和（略）西洋牡丹原韵》，收入《瘿晕山房诗钞》，《广州大典》集部别集，第437页。

③ ［清］梁修撰、梁中民等笺注《花埭百花诗笺注》，广东高等教育出版社，1989，第176页。

④ 崇祯《肇庆府志》卷一〇《物产》，第276页。

⑤ ［清］程含章:《岭南集》卷一，清刻本，第23—24页。

⑥ [清]陈徽言:《南越游记》卷二《洋菊》，收入《粤东闻见录·南越游记》，第183页。

⑦ ［清］丘逢甲《家芝田（漱秀)市菊数盆见赠……》，载《岭云海日楼诗抄》卷三，上海古籍出版社，1982，第45页。

⑧ ［清］梁修撰、梁中民等笺注《花埭百花诗笺注》，第133页。

⑨ 民国《东莞县志》卷一三《物产上》，第373—374页。

三、蔬菜

明清的广州、潮州以及各地城镇附近的农村都有蔬菜生产地。珠三角多水乡，水生蔬菜最多。明代，"菱一名芰，出广州西园者色翠角尖，甘美甲于他邦，产东莞皮紫者次之。南海大菱则与他邦同"。菱角是菱科，有多种名。"茨菰，生陂池中。"茨菰为泽泻科多年生草本。"茨，叶似荷而大，实有芒刺，其里如珠，鸡头实也。出肇庆。"[①]名"茨"的鸡头米则为睡莲科茨属一年生草本。广州的东南西北郊，都形成有特色的蔬菜产地，其中以西郊的西场一带为最。这里的池塘连成一片，明末清初这里"有荔支（枝）湾、花坞、藕塘之饶"。[②]著名的"泮塘五秀"在这一时期形成。蕹菜（粤语称"通菜"），以芦苇编成筏子，"蕹筏，名葑田，在处皆有"。[③]"水蕲，生南海地，即芹菜也。"[④]清初北方的大白菜传到广东，"黄芽白，即北方之黄芽菜也。相传国（清）初两广总督某携菜子至肇广，命土人种之，形味皆同。然不及北方之甜美"。[⑤]初时要年年从北方引种，后来则本地化，以初产于肇庆，广东人呼为"肇菜"。芋头除了做杂粮，在广州等城镇也作为蔬菜，"广芋凡十四等。君芋大如魁，有车毂芋、有旁巨芋、有青边芋，此四芋大如饼，少子，叶如织盖，緗色紫茎，长尺余，易熟。惟黄心有味。芋之最善者，茎所作羹口，有蔓芋，缘枝生，大者二三升。有鸡子芋，色黄。有百果芋，亩收百斛。有果芋，七月熟。有九面芋，大，不美。有蒙控芋、有青芋、有甲芋，子皆不可食，可为菹。"[⑥]芋可作杂粮又可作蔬，长期栽培后形成不少品种。明清时期的薯蓣类衍生出不少品种，可以作杂粮也可以作蔬菜。元代传入的苦瓜，明清时到处都有，在顺德有"白苦瓜，他处甚少，唯吾乡独盛云。"[⑦]"茄，俗名矮瓜，有紫、青、白三色，圆者

① [明]黄佐：嘉靖《广东通志》卷二三《土产上》，第578页下。
② [清]屈大均：《广东新语》卷二《地语·西场》，第43页。
③ 道光《广东通志》卷九五，第188页下。
④ 同上书，第189页上。
⑤ 同上书，第188页下。
⑥ [明]黄佐：嘉靖《广东通志》卷二三《土产上》，第575页。
⑦ 嘉庆《龙山乡志》卷四《物产》，第15页。

名荷包茄。花时取叶布路，以灰围之则子繁，谓之嫁茄。宿根有三五年者，渐长枝干，乃成大树，夏秋盛熟，梯树采之。五年后树老子稀，即伐去之，则栽嫩者。”[①]蔬菜中的名品往往能卖得较高的价钱，而且不愁销路。

明清时期传入的蔬菜，很快成为蔬菜家族中的新成员。天顺《东莞县志》记载“金瓜”，杨宝霖认为是南瓜。[②]天顺年为1457—1464年，其时哥伦布尚未发现新大陆，而南瓜原产美洲，则天顺《东莞县志》记载的“金瓜”是不是南瓜可以存疑。能确认为南瓜的最早记载见于万历《雷州府志》：“南瓜类金瓜而大。”[③]将南瓜和金瓜并列，明显表示二者不同。但天启《封川县志》并同于金瓜：“番瓜亦曰金瓜，蔓如黄瓜而小，形长。初生青色，及熟转红。”[④]此后崇祯《肇庆府志》、康熙《海康县志》、《西宁县志》、《文昌县志》、《儋州志》、康熙《阳江县志》、康熙《番禺县志》、顺治《阳山县志》也有记载番瓜。传播路径可能是先从粤西南传入，再传到粤西的肇庆府，然后传到粤中，最后从粤中传到粤北。清代南瓜是农家主要蔬菜。

洋葱，最早传入广东是在康熙三十八年（1699年），“洋葱，形似独颗蒜，而无肉，剥之如葱。澳门白鬼饷客，缕切为丝，珑玱满盘，味极甘辛。[⑤]乾隆九年（1744年）印光任的《澳门纪略》也有记载。18世纪中，香山县的居民从澳门的葡萄牙人那里获得“法国菠菜”“白洋葱”的种子[⑥]，可见澳门是外来蔬菜水果传入广东的一个途径。西洋菜，称为豆瓣菜、水焊菜等，原产欧洲，与蕹菜一样是广东人喜欢吃的水生蔬菜。杨宝霖认为在民国《广东通志未成稿》才有记载。[⑦]民国《广东通志未成稿》中的物产是根据广东农林试验场开始，后来由国立中山大

① 同治《番禺县志》卷七《物产》，第53页下。

② 杨宝霖：《自力斋文史农史论文选集》，广东高等教育出版社，1993，第335页。

③ 万历《雷州府志》卷四《地理志二》，第96页下。

④ 天启《封川县志》卷二《舆地·物产》，故宫珍本丛刊本，第292页上。

⑤ ［清］吴震方：《岭南杂记》下卷，第52页。

⑥ 〔瑞典〕彼得·奥斯贝克：《中国和东印度群岛旅行记》，第278页。

⑦ 游修龄主编《中国农业百科全书·农业历史卷》，农业出版社，1995，第200页。

学农学院接手的广东农业调查报告书的材料写的，时间大致在20世纪20年代，西洋菜的引进可能在清末民初。此外，有些蔬菜被赋予“番”字，但没有具体说明，如顺治《九江乡志》卷二《物产》记载“番萝卜”，可能就是胡萝卜，是重新引种的品种。

番茄在明末人朱国桢的《涌幢小品》卷二十七最早记载，大致在17世纪传到南方。但很奇怪，清代广东方志很少记载番茄，大约它在广东的传播过程很慢。

马铃薯传入广东的时间不详，在清代珠三角的县志中均无记载，但有研究者注意到马铃薯早期传播中，闽、广称为荷兰薯、爪哇薯[①]。荷兰豆，豌豆中一种，原产欧洲，清代嘉庆二十二年（1817年）任陆丰儒学训导刘世馨的《粤屑》有详细记载，乾隆五十年（1785年）传到广州，广州西关一带的老农已经掌握种植方法，道光年间则“生产既繁，价亦甚贱”[②]。道光年间客家山区称之为“河南豆”[③]。从名字看是从广州河南传过去的。

辣椒称为“番椒”，《广东新语》卷一四“谷条”记载的“番椒”实为胡椒。蒋慕东说清代乾隆年间广东才兴起辣椒的栽培，以乾隆十一年（1746年）《丰顺县志》记载最早[④]。乾隆年间广东已经有鸡心、佛手、红黄品种。[⑤]此后乾隆年间《恩平县志》和《归善县志》也有记载。清中叶以后的方志有不少关于辣椒的记载。落花生最初传入也是作为蔬菜，以《广东新语》为最早记载。

另称为“番芥蓝”的结球甘蓝，粤语俗称“椰菜”，在光绪《广州府志·物产》有载，是从在广州通商的番舶引进，而非从黑龙江来[⑥]。

---

① 杨宝霖:《广东外来蔬菜考略》，载《自力斋文史农史论文选集》，第339页。

② [清]黄芝:《粤小记》卷一，收入林子雄校注《清代广东笔记五种》，广东人民出版社，2006，第394页。

③ 道光《石窟一征》卷八《方言》，第281页。

④ 蒋慕东等:《辣椒在中国的传播及其影响》，《中国农史》2005年第2期。

⑤ 乾隆《归善县志》卷一六《物产》，广东历代方志集成本，第202页上。

⑥ 杨宝霖:《广东外来蔬菜考略》，载《自力斋文史农史论文选集》，第318页。

四、园艺栽培技术

在明代，以顺德陈村场师擅长果木栽培、嫁接、驳（古文献有时作博）枝技术，“此类陈村最多”。[①]每到花果栽培的时节，陈村人“担负诸种花木分贩之，近者数十里，远者二三百里。他处欲种花木及荔支（枝）、龙眼、橄榄之属，率就陈村买秧，又必使其人手种驳接，其树乃生且茂。其法甚秘，故广州场师，以陈村人为最”。[②]但清代驳枝和嫁接法已非陈村人独擅，“移花接木之法，讲求甚熟，流通亦广”。[③]在柑橘类中，高要金利乡的柑橘质量较好，果农将其嫁接成树苗，“岁之正月，广利墟卖柑橘秧者数十百人，其土良，柑甜美，胜于四会、新兴。其种散在他处，香味迥殊，以故居人擅其利”。[④]明代嫁接技术还用于棉花和乌桕树，“树头棉，以吉贝棉接乌桕根，获花颇多”[⑤]。清初《广东新语》对此有更详细的记载：“俟生时截去乌桕，树长可八九尺，四季开花，夏秋尤盛。每一株生，数十年不坏。絮同木绵，德庆以上多种之。”[⑥]以乌桕树为砧木，木棉为接穗，以侧边接的方法将木棉嫁接在乌桕树上，木棉生长了，长出来的棉花生存期达数十年，避免了木棉受天气影响而生长不利的弊端。这是当时园艺技术中“远缘嫁接”的一大创造。康熙《阳春县志》《德庆州志》《高要县志》《石城县志》都有“树头棉”的记载，主要分布在粤西，以及粤西南部分地区，粤地其他方志不见载。

屈大均撰写的《花木历》[⑦]，是一部出色的园艺栽培学专章。《花木历》记载：“元旦鸡鸣，以火照桑、果无虫，以斧驳斫树，则子繁不落，是曰嫁树。嫁李以石安枝间，嫁石榴以石累根上，嫁诸果以长竿击树梢。”这是岭北“嫁树法”在岭南的应用。“嫁树法”的科学原理在于，控制树木的营养分配，以斧头等硬物疏疏落落地敲击树干，使其韧

① 万历《顺德县志》卷一〇《杂志第九》，第 107 页。
② [清]屈大均:《广东新语》卷二《地语·陈村》，第 44 页。
③ 咸丰《顺德县志》卷三《风俗》，第 300 页。
④ [清]屈大均:《广东新语》卷二七《木语·橘柚》，第 634 页。
⑤ 崇祯《肇庆府志》卷一〇《土产》，第 285 页上。
⑥ [清]屈大均:《广东新语》卷一五《货语·绵布》，第 422 页。
⑦ [清]屈大均:《广东新语》卷二五《木语·花木历》，第 653 页。

皮局部受伤，阻止一部分光合作用产生的有机物质向下输送，使较多的有机物分配给上部枝条，以提高产量和质量。[1]但是不能使树木伤害太重。《广东新语》所说“以斧驳斫树”，将石头等安放或者累树上，以竹竿击，都体现了“嫁树法”的操作原则。

因节令而及时栽种作物，是《花木历》记载的第二项技术：“竹栽宜初二日，蔗栽宜望日。……二月宜插芙蓉、杨柳，……梨以春分插，漆以根三四寸插。……清明又宜种荔支（枝）、龙眼。”树木的嫁接或者圈枝，也需要按照节令进行，认为节令和植物的“气”“津液”，与驳枝、嫁接有很大关系。这是从明代延续下来的技术：“草木同类者皆可依时而接。各候其津液所至之时，无不能活。非其类则气不相接，虽活亦不久。好事者往往掇挨剪护，有妙法焉。就枝而掇，则独干成实，如橘柚橙榴之属。以类相接则香色相夺，臭味交美，如桃李杏梅之属。剪干护枝，则久若天成，如桧柏罗汉松之属。去枝护本，使气在本，实乃壮大，亦有去本护枝，使气在枝花，乃繁茂者，其巧不可缕数。于此见物性虽殊，而不逃人之智。此类陈村最多。”[2]古人所言之“气”“津液”，就是对植物与气节的关系的认识，以及对植物营养学的独特理解，以此来指导嫁接和驳枝法等无性繁殖法。故《花木历》对植物的非实生繁殖法所选择的时令有认识：“移种诸花木宜上旬，宜分兰，宜接驳果木。……清明前后亦宜驳接果木。”同时，对近缘和远缘嫁接都有论述：“梅上接李，杏上接梅，柿上接桃，桐上接栗，接蜀茶以山茶，接玉兰以木棉，接瑞香以榕。陈村人尤善博接，凡花木同类者，各候其津液所至之时，博接之无弗活者。非其类则气不相贯，虽活不久。”能认识到草木“同类”即近缘关系才嫁接成活率高，指出“各候其津液所至之时”仍是技术操作的关键，“非其类则气不相贯”则不可。嫁接或者圈枝之后，又要注意“花既芽，勿浇粪水，俟嫩条长，花头出，结实稍大，乃浇粪水。实时以羹泼之则实多，春根则实固”。[3]这样才能保证嫁接或圈枝的树木成活率。屈大均强调嫁接或圈枝的“本”之强弱，嫁接的砧

① 梁家勉主编《中国农业科学技术史稿》，第291页。

② 万历《顺德县志》卷一〇《杂志第九》，第107页上。

③ [清]屈大均：《广东新语》卷二五《木语·花木历》，第653—654页。

木或圈枝的枝干都需要强大，“或去支护本，使气在本，实乃壮大”。在嫁接中又要注意砧木与接穗之间的关系：“或去本护支，使气在支，花乃繁茂，其巧不可缕数。物性虽殊，而不能逃人之智。”屈大均自己对此有研究，“以辛夷、木兰合为一”，同一株树能长出不同的花。《花木历》强调种植荔枝、龙眼时的方法：“种荔支（枝）必使枝叶东向，斜其本使叶荫根，每亩二十余株，以土培壅高二尺，下为沟洫。龙眼以稻草缠之，自干至枝，使易上水。”这些方法是有科学道理的，荔枝苗东向会接受更多的阳光，斜种可以遮挡阳光对树苗的强照射。龙眼树苗以草包扎树身，稻草受水，能浸润龙眼苗。

《花木历》要求在树木园中除草和培土壅根，“八月宜锄竹园。……十二月宜添果木土”。为了考察树木苗的强壮与否，“十一月朔宜囊诸种窖之，越五十日，取视其多寡，则知明岁所宜”。窖藏的树种如能出芽多，证明其生存力强，反之则否。种植海棠花，“糟水浇海棠，以雪水埋地中以浸诸种，则耐寒不蠹”。糟水有机质多，故肥力很高，雪水埋浸其种子，能淘汰弱种，且能提高花的生存能力，不易受虫害。

万历《顺德县志》有关陈村花果栽培业的技术，和《广东新语》中《花木历》的记载，显示了明清时期岭南地区园艺栽培技术的成就。

第四章

其他农业经济部门

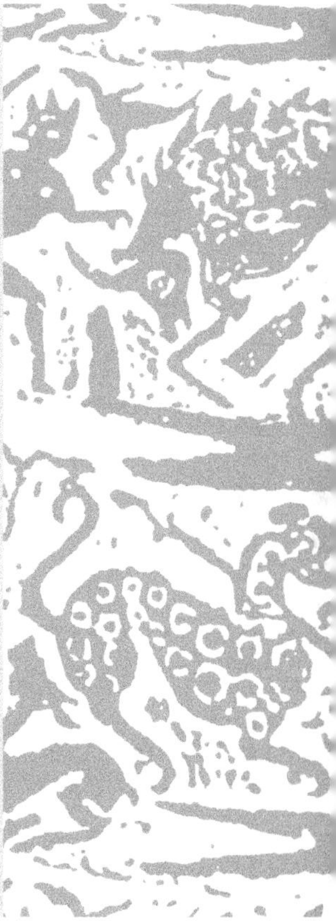

第一节

其他大田栽培作物与技术

一、茶

明代广东著名的产茶区有南海县西樵山。明代陈第《两粤游草》有竹枝词云："西樵山顶有人家，处处山园处处茶。一十三村烟雨里，不知禾黍与桑麻。"[①]在以蚕桑业出名的顺德县，基面上也有茶树种植，桑树甚至只排在茶树的后面[②]，但是入清，顺德的茶树不见地方志提及，由是桑基取代了茶基。咸丰《顺德县志》卷三《物产》提到佛滘堡种花及茶，则茶基只占很小部分，又提到"古朗茶"。明代广东茶叶的产地在广东山区也有一些分布。嘉靖《惠州府志》记载：茶叶，"罗浮桂山海丰龙川俱产，罗浮佳"。[③]这些茶叶既有人工栽培的，也有自然生长的高山茶。罗浮山人工栽植的好茶因为作为贡品而不能进入市场，史载："罗浮故多茶。因贵人征求，民苦支应，芟除殆尽。"清初才稍有恢复。[④]肇庆府的九坑山"旧有茶园四十四所，瑶人居之"。[⑤]清代尚不见恢复。但肇庆、韶州、惠州还有不少的产茶地。明区大相《经碧云村》："客

① [明]陈第:《两粤游草》，四库存目丛书，集部第178册，第429页。

② 万历《顺德县志》卷一〇《杂志第九》，第107页上；卷一《物产》，第15页。

③ 嘉靖《惠州府志》卷七下《物产》，天一阁本，第26页下。

④ 康熙《罗浮山志汇编》卷九《纪闻》，第529页下。

⑤ 崇祯《肇庆府志》卷八《地理一》，第238页上。

来惯煮胡麻饭，春到先收谷雨茶。”这里写的是肇庆山区的茶区。[①] 韶州在唐产茶，明代乐昌茶传到肇庆，“茶，所在近山居之皆成树。此乐昌茶种也。高明植者作茶芥，称冷茶”[②]。在商品经济比较发达的地区，明代茶叶栽培有较大的发展。南海西樵山和广州河南，成为广州府最著名的产茶地。

图 4–1　给茶树开畦

清代西樵山和河南仍是主要的茶产地，清初茶叶生产在山区发展也较快。如粤东“永安罗坑一带多畲物，其茶尤善，茶又以洪畲所种为善。往时贵宝峒畲，积五六十年而变，今最贵洪畲茶云”[③]。粤西的石城县本无茶树栽培，康熙年间“迩来人稍知殖”。[④] 其中粤北的英德县和粤

① 道光《广东通志》卷九三，第 160 页上。

② 崇祯《肇庆府志》卷一〇《地理三 · 物产》，第 291 页上。

③ [清] 屈大均:《广东新语》卷一四《食语 · 畲物》，第 399 页。

④ 康熙《石城县志》卷五《物产》，广东历代方志集成本，第 43 页下。

东的河源县在清代中期分别成为较大的茶区。英德县“茶产罗坑、大铺、乌泥坑者香，古味醇如朴茂之士，真性自然殊俗。其余黄金山、水边、黎峒、黄寨等处所产，远为不逮”。[①] 乾隆《河源县志》称岭南产茶地多，“河邑独盛”。河源县的人工茶产量远远超过了天然生长的高山茶，“上管、康禾诸约居人生计多半赖此。春夏之交，贾人丛集。采茶恒于清明前，香嫩，色美，迟采者贱。至霜降后复取新芽，谓之霜茶，味尤佳，然不多得”。[②] 乾隆年《鹤山县志》记载当地产茶主要在“古劳之鹿水，冷水山阜皆植茶”，所产雨前茶、早白露等还是不可多得的名茶。《鹤山县志》还说古劳茶可以“甲诸郡”。[③] 道光年间鹤山产茶地扩展了，“自海口直至附城，毋论土著、客家，多以茶为业”。[④] 大雁山（鹤山名胜，跨鹤山、新会两县）“宜茶，来往采茶者相继不绝”。[⑤] 清远县“茶以笔架山为最，黄藤峡次之，文峒坝仔又次之”。[⑥] 南雄府始兴县的一些村庄附近的山地改变了虎狼出没的现象，“沿村竞种茶”。[⑦] 长乐的“登云山，居人多种茶，佳者与永安洋头并玳瑁山亦出茶”。[⑧] 清代后期番禺县有“家园茶”，不仅是河南三十三村的茶，还扩展到“蓼涌、南村、市头等处亦多艺茶”，“近日慕德里属之茶山、鹿步属之慕源，亦多种茶，皆有茶庄”。嫩芽则出口。[⑨] 但是茶叶的制作方法限制了一些新茶区的发展。

① 道光《英德县志》卷一六《物产》，第 496 页上。

② 乾隆《河源县志》卷一一《物产》，第 465 页上。

③ 乾隆《鹤山县志》卷七《物产》，第 87 页上。

④ 道光《鹤山县志》卷之二下《物产》，清刻本，第 5 页上。

⑤ 道光《鹤山县志》卷之二下《地理》，清刻本，第 10 页上。

⑥ 光绪《清远县志》卷二《物产》，第 28 页下。

⑦ [清]吴俊：“始兴”诗，收入道光《直隶南雄州志》卷一八《艺文·诗》，第 341 页上。

⑧ 道光《长乐县志》卷四《舆地略·物产》，广东历代方志集成本，第234页。

⑨ 同治《番禺县志》卷七《物产》，第 58 页下。

二、葵业

葵树的栽培及葵业加工都集中在新会县。陈白沙有诗歌盛赞新会葵扇“山中团扇织朱藤，小把还夸入手轻”[①]，说明这是精巧的工艺品。陈白沙还有多首《藤山》诗，似乎说明白沙时代的新会葵树种植在高地多些，可能从嘉靖以后葵树的栽培从高地向低地迁移。万历年间新会葵业已经名闻天下：“天蚕有丝，施诸葵扇，莹洁可爱，俗鲜经商，独葵之制，几遍天下。”很多田地都改为葵田，每亩价值很高。但是“官家之供，日繁乎此”，妨碍了商品性农业的发展。[②]毕竟明末清初新会的蒲葵种植有了较大的扩展，主要集中在低围田区：“新会之西沙头、西涌、黎乐、新开滘诸乡多种之，名曰葵田。周回二十余里，为亩者六千有余，岁之租，每亩十四五两。中人之产，得葵田十亩，亦可以足衣食矣。”[③]说明万历以后形成了独特的葵基，清代中期葵树栽培遍及全县：“葵虽通邑所产，然以城南三丫营为佳。盖近城者心蒂圆正，骨格细匀，他乡莫及。其植法每数十亩，或一二顷。外筑基围之，内分畦疏沟，每株距四五尺许，是名葵基。”[④]葵基是“基田”类型，一般不配池塘，只有壕沟，或可养鱼。新会柑橘园的周围也种植葵树以挡风，河道两旁的堤围上种植葵树以其收入作修围费用。

用砂质土种出的葵树，“日久不长，经风易倾”，则明代文献所说的“葵山”，所产葵不适合制扇。清代《蒲葵栽植法》不仅总结了种葵的土壤是带有十分之二砂质土的黏土，还总结了葵种、播种、分秧、种植、施肥、治虫害、收割、制作葵扇等技术，显示清代葵树栽培、生产、加工等一系列技术都已成熟，当时葵制品远销全国及外洋。[⑤]

① [明]陈献章:《送扇与万松庵》，收入《陈献章集》卷五，中华书局，1987，第614页。

② 万历《新会县志》卷二《食货略》，广东历代方志集成本，第84页。

③ [清]屈大均:《广东新语》卷一六《器语·蒲葵扇》，第454页。

④ 道光《新会县志》卷二《物产》，第64页上。

⑤ [清]刘敦焕:《蒲葵栽植法》，收入《广州大典·子部·农书类》，第691—692页。

三、纤维作物与染料作物、席草栽培

明代广东的乡村出产苎麻、青麻等织造的麻布，这些麻布作为农家的副产品出售。海南仍产吉贝，世传黎布“机杼精工”。[①]嘉靖《大埔县志》卷二之七“货属”记载有蕉布、葛布、麻布。粤北还有棉花和苎麻，清中期始兴县的杂税——“棉花、苎麻等行税银24两3钱”。[②]从税收看，棉花和苎麻应是种植较多的。在粤北的早稻田，由于晚造有冻害会使稻减产或绝收，就在“早禾田种苔、麻、荞麦，迟则种油菜”。[③]在番禺县的丘陵台地，“二月种吉贝”。[④]“二月种其核，五六粒一坎，以土掩之。五月生黄花结子，壳内藏四房或二三房……洁白如雪。六月时俱开。遇雨则绵不露，开时忌之。妇人绞去其核，纺以织布。”[⑤]民国文献追述，晚清之前，新造、南村一带，“地所出棉花幼细而韧，松而暖，为各属冠，几于无男不种植，无女不纺织，布墟、沙市随地有之”。晚清时已“风流云散”。[⑥]番禺的棉花种植、土布业持续了千年，这在珠三角是唯一的。广东气候多雨湿润，并不适宜种植棉花，番禺的草本棉应是一耐高温和耐潮湿的品种，在清末因为土布业衰落而不能流传。用树棉和乌柏树嫁接法所成的“树头棉”传播不广。所以“粤地所种吉贝，不足以供十郡之用也。蕉布与黄麻布为岭外所重，常以冬布相易”，冬布即来自江南和楚地的棉布，“估客络绎不绝”。[⑦]广东的苎麻、黄麻等种植也不能形成规模，如客家山区多以纺麻织布为业，但是本地棉花、苎麻种植少，吾乡（镇平县）贾客多至湖南浏阳等处买苎，妇人所织皆楚苎也。园中所种之苎，用以编绳及作苎叶饭食而已”。[⑧]葛麻、蕉麻也是传统的作物：“蕉麻，以其为用如麻，故葛亦曰葛麻也。广人颇重蕉布。出高要宝查、

① [清]屈大均：《广东新语》卷一五《货语·绵布》，第422页。
② 康熙《始兴县志》卷七《户赋志》，第381页。
③ 康熙《始兴县志》卷八《气候志》，第425页。
④ 康熙《番禺县志》卷一五《气候》，第544页上。
⑤ 康熙《番禺县志》卷一五《物产》，第552页上。
⑥ 民国《番禺县续志》卷一二《实业志》，第187页。
⑦ [清]屈大均：《广东新语》卷一五《货语·葛布》，第426页。
⑧ 道光《石窟一征》卷五《日用》，第248页上。

广利等村者尤美。每当墟日，土人多负蕉身卖之。”[①]客家山区和珠三角一样，都盛行“家机布”，表明耕织结合的农家特征。到了清代，冠以各地地名的“家机布”由于质量好，在市场上也很受欢迎。

明清农家种植和制取靛蓝作为染料作物，运到城镇供染家使用，如明代肇庆府：“靛处处有之，刈蓝沤于瓮中，积久成靛，为染家用。”[②]明代后期福建人在广东到处种植产量较高的茶蓝：“近来出产，闽人种山皆茶蓝，其数倍于诸蓝。”[③]清代不少地区记载种靛蓝的外地人：“耐熬堪算种蓝儿，绝岭焚烧芟又莳。家计一肩随去住，只休轻占土人菑。”[④]用量大的染料还有薯莨，又称“薯苓”，作为染衣服、网具、船帆、船身的原料，其制成品涂在这些物料上有防水、不腐的作用，在广东沿海主要是用作渔网、船只和渔具的涂料，南海、佛山、顺德等地还用于制作薯莨布或香云纱。香云纱是清代南海、顺德丝织业的著名产品，衣物凉爽和快干，出口到东南亚尤其受华侨欢迎。粤西南产“薯苓”甚多，《粤海关志》记载从吴川梅禄正税口，阳江正税口，暗铺、两家滩正税口，海安正税口，廉州正税口向潮州等地输出“薯苓”的税则，可见其量之大。[⑤]

芏草分为咸水生和淡水生两种。在东莞沿海种植咸水芏草，为当地一大产业，这在明清《东莞县志》都有记载，咸水芏草用于制作包装席，用于盐业和糖业较多。淡水芏草用于制作睡觉的席子，在西江两岸的低塱田多种植：“草席出高要白土村，彼处人呼织席之草为芏。上下三四十里，凡坑田多种芏，率两岁三刈，获利过于粳稻。鬻之白土，土人捣软织席，千家砧杵之声，有如捣衣。席之粗者，为盐包蒲帆。其精者为卧，簟工致柔软，货贩海内。又一种龙须草簟，其草出龙川。或出广宁、怀集县、高要金渡村，业织甚精，文采灿然。士大夫共珍用之。”[⑥]“近

① [清]屈大均：《广东新语》卷一五《货语·葛布》，第426页。

② 崇祯《肇庆府志》卷一〇《地理三·物产》，第324页下。

③ [明]宋应星：《天工开物·彰施》，第128页。

④ [清]李本洁：《宁邑竹枝词》，收入乾隆《广宁县志》卷九《艺文志》，广东历代方志集成本，第118页。

⑤ [清]梁廷枏总纂《粤海关志》卷一三《税则六》，第260、264、266、271页。

⑥ 崇祯《肇庆府志》卷一〇《地理三·物产》，第224页上。

时有连滩席，最为坚致，连滩在罗定，其草生淡水中，为席不发潮咸。故佳。伪者取东莞之咸草充之，暑月微湿矣。”[①] 高要产席子和连滩席并称为“肇席”，一向是畅销品，狡者用莞草冒牌，质量很差。

四、油料作物

明清主要的油料作物是豆类。“雷州有四收豆，新安有三收豆，其地暖，故物皆早成，每不及三月而熟。……又有小如米者，可以代米，名米豆，出雷州思灵岛，一年种，三四年收，……海丰有雪豆，熟于大小雪时，名寒豆。”[②] 这些豆类作物具有宿根性强、生长期短、一年多熟的特点，又有在冬天生长的品种。清初番禺地区，“三月种眉豆、红豆、绿豆，四月种黑豆，七月种麦，复种芝麻，种同而收有先后之别。绿豆两月即收，此其速也”。[③] 此外还有其他油料作物，如粤北，翁源县的“货属”有油菜、茶油、麻油、油桐四种。[④] 连平县，“山多田少，勤于耕种而熟获毕，接种油菜、大麦。平原无剩土，妇人勤纺织。”[⑤] 油料作物还与早稻轮种，在始兴县，“早禾田种苔麻、荞麦，迟则种油菜”。[⑥] 山区习惯用茶籽油，如粤北山区，“油，为日用所必需。韶、连之间多茶子树。丛生，高可数尺。夏秋间有红花，如茶花而淡，故曰茶。居人以其子为油，谓之茶油。其渣滓曰茶饼。”[⑦] 粤东北山区，“居家所用油皆茶子油。菜油、地豆油皆不用。……吾乡多茶子树，所榨油亦上品”。但是潮州所用皆地豆油，即花生油。[⑧] 海南的食用油又是另一种情况：“琼州文昌多山柚油、海棠油、山竹果油，儋州多麻子油，

① 道光《白云越秀二山合志》卷四七，清道光二十九年刻本。

② [清]屈大均:《广东新语》卷一四《食语·豆》，第378页。

③ 康熙《番禺县志》卷一五《气候》，第544页上。

④ (康熙十三年)《翁源县志》卷一《物产》，稀见中国地方志汇刊本，第19页。

⑤ 道光《广东通志》卷九三，第157页上。

⑥ 康熙《始兴县志》卷八《气候志》，第425页。

⑦ [清]张渠:《南越游记》卷下，载《粤东闻见录·南越游记》，第44页。

⑧ 道光《石窟一征》卷五《日用》，第249页。

皆美。”[①]西江南北路：“火麻产端州江岸间，黑色炒焦，以为小磨香油，名曰秧油，然以生榨者为良。”[②]火麻即芝麻。油料作物的种植与当地的食用习惯有关。

五、罂粟花与鸦片

罂粟花在元代已经传入广东，大德《南海志》卷七《物产》中有记载。明代和清代前期的不少方志也有记载，但只是作为观赏植物。罂粟子作为嗜好品提炼是在鸦片战争之前，广东人种植罂粟花和从事鸦片的贩运，“广土”开始形成。《清宣宗实录》指出：“有人奏，天津洋船夹带鸦片烟土……两广福建商民雇驾洋船，转贩杂货，夹带鸦片烟土，由海路运至天津。”[③]道光九年（1829年）成书的赵古农著《菸经》记载了鸦片种植在农村地区泛滥成灾的状况：“近闻连阡植罂粟，民命何堪更流毒。”（原注：“菸田近或改种罂粟花，采制鸦片，其利尤倍云。”[④]）清代广东罂粟花的种植恐怕只是局限在珠三角部分地区，在广东境内的种植传播不广，清末嘉应州人黄锡铨的著作中就提到当地没有罂粟花栽培，制作鸦片更不会[⑤]。其他山区情况大致差不多。广东罂粟花种植不广的情况，既与地方官严禁有关，也与在广州易得“洋土”（外国产鸦片）且价格便宜有关。罂粟花种植助长了吸毒，与国家的禁毒政策背道而驰，而且对农业经济更是一大损害，罂粟花耗肥，种过的地很瘦，地力很难恢复。

① [清]屈大均：《广东新语》卷一四《食语·油》，第388页。

② [清]屈大均：《广东新语》卷一四《食语·油》，第388页。

③《清宣宗实录》卷三一二，中华书局，1986年影印版《清实录》，第26页，道光十八年戊戌秋七月丁卯，总5587页。

④ [清]刘彬华：《题辞》，收入赵古农《菸经》，第3页下。

⑤ [清]黄锡铨：《嘉应州兴山利说帖章程》，光绪二十五年刻本，第5页上。

第二节

林　业

明清时期，天然林在经济生活中仍占极为重要的地位，明代嘉靖年黄佐的《粤会赋》是一篇盛赞广州繁荣的鸿篇，其中提到常用为材的树种有椂、楠、松、柏、樱、枫、樟、杉、榆等十多种树材。[①] 当然，这只是一篇赋，远不及地方志上记载的多。广东的天然林因为垦荒等原因而迅速减少，人工林大面积取代天然林，在木材资源缺乏的地方，人工植树甚至超过斩伐天然林的经济。人工林形成以松、杉、竹为主的单一化树种结构。以下分类叙述。

一、栽培树种

1. 松树

松树因其耐旱耐瘠，是人工林的首选树种。古代广东的松树种类有糠松、油松、马尾松等。[②] 而在明代中期，天然林资源还较多，松树的使用似乎还不怎么受青睐。嘉靖《广东通志》记载："松，最多，其树易蠹，人鲜用之。惟以作薪。"[③]

清代，由于特殊的珍贵用材减少，以松木为材的记载多了起来。松木耐浸，"惟削为桩，置之地下及泉，则千百年质性不易"。[④] 人们发

① [明]黄佐:《粤会赋》，收入屈大均编《广东文选》卷二四，第653页上。

② 崇祯《肇庆府志》卷一〇《地理三·物产》，第290页上。

③ [明]黄佐：嘉靖《广东通志》卷二三《土产上》，第581页上。

④ 乾隆《新兴县志》卷二八《物产》，第435页下。

现其优点，就大量将松木用作造船，“其最大者（作）海舟帆樯”。[①]在江河岸的堤围和闸窦中，则用松木作桩木。在高要县，建于元代的闸窦，用厚 15 厘米松板拼装，明代以后虽改为石窦，而底板和基桩仍然以松木为材料。[②]广漆中很多是松脂，和漆配合使用，故《广东新语》云“松为夫，漆为妇”，当时的油漆呈黄色。[③]用松树还可生产松香，造墨。

2. 杉树

杉树在广东山地广泛分布，用途很广。嘉靖《广东通志》：“杉……多出增城，……可作屋柱船料。”[④]正好和嘉靖《增城县志》记载的商品性种植的“松杉山”一致。估计明代还有不少的天然林，杉树用材占的比例还不是很大：“粤多材木，用杉者十止四五，故罕种之。”[⑤]清代天然林减少，民间用杉树增多，杉皮在珠三角贫户中做墙。

明清广东育成杉树苗的技术不过关，故“东粤少杉，杉秧多自豫章而至”。[⑥]直到清代，江西都是广东杉树苗的供应地。道光镇平县的杉树苗来自江西，“镇邑地接豫章，其多杉木固宜”。[⑦]清代的记载中，江西人携杉树苗来栽培的记载还见各地的方志，[⑧]甚至民国的记载亦如此。清代粤北定居农作的瑶族也栽培杉树。康熙年间李来章的《连阳八排风土记》写连州的八排瑶区，崇祯十五年（1642 年）明军设“平天营”，是为在瑶区采买杉木所设；八排有地名天堂，“多杉树、果木”；平安冲，民居附近“杉木畅茂”，多种筋竹；行祥排“左右杉木森茂”。[⑨]嘉庆八年（1803 年）粤北连南瑶族曾广与邓法海买卖山林的契约中就

① 乾隆《恩平县志》卷九《物产》，第 435 页下。

② 广东高要县水利电力局：《高要县堤防志》，1990，第 23 页。

③ [清]屈大均：《广东新语》卷二五《木语·漆》，第 611 页。

④ [明]黄佐：嘉靖《广东通志》卷二三《土产上》，第 580 页下。

⑤ [清]屈大均：《广东新语》卷二五《木语·杉》，第 612 页。

⑥ 同上。

⑦ 道光《石窟一征》卷五《日用》，第 253 页下。

⑧ 乾隆《新兴县志》卷二八《物产》，第 435 页下；道光《南海县志》卷八《物产》，清同治八年刊本，第 28 页下；民国《恩平县志》卷五《物产》，中国方志丛书本，第 238 页。

⑨ [清]李来章：《连阳八排风土记》卷二《形势》，中国方志丛书本，第 43、63、68、88 页。

注明山有松、杉树。[①]清代前期大埔湖寮何氏在大栋山上大种杉树，作为家族祭祀的财产。[②]

3. 竹类

竹类在广东种类也很多。嘉靖《广东通志》卷二十三《土产上》记载有55种竹子，其中常见的有21种。不同的竹子用途不同。“油梧竹，吏民家种之”，可以作为屋子的柱子[③]。簕竹丛生，有刺，常作为防护居住场所的植物。新兴县城没有城墙，“环种是竹，号簕城”，[④]新兴自唐宋以来都如此。明清时期在广西和占城交界处种植簕竹，如果簕竹枯毁，边民要补种以充劳役，乾隆前期因为“簕竹随种随枯，递年补栽，边民以为累”。乾隆二十年（1755年）才取消此规定。[⑤]珠三角有的宗族聚落周围也常以簕竹为防护体。[⑥]

竹的用途很广，“其材可桁桷，篾可织，皮可锉物，土人制为琴样，以砺指甲，置于杂佩之中”。“篱竹……叶生甚密，状如苇，可编篱落作罩及船篷。有水竹，水居者以为障蔽，作撑篙非此莫胜，故种者虽多，而价常倍于他竹。有长节竹，节长至丈许。有筀竹，叶细节疏，宜作篸丝。有扶竹，枝干相扶而生。有苦竹，类茅而节高茎曲，宜编织。”[⑦]可以做纸的竹子称为纸竹，从化流溪堡产，“纸洁而细”，嘉靖年间广东布政司买来做印刷品，流溪堡有上下流溪纸渡“商贾往来流通江外”。[⑧]用竹子造纸的方法清初传遍山区。广州附近的蓝粪山产纸，称为“蓝瀵

---

① 黄启臣、梁承邺:《梁经国天宝行史迹》，广东高等教育出版社，2003，第246页。

② 吴建新:《明清广东山区的宗族与山林保护》，载倪根金主编《梁家勉先生诞辰100周年纪念文集》，中国农业出版社，2010，第310—312页。

③ [明]黄佐：嘉靖《广东通志》卷二三《土产上》，第584页上—607页上。

④ [清]屈大均《广东新语》卷二七《草语·竹》，第683页。

⑤ 道光《廉州府志》卷二一《事论》，第528页。

⑥ [民国]何毓桢等纂修《烟桥何氏家谱》卷九《杂录谱·杂录》，南海何氏1924年刻本。

⑦ [清]屈大均:《广东新语》卷二七《草语·竹》，第683—684页。

⑧ 康熙《从化县新志》《疆域·流溪堡志、物产志》，中国方志丛书本，第64、67、132页。

纸”，道光时行销广州、佛山。销量多于流溪纸。[①] 此地成为一大造纸基地。竹子还可以制作各种家具和工艺品，民间农具常以竹子为材料。竹笋也是民间的常蔬。

4. 其他经济林木

山区中栽培各类经济林木。如油茶，粤北栽培较多：“韶、连、始兴之间，多茶子树，以茶子为油。”[②] 此外有油桐，英德县“山中多种桐子树，秋时结子榨油，供油漆用”。[③] 肇庆府山区的阳江、恩平大山中，多种油葵，因叶子柔软，叶面光滑，可以作防雨用的蓑衣和雨伞，当时有谚语“蒲葵为扇油葵蓑，家种二葵得利多”[④]，将油葵栽培的利益与新会的蒲葵相提并论。古代岭南桂树有两种，一种材质可以造船，另一种是可以作香料的肉桂。道光年间，肇庆府西宁县有人从广西购买肉桂树苗，并传授栽培方法，一时竞相仿效，种植大盛。[⑤] 苏木是珍贵的海南木材，产于“黎山野生者年深特大”，黎区中也有人工栽培的，“州县蓺植者，十年后始得”。[⑥] 黎区中栽培树种还有作为油料植物的山竹果，其油称为“山竹果油”。[⑦] 作为染料植物的公土檀，一名乌云墨，“子可染青。土人每种为利。树之大者，岁可得钱十缗。材即乌木”。[⑧] 桄榔树可制多种器具，“可以车镟作器，须可织巾及扫帚，肌甚刚，可作锲锄及枪以代铁”，径条较小的还可以作屋椽、梁柱。[⑨] 苦楝树本为家具用材，“村落间凡生女必多植之，以为嫁时器物”。[⑩] 其木质本不甚坚，

① 康熙《龙门县志》卷五《物产》，广东历代方志集成本，第 128 页。

② [清]屈大均：《广东新语》卷一四《食语·油》，第 388 页。

③ 道光《英德县志》卷一六《物产略·油类》，第 495 页下—496 页上。

④ [清]屈大均：《广东新语》卷二五《木语·油葵》，第 664 页。

⑤ 民国《西宁县志》卷三三《前闻三》，广东历代方志集成本，第 1377—1378 页。

⑥ 正德《琼台志》卷九《土产·货之属》，广东历代方志集成本，第 121 页。

⑦ 乾隆《崖州志》卷八《土产》，广东历代方志集成本，第 313 页。

⑧ 光绪《崖州志》卷三《舆地志·物产·木类》，广东人民出版社，1983，第 78 页。

⑨ [清]屈大均：《广东新语》卷二五《木语·桄榔》，第 630 页。

⑩ [清]屈大均：《广东新语》卷二五《木语·苦楝》，第 641 页。

但因清代粤西南缺乏建筑用材，竟用作屋子的榱桷。[①]

山区其他经济林木还有栗子、银杏、梅、李等。平原地区有盆栽用的柏，“今顺德龙津多蟠盘为虬枝偃盖之类，以供玩好”，桧“人家庭院植以为玩”。[②]盆栽类树种还有罗汉松，既可以作观赏植物。也种植“刳而为履”的水松，“广中凡平堤曲岸，皆列植以为观美”，[③]宗族在堤岸上种植水松，时斩伐做柴出卖，作为族产的收入。[④]“广漆”继续见于文献的记载：“广漆旧出泷水，即今罗定。瑶人插竹筒，漆树每夜液满竹筒，鸡鸣收取，若天明则津液复入树中，竹筒皆空，其漆呼为南漆，亦称广漆，力稍薄，贩鬻北方为脚漆用，阳春、新兴、德庆皆有之。”[⑤]康熙《广州府志》记载南海各县多漆。[⑥]这些漆树，既有野生的，也有人工栽培。由于天然漆树随森林开发大减，在清中叶天然漆树甚至“绝少”。[⑦]

莞香在明清时期名声大噪，史称：“新兴、高明、德庆老香诸山，咸产异香，往往无名。盖自有东莞所植之香，而诸州县之香皆废。”[⑧]因为广东大陆的天然檀香，大都品种恶劣，而海南香不易得，故莞香盛行。在陈白沙的时代，莞香已经非常著名，他给东莞籍学生袁晖的诗歌云：“峡东湾湾一水长，商船无日不苏杭。千村万落无穷树，尽是袁郎柜里香。”[⑨]宋元莞香限于茶园一地，晚明清初时生产地域扩大了，香的等级有区别。《广东新语》记载：“莞香，以金钗脑所产为良。地甚狭，仅十余亩，其香种至十年已绝佳，虽白木与生结同。他所产者在昔以马蹄冈，今则

① 嘉庆《海康县志》卷一《物产》，第 90 页下。

② ［明］黄佐：嘉靖《广东通志》卷二三《土产上》，第 581 页下。

③ ［清］屈大均：《广东新语》卷二五《木语 · 水松》，第 610 页。

④ ［民国］简朝亮：《顺德简岸简氏族谱》卷五《杂录谱 · 种松公议》，收入《北京图书馆藏家谱丛刊 · 闽粤侨乡卷》第 44 册，北京图书馆出版社，2001，第 2610—2611 页。（这本书含简氏大同谱及简岸简氏族谱）

⑤ 崇祯《肇庆府志》卷一〇《地理三 · 物产》，第 324 页下。

⑥ 康熙《广州府志》卷一〇《物产》，第 115 页。

⑦ 乾隆《恩平县志》卷九《物产》，第 223 页上。

⑧ 乾隆《新兴县志》卷三〇《杂事》，第 526 页上。

⑨ ［明］陈献章：《茶园曲 · 寄治香柜袁晖》，收入《陈献章集》卷六，第 557 页。

以金桔岭为第一，次则近南仙村、鸡翅岭、白石岭、梅林、百花洞、牛眠、石乡诸处，至劣者乌泥坑。然金桔岭岁出精香仅数斤，某家有精香多寡，人皆知之。马蹄冈久已无香，其香皆新种无坚老者。”上述香树的土宜、栽培和护养，都形成了一套成熟的体系，是世代积累下来的，故称“莞人多种香，祖父之所遗，世享其利”。[①]产香之地仅百余里，但较之宋元，明清莞香的生产量是大大增加的。

二、栽培方式与经营方式

1. 为市场而栽培的林木

明末清初林业的一个重要特征是随着商品性农业的兴起和生态环境的变化，山区从开发自然林到栽培人工林的转变。这是面向市场的经营行为。嘉靖《增城县志》将山地分为四种，其中“松杉山”是“植松杉以为材，市之得厚利”。[②]这类“松杉山”的经济意义已经与珠三角的果园没有什么区别，其经济效益是“得厚利”，只不过它的生产周期要长得多。关于这类以市场为目的林木栽培还有不少记载。《广东新语》说，“南方食竹而衣竹”。[③]雷州海康的讨泗山，“故老相传山多竹，有符氏名讨泗者，独居此山专其利，故名”。[④]粤西的怀集、广宁都被称为“竹乡”，从乾隆年间《广宁竹枝词》可以看出，当地以竹子栽培为特色的林业经济有很悠久的历史：“山凹几顷种箐篁，抵得东田百亩粮。拣取竹公凭客贩，连排凤尾广州商。”（原注：粤俗有三代竹之说，其三年上者曰竹公。）[⑤]虽然诗句有夸张，但也说明种植收益是高的，山农还根据市场需要，拣取畅销的三年老竹出售，其市场意识比得上平原的农民。道光年间英德县主要河流两岸种植可作建筑用材的雅花头竹，即撑篙竹，“浈、洭两岸弥望皆是，其用最广，土人所植水竹及撑篙为多，

① [清]屈大均：《广东新语》卷二六《香语·莞香》，第674页。

② 嘉靖《增城县志》卷二《地理志·田里》，第16页上。

③ [清]屈大均：《广东新语》卷二七《草语·竹》，第384页。

④ 万历《雷州府志》卷三《山川》，第175页下。

⑤ [清]李本洁：《宁邑竹枝词》，收入乾隆《广宁县志》卷九《艺文志》，第118页下。

凡织器用多是水竹与撑篙竹，皆种及三年，伐取，找排放售省佛诸镇，不可胜计”。[①] 清末新宁县“近山诸村规取高山旷地，种松数千，数年可获厚利”。[②] 粤北的韶州、连州、南雄等州县，生产的茶子油，“燕、吴人购之为泽膏发，谓非是油则玫瑰、桂、兰诸香不入”。[③] 茶子油与其他植物香料制成洗发剂，效果极佳。“南（雄）、韶（州）、连（州）、阳（山）种茶（子）为业，多以致富。”[④]《韶州府志》记载：“桐子油，山中多种桐。至秋剥其子为油，以供油饰。”[⑤]

由于有利可图，经济林木栽培有扩展的趋向。如河源县，“雍正十年，中函杨公购桐油树子。令乡民植之地不可耕者，俟其成长，取子为油利益”。[⑥] 广宁县也栽植其他种类的林木。乾隆年间另一首《广宁竹枝词》：“业柯亦少栋梁材，只合薪蒸丈尺裁。山果也随邻界划，贩将倍价可能来。”[⑦] 种植的不仅是建筑用材，而且是可能得“倍价”的山果。

南雄始兴县的南山杉是木材之上品，“南山杉木待价良多”，与当地的烟草同样畅销。[⑧] 南雄府的梅树，“州属所在多植”，不仅是风景树，而且其果子也是特产。“平田尤多，大数十围，开数百年树寻常。村邬有之。子熟时渍以盐灰、甘草等汁。”被称为“南梅”，多数销往广州、佛山，销往赣南十分之三。[⑨] 肇庆府的西宁县，道光年间兴起桂树栽培，随着“桂皮价值日涨，每百觔可得制钱廿千。厥后递演递嬗，种桂之区愈推愈广”。[⑩] 在种植业受到气候、土壤和灌溉条件限制和天然林已经减少的地方，并且在粮食供应得到保障的前提下，人们就宁愿放弃土田

① 道光《英德县志》卷一六《物产》，第 503 页上。

② ［清］黄朝槐：《宁阳杂存》卷一《物产》，广东省立中山图书馆藏清刻本。

③ ［清］屈大均：《广东新语》卷一四《食语·油》，第 388 页。

④ ［清］范端昂：《粤中见闻》卷二五《物部五》，广东人民出版社，1988，第 287 页。

⑤ 同治《韶州府志》卷一一《舆地略·物产》，第 231 页上。

⑥ 同治《河源县志》卷一一《风俗》，第 456 页上。

⑦ ［清］章国录：《宁阳竹枝词》，收入乾隆《广宁县志》卷九《艺文志》，第 117 页上。

⑧ 道光《直隶南雄州志》卷九《物产》，第 177 页上下。

⑨ 同上书，第 176 页下。

⑩ 民国《西宁县志》卷三三《前闻三》，第 1377—1378 页。

耕作而选择林木栽培。乾隆年间保昌县“八十里环转皆山……其土寒，其木冷，岁值亢旱，其境乃丰，与平壤相反，然田亩无几，岁入有限，所恃茶油竹木为利颇厚，采薪可出户而即获余粮，可栖亩而弗收，亦若桃源之别有天地也”。① 始兴县东南的清化，也是产杉之区，所产杉树为“粤东栋梁之选”，“居民数千家，生息皆赖森林”，与翁源县产粮区形成依赖关系。② 这类地区，因地制宜发展林业，其经济类型似乎与珠三角专业化的经济作物区没有太大的区别了。竹乡广宁、怀集县，清后期是粤西主要的杉材供应地，杉竹等产品由水路运到四会的仓岗埠交售商客。③

由山区的竹木栽培延伸出来的加工业，给山区的农民提供了一些新的兼业门路。如松杉树制成箱板，如增城县的荒山上多种松，“直其大者为箱板”。④ 明清方志记载中的“木厂”“木场”仅仅是农民加工木材的场所，是山农的副业而已，如冠以“民营企业”之类称呼是不确切的。⑤ 西宁县，道光年间从广西传入桂树栽培，所产黄桂，副产品“尚有桂油、桂花、桂碎、桂枝、桂叶、桂粉版诸品”，“种植之利优于他树”，晚清时政府在罗定设局收税。⑥ 山区农民将含香料的樟树等树木的枝条碓成粉，如罗浮山的香料“沿罗阳溪而下，售于广、惠二州”。⑦ 外销画中有“制香”一图，小贩用加了黏合剂的香粉榨成香枝给礼佛者。⑧ 此香粉来自山区。

2. 林木产品的经营方式

为适应市场的需要，利用山区的资源，因地制宜，“产材木之饶以

---

① 乾隆《保昌县志》卷一《图经》，故宫珍本丛刊本，第 15 页。

② 光绪《始兴乡土志 · 地理》，第 48 页。

③ 光绪《四会县志》编一《物产》，第 121 页下。

④ 民国《增城县志》卷九《实业志》，中国方志丛书本，第 184 页下。

⑤ 吴建新：《明清东南山区开发的局限性——以广东为例》，《古今农业》2015 年第 1 期。

⑥ 民国《西宁县志》卷三三《前闻三》，第 1377—1378 页。

⑦ [清] 屈大均：《广东新语》卷一六《器语 · 香碓》，第 449 页。

⑧ 英国维多利亚阿伯特博物院等编《18—19 世纪羊城风物——英国维多利亚阿伯特博物院藏广州外销画》，第 149 页。

资民生”，[①] 明清的林木栽培与粮食种植业一样，成为传统农业经济的一个重要部门。林木栽培不仅可以营生，还可以致富。山区流行的与林木栽培有关的俗谚可以看到这一现象其实是非常久远的。如流传于粤西山区的俗谚“种得一山松，子孙唔使穷；种得一山桂，子孙就富贵”，[②] 以及历史上流传于粤北民间的“要想富，多栽树”“栽杉种松，子孙不穷”“户有千棵棕，家里不会空”。[③] 这些俗谚所反映的是林木栽培的经济效益和生态效益。

林木栽培业的效益是与一定的经营方式相结合的。明清时期的山地有官荒和私荒两种。官荒不禁樵采，可以占垦，只要报税升科就可以有使用权。私人在官荒上种植树木，往往被人砍伐。如清道光年间英德县的金紫山、麻竹窝、狗婆山、宝石洞等山林，康熙年间官府定为民间樵采场所，道光年间有人在山上种植树木，被人砍伐，发生纠纷。[④] 道光十一年（1831 年）五月十九日两广总督李鸿宾、广东巡抚朱桂桢上《奏定开垦山场荒地章程》，规定“除瑶黎山场外，凡遇山头地角之可垦荒地各就土性所宜，自禾稻而外或植竹木或种杂粮”，只要地方官查勘给照之后，就可以拥有山地的所有权。[⑤] 这一官荒私有的措施保护了林业经营者的利益。实际上瑶族和黎族的山地与汉人是有私自买卖的。

明清时期的人工林木大都是私人所有者规模经营的。明代增城县有“为材市之得厚利”的“松杉山”，而当地“田地山塘皆豪民私有，国家特收其租税而已”。[⑥] 这类“豪民”当以在地方上颇有势力的宗族为主。清初仁化的半山林多在远离聚落的僻远之处，往往容易被盗砍，如乾隆中期，大埔崧里何氏的人工栽培林被人“连年偷盗不休。大树已完，小

① [清] 梁佩兰：《田公去思碑记》，收入宣统《英德县续志》卷一三《金石略》，第 688 页上。

② 民国《罗定县志》卷一《风俗》，中国方志丛书本，第 300 页。

③ 广东省翁源县林业志编纂小组：《翁源县林业志》，1993，第 192—193 页。

④ 宣统《英德县续志》卷二《山》，第 528 页下。

⑤ 道光《英德县志》卷七《经政略 · 屯田》，第 331 页下—333 页上。

⑥ 嘉靖《增城县志》卷二《地理志》，第 16 页上。

树又偷，童山濯濯，萌蘖无存”。[①]或者成林后的人工林因为风水被人盗砍，或者山佃被豪民欺压。[②]经营者必须有一定的势力，才能在这样的环境下持续经营林业。所以栽培林的经营方式中，宗族经营是主要的方式之一。这些宗族通过交纳少许税粮或者购买山地，既拥有大片山场，然后租给佃户，佃户自出树种和劳力，山场所有者与佃户分成。明代文献记载："及春买松秧栽之，如无力种松者，或召近山人佃种，明立文契合同印信，或十年、二十年之内照多少分树，亦不致虚耗山场。"除种松之外，杉树和梨木等十多种树木皆可种植。[③]在这种租佃关系下农民有经营的自主权。如清远县的滘江朱姓，在元代置买"白牛径"，实际上这是包括了十多处地名的山场，"四水归源，税山税田，岁收额租谷七百余石"。[④]不能种植粮食的山场，批耕给佃户之后，"树木种植成林，招商估价，主三佃七均分，各照章程，一向无异"。朱氏派人把守山场出外的通路抽收分成。从元代一直到清代都是如此。这是土地所有者和土地经营者按照股份分成的方式。在明代及清代，都有因为佃户不满朱氏这一分成方法而发生主佃之争的事件。[⑤]也有宗族将拥有的山场租给佃户，若干年后前者拥有山场上的树木。同治二年（1863 年）香山县孙中山之父孙达成等批族内十一世祖瑞英的祖尝山地，50 年为期，用于种植果物，5 年内不收租，收租期内主佃二八分成，50 年之后祖尝收回，果树归祖尝，另行再批。[⑥]佃租的山场，如果属于永佃权的，田面权与山场上的果木不可以私自转让。如嘉庆八年（1803 年），汉族山主彭直发把祖公税山批租给瑶族邓一等各自耕种，说明"任从（邓一等）耕种管业，

① 合乡禁山呈请温县主给示文，收入崧里何氏族史修编工作委员会大埔《崧里何氏族史》（七修，据旧谱），1996。

② ［清］李阆中：《阴那山志》卷六，光绪四年刻本，第 1—53 页，收录清代嘉应州阴那山寺庙土地的契约、官府禁令和告示。

③ 嘉靖《广东通志初稿》卷二三《田赋》"劝力本"，第 422 页上。

④ ［民国］朱云章编（清远）《两岳朱家族谱》卷一一《尝业》，东雅公司，1925 石印本。

⑤ ［民国］朱云章编《（清远）两岳朱家族谱》卷一一《尝业》、卷一二《杂录》。

⑥ 黄启臣、梁承邺：《梁经国天宝行史迹》，第 245—255 页。

不得私顶私退”，每年山租钱 1 200 文，契约内说明田地四至。应该是一处很大的山场，可种杂粮，也可种植树木。①

有的栽培林的经营、维护管理也通过宗族。明清时期大埔的湖寮山场多是宗族经营。乾隆年间湖寮山崧里何氏经营十八公山，通族商议购买松树苗，安排劳力栽种巡山管理，后来又栽种桐、茶、杉、竹等，族人“履山巅而议树价，沿人家而收树银”。② 光绪年间顺德简岸简氏宗族用祖尝资金购买族内田地，在涌边种水松，收成作蒸尝公益，制定族规，禁止族众侵种。③

山场所有者出土地，让佃户自带树种和出劳力，然后双方按照树木的成活率分成的方式，多用于杉树的栽培。《广东新语》卷二十五《木语》记载“鬻者为主人辟地种就，乃如株数受植”，就是这种方式。广东缺乏人工培育杉树苗的技术和管理经验，而江西人擅长此道，他们能保证杉树苗的成活率。清代前期因为“兵马梗路”，江西人没有前来栽培杉树，以致粤西的山区杉树“不啻薪桂矣，间有深谷远山，留得千百之一耳”。④ 清代中期杉树的缺乏刺激了清代后期广宁、怀集等县的杉材栽培。

有不少的山场由自耕农直接经营。整山植树需要的劳动力很多，宗族或乡村就通过合作劳动的方式解决劳力不足的问题，民国时期阳春县铜窝村盛行“打地会”，在家家户户需要种植杉树的时候，利用每年的元月初几至十几农闲时候，备酒肉，请邻居帮助锄地，相互帮助，不计报酬。⑤ 这应当是一种流传了很久的劳动协作方式。如晚清时，新宁县就有“集会种松之举”。⑥

也有林场主将林场交给雇工管理，双方也按树木的成活率分成。明

① 黄启臣、梁承邺：《梁经国天宝行史迹》，第 246 页。

② 崧里何氏族史修编工作委员会：大埔《崧里何氏族史》（七修，据旧谱）。

③ [民国] 简朝亮：《顺德简岸简氏家谱》卷五《杂录谱 · 种松公议》，收入《北京图书馆藏家谱丛刊 · 闽粤侨乡卷》第 44 册，第 2610—2611 页。

④ 乾隆《新兴县志》卷二八《物产》，第 435 页。

⑤ 阳春县《永和镇志》，1989，第 245 页。

⑥ [清] 赵天锡：《调查广州府新宁县实业情形报告》。

代的《盟水斋存牍》记载广州府“高秀岳之松山，向托高任明管业”。[①] 高任明应当是高秀岳的雇工。民国早期南雄的种竹之家，常雇工人专任之。如拔除荆棘，疏通道路，添植竹子于空地，预防火灾，人工不另行给值，概从竹山取之。竹山有大年小年，大年出竹纸颇多，山主靠此获利，工值按比例分之；次年出笋少，制纸不多，全供看山人之需。故山主必两年始有一次收益。[②] 这虽是民国的记载，但此经营方式当是前代遗留。

山区的木材，通过木商在墟市上交易，也有木商前往山区收购。大埔何氏多种植松杉，万历年间，大埔县崧里何氏十六世少松公经营木材贸易，“潮郡下游诸县，桁梁宲（笔者按：“宲”与杗不同，“宲”指房屋的大梁；“杗”指芒果。）桷多取材于埔属。公因为木商，不数年广置田庄，称饶裕焉”。是富饶的木商。[③] 天启年间封川县的净觉村、竹马村、河儿村、西河村都有客商分布，其中竹马村甚至有“通衢客商居住”。[④] 这些当是收买竹木土产的商人。清代广宁县木排，“土人自放，或广州人贩外”，竹子则“广州客贩为多”。[⑤] 山区多有直接交易竹木的墟市，往往设在水上交通便利的码头旁。如清代英德县，“白斗坑市在歪口图，柴船极多。水边墟柴亦在此交收”。当地这类专门交易竹木产品的还有镇江墟、窑步墟、榄坑墟、黄土坑墟等。[⑥] 在山区墟市交易完毕的竹木运往佛山等地的竹木市场再分销各地。也有山区的林木产品就近销售，专门买卖树木的商人有自己的神庙，如清末始兴县太平圩有木商的关帝庙，商人逢诞日祀神。该县墟市的竹木运往外地，如“都亨墟，土多杉松茅竹，往来货物多与龙南交易”。联乡约，“地多山厂，

---

① ［明］颜俊彦：《盟水斋存牍》一刻，《谳略》一卷，《人命龚少聪等一斩一杖》，第 57 页。

② ［民国］郑振周等：《广东农业概况调查报告书》，国立中山大学农科学院，1925，第 174 页。

③ 崧里何氏族史修编工作委员会：大埔《崧里何氏族史（七修·据旧谱）》，第 911 页。

④ 天启《封川县志》卷一《里图》，第 281—282 页。

⑤ 乾隆《广宁县志》卷七《风俗志》，第 75 页。

⑥ 道光《英德县志》卷六《墟市》，第 313 上—315 页上。

种箐竹丛……居民生业大半赖竹山纸厂”。该县类似的记载还有。[①]

专门化的林木栽培具有效益，经营者通过林业致富的大有人在。如明代海南东路除了种植槟榔之外，“山柚、苏木之类皆然”。[②]明代英德县黄田峒李氏宗族其始祖在英德定居后，“不惮创业之艰，粮差之苦……开田立宅，谋画既周于百代，栽竹植木”，积累了丰厚家产及宗族尝产。[③]清代伍氏的唐太孺人，“勤俭治家，由是积纤微以渐致赢余，资用既饶，乃大置田庐，获山利如贾三倍，俾先业益广”。[④]粤西的西宁县桂树栽培始于道光年间，后来县中山农群起仿效，“悉以种（桂）为业，而松杉茶竹薯芋之属副之”，“种植之利优于他树”，山农生活因此有所改善。光绪年间在罗定市设局收税，到民国时西江桂税为省库收入大宗。[⑤]

为市场需求的人工林种植，还讲求改进技术。如广东山区种植竹，沿袭唐宋的“洗竹”法，清除老旧的竹头、竹根，以种植新竹，产量会提高。韶州、连州的桐树，“其树易长易萎，南（雄）、韶（州）山人多种以荫油茶”。桐、茶间种的方法，利于油茶树生长。[⑥]

但是，多种因素限制了林木栽培的发展。如交通不便使大宗林产难以运输出外。没有水运的地方，农民只能靠肩挑，如清远县，“若耕山者种茶、种竹，谷深路险，担荷艰难”。[⑦]广大山区仍然以粮食种植业为主，能够以专业性的林木栽培为生的山农只占一定比例。

生态环境的变化也限制了山地林木的栽培。如缩砂密是肇庆山区的特产，阳春、新兴皆有，“而生阳江南河者大而有力，其种之所曰果山。

---

① 光绪《始兴乡土志·地理》，第45页上下。

② 正德《琼台志》卷八《土产上》，广东历代方志集成本，第95页。

③ 英德《黄田峒李氏族谱》“抄白大蒸尝簿序”，手抄本（不分卷）。

④ [民国]伍瑶光等编纂《岭南伍氏总谱》卷九《清湘房灌阳伍母唐太孺人暨哲嗣松斋茂才合墓志铭》，1936年石印本。

⑤ 民国《西宁县志》卷三三《前闻三》，第1377—1378页。另，通过林业致富的案例，参看吴建新《明清广东的农业与环境——以珠江三角洲为中心》，第125页。

⑥ [清]范端昂《粤中见闻》卷二五《物部五》，第287页。

⑦ 光绪《清远县志》卷二《舆地·风俗》，第23页下。

以缩砂密为果山，犹专以素馨山为花田也”。[①] 可见其商业化程度之高。但到清道光年间，阳江“以林木渐少，比之往时少三分之一耳”。[②] 由于缩砂密种于低矮山地，高山林木被斩伐，雨水来时，泥沙尽下，园圃有一部分或者大部分被冲毁。拙作对珠江流域山区的生态环境演变，已有较详细的论述，此不赘述。[③]

① [清]屈大均:《广东新语》卷二七《草语》“缩砂密”条，第709页。

② 道光《阳江县志》卷一《物产》，中国方志丛书本，第192页。

③ 吴建新:《明清广东的农业与环境——以珠江三角洲为中心》，第183—194页。

第三节

畜牧业

一、养鸭业

明清时期，沙田区急剧扩张，稻田养鸭与农作制度的关系更为密切。鸭也是广东人的主要肉食。16 世纪传教士记载：他们（养鸭民）有用藤茎编成的船和一般长的笼子，养着两三千只鸭，按船的大小或多些少些。有的船属于贵人，船上有他们的仆役。仆役喂鸭的方式有如下述：天大亮后，他们给鸭子吃浸泡过的米，但不让鸭子吃饱，喂过后，他们打开一扇朝着河的门，那里有一道用藤竹搭的桥。鸭子前进时简直是奇观，因数量太多，在进出时刻一只翻滚到另一只身上。鸭子在稻田里一直吃到晚上。①18 世纪的一幅养鸭船的图画正好和这一描述吻合。这幅画里的养鸭船很大，两边是放鸭子的笼子，从船边放下一道竹子编成的登岸的桥，连接滩地，成群的鸭子正走下滩地向稻田走去。②这种饲养方式在明代嘉靖《香山县志》、万历《新会县志》以及霍韬的文章中得到印证。16 世纪的养鸭船，“有的船属于贵人”，与嘉靖《香山县志》说养鸭民是顺德“豪民”的记载相似。关于养鸭船的大小，晚清的方志记载：饲鸭者编竹为排，横驾船面，容鸭五六百，曰鸭排；秋获后春耕

① 〔英〕博克舍编注《十六世纪中国南部行纪》，第 81—82 页。

② 英国维多利亚阿伯特博物院等编《18—19 世纪羊城风物——英国维多利亚阿伯特博物院藏广州外销画》，第 208 页。

前放鸭食蟛蜞及遗穗，输租于田，曰鸭埠，田得鸭食蟛蜞，乃无害禾者。①克路士所记载的“养两三千只鸭”算是大鸭排。18世纪瑞典人奥斯贝克记载珠江口的“养鸭舢板”养鸭四五百只。他还说：广州人“是养鸭的高手”，“许多住在广州的人只靠养鸭为生”，并详细记载了孵小鸭和稻田养鸭的过程，与16世纪博克舍的记载差不多。他还说，除了冬天的三个月，一年其他时间都养鸭。②

在沙田中放养的鸭子因经常和野鸭交配而产生新品种。沙田区每年有大量的野鸭从北方飞来栖息，康熙《番禺县志》记载的“蚬鸭”，“见人则成群飞去”，即环珠江口滩涂上吃贝类的野鸭。③这些野鸭很容易与沙田的家鸭交配。清代新会云步李氏的李文凤，养殖的鸭子下蛋“数逾倍蓰”，“远近传为佳话”“或疑野鸭夜分投来，天明飞去，故遗卵之额锐增”。④明代海南岛也有这种情况，史载：“有一种群产于溪田者，俗呼海鸭。自成化初始有。后与家鸭群久，变有诸色而渐大。”⑤

珠三角的鸭肉质量与沙田农作很有关系，“北风作，咸头上，鸭食咸水便不肥；又说咸多则稻无孙（稻孙，即再生稻），鸭不能以稻孙为食，乃益不肥”。⑥沙田只有在正常季节时，鸭食蟛蜞和遗穗才肥。但是广州人还是认为“海鸭，滋味腥，不美”。⑦珠江三角洲沙田区的佃户，田租的附带租多有“租鸭”一项，甚至是“祀鸭”，规定重量肥瘦，给田主作为祭祀品。广州府还有其他的鸭品种受人欢迎，如从毛色分，有黑、白二种，“黑面老者，炖食之尤益人”。⑧道光时广州还传入西洋番鸭，以小榄最多。⑨粤北产的雄鸭，“以南雄府得名，鸭嫩而肥，醃而以麻

① 同治《番禺县志》卷七《舆地五》采访册，第56页。

② ［瑞典］彼得·奥斯贝克：《中国和东印度群岛旅行记》，第283—285页。

③ 康熙《番禺县志》卷一五《物产》，第550页上。

④ （新会）《云步李氏宗谱·杂录谱·文凤公之轶事》，香港李太白印书馆，1928年铅印本。

⑤ 正德《琼台志》卷九《物产》，天一阁本。

⑥ ［清］屈大均：《广东新语》卷二〇《禽语·鸭》，第525页。

⑦ 同上。

⑧ 民国《东莞县志》卷一四《物产中》，第406页。

⑨ 道光《香山县志》卷二《物产》，第319页。

油渍之，日久肉红味鲜。广城甚贵之”。[1]南雄鸭是从江西龙南传过来的。人们用米谷等饲料养鸭，使鸭子没有海鸭的腥味，口感和味道更好，如山区饲养鸭子，“饲以炒米”，是为适应腌制鸭子的需要。[2]顺德家养鸭子，“饲鸭皆用米泔及饭，杂以虾螺，是以易肥大也”。[3]

明清时期，大规模的养鸭业得以发展，前提条件之一是大规模孵化鸭子的技术得到解决。明代黎暹著《上寮翁传》记载另一种火焙法。此法的最大特点是注意火候均匀，使鸭蛋受热均匀同时孵化，明显提高了孵化率。同时摊床环境接近自然，胚胎有机会较早直接和空气接触，对生长发育有利。[4]16世纪传教士详细记载了这些孵化技术，与万历《顺德县志》的记载一致。[5]火焙法在宋代江南已经出现，大概在两宋移民粤地时已经传入，元代有鸭埠时，孵化技术应该已经完善。嘉靖《香山县志》卷二《民物志》记载顺德人善焙鸭，鬻遍于远迩。万历《顺德县志》中提到了火孵和摊床热孵结合的方法。焙鸭者将用火孵化过的鸭蛋，计算好路途远近和鸭子孵化出来的时间，将鸭蛋挑到市场上，“鬻贩有远近，计其地里而予之，或三四日，或十数日，必俟到其地乃破壳出”。[6]康熙《广州府志》卷十《物产》记载：“鸭最多而贱。用火伏之辄孳。”乾隆时顺德上寮乡已经没有焙鸭，而是北滘的辛姓最著名。[7]孵化鸭子是一种专门技术，晚清吴川县“黄坡郑氏工是术，远近俱取雏于此”。[8]晚清揭阳县塘埔村的专业孵坊也很有名，“1890年，村人黄恩爱拜师学会孵化的方法，后来又将此法传给儿子、孙子和村人黄中兴

① ［清］吴震方：《岭南杂记》下卷，第35页。

② 同治《韶州府志》卷一〇《舆地略·物产》，第238页下。

③ 民国《龙山乡志》卷四《物产》，第46页上。

④ 陈忠烈：《明清广东的养鸭业略说》，载倪根金主编《生物史与农史新探》，台湾万人出版社有限公司，2005，第506—512页。

⑤ ［英］博克舍编注《十六世纪中国南部行纪》，第81—82页。

⑥ 万历《顺德县志》卷一〇《杂志第九》引黎暹《上寮翁传》，第108页上下。

⑦ ［清］罗天尺：《五山志林》卷七《辨物》，收入林子雄注《清代广东笔记五种》，第150页。

⑧ 光绪《高州府志》卷七《物产》，中国方志丛书本，第93页。

等”。1949年以前该村仍有孵坊三四家，每天出种苗3 000多只。[①]不少人依靠孵化鸭子致富，如明代嘉靖年粤籍大臣霍韬的“祖讳义生，洪武之初业焙鸭日得利什佰，遂起家，人称曰霍鸭氏”。[②]

二、养牛业

明初广东有很多牛。洪武四年（1371年），“命工部遣官往广东买耕牛”，给中原屯垦。[③]明初广东尚处于开发早期，故多荒地养牛。但明清时期牛只不仅用于耕作，而且在民生日用风俗中有很大的作用。少数民族地区还残留杀牛祭鬼的牛文化，如廉州合浦一带的壮人，以牛为财富的象征：“数富以牛牝孳息。有水牛、黄牛。水牛以耕，黄牛杀以祠鬼。”“杀牛祠鬼。有一牲三牲七牲至二十七八牲者。”[④]海南的黎族和熟黎，虽然牛只用于踩田，但明清时尚“以牛为药”。[⑤]牛不一定作为基本的生产资料存在。食用牛在家养牛中有很大的消费量。如丧葬时“辄椎牛酾酒以享宾客”。[⑥]清初从化县“宰剥耕牛相率成风”[⑦]，道光英德县“横石塘每墟宰牛五六头，多至十余头不等，杀戮莫此为甚”。“青塘墟、独山墟、马口墟，牛只最多”，[⑧]这些墟市是耕牛流通的地方，也是宰杀牛以出售牛肉的场所。政府采购牛筋、牛皮，使杀牛量激增，明嘉靖年间：“天下皮革，两广居多，计其岁入以千万数。”[⑨]牛皮还

① 揭阳《渔湖塘埔村志》，1996，第30页。

② [明]霍韬：《祖训第十六》，收入《渭厓文集》卷一〇，续四库全书本，集69，第327—352页。

③ [明]徐光启：《农政全书》卷三《农本》，石声汉校注本，第65页。

④ 嘉靖《钦州志》卷一《风俗》，第39页下。

⑤ 康熙《澄迈县志》卷一《风俗》，广东历代方志集成本，第170页上。

⑥ 乾隆《博罗县志》卷一一《名宦林祥传》，中国地方志集成本，第490页。

⑦ 雍正《从化县新志·杂记》，中国方志丛书本，第301页。

⑧ 道光《英德县志》卷一六《物产》，第507页；卷六《墟市》，第313—314页。

⑨ [明]霍韬：《文敏公全集》卷一上《疏》，收入《广州大典》集部别集第八册，第44页下栏。

用来熬制胶，称之为“广胶”。明代南海白沙堡人“白沙多烟皮为生”。[①]南海泌冲堡白沙、陈溪、涌口三乡的牛胶还是贡品。[②]明代广东的水牛制的“水胶”，“为海内之冠”。[③]高州制造的皮箱“驰名天下”。[④]鸦片战争前粤海关的收税产品有牛油烛、牛油、牛皮胶。[⑤]由于吃牛肉的风气和水牛加工业有如此多的副产品，用于屠宰的牛数量很多，对耕牛的使用是一大影响。

广东的牛不外乎水牛、黄牛两种。水牛与黄牛不能杂交，而产于海南被称为沙牛的品种，属于犎牛，却可以和黄牛杂交。正德《琼台志》卷九《物产》记载牛“有水、沙二种。水有黑白二色，沙有黄黑虎斑等色”。粤西南产有个体较小的犤牛，即“今之犍牛，又呼果下牛，出高凉郡”。[⑥]经过长期的繁育，个别地区还出现了一些特别强壮的品种。如距罗浮山四十里的东莞绿栏乡，大致明末清初，当地“蓄牛皆茁壮，无病，人争市之，价倍他牛”，该牛种被称为“仙牛”，原是罗浮山道人所赠，老农“得牛还绿栏，孕育孳息，皆仙牛种也”。[⑦]清代道光年间英德县官坪乡一个农民畜养的牛只特别强壮，“寻常耕作皆兼数牛之任。某亦借以小康”。[⑧]外国牛也引进广东，清朝末年，在夏威夷专门从事蔗糖业的巨商陈方，返回故里，出资养殖被称为荷兰牛的印度矮种牛。[⑨]晚清广州食牛乳成为风气，“沙湾王姓有乳牛百余头，每日出牛乳千余斤”，供应广州及近郊。为了适应吃牛风气，晚清“食牛之戒绝”，广州有专门畜养“菜牛”的“牛栏”、牛墟。[⑩]

① 崇祯《南海县志》卷一《风俗》，广东历代方志集成本，第 26 页下。

② 同治《广州府志》卷一六《物产》，第 57 页。

③ 崇祯《肇庆府志》卷一〇《物产》，第 324 页上。

④ 光绪《高州府志》卷七《物产》，第 98 页下。

⑤ [清] 梁廷枏总纂《粤海关志》卷九《税则二》，第 179 页。

⑥ 光绪《高州府志》卷七《物产》，第 94 页下。

⑦ 康熙《罗浮山志汇编》卷九《纪闻》，第 520 页上。

⑧ 道光《英德县志》卷一六《物产》，第 507 页上。

⑨ 周湘：《荷兰牛、荷兰马及荷兰豆》，收入蔡鸿生等著《航向珠江——荷兰人在华南（1600—2000）》，广州出版社，2004，第 80 页。

⑩ 民国《番禺县续志》卷一二《实业志》，第 184 页。

在土地资源不太紧张的丘陵地区，尚留有一些空闲土地牧牛，如明代香山人黄瑜为长乐县令，行善政，当地“牛羊盈野”。[①]这类田地被称为“牛田”：“上番禺诸乡，地瘠而民呰窳。耕者合数十家牛，牧以一人，人以一日。其牧牛之田曰牛田，所生草冬亦茂盛，食牛肥泽。其种稻者曰人田。”[②]“牛田”牧牛，可以节约饲料，多个农家合牧，又可以节约劳力。晚清时上番禺还有这种放牧方式。[③]在珠三角，这类牛田只零星见于记载，如东莞“望牛岗，在县城东五里，居人多牧牛于此”。[④]清代珠三角这类能放牧的荒坡地很少。粤西南廉州的灵山一带本为杀牛祭祀风气较浓的地方，明末清初这里“民务耕耘，尚畜牧，以牛之孳息为富”。[⑤]所养牛，不止用于牛耕，还繁殖小牛卖出。

在客家山区的牛田则是另一种解释。《石窟一征》卷五《日用》记载当地的“牛田”，是专门放牧耕牛为生的牧户，到开耕时带牛为人犁田，“至两季收成时，量谷以酬，每田得谷二石则以二斗偿之，以此而名为牛税谷也”。

总的来说，明清时期放养牛的牧地逐步减少。占垦牛田的情况时有发生，山民被迫以规约形式保证牛田的存在。乾隆五十五年（1790年）《赤石碗窑乡黄京埔村禁碑》记载：海丰县黄京埔村有数处水草丰美，林木茂盛的“牧场、山窝”，“以畜耕牛，以荫田畴”，既可以放牧，又可以作为润水山场的水源林，禁止垦为田地，“关系甚大，历古为禁”。大概因为多处山场已被垦为田地，于是该乡人合议，“倘有横霸垦利己，不顾他人，绝水夺耕，以致泉源干涸，耕种无靠，牧牛无处，空纳税粮，经请约保、士绅、乡耆会禁，立碑永炤，合众鸣官究治”。[⑥]在清代山区的禁约中，大都有禁止乱放牛以避免踩坏田埂的条令，实际上表示牧地很缺乏。

---

① 《（香山）黄氏家乘》卷四，载《北京图书馆藏家谱丛刊·闽粤侨乡卷》第5册，第356页。

② ［清］屈大均：《广东新语》卷二一《兽语·牛》，第533页。

③ 同治《番禺县志》卷七《舆地五·物产》，第57页。

④ 崇祯《东莞县志》卷一《舆地》，第69页。

⑤ ［清］屈大均：《广东新语》卷一四《食语·谷》，第371页。

⑥ 谭棣华等：《广东碑刻集》，第841页。

宋代尚有“牛客”在秋冬入粤北买牛，明代已不见记载，说明粤北养牛的地方减少。粤西南在买卖牛只的通路上，有不少的草场，畜牧业发达。关于这一点，在“墟市及其商品性农业的作用”一节中会谈及。

《广东新语》卷二十一《兽语》记载“下番禺人田多”，就是用縻牛即圈养的方式喂养。圈养比较讲究饲料，因为是用来耕作的，农户认为“牛乃农之资本”，“凡使牛者，须惜牛力”①，一般用稻秆为主要饲料。屈大均《场纪》：“秆横于场，吾饲其牛而有余。”②农闲时用收割完毕堆放于场上的稻秆作饲料。而到了使用牛力的时候，就特别讲究使用精饲料喂养。如开耕季节牛拉犁时，“牛必以吉贝核渣饲之，乃肥有力。核中有仁，榨油已，其渣尚有润泽，故牛嗜之”。③“吉贝核渣”就是棉籽榨油之后的渣滓。《广东新语》卷九《事语》“广州时序”记载，在十月禾稻收割完毕，甘蔗开榨，则用“饼菜以饷牛”，因为榨蔗时牛拉榨机很费力，需要增加营养。④“饼菜”也是属于榨油之后的饼麸之类富含油质蛋白质的饲料。还有根据时令添加饲料。南海一些宗族的家训中规定“早令仆放草，未时使，酉时放”，“夜莫缺秆，寒加糟粥”。⑤其他的家训也规定，要根据牛的需要，“及时放与水草”，天气太热时，还“须灌米浆，大寒须灌以粥”。如果牛只特别瘦弱，还要“灌以酒”，方法是“黄酒二埕，早晚灌之”，病牛就可以“复耕如常”。⑥这些技术显然有别于宋代《岭外代答》中记载岭南的粗放饲牛法。明清时期，各地发布不少禁止宰杀耕牛的禁令，说明耕牛的饲养还是主要的。有的宗族也严禁族人宰杀牛只，劝诫族人不要杀牛及赌博，杀牛要受到刑笞。⑦

---

① （佛山）《石湾太原霍氏崇本堂族谱》卷三《农有百谷之当布》，载《明清佛山碑刻文献经济资料》，第 475 页。

② 欧初、王贵忱主编《屈大均全集》第三集《翁山佚文》，人民文学出版社，1996，第 429 页。

③ ［清］屈大均:《广东新语》卷二一《兽语 · 牛》，第 503 页。

④ ［清］屈大均:《广东新语》卷九《事语 · 广州时序》，第 301 页。

⑤ （佛山）《石湾太原霍氏崇本堂族谱》卷三《农有百谷之当布》，载《明清佛山碑刻文献经济资料》，第 474 页。

⑥ 同上书，第 475 页。

⑦ 《广东何氏各支源流谱 · 宗训篇》，手抄本，不分卷。

三、养猪业

广东猪属于华南猪的品种，从外形看，“毛短小，皮薄，腹白。与北豕异”。[①]番禺“肉白而极肥”，[②]这是为了适应民俗中“常以肥脂为胜”[③]的猪种选择要求。另外，广州婚礼节庆民俗中以烧猪为大礼，须以肉肥皮脆为好看，这也是育成肥猪的动力。这一点反映到民俗上，“春至日祀芒神，鞭土牛毕，民争取土牛之泥泥灶，谓养猪畜肥如牛云”。[④]明代华南猪种花白、矮脚的特征非常明显，在明代方以智的《物理小识》卷十中有记载。华南猪在明清时期继续外传，并对世界猪种产生很大的影响。在中古时期已经吸收华南猪性能的“罗马猪”，因为成熟迟、肉质粗糙，在18世纪再度引入，华南猪与罗马猪杂交。丢掉了欧洲猪的一切粗糙特征后，罗马猪变成丰满平滑、早熟易肥、性情温顺、肉质优美的具有中国猪血统的优良品种。英国引入广州附近的猪种在18世纪后期育成著名的“约克夏”猪，成为欧洲猪的常见品种，1770年时英国记载“约克夏”猪已经有十七个不同类群，其中七个类群与中国猪即华南猪有关。[⑤]18世纪中来广州贸易的欧洲船只，大都在船上养猪。[⑥]这就给中外猪种交流提供了机会。广东乡村有专门牵着强壮的雄性猪种游转于乡村，供给母猪交配，客家山区称这种人为“牵猪哥”。[⑦]

个别山区出产的特殊品种大概不属于华南猪的类型，如南雄的龙猪，“出南雄龙王岩，在城东百里。重一二十斤，小耳，庳脚，细爪，土人

① 道光《恩平县志》卷一六《物产》，中国方志丛书本，第182页上。

② 康熙《番禺县志》卷一五《物产》，第550页上。

③ 光绪《九江儒林乡志》卷三《舆地略三·物产》，光绪九年刊本，第43页上。

④ ［清］屈大均：《广东新语》卷九《事语·广州时序》，第298页；康熙《西宁县志》卷一《风俗》，故宫珍本丛刊本，第308页。

⑤ 徐旺生：《中国养猪史》，中国农业出版社，2009，第146—149页。

⑥ 〔瑞典〕彼得·奥斯贝克：《中国和东印度群岛旅行记》，第66—67页。

⑦ 道光《石窟一征》卷八《方言》，第278页。

腌薰，以竹片绷之，皮薄肉嫩，与常猪不类。广城亦重之”。[①]这种小猪通常烤制，称为烧乳猪，广府人祭祖时用。广州城猪的消费量很大，道光年香港的《广东探报》记载，广州城内每天宰杀的猪只达5 000头。[②]《粤海关志》记载不少口岸都有生猪出口，如惠州甲子、乌坎正税口，粤西南的廉州正税口、钦州正税口都有生猪出口。[③]潮州是广州之外的大城市，在潮州、潮阳正税口，分别有大猪、中猪、生羊、小猪等税则，广州大关，有来自惠潮的生猪每只收银四分，佛山口有火腿往澳门、香山每百斤收银一分。[④]广州的猪栏、佛山的猪埠都是大小猪的集散地。对猪的食用需求，除了平日，节庆中的需求最大。18世纪中广州河道上养鱼大船和运输大船都养猪，“自己吃或用来卖”。[⑤]

由于施肥的需要，明清的农家多养猪以积肥，“养猪者可以猪泥”，[⑥]明清时期的农家注意到了这一点，故必养猪积粪。同时为了完税，养猪是种植业的重要辅助手段。清初西宁县，“农民多畜猪以完田粮，更有鳏寡孤独借此为终岁计者”，[⑦]这不止西宁一地，而是全省的普遍现象。如韶州，“豕，……家率喂畜，以资养老”。[⑧]未嫁女还私养猪，以备嫁妆。南海霍氏的家训中教导后代：“园种菜多，又必养豕。倘田或被水旱、虫气灾伤，得此济用”。将饲养家猪作为防止灾荒的一个手段。[⑨]所以养猪其实是农民储蓄的手段。粤东的潮汕，“猪……家家畜之，以为利，

① ［清］吴震方：《岭南杂记》下卷，第35页。

② 《广东探报》，刊印年份约在道光二十三年至二十四年（1843—1844年），藏大英图书馆，转引自科大卫《皇帝和祖宗：华南的国家与宗族》，江苏人民出版社，2009，第276页。

③ ［清］梁廷枏总纂《粤海关志》卷一二《税则五》，第227、229页；卷一三，第270—271页。

④ 同上书，第241、215、218页。

⑤ 〔瑞典〕彼得·奥斯贝克：《中国和东印度群岛旅行记》，第283页。

⑥ 嘉靖《广东通志初稿》卷二三《田赋》“劝力本”，第420页。在各类禽畜粪便中，“牛粪不如猪粪”。道光《廉州府志》卷一一《农桑》，第236页。

⑦ 康熙《西宁县志》卷三《贡赋·便民余政》，第331页。

⑧ 同治《韶州府志》卷一〇《舆地略·物产》，第238页下。

⑨ （佛山）《石湾太原霍氏崇本堂族谱》卷三《农有百谷之当布》，载《明清佛山碑刻文献经济资料》，第474页。

色多黑亦有花白者”。[①] 粤西高州府人多从事海上贸易，“邑人家豢之海舶，贩以取利”。[②] 高州农家还养猪等待沽售：“人家豢之，广肇商贩以取利。”[③] 晚清赤溪县的客家农民最善养猪，“香山、澳门等处销售颇广。缘粤俗赛神、婚礼概用烧猪，复以尾长者为贵（原按语：盖取有始克终之意），而赤溪之豕最合度也。”[④] 在岭南的婚俗中最重烧猪，清代南海一些地方甚至要八只、十只甚至数量更多的烧猪，南海人桂士杞著的《有山诫子录》中批评了这一奢靡的风气。

明清时期猪的饲料，“多以苋菜、红薯、酒糟、杂饭饲之”。[⑤] 可见农家一般以采集的野生植物，加上番薯、自家酿酒的酒糟和剩饭等为猪饲料。在潮州，有一种番薯叶子特别多，“叶尖与茎皆纯紫，所产尤繁，价亦贱，揭人多以之饲豕”，[⑥] 苋菜是粗生植物，农民“种以饲豕”。[⑦] 在水乡，猪饲料主要是池塘上的水生植物，故养殖成本低。《九江乡志》记载养猪的水生饲料有“茧菜，叶紫枝红，蔓生，浮水其子旁缀白类小茧，亦以饲豕”，“萍大者如盂，其根连络，土人采以饲豕”。[⑧] 这种“大者如盂”的水面植物是浮萍，在清末引进。可见清代猪的饲料丰富了。养猪经验，在族谱上留下了零星的记载。佛山《霍氏族谱》记载：“养猪择其好者，加钱以买。朝喂饱，晚餐略。”[⑨] 对猪品种的选择要严，不惜工本购买，并总结了白天喂饱，晚餐略少的经验。在晚清的桑基鱼塘，农户在池塘上搭起猪棚，可以用鱼塘上的水生植物喂猪，猪的粪便则直接下鱼塘喂鱼，这是基塘循环式生产的一个环节，据说这样养猪是

① 雍正《揭阳县志》卷四《物产》，第 361 页下。
② 光绪《吴川县志》卷二《物产》，第 73 页上。
③ 光绪《高州府志》卷七《物产》，第 94 页下。
④ [清] 金武祥:《赤溪杂志》卷下，光绪辛卯刻本，第 17 页下。
⑤ 康熙《番禺县志》卷一五《物产》，第 550 页上。
⑥ 光绪《揭阳县续志》卷四《物产》，第 309 页。
⑦ 康熙《番禺县志》卷一五《物产》，第 548 页。
⑧ 光绪《九江儒林乡志》卷三《舆地略三·物产》，第 37 页下。
⑨ （佛山）《石湾太原霍氏崇本堂族谱》卷三《太原霍氏仲房世祖晚节公家箴》，载《明清佛山碑刻文献经济资料》，第 471 页。

基塘农家的一大收入。[①] 明清广州和佛山专门加工米谷的米铺、蒸酒铺，往往兼养猪和酿酒，用米糠和酒糟喂猪。[②]

至迟在清代猪病的防治也有了文献记载。光绪十九年（1893 年），“广州白猪行”翻印了流传在四川、贵州等地的《猪经大全》，分发给各地来广州的养猪贩子，再由他们教给养猪户治疗猪病的方法。“白猪行”是广州商业组织七十二行中其中一行，是销售猪的行业组织，翻印者的原意是由猪贩送给农民提供治猪病的药方。《猪经大全》原在贵州流传，有人在原书后面添加了部分方子，此人在乾隆中曾任朝廷太医，所以这本书至少在乾隆年间就已经流行了。广州白猪行版《猪经大全》记载了 50 个医治猪病的中药方，包括猪的内科、外科以及猪病预防的方子，其中 11 个处方是传统中医学的药方和验方，药方来自《金匮要略》《普济方》《伤寒论》等中医书，其他药方则是第一次见于著述。[③] 所以《猪经大全》里面的药方其实是民间兽医结合了中医的药学原理和

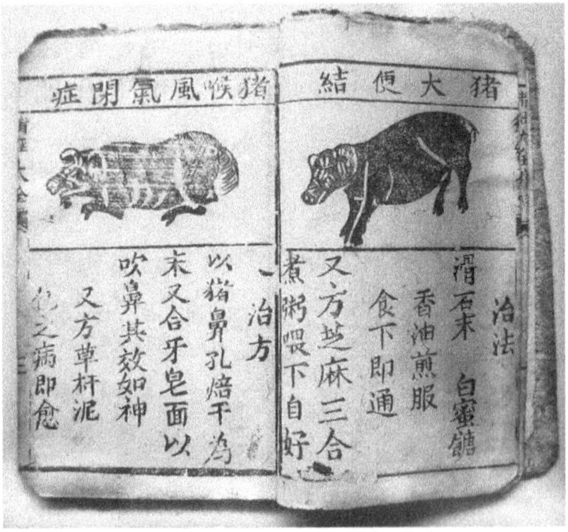

图 4-2　清代广东《猪经》记载各种医治猪病的中草药方，由猪贩子发给猪农

① ［清］赖新侬：《岭南蚕桑要则·劝业刍言》，第 11 页下。

② ［清］何大佐：《榄屑》，广东省中山图书馆藏手抄本；〔瑞典〕彼得·奥斯贝克：《中国和东印度群岛旅行记》，第 283 页。

③ 徐旺生：《中国养猪史》，第 221 页。广州白猪行版《猪经大全》承蒙周晴博士提供，她研究该书中的治猪病方子，认为广州白猪行版《猪经大全》与农业出版社 1960 年出版的贵州省的版本有不同，药方有差别。

猪病的症候学而开出的。书中一些方子特意说明其药效，如："猪喉风气闭症以猪鼻孔焙干为末，又合牙皂面以吹鼻，其效如神。"猪泄利稀粪，用"棉花子，炒研掺食，喂，其效果灵"。可见这本书也是在实践中受过检验的。古代多治马、治牛的专书，猪经较为少见。

四、其他畜禽的养殖

1. 鸡

鸡是禽类中仅次于鸭的品种，"鸡于畜类尤重"。[①] 因为鸡和猪一样，吃人剩下的食物。而且鸡也是广东人餐桌上必备的肉类，是仅次于鸭的肉食。城乡的商店每月的初二、十六"具白肉黄鸡以祭神，祭毕众伴享之"[②]。

明清广东鸡的品种增加了。正德《琼台志》："鸡，又有乌骨、番毛、矮脚、雪里炭数种。其曰䳇鸡，即斗鸡。曰潮鸡，特小，潮长而鸣。李德裕诗：三更津吏报潮鸡是也。"[③] 其中斗鸡、潮鸡早已见于宋元以前的记载。乌骨鸡在多种方志中有载："鸡，人家多畜之，别一种，毛白而毳重，冠绿耳，乌肉，十趾，医家以为良。"[④] 广东农家多畜养竹鸡："竹鸡，形如鹧鸪，褐色斑赤文，居竹林中，见俦必斗，以囮诱其斗，网之。性好啼，啼曰泥滑滑，白蚁畏之。谚曰：'家有竹鸡啼，白蚁化为泥。'"[⑤] 可见竹鸡原是野生的禽类，人们养来防白蚁，巫觋用它的鸡骨来占卜，驯化时间约在明末，清代就成为比较普遍的家鸡了。此外其他品种还有："鸡，有黄黑二种，间有白者，黄鸡之雄，羽毛必赤。"[⑥] 明代还传入了外来种："有西洋鸡，短足昂首，毛片如鳞，与孔雀仿

① 崇祯《肇庆府志》卷一〇《物产》，第 305 页上。

② [民国] 邬庆时：《南村草堂笔记》卷一，邬氏丛书广州刊本，1932。邬庆时为跨清民国时人，所记掌故有涉及清代者。

③ 正德《琼台志》卷九《土产下》，广东历代方志集成本，第 109 页。

④ 光绪《吴川县志》卷二《物产》，第 72 页下。

⑤ [清] 屈大均：《广东新语》卷二〇《禽语 · 诸鸡》，第 523 页。

⑥ 光绪《四会县志》编一《物产》，第 124 页下。

佛。”[①] 海南有文昌鸡，据说是“牝而若牡，肉味最美。盖割取雄鸡之肾，纳于雌鸡之腹，遂不生卵，亦不司晨，毛羽渐殊，异常肥嫩。以其法于他处试之，则不可。故曰文昌鸡”。[②] 有学者认同这一记载，认为雄鸡肾脏移植到母鸡的腹腔，会导致鸡的性变异而使肉味变化，具有科学研究价值。[③] 据笔者采访华南农业大学畜牧兽医学院禽学外科的专家，他认为这一记载基本符合禽学原理。[④] 如果陈坤《岭南杂事诗钞》的记载属实，那做手术者是一个禽外科手术非常出色的民间禽医。明清时期阉割公鸡的技术非常好，直到“文革”期间，乡村还可见阉鸡者。清初广东方志已记载江西泰和名鸡[⑤]，传入时间可能在明代。清代方志还记载了鬼老鸡[⑥]。鬼老鸡从名字看，似是从外国引进，因粤语称西人为“鬼佬”。

在鸡的饲养方面，人们发现如果用花生作饲料，“味最清美”。[⑦] 广州府农家，“凡养猪者，必兼养鸡，盖猪之食糟狼藉满地，养鸡以啄其余，因可以惜物，而鸡以熟食之，故味尤美。但鲜有以一家而养鸡过百者”。[⑧] 鸡的孵化与鸭一样，多用火焙法。清末广州有数家专门孵化鸡苗的商铺。[⑨]

2. 羊、狗和马

羊的品种，从颜色分“黄、白、黑、麻数种”。[⑩] 山区称为草羊。《广东新语》记载：“广东绵羊，少有所产，羊肉味甚澹，惟英德乳羊食仙

① [清]屈大均:《广东新语》卷二〇《禽语·诸鸡》，第523页。

② [清]陈坤:《岭南杂事诗钞》卷八，《广州大典》集部别集，第380页。

③ 梁家勉主编《中国农业科学技术史稿》，第554页。

④ 广东人误将公鸡的睾丸作肾脏，应该是公鸡的睾丸移植到剥除了卵巢的母鸡身上，鸡个体情况比较特殊，被移植的个体能迅速化解异体器官移植所产生的排斥反应，这种手术会大大提高母鸡肉质的品味，这也是现代禽学探索的问题。不过割取母鸡的卵巢手术难度很大。

⑤ 康熙《高要县志》卷五《物产》，第92页上。

⑥ 道光《钦州志》卷一《物产》，广东历代方志集成本，第50页。

⑦ 同治《韶州府志》卷一一《物产》，第238页下。

⑧ 民国《番禺县志》卷一二《实业志》引《听雨楼随笔》，第184页下。

⑨ 民国《番禺县志》卷一二《实业志》，第184页下。

⑩ 正德《琼台志》卷九《土产下》，广东历代方志集成本，第109页。

茅，肥甘补人。”[①] 乳羊后世方志上不见记载，屈大均所记可能是据宋代文献。康熙《英德县志》只记草羊。山区的草羊多运到珠三角地区，绵羊则来自北江。一说“岭南惟山羊而已”。[②] 古人对羊的品种较模糊，以山区出产的羊一概称之山羊。

关于羊的喂养，《韶州府志》称：“性畏露，土人饲以未时草，孳息甚繁。”[③]“羊，好吃河蔓草，肉味不及胡羊。”[④] 北江河滩上多草，肥美，饲羊最好。由于饲羊不用喂饲料，所以民间有农谚：“养羊种姜，无本之利。”[⑤] 不过当时饲养羊的规模也不是很大。

明清狗是农家必养牲畜，可以看家护院，也是肉食，在山林多的地方，腊月时可以率猎犬打猎。《广东新语》卷二十一《兽语》记载澳门传入“番狗”，无他技能，番人贵之。可见是宠物狗。清代还传入“海獒”，清军将领用于打猎，程含章诗云“秋日晶明秋马肥，将军出列端溪麓”，驱使的是“海獒”，据说其身价很高。[⑥]

广东马的养殖很少，东莞养殖的马是专门用来比赛的：“东莞盛时，喜为马会，以驰骋相雄。每会日，于平原旷野，设步障，陈鼓乐，数百里外皆以名马来赴。”其中有一匹马，“两目为紫琉璃，高项广膊，骏甚”。[⑦] 这种马会，直到清中叶尚有。罗家蓉诗云：“芳草芊芊映绿杨，合村牧马当牛羊。”诗注云：“（东莞）石步乡有以养马为业者。”[⑧]

3. 鹅

关于鹅的品种，“有苍白二种。垂颈者传自淮”。[⑨]“垂颈者”的

---

① [清]屈大均:《广东新语》卷二一《兽语·乳羊》，第541页。

② 光绪《九江儒林乡志》卷三《舆地略三·物产》，第43页下；崇祯《肇庆府志》卷一〇《物产》，第309页上。

③ 同治《韶州府志》卷一一《物产》，第238页上。

④ 道光《恩平县志》卷一六《物产》，第182页上。

⑤ 光绪《四会县志》编一《物产》，第125页上。

⑥ [清]程含章:《海獒》，收入《岭南集》,《广州大典》集部别集，第443页。

⑦ [清]屈大均:《广东新语》卷二一《兽语·马会》，第535页。

⑧ [清]罗家蓉:《峡内竹枝词》，收入《云根老屋诗钞》卷七，《广州大典》集部别集，第283页。

⑨ 正德《琼台志》卷九《土产下》，广东历代方志集成本，第109页。

鹅脖长而头大，斗鹅时能伸长脖子并以长嘴啄对方："潮人有斗鹅之戏。鹅，力鹅也，重者三四十斤，斗时以咬眼为上，咬舌次之。"①"鹅……斗鹅至值钱十万，揭人颇有此习，其不善斗者谓之菜鹅，可供匕箸而已。"②久而久之，个体小的菜鹅被淘汰，斗鹅就演变为个头、翅膀都极大的狮头鹅。到现在，潮州的狮头鹅是著名的鹅品种，潮菜中狮头鹅的掌翼、头最受欢迎。乾隆年间香山人何大佐《榄屑·叶虎竹三异》记载了清初一个南海人寄居小榄，"养鹅其始十百成群。日食无资则卖一鹅以易糠核之物，食毕复卖，旋卖旋食，不数日鹅群渐空"。但这类养鹅十百成群的例子不多。鹅在广东农家中饲养数量较少："鸡与鸭，人家皆养之。惟鹅，则甚少。鹅亦用火焙出，饲以青菜，稍长则饲以谷粒，更长则放之田间，再长则驱之上棚，养必成群。但养之者少，故其业远不及鸭。"③清远人多在北江河边的滩地上养鹅，形成独特的清远鹅品种。鹅养殖的数量比不上鸡鸭，但在婚姻民俗中很重要，珠三角男家娶女子，"催装礼"中一对鹅是必须的，是"委禽之义"。④此外，烧鹅和白斩鸡在节日、婚宴、朋友宴会上都是必备的上菜。到晚清茶楼兴起茶市和饭市，在饭市中烧鹅和烧猪肉都是受欢迎的菜式。可以说，鹅在粤式菜谱中有重要的地位。

4. 白鸽

白鸽的养殖有娱乐和治虫两方面的作用。明末清初，"广州有放鸽之会"，这是民间的娱乐活动，由此能对飞翔能力好和识归路的鸽子品种作出选择，此外，"鸽之大者曰地白"，不能飞翔的"人家多畜以治白蚁"。⑤

---

① [清]屈大均：《广东新语》卷二〇《禽语·鹌鹑》，第527页。

② 雍正《揭阳县志》卷四《物产》，第359页下。

③ 民国《番禺县志》卷一二《实业志》，第184页下。

④ 陈忠烈、吴建新：《佛山酒文化史》，广东人民出版社，2019，第74页。

⑤ [清]屈大均：《广东新语》卷二〇《禽语·鸽》，第527—528页。

第四节

渔　业

一、海洋渔业

1. 海洋捕捞业

评价捕捞业的增长与否首先要看渔船的大小。宋元时期的疍家艇都是很小的，而明清时期疍户“其富者则出洋皮取大鱼”。[①]这种船是尖底的双桅大船。嘉靖年间为防止疍民航海“通番”，朝廷禁造双桅大船，在近海捕捞之船，“定以平底单桅，别以记号，违者禁之”。[②]明末清初，双桅大船明显增多，这是远洋捕鱼的需要。《广东新语》卷十八《舟语》中记载八橹的大船，是可以用作海洋捕捞的围网渔船。清中叶开始，广东渔船发展的显著特点是拖风船的普遍出现，“拖风船只日益增多”，拖风船捕捞的鱼类多，且需利用风力加快船速。清代，“沿海各州县每有广、肇一带虾罟、拖风等项船只来往海港，日久停泊，占据捕鱼，儋、崖二州尤甚”，足迹远及海南及南海诸岛。[③]疍民渔业活动范围甚至远及粤东、粤西海面，进一步开辟了广阔的南海渔场。如明代东莞疍民莫登庸，随其父辈在北部湾海的海面捕鱼，流落安南。[④]清代中后

① ［清］屈大均：《广东新语》卷二三《介语·白蚬》，第 579 页。

② ［明］胡宗宪：《广福人通番当禁论》，收入《皇明经世文编》卷二六七，第 1659 册，第 92 页。

③ ［清］卢坤纂《广东海防汇览》卷三四《禁奸一》，收入《广州大典》史部政要类 37 辑 26 册，第 581 页上。

④ 民国《东莞县志》卷六四《莫登庸传》，第 2552 页。

期，三角洲渔船驶往北部湾已是很普遍的事情了：“新宁县拖渔船只，向年常往西路捕鱼，越南夷洋等处皆所熟悉。”①广府船指新宁、新会、香山等县船只，肇庆府船指新宁、阳江一带的疍民船。可见北部湾海面以及西沙、南沙群岛渔场是珠江口渔船常到的地方。1935年的调查显示，东沙岛有为渔民贮粮食之所，并有祭祀的庙宇。②在广东沿海民间，还流传“水路簿”“更路簿”，是南海渔民与商船海民航行经验的总结。

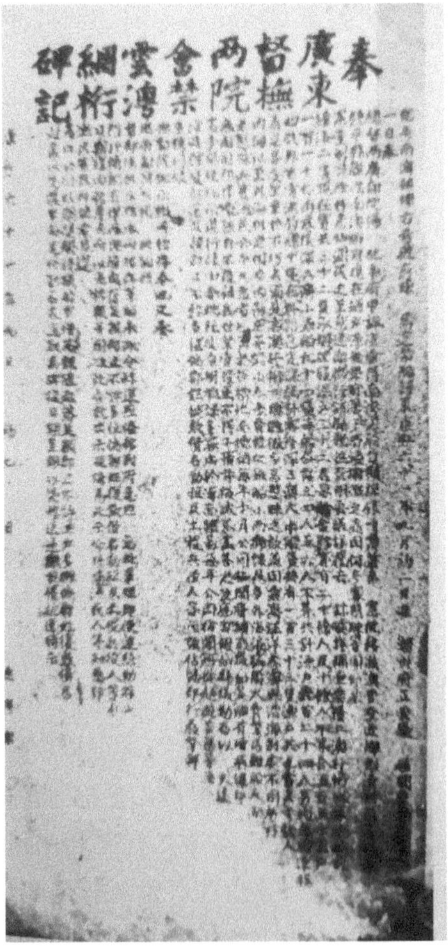

图 4–3　清代广东督抚对粤东海面放置网桁的规定

与拖风船配套的有围网。《广东新语》记载：浅水作业有深罛，“二罛为一朋，二船合则曰罛朋，别有船六七十艘佐之”，渔获量较大；深海“有曰索罛，下海水深多用之，其深八九丈，其长五六十丈。以一大缨为上纲，一为下纲，上纲间五寸一藤圈，下纲间五寸一铁圈，为圈甚众，贯以索，以为放收。而以一大船为罛公，一小船为罛姥，二船相合，以罛连缀之……鱼入，则二船收索以合罛口，徐牵而上”。③围刺网是用刺网包围鱼群后，敲

① ［清］关天培：《加派龙门千总吴廷珍驰赴雷琼设法合缉稿》，收入《筹海初集》卷二，清末上海申报铅印本。

② ［民国］余日霖：《东沙群岛调查记》，《广东农业推广》1935 年第 7 期，第 73 页。

③ ［清］屈大均：《广东新语》卷二二《鳞语 · 渔具》，第 560—561 页。

击木板以声响惊吓鱼类使其刺入网眼，广东称之为“敲罟”，又称为“摆帘网”。[①]围刺网规模较大，产量特别高，“每日深罛二施，可得鱼数百石”。[②]

粤东沿海将多船围网作业称为“扣圈”，“长年张网取之，或多至数十担，获利什佰，若所获之少，俗谓之扣白圈”。[③]沿海渔民在近海鱼类活动较多的地方设置“桁罾”，也叫“网艚”，“掌桁者张网桁门，逆流取之。鱼溯流而至，所获无遗类，有由数十担至百余担之多者”。[④]可见网艚是固定的围网，产量也不低。

明清近海的渔船数量众多，以环珠江口为最。如新会县在乾隆年间，“疍船计一千七百余只，在潮莲司江门一带者居十之六七，毕置大船出新、香两邑海面采捕，不以埠步为业。在沙司村各乡者十之三四，类皆不能出海，止就近埠有捕资生”。[⑤]可见近海捕鱼的大船占了半数以上。据明代记载，在环珠江口渔场，顺、香、新、莞、番各县的疍船，“网罟笭箵，棘簇罟药，穷极巧术，期与鱼遇”。[⑥]香山的金斗湾，原为盐场，到晚清为大渔场，光绪《香山县志》卷四《山川》记载此地，海产众多，渔船多集于此，“田庐渔户成一水国”。可见珠江口渔场中渔船数量之多。从《粤海关志》对商船、渔船的税率可以看出渔船的大小，“沿海单桅捕鱼船只，概免领牌纳税”。[⑦]载货的单桅船和小艇税率都很低，双桅大渔船渔获量多，税率也高。但是双桅船只的主人多能致富，一次渔获能抵一户“中人之产”，嘉庆《澄海县志》卷六《生业》对此有较详细的记载。如澄海县的吴氏，“一斋公……家赤洲……以水乡渔业创基。公生有气字，治计然术，能廓大其家产，……族邻之仰给于公，其家以千百计。盖鱼盐之利所润广也。建祖蒸祠宇，修礼门庭，为一乡著望”。[⑧]

① [清]屈大均:《广东新语》卷二二《鳞语·渔具》，第560—561页。
② 同上。
③ 嘉庆《澄海县志》卷六《生业》，第65页下。
④ 同上书，第66页上。
⑤ 乾隆《新会县志》卷一五《附余志》，广东历代方志集成本，第421页上。
⑥ 万历《新会县志》卷一《食货志》，第83页。
⑦ [清]梁廷枏总纂《粤海关志》卷一九《禁令三》，第339页。
⑧ (潮州)《凌海吴氏族谱》卷五《世德》，民国六年刻本。

明清时期的渔业生产技术较宋元以前也有较大的发展。《广东新语》记载，沿海的渔民知道看海上的风色和水流的动向以及鱼群的声音，以辨别鱼群大小和出海的情况，如渔民知道环珠江口咸淡水的分界线中咸淡鱼类的不同动向。“语曰：‘鱼咸产者不入江，淡产者不入海。’未尽然也。白花鱼咸淡之水皆有，黄花惟大澳乃有。大澳者，咸水之边也。自十月至十一月，以日昃尽浮出水，渔者必以暮取之。听其声稚，则知未出大澳也，声老则知将出大澳也。声老者，黄花鱼啸子之候也。其啸子必于大澳，故于大澳取之。取鰽及黄皮蚬、鲚、青鳞，亦皆听其声，声齐则开罛取之。鲥鱼以孟夏随鲚鱼出，其性喜浮游，网入水数寸即得。或候其自海入江，逆流至浔州之铜鼓滩，触石壁不能西上则多得。”[①]这段话是南海渔民对珠江口咸淡水鱼类出水时间、动向的总结，没有长时间的实践则无此经验。能听鱼群声音辨别鱼类和看海上风色的人是年长的渔师，渔船主出海，须“先期具名帖花仪请舵公”，舵手和撒网皆听舵公指挥。[②]如此礼重渔师，可见海洋捕鱼技术的进步。

珠江三角洲疍民的捕鲸业也发展起来了。《广东新语》载：“海鳍长者亘百里，背常负子。疍人辄以长绳铁枪飞刺之，候海鳍子毙，拽出沙滩，取其脂，货至万钱。”[③]近海还有行缯、钓船等作业，“南沙港海桁原系各姓契买输课以为己业”。[④]渔民穷者则采捕海边，且有特殊的工具，“挨缉，亦网属。缚竹为缉，篙高丈余，乂其上而方其下，以属渔者，以缉取鱼，身行潮中，上下挟浮筒，下着假屐，逐步挨之”。[⑤]由于海产捕捞业发达，市场上供应充足，嘉靖《广东通志》记载有海鱼类 60 多种，贝类 25 种。[⑥]

2. 海产养殖

明清的蚝类养殖有了很大的发展。在珠江口，明初东莞人陈链有《蚝

① ［清］屈大均：《广东新语》卷二二《鳞语 · 鱼》，第 553 页。

② 嘉庆《澄海县志》卷六《生业》，第 66 页上。

③ ［清］屈大均：《广东新语》卷一八《舟语 · 疍家艇》，第 485 页。

④ ［清］林元里等：《澄邑南砂林氏大宗重修族谱》卷二〇《杂记》。

⑤ 嘉庆《澄海县志》卷六《生业》，第 66 页下。

⑥ ［明］黄佐：嘉靖《广东通志》卷二四《土产下》，第 592—595 页。

田》诗“卤潮渍岸渺无边，叠石埋波碨垒连。万顷粒山推不去，翻令沧海变桑田”[①]，说的正是东莞靖康海人工养殖的“石蛎”。清初屈大均的《广东新语》卷二十三《介语》载：“东莞、新安有蚝田，与龙穴洲相近。以石烧红散投之，蚝生其上，取石得蚝，仍烧红石投海中，岁凡两投两取。……人蚝成田，各有疆界，尺寸不逾，逾则争。”明末清初东莞靖康海一带的养蚝次数已发展到一年两造；从单纯的投石方法发展到以烧红的石头投放水中让蚝附着生长的方法；蚝田的规模也相当可观，各有疆界，尺寸不逾。明代至清初，珠江口的蚝类养殖大致只分布于番禺和东莞一带的咸淡水分界线。《番禺县志》提到明天启二年（1622 年），“县有蚝塘、蚬塘产息不赀，贫者借以谋食”，[②] 这些蚝塘也是人工养殖蚝的场所。清代中期以后珠江口的海岸线后退，蚝类养殖从东莞、新安沿海向其他地方扩展。清初香山县还没有蚝的养殖：“香山无蚝田，其人率于海旁石岩之上打蚝。”[③] 随着海岸线退缩，养蚝的地方也推移。道光年间在香山县黄粱都厓口等处多蚝塘，“各分疆界，丈尺不逾，逾必争”。[④] 晚清时在新会的沙洲、厓门、新宁县等地也有人工养殖蚝类。[⑤] 粤东的惠州、潮州在明清也有蚝类的养殖，而且不少是宗族拥有的资源。

明代广东惠州、潮州沿海有发达的养蚶业。明代豪民强占澄海县的沙汕坪海壳蚶蛎场，官府将海壳蚶蛎场没收作学产。[⑥] 清代中期潮州府的澄海县需要从福建输入蚶苗，“其质至细而价甚高，宜咸水放于泥坪，养之不数月获息甚伙”[⑦]，“邑多种蚶为业”[⑧]。道光年间海丰县的霞埔乡陈姓，整个宗族都从事养蚶业，由于蚶户众多，需要订立规约由全体

① 崇祯《东莞县志》卷七《艺文》，第 341 页。

② 同治《番禺县志》卷三二《张国维传》，第 447 页上。

③ [清] 屈大均：《广东新语》卷二三《介语·蚝》，第 576 页。

④ 道光《香山县志》卷二《物产》，第 309 页上。

⑤ 光绪《新会乡土志》一四《物产》，粤东编译公司铅印本，第 121 页；黄朝槐：《宁阳杂存》卷一《物产》，广东省立中山图书馆藏清刻本。

⑥ [明] 刘子兴：《儒学海壳蚶蛎场租碑记》，收入嘉庆《澄海县志》卷二五《碑记上》，第 331 页上。

⑦ 嘉庆《澄海县志》卷六《生业》，第 67 页上。

⑧ 嘉庆《澄海县志》卷二三《物产》，第 293 页上。

蚶户遵守。[①]广东还有鲬、蚶、海兔等海产养殖，蚶的养殖在粤东规模较大，其他则规模较小。澄海县“亦有薄壳场，其业与蚶场类”。[②]环珠江口和潮州的蚝塘，有一种泥撬，是在滩涂上可以滑行的工具，用于采蚝。[③]

沿海还出现了由堤围建造养殖咸水鱼类的鱼塭。《澄海县志》记载：鱼塭“就濒海之地筑堤围之设闸。以时启闭，潮长则启，鱼虾之类乘流而入，或有自生湖坪者，其出恒不穷云。”[④]晚清新宁县，“滨海之田，多蓄咸潮以育鱼，如鲥鳍虾蟹之类”。[⑤]新安沙井，乾隆年间“陂池沃壤相错”[⑥]。这些海边的陂池就是人工鱼塭。清末和民国初年，有来自番禺、东莞等地的水上居民，向深圳沙井村批租筑围经营，纳苗养虾，又种植稻谷。光绪三年（1877 年）潮州总兵方耀（普宁人），占汕头港牛田洋西岸榕江口南侧的石井，沿下游直至潮阳的西胪、河溪、桑田的北港，围建三斗门、白坪、上塭、雨亭等咸田塭，面积 6 200 亩。[⑦]

明清时期广东海产品很丰富。16 世纪，广州城里“鱼非常多，有好多品种，都很好，市场从不缺鱼。有很多螃蟹和牡蛎及别的甲壳类，都很好，这些市场上有的是。”[⑧]至于在《广东新语》和各地方志上记载的海产品就更多了。

二、淡水捕捞和淡水养殖

1. 鱼花捕捞与鱼花养殖

明清时期珠江内河的鱼类资源也非常丰富。清代乾隆年间，高要境内的四水疍民为了维护自己赖以生存的渔业资源，和越界占埠三水疍户郭福元打官司，最后不惜以再交纳 317 两濠租之外，还自认捐银 120 两，

① 道光二十八年《公会严禁碑》，收入《广东碑刻集》，第 853—854 页。

② 乾隆《澄海县志》卷五《物产下》，广东历代方志集成本，第 284 页。

③ [清]屈大均：《广东新语》卷二三《介语·蚝》，第 577 页。

④ 嘉庆《澄海县志》卷六《生业》，第 66 页下。

⑤ [清]赵天锡：《调查广州府新宁县实业情形报告》。

⑥ [清]陈祖莹：《重修隽俗祖近支族谱序》，载赖为杰主编《沙井镇志》，吉林摄影出版社，2002，第 771 页。

⑦ 杨欣矩：《广东鱼塭》，《广东渔业史志研究资料》1988 年第 5 期。

⑧ 〔英〕博克舍编注《十六世纪中国南部行纪》，第 93 页。

打赢了官司。[①] 而淡水捕捞业中以鱼花的捕捞业为最重要。广东鱼塘饲养以草鱼、大头、鳊鱼、鲮鱼为主，这四种鱼类的鱼苗以西江广西段到广东高要的水道上产的最佳。明代弘治年以前，这段水道上的鱼花捕捞都是疍户进行的，但是后来因为鱼课很重，疍户都逃亡了。广东当局在弘治年间进行了渔政改革，将"上自封川水口，下至罗旁水口，凡八十里"[②]的捕捞权划归南海九江乡的乡民。从文献来看，九江乡人在鱼花的捕捞、养殖方面都积累了丰富的经验。在捕捞技术方面，渔人能根据台风季节下雨时的雷电光知道鱼花的来势，"凡取鱼花，自三月至于八月，当日落时，望某方电脚高，则知某方无雨。某江之水不长，某方电脚低，则知某方有雨。某方之水长，长则某鱼花至矣。西南为南宁左江，其水多土鲮。正西为柳州右江，其水多鳙鲩。"[③] 捕捞鱼花的装置、布放也有特殊要求，可以在捕捞中分辨鱼类。鱼花多生长在水道弯环之处，水势缓且芦苇多，这样的场所适合大鱼产卵。"凡取鱼花，以苎布为罾，罾尾为一木筐而无底，半浮水上，鱼花从罾入至筐，乃杓于船中。罾之状如复斗帐，凡两重，外重疏，以布四十丈，内重密，以布一丈为之。大步置筐八九十，小步十或二十。上步取已，复于下步取之，其出不穷，然多在江水湾环之所。取之盛以白磁，方如针许，已能辨其为某鱼。拣为一族，其浮而在盆上者鲩也，在中者鳙，在下者鲮，最下则鲮也。"[④] 通过水层鱼类的分析辨别四大家鱼鱼种，是养殖鱼花技术的进步。

鱼花捕捞之后，有别于养殖大鱼的方法，"鱼苗到塘养活，许多劳费"。[⑤] 鱼苗须立即"分养池中，水浅而向阳则易长"。[⑥] 各种鱼花适宜的塘水不同，饲料也不一样。"鲩鳙则喜新水，在塘数日则以密罟取迁别塘，谓之过塘。以原塘旧水难活也。又数日，则以密罟取养于苎布池中，谓之制罟。自晨至午乃复放之于塘。如是者数次。其制罟时忌见

① 乾隆八年《鱼埗归疍民资生告示碑》，载《广东碑刻集》，第 661—667 页。

② [清]屈大均：《广东新语》卷二二《鳞语·鱼花》，第 558 页。

③ 同上书，第 557 页。

④ 同上书，第 557 页。

⑤ 顺治《九江乡志》卷二《生业》，第 18 页上。

⑥ [清]屈大均：《广东新语》卷二二《鳞语·鱼花》，第 557 页。

白雨，一见白雨而不放，则全池尽坏矣。若鲮鱼则不须此繁琐也。”“饲鱼花之法：鲩、鳙则以大草，鲮鱼宜以牛矢、细草。然皆忌鸭喹喋及生鱼，噉鱼吞食，一遇此害，则无遗类矣。令鱼养一月可卖，鲩、鳙则旬余二旬可卖，鲮则数朝亦可卖，谓之新鱼。”[①] 过塘、制罟都是饲养鲩鳙鱼花的经验总结，根据鱼花的大小分别放塘，用不同的饲料喂养以及去除敌害。

卖鱼花分两种，一是外地船只到九江大堤边买，二是九江人驾船到外地卖。在卖鱼花的过程中，饲料为“米汤和鸭子黄”，是为了促进鱼体的生长；“又数易以生水。其在舟中者，则舟旁为两水车，昼夜转水，使新水入舟，故水不留，而后鱼花不病也”[②]，这是为了保持水中有氧气，提高鱼花的生存率。这样，渔船到了目的地，鱼花长大了一些，能卖得好价钱。九江鱼花由于质量好，销路几及华南，“自两粤郡邑，至于豫章、楚、闽，无不之也。……楚虽多鱼，而所产鱼花，楚人不重，率重九江人所鬻者，以粤之鱼花易长也”。[③] 则南海九江鱼花与江西九江鱼花平分天下，江西的南部、湖南、福建、两广都是南海九江鱼花的销售地域。鸦片战争前潮州庵埠正税口、潮州溪东小口、双溪小口都有鱼苗进出口。[④] 其鱼苗从南海九江运入。直到1949年以前潮州鱼苗都是来自南海九江。[⑤] 明代到清中叶，英德河头市是一鱼花集散地，九江人到此贩卖鱼花，称其为鱼花埠，在北帝庙前，九江客停泊船在鱼埠，“四方买鱼花者皆聚此”。[⑥] 到了晚清，高要广利鱼花养殖业兴起（是九江人在此经营），英德县贩鱼花者买回自售，北江边有“望埠”，江岸近处有洋湖塘大塘在横岭下，纵横数里，连结共九塘，由龙姓五围垄断向政府交税，“凡

① 光绪《九江儒林乡志》卷五《经政略·鱼饷》，第34页上下。

② ［清］屈大均：《广东新语》卷二二《鳞语·鱼花》，第557—558页。笔者按：明代陆深《豫章漫抄》描述江西九江的鱼花养殖业和销售范围。《珠江三角洲农业志（初稿）》第三册第39页误认为是南海九江。

③ 同上书，第558页。

④ ［清］梁廷枏总纂《粤海关志》卷一二《税则五》，第242—244页。

⑤ 民国《潮州志·实业志》，第35页。

⑥ 道光《英德县志》卷六《墟市》，第313页。

由望埠担鱼苗往龙南各处，必经此塘冲水方能致远”。[①]一部分九江陈姓、关姓的后代迁徙到梧州的长洲岛上养鱼花，当地有一口塘叫“九江塘”，以示其不忘其乡。长洲岛上的鱼花业辐射了广西的养殖业。顺德县人也学习了鱼花捕捞和养殖的技术，并且有批顺德人迁移到接近粤西的地方定居养殖鱼花，供应粤西南的淡水养殖业。清代中后期九江人垄断鱼苗养殖技术的地位被打破，换来的是淡水养殖业的大发展。

2. 淡水养殖

明清广东淡水养殖业的发展，是以九江乡鱼花养殖业为基础的。鱼花养殖业仅是当地淡水养殖业的分工之一，方志对这个产业链是这样描述的：“由步捞鱼得鱼上塘曰装家，从装家买鱼养于鱼塘俟成鳙鱃取以售卖曰造家，从造家买鱼养于大鱼塘至满尺后，岁暮涸塘鬻于墟市曰耕种家。乡人虽有二十余万，然士农商贾文之外非装家，则造家，非造家则耕种家。”[②]耕种家不少，装家、造家数不相上下。装家、造家、耕种家分别是从鱼花捕捞，到大鱼养成的分工，后世称为“鱼格塘”，也就是分级饲养，避免了生鱼、鲫鱼、鲤鱼等与四大家鱼的竞争，根据鱼格的不同喂养不同的饲料，利于成鱼时规格划一，并防止病害的发生，这是九江人对淡水养殖业技术的贡献之一。屈大均记载：“九江之地如棋枰，周回三十余里，其黑脉者堤也，方罫者池塘也。池塘之水，养鱼花者十之七，养大鱼者十之三。”[③]在明末清初，南海、顺德之间的九江、龙山、龙江等乡为中心的桑园围，是南中国最大的淡水养殖区域。桑园围周边也有不少鱼塘，新会县的外海，道光间鱼塘“共一百四十余口，外潮内涌，水利流通，产鱼实胜他处”。[④]山区也有不少的鱼塘。大埔县的何氏十五世仰云公，明嘉靖时人，“公之先代，家已富厚，至公益善，居积岁入田租四百石有奇，初有灌荫塘九十九口，后更增宋江塘适

① 宣统《英德县续志》卷三《水利》，第546页下。

② 光绪《九江儒林乡志》卷五《经政略·鱼饷》，第22页上。

③ [清]屈大均:《广东新语》卷二二《鳞语·鱼花》，第558页。

④ [清]陈炬墀：道光《龙溪志略》卷下《弁言》，新会外海龙溪志略续编编辑委员会铅印本，1971，第49页。

数百口，地之肥瘠，不暇计也”。[1]有的宗族族产以池塘为最，如翟氏“族中祖产鱼塘十数，族例依谱系宗序，岁互更迭食其利”。有“塘轮簿”记族人收鱼塘租金的次序。[2]

养大鱼的“耕种家”，积累了丰富的经验。鳊鳙鲢鲮四种鱼类是一个水区生态系统里不同水层的分子，其饲养密度必须根据饲料的种类、水质而有合适的搭配。明代嘉靖初准许庶民建祠堂，祠堂前必建设鱼塘，鱼塘养的鱼出售可以充祭祀祖先的费用。明代佛山霍氏的一口塘有“塘计亩零，递年正月便要下鱼种。鳊鲞一千，大头二百，鲩二千，鲤仔一二百，年尽干迄”。[3]这口塘“亩”如为1亩，则鱼类密度太大，而且鲩鱼数太多，靡费的草料不少，特别是如果鲩鱼太多则易于受病害，而且鱼类多则水中氧气受影响，鱼的死亡率会很高。或者这个池塘的“亩”是大的税亩，则1亩的放养鱼类密度会少些，但鲩鱼比例仍太高。屈大均在叙述南海九江的淡水养殖时说：“凡池一亩，畜鲩三十，鳙百二十，鲩五十，土鲮千。日投草三十余斤，鲩食之，鳙鲩不食。”[4]一亩塘的鱼类密度大幅度减小，尤其是鲩鱼的数量剧减，显然是长期养鱼的经验积累（因为鲩鱼数量太多不合适）。光绪年间，顺德蚕书《粤中蚕桑刍言·养鱼事宜条例》“放鱼种”记载：“每塘面约一亩阔，可养允（鲩）鱼壹百口，崇鱼（俗名大头鱼）四拾口，土鲮鱼八百口，鲤鱼百余口。”而且杂鱼类不能放养太多，以防夺食主要鱼类的饲料。饲养的四种鱼类中鲤鱼代替了鳊鱼，因为大鲤鱼的价格较之其他鱼类贵一分银。清末南海、顺德池塘的鱼类总数1 040条，比清初屈大均所言1 200条少些，只是鲩鱼数量多些而已，养殖密度又小些。[5]从一亩鱼塘鱼类的养殖数量看，清初到清末的技术没有多大的

---

① 崧里何氏族史修编工作委员会：大埔《崧里何氏族史》（七修，据旧谱），第910页。

② 翟富文纂修《翟氏族谱续编》续编五《寿考人物·篚溪公传书后》，东莞翟氏1920年刻本。

③ （佛山）《石湾太原霍氏崇本堂族谱》卷三《太原霍氏仲房世祖晚节公家箴》，载《明清佛山碑刻文献经济资料》，第473页。

④ ［清］屈大均：《广东新语》卷二二《鳞语·鱼花》，第558页。

⑤ ［清］罗振玉等：《南海县西樵塘鱼调查问答》，收入《农学丛书》第六集。

变化，但比明代显然是进步了。

“耕种家”对池塘水质有基本的认识。明末清初，人们认为“养鱼花水浊，养大鱼水清。视其水色，则知所养为何等鱼也”。[①]因为养鱼花的饲料很多，故水色浊。养大鱼的水色要清，如果池塘水浊了，会有富氧化的现象，所以需要江里的活水引进池塘，以保证水质好和氧气充足，提供鱼类生存的好环境。所以，在南海、顺德鱼塘区，“鱼塘系当涌近海，易于出水者，谓之头筒塘”。其次为“望天塘”，因其在“头筒塘”之后，必须在“头筒塘”干水之后才能干塘，活水必须经过“头筒塘”才能有，故前者租金贵，后者贱。如果没有出水窦的，称之为野塘，泥瘦且不能控制水进出，只能种植莲藕之类。[②]

水质变化时，有“换水、添水”的方法。池塘有上、下两个出进水的水窦，水质富氧化时，水面起一层绿色的藻类，必须要打开池塘的“上窦”（这一装置在池塘的腰部），“放去咸水数寸，换入生水为妥。或是塘水浅亦宜照法添放生水入内，以放足为度。若塘水太满，又宜放出也。总以深浅得中为度，塘面有浮萍，能使水瘦，宜用娄拔（捉鱼之器）兜去净尽”。下窦是在年末干涸池塘捉鱼时才用的。“每年冬令或交下年春间，必干塘一次。”[③]这时就要挖取塘泥给桑基上的桑树上泥，重要的是使池塘保持养鱼的深度，因为池水浅了，会惊吓鱼类不利其生长。池塘在冬天干涸时，还可以做秧苗田，以达到稻鱼轮作的目的。在清代后期，由于水稻种植无利可图，加上池塘需要越挖越深以适应蓄水防涝的需要，池塘作为秧田就没有必要了。

养鱼夏冬都要巡塘。夏天，塘鱼怕晒，在桑树阴凉的池内休息，被突然到来的雨水打到，或者吃得过饱，“多浮水面，有致死者”，这时需要捞起死鱼。广东在冬季时会有极端的严寒天气，会使不耐寒的鲮鱼死亡，这时需要在池塘上“预在上风近西北基面一带，用杉搭架密排葵茅，或桑枝，斜向以御其寒，方保无恙。如尚不能御，再以铁镬数个，

① ［清］屈大均：《广东新语》卷二二《鳞语·鱼花》，第558页。

② ［清］卢燮宸：《粤中蚕桑刍言·养鱼事宜条例》，第22页。

③ 同上书，第22页。

上炽炭薪放于塘水面上风处，则十可救其五六也”。[①] 这样可以减少鲮鱼的冻死率。人民公社时期还用这种方法为鲮鱼防寒。

淡水鱼类的饲料，随着基塘农业技术的发达而有不同的喂养方法。“鱼既放足，过数日即要落草喂之。鲩鱼所食者，以大尾草为上。若海坦边之油草，荒地上之野草次之。大头鱼与鲮鱼，俱食粪料。其料有用人屎，有用蚕蛹、蚕屎、桑渣，有用猪屎，数者仍以人屎为上，猪屎次之，蚕屎等又次之。其落肥之多少疏密，必因乎时，并因乎鱼之大细，与塘水之肥瘦，斟酌而行，无一定限。惟鲮鱼食肉麸则易肥。故每年到九月时，必落肉麸一二次，以催其长。”[②] 顺德人常到香山、新会的沙田区的草坦割草，到广州等地买粪。粤商和江浙闽商从各地采购花生麸、从天津采购豆麸运到广东，花生麸、豆麸都可做鱼塘的饲料，这在《粤海关志》各关口的税则中有记载。

防治鱼病害也有特定的技术，在珠三角的基塘区，农民发现鱼塘“水色红浊，鱼必生蛆”时，“用茶麸、熟烟梗（即黑丝烟）浸在塘内以防之”，并且要全部卖清塘中病鱼，否则传染很快。[③] 传统农业时代，顺德的渔农还用茶麸捣烂放入塘中治理“鲩蛆”病，用一种名为“白饭枝”的野草扎起来放塘中，这种草有苦味，大鱼吃了能治鱼病。[④]

南海九江鱼花养殖业和南海、顺德淡水养殖业的发展，是明清广东农业的重要成就，它们为桑基鱼塘和蚕丝业的发展提供了基础，是明清农业史的大事之一。山区的淡水养殖业受到九江鱼花业的支撑，山区有不少的鱼塘或陂塘是用来养鱼，如程乡县有塘，非灌溉之塘，塘主养鱼不放水，其他人不能干涉，也有灌溉和养鱼两不误的山塘，塘与田有木闸，两方约定开闸时间，“放几分，留几分，灌田养鱼，各不相防”。[⑤]

① 同上书，第 33 页上、第 34 页下。

② [清]卢燮宸：《粤中蚕桑刍言·养鱼事宜条例》，第 34 页上下。

③ [清]罗振玉：《南海县西樵塘鱼调查问答》，收入《农学丛书》第六集。

④ 吴建新：《佛山桑基鱼塘史》，广东人民出版社，2019，第 147 页。

⑤ 乾隆《嘉应州志》卷一《水利》，第 38 页。

第五节

副业、农产品储存与加工

一、食用油和手工业用油

明清时期，榨油作坊也是专业的。因为需要投入榨油机，以及在经营过程中需要资本，经营者多为富裕的农民或手工业者。明末，三水县“西南镇向有东（莞）、顺（德）异商射利，私设油榨，每油椎一鸣，四邻震动。”后来西南镇的士绅认为榨油机震动有伤“地脉”，官府下令禁之。[①]可推论在东莞、顺德一带的榨油技术水平最高，而且这些人流动到外地开榨糖榨油的作坊。粤西南的廉州一带，原无榨油作坊，“自乾隆以后，外府州县人迁居钦者，五倍土著。人力既集，百利俱兴，山园陵谷皆垦辟种植。甘蔗、花生为榨油、漏糖之资。今州属开设油榨、糖漏行者数十所”。[②]榨油法有两种：“落花生油，落花生所榨，其油有大榨细榨之分。大榨去壳，油清。细榨连壳油浑，故其价有异。”[③]

从《粤海关志》的记载看，油料贸易很昌盛：落花生每百斤税五分，[④]麻油、豆油每百斤各税一钱。[⑤]江门海关，高州、雷州的货船来贸易，装卸良姜后，运豆枯、花生、菜子满载。[⑥]处于东莞的镇口挂号口有船

① 康熙《三水县志》卷四《地理志》，故宫珍本丛刊本，第318页。

② 道光《钦州志》卷一《物产》，第52页下。

③ 道光《英德县志》卷一六《物产》，第496页上。

④ [清]梁廷枏总纂《粤海关志》卷九《税则二》，第173页。

⑤ 同上。

⑥ [清]梁廷枏总纂《粤海关志》卷一一《税则四》，第221页。

为茅州渡、北栅渡装油，每一桶收钱十文。[①] 庵埠正税口，有牛油、桐油、茶油、柏油等。[②] 潮阳正税口，有豆油、猪油运入。[③] 海南岛的木油运到佛山，再分销往香、澳并下路各乡。[④] 油料贸易的繁盛说明了当时油料在日常生活和手工业中的重要性。

二、制茶业

茶的制作技术影响着茶的质量。如潮州，在明代尚未有功夫茶，桑浦山所产的茶，大约只是绿茶，明代郭子章《潮中纪闻》记载潮州饮茶之风不盛。饶平县，在清初，“粤中旧无茶，……稍有贾人入南都，则携一二松萝。……近于饶(平)中百花凤凰二山多有植之,其品亦不(错)。但采抄不得法，以致苦涩，甚恨”。[⑤] 明代高明县效仿西樵茶，但是制法不行，“近高要顶湖山，得制法于吴越，香色将与松萝龙井等，而味颇薄劣”。[⑥] 所以茶的制法决定了茶的品质。明代岭南名茶只是限于南海西樵山和广州河南。[⑦] 清代，岭南茶不限于此二地了。乾隆年间，河源县不但种茶的人多，茶商也带来新的制茶法。[⑧] 道光年间英德有福建人在当地制茶，[⑨] 用乌龙茶代替了绿茶。

河南茶大概不符合外国人的口味，18 世纪中，瑞典人奥斯贝克认为河南茶“口味极差”，只是适应当地人的“苦力茶”，因此大量的外省茶进入广州的市场，他细分了他认为的几种好茶。[⑩] 确切说，广州河南既是茶产地，也是茶叶的集散地，岭南各地的好茶以及福建、安徽、

---

① [清]梁廷枏总纂《粤海关志》卷一一《税则四》，第 221 页。
② [清]梁廷枏总纂《粤海关志》卷一二《税则五》，第 241 页。
③ 同上书，第 254 页。
④ [清]梁廷枏总纂《粤海关志》卷一一《税则四》，第 218 页。
⑤ 康熙《饶平县志》卷一一《物产》，广东历代方志集成本，第 153 页。
⑥ 崇祯《肇庆府志》卷一〇《物产》，第 325 页、第 219 页。
⑦ 吴建新:《南海西樵山茶史考略》,《农业考古》2007 年第 5 期。
⑧ 乾隆《河源县志》卷一一《物产》，第 456 页上。
⑨ 道光《英德县志》卷一六《物产》，第 496 页下。
⑩ 〔瑞典〕彼得·奥斯贝克:《中国和东印度群岛旅行记》，第 98—101 页。

江浙等地的茶叶也在这里分装出口。番禺县的张殿铨，道光间人，从岭北茶商处学得制茶法，“皖茶正皮珠、雨松萝两种发明制法回粤，在城西十三行开设隆记茶行”，后来与洋商交易，“隆记立致巨富”。[①]这些制茶法得到传播，促进了河南一带茶区的发展。广州外销画中茶叶制茶和包装茶的情景，反映了广州河南茶的种植和制茶场盛况。[②]鸦片战争之后，广州茶的出产大增，河南茶行最多，晚清陈坤诗的注解云：“粤省河南地方，商贾辐辏，贫家妇女多往拣茶以资糊口。”[③]茶商将广州产的茉莉花，外地产的干菊，香烈异常的鱼子兰、树兰加入茶叶中，制成“花熏茶”。如明代陈白沙将素馨花的蓓蕾加入茶中“以瓮贮之”。[④]中国茶运往外洋，其包装质量均为上佳。18 世纪中，瑞典人奥斯贝克在他的书中有详细的记载。[⑤]顺德碧江的苏氏就是从事茶叶包装发达起来的。20 世纪 80 年代，对打捞起的乾隆十年（1745 年）沉没的“哥德堡号”的茶叶进行鉴定，发现 300 吨茶叶运上岸后居然还可泡饮。[⑥]

五口通商以后，广州海关的垄断地位丧失，广东茶商深入本省茶区和两湖、安徽、福建等地买茶的半成品回粤制作，但总的趋势是粤茶质量越来越低，原因是粤省茶商买回的半成品中含杂质多，掺泥土，茶工制茶掺滑石粉、蓝靓等，以致出口茶不合洋商要求，出口量越来越少。

三、果蔬加工技术

岭南嘉果中，以荔枝、龙眼最著名。加工果蔬最畅销的是荔枝干和龙眼干。从事加工和经销环节的人称之为“焙家”，“估计者，视其花以知其实多少而判之，是曰买焙，其人名曰焙家，龙眼亦然。顺德多龙眼，南海、东莞多荔枝，多水枝，增城多山枝。每岁估人鬻者，水枝七

---

① ［民国］张锡麟编《番禺张氏克慎堂家谱》，广州广祥印务局 1933 年铅印本。

② 英国维多利亚阿伯特博物院等编《18—19 世纪羊城风物——英国维多利亚阿伯特博物院藏广州外销画》，第 125—128 页。

③ [清]陈坤：《岭南杂事诗钞》卷四，收入《广州大典》集部别集，第 325 页。

④ ［明］陈献章《素馨说》，收入《陈献章集》卷一，第 60 页。

⑤ ［瑞典］彼得·奥斯贝克：《中国和东印度群岛旅行记》，第 98—101 页。

⑥ 黄启臣、庞新平：《明清广东商人》，广东经济出版社，2001，第 80 页。

之，山枝三四之，载以栲箱，束以黄白藤，与诸瑰货向台关而北，腊岭而西北者，舟船弗绝也。然率以荔枝、龙眼为正货，挟诸瑰货，必挟荔枝、龙眼，正为表而奇为里，奇者曰细货，不欲居其名，所谓深藏若虚也。广人多衣食荔枝、龙眼，其为栲箱者、打包者各数百家，舟子车夫，皆以荔枝、龙眼赡口。”① 荔枝干和龙眼干的制作、包装、运输形成了一个产业链。明清时期，此业长盛不衰。

岭南的荔枝、龙眼都需要焙干以便运输。干果需要用炭为燃料，还要用黄姜制成干粉屑，故“番禺多种黄姜，……干龙眼必以黄姜末糁之乃不蠹，故果箱度岭必资之，又可使龙眼色黄为上果”。② 经过加工的荔枝干、龙眼干用木箱包装好，运到江浙一带，“焙干以板箱缚束，载以过岭。又曰果箱贩。此果者家多致饶富云”。③18 世纪中，外国人估计广州附近的乡村，“每年要生产十万吨的干荔枝”。④

藏荔枝法还有用新鲜荔枝泡在盐水里的方法，出口后可以保荔枝的鲜味。清初屈大均发明了一种荔枝藏法：“就树摘完好者，留蒂寸许蜡封之，乃剪去蒂，复以蜡封剪口。以蜜水满浸，经数月，味色不变，是予终岁皆有鲜荔枝之饱，虽因之辟谷可矣。”⑤ 或者根据果子的生理特性而采取措施，使其到达销售地时达到食用的最佳效果，如新会甜橙，“每年八月摘，色青，味颇淡，至京则香甜”。⑥

通过盐渍、晒干、蜜饯等方法加工的果蔬产品还有很多。从粤海关的记载看，各种加工的果蔬产品流通很盛。果品中有蜜饯、丁香桃、乳葡萄、干枣、番蜜饯、各色糖果、核桃肉、榛子、肉酸子、圆眼干、荔枝干、柚子，还有风菱角、藕粉、椰粉、榄仁、榄干、椰子、雪梨、沙梨、蕨粉。蔬菜类有蘑菇、羊肚菜、木耳、闽笋、柠檬、蒜头。⑦

① ［清］屈大均：《广东新语》卷二五《木语·荔枝》，第 625 页。
② ［清］屈大均：《广东新语》卷二七《草语·黄姜》，第 706 页。
③ ［清］赵古农：《龙眼谱》，第 12 页上。
④ 〔瑞典〕彼得·奥斯贝克：《中国和东印度群岛旅行记》，第 280 页。
⑤ ［清］屈大均：《广东新语》卷二五《木语·荔枝》，第 706 页。
⑥ 道光《新会县志》卷二《物产》，第 63 页上。
⑦ ［清］梁廷枏总纂《粤海关志》卷九《税则二》，第 173 页。

柑橘中，“化州故多橘红，售于岭内”。[1]它是治疗咽喉疾病的良药，但不易得。新会的甜橙，在京城甚为著名。此外新会的柑子皮也是畅销的药品，俗称陈皮，“每岁大贾收其皮售于他省”。[2]

四、葵扇制作

葵扇是畅销全国的产品，这与其制作与收割措施有关系。“蒲葵最宜为扇，扇大者三四尺，可以蔽日。其叶末作蓑笠、簟席、坐团，亦以编屋。凡新会若男与女所以资生者，半出于蒲葵焉。子初种，沃以肥，俟苗生至尺乃再莳。五年始割下叶，八年乃割上叶，岁凡三割。既割已，暴之兼旬，乃水濯之，火烘之，使皆玉莹冰柔，而随其叶之圆长，制而为扇。缘之以天蚕之丝，嵌之以白鳞之片，柄之以青琅之牌，缠之以龙须藤之线，铜钉漆涂，绘画为绚，然后粗者以货于近，精者以货于远。……其制雅，而出风和好，不致伤人，故大江以南尤尚。”[3]葵农需要在栽培过程中割叶子，一年分三次收成，经过水洗、火烘等工序使其色泽光洁，再根据叶子的大小加工，加上装饰品，明代时用藤缘之，清代用产自恩平的天蚕丝，更为美观。粗者是一般百姓用的，加工精美的简直就是工艺品，具有收藏价值，故成为江南等地的时尚品。在葵扇生产中，葵农的产品由葵商收购，然后交给新会城的手工业主加工，“阖邑贫民以及男妇人等多借手艺营生”，晚清时新会葵扇“每年所产不下十万万柄有奇”。[4]清代佛山有葵扇行，“所制者多上品，葵心扇原料来自新会、新宁各县的山场”，“制作精雅，销行各省”。[5]

明清时期还开发了山区的“油葵”作为农家的雨蓑。油葵，棕榈科植物，“生阳江、恩平大山中，树如蒲葵，叶稍柔，亦曰柔葵”，以其叶表光滑利泻水，作农家用的雨蓑，明清时有民谚：“蒲葵为扇油葵蓑，

① [清]屈大均：《广东新语》卷二五《木语·橘柚》，第632页。

② 道光《新会县志》卷二《物产》，第63页上。

③ [清]屈大均：《广东新语》卷一六《器语·蒲葵扇》，第454页。

④ [清]聂尔康：《冈州再牍》卷一《再谕葵扇抽厘示》，新会图书馆藏聂氏家刻本影印本，第64页。

⑤ 民国《佛山忠义乡志》卷六《实业》，民国十二年刊本，第20页上。

家种二葵得利多。”表明山区的油葵是人工栽培的。①

五、纺织业

纺织业是一般农户最重要的副业。农户的衣服一般由家庭妇女所织造，称之为“家机布”，制作精良，一般只是家庭成员穿，不向外卖。但是清代家机布也开始走向市场，每地的家机布冠以不同的名称。②在墟市上，有专门卖棉纱原料以供应妇女的，如明代南海九江乡曾储“设纱市赵涌海旁，乡妇咸赖之”。③广东产棉很少，多从外省运来。“绵布，经纬细密者为上，南海乡村最多。”④当然也有适宜广东风土的草本棉，如明清番禺南村、市桥一带，用本地棉花纺织，从而形成了一条产业链。⑤到清末才衰落。

明清时期广东农家将不同的纺织原料混织成布，颇受市场欢迎，“丝有纯丝，……以绵经者曰兼丝，以麻经者曰麻经”。⑥即使是海南，黎族织造的混织布花色精美异常，“出于琼者，或以吴绫越锦，拆取色丝，间以鹅毳之绵，织成人物花鸟诗词，名曰黎锦，浓丽可爱。白者为幛，杂色者为被，曰黎单。”⑦粤西南的织品不仅具有实用性，还具艺术性。“雷州有雷被，以白绵线为之，亦有红者、紫者。崖州多织绵，儋州多织生丝。崖州组织绵线如布帛状，绣人物花鸟其上，有十金一具者，名曰帐房，俗称儋、崖二帐。是皆越布也。”蕉布与黄麻布“为岭外所重”。⑧不过这些手工织品，效率很低，不能形成规模性产业。

顺德、南海丝织业，由于用本地土丝和湖丝兼织，绢布质量很好。

① [清]屈大均:《广东新语》卷二五《木语》“葵”条，第644页。

② [清]陈徽言:《南越游记》卷二《广布》，收入《粤东闻见录·南越游记》，第180页。

③ 顺治《九江乡志》卷四《先达列传》，第4页上。

④ [明]黄佐：嘉靖《广东通志》卷二三《土产上》，第573页下。

⑤ [民国]邬庆时:《南村草堂笔记》卷四《番禺县·食物》。

⑥ [明]黄佐：嘉靖《广东通志》卷二三《土产上》，第573页下。

⑦ [清]屈大均:《广东新语》卷一五《货语·绵布》，第421页。

⑧ 同上书，第422页。

土绸布加工是蚕农的副业，18 世纪的外销画中有十几幅展示农家从缫丝、印染到纺织成绸布的通草画，说明耕织结合的情况。顺德《沙滘楚旺房陈氏族谱》记载，陈氏曾有几架织机，也有基塘种桑养蚕并缫丝。乾隆年间，由于人多地少的情况更加严重，顺德、南海农民兼业丝织业的人更多了，土绸的质量也有提高，珠江三角洲的丝织品如缎、绸、绢、䌷等，“质密而匀，其色鲜华，光辉滑泽”，“金陵苏杭皆不及”，还是用湖丝兼织的。[①]乾隆间顺德有名日娘者，教妇女刺绣，一时风靡顺德，当地大宗刺绣品出洋贸易。[②]这种刺绣，也是用本地丝和湖丝混绣的，以顺德桂洲堡出产最多。

竹布、葛布、蕉麻布等传统纺织品也有生产，如可以纺织为竹布的原料叫丹竹，“竹节长可缉丝”，也叫“丹竹布”。[③]“雷葛盛行天下。雷人善织葛，其葛产高凉、冈洲，而织于雷。为絺者绤者，分村而居，地出葛种不同，故女手良与沽功异焉。”“广人颇重蕉布。出高要宝查、广利等村者尤美。”[④]草本菠萝叶在雷州出产，新会人购入，当地的河村所产菠萝麻布最著名，“精细胜于海南”，质轻，最精者一匹十丈，价值白金五两，行销于各省。[⑤]不同产地制造不同产品，在一定意义上是地域性的分工。

明清时期广东人利用精湛技艺加工土布，使之成为面向市场的产品；将黄麻、苎麻、棉花等各种原料混织，提高了产品的档次。[⑥]

晚清，广东的土布和土绸业都衰落了。农家妇女的织布业能补充家用，即使是在鸦片战争之后，妇女用洋纱纺织成布，拿到市场卖，或者用麻纺织成布，仍是农家的收入之一。但总的趋势是，由于进口洋布价廉物美，纺织业作为农家副业的比例大幅下降，如清末“下新宁妇女纺

① 乾隆《广州府志》卷四八《物产二》，第 1075 页。

② 咸丰《顺德县志》卷三《风俗》，第 302 页下，该书卷三《物产》324 页下提到“刺绣之出洋”。

③ [清]屈大均:《广东新语》卷一五《货语·葛布》，第 424 页。

④ 同上书，第 423、426 页。

⑤ 道光《新会县志》卷二《物产》，第 65 页。

⑥ 参看吴建新《明清广东的农业与环境——以珠江三角洲为中心》，第 90—93 页。

麻自织布，以为家用。又织粗布，每十丈为匹，值银壹两四钱，向者销行外县，岁万余匹。近则十减八九矣”。[①] 由于服饰时尚的变化，不少传统织品已经衰落，如用山大蚕生产的茧绸，在罗浮山也有，但不见流传。嘉应州的“程乡茧绸”，明清时期在客家山区是常见的服饰，清末时已经不流行，当地“操其业者寥寥”。[②] 外国统治者利用把控海关的优势，加重了中国绸缎业的出口税，而以低关税鼓励中国土丝出口，造成土绸业衰落，而机器缫丝业一枝独秀。[③]

六、织席业

明清广东席子有咸水茳芏编成的席子，主要用作包装。从虎门到新安接壤的海岸，“其人捕鱼之外，日采莞以为生”。东莞“西南则捆莞为席，辫麦茎为帽，穿绒为伞”。[④] 钱以垲在清初为东莞令，说当地人“多作莞席为业”。[⑤] 这说明织席为当地一大产业。“莞席”不仅有包装席，也有用于睡觉的灯草席，“软厚而温，价亦不贱，染作五色”，是送礼的佳品[⑥]。此外在西江下游高要等地有淡水茳芏织造的草席，出高要白土村，粗者为包装，细者为卧具。[⑦] 史载，蒲席“出端州者，细滑胜于他处”。[⑧] 在清同治年间，淡水茳芏的种植传到四会，成为席子织造业的原料产地，每年有价值二万两的“茳芏”卖给高要人制作席子。[⑨] 广宁一带则出龙须席，“则独产端州广宁县，似蒲而细。然虽细而恨薄，

① ［清］赵天赐：《调查广州府新宁县实业情形报告》，收入罗振玉编《农学丛书》第六集。

② 光绪《嘉应州志》卷六《物产》，第 78 页。

③ 刘永连：《近代广东对外丝绸贸易研究》，第 105 页。

④ 康熙《东莞县志》卷二《风俗》，第 63 页。

⑤ ［清］钱以垲：《岭海见闻》卷三，载《岭海见闻·黎岐纪闻》，广东高等教育出版社，1992，第 61 页。

⑥ 乾隆《广州府志》卷四八《物产二》，第 1077 页上。

⑦ 崇祯《肇庆府志》卷一〇《物产》，第 324 页。

⑧ ［清］吴震方：《岭南杂记》上卷，第 40 页。

⑨ 光绪《四会县志》编一〇《轶事》，第 532 页。

夏暑汗体寝卧其上，转侧粘身故无足贵”。[①]

七、造纸

明清造纸的原料很多。《广东新语》记载：“东莞出蜜香纸，以蜜香木皮为之。色微褐，有点如鱼子，其细者光滑而韧，水渍不败，以衬书，可辟白鱼。南浙书壳，皆用栗色竹纸，易生粉蠹，至粤中必以蜜香纸易之，始不蠹。”蜜香纸只是用作书面使用，用量不大。长乐的縠纸，“厚者八重为一，可作衣服，浣之至再不坏，甚暖，能辟露水”，可以说是穷人的纸张。从化流溪堡盛产竹，居民皆以造纸为生，有其特殊的制法。但受潮之后易烂。[②]清中叶龙门县南粪山兴起造纸业，“纸洁而细，近岁多于从化所产”，在广州、佛山、石龙等地很畅销。[③]粤北的南雄造纸业，道光年“向无今有，有毛边、山背、油桶、经文、表心各种”[④]。晚清时造纸业产区进一步扩展，在潮州的庵埠、澄海，造纸业是当地民众的一生业。[⑤]

八、酿酒

古代岭南延续上古时代以草药加入酒饼的制作技术。明代的《钦州志》记载了用作曲饼的 11 种草药，晒干舂粉研末后，“以粘米舂粉制饼为白酒饼”。[⑥]《香山县志》记载将板杏“取其叶与豆桂诸料，和而为曲以酿酒，味道清冽”。[⑦]这种板杏不是栗子类植物，很可能是一种叶子有辛辣味的植物。明清时期将制曲称为踩曲，因为要将曲饼定型，

① [清]吴震方:《岭南杂记》上卷，第 40 页。

② [清]屈大均:《广东新语》卷一五《货语·纸》，第 427—428 页。

③ 道光《龙门县志》卷三《物产》，广东历代方志集成本，第 259 页。

④ 道光《直隶南雄州志》卷九《物产》，第 176 页上。

⑤ 彭泽益:《中国近代手工业史资料》第三卷，生活·读书·新知三联书店，1957，第 47 页。

⑥ 嘉靖《钦州志》卷二《物产》，第 15 页。

⑦ 嘉靖《香山县志》卷二《食货》，第 317 页。

将米饭等原料，加入大豆和其他佐料混合，放入模子中，用人力将其踩进去，以结合紧密和发酵。明代市面曲饼多为农家副业产品，只有珠三角地区有作坊专业制造曲饼。南海县在明清时期都以“多曲”出名。[①]顺德龙山造曲饼，“售往省垣、佛镇、陈村及东西北江，行销甚畅”。[②]18世纪的外销画绘有蒸酒作坊[③]，表明广州蒸馏酒的盛行。佛山最早的酒行会馆在雍正时建立，旧址尚有碑文[④]，《佛山忠义乡志》卷六《实业志》记载有“蒸酒行”，“道咸同间，以陈总聚为最有名”。珠三角盛行用肥猪肉浸酒，这种蒸馏酒被称为豉香型，是中国酒香型之一。

九、香料加工

广东的香料除了莞香之外，还有其他的香料制作满足人们的生活需要，其中最大量的是用于制作拜神的香枝。这种香料需要加上干黄姜的碎末，合以香料植物的粉末而成。其用量很大。山区人多将樟树等树木的枝杈剁成小块，再以水碓捶碎成粉，“香碓，罗浮为多。罗浮众香之薮，其树木多芳辛酷烈。凡枯柯折干，外皮虽朽，内心甚香。山人每采树之鳞甲名薰陆罗香者，及枫、桂、鸡藤、水松之属，以辐车车水，水激处，百杵齐举，而黄屑成焉。乃以浮溷载之，沿罗阳溪而下，售于广、惠二州。凡为香条、香饼者，皆取给”。[⑤]从化、西宁等处山区，也多香碓，“每水车一辆，可供水碓十三四所。以樟、枫、鸡藤诸香舂末，以作线香，谓之香水车”。[⑥]明清广州制作香枝的香料，主要来自上述地区。香粉多运往广州、佛山，祠庙神诞需求很大。

产于粤西南的高良姜，与其他香料混合，可以用作女士的发油。“粤

① 崇祯《南海县志》卷六《物产》，第 290 页。

② 民国《龙山乡志》卷四《物产》，第 70 页上。

③ 英国维多利亚阿伯特博物院等编《18—19 世纪羊城风物——英国维多利亚阿伯特博物院藏广州外销画》，第 153 页。

④ 广东省社会科学院历史研究所:《岭南酒文化与广东石湾酒厂集团发展史》，世界图书出版广东有限公司，2014，第 25 页。

⑤ [清] 屈大均:《广东新语》卷一六《器语 · 香碓》，第 449 页。

⑥ [清] 屈大均:《广东新语》卷一六《器语 · 水车》，第 448 页。

市中有香胶，乃高良姜同香药为之，淡黄色。以一二匙浸热水半瓯，用抿妇人发，香而解脂，膏泽中之逸品也。”[1]岭南心字香用作室内熏香，“番禺人作心字香，以素馨、茉莉半开者，著净器，以沉香水层层相间封之，日一易，不俟花蔫，花过香成”。[2]这种香料因其黄色，也可以用作纱绸的染料。明清时期，粤人已能将素馨、茉莉、瑞香、酴醿等花，“皆可蒸”，“凡生香蒸过愈佳”。[3]即花露水。清中叶时，番货中的蔷薇露、桂花露、丁香油、薄荷油等香水被粤货取代。晚清时，西宁等县从广西传入八角，可以提炼茴香油。[4]排草有香，“合香诸方多用排草香根也，白色，状如细柳，产广州河南。扬州各香客每岁至广州收买此草，捆载而北者不可胜计”。[5]

东莞人工栽培檀香树，不仅在种植方面积累了丰富的经验，采香技术也普及了。“香根亦多种，盖香木善变，有种至二三十年，其根已绝美，色若黑牛角者，有种至百余年，其根松脆，绝无可采者，则以其地不同而香种亦变也。故凡凿香师，见香木叶小而黄，则知其下根必异。盖其精华下坠，水不能自根而上，故叶小而萎黄也。香师知其然，每窃掘之，私藏沙土之中，故主人须督视惟谨。然今种香家皆能凿香，香师亦无所施其诈矣。”[6]从这段记载来看，早期凿香多由凿香师所垄断，但在明末清初“种香家皆能凿香”，表明采香已经是公开的技术。另外种香之家的妇女，“辄于香之棱角，潜割少许藏之，名女儿香，是多黑润、脂凝、铁格、角沉之类。好事者争以重价购之，而尤以香根为良”。[7]“女儿香”是商人竞买的极品香料。

① ［清］吴震方:《岭南杂记》上卷，第 44 页。

② 同治《番禺县志》卷七《物产》，第 58 页下。

③ ［清］屈大均:《广东新语》卷二六《香语》，第 682 页。

④ 《八角种植法》，载《两广官报》第十期，宣统三年闰六月初十日至十八日。

⑤ ［清］江淹:《舟车闻见录》，收入《明清广东稀见笔记七种》，广东人民出版社，2010，第 264 页。

⑥ ［清］屈大均:《广东新语》卷二六《香语·莞香》，第 676 页。

⑦ 同上。

十、蜜蜂和白蜡虫的饲养和产品加工

广东多果园和花卉，家养蜜蜂是农家副业。明清时能人工繁殖蜂群，在冬季以蔗糖水喂养蜂群，蜂群被密封在蜂房里不会飞去，就能实现自然繁殖，到春季就能采蜜："家蜜取以夏冬为上，秋次之，春易发酸。冬曰梅花糖，最甘香。"① 人工养蜂显然多于采集的野蜜，因为野生蜜的资源会随着植被的减少而稀见。明末"山中人恒畜二三十窠，每岁割百余斤，荔枝花、梅花时，糖最妙。冬月蜜房无花可酿，须煮蔗糖饵之，否则恒至冻馁"。② 冬天用蔗糖喂养蜜蜂以延续其生产，可见是专业化的养蜂。在东莞、增城、番禺等果园很多的地方，已经出现专业的养蜂户。养蜂人还用蜜蜂煮黄蜡，"黄蜡出阳春、德庆诸山，开煮蜜房，渣滓为之，纯用作蜡炬，香馥胜于白蜡"。③

明代广东饲养白蜡虫，以获得制作白蜡烛的原料："粤人以虫大如虮虱者，芒种后置之菁绌树上，树状类冬青，虫食树汁，吐沫粘嫩茎上，化为白脂。至秋取之，以水煮滤成蜡，文理莹彻，若石膏然。以之浇烛入药，甚适用。虫嫩时白色，作蜡及老则赤黑。其结苞于树枝，初若黍米，入春渐长如鸡头子大，色紫赤，累累抱枝，宛如树之作实，是称蜡种，亦白蜡子。子内有白卵，一苞数百。次年立夏，以箬叶包之，系于树上。芒种后苞拆，白卵化虫，乃复上树作蜡也。黄蜡成于蜜蜂，白蜡成于此虫，各有其能若此。白蜡琼州最多，以之为炬，大者可五六斤，每夜宴用至数百石，其价颇贱。"④ 这是一种半养殖的方式，因农民还不懂繁殖白蜡虫之法，因而只是采幼虫，对其生长细致观察，采摘得时和加工得法，便得白腊。

① [清]屈大均:《广东新语》卷二四《虫语·蜂蜜》，第592—593页。
② 崇祯《肇庆府志》卷一〇《物产》，第324页下。
③ 崇祯《肇庆府志》卷一〇《物产》，第324页下。
④ [清]屈大均:《广东新语》卷二四《虫语·白蜡虫》，第605—606页。

十一、副食品

人们生活中的醋，往往是以变酸的家酿酒再发酵造成。但也有专业产区，如“醋出连州者佳”。[①] 梅子“杂以朱槿花和盐渍之，梅为槿花所染，其色可爱”。[②] 盐梅是调味品。乌榄榄制作成的榄酱也是重要的调味品，增城和番禺最多。道光年间，随着大白菜的栽培推广，广东人将它“以盐腌之，名咸菜”，以新会西郊所产最好，“他邑莫及”。[③]

糖腌制的梅果在民俗中有重要的作用，“东粤故嗜梅，嫁女者无论贫富，必以糖梅为舅姑之贽，多者至数十百罂，广召亲串，为糖梅宴会其有不速者，皆曰打糖梅”。[④] 酴醿花蒸馏成的“荼蘼露尤美”，“广人多种荼蘼，动以亩计，其花喜烈日，当午浇灌则大茂，有细瓣而蕊三四卷者，有瓣粗而蕊一二卷者。有细心者，疏苠者，以甑蒸之取露。或取其瓣拌糖霜，暴之兼旬，以为粉果心馅，名荼蘼角，甚甘馨可嗜”。[⑤] 岭南腌制食品盛行，佛山火腿“往香、澳，每百斤收银一分八厘”。[⑥]

辛辣品中除了姜、芫荽、蒜头等，还有荜拨，因为有进口，《广东新语》将它列入“诸番货物”中，这种植物宋代已引进，明清种植更多，如嘉靖《广东通志》记载：荜拨“出海南，苗长四五尺，茎细如箸，叶似蕺叶，子如桑椹”。[⑦] 它的果实类似胡椒，广东人用来“炙田鸡”。鱼生是岭南饮食的特征，必须很多佐料，广州人“有宴会，必以切鱼生为敬，食必以天晓时空心为度。每飞霜锷，泡蜜醪，下姜蒌，无不人人色喜，且餐且笑”。[⑧] 辛辣品是食鱼生的必备调味料。辣椒在清代中期传入，道光年间已有广椒的概念，除用作生蔬，“皮皱晒干，味与胡椒同”。[⑨]

① 道光《广东通志》卷九五，第188页上。
② 同上书，第201页下。
③ 道光《新会县志》卷二《物产》，第61页下。
④ [清]屈大均:《广东新语》卷一四《食语·荼蘼露》，第390页。
⑤ 同上。
⑥ [清]梁廷枏总纂《粤海关志》卷一一《税则四》，第218页。
⑦ [明]黄佐：嘉靖《广东通志》卷二三《土产上》，第586页。
⑧ [清]屈大均:《广东新语》卷一四《食语·鲙脍》，第394页。
⑨ 道光《白云越秀二山合志》卷四三，清道光二十九年刻本。

在广州，老字号酱料行“致美斋”在清代已经出现。距今已有四百多年历史。[①]

十二、粮食加工和储存

一般来说，古代产谷米的农家是将口粮自己加工储存，用加工剩下的米糠用作喂猪的饲料，谷壳也可以喂鸡鸭。元代《王祯农书》中记载的“飏车”、水碓等加工工具，在明清时期就十分普遍了，表示专业化粮食加工工场的出现。如番禺县，“谷粒落后，即布于场再晒之令干。干后以风柜转之，俾谷粒与尘芥、谷壳借风力而得分离，分离既净，乃贮之仓廪”。[②]《粤海关志·税则》记载有的关口有“车扇”出口，当是“飏车”。由于经济作物的生产增加，很多县份的米谷依赖外地供应，米谷大批运来，米谷加工成为专业化的行业。清代广州城内有米谷行，佛山也有。加工大米的作坊，多兼酿酒，其好处是利用加工大米剩的下脚料，或加工大米的米碎糠蒸酒，酿酒之后的酒糟喂猪，形成循环生产。早期的米店多是用砻、米碓、磨、风柜等传统的米谷加工工具。民国《番禺县志》七十二行中的米埠行、糠米行就是与米加工相关的行会。晚清由于机器缫丝业的出现，带动了对机器动力的研制，烧煤、烧油的蒸汽机出现之后，在清末出现用动力牵引的米谷碾米机。这些电动碾米机与电动筛、电动风柜等机器配套，米糠米碎减少，使稻谷的出米率达到 60%—70%（传统碾米法出米率一般为 50%），增加了经济效益。

① 民国《番禺县志》卷一二《实业志》，第 185 页下。

② 同上书，第 174 页下。

国家出版基金项目
NATIONAL PUBLICATION FOUNDATION

岭南农业史（下）

吴建新 编著

世界图书出版公司
广州 · 上海 · 西安 · 北京

图书在版编目（CIP）数据

岭南农业史．下 / 吴建新编著．— 广州：世界图书出版广东有限公司，2020.6（2023.2 重印）
ISBN 978-7-5192-7634-8

Ⅰ．①岭…　Ⅱ．①吴…　Ⅲ．①农业史—广东
Ⅳ．① F329.65

中国版本图书馆 CIP 数据核字（2020）第 112423 号

LINGNAN NONGYE SHI
岭　南　农　业　史

编 著 者：吴建新
责任编辑：朱　霞　刘　旭
装帧设计：苏　婷
出版发行：世界图书出版广东有限公司
地　　址：广州市海珠区新港西路大江冲 25 号
邮　　编：510300
电　　话：（020）8445 2179
网　　址：http://www.gdst.com.cn/
邮　　箱：wpc_gdst@163.com
经　　销：新华书店
印　　刷：广东虎彩云印刷有限公司
开　　本：787 mm × 1 092 mm　1/16
印　　张：50.5
字　　数：826 千字
版　　次：2020 年 6 月第 1 版　　2023 年 2 月第 2 次印刷
国际书号：ISBN 978-7-5192-7634-8
定　　价：248.00 元（全 2 册）

第五章

农产品贸易与农家经济

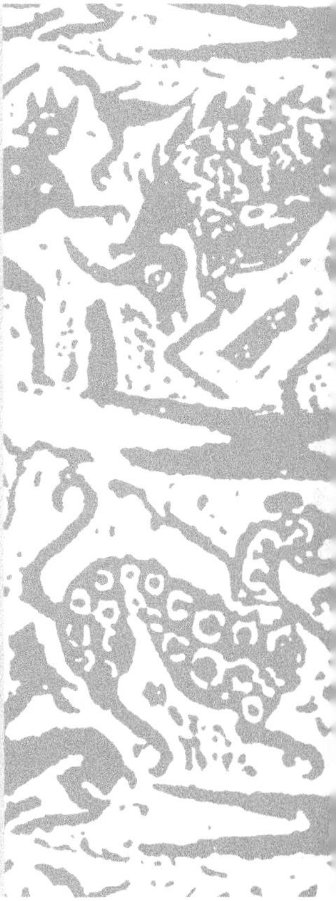

第一节

墟市及其对商品性农业发展的作用

一、墟市与商业市镇的兴起

墟市和商业市镇的发展促进了农产品的流通，是商品性农业发展的重要基础。有学者认为明代初期到中叶以前，广东5个州县只有7个墟市的记载。[①] 此不确切，根据叶显恩等的研究，永乐年间，在狭义的珠江三角洲，墟市就有33个。[②]

嘉靖以后广东的墟市数激增。嘉靖三十九年（1560年）《广东通志》卷二十五《墟市》记载广州府墟市119个，韶州9个，惠州37个，潮州41个，肇庆府69个，高州府57个，廉州府19个，雷州府7个，琼州府66个。[③] 总数为424个。嘉靖《广东通志》记载的显然不完整，因为海南的墟市在正德年间已经达122个。[④] 嘉靖《广东通志》记载南雄州、连州等没有墟市，这肯定为缺记，因为南雄州、连州均为岭南岭北交通要地，与外省的贸易频繁，不可能没有墟市。而且嘉靖《广东通志》记载的不少县只有一个墟市，如韶州的英德、翁源、乐昌、仁化、乳源等，贸易昌盛的雷州三县只有市而没有墟，都是只记载了县城里

---

① 李华：《明清广东墟市研究》，载《平准学刊》第四辑，光明日报出版社，1989，第311—362页。

② 叶显恩、谭棣华：《明清珠江三角洲农业商业化与墟市的发展》，《广东社会科学》1984年第2期。

③ ［明］黄佐：嘉靖《广东通志》卷二五《墟市》，第610—614页。

④ 正德《琼台志》卷一二《墟市》，广东历代方志集成本，第169—170页。

常设的“市”而忽略了乡村的“墟”。其实，嘉靖《广东通志》记载的只是向官府纳税的墟市，而将在乡村中宗族、豪强设的不纳税的“私墟”忽略了。嘉靖年间“禁墟主以便市民”，[①] 在政府权力不能到达的地方，“墟主”就是一方豪强。万历年间广东墟市较之嘉靖时增加了。据万历《琼州府志》卷三的记载，万历末年，琼州墟市为179处，较之正德年增长32%。潮州，明代后期乡村大市，海阳8个，潮阳5个，揭阳10个，程乡3个，饶平3个，惠来2个，大埔3个，平远7个，澄海5个，普宁2个，总共48个，除了这些大市，还有更小的市集。[②]

广州府属下全部县份，在万历二十年（1592年）的墟市总数为202个。在万历二十年以后到崇祯年，广州府发达县份墟市数较之万历二十年有显著的增长，如南海县在万历二十年只有墟市25个，崇祯年激增至49个；新会县在万历二十年有墟市25个，万历三十七年（1609年）为37个；东莞县在万历二十年为29个，崇祯年为32个墟，10个市。[③]叶显恩等认为，南海县的墟市，嘉靖年间贸易范围为66.5平方千米，平均人口为6 019口；位于珠三角边缘的恩平县，每个墟市的贸易范围平均为226平方千米，平均人口为1 490口。[④] 万历以后的墟市大增，一些沿海不知名的地方突然成为著名的商埠，如明末人陈舜系的《乱离闻见录》卷上记载：吴川县的芷芋“万历间，闽、广船大集，创铺户数千间，贩谷米，通洋货”，吴川的税收激增。

清代墟市更密集，“墟多在冲衢往来之所，各有定期，或旬日一集或两集三集”。[⑤] 康熙复界以前，明代建的墟市大多废弃，但康熙朝新设

① ［明］黄佐：嘉靖《广东通志》卷二五《墟市》，第609页。

② 黄挺：《明代中期潮州工商业重兴与民风之变化》，《汕头大学学报（人文科学版）》2000年第4期。

③ 万历二十年数按万历《广东通志》卷一六《广州府坊都》，第391—392页；崇祯《南海县志》卷一《风俗》，第25页下—26页上；万历《新会县志》卷二，第87页上；崇祯《东莞县志》卷一《地舆志·墟》，《广东历代方志集成·广州府部》，第67页。

④ 叶显恩、谭棣华：《明清珠江三角洲农业商业化与墟市的发展》，《广东社会科学》1984年第2期。

⑤ 乾隆《新宁县志》卷四《杂记册》，第487页上。

的墟市仍有30个。[①]商品性农业能促进墟市的发展。如明代钦州、廉州一带是粗放农业，乾隆以后由于移民大量增加，农业技术达到精耕细作的水平，道光《钦州志》卷一《墟市》记载："新增各墟（市）固两倍于前。"

表5–1 清代广东发达地区墟市数量变化表

		广州府（1）	韶州府、南雄府（1）	惠州府（1）	高、雷、廉府（1）	琼州府（2）	潮州府（3）
清前期	墟市总数	321	48	107	103		132
	每县墟市数	22.9	8	10.7	17.2		14.66
清后期	墟市总数	689	137	184	186	323	
	每县墟市数	49.2	22.8	18.4	31	24.86	

资料来源：（1）汤苑芳：《分合与互动：清代广东墟市经济地理（1644—1911）》，花木兰文化出版社，2013，第197—198页；（2）道光《琼州府志》卷八《建置志》，第225—232页；（3）乾隆《潮州府志》卷一四《墟市》，中国方志丛书本，第172—176页。

由于数据不全，很难对清代广东墟市作全面统计。笔者在汤苑芳统计的基础上增加了琼州和潮州的一半数据。从上表来看，珠江三角洲是墟市最发达的地区，确定其发达程度的关键不仅在于其墟市的密集度，而在其物流类型的丰富与物流系统的发达程度，这些关键造就了这一地区的经济重心地位。[②]广州和佛山两个不同的中心产生巨大的物流，对农产品流通地区有很强的辐射作用。从鸦片战争前潮州口岸农林鱼盐产品的物流看，潮州平原汇聚广东东西沿海，以及福建及江浙的农林产品的数量也是非常巨大的。[③]在广州府、潮州府的水乡，桥渡也有货物交

① 李华：《明清广东墟市研究》，载《平准学刊》第四辑，第322—329页。

② 汤苑芳：《分合与互动：清代广东墟市经济地理》，花木兰文化出版社，2013，第327—372页。

③ [清]梁廷枏总纂《粤海关志》卷一二《税则五》，第239—259页。

易的功能，作为墟市的补充，这在《广东新语》及清代方志中都有记载。

晚清珠江三角洲的墟市更为密集，一些专业化的市镇有自己的墟市系统，如南海九江乡，专业墟市每日交易量较大，如当地的丝墟、鱼种行都“不限期日”，鲜鱼埠，新会等县“来客常有数十船湾泊岸侧”，九江墟市最高峰时数量达30个，后减少到20个[①]，数量比得上一个县。在珠江三角洲，很多桥渡就是贸易的场所，近渡口的水面也可以交易，如顺德羊额堡的“锦鲤海”明清时就是交易龙眼的地方，在《广东新语》、乾隆《顺德县志》卷一《图经》记载为卖龙眼的“海市”。

专业化墟市是明清墟市的一大特点，是商品性农业发展的需要。明代前期多是适应自然经济的初级墟市。明中叶以后墟市作为以农产品为原料的手工业品交易场所的功能加强，并向高级阶段发展，对促进商品性的种植很有推动作用。顺德、南海等地以蚕丝业为主，就有桑叶市、丝市、蚕种市、桑秧市等，在同治以后兴起机器缫丝业，还在顺德的容桂有了全省最大的茧市。还有顺德县陈村的花市、谷市，番禺、增城、东莞的果市，东莞的香市，廉州的珠市，罗浮山的药市，南海九江及顺德两龙的鱼花市、茧种市，等等。为了适应猪只买卖的需要，在特别繁荣的市镇有专门买卖猪只的墟市。如属于蚕桑区的龙江有猪市。[②]南海县除了九江一个猪墟以外，神安司和江浦司也各有一个专门的猪墟、猪市。[③]山区有位于水路的墟市，虽然不是专门的猪墟，但猪是主要的交易品种，如英德县的马口墟“多豆麦牛豕”，龙头墟“芋麦花生牛豕皆有”。[④]开平县的赤坎市，其中的上、下二埠是买卖牛的专业墟市，康熙年间建。[⑤]专业化墟市的设立已成为全省性的现象。

---

① 光绪《南海九江儒林乡志》卷四《建置略·墟市》，清刻本，第36页上—83页上。

② 道光《龙江志略》卷一《物产》，中国方志丛书本，第31页。

③ 同治《南海县志》卷五《墟市》，第128页下—129页上。

④ 道光《英德县志》卷六《墟市》，第313页上下。

⑤ 民国《开平县志》卷一二《墟市》，中国方志丛书本，第86页。

二、广州、佛山等市镇在农林产品贸易中所起的作用

广州、佛山是岭南两大商业中心，它们的市场中心地位不同[①]，对农产品的交易有很大的影响。广州作为一个以外贸为中心的城市，全国各地的农产品运销到这里再转出口。在明朝的海禁未开放以前，广州城作为贸易中心的地位是一直存在的。洪武三年（1370年）在广州城外一里设市舶提举司，以管理朝贡贸易。正德三年（1508年），广东开始对朝贡的物品实行"抽分制"，给予收买的价格。这个制度的实行，使外国朝贡船有利可图。正德十二年（1517年），再进一步改为十分之二的税率。其实，停泊朝贡船的澳口近十处，每澳有"守澳官"，收完税的物品由官府买入"奇货重宝"，剩下的贫民"承令博买"，由于这些"番货甚贱"，"贫民多致富"。[②]这些价格很低的"番货"，除了日用品，很大一部分就是农产品或者是以农产品为原料的手工业品、土产。但是朝贡贸易的贡期长，规模也小，因此民间贸易是朝贡贸易之外的重要形式，交易量大过朝贡贸易。海商在高州建的船只很大，通常运载硝石、硫黄，也有丝绵等农产品。虽然明代实行严厉的海禁，明初一百多年民间贸易一直没有停止过，实际上已经负担起对外贸易的主体。[③]丝的贸易促进了南海、顺德蚕桑业的发展。明代中叶，随着商品性农业的发展，特别是嘉靖年葡萄牙人"租借"澳门之后，民间走私更为频繁且贸易量加大，不入文献记载的"私澳"就更多了。嘉靖八年（1529年），广东地方官林富向朝廷提出开放海禁。隆庆元年（1567年）朝廷正式开放海禁，"准贩东西二洋"。[④]大概在万历以后，外国商船来广东贸易就规定在广州进行。环珠江口的民间贸易开始替代朝贡贸易。闽、粤商人将茶、丝、糖以及陶瓷等物品运到吕宋，再从吕宋运回白银到广州，通过"揽头"在广州城内下单，用白银购买商品再出口，或者将货物销回岭北，或者

① 罗一星：《清代前期岭南二元中心市场说》，《广东社会科学》1987年第4期。

② 李龙潜：《明清广东社会经济研究》，上海古籍出版社，2006，第172—177页。

③ 同上书，第180—181页。

④ ［明］张燮：《东西洋考》卷七《税饷考》，中外交通史籍丛刊，中华书局，1981，第131页。

运白银逾岭而北。[①]

在元末，广州已经有“广南富庶天下闻”的说法[②]。到了明中叶，濠畔街的繁华应该超过元代的盛况。明代后期为岭南经济最盛之时，广州濠畔街“有百货之肆，五都之市，天下商贾聚焉”。[③]可见明代中叶起商品性经济对农业的推动作用非常大。

鸦片战争前，广州作为对外贸易的中心城市的地位一直没有变化。清初实行海禁，但是藩商走私十分活跃，控制了丝绸、茶叶等贸易。康熙二十四年（1685年）四月，正式下令开海贸易，指定广州、泉州、宁波、松江为通商口岸，分别设立海关，管理当地的贸易事务。粤海关设立以后，清初沿袭明代的市舶提举司制度便罢废。康熙二十五年（1686年），建立了专门经营对外贸易的洋货行，俗称十三行。外国人只能与洋行贸易，如与中国其他商人贸易就是违法。行商和十三行充当中国商人和外商二者之间的中介商人和商行。乾隆初期规定了广州一口通商的地位，全国的茶、丝都运到广州贸易，也促进了广东本地农产品的生产和出口，丝、茶、糖等大宗农产品和陶瓷一起出口，造成广东贸易的巨大顺差。清初到鸦片战争前广州都保持一口通商的繁荣，乾隆时濠畔街等处的繁华程度超过了明代万历年间，中外客商荟萃于此。时人罗天尺诗歌云：“碧眼番官占楼住，红毛鬼子经年寓。濠畔街连西角楼，洋货如山纷杂处。”[④]直到五口通商以后，广州一口通商地位才被打破。此后，出口大宗商品丝、茶等多改由就近口岸输出，对岭南的经济产生了重大的影响。岭北的出口货物不再经过广州出口。最重要的是外贸体制的变化，茶叶、丝绸、糖等大宗农产品逐步由外商垄断，广东的出口产品处于劣势。一是信息不灵，影响生产和贸易；二是给洋行赚大头。外国产的茶、棉、丝

① ［清］屈大均：《广东新语》卷一五《货语·银》，第406页。

② ［明］孙蕡：《广州歌》，收入欧大任等《南园前五先生诗·南园后五先生诗》，中山大学出版社，1990年点校本，第48—49页。按：孙蕡为元末明初时人，《广州歌》末句有：“别来风物不堪论，寥落秋苑对酒尊。回首旧游歌舞地，西风斜日淡黄昏。”可见《广州歌》前面所述繁华事，应在元后期。

③ ［清］屈大均：《广东新语》卷一七《宫语·濠畔朱楼》，第475页。

④ ［清］罗天尺：《冬夜珠江舟中观火烧十三行（略）》，收入《瘿晕山房诗钞》，《广州大典》集部别集，第431页。

绸、洋糖的进口，对广东主要农产品的生产造成巨大冲击。即使如此，晚清以后广州城的商业，仍然非常繁荣，以七十二行著称。七十二行中与农业、手工业和副业生产和流通有关的行业有土丝行、洋庄丝行、花纱行、土布行、南海布行、纱绸行、绸绫绣巾行、颜料行、牛皮行、米埠行、酒米行、糠米行、澄面行、鲜鱼行、屠牛行、西猪栏行、菜栏行、油竹豆行、白糖行、酱料行、花生芝麻行、鲜果行、海味行、茶叶行、酒行、烟叶行、烟丝行、杉行、杂木行、铜铁行、青竹行、香粉行等。[①]

佛山原来是以冶铸和陶瓷的生产为基础发展起来的。在明代中期，由于北江支流芦苞涌淤塞，西北江农产品只能转运佛山，再转运广州，久而久之，使佛山商业地位加强。后来，随着佛山商业的兴起，西北江农产品、土产就直接在佛山交易，佛山成为广东内销产品集散地，不仅西北江流域，甚至东江三角洲的货物也转输此地，然后分销广东各地，或者分销全国各地。罗一星认为清前期佛山已经成为广州之外的另一个岭南中心市场，[②]但天启年间佛山已经有“大都会”的称呼[③]。则佛山的中心市场地位形成时间当在明万历年间。清代这一地位加强，乾隆年间，佛山除了有金融、洋货以及手工业品的行店，还有木行、烟丝行、香行、葵扇行、绸缎棉花行、青麻行、海味行、京果行、油行、豆行、谷埠、米行、槟榔行、果干行、药材行、柴行、炭行、糖行等与农产品相关的贸易店铺。[④]道光年间，“白糖、龙眼干、荔枝干、陈皮、糖梅、糖榄，皆贾贩弥市”。[⑤]此外，佛山有宰猪行、蒸酒行，显示当地商业繁荣，是食品的集散地；还有桑市、茧市等专业墟市[⑥]，显示当地的农产品贸易也十分活跃。清代乾隆年间佛山“四方之估走赴如鹜，

① 民国《番禺县志》卷一二《实业志》，第185页下。

② 罗一星：《明清佛山经济发展与社会变迁》，广东人民出版社，1994，第237、239页。

③ [明]李待问：《修通济桥纪略》，载《明清佛山碑刻文献经济资料》，第8页。

④ [清]龙廷槐《敬学轩文集》卷二《初与邱滋畬书》，第418页。

⑤ 道光《佛山忠义乡志》卷五《乡俗·物产》，道光刻本，第13页。

⑥ 民国《佛山忠义乡志》卷六《实业志》，第5、6、13、14、22页。

市镇之盛宜矣”[①]，“万家灯火，百货充盈，省垣不及也”[②]。佛山名列天下四大镇，持续了几百年，有着与广州不同的城市功能和贸易辐射功能，对农产品的流通所产生的影响也不同。

在珠江三角洲的水网地带，水环境的改善、商品经济的活跃和农业经济的发达等综合因素也催生了一批新市镇。[③]它们像大大小小的珍珠，连缀在珠江水系，与广州、佛山相映成趣，与这两个市场中心的功能互补。各地村庄的墟市将农产品集中起来，运销到城镇，城镇再将农产品运销到广州、佛山。这些市镇大多通过以自有的经济特色为基础，兼有水运的优势而发展起来，如南海九江乡是华南最大的鱼花养殖地，也是著名的蚕桑区。九江人将在西江上捕捞的鱼花养大之后，运到北江、东江上游的码头出卖，从海路运到潮州、惠州、高州等沿海州县，以龙川为集散地，远售赣南、湖南、湖北、福建。鱼花船返程时又购买粮食回到九江。顺德县的龙山和龙江，都是顺德最大的蚕桑业和丝业产区。顺德的陈村，是最大的园艺作物产区，也是西北江粮食的集散地之一。顺德的大良、容奇、桂洲，也盛产蚕桑，米谷果布集中交易。香山的小榄，是新兴的蚕桑区，也是珠三角沙田区粮食的集散地。东莞的石龙、莞城，是东江各种货物的集散地，也是连接东江三角洲、潮汕平原与珠江三角洲的过渡地带。东莞的茶山、寮步一带，出产著名的莞香。东莞虎门，是环珠江口渔产品集散地。新会江门，来自海南的槟榔等土特产以及番货在这里分销到佛山或广东沿海各县，江门还有油、糖、豆、布、麻等南、北四行，新会的葵扇从佛山销往各地。[④]番禺的市桥，集中市桥台地的水产和稻谷外销。三水的西南、芦苞汇集了西北江的米谷、林木产品。墟市有劳动力市场，如清代嘉应州的畲坑堡，正月五日趁墟不贸易，

① 乾隆《佛山忠义乡志》卷一《乡说·佛山镇论》，转引自广东社科院历史所编《明清佛山碑刻文献经济资料》，第265页。

② 道光《佛山忠义乡志》卷一一《艺文下》，第14页。

③ 吴建新：《明清珠江三角洲城镇的水环境》，《华南农业大学学报（社会科学版）》2006年第2期。

④ ［清］聂尔康《冈州再牍》卷一《晓谕江门四行人等示》，第63页上—65页上。

"凡雇倩春作佣役者，于是日订议，谓之春哥墟"。[1]珠三角沙围田区，耕作七八十亩的佃农农忙时需雇佣工人，如在广州近郊黄埔村，有"卖镰"者，水稻收割季节，"群立待雇，谓之'卖镰'"。[2]在顺德、南海的基塘区，需要大量的长短工，也在墟市上贸易，这是商品性农业发展的一个标志。水利的兴修和桥梁、码头、水上运输的发达，为明清以农工商业为依托的城镇提供了发展的前提。[3]珠三角的发达市镇，在清代后期自成商业系统。以光绪年九江乡为例，《九江乡志》记载除有不定期墟之外，儒林大街上常年"为行市七，为铺肆一千五百有奇，万货丛集，百工填委"，俨然一个小佛山。[4]在珠江三角洲的蚕桑区，晚清由于机器缫丝业的出现，产生了茧市和桑市等新类型墟市和新的物流系

图 5–1　外销画中的广州城

① 光绪《嘉应州志》卷三二《谈丛》，第596页。

② ［清］梁松年：《岭南十二月劝耕诗·注》，收入《梁松年集》，广东人民出版社，2018，第800页。

③ 吴建新：《明清珠江三角洲城镇的水环境》，《华南农业大学学报（社会科学版）》2006年第2期。

④ 光绪《九江儒林乡志》卷四《建置略·墟市》，第36页上—83页上。

统，比如桂洲、容奇等崛起的茧市中心。[①]

广东各地也兴起重要的城镇，对农产品的流通起重要作用。如明清的潮州、揭阳、海阳、潮阳、南澳；清代的汕头，惠州，惠州的海陆丰，粤东北的梅州，大埔的三河口，粤西的阳江，吴川的芷芋、梅菉，雷州的海安、徐闻，粤西的肇庆，西宁的连滩，粤北的韶州、连州，粤西南廉州的合浦，琼州的海口、文昌、崖州等地。有的商口直接向外贸易，有的商人则将产品运到广州、佛山贸易。从《粤海关志·税则》的记载看，以广州、佛山为中心，连接各地商业口岸、城镇农产品流通的网络是十分畅通的，而且农副土特产品种类繁多，反映了墟市、各地商业口岸与广州、佛山城市之间农产品交流的关系。道光十九年（1839 年）以前，粤海关形成了以广州为中心的海关口岸征税体系，在沿海各地均有大大小小的正税口和挂号小口，全省沿海的农产品贸易网络形成。仅潮州就有 19 个征税口，包括正税口和挂号口，有各类农产品的税则，表明农林海产贸易非常频繁。[②] 在珠江三角洲、潮州平原的水乡内，以及沿海粤海关口岸体系中，大大小小的船只运载的农产品，促成了农产品流通体系。18 世纪外销画中记载的船只有西瓜扁（货船）、盐船、白盐艚（与渔船一起腌海鱼）、西江谷船、外江运粮船（自外省来，广东人称外省为外江）、木料船、贩米船、石船、蚝壳船、棉花渡、夜渡、横水渡、行尾渡等船只。还有各种渔船，渔船有的兼走私或运盐，也有部分商业功能。[③] 清初屈大均也记载广东的各种船只，说“粤人善操舟”，广州有大艨艟，“使得两头风”。[④] 岭南水运系统是农产品流通的基础。

明清时期粤商崛起，促进了粤丝、粤糖、茶叶及其他农产品的贸易。明代嘉靖以前，广东、江浙、福建等地商人前往日本贸易，“广之惠、

① 吴建新：《陈启沅传》，广东人民出版社，2012，第33—37页；《南国丝都——顺德蚕桑丝绸业发展史研究》（顺德文丛第三辑），第44—47页。

② 吴建新：《〈粤海关志〉所载潮州口岸的主要农副产品考》，《韩山师范学院学报》待刊稿。

③ 英国维多利亚阿伯特博物院等编《18—19世纪羊城风物——英国维多利亚阿伯特博物院藏广州外销画》，第191—207页。

④ ［清］屈大均：《广东新语》卷一八《舟语·操舟》，第477—478页。

潮、琼、崖，驵狯之徒，冒险射利，视海如陆，视日本如邻室耳”。[①]明清广东商人前往东南亚贸易的例子更多。总之，粤商集团的成长和活动范围与粤当局的商业政策及广东商品性农业的发展有很大关系。如明朝的海禁政策一直对以海上贸易为主的潮州商人集团造成极大的影响，但是潮州商人与江浙商人、福建商人，甚至与倭寇的贸易仍没有被阻断。[②]其交易的物产以糖和铜为主。明代嘉靖、隆庆、万历年间放松海禁，粤商集团急剧扩大势力和贸易地域。从贸易的农产品分类来说，粤商有米商、丝商、糖商、茶商、木材商、果箱商、葵扇商、珠宝商等。[③]从粤商的地域分类来说，主要有广府帮、潮州帮、客家商等，以广府帮经商范围较广，如晚清《梅菉志》记载当地有常设的“广货行”。广府商人与肇庆商人组成“广肇会馆”。明代粤商在外省建立的广东会馆还较少，清代则大为增加，如明代北京的广东会馆只有9个，清代就增加到36个，会馆代表的地域从广州扩展到全省25个州县，商人会馆占的比例增加，其他省份的粤商会馆也有这种趋向。[④]这说明广东商帮活动范围扩大。也有专营一个行业的商人设立专门的会馆，如糖商在华东的商业组织，新会葵扇商人建立的冈州商会，山区的广州商人设立杉木和松木行，都有这种特色。广东商人有行商和坐商两种，行商在物产地设立商铺，收买农特产品到广州、佛山交易，来回于各贸易地点之间，赚取双重的利润。如明清九江商人往外地卖鱼花，返程则买米谷。潮州商人在广东各口岸买糖北上江南，回程则买棉花回广东。坐商则是在专业墟市里进行贸易的商人，收买了农产品卖给行商。也有兼行商和坐商的，即商人在物产地的墟市设商铺收买农产品，雇佣人经营商铺，自己运各地的农产品经西江或海路到广州、佛山，同时将广州、佛山等地的农副产品与手工业品运到设商铺的乡村墟市交易。广东商人讲究信誉，明代人叶权到粤地，云：“广城货物市与外江人，（货物）有弊恶者，五七日持来皆易与之，

① ［明］谢肇淛：《五杂组》卷四。

② 黄挺：《明代海禁政策对明代潮州社会的影响》，《韩山师范学院学报》1996年第1期。

③ 黄启臣、庞新平：《明清广东商人》，第40—112页。

④ 刘正刚：《广东会馆论稿》，上海古籍出版社，2006，第2—14页。

非若苏杭间转身不相认矣。”[①] 南海人刘宗缘，嘉靖间以贩卖槟榔为业，与远道客陈某相识。陈经营获利甚重，买槟榔千余篓，藏白金于其中，后陈客死途中。刘为保存其货物，晒槟榔方知有白银，封存之，待其子至，尽还之。[②] 广东商帮讲信誉这一特征，对商品性农业有促进作用。

① ［明］叶权：《游岭南记》，载《贤博编·粤剑篇·原李耳载》，中华书局，1987，第46页。

② 同治《南海县志》卷一九《人物传》，第313页。

第二节

主要农产品的贸易趋势与贸易网络

一、稻米贸易

明代中期以前广东仍有大量米谷出口，显示稻作是当时主要的农业经济结构。明代潮州稻谷输出漳、泉州，地方官员对"稻船抽谷"。①正统以后，广西壮族、瑶族造反，当地战乱频繁，以致当地米谷生产减少，当地官军俸粮、宗室禄米仰给广东。可见在很长一段时期内，广西还靠广东米接济。明代正统年以后，山区有"矿徒""炭党""浪人""瑶乱"，海上有为盗的疍家、非疍家的海盗和倭寇，官军疲于奔命，大量的余粮转化为军粮。而且随着嘉靖、万历年间经济作物挤占稻作，粮食出口更加减少，经济发达的平原对山区粮食的依赖程度日益加深。如河源县，万历时东莞船来买米。②崇祯年间，丰收时"东官（莞）之轴轳，衔尾而至，则稛载而归"。③来买米的是盛产蔗糖的东莞。嘉靖时兴宁县，有潮州、福建船来抢购大米。④

其他产粮区情况亦如此，潮洲改种甘蔗后缺粮，明代林熙春记载："海阳民食西仰给于长乐、兴宁、程乡，东仰给于揭阳，毋令减价。惟在广

① 乾隆《南澳志》卷三《建置》，广东历代方志集成本，第22页。

② 黄朝选（万历二十四年县令）：《社仓记》，收入康熙《河源县志》卷七《记》。

③ 崇祯《博罗县志》卷一《物产》，第39页。

④ 嘉靖《兴宁县志》卷三《食货》，天一阁本，第1100—1109页。

招（外地米船到潮）。若海运则仰给于高、雷。”[①] 特别是福建船来广东沿海抢购大米最多，“粤东滨海在在通津，漳泉之白艚贩乘，舶舻相望”。[②] 福建艚船抢购粮食，数量巨大，导致广东米贵，当时人记载“闽商涌价，米粒如珠”[③]。广东缺粮，大致发生在万历二十二年（1594 年）前后，广东当局对福建米船的禁运始于这一时期，标志着广东作为粮食出口大省地位的结束。[④] 万历年间广东丰年仅可自足或者稍不足，歉年则完全不足。

万历末年珠三角已完全依靠广西米了。《广东新语》中两次提到广

图 5-2　逢简水乡的谷埠街，表明基塘区对外来粮食的高度依赖

① [明]林熙春：《救荒议》，收入乾隆《潮州府志》卷四〇《艺文》，第1002页上。

② 万历《广东通志》卷七《屯粮》，第117页上。

③ [明]卢兆龙：《儒林乡义仓小序》，收入嘉庆《龙山乡志》卷一一《杂著》“序”。

④ 吴建新：《明清广东粮食生产水平试探》，《中国农史》1990年第4期。

西米的贸易，其实在万历末年已经发生。清代前期，广东经济作物栽培更多，导致山区也开始缺粮，进入广东的广西、江西、湖南米逐步增加，同时山区米继续大量运销平原，农户将畅销的大米运到墟市换取日用品和银子交税，或者以之贷得肥料、谷种获得再生产的资料，而农户自己吃在畸零山地上（这些土地不用纳税）种植的番薯、玉米、麦子、高粱、薯蓣、芋头、稷等杂粮，甚至野蕨做成的粉也作为杂粮出售。

清代，东南亚逐步成为广东大米的来源之一。康熙、雍正、乾隆年间政府开始准许商人运大米到广东以平抑物价，但是数量不多。乾隆朝不少地方志有“岁短数月之粮”的记载，缺粮为社会常态。当局开始对洋米运销实施免银税，来自东南亚的米增多。嘉庆末、道光初，总督阮元及稍后的程含章上书建议准许民船运洋米，且免关税，“自是商渔贩归及蕃舶至者，皆载有洋米，源源而来，食以大裕”，被认为是“善政”。[①] 据《粤海关志》卷二十四《市舶一》的记载，从道光十年至十三年（1830—1833 年）间自粤海关输入洋米共 12 264 000 斤，洋谷 150 100 斤。[②] 这些广东输入的外来米的数量还不算大。鸦片战争以前广东仍以湖南、广西大米为主要粮食来源，粤东则以江西大米为主要粮食来源。鸦片战争之后，洋米进口量大增，广西米来源已少。洋米价格低廉，虽保证了本地的粮食供应，但是对土米市场造成冲击，米谷价贱对粮食生产有不利的影响，[③] 而且不利于社会稳定。清代以常平仓、社仓、义仓等贮粮方式调剂地区间余缺和平粜以应对粮食危机。[④]

广州、佛山是全省米谷最大的集散地。一般谷埠和米行是分开的，船只将谷运到，米行就对买谷者的谷进行加工，收取米糠和加工费后再将米还给卖谷者。有资本的买谷屯积谷，加工米对外出售。若发生饥荒，这类米铺往往受到监管。此外顺德陈村、香山小榄、东莞莞城、新会会

① ［清］陈徽言《南越游记》卷三《足食善政》，载《粤东闻见录·南越游记》，第185—186页。

② ［清］梁廷枏总纂《粤海关志》卷一九《禁令三》，第71页。

③ 吴建新：《明清广东粮食生产水平试探》，《中国农史》1990年第4期。

④ 陈春声：《市场机制与社会变迁：18世纪广东米价分析》，中国人民大学出版社，2010，第214—250页。

城也是沙田稻谷的集散地。陈村谷埠甚至可以与佛山比。如晚清东莞发生饥荒时，东莞明伦堂集资买谷平粜，是去陈村买谷而不是到佛山。商品性农业特别发达的乡村，有专门的谷埠。如南海九江乡，原来有一个谷埠，村人卖鱼花，归途买谷。到了道光二十三年（1843 年），因为全乡每天需要 2 000 余石谷，遂请有司准许当地集资开涌至大江边，搭建新谷埠，有谷铺，并附设银铺，外地谷船或就在江上买卖，或卖谷给谷铺。当地人认为“商之所在即仓之所在”，作为救荒的成本比社仓、义仓更低。①

二、蔗糖贸易

明清时期在福建、广东形成两大蔗糖产地，清代较之明代为盛。有人用数据说明：广东蔗糖业在 17 世纪（大致清前期）甚至超过闽地。广东已经形成了珠三角、韩三角、雷琼台地三大蔗糖主要产区，并于清代形成有效运作的国内糖业销售网络，保障了广东糖在省内外的流通，直接刺激了糖业经济的发展。② 潮州、广州商人以及闽浙商人在华东组成了庞大的糖销售网络，鸦片战争前上海是重要的华南糖的集散中心，从闽广进口的糖达到 50 万担 / 年。③1864 年食糖出口增加 2.5 万担，比前三年的任何一年都多，其原因是上海、天津和烟台的市场需要。④

从《粤海关志》的相关记载，可以看出以广州为中心的蔗糖销售网络。广州口岸有凡琼、潮、高、惠、雷、廉，白糖、黄糖、片糖每一百八十斤作一百斤科税，大关仍照百斤实算。⑤ 实际上鼓励外地商船入广州海

① ［清］冯锡镛：《谷埠记》，收入光绪《九江儒林乡志》卷四《建置略·墟市》，第37—39页。

② 周正庆：《清代广东糖业国内营销网络试析》，《广东社会科学》2000年第4期。

③ 周正庆：《中国糖业的发展与社会生活研究——16世纪中叶至20世纪30年代》，上海古籍出版社，2006，第139页。

④ 广州市地方志编纂委员会办公室：《近代广州口岸经济社会概况》，暨南大学出版社，1995，第8页。

⑤ ［清］梁廷枏总纂《粤海关志》卷九《税则二》，第173页。

关买糖。虎门挂号口有江、浙、闽南船运糖货船，每艘收银二两。[①]在这里装载香山、东莞、增城、番禺等县产的糖运往江浙。运往佛山的糖则分销往省内不产糖的地方，“往下路各乡，每百斤收银二分”。佛山糖往香（港）、澳（门），每百斤收银一分二厘，往上路不收。[②]可见佛山是土糖的集散地，如清中期东莞“寮步多贩糖（商）往佛山各镇”。[③]产糖县都有这样的小集散地，并通过小贩糖商销往佛山。潮州溪东小口，有商船装载黄、白糖往上海，又有商船从上海装载棉花等货进口。税银与庵埠同。[④]双溪小口，凡糖船、棉花船进口，收银三钱。又小船驳糖至大船，每载收钱十五文。[⑤]澄海正税口，凡糖船往江南，每百包例载免五包，作九十五包科税。[⑥]潮阳达濠口，凡小船运糖往潮属口岸，每百钱三十三文。[⑦]海安正税口，黄、白糖雇小艇驳往海口上行，转搭商船往江南者，每百包上饷之外，向例准免驳载糖五包。[⑧]广东的糖不仅运销华东等地，还运销到日本以交换铜等产品，或者由澳门转运西洋。广东糖分为黑片糖、黄片糖、赤砂糖，“最白者以日曝之，细若粉雪，售于东西二洋，曰洋糖。次白者售于天下”。[⑨]清代广东商人以水陆方式运销糖，如东莞茶园商人，“度岭峤，涉湖湘，浮江淮，走齐鲁间，往往以糖、香牟大利”。[⑩]直至19世纪末，糖在中国的重要出口商品中位列第三，其产量和价值仅次于茶叶和丝绸。[⑪]在鸦片战争之后，19世纪六七十年代广东的蔗糖业仍在发展中，直到19世纪80年代才走下坡路，如清末，新宁县“山坡之田，旧多种蔗，糖厂十余家，近因利微而

① [清]梁廷枏总纂《粤海关志》卷一一《税则四》，第223页。

② 同上书，第218页。

③ [清]罗嘉蓉：《云根书屋诗钞》卷八，收入《广州大典》集部别集第46册，第284页。

④ [清]梁廷枏总纂《粤海关志》卷一二《税则五》，第241页。

⑤ 同上书，第244页。

⑥ 同上书，第245页。

⑦ 同上书，第255页。

⑧ 同上书，第266页。

⑨ [清]屈大均：《广东新语》卷二七《草语·蔗》，第690页。

⑩ 雍正《东莞县志》卷二之四《风俗》，广东历代方志集成本，第45页。

⑪ [美]穆素洁：《中国：糖与社会——农民、技术与世界市场》，第3页。

田抛荒，仅三数家而已”。[①] 洋糖大量进口，对土糖寮的生产造成冲击，土糖销售收缩，市场被台湾、吕宋等地的机制糖占领。

三、生丝与绸茧贸易

明代前期广东蚕丝水平最高的地方在顺德，当时顺德尚未从南海分出。明初永乐年间，尚属于南海的龙山、龙江的土丝已经有外销的记载，每担税银六钱，岁纳银二十五两，[②] 折合生丝 4 100 多斤。[③] 这是明代南海土丝最早的销售记录。顺德设县后，顺德丝质量开始高于南海。万历年间顺德、南海等地的土丝已经外销。万历八年（1580 年）到万历十八年（1590 年），每年经澳门运往印度果阿的生丝达 3 700 多担；万历二十七年（1599 年）运往日本长崎的生丝达 3 000 多担。明末商人从广东运生丝到马尼拉，一部分在当地销售，一部分由外商用“大帆船”运往墨西哥和秘鲁。虽然明代末期这些生丝不少是产自岭外的，但也有产自广州的。[④] 清代，“龙山所缫之丝，率不自织而易于肆。月之一四七为圩期，每期丝价辄以万计，故土丝之利为更倍云。”[⑤]“率不自织”表明缫丝业和织绢业是分开的，当然这是龙山的情况，其他蚕乡也有养蚕兼缫丝、织造丝绢的。《蚕桑谱》中，陈启沅认为国内的传统缫丝法大同小异。但是相同的蚕茧，用不同技术水平的缫丝法缫出来的丝质量相差甚远，价格有高有低。广东下等丝，品种有山塘丝、肇庆丝、沙丝、古镇丝等；上等丝产于顺德，被称为龙山丝、葛岸丝；中等丝就多得很。陈启沅认为如果将山塘、肇庆的茧，给龙山、葛岸的人缫，就一定能缫出上等丝，龙山人技术好，缫丝得利远多于其他地方的人。[⑥]

---

① ［清］赵天赐：《调查广州府新宁县实业情形报告》，收入罗振玉编《农学丛书》第六集。

② 万历《广东通志》卷七《广州府税课》，第188—189页下。

③ 程耀明：《清末顺德机器缫丝业的产生、发展和影响》，收入《明清广东社会经济形态研究》，广东人民出版社，1985，第252页。

④ 黄启臣、庞新平：《明清广东商人》，第77—78页。

⑤ 嘉庆《龙山乡志》卷四《田塘》，第7页上。

⑥ ［清］陈启沅：《蚕桑谱》卷二《论缫丝法》，第1页。

陈启沅的评判得到粤海关报告的证实。1871 年和 1872 年广州出口的生丝中，著名的品种就有产于顺德的龙江丝、甘竹丝、勒流丝。这些手工缫制的土丝价格比鸦片战争前湖丝的价格还要高。[①] 清初《广东新语》记载："广之线纱与牛郎绸、五丝、八丝、云缎、光缎，皆为岭外、京华、东西二洋所贵。"[②] 屈大均所述应该追溯到晚明时期。清初，藩商控制了丝绸贸易。屈大均诗"洋船争出是官商，十字门开向二洋。五丝八丝广缎好，银钱堆满十三行"说的就是这回事。另外，康熙、雍正年生丝出口的税额较低，也刺激了生丝的出口。18 世纪，外洋商船抢购中国丝，国内丝价格陡涨。1763 年广州生丝价格每担为 245 两，比 1702 年增长 185.6%。[③] 鸦片战争前后，珠三角的生丝出口剧增，引起了乾隆元年（1736 年）到道光二十年（1840 年）、19 世纪 60 年代后期到清代末年两次"废稻树桑"的高潮。

嘉靖年间广东著名的布品有绸、葛、象眼、蒸纱、兼丝等，其中象眼布中的品种"玉阶""柳叶"，"出顺德龙江"。[④] 明代龙津堡"民半事农桑，半事商贾"。[⑤] 清代记载广东："所织缔罗，其佳者不亚于江、浙。"[⑥] 可见鸦片战争前广东部分丝织品的生产水平不亚于江浙。鸦片战争前，粤海关出口的丝织品品种非常多，有"各色缎、绸、纱、锦、绫、罗、绢、妆缎、金缎、织花红缎、姑绒、剪绒、洒线料"，土锦绸、土纱、土绢、土绒、织绒每百斤各税一两八钱。[⑦] 这些从粤海关出口的丝缎和绸缎，南海、顺德、佛山、广州的丝织物占有一定的比例。19 世纪 90 年代以前，广东绸出口数量都很稳定，个别年份出口的价值甚至超过生丝，尤以丝带、腰带最引人注目。1872—1877 年间广东丝

① 刘永连：《近代广东对外丝绸贸易研究》，第318页。

② [清]屈大均：《广东新语》卷一五《货语·纱缎》，第437页。

③ 刘永连：《近代广东对外丝绸贸易研究》，第41页。

④ [明]黄佐：嘉靖《广东通志》卷二三《土产上》，第573页下。

⑤ [明]李际明：《龙津记》，收入康熙《顺德县志》卷一〇《艺文》，第360页上。

⑥ [清]陈徽言：《南越游记》卷二，载《粤东闻见录·南越游记》，第171页。

⑦ [清]梁廷枏总纂《粤海关志》卷九《税则二》，第174页。

绸疋头价格曾大幅度增加。[①]但洋人把持的海关提高了丝绸的出口关税而调低生丝关税，使广东丝绸出口成本大增。

晚清，机器缫丝业兴起，生丝的质量有较大提高，出口也有增加，这导致蚕丝业中茧农和桑农从蚕桑业中分离出来。缫丝业兴起，蚕丝业的经营方式发生重大变化。缫丝厂设茧市——这是以前未有过的，顺德容奇、桂洲成为广东最大的茧市，全省的茧大都拿到这里交易，茧农用船将蚕茧拉到茧市，与中介人“水斗”交易，丝厂再购买合格的茧。茧市的买卖情况，其实是蚕桑、生丝生产的信息流，影响着机器缫丝厂、蚕农的经营决策。茧市还有着巨大的资金流和物流，因而成为近代广东经济最活跃的地方。但粤丝出口日益被洋行垄断，从而严重阻碍了丝绸的出口。

四、茶叶贸易

中国茶的对外贸易在正德、嘉靖、万历中开始繁盛起来，中国茶从此开始了在世界茶叶市场中的主导地位。万历三十八年（1610年），荷兰人将广州茶出口到欧洲，此后在明清之间传到俄国、德国、法国，顺治七年（1650年）传到英国。从此，饮茶的风气传遍欧洲。[②]魏源的《海国图志》卷二记载了从康熙二年（1633年）到道光年间英国进口的茶叶数量，美国在道光十七年（1837年）购买茶叶369万斤，荷兰岁需280万斤，法国23万斤，其他各国约共200万斤。[③]在独口通商的时代，这些茶大多是从广州出口的，广州茶场出品的茶叶占了很大一部分。即使在鸦片战争之后，中国通商口岸增加，但是广州十三行商人中从事茶叶贸易的商人仍可以赚钱。晚清时，有学者认为广州茶业的销售态势还是好的。[④]但笔者据粤海关茶叶出口的记载，发现广州口岸茶叶出口整体趋势是走下坡路的。

① 刘永连：《近代广东对外丝绸贸易研究》，第103—105页。
② 黄启臣、庞新平：《明清广东商人》，第80页。
③ [清]魏源：《海国图志》卷二《筹海编》，咸丰壬午古微堂刻本，第22页上下。
④ 黄启臣、庞新平：《明清广东商人》，第84页。

从《粤海关志》的记载中可以看到广东本地茶贸易也很兴盛，本地茶中有细土茶、粗土茶的税则。[①]佛山茶叶“往下路各乡，每百斤收银二分”[②]，可见佛山是广东内销土产茶的集散地。庵埠正税口有茶叶一项，运往潮阳达濠，每百斤收银一钱。[③]庵埠茶多来自福建，潮州的工夫茶在清代兴起。

锡兰茶和印度茶兴起之后，广州茶开始衰落，但是某些茶品种的销量还是好的。由于茶商、茶贩在贩卖加工过程中掺入泥土、滑石粉、靛等杂物，到伦敦这类茶就变成了废茶，广州口岸茶因此逐步衰落。清末时，西樵山“产茶株比前百不存一”，连官山墟市上的茶市，也被夷为民居。[④]

五、畜牧产品贸易

畜牧产品以牛的数量最多。明清时期粤西南是牛的饲养地与集散地。海南，“牛有水、沙二种。水（牛）有黑白二色，沙（牛）有黄黑虎斑等色”。[⑤]海南牛多以野牧的方式放养，黎区中出产牛很多。高州、雷州等地有很多荒山和草地，盛产牛，也是海南牛只运输的必经之地。于是在高州一些水草丰美的地方，出现了一些专门买中等牛饲养为大牛，再转手出卖的农户，如茂名的南部，“有草坡，递年冬，民家往他处买牛归牧之，明春肥，卖与广肇牛纲客，号大栏牛”。[⑥]明代贩牛者多为肇庆府人，肇庆牛贩子甚至能左右水牛的价格。正德《琼台志》载：“今肇庆、新兴客贩，岁货牛于琼以给广左右。”“会（同）、乐（会）、万（州）及黎村，肇庆、新兴货客岁至，则银价廉落。”[⑦]这是由于肇庆牛纲客至，携银子到琼州，一时白银充斥，以白银标价的牛只价格回落。

① ［清］梁廷枏总纂《粤海关志》卷九《税则二》，第173页。
② ［清］梁廷枏总纂《粤海关志》卷一一《税则四》，第218页。
③ ［清］梁廷枏总纂《粤海关志》卷一二《税则五》，第241页。
④ 宣统《南海县志》卷四《物产》，第600页上。
⑤ 正德《琼台志》卷九《土产下》，广东历代方志集成本，第109页。
⑥ 光绪《高州府志》卷七《物产》，第94页下。
⑦ 正德《琼台志》卷九《土产下》，第109—120页。

雷州府城是去海南贩牛的必经之路，官府在雷州府北十里的拱辰墟“按季委官抽收”，“各年商贩牛只多寡不一，……牛自海南徐闻来，俱于此报税，三县无抽”。[①]显然明代开始，海南产牛多了，能供应广东等地。明代粤西南往粤中一路的贩牛客则以恩平为转运站。故明代在此设关卡收牛税，“阳江、电白旋牛而恩平馆毂其口”。[②]清初贩牛客为避税，“悉从阳江径路入阳春，经新兴大塘墟，散而新安、高明、高要等地”。但清初不行了，康熙年间“零星仅有过者”。[③]充当牛贩子的除了肇庆府人，还有一些高州府人，如明代黎本豪，出生于信宜罗定湾，后以贩牛为业，往来于罗定和信宜之间。[④]也有不少广府人充当“牛纲客”的。而这些地方往往也是出售肉牛等食用家畜的地方。粤中牛纲客每次贩卖的牛只数量在数十只以上。

广东有不少交易牛只等家畜的墟市。清后期在南海桑园围内的横基头，墟期时有船只专门“装载耕农器具”，“每逢一四七墟期，往来客商及佛山张槎下风岸等处贩卖牛只，多则百余，少则数十”。[⑤]牛纲客贩运来的牛只，除流往各地城乡的定期墟市上交易之外，各地每年的农历二月十五，还有盛大的“犁耙会”，农家“以农器耕牛相市”。[⑥]如明代东莞三角山下牛唐家村诸处，就是“犁耙会”举行的地方。[⑦]耕牛往往与农具一起在“犁耙会”上出售。也有专门畜养牲畜的地方，如顺德冲鹤堡嘉靖、万历时就繁殖母牛、猪，到清代皆称“五牸之畜，甲于邑城”。[⑧]顺德二中鹤堡成为牛、猪等家畜的繁殖地和集散地，所畜母畜多于广州的牛栏、猪栏。当然各地也有区域性的牛只交易地，乾隆

① 万历《雷州府志》卷九《食货志·田赋》，第283页下。

② 万历《肇庆府志》卷九《地理志三》，第183页下。

③ 康熙《恩平县志》卷五《赋役》，广东历代方志集成本，第351页下栏。

④ 信宜县地方志编纂委员会编《信宜县志》，广东人民出版社，1993，第922页。

⑤ [清]明之纲：《同治桑园围通修志》卷三《嘉庆二十二年丁丑续修志》，第124页上。

⑥ [清]屈大均：《广东新语》卷九《事语·广州时序》，第299页。

⑦ 崇祯《东莞县志》卷一《风俗》，广东历代方志集成本，第15页下。

⑧ 康熙《顺德县志》首卷《图经》，中国地方志集成本，第31页下。

四十七年（1782年）海丰的公平镇有牛墟，是专门交易牛的地方，县令禁止将此地垦为园圃。[1]道光年间，英德黄牛头墟在黄牛乡[2]，从地名上看此地是黄牛的产销地。沿海各州县有牛的交易，《粤海关志》卷十二记载潮州汕头小口有整船的生牛出口，每船收税二十文；卷十一则记载从潮州、惠州船来省会的，生猪每只收银一分。

六、林木产品贸易

广东商人深入山区，设“行”收买土产和林产品。运往珠江三角洲城乡的林木产品除了作生活燃料之外，在手工业中也有巨大需求，比如糖的熬制，蚕业中焙茧、烘茧，缫丝，烧制砖瓦，焙制龙眼、荔枝，制作果箱，等等。除了稻区中的禾秆、甘蔗的茎叶能作为燃料，手工业的燃料需要从外地调入木材。而且房屋建筑、水利工程设施、造船、造棺材、家具等行业对木材的需求也很大。因此广东各州县和山区，在燃料方面形成依赖关系。

明清时期不少广府商人深入山区采买木材土产。天启《封川县志》卷一《里图》记载各村的情况，其中净觉村百余间店铺，有客商；竹马村，通衢客商居住；河儿村，有客商铺；西河村，客商十余间。估计其中广府商人占多数，可以《广东新语》为证：“西宁在万山中，树木丛翳，数百里不见峰岫，广人皆薪蒸其中。”这里的“薪”被称为“罗旁柴”，“薪蒸”即烧炭。经罗旁水到西江。[3]广府商人在经商的山区建立会馆。清代粤北的韶关有广州商人的会馆，清代《南越游记》中说韶州：“城中居肆者，强半广州人。”[4]清代韶州的广州会馆面积达3 000平方米，在乾隆年间建立。连州八邑会馆是广府南海、顺德、番禺、东莞、三水、新会、香山、花县等地的商人组织。南海、番禺、顺德、东莞、新会等

① 《公平牛墟碑》，收入《广东碑刻集》，第838页。

② 道光《英德县志》卷六《墟市》，第314页下。

③ ［清］屈大均：《广东新语》卷二五《木语·山木》，第657页。

④ ［清］陈徽言：《南越游记》卷一《山水·古迹·异闻》，收入《粤东闻见录·南越游记》，第158页。

商人又联合起来在今连南县的三江老城建立了五邑会馆。清代在仁化、乐昌、南雄、始兴都有广州商人的会馆。以会馆为中心，设在各县的收购点为依托，广州商人将当地的木材通过墨江、浈江运到广州、顺德、南海等地销售。[①]

广府商人采买木材，通过水路运回各州府。道光年间南海人何朴园23岁时就往四会买卖杉材，与同业者联合起来迫使当地士绅取消勒索木商的无理要求，“自是其例遂绝。同业赖之”。何朴园道光年间避乱于香山，又继续经营杉业。[②]清同治九年（1870年），《广东提刑按察使司为严禁捞回抢竹木排张事告示》也说明晚清时期西江上竹木运输业所受到的骚扰有增无减，直至清光绪十六年（1890年），由广宁、怀集木材商（多广州、佛山商人）组成的广怀柴炭行上书广东布政司与两广盐运使、按察使、督粮道等官府衙门，请将同治九年告示再发一次，柴炭行自行出资立碑，再次禁止西江沿岸各县军民骚扰竹木船只。[③]

广宁的竹子多是广府商人前去购买，当地的竹枝词称“连排凤尾广州商”。[④]顺德伦教堡北海，其人“多以入山冶炭为业”。[⑤]因为焙茧需要木炭，顺德北海人作为炭商深入各地山区。西北江的土木杂货汇集于佛山，东江流域山区的土木杂货汇集于东莞石龙。这类山货的流通量是很大的。为此，佛山等地形成了木材及其制品的集散地。除了内河的竹木运输，沿海各州县之间的竹木贸易也很频繁。《粤海关志》记载沿海各大小关口多原木、各种规格方材、各种家具木料、棺材木等出入口的税则。清代《梅菉志》记载当地有常设的“老竹行”“新竹行”，表明吴川县梅菉是粤西南竹木的集散地。

① 刘正刚、何横松：《海洋贸易与清代粤北经济的变化》，《学术研究》2010年第6期。

② [民国]何毓桢等纂修《南海烟桥何氏家谱·家传谱·世传》，南海何氏1924年刻本。

③ 谭棣华等：《广东碑刻集》，第725—726页。

④ [清]李本洁：《广宁竹枝词》，收入乾隆《广宁县志》卷九《艺文志》，第118页。

⑤ 康熙《顺德县志》首卷《图经》，收入《广东历代方志集成·广州府部》，第151页。

佛山经营竹木柴炭类的行业有杉行、杉碌行、杂木行、柴栏行、炭行、苎麻行、山货行、竹器行、葵篷、篾行等十余类。如杉行，“店号大者二十余家，小者三四十家”，所经营商品“杉自外来，自至黄鼎司之小塘及佛山为总汇之区运销内地各埠”。[①]杂木行，专业经营的有十余家，也有其他店兼营，木类“有柚、梨、荆柠、樟、格之属，来自西北江及川黔等省或自外洋”。[②]佛山的长生行是专门经营棺材板的，镇内外共二十余家店，货源“上品者来自福建汀州，次则柳庆富川，西北各地，贵贱不一”。大料行是经营建筑大材的，其上等材来自广西柳州。[③]此外佛山商业中与木材有关的行业还有：杉料行、板箱行、皮箱行、盘桶行、造船行、拆船行、橹行、牌匾行、车木行、算盘行、筷子行、漆盒行、砧板行、饼印行、雕花行、书板行、木屐行、木底行、葵椰帚行、竹器行、藤器行等二十余个行类。柴栏行经营的产品细分，“有松柴、柯柴、杂柴之别，来自清远、英德、四会、广宁、罗定及广西藤县等处”。[④]

珠江三角洲木柴等燃料的贸易量很大。光绪年间南海所需柴炭由西北二江运省、佛，每年百余万元，由罗定运省、佛及九江每年约三万元；杉，由罗定到九江每年六万元；竹，由西北江运省每年约七十万余元。[⑤]番禺居民“全赖东北江柴贩运至济用”。[⑥]香山县，从广州和佛山运来的西北江木器杉料价值为三四十万两，竹器价值为十余万两，西江柴炭价值为二十余万两。[⑦]光绪年间新会每年输入杉、竹和药材，价值达一百四十余万元。[⑧]

道光年间，各地木材土产资源奇缺的现象陡现。道光《封川县志·舆

---

① 民国《佛山忠义乡志》卷六《实业志·商业》，第22页。

② 同上。

③ 民国《佛山忠义乡志》卷六《实业志·工业》，第16—17页。

④ 民国《佛山忠义乡志》卷六《实业志·商业》，第22页。

⑤ 光绪《南海乡土志》卷一五《商务·输入品》，光绪抄本，广东省立中山图书馆藏。

⑥ 宣统《番禺县续志》卷一二《实业志》，第181页。

⑦ 民国《香山县志》卷二《商业》，中国方志丛书本，第68页。

⑧ 光绪《新会乡土志》卷一五《商务·输入品》，粤东编印公司铅印本，第27页。

地》记载，道光以前当地有炭厂、纸厂，“柴船竹簰浮江而下，售于广州，岁不下十数万，亦利薮也。近则山林之利稍谒，惟纸厂数十户而已”。[①]由于荒山较多，柴炭出产减少，晚清柴炭价格呈上涨趋势。佛山清末柴炭价格比光绪初年上涨了三倍。[②]如果遇上水灾、盗贼、兵灾，木材运不出时，燃料价格还会上升。

商业流通网络的形成是商品性农业爆发式增长的一个重要条件。以往珠江三角洲社会经济史的研究，往往笼统地将“明中叶”或“嘉靖、万历”作为商品性农业的一个起始点。通过查阅黄佐编的在嘉靖三十九年（1560年）成书的《广东通志》卷二十《民物志》记载的各地农业民俗，嘉靖三十九年以前商业网络只存在广州附近的南海、番禺、东莞、顺德，以及新会、增城、潮州的三阳等部分地区。其余地区商业大都未成普遍风气，农业经济结构以稻作为主。商业网络的不发达与南海对外贸易环境有关，从洪武到正德年间实行海禁，正德到嘉靖年间海禁时开时严，民间贸易和海外贸易受到打压，故商业网络难以形成。直到隆庆、万历以后，海禁大开，对外贸易环境改变，商品性农业才出现爆发式增长。从万历以后广东缺粮的情况来看，经济作物的种植限制了水稻的栽培面积，农业经济结构从以稻作为主变为稻作与经济作物并存的状况；万历年间人口增长超过耕地的增长，人地关系紧张；嘉靖后期、万历年间社会风气受到商品经济的影响而发生急剧转变，以商品性农业为代表的商品经济发展态势蓬勃向上。万历年“一条鞭法”的施行，更是推动了商品性农业的发展。《广东新语》中有一段记载：“广州望县，人多务贾与时逐。以香、糖、果、箱、铁器、藤、蜡、番椒、苏木、蒲葵诸货，北走豫章、吴、浙，西北走长沙、汉口，其黠者南走澳门，至于红毛、日本、琉球、暹罗斛、吕宋，帆踔二洋，倏忽数千万里，以中国珍丽之物相贸易，获大赢利。农者以拙业力苦利微，辄弃耒耜而从之。”[③]这是商品性农业爆发性发展时才有的现象，和万历年以后南海对外贸易环境的

① 道光《封川县志·舆地》，中国方志丛书本，第17页。

② 民国《佛山忠义乡志》卷六《实业志·商业》，第22页。

③ [清]屈大均：《广东新语》卷一四《食语·谷》，第371—372页。

改善有关。《广东新语》成书于康熙二十六年（1687 年），一般认为其所述之事，不少可以上溯到明代中叶以后或明末清初。在嘉靖四十年（1561 年）以前的文献中，很难看到记载关于对外贸易和商品性农业密切关系的相关资料。李龙潜将《广东新语》这一记载年代列为明代隆庆、万历以后[①]，是完全正确的。《广东新语》这一记载可以从万历《顺德县志》、崇祯《东莞县志》、顺治《南海九江乡志》以及其他方志材料中来证实。[②]上文引《广东新语》卷十四“谷”条，在记载商品性农业的盛况之后追述:“往者海道通行，虎门无阻，闽中白艚、黑艚载谷米者，岁以千余艘计，甚为广人大患。”所述之“往者”，就是万历二十二年(1594 年）前后广东缺粮，闽船抢购而造成的社会恐慌，是经济作物挤占稻作的情况。至于清代，清初的商品性农业曾经因迁海、三藩之乱而出现颓势，但展界之后逐步恢复，到乾隆年间已经超过万历年间。直到近代，广东的商品性农业一直走在全国的前列。

① 李龙潜：《明清广东社会经济研究》，第187页。

② 吴建新：《明代南海的对外贸易环境与广东商品性农业爆发的时间》，《中国农史》2018年第6期。

第三节

农家经济
——以珠江三角洲为中心的讨论

明清广东农家经济的专题研究较少，笔者曾对商品性生产的农家经济有过分析。[①] 下面较为详细地讨论了珠江三角洲农业经营与农家经济的情况。

一、经营地主经济

明代经营地主拥有大量的田产，如清远万历年间朱学颜将遗产“租叁仟贰佰肆拾壹石，租银四两玖钱贰分”分给其妻妾。[②] 类似的例子还有很多。而且他们拥有除土地之外很多的生产资料，以及丰富的生产经验。

佛山《太原霍氏仲房晚节公家箴》（以下简称《家箴》）的作者晚节公是明代成化时人，自耕田不少，而且将很多田地租出去。他拥有丰富的生产经验。《家箴》里面有很多的农业生产知识，涉及耕作、施肥、收成，以及水利、畜牧等方面，秉承了多种经营的思想，如晚节公有“牛羊鸡豚蕃息”，则肥料不少；“凡使牛者，须惜牛力”，介绍了养牛的经验。晚节公田场中也有自己的水利系统。可见晚节公拥有的生产资料

① 吴建新：《明清广东的农业与环境——以珠江三角洲为中心》，第117—131页。

② 《两岳朱家族谱》卷五《苏孺人祀事碑》。

还是很多的。[①]

屈大均也是一位经营地主。晚年所耕黄女官沙田，“为亩者三十有七”。[②]他还有牛只，丰收时打场脱粒以“三牛旋转其上”。屈大均自称：“予于治生之道，靡所不知。”[③]有学者认为他是一个农学家，在《广东新语》里有很多农业科学知识，他不仅像《齐民要术》的作者贾思勰那样“询之老农”，记录农业生产知识和经验，而且有不少的记载是他自己的研究成果。

参与生产、耕作的还有开平谭氏的玩翁祖，“安居于儋东坑村，开辟田地，辛勤耕作，遂以致富。自（有）田园甚多，岁收租谷一千五百余石”。[④]类似的例子在珠三角和潮州平原最多。

经营地主在生产的现场是非常认真的。如晚节公“雨水一到，务令早耕。基界须亲自看过，勿令侵欺”。[⑤]屈大均在《场记》和《获记》中记载了他带领仆人参与到黄女官沙田耕作的情况。

但是经营地主当然不是什么都自己动手，在雇佣仆人之后，只需监督其工作，如晚节公主张“雇仆要有老家人最好”。“耕仆最要防察，撒谷有偷谷与他人者，割禾有除禾把换酒食者，担粪有拨别人田者，起秧有卖秧把者，皆因主人不肯机关所致。天旱要勤心巡逻，大雨防坑水冲崩。”[⑥]这样做能增加利润，只需付给仆人工钱和饭钱。屈大均是这样算他的经济账的：“使予而与佃人耕，则每亩获得一石有半，其利尽在佃人。佃人之利以多人功，其妻子皆能勤动。”[⑦]他的仆人不多，他假设：“予有烧盐之仆二人，则岁可足于盐，有牧鸭之仆二人，则岁可

① （佛山）《石湾太原霍氏崇本堂族谱》卷三《太原霍氏仲房世祖晚节公家箴》，载《明清佛山碑刻文献经济资料》，第468—474页。

② ［清］屈大均：《获记》，收入《屈大均全集》第三集《翁山佚文》，第428页。

③ ［清］屈大均：《场记》，收入《屈大均全集》第三集《翁山佚文》，第429—430页。

④ 谭耀华：《谭氏志·玩翁祖》，开平档案馆藏本。

⑤ （佛山）《石湾太原霍氏崇本堂族谱》卷三《太原霍氏仲房世祖晚节公家箴》，载《明清佛山碑刻文献经济资料》，第468页。

⑥ 同上。

⑦ ［清］屈大均：《获记》，收入《屈大均全集》第三集《翁山佚文》，第428页。

足于盐腌卵，更有取蟛蜞、蚬子、沙螺……之仆二人，则岁无不足于海鲜矣。”[①]可见经营地主雇佣仆人是为了利益的最大化。但屈大均也只能算小地主。

多种经营方面，晚节公说：“蔬菜者日给之需，果实岁月之用，园地令勿抛荒。高仰者栽龙眼榄果，低润者粪即连荫树脚之地，冬月锄转，春即发达，夏有草多，务要铲除，勿令生瘦。桑树多种，花品少栽。瓜蔬随地种，豆麻用工芟锄，浇灌及时，日用足矣。”“力勤粪多，方为上农”的家训中有稻耕作法、“养畜之法”、“养塘鱼之法”。[②]佛山石头《霍氏族谱》康熙年间霍春洲《春洲家训》有农家三十六善：不遗地利；牛羊鸡豚蕃息；广种蔬菜瓜果；积粪；闲则料理农具；多植树木。[③]《霍氏族谱》“农有百谷之当布”的内容，还规定春秋两造，“总要力勤粪多，方为上农”，种稻之外，“力田必兼治圃，种植桑麻、豆麦、菜子、蔓菁、薯葛、瓜芋等项，园种菜多，又必养豕”，还有养牛法和放牛法[④]，和晚节公的家训一样都强调多种经营。

晚节公还放债，但是为了不激化与欠债人的关系，家训中规定“放债之戒”，以免引起债务纠纷。还特别强调勤俭，防止败家，“家法颇严”。[⑤]强调“必须蓄积，以之备荒则无忧，以之待价则获利。勤俭致富，理之必然”“无故不可浪费，当用不可悭俭，后之子孙宜遵此训”。“凡待亲戚朋友，不可奢美。吾见大富，除家常日馔肥鹅以待亲眷，作鱼脍以待朋友，品经一宿，一家不食，米谷消散，塘地空废。户田三顷，不十载而倾荡……奢则致贫，后人当鉴。”强调家大人多，衣服日用均要

① ［清］屈大均：《场记》，收入《屈大均全集》第三集《翁山佚文》，第429—430页。

② （佛山）《石湾太原霍氏崇本堂族谱》卷三《太原霍氏仲房世祖晚节公家箴》，载《明清佛山碑刻文献经济资料》，第468—474页。

③ 同上。其他则与农事没有直接关系，略。

④ （道光）佛山《霍氏族谱》，载《明清佛山碑刻文献经济资料》，第480、474—475页。

⑤ （佛山）《石湾太原霍氏崇本堂族谱》卷三《太原霍氏仲房世祖晚节公家箴》，载《明清佛山碑刻文献经济资料》，第473页。

自产。[1]这反映了明代经营地主的大家族田场，需要通过自产生活资料，以及压低生活成本，尽可能增厚利润的特点。

地主将田地租给佃户，除了督视佃户的耕作，还利用他拥有的农学知识帮助佃户生产，并借钱给他们购买生产资料，如晚节公在作物生长时，“各耕佃一一省令下粪。如佃者无力，必须处置，有行止者，辅借谷种粪钱，无行止者，即便改耕”。晚节公很熟悉出租田地的地段，重视收租的环节，不仅细心丈量土地大小和四至，土地的瘦瘠、佃户收成都心中有数，佃户在交租时的作为，租金是否短少，是否转租都有了解。[2]明代开明的地主很重视融洽的租佃关系，大埔县何氏十九世雨苍公传，“席（袭）父产，益励志陶朱业，广置田产，岁收租逾千石。特制小斗，以恤佃户，后嗣子孙，无敢易其量者”。[3]

明代潮州吴氏，“力虽出自耕，可无督卒之乎。乃立族之贤能者一人董其事，俗称为防总云。十年一更，责成功也。而吴以田之多寡也，设佃甲之役。曰涵头水者，几人人有攸司，捐田以赡多寡如年也。垂四百年矣。美利之溥贻谋之善，若是也。嘉靖岁序及方亲族举玉水司之，君素见重于乡评，故其董事，虽值地方兵燹，人不堪命，君又修筑，以时蓄泄有要，劳逸均而人乐趋事。……”[4]这个序言是嘉靖年间的，吴氏田里“自耕”，须“督卒”，有“佃甲之役”还管理田间水利，可见是大量使用雇工或佃户集中管理田场，而且田产有四百年，至少是从南宋时传下来的田产。顺德北门罗氏是从宋代开始兴起的宗族，明代十五世五岭公，为景泰间人，族谱中记载此人：“……初，为举业不就……乃颇修计然之术，相天时地利，买贱鬻贵，有桑八百株，有木奴千头，家藉以饶。”[5]笔者举了几十例关于明清时期以农致富的人，大多是经营地主。[6]

① （佛山）《石湾太原霍氏崇本堂族谱》卷三《太原霍氏仲房世祖晚节公家箴》，载《明清佛山碑刻文献经济资料》，第470—480页。

② 同上书，第468页。

③ 崧里何氏族史修编工作委员会：《崧里何氏族史（七修）》。

④ 明人吴以谦序言，载（潮州）《凌海吴氏族谱》卷四《里居》，民国六年刻本。

⑤ （顺德）《北门罗氏族谱》卷三《十五世仰涯》，顺德档案馆藏刻本。

⑥ 吴建新：《明清广东的农业与环境——以珠江三角洲为中心》，第123—128页。

有人认为明代的家训对于生活和生产细节规定多，清代的家训则主要是一些关于祠规、伦理道德、科举教化等内容空泛的训条[①]，清代族谱对于田场的管理训条，大多是规定值理、耆老如何对承租人进行管理、承租人合约的批耕、租金的管理、增殖尝产的细节，显示了大田场倾向于放租经营。这说明明代精耕细作技术还不成熟或还不普遍，需要在家训中强调；而清代生产进步了，不必在家训、族训中记载资生之术的细节。明代潮州凌海吴氏就是大地主田场督率佃仆耕种的例子。明代佛山霍氏晚节公、霍韬《霍氏家训》、庞尚鹏《庞氏家训》反映的也是大田场经营。晚节公自耕部分，大多租给佃户。霍韬、庞尚鹏是部分田场分给族人耕种，部分田场"督童仆"自营，"童仆"的身份可能是世仆，也有长短工。佛山《霍氏族谱》记载清初霍春洲的家训，其大田场是明代延续下来的。其实，明代后期这种大田场已经有减少的趋势。如万历甲辰年（1604年）霍韬这一房的后代建小宗祠堂，合灶止于小宗庙，朔望会膳。[②]显然是霍韬在世时大田场还可以维持，但到了霍与瑕之后合灶，说明霍氏大家族的田场已经变为房支的小田场。

清代总的趋势是大家族自耕田场减少了。大宗祠的田场大多为耆老、值理放租之外，而各房支亦拥有自己耕作的小田场。这与清代宗族形态的变化有关。有学者称大宗祠为"众人太公"，支房祠以下为"私伙太公"，"私伙太公"大多以"耕读住场"的"家塾"形式出现。这些"家塾"的建筑较小，可以给家人读书，里面祭拜自己的曾祖父、祖父，有活着的人甚至为自己而建。富有的"私伙太公"会显示自己的地位。在清代三水，一些家塾的建筑甚至比大宗祠和支房祠堂还要高。宗族越来越细分，既有宗族角力的原因，更多的是经济发展推动的结果。[③]至今广州市花都的塱头黄氏的聚落还可以看到大宗祠和家塾并列的建筑。

① 常建华：《儒家文明与社会现实：明代霍韬〈家训〉的历史定位》，载《"中华文明视野下的西樵文化"国际学术研讨会论文集》，广西师范大学出版社，2012，第67—68页。

② ［明］朱吾弼：《明诰赠资政大夫太子少保礼部尚书霍南公西庄两公祠》，收入宣统《南海县志》卷一二《金石略一》，第1194页。

③ 陈忠烈：《"众人太公"与"私伙太公"——从珠江三角洲的文化设施看祠堂的演变》，《广东社会科学》2000年第1期。

笔者在顺德看到的家塾有的建在支房祠的旁边，有的独自建筑。嘉庆年间方志撰者列龙山乡中祠堂，其中家塾式的康氏“望云书阁”，被列入祠堂类。[①]小宗利于教化，“大宗率小宗，小宗率诸弟”。[②]“诸弟”就是支房祠下众多“私伙太公”的小田场，或者是支房内若干个“私伙太公”小田场的组合，以利于基塘生产技术的传播和互助合作。像年末干塘、上泥、筑坎等需要数量多劳动力的活，如果请雇工，成本会高，而在“家塾”或支房内各小田场合作，成本会低很多，如甲乙丙丁若干家干塘，只要在干塘后给帮工的各家吃鱼一次就能解决报酬，或者是换工。而大宗祠则没有这类功能。2018 年笔者在基塘区考察，了解到 20 世纪 80 年代家庭承包责任制就是这样互助的。

地主基塘田场比自耕农的田场大些，如罗振玉的《南海县西樵塘鱼调查问答》提到西樵有三类未含基面的鱼塘，其中最大的鱼塘有十七八亩[③]，加上桑田，大约是三十多亩的规模。《九江儒林乡志》称：“土物以鱼桑蚕丝为大宗，虽荐绅士族不废，自春至秋不患无业。”[④]说明清代的小地主田场是较多的。

适度规模的地主田场取得正收益的为多。清代南海九江朱氏经营养鱼养蚕的大不乏人，如朱务章，号炳斋，乾隆嘉庆间人，终身“寄业鱼桑”，而饶裕；其弟朱务贤，号顺斋，“出入无所欺隐，家居则安业鱼蚕，勤督耕养，时或外出肇庆、高、鹤，采买鱼苗，兴贩谷石”。[⑤]经营得好的地主田场收益惊人。何文绮，南海镇涌堡人，嘉庆庚辰（1820 年）进士，做过兵部主事，致仕后，“业农桑，鱼塘可出百数十石”，其田场是规模较大的。[⑥]小地主田场取得正收益应该不局限于基塘区，

① 嘉庆《龙山乡志》卷二《家庙》，第11页。

② 嘉庆《龙山乡志》卷三《氏族》，第7页。

③ 罗振玉编《农学丛书》。

④ 光绪《九江儒林乡志》卷三《舆地略三 · 风俗》，第8页。

⑤ [清] 朱儒权：《清故恩赐九品顶戴炳斋朱公墓志铭》《清故恩赐九品顶戴顺斋朱公墓志铭》，收入 [清] 朱次琦《南海九江朱氏家谱》卷八《坟茔谱》，北京图书馆出版社，2001，北京图书馆藏家谱丛刊本（闽粤侨乡卷），第1711、1713—1714页。

⑥ 同治《南海县志》卷一三《列传一》，第240页。

而是清代一个很普遍的现象。

二、自耕农经济

明清时期，沿海平原地区商品经济发达，自耕农能根据市场需要决定生产行为而获取较高的利润。明清潮州的粮食亩产量较珠三角高些，商品经济也很发达。清代潮州的佃农与自耕农，精耕细作水平很高，而且以农致富的例子也不少，加上农商兼业、农贾兼业或主营渔业，致富的机会很多。

张子真，洪武、天顺之间南海西滘人，“少力田给口，无羸衣食，不为耻”。白沙说他以农起家，故自号稼轩，示有初也。晚年家渐裕。① 张力田自耕，应该是一个自耕农。“田给口，无羸衣食”显示的是自耕农在早期创业阶段的艰难情况。陈圣规，原为南海马齐人，景泰年划出顺德，“遂世为顺德马齐人……折节为俭，家稍裕”。②“折节为俭”是对自耕农在生产过程中节约成本的经济行为的描述。另一个陈氏八世祖陈光震，明代前期人，“弃举子业，理家人产，克勤克俭，越数年，就乡之东筑青云庄，百余亩”。③ 他靠着祖业自耕，兼出租部分祖业，或是自耕农兼富农的角色而增加了田产，成为占田百余亩的地主。顺德不少人家是将做官得俸禄和扩充田产结合在一起的。明代前期顺德罗江冼氏有人在朝廷为官，“羸余俸金，市田产，皆负郭可耕，子孙勤苦其中，皆足以丰衣食”。④ 做官的将自己的俸禄汇回家里，置田给家人或族人耕种，“子孙勤苦其中”，是说做官者的直系亲属为自耕农，支房繁衍，很快会扩大家族的势力。但如果是很廉洁的人做上大官，就不一定能增置田产。如嘉靖年间的张拱辰，大致是一个自耕农的水平，方志说他“少力田”，登进士以后，在政坛有作为，霍韬说其人“刚毅有守”。

① ［明］陈献章：《封燕山左卫经历张公墓表》，收入《陈献章集》，第98页。

② ［明］陈万言：《处士铁桥陈公墓志铭》，收入《颍川（陈氏）家乘》册一遗文摘录，刻本，又题《顺德马奇陈崇本堂家乘》。

③ ［明］胡景曾：《处士我韦陈公行状》，收入《颍川（陈氏）家乘》序文。

④ ［明］冼光撰《罗江翁祭田遗稿》（成化年葬，正德年丁丑子孙立石，《岭南冼氏宗谱》卷三〇《分房谱·坟茔》。

拱辰"廉，居官十余载，不增尺寸资产，晚节益坚"。有献百金请为之关说，不受。死后妻子几不能给，霍韬割寺田周之。①

清代自耕农必须兼业才能致富。道光年间潮州饶良洵因饥荒往外省贸易，又得家人在家务农，"治家勤俭，渐得不馁"，加上贸易致富，"……颇有余蓄……经营屡中，积资寖裕"。②这其实是一个本业和商业结合致富的例子。潮州也有自耕农养鸭致富的。如顺治年间，北坑刘氏益兰公定居之后，开荒造田，发展到放养母鸭群致富，后来参与宗族建祠堂等公共事务。③大埔范氏季候公，康熙年间人，"毅然废学，一意居家，以侍父母。春夏则努力耕种畜牧养鱼，以为生产，岁有余积，成小康。略置产于睡冈、水兴及沿河等处，以其所入，大半用于修路、筑桥、救贫及各种公益"。④

珠江三角洲自耕农致富的例子更多，以佛山石头霍氏最典型。霍韬，正德十年（1515年）时，十九岁，《石头录》卷一第4页注云："公素贫，兄弟三人，田不满四十亩……"霍韬说他少时很少吃肉，估计是自耕农中较为贫困的类型。⑤霍氏"祖讳义生，洪武之初业焙鸭，日得利什佰，遂起家，人称曰霍鸭氏，文士易称曰凫鹜氏云。妣黄氏，顺德大都黄族也。黄故大族，妣归宁辄数十女妇从，时宅居南向，有高屋一座，人曰高屋霍氏云。"这是洪武初霍韬祖先还是经营地主的时候。但当黄萧养之乱，霍氏家道中落，"太淑人梁氏，蠕冈梁族也，……太淑人性勤俭，农月夜半起，恒月五更起，首燎香于祖考之前，次汲井泉，次炊茶供客之需，次食鸡鹜，次食犬豕。……韬辈年二十，罕尝肉味，淑人恒服麻帛，……韬兄弟未尝得美服"。这时霍氏处于较为贫困的状态，养殖母畜，卖仔畜之外还要兼营别业。⑥当霍韬科举成名后，霍氏家族才变得显赫，成为佛山拥有大量田产、铺头和码头的大家族。现存的顺德《沙滘楚旺

① 嘉庆《龙山乡志》卷八《人物传》，第6—7页。

② （潮安）《饶氏族谱·艺文》，良洵《自序》。

③ 揭阳华侨办公室：（揭阳）《北坑侨乡录》，2000，第6页。

④ ［清］范锡元纂修（大埔）《范氏族谱》卷首《季候公传》，明国二十九年铅印本，广东省立中山图书馆藏。

⑤ ［明］霍韬：《祖训第十六》，收入《渭厓文集》卷一〇，第69、327、352页。

⑥ ［明］霍韬：《祖训第十六》，收入《渭厓文集》卷一〇，第69、327、352页。

房陈氏族谱》就记载了清代顺德沙滘陈氏竹虚公及其兄弟子孙，如何从租佃土地的人家，经过不懈的艰难奋斗，白手起家，种桑、养蚕、缫丝、织布，通过种养业和副业结合走上富裕的道路。陈家稍有积蓄就购买田产，然后以田产来抵押，获得资本进行手工业和生丝买卖，开办手工工场。这是农工结合型的自耕农经济。但刚开始也是负债累累，后来陈氏一个子弟往外洋经商致富才彻底翻身。[①] 陈启沅也是一个个案，他没有遗产承继，兄弟三人是贫穷的自耕农，不够田耕，陈启沅随兄长先到安南经商，奋斗十年成为巨富才回乡开办机器缫丝厂。[②]

以上个案说明，自耕农积极进行农业生产，看准市场后能获得不少利益，随之提高再生产投入的能力。通过购买田产、手工业和放债等手段，获得的利润能供其子弟读书，通过科举后能跻身社会的上层。同时也有其他情况——经过不懈奋斗仍然不能翻身，以出洋谋生才能踏上财富增长的道路。

明代珠江三角洲沙田较多，如果数家自耕农合股经营，不用交税，就能获得土地增值的机会。因为明代多未成之沙，坦程低，只要稍加围垦就能开垦，而且坦边还有“海利”。如果田地登记在里甲就能获得沙田所有权。但珠江口水势变动无常，即使自耕农小地主能围垦风险很小的高沙，也有可能因为潦水冲蚀田土而失收。宋元以来南海、顺德的大宗族，寄庄于香山，已经成为明代香山地方社会的大问题。顺德水道下游入海处的东海十六沙的主体部分在明代仍为海口，明中后期，沙田县的各大宗族种芦促淤。顺德大宗族占田多了，万历时顺德县令丈量沙田的子沙，得罪了大宗族。当时在朝中当官的霍韬儿子霍与瑕给广州地方官的一封信中说：“香山、顺德地面多有海中沙田，其已成田者升科报税，各收户籍矣。其未报税者必其未成田，无花利者也，听民自候成业，自升税亩可也”。指出顺德知县丈量沙田，竟将民间田旁水深丈余的水面即“花利”（包括母沙衍生的子沙，母沙周围的浅海渔业与禾虫埠、鸭埠）一并丈去，而上报时仅报田地，而将水面勒收价银归己，并引《大

① 吴建新：《南国丝都——顺德蚕桑丝绸业发展史研究》（顺德文丛第三辑），第174—179页。

② 吴建新：《陈启沅传》，广东人民出版社，2018，第32—39页。

明会典》“凡深山大谷新开田土均不升科，况茫茫白水不可升科”，说明这样做违法。[①]有文献记载，明代不少宗族扩充沙田成为族产，就是利用母沙边缘不断发育子沙而不用清丈的情况，使得土地扩展。明清自耕农通过合作围垦获利的个案不多，多依靠宗族的力量，获得田地的田面权耕种，而且必须靠近居住地，称为“住民耕沙”。明清时期远离民居的低洼沙田只有疍户才能耕种。族众获得宗族沙田的田面权耕种，他们是否属于自耕农还值得商榷，但其经济地位肯定比疍户高得多。

在山区开垦无主荒地的农民，等国家建立行政机构征收稽查田亩赋税，农民的荒地所有权得到确认时，也有成为自耕农的机会，因为那些多是“畸零”荒地。如果自耕农通过努力耕作，加上多种经营，也可能致富，如清远朱氏族众朱国贤，是一个自耕田地并将多余田地雇佣耕作的中农，年轻时“祖死，父债累累，家徒四壁，母老弟妹皆弱”，可见其不富有，而他凭借自有土地，“苦身勠力，督佣耕作，无少懈”，“……力穑外，兼孵鹅卵，谋什一利而债填。弟婚妹归，费悉由此出。无何绿林蜂起，四海鼎沸，不得已鬻鹅归里，作武陵避”。后来与兄弟“提挈入伙，与同耕畜，事无大小，悉以己任。公家之利，知无不为。久之土地辟，田野治。阽塾者栽以竹，经营惨淡，积有余资。拓田段，增室庐，方之陶朱致富，虽仆病未能，而中人之产，亦庶乎其近。……时复假贷于人”。[②]可见，朱国贤通过耕种、畜牧业、种竹、经商、放贷等途径，一个中农艰苦奋斗达到“中人之产”。朱氏有的宗族成员由佃户而达到自耕农的地位，如清代朱廷珍，富余而有善心，佃户阿甲为贫所逼，走投朱廷珍求救，珍“给以牛与田俾耕焉，阿甲卒成中人之产”。[③]清代乾隆年间两岳朱氏族人在宗族拥有的白牛径山场内开垦土地，将旱地变为水田，族中耆老不满，两岳朱怡堂共用价银二千四百八十两赎回十户

① ［明］霍与瑕：《霍勉斋集》卷一二《上潘大巡广州事宜》，收入《广州大典》集部别集，第156页下栏—157页上栏。

② ［民国］朱焕章编辑《两岳朱家族谱》卷五《显考佐裕府君传》，广州东雅公司，1925年拓印本。

③ ［民国］朱焕章编辑《两岳朱家族谱》卷五《士雄公事略》。

族人在白牛径山场田产为族田[①]。每户平均得银248两，得到银子的族人又可以再购买田地而成为自耕农，或者上升为地主。可见自耕农只要通过力农的方式，在一般情况下就能致富。如果遇到灾害、动乱，自耕农就有可能破产。在南海、顺德基塘区，地权变动非常频繁，大宗祠的值理会优先购买族内自耕农的财产。如果小地主田场收益增加，也会购买自耕农破产的田场，从而变为中等田场。所以在清代、民国，基塘区大多是“太公田”。

三、租佃农经济

明清时期，岭南农业进一步朝着租佃制的方向演进。明清租佃制逐渐淘汰其他制度成为占主流的土地经营制度。[②]这一论断基本上适用于岭南地区。明清租佃制度延续宋元以来的情况不断改善，佃户人身权与经营权的自由度更大。我们将佃户经营，分为以下类型考察其经济状况。

1. 稻农经济

明代前期以稻作经济为主，米价很便宜，如果稻农以稻作为主，那经济生活水平会较低。明代中期广州府平均亩产为427斤，嘉靖年增城中等田为“入租一石五”，按五五分成计算，亩产折合今量为433斤。[③]如果一个佃户五口人，租佃十亩地，按每亩一石五谷收入计算，年收入15石谷，如果“中数每口岁率食谷四百斤”，[④]则无论如何不够口粮，及其他开支。如发生不测，遇上灾荒或摊平逃民拖欠赋税、政府滥派徭役的话，就不免逃亡。但是由于佃农在种植双季稻之外，种植其他的作物收成归自己所有，在佃耕田地之外的荒地上开垦也可以不升科，种点蔬菜或者经济作物，稻作的投入较之经济作物的投入少得多，所以稻农能在双季稻之外多种植一造作物，以及通过纺织、樵采、打工等增加收

① [民国]朱焕章编辑《两岳朱家族谱》卷一一《尝业》。

② 谢冬水：《人口增长与中国历史上土地经营制度演化——对明清时期土地经营制度演化的博弈理解》，《财经研究》2010年第36卷第12期。

③ 吴建新：《明清广东的农业与环境——以珠江三角洲为中心》，第107页。

④ [清]赵天锡：《调查广州府新宁县实业情形报告》。

入。最有利于佃户的是冬种收益全归佃户：“向来惯例，冬耕产品，俱归佃户所得，田主理无干涉，现在番禺、花县、增城、东莞、梅县等处，佃户种麦，田主均无另索租金，习惯相同。”[①]这是宋元以来的惯例，也是明清三造制盛行的基础。

清代由于水稻产量的提高，平原稻农的生活水平会高些。清代广州府平均亩产为555斤谷，但是人口增加，《番禺县志》说是“八口之家”，“腴田须及十亩，方克赡给”。[②]如按照“每口岁率食谷四百斤”，租佃收入仍不能保证温饱，只能在双季稻外多种植一造或开荒、从事工副业等增加收入，换取货币买米。而且广东物产丰富，米粮不足时还有很多食物补充，特别是在水乡。《广东新语》说：“地惟粳稻，土厚获多，人日计米一升。加以鱼、蚌、乌菱、蕉、橘、薯、芋，减炊米十可二三，如是则男有余粟，故古称饶富居甲焉。”民田区乡村经济发达，做些小买卖也是不错的，“广州凡食物所聚，皆命曰栏。贩者从栏中买取，乃以鬻诸城内外”。[③]以上说的就是环珠江口和广州近郊农民的饮食生活。在沿海平原，商品经济发达，稻作之外的闲暇时间农民可以从事手工业、副业和小买卖以增加收入。外销画中有许多小商贩，不少可能是贫穷的稻农，因为稻作闲暇多所以从事小商业的时间也多。

在韩江平原，佃户经营的稻田也是双造的，和广州府差不多，租佃的稻农经营手工业、商业和采捕业也能弥补食物的不足。如潮州佃农多双季稻，以增加土地的利用率，但是地主收的租额比单造的高。如清代潮州澄海县南砂林氏的祭田里，写明有双季稻的，“溪西内坽田七亩，四亩租六石四斗，三亩租四石二斗，带早晚；外坽田八亩，五亩早晚租七石五斗……田三亩五分，早晚租五石六斗”。林氏的田地出租，有的水利费用主佃各负担一半；有的田地“粮米各认一半”。[④]至于在珠江

① 广东地方农林试验场编《冬耕浅说》，《广东农林月报》三卷第一期，民国八年十二月二十日。按：在收获晚造后佃户种植麦子不用交租，是宋元明清流传下来的习俗。

② 宣统《番禺县志》卷一二《实业志》，中国方志从书本，第170页。

③ ［清］屈大均：《广东新语》卷一四《食语·舟楫为食》，第395页。

④ ［清］林元秀纂辑《澄邑南砂林氏大宗重修族谱》卷一《祭田》，嘉庆九年刻本。

三角洲的沙田区，佃户受一路、二路地主和大青、高利贷的盘剥，经济地位悲惨，文献上提起这些人，往往说他们是“贫民”，或者“穷蛋”。[①]

贫穷的山区稻农，笔者称之为“生计糊口型”农户。如明代始兴县，嘉靖《兴宁县志》记载：“谷既升，潮人之舟鳞次于河下，潮人、漳人岁数千艘万艘来集。”[②]这种情况在韩江上游客家山区是普遍的现象。东莞在明嘉靖时已经改稻作蔗糖为主，大米供应地为东江流域各山区县，当地农民“家鲜盖藏，岁无论丰歉，民辄数米而炊，兼晨一食，或以芋，或以蕨，免死而已，宁足裹其腹哉。”[③]万历二十四年（1596年），河源县令黄朝选《社仓记》有类似的东莞人前来抢购大米而致当地米供应不足的记载。[④]西江流域的肇庆府、北江流域的韶州府山区与广州亦存在粮食的供求关系。可见明代中叶以后平原对山区大米的强烈需求，不仅没有给山区稻农带来丰厚的经济收入，反而引起山区的粮食危机。因为山区的稻农经济仅处于自给自足的水平，平原过度抢购粮食反而造成山区粮食不足，故“无论丰歉”，山区稻农都处于贫穷状态。大埔《范氏族谱》“元凯公传”记载：明末赋役繁重，“田有粮，粮有预征，有杂派”，大埔县仅有二三宦户可纳粮，稻农被迫质押田地给宦户以便逃税，自耕农由此变为佃农，但起码稻农不会无田耕。这应该是比较普遍的情况。当然，由于明代万历年间到清代兴起社仓、义仓，有的地方有了储蓄的习惯，如道光《长乐县志》卷四《风俗》，农家“多储蓄，罕见饥馁”。

由于种植技术的提高，清代山区的稻谷亩产比明代有所提高，清代的农事月令表明，山区的“惰农”习俗进一步弱化，稻栽培技术提高，稻农可以多种经营增加收入，山区稻农的经济状况较明代好。但是山区和平原之间在稻米贸易中的不平等的经济关系仍然存在，这迫使稻农加大开发无主荒地和次级土地，用“种畲”这类成本低的方法种植杂粮，

① [清]龙廷槐：《敬学轩文集》卷一《与瑚中丞言粤东沙坦屯田利弊书》，第392—403页。

② 嘉靖《兴宁县志》卷三《食货》，天一阁本，第1100页。

③ 康熙《博罗县志》卷一《地纪》，广东历代方志集成本，第48页。

④ 康熙《河源县志》卷七《艺文》，中国地方志集成本，第82页上下。

以抵消口粮的不足。但这种开发方式又加剧了山区生态环境的危机，从而造成恶性循环。[①]天然林资源原本充足，但经过开发，木材砍伐殆尽，环境恶化，而人工林未能赶得上成为经济支柱，“资源依赖型”农户也被迫“种畬”以获得杂粮糊口，“生计糊口型”的农户增加。晚清时洋米涌入，又造成米价低位运行，稻农受损失，提高生产技术的积极性受阻[②]。

2. 果农经济

在珠三角的老围田区，有富裕的佃户向田主批土地种植果木。同治元年（1862年），郭翰升等申请承批南海里水谭世荣堂的围田，“田地以批三十年为期，满期之日，任从租主取回，令议批租。所有大小果木，俱要交回田主，毋得私自斩伐采摘”。[③]郭翰升等领耕的土地是以税亩计算，而税亩大于实际亩很多，这应该是一个大果园，显然是自耕自种，而不是转手批耕的二地主，不然不会租期长达三十年。种植果园获利甚多，如广州附近专门种植荔枝、龙眼的，果树还没有成熟，“商人视果生得如何,视其花以知其实多少而判之,是曰买焙,其人名曰焙家，龙眼亦然”。[④]市场需求大，使有技术和资本的大耕家敢于种植大果园。

果园经营中有资本的大佃户，种植百亩以上的土地。清末梁启超记载新会的橙园：“常年经费赁田之租，每亩二两四钱，粪田之用，每亩三两六钱，治田之工，每百亩仅用四人，惟植橙用工特少，橙熟收实时则雇散工耳。每年中价人约十二两，一切取之于围堤壕堑所出之物，恢恢然有余矣。故植橙百亩者六年以后，可以不费一钱而坐收五万四千两之利。”[⑤]梁启超说这个橙园的主人“赁田”100亩，则租田须200多两，加上买苗木、整理果园等费用，起码需要有四五百两银子，可见是租金

---

① 吴建新：《明清广东的农业与环境——以珠江三角洲为中心》，第183—186页。

② 吴建新：《明清广东粮食生产水平试探》，《中国农史》1990年第4期。

③ 谭棣华、冼剑民编《广东土地契约文书》，暨南大学出版社，2000，第16页。

④ ［清］屈大均：《广东新语》卷二五《木语·荔枝》，第624页。

⑤ ［清］梁启超：《说橙》，收入［清］贺长龄《皇朝经世文三编》卷二六《户政三·理财下》，上海书局石印本，第8页下。

充裕的大耕家。而且使用雇工，说明已经是有规模的农场经营性质。经营主采取灵活的经营措施，只是在收成时增加人工以降低人力成本，从而增加收入。这类果园较之小果园能获得更好的利益，而且这个橙园的规划非常符合生态学和经济学的原理，[①] 在民国的文献可以证实。1918年，广州河南近郊沥滘村陈次之果园，不过8亩，“每年出产约价值五六百元”。当时米价为每石8—9元，每亩收入折合为7.63石米，总收入高于种禾。[②]1924年番禺县暹冈乡有农民“种植橙树者10亩，6年以后，除去常年经费700两以后，可以得纯利6 800两。种植百亩之园者，可得68 000两”。[③] 难怪明清时期粤人对“果箱”的巨大利益趋之若鹜。民国时期，这类果园是要雇佣更夫守卫的。果农得如此厚利，可以想象明清广东“果箱”的盛况，无怪乎清初屈大均说：“有荔枝之家，是谓大室。”[④]

明清海南的槟榔栽培规模不断扩大。正德《琼台志》卷八《土产上》记载：有农家的槟榔“自种万有余株”。这是不太普遍的现象。清初羊顿《匀定槟榔税记》记载：儋州槟榔户“积累其业，方至一二千枝。不然则否”。[⑤] 明末清初一般的槟榔园种植一二百株至三四百株是很常见的，1 000株则需要多年积累。如中央民族学院收藏的一张黎族契约，典卖的一座槟榔园种植株数为1 200株。[⑥] 如家有槟榔数百株为中产，至一二千即是大室，正德《琼台志》和清代资料记载有种植槟榔万株的，资本需很大，不常见。如果发生冻害，槟榔会冻死，方志上称之为“榔灾”，这样种槟榔之家就会破产。

① 吴建新：《明清广东的农业与环境——以珠江三角洲为中心》，第66页。

② [民国]郭华秀：《番禺沥滘瑞宝两村农业调查记》，《广东农林月报》1918年第2卷第5期，第5页。

③ [民国]孔宪乾：《番禺县暹冈乡之橙业经济状况》，《农声》1923年7月第5期，国立中山大学农学院《农声汇刊》，第81页。

④ [清]屈大均：《广东新语》卷二五《木语·荔枝》，第581页。

⑤ 康熙《儋州志》卷一《地理志》，广东历代方志集成本，第623页。

⑥ 陈光良：《海南经济史研究》，中山大学出版社，2004，第254—255页。

3. 基塘农户经济

明末清初的蚕农经济有记载："计一妇之力，岁可得丝四十余斤。桑叶一月一摘，摘已复生，计地一亩，月可得叶五百斤，蚕食之得丝四斤。家有十亩之地，以桑以蚕，亦可充八口之食矣。"[①]清初桑叶与丝的转化率为 500 ∶ 4，但是一般来说，桑地常年种植六造，不能每造都收 500 斤桑，平均每造约得 400 斤桑叶，一亩桑基产桑叶约 2 400 斤，每亩桑叶得丝为 19.2 斤。康熙三十八年（1699 年）平均丝价为 132 两 / 担。按照《广东新语》所记载的九江乡基塘比例为 2 ∶ 8，8 亩为鱼塘。九江养殖鱼花，故塘的产值高，基面则窄。其他桑基鱼塘不会达到这个比例，可能会三七、四六、五五分。如以五五分为例，5 亩桑基得丝约值 126.72 两银，加上鱼塘的收入，显然比种植水稻的收益多得多。但由于清初的资料少，还不能确定其成本收益之比。

由于丝价高涨，清代中叶的租佃农敢于自带资本挖塘筑基养蚕。南海关氏有族田土名刘局基、树墩根，明代以来一直种稻，清道光间地势低洼不能种稻，"当事者因田势低下，往往被水淹浸，招佃丁自备工本，浚田为塘，培土成墩，新旧共得鱼塘七口，墩则种植桑株"。[②]"佃丁自备工本"，说明桑基鱼塘的租佃农敢于投资并具有经营能力。至于桑基鱼塘的效益，清末的情况比较清晰。清末的《岭南蚕桑要则 · 劝业刍言》算了一笔基塘农家的账，大致意思是说：种植三四亩的桑叶，培至每造发得桑叶二千余斤。合周年六造而计，则可得叶一万五六千斤，除地租肥料，挖草摘桑等价之外，桑价好者尤可得银二百五六十两，中等价者亦可得银二百二三十两，即遇桑价贱者亦可得银二百两。如果养蚕而不卖桑，桑运佳者固可出丝七十斤，除炭价缫工之外，允可得银三百两零。中等蚕运者，亦可出丝六十斤，得银二百七八十两，即遇蚕运否者，仍可出丝五十斤，得银二百三四十两，设遇蚕运最不堪者，亦必有丝四十余斤，得银二百两。如再赁塘一口，每年可养大鱼三千余斤，岁中除支塘租、鱼种、肥料之外，又可赚银一百余两，或购猪种十只，每

① [清]屈大均：《广东新语》卷二四《虫语 · 八蚕》，第581页。

② 南海《关树德堂家谱》卷一五《祠宇谱 · 碑记附》，刻本。

岁除家庭支出之外亦可赚银一百余两。《岭南蚕桑要则》作者的这番话是在罗定推广蚕桑业时对农民说的，目的是引起罗定农民对种桑养蚕的兴趣，需要结合其他资料具体分析。

清末时“蚕丝之价，价比道、咸间，涨至三倍”。[①] 这刺激了桑基的发展。经营桑基鱼塘的租佃农需要融资方能经营。光绪二十九年（1903年），罗振玉到南海调查，记载6亩桑基需要45两的地租，加上开塘费、桑苗费、塘寮共需605.6两，租息65两。4亩鱼塘需要鱼苗资本、饲料费共226两2钱，利息24.18两。罗振玉没有计算桑基利润，只是说鱼塘利益120两，也没有计算活鱼的成本。罗振玉说“匀计十亩之塘为多，因一夫之力可适用”。[②] 这说明，在清代，桑基鱼塘的佃农经营能力强，敢于承担借贷经营的风险，在丝价走高时能获得高收益。20世纪20年代蚕丝业还处于盛期，当时的资料与晚清时相差不远，美籍专家考活的调查称顺德桑基每亩桑叶成本：桑基租金25元，施肥除草人工10元，肥料20元，摘工10元，共支出65元，每亩获叶23担，每担3元5毫计，共获银80元5毫。两相比对，每亩共得利15元5毫。如果农民有6亩桑基，净卖桑可以得利93元。多数育蚕人均自行植桑兼养蚕。普通农家每造能育蚕纸2张，可获利117元，全年均计则获利八百余元。凡是农家自已耕作桑基，家人工资无需先付给，省去摘桑的成本，蚕粪、桑屑可以喂鱼。若有塘4亩者获利120元，与育蚕所获之利，二者合计，年中获利则有930元。除去生活支出530元，利息60元，合计得利三百三十余元。农民还在冬天于桑基间种蔬菜，或者将桑基土卖给种花果者，能增加收入。[③]

晚清机器缫丝业兴起，女子能在工厂当缫丝工，所得能供养三人。则晚清基塘农户的收入较之清初是增加的。从嘉靖、万历到乾隆、清末，顺德、南海乡村的物质生活逐步提高。万历《顺德县志》记载：“今富者缛绣罗纨，（妇人）翡翠金珠，被后妃之服，器皿错金，宫室雕斵黝垩，金装马鞍，铜鼓互奏，召客珍穷水陆，犹尚以为不足，富者欲过，贫者

① ［清］赖新侬：《岭南蚕桑要则·罗阳实习纪始》，第3页上。
② ［清］罗振玉：《南海县西樵塘鱼调查问答》，收入《农学农书》第六集。
③ ［美］考活、布士维：《南中国丝业调查报告书》，第56、57、107页。

欲及”。[①] 在清代和民初的方志尚可看到类似记载，可见基塘区的繁荣持续了四百多年。当然这只是在正常年景的情况下，如果碰到灾害、蚕病、丝价下跌等意外情况，基塘农户不仅会亏本，而且还有破产的风险。如果将养蚕、养鱼、养猪等的成本也计算在内，基塘户投入的劳动力与资源实际上远远多于稻农。[②] 黄宗智谓华北小农经济的“内卷化”，即小农经营在劳动力和资本投入达到一定阶段时会出现边际效益的递减。[③] 这种情况在清末的华南基塘农家经济中是存在的。这是一个可以进一步研究的问题。

4. 蔗农经济

晚明时兴起甘蔗的大规模种植，如果榨出的糖售出，获利二三倍于稻农是常见的。《广东新语》记载：“开榨时，上农一人一寮，中农五之，下农八之十之。”一个榨寮大约是 80—100 亩，上农应该是经营地主或者是大耕家，中农拥有二十亩，可能是中等租佃户，而下农是拥有十亩左右的小租佃户或者自耕农。[④] 以下将明末以后的种植甘蔗、榨糖之后的利润做一番估计。1689—1690 年（康熙时），英国商人在东莞向糖商买蔗糖 10 000 担，每担 1.7 两；1724 年（雍正二年）中国商人糖的报价每担 3 两；乾隆十七年（1752 年）广州糖价为每担 3.05 两；乾隆二十七年至二十九年（1762—1764 年）广州糖价为每担 4.5 两；乾隆三十九年（1774 年）广州糖价为每担 1 两。冰糖价格一直高于一般的糖。[⑤] 则雍正二年到乾隆二十九年（1724—1764 年）广州的平均糖价为每担 2.887 5 两。我们以 1724 年的 0.68 两 / 石米，1762—1764 年的 1.154、1.268、1.384 两 / 石米，1774 年的 1.589 两 / 石米[⑥]，计算出这段

---

① 万历《顺德县志》卷一《风俗》，第15页。

② 1987年黄慰愿发现蚕业收益虽高于稻作，但劳动力折合为谷米后的蚕业投入远高于稻作，见黄慰愿《近代珠江三角洲蚕丝业兴衰史研究》，华南农业大学硕士论文，1987，第38、53页。

③ 黄宗智 :《华北的小农经济与社会变迁》，中华书局，2000，第161—176页。

④ [清]屈大均 :《广东新语》卷二七《草语 · 蔗》，第690页。

⑤ 季羡林 :《蔗糖在明末清中期中外贸易中的地位——读〈东印度公司对华贸易编年史〉札记》，《北京大学学报（哲学社会科学版）》1995年第1期。

⑥ 陈春声 :《市场机制与社会变迁 : 18世纪广东米价分析》，第145—147页。

时间平均米价为1.215两/石米。从上述引康熙年到乾隆年间的米价和糖价相比，种甘蔗的利益一般为种稻的1—2倍，一些年份甚至为3倍或更多。广东的蔗农经济在清代遍及珠江三角洲、潮汕平原以及沿海地区、粤西南等地。山区也有不少蔗园，以阳春最多，《广东新语》记载："番禺、东莞、增城糖居十之四，阳春糖居十之六。"[①] 从时间上说，乾隆年间蔗农经济最发达，到鸦片战争前，《粤海关志》记载沿海各关口都有蔗糖、蔗水进出口，即使鸦片战争之后，蔗农经济收益仍维持在高位，1864年粤海关报告称：当年食糖出口"比任何一年都增加2.5万担或者增加三分之一"。[②]19世纪五六十年代仍有"毁田种蔗"的现象。[③]这表明晚明到清代广东的蔗农经济大约维持了三百年的繁荣。

19世纪80年代起，由于洋糖倾销和欧洲甜叶糖兴起，广东蔗糖出口萎缩，蔗农经济收益下降，走向衰落。光绪二十九年（1903年），徐闻县一亩蔗地，得蔗制糖300斤，得利六七千文；同年当地的双季稻，早稻亩产3石，晚稻约2石，得利7 500文上下。[④] 则种蔗利益与种稻差不多，蔗农被迫减少甘蔗种植面积，并复种其他作物以增加收入。种蔗利润急剧下降，除了出口下降的原因，还因为豆麸、花生麸的价格高昂，借贷利息高。而在珠江三角洲，晚清时已经引进粗径种的木蔗、金山蔗，出糖率高。[⑤] 农民舍得下肥，用传统榨法，番禺沙湾等地每二年亩蔗产糖1 400斤，也有每二年亩蔗产糖2 500斤，折合一年亩蔗产糖700斤到1250斤[⑥]，如果平均其他数字，粗径蔗产糖大约是1 000斤上下，细茎的竹蔗产糖就低很多。这虽然是20世纪20年代的材料，但因为是传统榨法，基本上能反映晚清到民国蔗糖复兴运动之前珠江三角洲蔗农经济的情况。潮汕平原的蔗农经济比徐闻县的要好。光绪二十九

① [清]屈大均：《广东新语》卷二七《草语》，第689页。

② 广州市地方志编纂委员会办公室：《近代广州口岸经济社会概况》，第8页。

③ 周正庆：《中国糖业的发展与社会生活研究——16世纪中叶至20世纪30年代》，第89页。

④ [清]何炳修：《徐闻县实业调查概略》，收入罗振玉编《农学丛书》第六集。

⑤ 关于粗径蔗与榨糖关系的研究，参看吴建新《试析近代工业与近代农业的关系——以近代广东的蔗糖业为例》，《华南农业大学学报》2005年第3期。

⑥ [民国]邵尧年：《番禺、增城、东莞、中山糖业调查报告书》，第8—18页。

年，潮州府除了南澳以外，各州府属县皆产糖，虽然甘蔗的种植面积大减，亩蔗产糖，分为“上冬”，每亩获糖七八百斤，“中冬”，亩蔗产糖四五百斤，“下冬”为二三百斤，取中数为四五百斤，原因是潮汕蔗农舍得下豆麸、花生麸，虽然不是粗径种，但甘蔗的蔗种孽根性强，每亩七百株亦能高产。[①]总的来说，珠三角和潮汕平原的蔗农经济要比粤西南等地好些。

明清广东农家经济可以分为“市场依赖型”“生计糊口型”“资源依赖型”。[②]“市场依赖型”主要分布在珠三角、潮州以及部分台地、山区商品经济较为发达的地区，而后两种分布在山区为多。从内涵来说，种植经济作物或种养结合的“市场依赖型”较为富裕，后二者以稻作和开发山区天然资源为主。山农则较为贫穷，或入不敷出，靠樵采帮补生计。所以明清广东商品性农业的发展极不平衡，由于经济分工不同，平原以低价格买走山区的粮食，山区稻农却因为稻作水平不高而处于粮食不足的状况，靠“种畲”以补充粮食的不足。而山地过度开发和资源的不合理利用，造成了山区的生态环境恶化，突出表现为水土流失；不少地区生活水平下降，表现为专靠番薯、玉米等做主粮。这形成了一种区域之间的“经济—生态”关系，是明清广东乡村商品性经济其中的一个特征。

① ［清］兴礼：《潮州糖业调查概略》，收入罗振玉编《农学丛书》第六集。

② 吴建新：《明清广东的农业与环境——以珠江三角洲为中心》，第117—129页。

第六章

农业组织与农业文化

第一节

农业聚落与宗族组织

明清时期农业聚落遍布岭南大地。相比宋元以来定居的大家族繁衍，这一时期从岭北而来的人口流动就少多了。人口增加，推动了农业聚落的扩展。[①]各地的聚落形式不同，体现了不同的地区文化特征。在珠三角水乡，“顺、南诸邑多用（蚝壳）作墙屋，间有叠为楼者，鳞次层叠，

图 6–1　逢简水乡仍保留传统水乡特色

① 吴建新：《明清广东人口流动概观》，《广东社会科学》1991年第2期。

亦可观也”。[①] 因为珠三角水乡地下多蚝壳，取材容易，用蚝壳为墙壁，民间取“富豪”的含义。而在山区，一般民居的墙壁多为方形土块砌成，取材于田，有些甚至是草寮，只有富裕人家才有较大的砖石瓦屋。而客家山区有围龙屋，“筑室大者四五十弓，小亦二十弓，大底前砌短垣，背负郭”，称为“四角楼”。[②]

村庄多采取宋元以来的庐墓一体的格局：“广之著姓右族，其在村落者，人多襟冈带阜以居，庐井在前，坟墓在后。其濒海者，亦必多置山场，以为蒸尝之业。”[③] 如果村庄附近没有风水地，富有的宗族就在风水好的山头寻找墓地，并不那么在乎聚落与祖坟的距离，这样打破庐墓一体的聚落在珠江三角洲水乡最常见。客家盛行二次葬，迁徙时背着祖先的遗骸，在移居点择风水下葬。葬地风水往往成为宗族之间矛盾冲突的原因。

祖坟是构成宗族村落组织的要素之一。不同的农业景观与墓地有关系，在珠江三角洲地区的南海、顺德等县，人口密集且余地少，多采取丛葬的方式；而在新会到高州、雷州一带，由于人地资源冲突较为平缓，一座祖坟占据一座山地很常见。

祠堂的建设也要适合风水的要求。珠三角祠堂一般是堂皇的建筑，“其大小宗祖祢皆有祠，代为堂构，以壮丽相高。每千人之族，祠数十所，小姓单家，族人不满百者，亦有祠数所”。[④] 祠堂是神圣的地方，如顺德冲鹤堡的潘氏祠堂，规定“祠内不许歇宿闲人，开场聚赌及窝匪、闹酒、煮食鸦片、抗者闻官究处”，祠堂也不准贮物件、晒谷、打禾等。[⑤] 祠堂规模和数量在富庶地和贫困地有很大区别。在顺德，一个村庄甚至有几十所祠堂。最重要的是富有的宗族占有大量田产、基塘、墟市、码头、海利等资源，获得的利益用于祭祀和资助族人参与科举。宗族还有

① [清]罗天尺：《五山志林》卷七《辨物》，顺德县方志办印本，第152页下。

② 咸丰《始兴县志》卷三《风俗》，中国方志丛书本，第135页。

③ [清]屈大均：《广东新语》卷一九《坟语·山场》，第500页。

④ [清]屈大均：《广东新语》卷一七《宫语·祖祠》，第464页。

⑤ 《阖房公议禁约》（清乾隆四十八年），收入何兆明主编《顺德碑刻集》，广东人民出版社，2012，第112—113页。

"做会"即集资的功能，用于增值族产和贷放高利贷。珠三角一望无际的大沙田区则没有祠堂，田地所有权属于民田区的大宗族。耕沙的疍户在河边搭起棚寮，寮后面是河道，寮下系着耕作用的小船，没有祠堂，只有如万顷沙那样的沙田所有者的"围馆"，形成与民田区不同的水乡景色。而在接近民田区的地方，富庶的疍民也建设祠堂。在山区，如果是特别富有的宗族，祠堂建构与珠三角差不多，但大多不如珠三角的祠堂堂皇，甚至很多都比较简陋。在高要平原，祠堂格局与广州府各县有区别，祠堂之外另设"酒堂"的建筑，供族人办红白事设宴时用，至今高要还有五百余座酒堂。

风水树是村族中常见的东西。常见的风水树有榕树、木棉、水松等，"广人多植作风水，墟落间榕树多者地必兴"。[①] 风水树严禁斩伐，如客家"围龙屋外树大须留蓄长大以庇荫祖屋，不得擅行斫伐以伤龙脉，则子孙累世受福无穷矣"。[②] 岭南宗祠或大村落"村前必大作鱼塘"。[③] 村前面有大鱼塘，是风水和防火的需要。珠三角水乡与村庄风水相关的还有水渠、河涌、码头等建筑。这些水利设施和堤围、陂塘等不仅构成村庄风水的特征，还形成村庄的水利系统。这样的系统在南海、顺德的基塘区特别重要，水道环绕每个村坊，私家码头正对着坊口，以前的蚕农从私家埠头沿河涌出发到基塘区里作业。如果水环境的风水外泄，就要建设桥梁，或者改建河涌的形状，建风水塔以锁住风水，如岭南水乡风景仅存的顺德逢简，一个祠堂前面的水道特意绕了一个弯曲形的转角，使"风水"向该祠堂汇聚。当然有时风水的建设也是为了交通顺畅和贸易的需要，如逢简的另一段河道，一处水面突然宽起来，村民说是风水，但又说这里以前是外地的船运米、运蚕丝进出的地方，可见风水的建设有时会考虑到生产的实际需要。但有时风水的理由甚至会阻止生产和水利活动的进行，如清代顺德的一条堤围，"以张姓惑于风水不利，遂将通乡之窦闭塞"。[④] 风水观念可以说是村社人群的生存策略，是村社的

① [清]屈大均：《广东新语》卷二五《木语·榕》，第618页。
② 《兴宁刘氏岗背祠谱·规条》，广东省立中山图书馆藏本。
③ 嘉靖《兴宁县志》卷四《风俗》，天一阁本，第1218页。
④ 民国《顺德县志》卷四《堤筑》，第59页下。

图 6-2　逢简水乡现仍存私家埠头遗迹

利益边界的标识物，既能促进农业生产的发展，成为保护环境的理论依据，也会阻碍资源开发和引起村社之间的冲突。[①]

祠庙也是构成村社风水的重要组成部分。村落中多有主神，或有多个祠庙，如南海庞氏，“南州闸口前者建有北帝庙魁星阁一间，光绪元年（1875 年）毁拆，至光绪二十八年（1902 年）照旧又建设北庙，迨后亦因风水不宜，民国二十年（1931 年）又毁拆，现建设土地庙以收水口”。[②] 祠庙也与生产密切相关。在顺德、南海的蚕乡，对蚕姑的崇拜很常见，但蚕神多附建在祠庙里。祠庙往往是乡村士绅商讨水利、文化建设等大事的地方，如清代嘉庆以后桑园围河神庙是全围议论岁修和筹措资金的地方。桑园围堤段上的祠庙大多在险要段，一是镇魔之术，二是提醒围民应当随时注意防范危险。乾隆八年（1743 年），桑园围决，

① 吴建新：《明清广东人的风水观：地方利益与社会纠纷》，《学术研究》2007年第2期。

② 《南海庞氏族谱》卷一六《杂录谱》。

“五月初八日各堡里排齐集镇涌洪圣庙酌议堵塞横基，庶保晚禾”。[①]晚清时，团练局兴起，士绅掌控基层政权，祠庙和书院、乡约所往往是团练局所在地。

宗族有组织水利建设、教化、征收赋税和组织农业生产的功能。关于宗族和水利系统的关系，拙作对此已经有详细的论述。[②]在珠三角民田区，宗族在沙田的开发、基塘区的建设、大型堤围的筑闸联围方面都发挥了重要的作用。关于宗族配合国家教化，在明代已经出现。明代英德李氏整个宗族因避免赋税而迁移，是应对国家赋税政策的行为，他们在洪武间“为因粮长赔累，挈家移居广东韶州府英德县清泉怀义等都，住耕田土”。[③]但是迁移之后仍然以国家的礼仪制度和道德规范驾驭族众，万历年间立“义帖”“善恶簿”；顺治十六年（1659年），族众又集资买田百余石用于祭祀祖先，约束了族众行为，“无敢少违者”。[④]族训还规定了“书田”等尝产，出资资助族人参加科举，中举做官按照等级给予不同的奖励，中举等级高者还在祠堂前竖起旗杆以示旌表。也有宗族自建书塾延师教子弟读书。

宗族在清代乾隆时虽受到官府的打压，但还是蓬勃发展起来，而且契约化、地缘化、商业化的趋势更为明显。不同姓氏的宗族可以通过拈阄等方式决定姓氏的选择从而组成新的宗族，或者同姓联宗。宗族还配合国家的教化，向族众训令须按时纳税，“各姓所设专理粮务之员，岁需薪水，乃按钱粮摊供，凡有田地买卖，俱属各姓总户出入，所该地丁钱粮，悉归其祖包揽清完”，但欠者仍须偿还宗族代垫数和利息。[⑤]明清的宗族利用凝聚的族众势力，包括人力和物力，积聚起田产、码头、水利设施、林地等资源，甚至包括墟市、当铺等财产，其中以田产为最多。宗族在乡村的势力延续发展至民国。

---

① [清]明之纲：《同治桑园围通修志》卷三《嘉庆二十二年丁丑续修志》，第129页上。

② 吴建新：《明清广东的农业与环境——以珠江三角洲为中心》，第250—259页。

③ 《英德黄田峒李氏族谱（不分卷）》，广东省立中山图书馆藏本。

④ 同上。

⑤ [清]赖新侬：《岭南蚕桑要则·劝业刍言》，第13页上。

宗族与宗族之间会因为田地、水利、森林等资源而发生斗争，大族压迫小族、弱族是常有的事。如新会外海陈姓，在明代时，“始祖朝列大夫为莆田世胄，官粤因居省垣，三世筠轩公始迁外海。其时若罗、若许、若梁、若屈，族大且强，我陈族聚处数家，未几氏族日繁，科名辈出，诸姓渐他徙，外海遂为陈姓一家焉”。[①]类似这样靠科举获得政治上的优势进而用经济上的压力使其他宗族外迁的例子很多。在珠江三角洲及其周边地区，大宗族占有大量的田地，一些杂姓沦为大族的佃仆，多居住在大族的周边，不得与大族混居和建设祠堂。拥有大量族田的宗族与外来宗族形成租佃关系，为日后族群之间的争斗埋下了伏笔。土地拥有者有着资源、文化优势，而在资源上处于劣势的阶层由于人口增长而需要的资源增多，冲突在所难免。明清之际珠江三角洲的奴变，珠三角以西地区在咸丰、同治年间的“土客之争”，表面是动乱，其实质就是不同群体对土地、身份、学额等经济文化资源的争夺和冲突。这些斗争对本地经济走向有很大影响，比如明末清初珠江三角洲的奴变使大族损失惨重，大族值理多倒向清政府求援，以纳田税为代价，使清兵平定奴变，这有利于经济的恢复，却不利于南明的抗清斗争。当然，这些动乱更多的是削弱了地区经济的发展动力。如阳江县是“土客之争”的边缘地带，“客匪乱后，民物虚耗”[②]；开平等地因为客家佃户迁走而受的损失更大。

明代宗族和国家基层制度的关系在互动中不断磨合，如保甲、乡约、社学、义仓与村社结合的制度，嘉靖年黄佐还在探讨中，并得到广东当局的响应。[③]到清代，国家安排宗族与图甲制、乡约、保甲制等结合在一起。如清康熙九年（1670年）复颁十六条、康熙十八年（1678年）颁《乡约全书》，每月朔望有司偕绅衿齐集公所，及军民人等俱听宣讲等措施，都在不同程度上促进乡约在乡村中的推行。与明代情况不同，清代前期的士绅已经主动向官府申请举办乡约，而且并不强调士绅在乡约制度中的自治性。政府依靠士绅，将宗族与保甲、乡约、社仓等制度结合在一

① ［清］陈炬墀：道光《龙溪志略》卷下《弁言》，第4页。

② 民国《阳江志》卷七《风俗》，中国方志丛书本，第417页。

③ ［明］黄佐：《广东通志》卷四〇《礼乐志·乡礼》，第969—985页。笔者的相关研究，见《明清广东的农业与环境——以珠江三角洲为中心》，第233页。

起，构成清代广东基层组织，清代和平县令王植说得很清楚：“查和邑各乡，立保长、甲长以察奸歹；设练总以资守御；有约正、老农以为劝课；而墟市则有墟长，以统墟甲；民间惟乡老以及族长；社仓有正、副之名；公事合衿耆之论，称曰老大。其名不尽在富，要皆公正勤慎，始于地方有益。”[①]乡约与宗族组织、保甲制度结合，晚清则与士绅掌控的团练结合，这是清代基层社会发展的重要特点。晚清时国家控制能力减弱，保甲、乡约、社仓和义仓制度时兴时废，宗族横行、械斗的现象层出不穷，农业生产受到影响。

① [清]王植：《劝禁之条》，收入乾隆《和平县志》卷六《风俗志》，广东历代方志集成本，第261—262页上。

第二节

水利社会的建设与水利规约的实施

明清时，各种水利社会组织应运而生，以稳定水利延伸出来的各种社会关系，保障水利建设的进行。如果说这种组织在宋元还是雏形，明清则在演化过程中逐渐达到成熟的状态。

“巨大的农业帝国，常常是松散的治水社会。”[①]岭南的水利社会就是由大大小小的水利组织组成的。明清两代，在珠江三角洲的大堤围，水利组织往往是和里甲制度结合的，但官修、民修有所不同。如东江堤是官修堤，采取“有田者轮充”的力役制度，管理里甲下的东江堤修筑维护是县政权的职责[②]；而南海县水南乡钟塘围，是民众于明代万历年间自行修建，“三乡各有基段，竖界分明。窦闸各自岁修，毫不牵混。本乡应管基址分为六甲，设一基总料理，递年轮充。如有坍塌低薄之处，在三十二户中计亩起科，修筑培补”，规定了应管基段的起止，以及维护基段的注意事项，记载于“各户手照”。明万历二十一年（1593 年）建围时已经将“新筑基围程式，合乡勒石永行”。[③]这种小堤围一般是通过里排集合纳税的“户”自己管理的。

明代后期东江堤已经将“按亩”轮充力役改为“按亩醵金”，而且士绅插手堤围建设，这样的水利社会一开始就以士绅或乡村精英为主导。清代在官府、士绅、围民的互动下，开始形成一些士绅群体主导下的大

① 〔美〕卡尔·A. 魏特夫：《东方专制主义——对于极权力量的比较研究》，中国社会科学出版社，1989，第168页。

② 吴建新：《明清广东的农业与环境——以珠江三角洲为中心》，第271—278页。

③ 《水南乡细围碑记》，收入宣统《南海县志》卷一三《金石略二》，第1308页。

堤围的水利社会。以桑园围为例，这个堤围属于民修，虽经洪武末年整围合修，后顺德县从南海分出，形成“南堤南修，顺围顺修”，横跨顺德、南海两县的桑园围，于乾隆末、嘉庆间在顺德人温汝适的倡导下和官府的支持下，开始了乾隆末年第一次真正意义上的合围整修，然后又将岁修作为一个制度定下来，成立士绅集团为主体的官府批准的修围公所。[①] 大型民围以官督民修为主要形式。

清代岭南各地的不少水利组织，以水利规约规范了水利建设中的组织成员的行为规范。这种规约可能是乡村中民众口头的约定，也可能是不太规范的文本。例如上文中钟塘围这个基围的建设、维护，没有外来力量的参与和干预，“各户手照”和碑刻所载，是基围中民众自行约定、自觉遵守的规约。道光年间阮元督粤，将盐羡余额数万两交商生息，以利息资助岁修。官府要监督资金的使用，因此，像桑围这样有 3 600 余顷土地，堤围又长，经济地位又重要的大堤，合围整修需要官府的支持。在桑园围有《桑园围志》，桑园围“历届岁修皆有志”，并且成为固定的制度。这部志书事实上是桑园围的水利制度规约的文本。第一，《桑园围志》记录了合围通修过程中围众的修围责任，以防止围民机会主义的行为。第二，《桑园围志》记录了岁修资金的初始来源，这是桑园围士绅与当局围绕岁修资金进行博弈的重要依据（因为盐羡利息会被官府挪用）。第三，《桑园围志》记载了修围资金的使用明细，是官府监督资金使用的重要依据。《桑园围志》对修围资金的记载，是桑园围“官督民修”制度的重要组成部分。第四，《桑园围志》宣传了热心乡梓事务、致力合围通修的水利意识，桑园围的士绅在纂甲寅《桑园围志》时，将明初新会人黎贞写的《陈博文谷食祠记》放在卷首，大力颂扬身为布衣的陈博文“急于民事”，提倡热心为乡梓办事的精神和行为。然后很隐晦地批评了“南堤南修，顺围顺修”的俗例，提出“水涨同其灾，堤固同其利”的看法，倡议一种为乡梓服务的精神和全围合修的观念。全围最重要的吉赞横基放在第二篇文章说明，以提醒围众的注意。第五，

① 这一过程的论述请参看吴建新《明清广东的农业与环境——以珠江三角洲为中心》，第237—240页。

《桑园围志》记载了桑园围境内各基段的水利契约向全围的水利法规过渡的情况。水利契约与水利法规不同。前者是桑园围各基段的围民自愿签订的一般性的关于修某一基段的协议，签订契约的双方地位平等，达成契约时不存在来自第三方的压力。而后者是由官府参与制订、批准的全围的公共契约，是具有强制性质的地方性规约。这些法规，可以清晰地看出从基段业户的基民之间签订的平等的水利契约，向带有强制性的地方性水利法规过渡的痕迹。代表桑园围基段的一般水利契约完全被强制性的水利法规所代替[①]，这标志珠江三角洲的水利社会趋于成熟。

在山区的大型官陂，民间共同遵守的水利规约的形成是在官方的主导下形成的。如在乐昌洪武二年（1369 年）修的官陂，灌溉面积 1 000 顷，以前经过多次维护，但“旋修旋圮”。康熙五十四年（1715 年），知县任衡除了对官陂“大加修治”之外，设立官陂店租，制定了官陂所属陂渠的十八坊“陂头”必须遵守的规约，规定陂头轮流掌管店租，以及组织动员陂众对陂塘和渠道的清淤和疏通的职责，如“陂头”职责不到位，会被追赔用过的经费，和受到“送官枷，责立押修复”的处罚。[②]直到民国这一水利工程还在发挥效益，水渠下还有十多处水碓。[③]乐昌官陂虽然不属于民陂，但它的规约与桑园围规约性质相同，都是官督民办的范例。

民间的分水制度能体现习惯法中的公正原则。它是用水的各方达成协议之后，将水从总渠或陂塘与闸门、毛渠配合，按量、按时间输送到各方的田地。在水资源不是十分匮乏的情况下，民间能够通过自愿的原则达成协议。如乾隆年间南澳县的深澳有乡规，每年乡民抓阄决定轮水次序，规定了轮换输水的双方各自放水和扪水尾的时间，私自偷放者会受到减少轮水次数的处罚。[④]明代政府对私有的陂圳发放“陂贴”，发生水源纠纷时这类凭证就很有作用，这是国家对民间约定的水权的确认，

① 吴建新：《略论〈桑园围志〉的价值与续修》，第二届农业历史遗产保护论坛论文，南京，2012。

② 同治《乐昌县志》卷三《水利》，第50页上下。

③ 民国《乐昌县志》卷二《水利》，中国方志丛书本，第98页。

④ 清乾隆二十一年《轮水公议》，收入《广东碑刻集》，2001，第311页。

在解决分水制度纠纷时起作用。[①] 山区的陂圳如果阻碍水利，即使无民间禁约，强势的县官也能下禁令，如咸丰年间，兴宁县的溪流多大族陂圳，“河身日高，强族阻水”，县令仲振履下令拆毁。[②]

在分水制度和陂渠系统、堤围的建设中都形成了地域性的社会关系，水利规约就是联结这些关系的基础。这些由水利建设延伸出来的社会关系，就是水利社会的属性。它的构成以基层社会的士绅集团为主导，以水利规约规定水利维修制度和征收堤围维护的经费，领导围民或陂众一起进行水利建设活动。但是民间水利组织的建立须得到地方政府的批准，水利建设前需要官员和士绅一起踏勘，建设时受官员的监督、验收，水利经费的筹集和支出也都受到监管，这样民间的水利组织和国家的关系就确定了。水利社会在明清时期的基层社会完善，是明清水利建设的巨大成就之一。

① 吴建新：《闸窦明清广东农田水利的技术史与社会史探研》，《古今农业》2007年第4期。

② ［清］仲振履：《主拆陂头议》，收入咸丰《兴宁县志》卷四《艺文志》，第157页。

第三节

其他农业生产规约

明清民间规约多以“奉宪令”的形式发布，这已经具有地方性法规和民间法的双重属性，对不良生产行为有一定的震慑作用。

一、农业生产管理规约

明清时期的农业生产活动，出现了资源开发无序化和生态环境恶化的严重现象。这需要用法律来调节和规范人们的经济行为，以缓解日益尖锐的社会矛盾，以减少社会冲突。因而在农业生产活动中，出现了各种形式的管理规约，内容丰富，涉及的范围极广。这类在农业生产范围内的民间规约可以统称为“农业管理规约”。

清嘉庆七年（1802 年），龙门县路溪峒的地方精英办了一个专门教化乡民、劝善惩恶、类似乡约的义学。清嘉庆十四年（1809 年），路溪峒的地方精英认为“乡有约，约有规，所以奉功令而遵宪典，匪类而卫善良者也”，必须要有规范乡民行为的条规。这些规约共 21 条，其中直接与农业生产、生态环境有关的有“禁人物毁耗五谷芋薯蔬菜等物”“禁逋租霸耕以重税课”“务本业以戒游手”“禁火烧山林私砍竹木”4 条。[①] 民间大量存在这类约定俗成的“俗例”“俗规”。

① 谭棣华等：《广东碑刻集》，第59—60页。

二、划分田界的规约

田界可以是有形的，也可以是无形的，界面不清的情况很常见。田界的规约包括与农田相关的公共水面的使用权。珠三角水乡中盛行上泥的农田习惯，从河涌中挖取泥土作肥料，施于蔗田、蕉园、果园中。泥土的需求量很大，在界面不清的官涌上挖泥很容易发生纠纷。晚清时番禺土华与小洲二乡村民同在河涌挖泥，除了本地使用之外，还运往别处销售牟利。虽然清咸丰年间的一次纠纷经过县令做了判决，“两乡耕农复业，争者皆平”[①]，但由于对官涌的界定不明，经过多次调解，械斗还是屡息屡起。在清光绪十七年（1891 年）一次大规模的械斗被平息之后，官府规定了两乡挖泥的地段，禁止在规定地段之外的河涌用艇挖泥，并且“无须建闸，亦不得圈筑，各守各界，各培各田”。[②]划分资源的疆界，平衡各个社会阶层对资源的利用，对缓和这些矛盾就显得十分重要。

碑刻竖在双方的分界线上，无形中将各自的生存界限划定，形成了冲突的缓冲带。在顺德、东莞、番禺的沙围田地下有长长的蚝壳带，清代河涌下的蚝壳带挖得差不多了，乾隆年间到晚清，商人、宗族、“壳棍”勾结在一起，挖田底下的蚝壳，引起沙田崩陷和咸水泛起，地方士绅请官下禁挖蚝壳的命令。这些蚝壳带也是混淆不清的田界。[③]珠三角以西土客混居，土客之间的聚落彼此犬牙交错，咸同年间引起严重的冲突，双方争夺的主要是土地资源和文化资源，矛盾无法调和。平定土客之争后，政府协调双方互换土地，避免居住地错杂的情况，然后划定界线，避免再度发生争斗。[④]明代在珠三角沙田区中的鸭埠制度时兴时废，直到清代才固定下来，就是因为对同一田块在不同农作

① [民国]简朝亮:《粤东简氏大同谱》卷一〇《家传谱·世传》小洲系十八世玮乡，第1758页。

② 光绪十七年《挖掘涌泥禁碑》，碑文题目为笔者所加，碑刻存广州市小洲村，《广东碑刻集》和《广州碑刻集》均未收入。

③ 吴建新:《明清广东的农业与环境——以珠江三角洲为中心》，第244—249页。

④ 同治八年《高明鹤山分界碑》，收入光绪《高明县志》卷九《兵防·立碑以杜越境而息讼端事案》，中国方志丛书本，第502页。

时间中的利益划分达成了协调的民间规约。[①] 宗族的族田按照族规，只可在族内交易，田界尚清晰。但当商品性农业兴起，族外人欲购买，田界就不受族规的约束，田无定主，田按"价买"。庶民地主和商人可以扩大田产。在平原主要是沙田买卖。[②]

三、护林规约

通过方志的零星记载，我们可以窥见这些不成文的规约流传情况。如明代琼州府文昌县，有禁山令，其上"草木青翠，人禁不取"。[③] 而被保护的山林，多与水源有关，或者是因为游耕农业和定居农业之间发生冲突，需要划分林地边界。清代粤北是广东瑶族分布的主要地区。粤北瑶族多实行游耕，是以渔猎业、采集业与粗放农业结合的生计经济，当一地资源耗尽以后，就迁徙到别的地方，往往三年迁徙一次。游耕制需要广大的生存空间，瑶民游耕往往不受法规的约束，而且很多汉人为逃赋役入瑶区耕作，称为"浪人"或"伪瑶"，故明代瑶乱很多。清代，当瑶民游耕至汉族农作区边缘，或者当汉民迁移到瑶区或者瑶区的边缘地带耕作定居时，会发生两种不同类型的农业生产形态的冲突，汉民、瑶民与官府通过法规规定各自的生存区域。清乾隆二十一年（1756年），乳源县的《封山育林禁约山界碑》提供了一个很好的案例。该县灵排等处山场，本是罗氏等二十余姓宗族的水源林，瑶族赵念峰等在山场刀耕火种，乡民控告到县衙，官府划定瑶族火耕界址，令汉、瑶各守界址。[④] 清代关于防止对水源林的破坏、防止开矿或烧炭对森林的毁坏的护林碑比明代多。有学者研究了明清广东60余通涉林碑或护林碑，清代碑刻的出现次数与水灾出现、森林损毁的情况有关联。[⑤] 对大埔何氏的个案

① 吴建新：《明清广东的农业与环境——以珠江三角洲为中心》，第240—242页。

② 谭棣华：《清代珠江三角洲的沙田》，第106页。

③ 正德《琼台志》卷五《山川上》，天一阁本。

④ 谭棣华等：《广东碑刻集》，第149—150页。

⑤ 古开弼等：《广东现存明清时期涉林碑刻的生态文化透视》，载倪根金主编《传统农业与乡村社会研究》，台湾万人出版社有限公司，2008，第655、679—685页。

研究表明，明清时期山区宗族和地方社会都有利用乡规民约的约束功能和警示功能来达到保护山林的强烈意图。[①]

四、渔业生产规约

如果沿海渔业占用的水面界限不清，就容易发生纠纷。如明清珠江口人工养殖的蚝田，“各有疆界，尺寸不逾，逾则争”。[②]类似的还有渔场，如果发生纠纷，一般是由官府判决，确定两造的利益边界。如揭阳县的潮美乡，李胡二姓，各有祖上遗下的鱼丘，因为纠纷而涉讼，经过县令“亲诣勘丈，勒石竖碑”，分清李胡两姓各自占有的采捕范围，规定“应照断界址采捕，不得恃强越占，倘敢仍蹈前辙，官府严究”。前代“石烂碑残，卷宗遗失”，需重新勒石，两姓乡民不得“借端侵占”。[③]类似的案例还有南澳县的云澳，由省督抚行文规定了云澳海场的网桁生产的船户、人数、税收，以及渔场的轮换制度。[④]清代的近河或近海的鱼埠，要报渔税，并附上鱼埠的水面四至图，县官给“照”（即许可证），才能捕鱼，不能越界，否则违规。[⑤]明代世家大族控制沙坦边的“海利、缯门、埠鸭”，其所有权不一定都需向官府备案。但清代这种情况有改变，官府规定各种禾虫埠、罾埠、鸭埠备案，如属于官田，归官批佃，所得作为修围费用；属于疍户打渔范围的禾虫埠、罾埠，则岸人、土棍不得占夺。乾隆初香山小榄屯田围内小涌有禾虫埠，屯丁认为小涌向无疍户湾泊，主张是屯田户资产，乾隆五年到到乾隆五十三年（1740—1788年）经历多次公文才定下来。[⑥]

① 吴建新：《明清广东山区的宗族与山林保护》，收入倪根金主编《梁家勉先生诞辰100周年纪念文集》，第306—315页。

② [清]屈大均：《广东新语》卷二三《介语·蚝》，第576页。

③ 《鱼丘碑记》，收入揭东县潮美李乡志编委《李氏潮美乡志》，2002，第9页。

④ 康熙六十一年《奉广东都抚两院会禁云澳网桁碑记》，载《广东碑刻集》扉页，照片第五张。

⑤ [清]聂尔康：《冈州再牍》卷四《林祖旺与陈以盛等互争缯门一案谳语》，第39页上下。

⑥ 李龙潜：《刘晨所旧本抄录——乾嘉时期珠江三角洲佃种屯田文献》，收入《明清广东稀见笔记七种》，第317—322页。

清代各种农业生产规约或涉农规约的大量涌现，一方面表明当时由于人口增加、商品性农业的发展和环境的恶化等因素，人们对资源的争夺很激烈；另一方面，我们也看到各种农业生产规约的出现，对农业生产中协调各种社会关系、促进对环境的保护和农业生产的正常进行起到重要的作用。

第四节

农业文化习俗

一、农事月令与农谚文化

农事月令起源很早，但在岭南出现较晚。宋代珠三角和潮州等地，虽然发生了农业技术变革，农家月令应该会在民间出现，但没有流传下来。明代的方志也没有完整的农事月令，但是明末清初“惰农”习俗有所改变，如保昌县，农民“田功毕”，“惰窳者不敢康居”，要修农器，五月收新米，翻耕种晚造，秋收后种植苕麻、荞麦，迟则种油菜。[①] 这里体现了两造制，稻稻麦、油菜等三熟轮作制。清代出现较多月令。清初，钮琇有《广东月令》，但涉及农事操作的内容极少。康熙十二年（1673年）《香山县志》记载小榄、石歧等民田区的农事月令，内容有翻稿、果木收成、淡水养殖等农事活动。康熙二十五年（1686年）的《番禺县志》除了记载翻稿、单造大禾，还记载水稻栽培技术：“播种后薙草三，粪二，有早熟后种蒜，为腴田，所得数倍于稻。”“地：二月种吉贝、黄豆、芝麻、芋、瓜、蔗、蓝、香草；三月种眉豆、红豆、绿豆；四月种黑豆，七月种麦，复种芝麻，同种而收有先后之别，绿豆两月即收，此其速者也。甘蔗十月始成，此其迟者也。”还记载了多种蔬菜的栽培。[②] 这段记载表明在广州近郊栽培技术极为集约，所载水稻和蔬菜的轮种、豆类和麦子的间种，表明能最大限度利用土地和气候资源。康熙十二年

① 康熙《保昌县志》卷二《气候》，广东历代方志集成本，第408—409页。

② 康熙《番禺县志》卷一五《时令》，第544页。

香山尚处于迁海的时段，农业生产遭受到很大的摧残；康熙二十五年广东刚迁海完毕，经济尚未完全恢复，可见《香山县志》和《番禺县志》记载的月令是明代流传下来的。

清代乾隆年间，由于私修和官修农书的印发和流传，农事活动更加频繁。值得注意的是，在粤北山区，月令内容变得丰富。如乾隆年间："正月，……惊蛰始振。二月，雷发声，虹霓见。田功既兴，惰窳者不敢康居，俗呼懒人傍社。三月，寒食至，大水，鱼上滩。（原注：农人设鲤排捉鱼。引文略。）霖雨零疾，雷作催耕鸣。麦始登，梅子熟。四月黄梅雨，乍晴乍雨，王瓜熟。五月，桃李实，莲则尽吐。竹醉（指农历五月十三日）后即有新米，谓之吊犁早，稍迟曰百日早。此谷既升，水田莳禾，谓莳翻利，高田天时有水亦然。遇亢干或种粟豆不等。六月，瓜再熟，新谷既升，亟播晚种。七月，暑更酷，芋可掘。八月，夜寒薄，橘柚黄，剥枣栗并白果。九月，白露降，百谷成，茶子熟。始兴清油香美，称第一。十月，霜始下，农功毕。草木黄落，取材乘屋，其田晚禾收后，勤者或种油菜莜麦。十一月，北风寒，芥菜出，冬笋生。十二月，霜雪降，池始冰，梅花尽放。"南雄、始兴一带的梅花结子是为腌果的，很有名。[①]这段记载，说明山区"惰农"民俗进一步弱化，双季稻盛行，而且在晚禾收割后种植油菜、麦子。油菜可以肥田，晚稻种植的麦子分别是稻稻菜、稻稻麦的三熟制，而且农家还能进行渔业活动和种植果木，反映商品性农业背景下的多种经营是非常普遍的。

在粤西山区，清道光年间的农事月令与粤北的相似：初春修农具，仲春耙田和修水利，孟春农功要完成；初夏耘田和放塘水收获鱼，仲夏播种早熟稻于水田，并开始养鸭，并播种晚禾种，季夏收获早造熟；初秋翻稿田平，插晚秧，仲秋花生入榨，收获芋头，季秋收获晚稻，辟畲田和收茶子；初冬织棉布，仲冬冬耕毕莳，凡大小麦、油菜、荞麦之属曰冬耕，收获番薯，放牛，季冬收获甘蔗开榨，种植的油菜开花，等待来年收油籽。[②]这里反映的不是惰农的习俗，而是力农、勤于农事，可

① 乾隆《始兴县志》卷三《气候》，第35页上。

② 道光《西宁县志》卷三《气候》，第175—178页。

见当时粤西的农业生产水平并不亚于粤北。在粤东山区，客家以勤劳著称，崇祯《兴宁县志》卷二《地理》记载：当地的农家，“非下农也”。就是说，明末客家山区的农业也比以前进步了。至于潮汕平原，明清时期的稻作、蔗糖、果木、畜牧业、渔业捕捞和水产养殖等农业的生产水平，不低于珠三角。总的来说，农事月令显示清代广东的农业生产水平较明代大大提高。

农事谚语以物候和节令为指示，预测农业气象，指导农事活动。这类农谚既是农业民俗，也可以看作农业技术。如清代九江流传谚云“浸三旱七”，如果天旱，当年的鱼花则生长不佳，因为西潦不到时或少，导致池塘的微生物减少，鱼苗的生长就受到影响。九江又有谚云“有雨客过山，鱼苗卖不难”“得雨快开船，担头村过村”。这些农谚与九江的鱼花养殖业有关，具有鲜明的地方特色。农民根据雨水的多少，预测西潦的大小，因为雨多则容易溃堤，“尤忌冲江，既损鱼花，亦防围溃”。[①]香山有民谚“智者养鱼，愚者养猪”“塘深一尺，胜于面阔一丈”。[②]塘深则水量厚载，适合鱼性，塘浅则鱼儿容易露出水面，受惊恐而不利生长。水乡养鱼利大于养猪，环珠江口水深的沙坦淤积不高，适宜放养四大家鱼，建围垦，鱼能进不能出，鱼吃水草、微生物、贝类，不用放饲料，一年收成一次，鱼的味道非常鲜美，与南海、顺德的淡水养殖不同。

番禺县农谚有“禾怕霜降风”，因晚造禾熟多在霜降，尤不宜于风，碰到这种情况农民会抓紧时间收割。又谚云：“夏至逢端午，霜降遇重阳，一年得收两年粮。”又大寒忌遇南风，其谚云：“南风入大寒，冷死早禾秧。”[③]冷死秧苗则须抓紧时间补插。这些农谚反映了以稻作为主的沙田区的农业技术。明清时期的方志还记载了很多农谚，大多是关于农事测候的，可以让农民在农事劳作中趋利避害。

① 光绪《九江儒林乡志》卷三《舆地略三·气候》，第5页上。

② [民国]欧佐德：《改良香山东南农村的意见》，《农事月刊》1924年10月第3卷第4号，第6页。

③ 以上见民国《番禺县志》卷一二《实业志》，第173页上下。

二、与作物栽培相关的农业文化习俗

明清广东的作物栽培业发达，因此形成了与作物栽培相关的农业文化习俗。

1. 稻作文化

与稻作相关的民间信仰，如“香山村落，多祀禾谷夫人，或以为后稷之母”，对社稷坛的祭祀在乡村非常盛行，“社稷之坛有常，田祖之坛无常，有常以为主，无常以为客”。[①] 田神有主客之分，反映了常住民与外来佃户祭祀土神风俗有区别。社稷神崇拜在各地农村非常多，比如，顺德每个坊都有自己的社神，如果邻社有丧事经过别的社，要封“利是”给经过的社。稻子有虫害时，“土人以蚁害稼，而载牲击鼓致赛于蚁祖”。[②] 这是古代傩文化的残留。明清的稻作文化习俗还保留着上古稻作文化的痕迹，社日在二月，各村要建小楼，也就是“祈年”的“禾楼”，巫者跳舞于其上，或“遍至人家除禳”。[③] 春堂舞在宋元以前的岭南土著中很盛行，男女舂米时就跳。而在明清时期的东莞，渡河时舟人竟然还残留舂堂舞，如《广东新语》记载：“东莞渡船赶水，常以一人执杵在船头，以杵左右舂船，为摇橹疾徐之节。左舂则足左跃，右舂则足右跃，诸橹人以之作势，以之齐声，又口唱山歌，使诸橹人属和以苏其苦，于是筋力尽忘，舟行迅速，须臾至彼步头矣。此古舂堂之遗俗也。”[④] 这些舟人可能是原从事稻作的俚人后代。

2. 花卉园林文化

素馨花素白且香烈，深受妇女的喜爱。素馨斜的传说使素馨花习俗得以盛行，“素馨斜，在广州城西十里三角市，南汉葬美人之所也”。[⑤] 经过诗人们的吟咏和传说，加上素馨气味香烈和传说的香艳凄美，明代人们以戴此花为时尚，“东莞称素馨为河南花，以其生在珠江南岸之河南村也。

① [清] 屈大均：《广东新语》卷六《神语·禾谷夫人》，第210页。

② [清] 屈大均：《广东新语》卷二四《虫语·白蚁》，第602—603页。

③ [清] 屈大均：《广东新语》卷九《事语》，第299页。

④ [清] 屈大均：《广东新语》卷一八《舟语·操舟》，第478页。

⑤ [清] 屈大均：《广东新语》卷一九《坟语·素馨斜》，第507—508页。

儿女子以彩丝贯之，素馨与茉莉相间，以绕云髻，是曰花梳。以珠围髻，则曰珠掠。予诗：‘珠掠盘明月，花梳间海棠。’广中七七之夕，多为素馨花艇，游泛海珠及西濠、香浦。秋冬作火清醮，则千门万户皆挂素馨灯，结为鸾龙诸形。或作流苏，宝带葳蕤，间以朱槿以供神。或当宴会酒酣耳热之际，侍人出素馨球以献客”。[①]如此看来，素馨花似可称为明清广州的“市花”。清初这一风俗一度式微，“人尽髡彨，花无所著，亦渐以稀少矣。诸花户皆贫，芜其花田而弗种”。[②]后这一习俗复盛。

广州有好几个地方称为花地，如河南的庄头村、芳村的花地。每到节日，这些地方不仅出售花卉，也是郊游的好去处。清代广州有人日游花埭的习俗，其时“仕女如云”，往花埭作春游，指的是今荔湾区的花地、芳村一带园林。这是广州“花市”的起源。花埭的园林业大致兴起于明末清初，有观赏性的园林，也有经营性的园林，1949年到20世纪70年代，花埭仍是广州人必游之地。[③]

屈大均《广东新语》中的《草语·兰》及清末区金策的《岭海兰言》，都是研究清代岭南兰花文化的重要史料。它们不仅记载兰花的品种、种植，还记载了爱兰赏兰的轶事。至于区金策更是一个“兰痴”，“家贫而蓄兰富”，不为出售而只是为了鉴赏。[④]但是广州没有赛兰会，区金策说因为兰花开的时间不一致。[⑤]各地有不同名称的花会，如《岭海兰言》书中道：“近年吾粤赛花，以小榄菊花会为最著。大良水仙会次之。”[⑥]

明清时期广州的花卉园林最多，“望族喜营屋宇，池台竹树必极工巧”。[⑦]广州府富庶的县份，多士大夫、富豪的园林。尤其是广州河南、西郊、芳村等地，既有经营性的园林，也有私家园林。晚清时私家园林

① ［清］屈大均：《广东新语》卷二七《草语·素馨花》，第696页。

② 同上。

③ 吴建新：《清代花埭的名园与名人》，《羊城今古》1988年第2期；《花埭园艺业小史》，《古今农业》1990年第1期。

④ ［清］区金策：《岭海兰言》，第43页。

⑤ 同上书，第63页。

⑥ 同上书，第63页。

⑦ 道光《广东通志》卷九三，第159页上。

以十三行商潘氏的“海山仙馆”最著名，“海山仙馆”集聚了岭南园林的精华，达到了明清园林的最高水平，可惜毁于兵火和盗贼。现时所存广东四大名园分布在东莞、番禺、顺德、佛山，远非“海山仙馆”之俦。

明清岭南花卉园林文化对本地文学有很大的影响，花卉是诗人吟咏的常见题材。清代香山小榄栽培甚盛，名品众多，有著名的菊花会。“菊，种至繁，小榄乡尤胜，具载《菊谱》，法亦备，十载为会，名品毕陈。洛阳牡丹会以丽胜，榄都菊会以雅胜。论者推为海内之冠。”[①] 菊花会是当地士人雅集赋诗的节日，士大夫通过吟咏诗歌结成交际圈。画家会以岭南花卉为题材，18 世纪的外销画有以花鸟为题材的作品。晚清产生了居巢等专门画花鸟的大画家。

3. 果木文化、糖文化与林业文化

岭南为嘉果之乡，最著名的是荔枝。明清诗人吟咏荔枝的诗歌多不胜数，其中以清初屈大均《广州荔枝词》、清中叶吴应逵《岭南荔枝词》、晚清谭莹《岭南荔枝词》最为著名。这些荔枝词中有些专门吟咏荔枝品种，有的还涉及荔枝的产地和栽培技术。岭南乡村会在荔枝熟时开“荔社”，吴应逵诗云：“沿堤万树斗芳菲，荔社年年候不违。齿夹留卿儿女笑，今朝中得状元归。”诗歌注云：“开荔社之家，人人竞赴，多食者称荔枝状头。”[②]

吃槟榔也是重要的果食文化。由槟榔延伸出生动的人文习俗，如“雷、琼妇女多鬻槟榔于市，以浮留叶结叠鸳鸯相饷，潜点椰心其中”。[③] 可见卖槟榔者独具匠心。《广东新语》记载，仇家结怨，用包装精美的槟榔很能打动人，送则双方仇恨立解。婚俗中也有槟榔，“蒌与槟榔，有夫妇相须之象，故粤人以为聘果。寻常相赠，亦以代芍药”。[④]

有的水果与养生文化有关。龙眼被认为是养生食品，除了龙眼干，

① 道光《香山县志》卷二《物产》，收入《广东历代方志集成·广州府部》，第304页上栏。

② ［清］吴应逵：《岭南荔枝词》，收入《楚庭遗旧集前集六》，道光南海伍氏刻本。

③ ［清］屈大均：《广东新语》卷二五《木语·椰》，第632页。

④ ［清］屈大均：《广东新语》卷二七《草语·蒌》，第679页。

商人还将龙眼肉捣烂，去其渣滓，熬成膏入罐，给弱病者为滋补品，“贩此者利亦加倍”。[①]养生的果品还有很多种。

广东是蔗糖生产大省，糖的食用使社会饮食生活和节日喜庆活动形成了独特的民俗文化。一年十二个月中的节庆都有糖品出现，构成岭南独特的用糖民俗文化，且由于广东糖大量销往华东，对华东的糖文化也有影响。[②]最著名的是打糖梅等习俗，在婚庆中有特殊的民俗意义。

林木文化中，以榕树、木棉、水松构成珠三角村落文化的一大景色。该类林木亦多分布在山区村落的四周，或者于风水山上形成风水林。此外，村落间凡生女多种苦楝树，“以为嫁时器物”，俗称“女儿箱”。[③]

4. 蚕桑文化、纺织业文化

晚清学海堂生员谭宗浚《岭南新正乐府四首·送蚕姑》：“拂莞席，陈兰汤，家家出户送蚕娘。清水一盂香一炷，迎得娘来愿娘住……岁晚村前陈百戏，共喜蚕娘今日醉。”[④]这一仪式与广府地区的神诞没有区别，流程为先从蚕神庙里请出蚕娘，然后游村、各家焚香迎神，礼毕后演戏酬神，摆宴吃喝。

20世纪90年代，学者在调研中发现，顺德沙田五社供奉着“西山大圣”“蚕姑娘娘”牌位，三位蚕姑神的手上分别捧着蚕茧、蚕儿和丝。“西山大圣”和“马氏蚕姑娘娘”旁边又有一副粤语写的对联：“嚟渣自吾少吾多，喂咪嘈有分有数。”意思是：喂，我切好（桑）了刚好够；另一人说：喂，别那么大声惊动了蚕儿，我喂桑叶自有分数。这副对联源自蚕农的日常生产活动：两个喂蚕的人，一个切桑叶，将切好的桑叶递给另一个喂蚕的人。将日常生产活动中的要点转化为祈神时的话语，在民俗学上是罕见的。蚕丝业对顺德的民俗文化有巨大的影响，如晚清机器缫丝业的兴起，强化了妇女的经济地位，不落夫家、自梳女、结金兰等风气有所抬头；不过劳动妇女勤俭持家、维系家庭幸福的风气仍占

① ［清］赵古农：《龙眼谱》，第12页。

② 周正庆：《中国糖业的发展与社会生活研究——16世纪中叶至20世纪30年代》，第263—294页。

③ ［清］屈大均：《广东新语》卷二五《木语·苦楝》，第641页。

④ ［清］吴兰修：《学海堂集·四集》卷二三，启秀山房清道光五年刻本。

主流。[1]

明代有家训："买绵花亲务纺织，妇工勤，衣服足。"[2]家机布，制作精良，原只是妇女织造给丈夫穿，夫君出远门着此衣，以示不忘其家。冠以不同的地名，后来清代家机布成为市场上的畅销品。[3]

5. 牧业与渔业文化

在沿海地区展现的是渔业文化，如香山的"坦洲，……实金斗湾之奥区，田庐渔户成一水国。同治初乡人建庙山椒，祀南海神，岁时报赛，鱼龙百戏，杂遝烟波浩淼中"。[4]南海九江乡的福德祠，"阖乡鱼户岁时报赛于此，俗称鱼行土地"。[5]九江乡鱼户岁时报赛属于酬神活动。每个行业都有自己的行业神，如珠三角养鸭业发达，"焙鸭卵者祭祀鄂国公"。[6]明代广东民间祭祀的一个神，"俗谓之鸭婆，水路行人岁时朔望，必杀鸭祀之。即以鸭血涂其像上，腥秽满面以为敬。此夷风未变也"。[7]这可能并不是"夷风"的遗留，而是珠三角等地早期开发阶段，养鸭业与人们生活密切相关而产生的一种崇拜现象。沙田区耕者或以鸭为神，2020年顺德均安区有村庄尚有不吃鸭的风俗。除了海南黎族，明清岭南牛文化已经远离了杀牛祭鬼的陋俗，每年十月初一，农家"以大糍粘牛角上，曰牛年。牛照水见影而喜，是日牛不穿绳，谓之放闲"。[8]烧猪是婚庆礼俗中常见的礼品。明清时期东莞的马会纯粹是娱乐，"东莞盛时，喜为马会，以驰骋相雄"。[9]斗鹅在饶平盛行，斗鸽在潮州、广州盛行，斗鹌鹑在番禺县盛行，大都是娱乐性质，但在有些场合则演

---

① 吴建新：《南国丝都——顺德蚕桑丝业绸发展史研究》（顺德文丛第三辑），第168—172页。

② （佛山）《石湾太原霍氏崇本堂族谱》卷三《太原霍氏仲房世祖晚节公家箴》，载《明清佛山碑刻文献经济资料》，第470页。

③ 吴建新：《明清广东的农业与环境——以珠江三角洲为中心》，第121页。

④ 光绪《香山县志》卷四《山川》，中国地方志集成本，第32页上。

⑤ 光绪《九江儒林乡志》卷四《建置略·墟市》，第26页下。

⑥ [清]罗天尺：《五山志林》卷七《辨物》，收入《清代广东笔记五种》，第150页。

⑦ [明]叶权：《游岭南记》，载《贤博编·粤剑编·原李耳载》，第47页。

⑧ [清]屈大均：《广东新语》卷二一《兽语·牛》，第533页。

⑨ [清]屈大均：《广东新语》卷二一《兽语·马会》，第525页。

变为赌博活动。

6. 岭南戏曲与农业、渔业的关系

《广东新语》记载："粤人好歌。"其实不少歌谣和戏曲起源于农事活动，如潮州的秧歌，陈坤《岭南杂咏》诗注云："潮州等处，农者春时数十辈插秧田中，命一人挝鼓。每鼓一巡群歌竞作，连日不绝，名曰秧歌。"[①]潮州山区还盛行"畲歌"，陈坤诗注云："有声无字，咸夸新调。"[②]潮梅山区还盛行采茶歌，与秧歌、畲歌后来演变为男女对唱情歌，清末被官府视为不符合礼仪制度之举，一度被禁止。现在盛行的客家山歌就是继承了"采茶歌""畲歌"风格的民歌。

广州及其附近乡村多盛行用粤方言唱的摸鱼歌。清代人认为摸鱼歌起源于疍家的渔业活动："疍人以摸鱼为业，劳者兴歌，所以娱动作也。"乡村中演戏多在村头的榕树下搭戏棚，民间"相传树神最喜看戏"，广州城中的臬署衙门受这一影响，"每逢朔望日必演剧三出，始获平安"。[③]其他的神诞节庆一般乡村都会有演戏，这是乡村最热闹的时候。这给明清时粤剧、潮剧的发展提供了丰厚的土壤。一台戏花费很多钱，罚违禁者请看戏是迫使村民遵守禁约的办法，如道光间海丰县霞浦乡陈氏禁族人引外人入乡的海田中养蚶，违者"罚戏二台"。[④]

三、"耕读传家"思想向"士农工商皆本"转变

宋元时岭南兴起"耕读传家"的文化。明清时期，社会上普遍接受"士农工商皆本"的观念，较之前代"耕读传家"观念进步得多了。商贾工都被视为正业的观念与岭南商业环境有关。明清的家训中，以士农工商皆为本业的训条很常见，人们把这些都看作"资生之业"，这颠覆了"以农为本业"的观念。由此社会上有了"资生之术"的实践和研究。

---

① [清]陈坤：《岭南杂咏》卷五，收入《广州大典》集部别集第68册，第329页。

② 同上。

③ 同上书，第331页。

④ 谭棣华等：《广东碑刻集》，第853页。

当然，农事教育还是重要的。明代的家训很注重对族人兴农的教育，如明代霍氏的家训："人家养生，农圃为重，末俗尚浮，不力田、不治圃，坐与衰期。叙田圃第一。""有田则有粟，粟入有储，聚之于公以稽岁入，散之于用，以稽岁费，不可无统纪。叙仓箱第三。""居家生理，食货为急。聚百口以联居，仰资于人，岂可也。冠昏祭仪礼供需非货财不给。"虽然批评"末俗尚浮"，但"叙货殖"第三条"食货和货殖"其实包括买卖在内[①]，表明在商品性农业发展的大背景下，经商技能不可或缺。清初佛山霍氏的家训是对明代《霍氏家训》的继承，有"工有百艺之当做""商有百物之当货"和"商贾三十六善""绅宦三十六善"等家规[②]。这些家规，明确表达了"士农工商皆本"的社会思潮。

清代的族训总的来说没有《霍氏家训》这样具体，主要是教导子弟从事正业，杜绝赌博等不良行为，如顺德水藤乡《何氏家训》："慎择术——子孙起家，首在读书求名，次则农工商贾，皆可获利，果能克勤克俭，不存损人心地，不做害群生意，便成佳子弟。至于嫖赌饮荡吹等件，有一于此，小则破家，大则身亡，既犯者亟宜戒除，未犯者切勿沾染。"[③]这些条目在清代家训中比比皆是。士农工商各务一样竟然是女性择偶的标准之一。[④]"士农工商皆本"的思想与晚明"儒学平民化"的思想趋向[⑤]是一致的。清初屈大均到北方与顾炎武等交流，受到"经世致用"思想的影响，故在晚年钻研资生之术，亲自实践农业活动，并不讳言农业、手工业知识与商业交换的重要性，将他经世致用的思想体现在《广东新语》一书中。学界一般将《广东新语》列入笔记类，虽从体例来说它的确不能列入农书，但是它有关农学的专章如《食语》《鳞语》《介语》《木语》《草语》《兽语》《虫语》等记载农学和栽培植物、禽畜很详细，较之清代的不少专业性农书内容要充实得多。其中大多是作者的见

① ［明］霍韬：《家规》，收入《渭厓文集》卷一〇，第327—328页。

② （佛山）《石湾太原霍氏崇本堂族谱》卷三《太原霍氏仲房世祖晚节公家箴》；（道光）佛山《霍氏族谱》；（康熙）霍春洲《家训》。分别收入《明清佛山碑刻文献经济资料》，第476—481页。

③ （顺德）《水藤邓永锡堂族谱》卷一《族规》，顺德档案馆藏本。

④ ［清］赖新侬：《岭南蚕桑要则·劝业刍言》，第12—13页上。

⑤ 万明主编《晚明社会变迁问题与研究》，商务印书馆，2005，第585—632页。

闻和实践访谈，显示作者丰富的科学知识和“资生”的本领。彭世奖将屈大均称为农学家，曾昭璇将屈大均称为地理学家。[①]从思想史的角度看，《广东新语》可以说是明末清初岭南“资生之术”的重要文化成果。清代广东农书较之明代增加，撰写农书的人既有精通儒术者，也有一般的士人和蚕学家，他们不仅表达了耕读传家的思想，还传播“士农工商皆本”的观念。这些观念深入珠江三角洲的乡村，甚至对乡村伦理观念、婚嫁行为都有影响。晚清时的蚕书更受实业思想的影响，主张通过技术的普及和精细的经营观念来追求利润。[②]

商业风气和拜金主义兴起，对明代中叶商品性经济的发展也有重要的影响。明代方志说：“正（德）嘉（靖）以前，仕之空囊而归者，闾里相慰劳，啧啧高之。反是则不相过。嘉（靖）隆（庆）以后，仕之归也，不问人品，第问怀金多寡为重。”[③]清初方志对此进一步证明：“明成化时，理学倡明，教先率谨而寡犯法，比屋可封。至隆（庆）、万（历）以降，浇漓极矣，僭侈无章，名分莫辨，罔上亡等。”[④]可见明代中叶以后，靠科举形成的乡村秩序正受到侵蚀，仕宦得金、农工商业致富成为许多人追求的目标，拜金主义占了上风。简氏有明代正统人勒竹系九世桂香公，“勤以营生，食资于农，货资于商，食货相资，生生以济”。[⑤]

到了经济性商品更为发达的崇祯年间，读书的人突然大为减少。清乾隆间人回忆说，“崇祯之季两朔无臣，自是师儒之道，苦折阅（亏本）之累多矣。不图上下百年风气士习迳庭如此。”[⑥]开书塾的人亏本，顺治《九江乡志》记载当地每年有几千人到广西教书，就是自崇祯以来经商士子多了，读书的人少了。晚明时陈邦彦说粤商以广商为最；广商以顺德商为最；顺商以龙山为最。“盖自五岭以北，达于京师，旁及秦楚蜀吴越

---

① 曾昭璇：《中国清初杰出地理学者屈大均——论〈广东新语〉对自然地理学的贡献》，《中国历史地理论丛》1997年第3期；彭世奖：《论屈大均在广东农业文化史上的贡献》，《中国科技史料》1997年第1期。

② 吴建新：《清代广东农书的史料价值》，《图书馆论坛》2008年第1期。

③ 万历《新会县志》卷二《风俗记》，第91页上。

④ 康熙《新会县志》卷五《风俗》，日本藏罕见中国地方志丛刊，第104页上下。

⑤ [民国]简朝亮：《粤东简氏大同谱》卷九《家传谱·世传》，第1494页。

⑥ 同治《南海县志》卷一八《关仕龙传》，第281页。

滇桂，凡通邑大都，泉布之郊，舟车之辏，往往多连骑结驷之游焉，海内习于其名，（龙山）以为裒然一都会也。”[①] 营商思想是这个时期农业习俗的重要特征，也是支撑商品性农业得以发展的思想动力，各地都有不少这样的例子。如潮州商业气氛很浓，潮州吴氏天爵公，在世时已通过经商致富，他的六个儿子“均善其业”，即“计然术”；居住曲溪乡的吴氏克玉公善于拓产，拥有“耕地广袤数十里”。[②] 潮州和珠三角有许多吴氏这样的例子，垄断了渔业资源、土地资源的大宗族往往比一般人更有发展商品性农业的优势。明清时期珠江三角洲有不少富有商业精神的人士（包括儒者）研习农事，发展农林牧副渔，从事农业商品买卖，从而发家致富。“资生之术”的普及和商品经济思潮的风行，是推动明清广东商品性农业发展的强大思想文化动力。

① ［明］陈邦彦：《金紫阁记》，收入嘉庆《龙山乡志》卷一一《艺文》，第8页。
② （潮州）《凌海吴氏族谱》卷五《世德》，民国六年刻本。

第五节

农业文献与农学理论

明清时期广东农书可分为综合性农书和专业性农书，其中综合性农书较少，专业性农书居多。而关于农书出现的时间，明代只有园艺类一本，已佚；清代农书则以晚清时期出现得较多。

一、农业文献

1. 农学总论与物产专志

王士衡《劝谕乡里种麦文》是一篇劝农文，作者在劝导海南人种植麦子时，宣传了精耕细作的农业技术与风土论，对明清的作物传播产生了一定的影响。（参看后文“农学思想”）

清代乾隆年间广东出现了一部由河源县令陈张翼所撰的《广东农谱》。据清同治《河源县志》卷四《宦绩》记载，陈张翼是浙江人，于清乾隆七年至十年（1742—1745 年）任河源令。《广东农谱》自序中称：“窃叹粤东天时地利之异，人功物性之歧，《夏小正》《周月令》未能概括，遂著《广东农谱》六卷。”陈张翼成此书以后，曾“录呈藩宪，行将付梓，以垂于后”。[①] 此书不见流传，乾隆《河源县志》上保留的《广东农谱》部分内容中涉及清代广东的农业耕作和农业经济、土地买卖等方面。

清代广东另一本叙述农业耕作的专书是林伯桐所著的《耕话》四卷。林伯桐，号月亭，道光年间番禺县人，经学家。《耕话》自序称：“《耕话》者，

① 吴建新：《陈张翼与广东农谱》，《中国农史》1986年第2期。

以耕田请问于人也，人人当耕田而食，既不能兼为，亦可略知其意。……谨录其话，遇有明于农事者则请问之，其可用与，将以为一家法；其有不然，亦将讲去其异而求其是焉。”可见作者对采访的农事记录有取舍，具备科学态度。可惜这一部农书，并不见流传。①

晚清时期，广东出现了两部比较大型的农学丛书——《实业丛书》与《农荟》。

《实业丛书》，由广州《农工商报》编印。光绪三十三年（1907年），花县人江侠庵办《农工商报》，将有关实业方面的著作登载于报上。后来将报上所登实业方面的著作共二十四种汇成《实业丛书》出版发行，其中主要是蔬菜、棉花、除虫菊、草木移植、肥料制造、园艺作物、养蚕和种桑、蜜蜂、畜禽养殖法等。这些著作绝大部分属于农业、畜牧业方面，有小部分属于农产品加工制造，多取材于当时社会上流行的翻译自西方的农学著作。据初版凡例称，此丛书“务以浅、白、易明为宗旨”，一出现就受到普遍欢迎。该丛书于光绪三十四年（1908年）初版，宣统二年（1910年）对丛书部分书目增添内容，再出第二版。

《农荟》凡一百九十二卷，三十二册，清末香山县黄旗都农会编印。篇目有农学总论、气候、土质、化肥、农具、植物、森林、种子学、果实类、茶业、谷类、蔬菜类、花卉、动物、家畜、家禽、蜜蜂、蚕业、纺织、水产、农事制造、农家传。内容多取材于《农学丛书》，但是编者为了普及农学知识，对原书做了简写、缩写，以利于农民阅读。第三册《农学论》一书，题香山张寿浯著，包括农学总义共十一章，涉及农学、耕作学、土壤学、水利工程学、农业气象学、植物学等学科，阐述并介绍了西方的农业科学知识，书中间有述及广东与香山的农业生产状况，并收入清末蚕书《粤东饲八蚕法》。

农业试验报告类是近代农业试验机构建立之后才出现的。有广东劝业道陈望曾编宣统二年（1910年）《广东农事试验场第一年报告书》、宣统三年（1911年）《广东全省农林试验场第二年报告书（不分卷）》。

① 同治《番禺县志》卷二六《艺文二》，第323页。笔者按：有学者认乾隆间潮州人郑之侨所作《农桑易知录》为广东农书。此不确。此书乃郑为江西铅山县令时作，抄撮自岭北各种农书，反映广东农业的不足百字。故不可认定为广东农书。

这些报告的作者是场长唐有恒和试验场的教职员，报告涉及耕作学、土壤肥料学、栽培学、林学、畜牧学等各个方面，有详细的试验数据。这两份报告书是广东最早的近代农业试验报告，其试验的方法和表述的学术语言，与传统农书迥然不同。试验场还根据试验结果对广州近郊的农民作出指导，所以这些报告也具有农业推广和早期农业行政的作用，与传统农书不同。

清末还有一批实业调查报告，主要内容为农业调查。罗振玉曾经为引进西方农学到中国做了大量的工作，他曾至广东"商榷教育，调查实业"（《调查广州府新宁县实业情形报告》跋），并为广东地方当局拟订调查条目刊发各州。他自己也到了南海县调查淡水养殖业、蚕业。罗振玉搜集到实业调查报告 8 种，将其收入《农学丛书》第六集。这批实业调查报告包括清末新宁赵天锡撰《调查广州府新宁县实业情形报告》、署理广州府通判祥林《广东实业调查概略》、徐闻县知县何炳修《徐闻县实业调查概略》、潮州通判兴礼《潮州糖业调查概略》、罗振玉问南海县令陈敬彭答《南海县西樵塘鱼调查问答》、南澳海防同知刘钰德《粤闽南澳实业调查概略》、南海知县姚绍书《南海县蚕业调查报告》与阳春知县许南英《广东阳春县实业调查报告》。这批文献是广东最早的农业调查报告，主要是对传统农业的记述，也包括对近代农业的一些认识，对研究清末传统农业与近代农业在广东的交汇有很高的史料价值。如《调查广州府新宁县实业情形报告》详细记载了广州府的耕作和作物栽培，渔业、畜牧和林业、副业的发展，其中耕作和作物栽培最为详细。对南海县蚕业和渔业的调查详细记载了珠三角的桑基鱼塘，对徐闻、潮州糖业的调查记载了晚清的甘蔗栽培和榨糖技术，对阳春县的调查记载了山区农林业，对南澳岛的调查可以研究海岛型农业和沿海渔业。

2. 救荒水利类

救荒类著作以乾隆末年《救荒备览》最为重要，清乾隆时人劳潼撰。劳潼，字润之，号莪野先生，南海人，世居佛山。乾隆三十年（1765 年）举人，参与乾隆后期佛山地方社会的赈济活动，是佛山义仓的创始人之一。他有感于救荒制度的不完备，乃汇辑文献，按类编排，爰成是书。凡四卷。作者以汇辑前代救荒实例的方式表达了自己的救荒主张。道光五年（1825 年），伍崇曜据乾隆本再刻，收入岭南遗书中，加速了它的传播，对道光年以后广东的救荒活动仍有一定影响。[①] 救荒著作还有清吴荣光著《荒政管窥》，此书未见流传[②]

关于林业的著作有清末嘉应州人黄锡铨所撰《嘉应州兴山利说帖章程》一书，作于光绪二十四年（1898 年）或之前[③]，主要写清末嘉应州的生态环境危机，作者开发山区资源、挽回利权的经济思想，以及建立植树和护林架构的设想。这本书既是关于山区林业的著作，也可以视作山区救荒的一本专书。但是书中作者将种植鸦片作为挽回利权、开发山区的一种举措是错误的。

清代水利专书以《桑园围志》为重要。清代有两个刻本，其一是《重修桑园围志》，十四卷，明之纲、卢维球辑，同治九年（1870 年）庚午刻本；其二是清代何如铨纂修的光绪《桑园围志》，十七卷，光绪十五年（1889 年）丑己刻本。同治年间明之纲、卢维球等重修《桑园围志》，将始创的甲寅志到同治年丁卯志的《桑园围志》尽数囊括其中，是将合围通修的文件收集在一起。光绪《桑园围志》继续收录同治年到光绪间的修围文献，但是在体例上有变化。由温肃、何炳堃纂修的《续桑园围志》，在时间上续光绪志，于 2014 年出版。

清朱士琦著《西江达海图》，凡一卷。朱士琦，南海九江人，是朱次琦的兄长。士琦留心珠三角水利，曾考察遍南海、顺德到香山的西江堤围，作《上粤中大府记西江水患书》详论西江水患的原因与解决办法，并于道光九年（1829 年）与南海、顺德、三水、肇庆等地士绅上书广东当局，要求禁止在河口围垦筑坝。因此士琦所作是一篇具有实地调查和丰富水利学观点的论文。《西江达海图》是论西江水利的著作，未见

① 吴建新：《荛野先生与〈救荒备览〉》，《农业考古》2010年第1期。

② 宣统《南海县志》卷一一《艺文略》，第1011页。

③ 笔者按：光绪二十四年刻本《嘉应州志》卷三二《丛谈》，中国方志丛书本，台湾文成出版社，1968年版，第597页上下，有引自黄锡铨书的一段文字，与原著核对，无误。则此书在光绪二十四年或之前已经在嘉应州流传，现存有光绪二十五年翻刻本。

流传。[1]失传的水利专书还有清陈泰遂撰《垦荒水利策》[2]、清李昭庸著《西北江水道堤防要略》[3]。

清陈坤撰《鳄渚回澜记》，不分卷，末附《治潮刍言》一卷。陈坤，江南人，咸丰年任潮阳县尉。“鳄渚”指韩江。该书是作者参与咸丰二年（1852年）修筑潮州潘刘堤时写的，书前有作者咸丰十一年（1861年）自序。该书分为七部分：第一、二部分叙述韩江水利要点，有“因势挑沟”“船运淤沙”“分段挑挖”“工费节省”“让水营基”“覆沙广基”“人字基头”“合龙用奇”“建矶得要”等段落，每句下面有简略的说明，其他部分主要叙述水利建设过程中的组织领导，间涉及水利技术。全书大约一万字，记载的韩江水利技术与环珠江口平原有所不同。

3. 园艺作物类

清代流传下来的园艺作物类作品有《岭南荔枝谱》，凡六卷。著者吴应逵，鹤山人，乾隆乙卯举人。吴氏号雁山，著有《雁山文集》。《岭南荔枝谱》的一个显著特点是将历代有关岭南荔枝的文献记载“纂辑成编”，征引文献甚详，足资以考证岭南荔枝栽培历史。引述文献记载很多，但少作者亲身考察而加以记述的内容，特别是栽培技术甚少，亦是该书一大缺点。

清代还有一部温汝适所著的《荔枝谱》。温汝适《携雪斋诗钞》卷六有诗题为《五月二十九日，惠言姪自郡城寄荔枝至（按：以下略）》诗云：“……阿咸知我近谱此，远寄味厌秋江鲈。”温汝适，乾隆嘉庆间顺德人。此书不见流传。

清道光年间，赵古农撰《龙眼谱》。这是古代广东甚至全国唯一的龙眼谱。赵古农，原名凤宜，字圣伊，一字巢阿，番禺韦涌乡人（韦涌是珠三角龙眼最重要的产区之一）。其事迹见于吴道镕所撰《广东文征作者考》卷九。赵古农在自序中称他家乡的龙眼园，“迤逦周迴数百步中无杂树”。他对龙眼“因悉其种植之法，名号之详，食味之美”，汇辑前代文献记载，考订龙眼的名称、性状以外，还叙述了广东龙眼的生

① 宣统《南海县志》卷一一《艺文略》，第1008页。
② 民国《番禺县志》卷三〇《农家类》，第899页上。
③ 宣统《南海县志》卷一一《艺文略》，第1008页。

产、栽培、食用、加工、品种及销售情况，其中不少是作者根据自己耳闻目睹的情况记载的。

赵古龙还有《槟榔谱》。赵古农非海南人，又未亲至其地考察，因此他的《槟榔谱》就只能局限于汇辑清道光初以前有关槟榔的文献记载，叙述槟榔的性状、栽培、医用、加工及食用民俗。

《说圃》，明代顺德黄圣年撰。当是以顺德园艺蔬果为叙述对象。未见流传。[①]

《说橙》，清梁启超撰。这是梁启超在清代写的一篇关于新会柑橘栽培的文章。文中记载了新会橙园的种植制度，以及橙树的种植收益。这些记载为民国的调查材料所证实，载于清代陈忠倚《皇朝经世文三编》卷二十六《户政三·理财下》。

《茶务佥载》，清胡秉枢撰，书成于光绪三年（1877年）。胡秉枢是潮汕人士，多次应日本邀请前往指导茶叶生产。他于光绪十三年（1887年）前赴日本神户指导试制乌龙茶成功，还将2 600磅茶叶销往美国，并获得好评。这本书由日本人翻译成日文，日本内务省劝农局于明治十年（1877年）刊行。它是一本用日文出版的岭南茶书[②]，是研究岭南茶法和中日茶业交流的重要史料。

《岭海兰言》，清末南海人区金策撰。《岭海兰言》是一本兰花谱，此书没有刻本，一直以抄本形式流传。传抄过程中或有抄者的添补。书分上下二卷，对兰花的形态、性状、品种、栽培等做了详细的记载。这是广东历史上现存的唯一一本内容最丰富的兰花谱。

屈大均《广东新语》卷二十七的“兰”，也是很好的兰栽培学著作，书中介绍了兰的品种、栽培技术。他还写了《种兰经》，寥寥数语就概括了兰花的栽培、施肥、除病害、生长态势等。[③]它的出现时间较《岭海兰言》早二百多年，是岭南最早的兰花专谱。

---

① 同治：《广州府志》卷九二《艺文略二》“农家类”，第561页上。

② 彭世奖：《从〈茶务佥载〉的发现谈广东茶工、茶商对世界茶业发展的贡献》，《农业考古》2005年第4期；林有能等编《泛珠三角与南海贸易》，香港出版社，2009，第290—292页。

③ [清]屈大均：《广东新语》卷二七《草语·兰》，第692页。

4. 大田作物类

《菸经》，赵古农撰，前面有高延瑶等人作的序、姚祖恩等人的题诗多则。《菸经》分二卷，附《鸦片方》一卷。上卷分《征引》《品题》，《征引》汇辑明末以来有关烟草的记载，考析烟草的名实、性状及传播情况；《品题》汇辑清代道光前以烟草为题材的诗赋。下卷分《种植》《制作》《分类》《土产》《适用》，叙述烟草的栽培、加工制作、食用方法，广东及各省的烟草品种，以及烟草的效用。《菸经》末附《鸦片方》一卷，汇辑时人诗赋，专门揭露外国鸦片烟的流毒，劝诫世人不要服食鸦片。这是清代广东唯一的一本烟草专书。

《棉业改良发明书》，封面为"棉业改良发明书"，扉页书名为"棉业丛书汇绎新编"。清末赵志松编译，张振勋作序。张振勋为广东华侨，清末被朝廷委任为商部考察商务大臣，光绪中至光绪末从外国引进棉种试种。他托人从美国寄来植棉书 20 多种，由南海人赵志松翻译之后，再拟订条目，凡六卷。分为选种、土宜、培壅、治虫、摘花碾仁、捆载发售等类别，文字浅显，内容扼要，实际上是适合棉农阅读的棉业栽培普及本。

5. 畜牧兽医渔业类

《言禽录》，清代番禺梁松年撰。多引前代著述，间有言及广州的鸟类，史料价值不高。《广东新语》中的《兽语》《禽语》《虫语》内容丰富，可以说是岭南动物、植物志的专章。

《渔书》，清初广东著名诗人屈大均著。《翁山诗外》卷十六《三月》诗："三月潮鱼尽上田，渔人塞箔向江边。我家江口知渔事，著得《渔书》十二篇。"这一《渔书》后来并没有流传，也未见其他文献著录。不过，他的《广东新语》中的《鳞语》《介语》就是记载广东水产动物及其渔业生产的专章。《渔书》的内容应该收入在《鳞语》《介语》之中。

《猪经大全》，原流传在四川、贵州等省。光绪十九年（1893 年）广东白猪行将它翻刻，大概是给猪贩传阅的，然后猪贩将药方教给农家。关于该书的评价参看上册中篇第四章第二节，既然是白猪行翻印，它在光绪十九年以后的流行应该是很广的。

《然犀志》，清乾隆年间李调元撰。李调元，四川绵竹人，曾任广东学政一职，遍游广东各地，遍尝各地水产。《然犀志》自序云：每食一鱼，“即志其形状，考其出处”，“日久所得，裒然成编，以其皆鳞介之物，故以然犀名之”。该书分为三卷，记载咸淡水产鱼类、贝类93种，以珠江口及南海的水产为主，间有其他地方的水产。偏于对名称、形状的考证，有关鱼类习性、渔业生产状况的记载偏少。

在淡水渔业方面，有清代胡调德所撰《鱼苗经》一卷、陈珪所撰《鱼苗经》二卷。二书应当是以南海县九江乡的鱼苗养殖业为记述对象。明清间广东各地四大家鱼的种苗都是由九江乡人供应的，当地人在长期的生产活动中形成了一套鱼苗捕捞与养殖的丰富经验。这两种《鱼苗经》的内容应该是相当丰富的。均佚。

6. 蚕桑类

广东的蚕桑业，虽在汉代已有记载，但直到清代晚期才有蚕桑专业书出现。

《广东蚕桑谱》，光绪十二年（1886 年）陈启沅撰，是清代广东最早蚕书。陈启沅（1836—1904），南海县人。早年侨居安南经商，得缫丝新法。同治五年（1866 年）回国创办用新式机器的新式缫丝厂。陈启沅还是种桑养蚕方面的专家。他经过长期的实践与研究，写成《广东蚕桑谱》二卷。此书有鲜明的地方特色，文字多用俗字，通俗易懂；此书“专就广东天时地利言之”，是作者“亲手考究得来”，不是靠道听途说，亦不是转抄他书。所以这本书一出现，就受到了当地蚕农的欢迎，陈启沅“示其乡

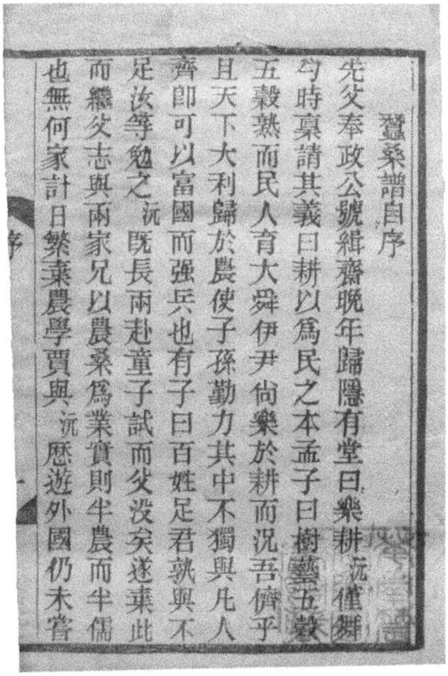
蠶桑譜自序
先父奉政公號緝齋晚年歸隱有堂曰樂耕沅僅髫
齡時稟請其義曰耕以爲民之本孟子曰樹藝五穀
五穀熟而民人育大舜伊尹尚樂於耕而況吾儕乎
且天下大利歸於農使子孫勤力其中不獨與凡人
齊即可以富國而强兵也有子曰百姓足君孰與不
足汝等勉之沅既長兩赴童子試而父没矣遂棄此
而繼父志與兩家兄以農桑爲業實則半農而半儒
也無何家計日繁棄農學賈與沅歷遊外國仍未嘗

图 6–3　对晚清机器缫丝业影响极大的《广东蚕桑谱》

人仿而行之，屡著成法，传钞不已”。[①] 上卷叙述养蚕方法，下卷介绍机器缫丝法、蚕病防治及桑树栽培法。由于此书是广东有史以来内容最为完整的蚕书，清末陈启沅的儿子将此书印行千本，由官府分送各县推动蚕丝业的发展。

《粤中蚕桑刍言》，光绪十九年（1893 年）刻本，无标明卷数，有邓荣干序。据邓序云，作者卢燮宸“素知蚕事”，“曾详考老农，透参各法”而成此书。全书分《种桑事宜目录》《养蚕事宜目录》《养鱼事宜目录》，除叙述顺德蚕农栽桑养蚕经验和技术以外，还记载了蚕区淡水鱼类的养殖方法，包括桑基鱼塘生产技术和经验的各个方面，此外还涉及蚕桑的流通、蚕市的设立等蚕业经济方面的情况。

《岭南蚕桑要则》，宣统三年（1911 年）佛山同文堂刻本，赖新侬著，罗定“泷阳蚕桑义学”刊行，卷首有陈经序。清末罗定州兴起蚕业，创办蚕桑义学，从顺德延请四名蚕师教授蚕业技术。本书记载了顺德蚕业技术，以及在罗定推广蚕业的情况。全书分二十八则，不分卷。作者是顺德有文化的老蚕师，所述与《广东蚕桑谱》《粤中蚕桑刍言》各有特点，三本书都反映了晚清顺德、南海桑基鱼塘和蚕桑业的技术，可以互为参看。

《粤东饲八蚕法》，溧阳人狄楚青从东莞、连平等处引进广东蚕种在赣州养殖，得《蚕桑格式》《课蚕要录》二书。此二书均为广东蚕书，吴县（现已撤销）人蒋斧据此予以删削，在光绪二十三年（1897 年）成《粤东饲八蚕法》，分《桑篇》《蚕篇》，所述种桑蚕法多与顺德同。《桑篇·治地》云：“连平州治地法不同顺德。”该书有小部分内容是叙述山区的蚕桑技术的。

另外，晚清广东还有几种已佚的蚕书：《蚕桑格式》一卷，清光绪间东莞刘湰清撰；[②]《蚕桑辑要》，清光绪十三年（1887 年）和平知县钟锡伦著。[③]

广东的农书虽比中原、江南的农书晚出，但仍有重要的价值。它们

① [清]陈启沅：《广东蚕桑谱》潘衍桐序，第3页下。

② 民国《茶山乡志》卷一二《著录》，第448页下。

③ 民国《和平县志》卷一〇《实业志》。

不仅是重要的农业文献，而且具有思想文化史、经济史、农业文化史的价值。如陈启沅的《广东蚕桑谱》表达了近代工业对改良传统农业的迫切要求；《广东蚕桑谱》《粤中蚕桑刍言》《岭南蚕桑要则》尽管是谈蚕桑和蚕丝技术的，但是表达的观点与中国传统农学的天、地、人的“三才论”有一脉相承的关系，是研究桑基鱼塘体现的生态农业思想的重要文献，《广东蚕桑谱》附机器缫丝法，为清代岭北蚕书所无；《岭南蚕桑要则》的序言所言“教读而不教耕则不仁，教耕而不教读则不义”，与晚明出现的“儒学平民化”，即“百姓日用即天理”的思想有渊源关系，反映了晚清岭南士人的心态；《岭南蚕桑要则·劝业刍言》则反映了扎根于顺德商业经济中的民间经济思想和乡村商业伦理；赵古农《菸经》反映的鸦片战争前民间的禁毒行为，《岭海兰言》反映的花卉文化，《龙眼谱》《槟榔谱》中反映的果木文化和饮食文化，都显示岭南农书的特色。[①]

二、农学思想

广东的传统农业，比中原、江南地区起步晚。虽然宋元时期发生了“农业变革”，但是在农学思想方面的成就非常薄弱。明清时期广东的学术思想有了较大的进步，本土的农学理论向岭北的传统农学靠拢，促进了广东商品性农业飞跃发展。

传统农学的奠基理论——天、地、人的“三才论”产生于先秦时期。人既能因时制宜，利用天时而规避天灾，也能因地制宜，用耕作、施粪、水利等方法增进地力，掌握作物生长的规律，增加农业生产的收成。[②]

明代陈献章对这一理论作了阐发：“其观于天地，日月晦明，山川流峙，四时所以运行，万物所以他生，无非在我之极。而思握其枢机，端其衔绥，行乎日用事物之中，以与之无穷。”[③]天地日月四时运行，万物他生，都是客观存在的，而在“我”，必须“思握其枢机，端其衔

① 吴建新：《晚清广东农书的史料价值》，《图书馆论坛》2008年第1期。

② “三才论”，出自《吕氏春秋》的《审时》《辨土》《任地》等篇，参看《中国农业科技史稿》第162—164页。

③ [明]陈献章：《送张进士延实还京序》，载《陈献章集》卷一，第12页。

绥”，关键是要“行乎日用事物之中”，也就是百姓日用之学。白沙又说：“天地自然之利，人得而取之。何分彼我？”[①]就是为上述理论所做的另一个注解。白沙学派的传人湛若水主张“体认天理”，格物是体认天理的一个重要途径。湛诗曰：“大学崇至善，格物为实地。格者意身心，是谓至其理。”[②]又说：“治生止于竭力耕田而已，外此加毫末，便不可入尧舜之道，更学何事？”[③]将“竭力耕田”作为“格物”入“尧舜之道”的途径，这为人们在农业中认识人与天、地之间的关系，指导农业生产提供了依据。虽然白沙学派的理论比先秦时中原人的认识晚了一千数百年，但为明清岭南的农业发展奠定了思想基础。

传统农学的“风土论”出现在元代，也是从“三才论”派生出来的理论。明代王士衡说定安有人种植槟榔，“阴阳家初来之时，人皆以槟榔非土所宜。彼独不信，自种万有余株。至今子孙亦享其利。又如南间村心黄家、潭榄吴推府家，近俱种柑，今皆得用方之”。他认为种植作物不必“拘于风土”，又认为“若我南间一峒百姓每熟耘一二遍，禾皆倍收”。他劝导海南农民种植麦子，加上精耕细作就能获得好收成。[④]虽然王士衡不明白海南处于热带，种麦不太适宜，但他对风土论、作物传播和精耕细作的认识，是明清岭南传统农学发展的标志之一。

正德、嘉靖间香山人黄佐著《泰泉乡礼》，设想了一个“乡约、乡校、社仓、乡社、保甲”结合的基层制度，《四库全书总目提要》评价此书“在明人著述中，犹为有用之书”。《泰泉乡礼》将“人”放在乡礼中进行教化，其中有“劝孝文”，认为“日用，天之道，因地之利。谨身节用以养父母，此庶人之孝也”。凡各村峒俚人壮瑶，俱是庶民，教导他们春耕、夏耘、秋收，冬闲修房子农具，“此生计便是用天之道”；高田种早，低田种晚，随地所宜，栽种果菜，硬泥筑作垣墙，软泥烧作砖瓦，

① ［明］陈献章：《与周用中兄弟》，载《陈献章集》卷二，第227页。

② ［明］湛若水：《隐括格物之说与诸生》，收入《甘泉集》“樵风九”，《广州大典》第56辑集部别集第4册，第794页。

③ ［明］湛若水：《甘泉先生续编大全》卷二五《答问》。

④ ［明］王士衡：《劝谕乡里种麦文》，收入正德《琼台志》卷八《土产上》，第94—96页。

锄得深阔，砌作鱼塘，“此便是因地之利”。《泰泉乡礼》还收录朱熹的《劝农文》，要求冬耕晒田，春天“节次犁耙”，使“田泥深熟，土肉肥厚”。春天用粪土包种子，撒播在秧床，秧床为“肥好田段”；秧苗既长，即便栽插。苗长之后要耘田，及时收获等。山地丘陵要种植旱地作物以便救荒。以及修水利、种桑麻、招徕流民劝种、禁止游惰等。[①]由于《泰泉乡礼》在明代嘉靖时和清代道光时都曾被广东当局翻刻颁布到乡村，所以它对农业生产技术的传播是起到较大促进作用的。

明末清初的大儒屈大均著《翁山易外》七十二卷，解释《易经》，对“天地人”理论有独特理解。他说：“天以无情而变化。”“圣人乘变化者以御不变化者。变化者有常，而不变化者无常。故贵乎其时。”人对天、地，“其功在致知”，即理解天则、地则，赞扬大禹治水是利用“地势”，善观“水势”。他认为“天、地之道，成终成始，观于一硕果而知之”，即人们在观察、利用天地之道，所得的“硕果”，就是农业收成。[②]他在《广东新语》中的《地语》《天语》等篇也引用了《翁山易外》对《易经》的解释。但《广东新语》的农学专章中，几乎完全不用《易经》晦涩的文字，用平白晓畅的文字将传统农学理论贯穿于对农业生产和技术的记述之中。故清代方志的《物产》部分多引述《广东新语》的记载。

清中叶番禺人、经学家林伯桐所著的《耕话》四卷，原书虽已经失传，但在《番禺县志》中保留该书的自序，也表达出他对“三才论”的认识。

光绪年的蚕书，用“三才论”对前代桑基鱼塘的技术进行了总结。光绪十二年（1886年）陈启沅认为在蚕桑生产中，“天时、地利、人和，缺一不可。天时占其五，而人事地利亦占其五。苟不知其性，百不得一”。[③]光绪十九年（1893年），《粤中蚕桑刍言》作者自序也有同样的观点：“顾天地有不齐之憾，当尽人事以弥之，天地有自然之利，必借人事以兴之。……（广东）未获人事以为之鼓舞，则纵得天时而地利亦无由自

① ［明］黄佐：《泰泉乡礼》，收入《广州大典》经部，第834—836页。

② ［清］屈大均：《翁山易外》收入《广州大典》经部，卷一，第24—25页；卷一，第15—29页；卷二三，第135页。

③ ［清］陈启沅：《蚕桑谱》卷一《蚕桑总论》，第1页。

辟也。鄙人生长农乡，素知蚕事，虽非传家之业，颇勤利众之怀，曩曾详考老农，透参各法，实具天地人相需之理，爰辑是书。”[①]上述都是对明代到光绪年间珠江三角洲“桑基鱼塘”理论的总结。“桑基鱼塘”的核心思想是循环式生产。陈启沅说：“且蚕桑之物，略无弃材，蚕食余剩之桑，可以养鱼，蚕疴之屎，可以作粪土，固可以培桑，并可以培禾，蔬菜杂粮无不适用，更可以作风药。已结之茧，退去蚕壳，化成无足之虫，曰蚕蛹，若不留作种，煨而食之，味香而美，可以作上品之菜。偶有变坏之虫，亦可饲鱼养畜。更有劣等者，曰僵蚕，可作驱风药，即缫丝之水，均可作粪土以耕植。”[②]《粤中蚕桑刍言》不仅叙述蚕桑业，而且对鱼塘养殖技术、桑基和鱼塘的营造也有详细的记载，使桑基鱼塘的循环式操作技术更为明了。

明清时期广东人对“三才论”的认识，是适应本土生态环境的农学而产生的，对丰富中国传统农学的内容做出了贡献。

① [清]卢燮宸：《粤中蚕桑刍言·序》，番禺黄从善堂刻本，第1页。
② [清]陈启沅：《蚕桑谱》卷一《蚕桑总论》，第1页。

第七章

农业交流

第一节

广东与邻省的农业交流

明清时期，广东与外省的农产品交流甚为活跃。宋元时期，在广东与东南各省的地域分工格局中，广东以稻作为主。到明清广东这一分工已经改变，明代中叶以后广东缺粮，商品性农业大发展，以稻作为主的农业经济结构改变，广东依赖外省供应粮食，而广东的经济作物与外省交换密切，形成前所未有的经济大交流。明清主要外来作物的传入，广东是重要一站。主要外来作物对广东的作物结构有重大影响。

一、江浙等省与广东

明代人说："岭南之地，土产类多奇珍，载之出境，其利百倍。"[①]另一明人则说，做生意，"若吴中非倍利不鬻者，广城人得一二分息成市矣"。[②]这反映了江南商人与广东商人不同的利益追求。而且岭南货逾岭"其利百倍"，江南人往广东贸易多于广东人往江南的数量。江浙与广东的经济交流，水陆联运通过长江水系—鄱阳湖—赣江—南雄大庾岭；海路于冬春北风盛时，江浙船满载棉花、豆麸、水产、丝绸等产品南下广州等港口，在夏秋东南风盛时，就将广东的干果、花卉、蔗糖、葵扇等产品运到上海等地，赚取双途的商业利润。

以花卉为例，苏杭节庆时花卉需求很大，本地不敷供应，花卉的长途贩运是很普遍的现象。明代顾禄《清嘉录》卷六《珠兰茉莉花市》：

① ［明］潘季驯：《潘司空奏疏》卷一《慎选民牧疏》，文渊阁四库本史部（六）。

② ［明］叶权：《游岭南记》，载《贤博编·粤剑编·原李耳载》，第44页。

外地花卉“有来自南路者”，明万历时人王稚登的《咏茉莉篇》提到的茉莉花，不少是来自广东。苏州虎丘山塘花市有产自广东的茉莉和兰花，清人诗云：“夏末风微六月凉，画船衔尾泊山塘。广南花到江南卖，帘内珠兰茉莉香。”珠兰，“生于闽广”。[①] 道光年间南京属县的玫瑰花反流广东，“玫瑰花溧水极蕃，估人以竹篓固封，舟载入粤，一度梅岭，则浓芬远播，会城遍传花客来矣”。[②] 岭南的荔枝干和龙眼干在江南很畅销，《广东新语》卷二十五《木语·荔枝》将荔枝干和龙眼干包装称为“瑰货”，运输果箱，“舟船不绝者”，主要目的地是江浙一带。

江浙对广东蔗糖需求甚大，这促成华东蔗糖销售网络的形成。广东商船北上卖蔗糖，在《粤海关志》里记载很多。粤海关的广州各税口，以及潮州、惠州、海南、雷州等各税口，蔗糖多往江浙。如雷州的白糖，“则货至苏州天津等处”。[③] 乾隆间潮阳县令李文藻诗：“岁岁相因是蔗田，灵山西下赤寮边。到冬装向苏州卖，定有冰糖一百船。”[④] 潮州商人北上运蔗糖，南下运棉花、栽培甘蔗时需要的豆麸等，成为晚明到清代江浙—潮州海上商路的贸易常态。这是起于晚明、盛于清展界即康熙二十二年（1683 年）之后的事情，“展复以来，海不扬波，富商巨贾卒操奇赢兴贩他省，上溯津门，下通台厦，象犀金玉，与夫锦绣皮币之属，千艘万舶悉由澄（海）分达诸邑”。[⑤] 这类记载在潮州府还有。如清中叶，“富商巨贾当糖盛熟时（原注：按糖赤白不同，皆绞甘蔗汁煮成，惟澄人习此，故以煮糖佣工雷琼等处颇多），至期收之。有自行货者，以待价者，候三四月，好南风，租舶艚船装所货糖包，由海道上苏州天津，至秋东北风起，贩棉花色布回邑，下通雷琼等府，一往一来获息几倍，以此起家者甚多”。[⑥] 另外广漆、松香运到江浙，提供了江

① ［清］顾禄：《清嘉录》卷六《珠兰茉莉花市》，江苏古籍出版社，1986，第133页；［明］顾起元：《客座赘语》卷一《花木》，中华书局，1987，第14页；［清］金鳌：《金陵待征录》卷一〇《志物》，光绪四年（1876年）重校本。

② ［清］金鳌：《金陵待征录》卷一〇《志物》，光绪四年（1876年）重校本。

③ 嘉庆《雷州府志》卷二《地理·物产》，广东历代方志集成本，第89页上。

④ ［清］李文藻：《劝农十二首》，收入李文藻《岭南诗集·潮阳集》，《广州大典》集部别集，第246页。

⑤ 嘉庆《澄海县志》卷八《埠市》，第80页下。

⑥ 嘉庆《澄海县志》卷六《生业》，第65页下。

南家具制作原料，“广漆，力稍薄，贩鬻北方为脚漆”。[①] 明清莞香已经取代天然檀香，畅销江浙，称为“香柜”“香箱”，“当莞香盛时，岁售逾数万金。苏松一带，每岁中秋夕，以黄熟彻旦焚烧，号为薰月”。[②] 安徽芜湖的米市，是清代广东大米的主要来源地之一。

在农业技术的传播方面，江南的蚕桑业对广东有极大的影响，湖蚕的一化性蚕种和广东的多化性蚕杂交、湖桑桑种与广东的本地桑杂交，都能增强广东的蚕与桑的生产力。湖丝与广东丝混织，形成广东丝绸的特征。明清江浙的丝织机房，需要海南岛文昌县产的“琼芝菜”制作浆料，“岁利亚于槟榔”。[③] 江南茶叶的制作技术对岭南茶也有影响，“高要顶湖山，得制法于吴越，香色将与松萝龙井等，而味颇薄劣”。[④] 顶湖茶味道“薄劣”或是因为茶种的原因。其实西樵茶和河南茶的茶种和制作法也是来自岭北的。

江浙的水利技术对粤西南也有很大的影响。乾隆十二年（1747 年），广东地方官在合浦等地“雇募江南熟习农业之人，开成水田五十亩以为倡率，秋间收获颇丰”，由此带动了钦、廉等地的水利开发。[⑤]

华北的旱地技术则对高、雷、廉的旱地栽培有影响。乾隆元年（1736 年），两广总督兼广东巡抚杨永斌奏，高、雷、廉等州，“旱地甚多，不谙种植之法，每致荒弃。……臣会折奏请于山东、河南二省选择善种旱地之人二十名来粤教种”，朝廷准其请。这些旱农待遇很好，“随分发有旱地之广、肇、高、雷、廉、罗等府州所属，饬令督率民人悉心教导，去后……属内乡民已知地土之宜，耕种之法”。[⑥]

浙江山农的养殖菌技术对著名的“南华菇”栽培技术传播起重要作用。“南华菇”原产南华寺，但是技术不外传。清代，“浙人来此（韶州）赁山伐采桑、樟等木，横置于地，凿空藏水。隆冬菌冒雪生，曰雪

① 崇祯《肇庆府志》卷一〇《地理三·物产》，第315页。

② ［清］屈大均：《广东新语》卷二六《香语·莞香》，第677页。

③ 正德《琼台志》卷九《土产下》，广东历代方志丛书本，第120页。

④ 崇祯《肇庆府志》卷一〇《地理三·物产》，第314页下。

⑤ ［清］杨应琚：《劝垦水田》，收入道光《廉州府志》卷二三《艺文》。

⑥ 中国科学院地理科学与资源研究所等：《清代奏折汇编——农业·环境》，第5页。

菇，有花纹，曰花菇，味最香厚，俗呼香信”。[①]这种粤北菇被泛称为“南华菇”，其栽培技术又传到英德等地，粤北森林中栽种菇的范围扩大了，“每年草菇登场，(商)人辄往各村收买，贩运于韶州乌石或省地售之”。[②]

岭北的大白菜，在道光年间传到肇庆，早期须“年年取种”，经过多年本地化栽培后，广东人将始种地肇庆放在前面，称之为“肇菜”。[③]

广东对岭北也有技术的传播。饲养山蚕的技术，由道光年间广东顺德人潘楷任州遵义府知府时带去。潘楷教当地人民养桑蚕、山蚕，刻《农宝要书》，劝告当地人民购买棉籽，教之树艺，又制造纺织器具，派人分发村庄叫人民纺织，“其利甚广”。[④]广东与外省的商业贸易中，广东的盐运到云南，云南的铜则运到广东，[⑤]在这条商路中，还有缅甸产的棉花运到广东。在外来作物的传播中，玉米是广东的流民传到岭北，玉米的别称“广东芦”就显示了这一传播的过程。番薯，最早的传播地也是广东，然后才越岭传到岭北。广州人每年春天花市必备牡丹，“河南花估持根而至，二三月大开，多粉红，亦有重叠楼子，惟花头颇小。花止一年，次年则不花，必以河南之土种之，乃得岁岁有花”。[⑥]《广东新语》卷十五《货语·葛布》记载，广东的蕉布与黄麻布为岭北所重，吴越贾客多将冬布（棉布）卖到广东，而贩回蕉布与黄麻布（夏布）回江浙。

二、福建与广东

福建毗邻广东，两地之间的农业交流范围较华东各省更为密切。明万历以前的广东大米多运往福建，以致在万历二十年（1592年）前后福建米船来得太多，广东当局要“闭漳籴”。[⑦]禁止福建米艚船籴米是万历二十年前后广东官员要做的大事，因如果福建米艚到太多会激起民

① 光绪《韶州府志》卷一〇《舆地略·物产》，第283页上。
② 宣统《英德县志》卷一六《物产》，第710页下。
③ 宣统《高要县志》卷一一《实业》，第509页。
④ 民国《顺德县志》卷一七《本传》，第216页上。
⑤ 广州市地方志编委会办公室等：《清实录广东史料（二）》，第237—238页。
⑥ [清]屈大均：《广东新语》卷二五《木语·牡丹》，第642页。
⑦ [明]王嘉明：《地方事宜议》，嘉庆《澄海县志》卷二五《艺文》，第307页上。

间骚乱。清代广东米向外运销，只有揭阳大米运到福建，但是福建米艚要领许可证，称之为“落地税”，这种米税唯揭阳有。[①]

福建茶、安徽茶与浙江茶大量运到广州，在河南的茶场中经过分装、包装，然后出口。清嘉庆二十二年（1817 年），总督蒋攸铦奏称：“福建之武彝茶及由安徽入浙江之松罗茶，为西洋夷人必需之物。而各夷中，又惟英吉利销售更多。从前商人悉由江西内地贩运来粤，近因洋面平靖，希图迅速，渐改为海运。”[②] 清代鸦片战争前，闽赣山区与广东、广州口岸之间的茶叶贸易非常频繁。[③] 鸦片战争后口岸开放，福建茶多由广东买办在道光、咸丰年间于福州南台设的茶行直接收购。[④] 清代福建茶的制作法影响潮州的茶业，清初《饶平县志》记载：“粤中旧无茶，……稍有贾人入南郡，则携一二松萝。……近于饶中百花凤凰二山多有植之，其品亦不（错）。但采抄不得法，以致苦涩，甚恨。”[⑤]《饶平县志》所言之“粤中”，其实是潮州，“贾人”则是福建商人无疑。但是当时饶平县制茶者“采抄不得法”，可见是制茶法还不行。后来潮州“凤凰单枞”成为粤中名茶，大概是在福建茶法影响下形成的，潮州工夫茶也是在清代才兴起。可见福建茶对广东茶有很大影响。

在广东的糖制作和甘蔗栽培方面，不少福建人到广东，栽培甘蔗，榨蔗熬糖，传播这些技术，促进了广东糖业的发展。

广东的荔枝品种也受到福建影响。著名的“增城挂绿”就是由湛若水将福建品种移植过来后形成的。广东还有多个荔枝品种都来自福建，如番禺“沙湾有监介荔，形精椭圆。乡人有宦福州者，移种归植屏山。有马口铃大，如拇指长而不圆”。[⑥]

福建商人是到广东经商最活跃的群体。广东高州等地盛产花生、豆

① 吴建新：《明清广东粮食生产水平试探》，《中国农史》1990年第4期。

② [清]梁廷枏总纂《粤海关志》卷一八《禁令二·商贩禁令》，第353—354页。

③ 徐晓望：《明清东南山区社会经济转型——以闽浙赣边为中心》，中国文史出版社，2014，第46—53页。

④ 《申报》，光绪六年（1880年）十二月十一日，转引自彭泽益《中国近代手工业史料》第一卷，第480页。

⑤ 康熙《饶平县志》卷一一《物产》，广东历代方志集成本，第153页。

⑥ 同治《番禺县志》卷七《物产》，第54页上。

类，出花生麸、豆麸，“豆麸最多，闽越商贩利甚溥”。[①]2006年笔者在吴川县访查，梅禄还有“漳泉街”，明清时是福建商人聚居的地方。明至清初的广东山区的方志，记载了很多地方的物产，说明是“货属”，但是又说本地商贾很少，民只是力农，那便是福建省或广州等地的商人前来贩卖无疑。嘉靖《大埔县志》卷十一《街市》记载该县的三河市、神泉市、虎头砂市贸易繁盛，闽商来得多，则客家山区从明代起与福建的贸易就已经很频繁，这种情况持续到清初。清初的程乡，民间以农为主，客家商帮尚未兴起，物产“货之属”，有铁、棉花、黄糖、靛、麻、细茶、茶油、桐油等。[②]又说，本地人“无有逾准度岭谋商贾之利者”[③]，则是福建商人到此地采买。清代中期广东客家商帮兴起，将本地物产运销外地，如嘉庆年间大埔“同仁白堠一带有种烟草以贩外省者”。[④]经济发达的福建是大埔烟草的运销地之一。粤东北山区的牲畜、铁则是运往福建的大宗商品，如雍正年平远县“生铁之利，江闽所资”，但是“食力众而豪富稀”。[⑤]本地商人不多，是赣闽商人到此交易。明清还有不少福建人到台湾开发。广东客家人到台湾从军者，也有将台湾的水利技术传回家乡的，如嘉应州有“银锡溪一水，合计有三十六陂，乾隆间武德将军林奕盈仿台湾筑陂法，倡议捐造”。[⑥]其实是福建的水利技术传到台湾，再传到粤客家山区。总之，明清时期，福建、广东之间的农业交流是非常密切的。

三、广西与广东

广西与广东，有西江水系连接，故关系密不可分，两地农产品的交

① 光绪《高州府志》卷七《物产》，第98页上。

② 康熙《程乡县志》卷一《物产》，收入《广东历代方志集成·嘉应州部》，第27页下栏。

③ 康熙《程乡县志》卷一《风俗》，第28页上栏。

④ 嘉庆《大埔县志》卷一一《风俗》，第114页下。

⑤ [清]蓝鼎元：《平远县图说》，载《蓝鼎元论潮文集》，海天出版社，1993，第47页。

⑥ 光绪《嘉应州志》卷五《水利》，第71页。

流中占第一位的是大米。正统到嘉靖间，广东军队要镇压广西“瑶乱”，广西米出产少，故军粮、宗室米均靠广东。但嘉靖末，“瑶乱”渐次被平定，在明万历二十年（1592年）之后，广东人口达到高峰，经济作物排挤稻作生产，大米需广西接济。这促进了广西稻米的生产，在贵县、梧州形成桂米的集散地。西江及其支流的流域，农田开发随着广东大米的迫切需求和米价的上升而迅速发展。明代末期广西博白“所产谷多于合浦，合浦所产鱼盐、陶冶转贸博白”。[①]清代两广之间的大米贸易成为西江上的商业常态。晚清时，广西大米在广东发生饥荒时显得更重要，发生广西米遇“遏籴”时，就需要两省当局的协调才行。如光绪三十四年（1908年），广东商船已经到达广西梧州，但是梧州士绅请广西巡抚“禁止米谷出口”，广东商人在梧州商会请求广西巡抚放行。[②]在梧州容县的石城，“巨石横江中如城，岸北有沙洲，遇粤东谷贵则沙开以通筏，谷贱则闭。人常以沙洲开闭占谷价贵贱”。[③]可见在清代，广西、广东之间最主要的农产品贸易是大米贸易。广西米突然多起来，与当地多垦畲田有关，畲田顺坡耕作，使西江泥沙增多，故清代珠江口淤积大大快于前代。两广之间密切的生态关系是这一时期的特点。

广东由于山林垦作而致珍贵木材减少，使得广西产的铁力、相思木等适应造船、建筑的坚硬木材大量运销广东。如明代嘉靖间香山县，“铁力……近（嘉靖年间）无大者，皆买洽于广西”。[④]顺德“多相思，其材则西粤也”。[⑤]明末时，广东肇庆也需要广西的铁力木。[⑥]到了清代，广西的木材采伐已经到达深远的山区，如梧州的怀集县，“怀（集）更在丛山中茂林密箐，弥望郁葱，竹木货殖之利所自饶也”。[⑦]广东的蔗糖业、

---

① ［明］赵可怀：《分辖议》，收入崇祯《廉州府志》卷一一《艺文》，中国稀见地方志丛刊本，第197页上。

② 《梧州豪绅禁米出口之悖理》，载《盛京时报》431号，光绪三十四年三月初五。

③ 乾隆《梧州府志》卷二《山川》，清刻本。

④ 嘉靖《香山县志》卷二《民物志》，第320页下。

⑤ 万历《顺德县志》卷一《物产》，第14页上。

⑥ 崇祯《肇庆府志》卷九《地理二》，第279页上。

⑦ 乾隆《梧州府志》卷首《怀集县图说》，清刻本。

蚕桑业、制茶业以及陶瓷业、冶铸业都需要大量木炭燃料，当明清广东植被大幅下降时，广西木材就是广东燃料最主要的来源。[①] 广西的桂皮等特产，在广东很畅销，南海人钟觐平，在粤西“贩桂皮起家，富至巨万，与合伙者恒获利，故人多乐附之”。[②] 清道光、咸丰、同治年间，广东西宁县人张以珍“往广西平南境购桂种而归，雇佣授法开山种植”，“实吾邑种桂之初祖”，西宁的桂树栽培技术和加工技术都很成熟，以出口香港转往外洋为主，以致西宁西部为桂树主要产区，当地桂皮等的税收“为省库收入一大宗”。[③] 明代雷州有棉花税，“其入不常。货自广西、海南随舶至雷，集于商亭河下，发各商转鬻”。[④] 雷州的家庭纺织业较为发达，原料多来自广西。

明清两广之间的农产品流通中，广东对广西的贸易呈顺差的态势，广西各地都有广东商人的足迹，尤其西江及其支流流域，有“无东不成市”的说法。广东商人除了购买米粮，还大量采购土特产，如广西的桂平县，“瑶山土货大宗云集，流通东西”。桂平的江口墟，由于广东商人多，“为全省各圩镇之冠”。[⑤] 苍梧县戎墟镇长洲鱼苗行，每年的鱼汛期九江鱼苗商都在此收购鱼苗。广东商人还设立了茶丝收购行、药材行、桐油收购行、家畜牲禽和副产品收购行、纸张收购行、果菜收购行、麻布收购行、综合土产类收购行。[⑥] 广西在明清时期墟镇的布局与西江水系构造是一致的，为树状型。桂东南的墟镇数量明显多于桂西和桂西北各县。[⑦]

自明代起，广东人大量移居广西左右江的很多，娶妻生子，买田

① 明清广东植被演变，参看吴建新《明清广东的农业与环境——以珠江三角洲为中心》，第135—143页。

② 宣统《南海县志》卷二〇《列传》，第1699页。

③ 民国《西宁县志》卷三三《前闻三》，第1377—1382页。

④ 万历《雷州府志》卷九《食货志·田赋》，第282页下。

⑤ 覃乃昌：《明清时期广西的“谷米外运”——明清时期广西稻作农业史研究之五》，《广西民族研究》1997年第4期。

⑥ 黄滨：《晚清民国广东商人与广西城镇农林土特产收购行（下）》，《广西地方志》2002年第2期。

⑦ 卜奇文：《论明清时期岭南地区市场中心地分布的差异性》，《广东史志》2001年第2期。

收租，万历以后才能入籍。清代更多粤人入桂，在其移居垦作及经商的过程中，整个西江流域形成了粤语文化带。由广东移民带去水利事业、作物栽培技术，促进了广西各地的农业发展。其中有当官的粤人，在当地传播农业技术，如顺德人梁思溥，光绪间任广西容县知县，“遍历四境谓地虽贫瘠，地势较他县平衍，宜蚕桑，乃召乡绅老农谕以丝业……委员回粤延老于蚕业者十余辈，分诸乡教饲蚕栽桑法。思溥旦夕巡视，足无停趾，廉俸薄，聘资不足，借负债鬻产以足之。在任一年，茧市机纺次第成立”。原在容县时，巡抚马问其发展农业之策，并且请他筹设广西蚕桑局。他在广西四年，“桂省咸知蚕业之利，则思溥提倡力也”。[①]清末及民国时，广西西江流域蚕丝业的兴起与顺德蚕业技术的传播有很大的关系。

四、湖南与广东

粤北与湖南的经济联系最为密切。元代已经有湖南商人前往韶州贸易，如“詹氏为湖南人，元大德间兄弟商于此”，死后被韶州人奉为神灵。[②]韶州、连州与湖南的关系，一如南雄与江西的关系，韶州“无事之时商贾云集，生计殷繁”。[③]湖南盛产棉花，所产棉花通过韶州运到广东各地，以适应手工棉纺织业的需要。湖广的茶也运到广东出口，晚清广东爱育善堂的创始人陈次壬就是常驻武汉的买办，采办两湖茶，后来成为大商人。[④]

清代，湖南所产的米是广东外运粮食来源之一。湖南大米到粤，有两条通路：一条是自湖南南部到韶州；一条是湖南大米经船运从灵渠到达西江，储藏在梧州贩卖。乾隆七年（1742 年），左都御史管广东巡抚事王安国十一月奏：“粤东生齿繁庶，山多田少，从前多恃广西谷船

① 民国《顺德县志》卷一九《列传》，第240—241页上。

② ［明］袁庆祥：《游詹公庙记》，收入康熙《韶州府志》卷一三《艺文》，第1930页下。

③ ［清］钱世清：《韶州府协济南雄夫役看详》，收入康熙《韶州府志》卷一三《艺文》，第1985页上。

④ 宣统《南海县志》卷二〇《陈次壬传》，第1667页。

流通，以资民食。但广西产谷之地，原以柳州、庆远两府为最。又向来湖南出谷甚多，皆就近运至广西，是以广西谷价极贱。商贾趋利者，又转运至广东售卖。从前东省谷价亦甚平减，实由于此。数年以来湖南因各省遣官采买，价值日昂，而广西柳、庆二府又因储备古州军需，禁民间运谷出境，谷船来东者较前日少。”[①]可见到了清代乾隆年间，湖南大米与广西大米对广东来说一样重要。湘米通过灵渠，梧州是其必经之地，晚清时这一情况仍未改变，如光绪三十四年（1908年），广东商船云集梧州准备贩米，记载所称的“各省米”就是广西米和湖南米。[②]

湖南人到广东开荒，种植靛蓝，如怀集县“闽楚之人多僦地种蓝”。[③]湖南人嗜好辣椒，广东的辣椒就是清代开始作为调味料食用的，这一饮食习俗先影响了韶州一带的粤人，然后向广东各地传播，对粤北等地的客家菜影响尤大。

五、江西与广东

江西与南雄州关系较为密切，明清时期政府在南雄设征收商税的机关，使广东商人绕道到江西贸易，“旧志曰：重商大贾避南雄税趋惠，入闽北出豫章。”[④]当然来自江西的货物，有不少是自鄱阳湖到赣江然后到大庾岭的。从江西流向广东的农产品不少，如江西吉安的棉花、棉纱常经大庾岭到始兴，然后运往广东各地，只是到了清末，“洋纱、洋布入境日甚”，来自吉安的棉制品才减少，但江西布匹每年行销始兴二万余元。[⑤]江西人将大米、棉花运到客家山区，换取“程乡茧绸”。清初长乐县，“邑之棉，视江西为胜，但花时多风，则尽落，收时多雨则尽腐，以故仰江西者恒什五。有苎、有蕉、有土绸，以天蚕织之，人

① 中国科学院地理科学与资源研究所等：《清代奏折汇编——农业·环境》，第70页。

② 《梧州豪绅禁米出口之悖理》，载《盛京时报》431号，光绪三十四年三月初五。

③ 乾隆《怀集县志》卷一《风俗》，广东历代方志集成本，第26页下。

④ 光绪《惠州府志》卷五《津梁》，第98页下。

⑤ 光绪《始兴乡土志·商务》，第67页。

家间蓄桑蚕取其丝纬葛，近时人家多造蕉布、葛布以易棉布，各省将棉丝来换或买，而棉布多买自省城与各省来者”。[①]这里的“各省”主要指江西，广东长乐县人以葛麻和天蚕丝混织的布很受江西人欢迎。

南雄的腌制梅果，以甘草和盐灰为加工原料，味道很好，“北售南赣十之三四”。[②]

江西的杉树栽培技术好，树苗也佳，故明代起，江西人将豫章杉树苗携来广东各地，相中山地，与山主谈妥租佃关系和分成，在山上开穴种植杉树苗，成熟之后分成。[③]广东稻作和经济作物的害虫防治中，需要大量的烟草下脚料，江西的这类烟草运到始兴，当地“晚稻以烟骨为肥料，多运自西南及南安府逾岭而来，每岁不下十余万斤”。[④]南雄的“雄鸭”，其品种和腌制方法来自江西的龙南。[⑤]

江西的外来作物，很多是从粤地传入的。江西的农业技术对广东也有很大的影响，如水利技术，博罗县“八甲一带旧时缺水，相传有江西人刘公指点宜于筑陂之处，截水溉田，至今乡人犹在陂上祀刘爷，报赛甚丰。……腴田甚多，以此陂故”。[⑥]

明代起，江西、福建等地的商业资本流入广东农业生产环节，同时转化为高利贷资本，从而推动广东各地商品性种植的发展。明代肇庆府“江、闽狡徒延漫境内，乘其急以觊利，取息数倍，偿稍后期，则群然毁，必夺而后餍”。[⑦]“狡徒”就是乘时放贷的人，这是高利贷资本向广东农业生产领域的渗透，由此引起了地方社会的矛盾。

明清时期，广东与外省的农业交流一方面显示了广东经济地位的提升，另一方面各地与广东的农业交流，扩大了农产品的销售范围，不仅促进了广东的农业生产，也促进了外地农业、商业和手工业的进步。

① 康熙《长乐县志》卷六《籍产志·土实》，中国地方志集成本，第149页。

② 道光《直隶南雄州志》卷九《物产》，第176页下。

③ [清]屈大均：《广东新语》卷二五《木语·杉》，第611页。

④ 光绪《始兴乡土志·商务》，第67页。

⑤ [清]屈大均：《广东新语》卷二〇《禽语·鸭》，第525页；道光《直隶南雄州志》卷九《物产》，第176页上。

⑥ 博罗县地方志办公室等：民国《博罗县志》卷三《经济·水利》，油印本，1988，第182页。

⑦ 崇祯《肇庆府志》卷九《地理二·物产》，第280页上。

第二节

主要外来作物的引进与传播

一、番薯在广东的传播

番薯传入中国的途径，一般认为是福建、广东、台湾等地。[①]

从方志上的记载可以看出，番薯万历年间从电白县传入，然后迅速在粤西南的高、雷、琼等府传播。清康熙年间这些州府都有关于番薯的记载。高州府，在康熙十二年（1673年）的《电白县志》卷一《物产》中有“红薯、白薯”的记载，康熙二十五年（1686年）《石城县志》卷五《物产》记载薯之种有红薯。雷州府，康熙三十七年（1698年）《徐闻县志》卷一《土产》记载“生于山中”的薯类有番薯。琼州府，康熙八年（1669年）《乐会县志·土产》、康熙四十七年（1708年）《琼山县志》卷九《土产》、康熙五十七年（1718年）《文昌县志》卷十《土产》都分别有关于番薯的记载。

从电白县传入的番薯，还有可能向粤西的肇庆府传播。肇庆府最早记载番薯的是明天启二年（1622年）《封川县志》卷二《物产》，该书记述了番薯传入的地点、生态、栽培方法和民间对番薯的食用。此后，明崇祯八年（1635年）《肇庆府志》卷九《地理二》也有关于番薯食用和栽培的记载：“番薯，即红薯也。近传于外国，所在山麓种之，易

① 杨宝霖：《我国番薯引进的最早之人和引种番薯的最早之地》，《农业考古》1985年第2期。

生结子，千百浮露土上，味不如薯，土人或杂米作酒用之。”[①] 如果说天启《封川县志》记载的仅仅是肇庆府一个县的情况，而13年之后《肇庆府志》的记载则可视作肇庆府范围内的情况。清康熙二十七年（1688年）《恩平县志》卷七《地理》也有与崇祯八年（1635年）《肇庆府志》类似的记载。根据上述文献推论，明末清初肇庆府番薯比较可靠的传入路线应是自粤西南的方向，即从电白等地引进的番薯向东传向肇庆府最西面的封川，然后向整个肇庆府传播。

从东莞传入番薯的时间，杨宝霖先生根据《凤冈陈氏族谱》的记载，考证为明万历十年（1582年）。到清初，东莞当地已有以盛产番薯而闻名的村庄，成书于清康熙二十六年（1687年）的《广东新语》卷二《地语》记载道光篁村、河田的甘薯，“动连千顷，随其土宜以为货，多致末富”。较《广东新语》成书时间晚两年的康熙《东莞县志》卷二《风俗》也有类似记载。因为东莞、番禺的沙地多，故种番薯作为杂粮，而南海、顺德黏土多，只能种芋头。《广东新语》卷十四《食语》也记载了番禺的双季稻和番薯的轮作制。可见从东莞引进的番薯在明末清初已经传遍珠三角。徐光启大致在1607—1610年研究番薯，他说“闽广人赖以救饥，其利甚大”[②]。康熙年间珠三角主要县份关于番薯的记载不多。康熙二十六年《花县志》卷三《物产》记载：山药、薯蓣、番薯等薯类“贫民多和米充口腹，俱易生，宜多种”。花县在广州的北面，明末清初此地的山地丘陵原为“盗区”，康熙二十五年（1686年）设县，移民纷纷移居，番薯当是在此时传入。清初粤北也有番薯的传入，康熙十六年（1677年）《始兴县志》卷七《物产》：“薯，有赤、红、白三种。”这当是番薯而不是薯蓣，其传播路线是否为从粤中一路北上传到粤北，尚有待考察。崇祯十年（1637年）的《兴宁县志》卷一《物产》记载“番薯”，“生熟皆食”，或是番薯从东莞传到兴宁等地。

康熙年间潮州府、惠州府的山区也有了番薯的记载。康熙二十五年（1686年）《埔阳志》卷一《方产》、康熙二十六年（1687年）《永

① 崇祯《肇庆府志》卷九《地理二》，第3页下。

② 梁家勉主编《中国农业科技史稿》，第574页；徐光启：《农政全书》卷二七《树艺部》。

安县次志》卷十五《物产》、康熙二十六年《长乐县志》卷六《籍产志·土实》分别记载有番薯。《永安县次志》是屈大均所纂，此地的番薯也引起了他的注意。永安县、大埔县、长乐县均属客家山区，这些地区番薯的引进地点，以潮州府最有可能。清雍正九年（1731 年）《揭阳县志》卷四《物产》记载："地瓜……明万历中始有之，瘠土皆可种。皮紫肌白，亦有皮白肌微黄者。生可食，蒸熟尤甘甜，山中不业耕者，惟种薯蒸切暴收以充糗，亦可为粉，作酒，其利甚溥。""明万历中始有之"一句似可视为雍正《揭阳县志》作者对本地番薯引进时间的追述，即韩江平原的揭阳县可能自万历年间就有番薯的传入。明代大量福建人移居潮州地区从事工商业和农业[①]，潮州番薯自闽传入最有可能。估计在万历年间传入福建的番薯，随之传到潮州的揭阳县，然后在清康熙二十五年或之前传到韩江上游的大埔，然后再从大埔县西传到同是客家山区的永安县、长乐县等地。

值得注意的是，康熙年间记载番薯的方志中，大部分是在清康熙二十二年（1683 年）之后。此年之后正是广东迁海展界，社会经济开始复苏的时期，番薯的传播与当时人迁徙垦殖有关。清初吴震方的《岭南杂记》卷下记载，番薯"粤中处处种之"，"康熙三十八年（1699 年），粤中米价踊贵，赖以此活"。从这一记载可以推论，清康熙二十二年展界之后数年是番薯推广种植的高峰期，而到了康熙三十八年，广东全省各地都种植番薯了。乾隆九年（1744 年）广东巡抚布政使在给朝廷的奏章中称"粤东通省州县遍种薯、芋"[②]，说的正是这一情况。

清代前期还有番薯新品种传入。范端昂于雍正八年（1730 年）所撰的《粤中见闻》卷二十五《物部五》"薯"条写："……（番薯）近有皮色深黄者从吕宋国来……"《粤中见闻》材料多抄自《广东新语》，唯此句为记载番薯的《广东新语》卷二十七《草语》所无。

此后随着对外交流的频繁，新品种传入更多，尤以晚清为最。而只有品种佳者才会流传，劣者则被淘汰。如光绪《香山县志》卷五《物产》

① 黄挺、陈占山：《潮汕史（上册）》，第289—290页。

② 乾隆九年广东巡抚布政使托庸正月二十二日奏，载中国科学院地理科学与资源研究所等《清代奏折汇编——农业·环境》，第79页。

记载当地传入被称为“番鬼薯”的品种，“色黄白，质松，味劣”。又如晚清的新宁县，海外移民最多，本地贫民对番薯依赖程度很高，“贫户每食薯六七，而米二三耳”，“然薯之种类亦喜变异。种既久，则新种移来，又丰收矣”。[①]光绪末年，新宁士绅也提到当地番薯品种有“红肉、白肉、番鬼仔、海南白、海南红、铁薯诸名”[②]。当地番薯品种的增多是在外来品种的陆续传入与本地人工定向选择结合的情况下出现的。新宁县原有红肉薯最多，称为“美品”，因为产量下降而农家少种。这一点赵天锡也有写：“又数十年来，邑中旧谷，亦变换将尽。薯种亦然。十余年间，有新种传来。”[③]

最早传入番薯的高州府一带，晚清时的番薯品种也很多。晚清番薯品种的变化有其特点：其一，一些品种即使劣，但因其速生，仍然能流传。如《茂名县志》和《吴川县志》都提到的“六十日”，大概是一速生种，民国时期在珠三角一带也有其踪迹，但“为之硬而无味，真同嚼蜡”。[④]其二，在经济落后和发达地区对优质番薯品种的取向各有不同，新宁县的优质番薯因为产量低而被淘汰，而在珠三角平原更多地需求品种的口适感，为此而专门培育优良种，这样的番薯就不仅仅是作为粮食了。民国早年番禺县“番薯共数十种”，分为“生食熟食均宜”和“只宜熟食”两大类，其中以“只宜熟食”的“香哥”种为最佳，其特征是“起沙而香不亚于炒栗”。作番薯脯的专门品种“牛角红”，“色润如参，味甜如蜜，颇负时誉，惟选制极难，不可多得”[⑤]。宣统《番禺县志》卷十二《实业志》也记载番禺县南村一带所产“白皮黄”是佳品。

嘉庆和道光之间，因为广东米粮不足，又传入“木薯”。木薯是外来作物，耐旱耐贫瘠山地。嘉庆《石城县志》卷一《物产》中的“薯之属”记载有“蓖麻薯”三字，“蓖麻”二字，是木薯叶子，可以推断为木薯。道光《新会县志》有多些记载：“山薯，叶类蓖麻，其根长大，

① [清]黄朝槐：《宁阳杂存》卷一《物产》，广东省立中山图书馆藏清刻本。
② [清]赵天锡：《调查广州府新宁县实业情形报告》。
③ [清]罗振玉编《农学丛书》第六集，光绪江南农学会石印本。
④ [民国]邬庆时：《南村草堂笔记》卷四《番禺县·食物》。
⑤ 同上。

似蕨肉，亦相似。三月种，九月收，洗净切片，以水浸去其毒，熟啖之如番薯，作粉名薯粉”。新会河村等山田多种植。[①]方志上称的“番葛”也是木薯的别称。道光《廉州府志》卷六《物产》记载了“木番薯”，说“凡薯皆藤生，此则木生”，磨粉之后必须漂水二三次去毒方可吃。则木薯的引进大约在嘉庆和道光之间。由于木薯去毒才能吃，味道也不佳，所以不能完全代替番薯。光绪二十九年（1903 年）赵天赐写《调查广州府新宁县实业情形报告》对番薯和芋头的栽培法记载很详细，但没有提到木薯，可见直到清末，在珠三角的边缘山区，木薯的栽培并不广。《农学丛书》第二集收入《种木番薯法》，对岭南的木薯种植和加工方法作了总结。

二、玉米在广东的传播

玉米传入中国的途径大致有三条。西北路由中亚细亚的丝绸之路传入中国西北地区；西南路由欧洲传入印度、缅甸再传入中国西南地区；东南沿海经中国商人和葡萄牙人由海路传入。[②]在中国东南沿海各省份中，广东、福建是最早引进种植玉米的地区。明万历《龙川县志》中记载，万历七年（1579 年）龙川县已有珍珠粟即玉米的栽培。

有人认为在明嘉靖十四年（1535 年）《广东通志初稿》已经有玉米的记载，[③]其实《广东通志初稿》卷三十一《土产》只是记载“粟有，亦少”，只能确定为小米。万历《龙川县志》、康熙十二年（1673 年）《电白县志》均称玉米为“珍珠粟”。《广东新语》称玉米为“玉膏黍”“玉膏粱”。广东玉米虽然传入很早，但一直未能与番薯齐名而占据主粮的位置。《广东新语·食语》记载玉米作为酒的原料。或者作为果蔬类食品，如清雍正十二年（1734 年）《长宁县志》卷九《物产》记载：“观

① 道光《新会县志》卷二《物产》，第62页上。

② 游修龄主编《中国农业百科全书·农业历史卷》，中国农业出版社，1995，第394页。

③ 王双怀：《明代从海外引入华南的粮食作物》，《中国历史地理论丛》1998年第1期。

音粟，结实如笋，长五六寸，并本实三五包叶，有衣裹之，粟珠缀于心，如石榴子，其米可当果食，不以炊。”这说明当时玉米尚未成为山区贫民的主食之一。乾隆《澄海县志》卷十四《物产》也提到“玉膏黍”，只是用作酒，少以作粮。直至清末，粤西一带稻米供应较为充足的山区，玉米“但以充果，故米作嫩黄色，即摘以上束，不比北人长至黄硬屑，以充粮也”[①]。这与广东人不好食用粗粮的习惯有关，也与清代广东即使缺粮，也有比较稳定的外来稻米供应来源有关，这一原因限制了玉米的推广种植。

雍正年范端昂撰《粤中见闻》卷二十五载：南雄、韶州山农种植“膏粱粟”以代谷。乾隆间广东人口骤增，以玉米代粮就更为普遍了。这一时期，广东山区对玉米的称呼也发生了变化。郭松义指出：“玉米称为苞谷、包米或者苞粟、包芦，是在乾隆、嘉庆以后，大量出现于大江南北和南方各省的方志中。包谷、包芦的叫法，最早约起源于广东、福建，并与垦山流民有密切关系。”[②]这一名称的变化说明了清代乾隆以后广东山区种植玉米为粮的人增多了。清代中期广东方志中称玉米为“苞谷”“苞粟”的有如下方志：嘉庆二十五年（1820年）《平远县志》卷二《物产》、乾隆四十八年（1783年）《归善县志》卷六《物产》、乾隆四十六年（1781年）《镇平县志》卷二《物产》、乾隆三十六年（1771年）《连州志》卷六《物产》、乾隆二十五年（1760年）《肇庆府志》卷二十二《物产》、乾隆十五年（1750年）《嘉应州志》卷一《物产》、乾隆十二年（1747年）《阳山县志》卷五《物产》等等。道光以后称玉米为“苞粟”“苞谷”的更多。“苞谷”“苞粟”只是山区对玉米的称呼，而平原多称之为“玉膏黍”，这与山区、平原不同的食用习惯有关。山区要玉米长成“黄硬屑”，淀粉充足，此时玉米有很长的“苞”，故有“苞谷”之称。而稻米供应充足的珠三角习惯将玉米作果蔬，需要其黄嫩而有膏液时收成，不代米谷，故称为“玉膏黍”。清中叶由于人口增加，稻米不足，山区贫民以玉米为主食是无奈的选择。因山区中没

① 光绪《四会县志》编一《物产》，第118页下。

② 郭松义：《玉米、番薯在中国传播中的一些问题》，载中国社会科学院历史研究所清史研究室编《清史论丛》第七辑，中华书局，1986，第82页。

有水源的砂质“水火田”不能种植水稻，番薯也难生长，往往就栽种玉米，尤其是在石灰岩山区。如清初顺治《阳山县志》卷二《物产》记载的外来作物只有“番瓜”，薯只载山薯、山药，未见有番薯、玉米。而乾隆《阳山县志》卷五《物产》记载：“山多田少，产谷有限，不足敷本地民食，半赖包粟，满山遍野，无处不植，地无遗利矣。”道光年间，英德县的杉豆乡，“其土高其水深，无灌溉之利，土人皆种苞粟为粮”，三山乡“峰峦叠叠，石多土少，其水深，少灌溉之利，土人皆种苞粟为粮，与杉树（乡）同”。[①] 还有“清泉、甘下二都地高燥，多种之，以供食。有毕生不谷食者”，“加小米粉煮糊可以代粮”。[②] 清代瑶族山区也较多栽培玉米，如民国《连山县志》卷五记载：道光十二年（1832年）禧恩的《剿瑶善后章程疏》中提到连州、连山、阳山的瑶族地区，“向来瑶人以粟米、膏粱、薯、芋、黄豆、棉花等物至民墟交易”；常有“奸民”，“欺侮良瑶，三五成群，偷割包谷”。道光《长乐县志》卷四《物产》记载：“粟有狗尾、鸭脚、鱼春、包粟、高粱粟，宜于山坡埔坝。”山坡和地势稍低的埔坝都种植玉米等耐旱作物。

三、花生在广东的传播

广东是中国最早引进花生的地方，但引进的时间没有明确记载。《广东新语·草语》“落花生”条记载了小粒花生种的生态、性状，引进时间至迟在明末清初。广东花生的传入与广东商人的外贸活动有关。天启时饶平县进士黄锦的《黄冈竹枝词》有咏落花生，原诗注云“豆名落花生，土人多业此，呼为’涂豆子’”。花生有了土名，引进时间当很长。[③] 所述当为晚明的事，饶平县近海，花生传入当与潮商有关。继康熙二十六年（1687年）《广东新语·草语》的记载之后，康熙四十七年（1708年）《琼山县志》卷九《物产》、康熙五十七年（1718年）《西

① 道光《英德县志》卷三《图说》，第185页上—186页下。

② 道光《英德县志》卷一六《物产》，第494页上。

③ [明]黄锦：《黄冈竹枝词》，收入[清]温廷敬《潮州诗萃》甲编卷七，第190页。

宁县志》卷一《物产》对花生也有记载，不过仅记名称，没有详细的描述。花生的推广应在其油料作物的价值被普遍认识之后发生。《广东新语·草语》记载花生仅提到其食用“香如松子，一荚数枚。和中暖胃，乃豆之魁”。《广东新语·食语》记载食用油类，列举了茶子油、榄仁油、菜油、棉花籽油、火麻子油等，以茶子油为主，尚未列出花生油。大概花生在康熙年间还只是作为蔬果食用，很少用来榨油。广东最早关于花生榨油的记载见于雍正八年（1730年）范端昂《粤中见闻》卷二十五《物部五》，提到广肇多榨菜油、芝麻油和榄仁油，还说：“黄白豆、落花生皆可榨油充用。”当时花生油还不是主要的食用油类，油类主要以菜油为主。雍正九年（1731年）《揭阳县志》卷四《物产》载：“落花生……物产之异者，揭中市集皆是，或炒卖，或渍糖，或打油卖，为利甚多。”雍正九年《长宁县志》卷九《物产》记载：“落花生……味甚香美，且可为油。”雍正九年《惠来县志》卷四《物产》也有落花生的记载。可见雍正年间粤东地区食用花生油比较普遍了，虽然还不是主要的食用油。

花生油普遍食用是在乾隆年间。乾隆年间张渠《粤东闻见录》列举了广州的食用油以茶油、猪油为主，但花生油已作为食用，说“落花生油亦多，而力殊不及”，就是说花生油比不上猪油。道光年间的《白云越秀二山合志》仍记载茶子油，其次蔓菁油、菜子油，再其次才是花生油。同治《番禺县志》记载花生用作榨油，“广俗多用之”。大概各地食用油的习惯不同，有的山区流行茶子油，有的盛行菜油。而花生油的广泛食用是在乾隆以后，此时在一些地区花生油已经成为主要的食用油，花生的栽培和榨油用的记载广泛见于清乾隆、嘉庆、道光以后的方志和笔记中。乾隆年间檀萃所著《滇海虞衡志》卷十《志果》记载：广东的高州、雷州、廉州、琼州多种花生，以“大牛车运之上海船，而货于中国”。乾隆年间张渠《粤东闻见录》卷上亦记蕃豆“高、雷间尤多，一年播种，可三四年收，用以榨油”。[①] 可见，清代中叶粤西南地区是花生的主要产地。乾隆年间有些地方栽培花生之盛，到了“最多而贱”[②]，

① ［清］张渠：《粤东闻见录》卷下“落花生”，收入《粤东闻见录·南越游记》，第93页。

② 乾隆《河源县志》卷一一《物产》，第456页上。

乾隆《恩平县志》卷九《物产》记载："土人种之以榨油，利多于种油菜也。"嘉庆《翁源县志》卷四《舆地》记载：翁源县"落花生，近多以为油，获利倍焉"，则花生的栽培已经超过菜油。道光年间英德县花生"属内无处不种，多以榨油，亦充口果，岁以千万计"。[①] 道光《钦州志》卷一《物产》也记载钦州有商人开设油坊几十座。可见乾隆以后，在广东不少地方，花生油的食用已经超过了菜油等油类。

花生栽培兴盛，究其原因，除了做口果、食用油之外，民间还用作照明。花生麸作为肥料，需求很大，故出现"获利倍"的现象。花生作为照明用油，也是不可忽略的因素。晚清花生的种植各地情况不一，光绪《高州府志》卷七《物产》记载：咸丰以后花生种植最盛，"其利大兴"。而光绪年间各地种植面积一度减少。民国《恩平县志》卷五《物产》记载："光、宣而后连年失收，农民大受打击，业此者已年少一类年矣。"清光绪十三年（1887 年）张之洞在给朝廷的奏疏中提到，广东因为从外国进口的"火油盛行"，以至于本地产的花生油"销路愈滞"，"种植少则害在农，榨制稀则害在工贩，卖微则害在商"，建议朝廷准广东仿福建例，禁止火水油的使用，或用增加对进口火水油征收厘金以遏止其进口。[②]

花生的小粒种荚小而长，"一苞恒二百余颗"，是专门用来榨油的品种。小粒种也有专门为"口果"的品种，如番禺的"白肉花生"，"粒小色白而味甘，每年五六月间出产，市贩颇多"。[③] 19 世纪后期传教士、华侨、商人传入大粒种，传播很快。宣统《英德县志》卷十六《物产》记载：花生的大粒种，"荚大而短，俗称大启子"。光绪初年已经传到粤北山区。宣统《海康县续志》卷二《物产》也记载了花生的大粒种传入之后，"农人便之，遍地皆种此豆，而旧志之豆几乎绝迹"。但小粒种还是有的，收入光绪二十九年（1903 年）《农学丛书》第六集的《广东实业调查概略》记载：小粒种"油多味佳"，是"口果"。

① 道光《英德县志》卷一六《物产》，第502页上。

② [清]张之洞：《张文襄公函稿六卷·函稿三》，民国九年铅印本。

③ 民国《番禺县续志》卷一二《实业志》，第181页下。

四、烟草在广东的传播

烟草传入广东的最早记载有明末张介宾（号景岳）的《景岳全书》，书中称烟草是万历年间“出于闽广之间，自后吴、楚地土皆种植之”。广东最早记载烟草栽培的地方志为明崇祯九年（1636年）《恩平县志》。蒋慕东等的论文已经依据崇祯《恩平县志》的记载予以辩证。[①]崇祯《恩平县志》所载烟草“今所在有之”，说明当时广东很多地方都有烟草栽培。崇祯元年至崇祯三年（1628—1630年）为广州府推官的颜俊彦在他审判案件的案牍中提到，一个叫黄正壁的福建人称“在香山往电白买烟，货与番鬼，因而被掳”。[②]如果黄正壁卖给澳门葡萄牙人的货物为烟草，这就是广东最早关于烟草买卖的记载了。如果这一点可以成立，则高州、电白一带在崇祯三年以前有商业化的烟草种植，比崇祯《恩平县志》的记载还要早。

清初最早记载烟草栽培的广东方志是康熙十二年（1673年）《高要县志》，历史学家吴晗以此书的记载作为烟草从海路传入中国的依据之一。此外为康熙《恩平县志》。这两种方志关于烟草的记载与崇祯《恩平县志》的差不多，都称烟草“出自交趾，今所在有之”，并描述烟草的性状和吸食。康熙以前是烟草传入的第一阶段，大规模发展在雍正、乾隆以后。

雍正年间开始出现名烟。雍正《长宁县志》卷九《物产》记载：“烟，圃多种之，出沙田者为美。”这是广东最早关于名烟产地的记载，此“沙田”非珠江口之沙田，而是富含钾、磷等元素的山地。由于长时期的食用和品鉴，人们开始注意到某些地区出产的烟草口味特别好而争相嗜之，故这些烟草的销路特好，从而形成集中产区。名烟产区与当地土壤条件密切相关。如南雄黄烟，有质量独特的青茎、黄皮两个烟草品系，主要因为南雄盆地的紫色砂页岩富含烟草生长需要的钾、磷，加上土性疏松，土质干爽，最适宜栽培烟草。名烟都有一定的栽

① 蒋慕东等：《烟草在中国的传播及其影响》，《中国农史》2006年第2期。

② ［明］颜俊彦：《盟水斋存牍》一刻，《谳略》一卷《强盗郑乌郑新等谳详》，第41页。

培适应区域，超过这些范围，烟草就失去原有的风味。南雄名烟的形成大致在乾隆年间。道光四年（1824 年）成书的《南雄直隶州志》卷九《物产》记载“烟草”：“旧志”［即乾隆十八年（1753 年）《南雄府志》］记载，“近四五十年，日渐增殖，春种秋收”，即种植的兴起约在乾隆中后期。乾隆二十年（1755 年）成书的《始兴县志》卷四《田赋》记载杂税有烟皮，说明商品化的烟草种植出现。由此推论著名的南雄黄烟出现约在乾隆中期，但其种植时间会更早一些。清中叶，烟的消费群体大大增加，烟、茶几乎取代槟榔为待客必需品。而名烟的价格往往是一般烟草的 1—3 倍。烟在广州、佛山等城镇中是活跃的商品，也出现了专门以贩烟为生的商贩，以致烟草种植面积迅速增加。道光九年（1829 年）赵古农著《菸经》记载：“冈阜林麓种植几遍。即膏腴之田亦往往用以种烟，且其粪田，其力较勤于力田矣。”农民种植烟草比种稻的肥料要多得多。

据赵古农《菸经》记载，当时行销省内的十几种烟草品种，其中属于广东的有新会如思、嘉应黄烟、潮烟、南雄叶子四种。嘉应黄烟和南雄叶子同属黄烟，而嘉应黄烟在本地更为流行。《菸经》大概只举最著名的，其实清中叶比较著名的烟草产地还有鹤山、肇庆府新兴县的天堂及阳春县[①]、西宁的连滩等[②]；晚清还兴起一些虽有名，但产量不大的烟草产地，如清代的花县梯面，从咸丰年间开始种植，同治、光绪年间大盛，西坑村每年出产烟叶 80 吨，种植烟叶之多，有“见烟不见禾”的说法。[③] 光绪《高州府志》卷七《物产》记载，光绪年间高州府茂名县的“根子、白村、大路坡所出多而佳，尤以根子里入为最。故根子烟驰名天下，石城则塘蓬长山所出佳，而古冈顶尤胜，商贩多致富”。大概这些地区的烟虽品质好，但产量少，故不甚有名。清末广州府通判祥林的《广东实业调查概略》给清末广东的烟草排名：“烟叶以新会、鹤山、新宁、开平等处为最多，南雄诸处次之，分生熟二种，生烟皆产于北江、广、

① 道光《肇庆府志》卷三《物产》，中国方志丛书本，成文出版社有限公司，1974，第484页。

② 道光《西宁县志》卷三《物产》，第200页。

③ 花县梯面镇志编写组：《梯面镇志》，1993，第111页。

肇一带。”“新会、罗定、鹤山诸州县论之，已种田数百顷，他处亦多。”[①]

清代中期，由于成品烟畅销，而烟茎和不佳的烟草杵碎可以做杀虫药，这就刺激了烟草的贸易。《粤海关志》记载烟叶的税则：烟草每百斤税五分。[②]归善的平海正税口有墟船装来烟草贸易。[③]庵埠正税口，有香末乌烟出口。[④]海安正税口有烟草出口。[⑤]

明清主要外来作物对本地农业的影响是多方面的。首先，主要外来作物丰富了商品性作物的品种结构。花生、烟草的商品性自不待言，玉米的商品性种植很少见，而番薯是重要的商品性作物。乾隆二十五年（1760年）成书的《蚕桑易知录》记载番薯“始于台湾，盛于漳、泉、潮、惠”，并叙述番薯的精耕细作法，因为番薯可以为脯，“粉可发卖，渣可喂猪，此漳、泉、潮、惠之区，人多富裕者，此也”。[⑥]番薯在平原粘土状田地不能栽培，故潮汕平原和珠三角平原周边或稍远的山地多栽培番薯以供应平原的需要。番薯是救荒食物，粤海关对番薯“照例免税一折”，甚至免税。[⑦]番薯和番薯脯都可远途运输，《粤海关志》记载进口潮州海关溪东小口、樟林小口的“番茹”[⑧]，实为番薯。番薯的栽培已达到精耕细作的程度，如果田地全种番薯，耕耘、除草和施肥，每亩“统计得薯多者四千余斤，少者千五六斤”。[⑨]番薯在灾年能平抑米谷价。

其次，主要外来作物还丰富了明清作物的种植制度。稻稻薯的三熟

① ［清］罗振玉编《农学丛书》第六集。

② ［清］梁廷枏总纂《粤海关志》卷九《税则二》，第173页。

③ ［清］梁廷枏总纂《粤海关志》卷一二《税则五》，第231页。

④ 同上书，第241页。

⑤ ［清］梁廷枏总纂《粤海关志》卷一三《税则六》，第266—267页。

⑥ ［清］郑之侨《蚕桑易知录》卷一，收入《明清广东稀见笔记七种》，第104—107页。笔者按：郑之侨为广东潮阳人，乾隆年间任江西铅山县令时撰此书。李龙潜认为此书为广东农书（《明清广东稀见笔记七种》第83页）。但此书内容大多是抄岭北农书而成，全书的地域性不明显，提到广东的仅番薯一段，故此书不能断定为广东农书。

⑦ ［清］梁廷枏总纂《粤海关志》卷九《税则二》，第170页、173页。

⑧ ［清］梁廷枏总纂《粤海关志》卷一二《税则五》，第243、250页。

⑨ ［清］赵天赐：《调查广州府新宁县实业情形概略》，收入罗振玉编《农学丛书》第六集。

制之外，稻稻花生也很常见。天启年间饶平进士黄锦的《黄冈竹枝词》云“收却落花途豆子，不劳冬作向春田”[①]，春种花生，当是与早稻连作，这是关于稻与花生连作的最早记载。花生栽培也需要施粪肥和除草、培土，收获花生的土地犁过之后放水为稻田，是水旱轮作，也是用地养地的方式。

烟草也需要精耕细作，下肥料的量和甘蔗栽培一样多，除草、培土的工作量也很大，否则得不到高品质的烟叶，赵古农《菸经》卷上记载：种烟地须“土性宜浮松，多肥水浇之叶，叶自茂而大”，还记载了烟草的播种、采摘、晒叶、拣叶，烟梗和烟叶的制作方法。旱地种烟和一季早稻轮种，稻能得高产。如道光年间鹤山县的禄洞、平冈、雅瑶等地，“地高而燥，不宜早稻而利于种烟。丰以麸粪，可易瘠土为沃土，晚稻所收倍于腴田”。[②] 烟草的根茎和废烟叶被制作为“烟梗”，被广泛用作插秧时的植物农药。这与天启年饶平县做法一样。

玉米的种植局限在山区，平原不太喜欢杂粮，因而缺乏商品性栽培。玉米、番薯、花生的根秆叶，可以为养禽畜的饲料。玉米、番薯可以酿酒。

主要外来作物的引进和推广，对晚明、清代广东的农业促进作用很大。但是也造成了一些不利影响。如果番薯、玉米、花生、烟草种植在山区，需要斩伐林木开荒为田，会造成水土流失。如果种植在倾斜度较高的山地丘陵，和顺坡耕作，水土流失会更严重。这类记载很多[③]。

① [清]温廷敬编《潮州诗萃》卷七，第190页。

② 道光《鹤山县志》卷之二下《物产》，清刻本，第6页。

③ 参看吴建新《明清广东的农业与环境——以珠江三角洲为中心》，第184—186页。

本篇结语

明清时期，岭南农业以前所未有的速度发展。明初，已经掀起大垦荒和大修水利的高潮，以及赋税制度的改革，是明代中叶以后岭南农业大发展的先声；明代中叶在海外贸易的推动下，商人以从海外贸易获得的白银在广东买货复出口，或逾岭交易，从而推动了广东商品性农业的大发展。从此，广东的蚕桑、甘蔗、葵业、果箱、莞香、槟榔、椰子等产品在全国独占鳌头，广东彻底从以前只提供奢侈品的南方边陲变为经济领先的省份，地位仅次于江、浙、闽等省。广东与江浙、福建、广西、湖南、江西有密切交流，在主要外来作物的传播中占重要地位。商品性农业使岭南社会发生翻天覆地的变化：水利社会的完善，国家意识形态深入乡村，宗族社会成为最基本的村社制度，农业文化异彩纷呈。从“耕读传家”向“士农工商皆本”的思想观念转变，为岭南向近代社会转变奠定了坚实的基础。

下篇

民国时期的农业

民国时期是近代农业的奠基与发展时期。清晚期民国初期的农业危机表现在乡村危机、技术危机、市场危机、生态危机、资金危机等方面，强烈显示需要进行农业变革。1912年中华民国的建立，对农业政策有非常大的影响。20世纪20年代末到30年代初，广东的农业行政管理体制基本成型。从晚清起到外国留学的农学人才，在建立高等农业教育制度方面起到开风气的作用。各级不同的农业教育机构培育出的人才后来在农业改良中担任重要骨干，为农业改良做出了贡献。广东的农业改良在1929—1936年正式实施，由广东农林局和高等农业教育机构主持。广东农林局有专门机构对应农业的各个经济部门，国立中山大学、私立岭南大学等农业高校都有自己的农场，以产学研结合的方式进行农业改良。广东农林局和高等农业教育机构对需要改良的项目进行“农业设计”，对广东经济影响最大的稻作、甘蔗、蚕桑进行“复兴”或“改良”运动并取得了成绩，使广东经济走在全国的前列。广东是全国最早建立全省性治水机构的省份，政府开始对珠江流域的水利勘测进行设计和建设，对民办水利实行监管。广东的农业改良还在园艺作物、林业、经济作物、畜牧兽医、渔业、农产制造等方面都取得了不同程度的成绩。这一时期，各个农业经济部门的改良，产生了近代农业科学的不同分支，以及农业行政管理学、农业经济学、农业推广学、农业生态学的萌芽，使农业科学体系初步成型。近代农业文献层出不穷，农业民俗文化也发生很大的转变。农业改良尽管受到各种因素的制约，但对村社的宗族有很大影响，使农民也有不同程度的改变。

第一章

农业危机与近代农业的肇始

第一节

农业危机

一、主要农业危机

传统农业危机的产生，首先受外因的影响。明代中叶以来，广东的主要农业经济部门多为外向型，但自鸦片战争爆发一系列丧权辱国的条约签订之后，廉价质优的外国农产品倾销到中国，广东的农产品销路不畅，导致了一系列的危机，鸦片战争的后果“先是突发性地改变了中国与世界的关系，接下来使中国发生急剧性的贫困化”[①]。传统农业危机产生的原因是缺乏内生的变革动力。明清时，农业虽然有较大的发展，但其技术体系始终是在经验科学的门内徘徊，发展停滞；近代中国社会内部在经历鸦片战争之后一系列的内忧和外患后，已经是千疮百孔，危如累卵。农业的危机，包括技术的危机、乡村社会的危机是不可避免的。

清末与民国的农业危机，是主要农业经济部门——稻作、蚕桑、蔗糖业的危机，其他农业经济部门——茶、园艺、畜牧、渔业也出现不同程度的危机，它们与乡村社会危机一起构成当时广东主要的社会危机。[②]我们可以从以下方面了解当时的农业危机。

1. 农业生产的技术危机

晚清及民国初期，农家不懂得利用近代遗传学等方法对种子进行汰

① ［美］彭慕兰:《“大分流”还是“大合流”: 明清时期历史趋势的文明史观》，赵轶峰译，《东北师大学报（哲学社会科学版）》2005年第1期。

② 吴建新:《民国广东的农业与环境》，中国农业出版社，2011，第26—36页。

劣选优。引进的新品种很快就退化，因而需要不断引进新的品种。如稻种，清末新宁县士绅说："十余年间，有新种传来，……老农之家，往往换种。"[①]"老农之家，往往换种"就是传统的选种、育种技术难以应对品种退化的体现，需要不断从海外引进新种。蚕桑业中的蚕粒子病、软化病、脓病、硬化病等蚕病害使蚕体弱而茧薄甚至废茧，导致减产，丰收，但又缺乏抗病疫的新蚕种替代病种。[②]在甘蔗栽培中，广东的榨糖蔗主要是竹蔗，茎条细小，含的糖分不高。如惠来的竹蔗"甚矮小，长约二尺至三尺，径约四五分而已"[③]。甘蔗的宿根也发生退化。"农具多为旧式，施肥沿用旧习，百十年来未见进步。"[④]清代广东双季稻，及双季稻加冬种的三熟制虽然普遍，但是由于施肥不足，不少地区有"种五歇三"的习惯。[⑤]清末广东地方官曾记载："广东省三面滨海，地狭人稠，并无旷土，天气温和，一岁三收，茶桑果木四处成林，人多无田可耕，野无不耕之地。惟责令多种茶桑，稍获微利。"[⑥]这一记载表明清末广东土地已经达到极度开发的程度，传统农业发展的潜力已尽，只有蚕桑业一枝独秀。入民国，广东仍处于人多地少的状态。在水利建设方面，"明清时期的农田水利工程技术方面的多技巧性的改进和外延上的扩大而缺乏质的突破和根本性提高"[⑦]。根据民国期间对岭南清代水

① [清]赵天锡：《调查广州府新宁县实业情形报告》，收入罗振玉编《农学丛书》第六集，光绪江南农学会石印本。

② 〔美〕考活、布士维：《南中国丝业调查报告书》，黄泽普译，广州岭南农科大学，1925，第90页。

③ [民国]卓正丰、钟桃编《广东农业概况调查报告书续编（上卷）》，国立中山大学农科学院，1933，第7页。

④ 民国《五华县志》卷五《实业志》，广东历代方志集成本，第280页。

⑤ 乾隆十年两广总督策楞奏折，载中国科学院地理科学与资源研究所等《清代奏折汇编——农业·环境》，商务印书馆，2005，第88页。

⑥ [清]谭钟麟：《遵旨开办农工商务局缘由片》，收入《谭文勤公奏稿》卷一九，宣统刻本。

⑦ 张建民：《试论中国传统社会晚期的农田水利——以长江流域为中心》，《中国农史》1994年第2期。

利设施的研究，的确存在这种情况。[①]

2. 农产品的市场危机

落后的种养技术给工业提供的不是质地优良的原料，而是劣品。如蚕桑业中，“年来（20世纪20年代）丝价高涨，凡业蚕者，务求速成，以炭火加温，而促其早熟，虽损茧质，亦所不计”[②]。机器缫丝厂出现之后，种桑和养蚕分开经营，桑农为了桑叶卖得好价，竟往桑叶上洒水以增加其质量，殊不知蚕儿吃了带水的桑叶会生病。茧农或者因为养蚕过多，为了防止缺桑，往往囤积桑叶，以致桑叶枯萎而不新鲜。[③]蚕病又使茧薄而废料增多。分散的小农经济与机器缫丝业标准化生产之间的矛盾得不到解决，生丝则因质量下降而丧失市场竞争力。

当时国内的糖被称为“土糖”，落后的榨蔗技术使“土糖”与“洋糖”相比黯然失色。“制法自来墨守旧章。其富农每合六七户而组成场榨制，名曰糖寮，凡集蔗农户合蔗田五十亩以上可成一寮。设备笨陋，制作简便，管理得法，出青糖可七百斤，工作时期由六十天或延至百二十天。立冬起延至大寒后。然昔糖寮多制白糖原料，今则以制青糖为多矣。五十年前糖寮多制漏糖，入糖房供制赤白糖，占出寮糖产十分之八，今则反是制青糖者占十分之七，盖白糖受外糖打击故也。”[④]

广东茶业也在走下坡路，“茶叶从前为出口货大宗，现在出口之数历年递减”[⑤]，兴起于唐代的西樵茶在清末绝迹。

“土靛蓝受进口染料冲击，佛山洋靛多来自德国”[⑥]，山区种植青靛的农户因此而减少，作为农家副业的纺织业也在洋布的竞争下失利。“近几十年来棉布日少，洋纱布日多，几占百分之九十五。”[⑦]

《近代广州口岸社会经济概况》记载光绪三十一年（1905年）海

---

① 经济部珠江水利局：《粤北各县农田水利查勘报告》，1941年油印本，第4—18页。

② 〔美〕考活、布士维：《南中国丝业调查报告书》，第77页。

③ 同上书，第79页。

④ 民国《潮州志·实业志·农业》，民国汕头艺文印务局铅印本，第36页下。

⑤ 宣统《南海县志》卷四《物产》，中国方志丛书本，第600页。

⑥ 民国《佛山忠义乡志》卷六《实业志》，民国十二年刊本，第24页下。

⑦ 民国《五华县志》卷五《实业志》，广东历代方志集成本，第266页。

关报告，因为技术问题，当年新会葵扇比往年减少 750 万柄。

中国的外贸体制也使外销农产品处于不利地位。机器缫丝厂商受本地丝庄和洋行的控制，生产决策行为极为被动。海关在外国人掌握之中，不利于农产品的外销。不收回海关权和建立新的外贸体制，不对进出口产品实行检验，使得国内农产品的出口极为艰难。

3. 农业生产环节的资金危机

洋货的大量进口造成土产出口萎缩、农民收入减少。农民将手头不多的货币购买洋货，用于农业再生产环节的投资能力就减弱了。这是近代广东乡村产生农业危机的一个重要原因。近代广东外贸常处于逆差状态①，能出口的大宗农产品——茶叶、糖都大大减少，唯靠生丝的外贸收入和华侨汇款来平衡逆差所造成的外贸赤字。20 世纪 20 年代末到 1938 年以前蚕丝外销减少，国际经济危机使侨汇收入下降，广东财政更陷入困境。而农民又不得不以高价购买进口的日常生活品，导致手头现金减少。广东农业经济的商品化水平很高，但是要花高价买米，如清末新宁县“每年买入洋外米约耗银一百一十八万矣”②。自 1912 年起，广东全省每年粮食输入平均约 1 280 万担，约值 5 400 余万关两，毫洋一万万余元，其中来自国内的米粮占全额的 34%，来自外国的占全额的 66%。③ 高米价侵蚀了经济作物的利润。④ 厘金、各种名目繁多的税捐也对农业生产资金起了抽血的作用。

有学者将明清时期流入生产环节的高利贷资金称为“经营性、生产性”的借贷关系，资金与生产形成比较固定的资本供需关系。⑤ 但是在农业生产资金短缺的晚清和民国时期，农业生产环节中的高利贷，如同吸血鬼，

① 1927—1936年广东外贸逆差数，参看广东省统计局《统计月刊》1936年5月，第5—6页。

② [清]赵天锡：《调查广州府新宁县实业情形报告》。

③ 广东省政府秘书处印《广东粮食统计》，收入《广东统计丛刊（第二种）》，1933，第2—3页。

④ 晚清蚕农手头的货币多了，而折算为米谷的收入比康熙年间少了。这是晚清的谷价大涨所致。

⑤ 高纪春：《十年磨一剑——〈明清高利贷资本〉评价》，《清史研究》2002年第2期。

将农民本不多的资金抽去。农民资金的短缺给高利贷提供了土壤。[①]

4. 农业生产的生态危机

晚清民国初广东的生态危机极为严重[②]，尤其是种植业的基本条件——土壤环境发生了重要的变化。因为采集生物界中的植物作草木灰肥料，以及获取生活燃料的“樵采”，斩伐树木获取建筑、造船等材料，农业开垦中滥伐林木等行为，都使清代广东的植被大幅减少。在珠江三角洲的边缘地带，如新宁县，“薪木以僻远难采，多有裹粮入山，烧采坚炭，近则一望濯濯，薪炭不继，且仰给于外”。[③]林木的减少造成局部小气候的变化，仍以新宁县为例：“山深泉曲，林密凉生，小旱无伤，不雨亦润。近则斩刈草木，掘及树根，水势无停，一泻万丈，须臾之顷，暴长暴消，砂石粗顽，回光生热，养气为夺，旱魃益狂。”[④]在南雄、梅县也都有这样的情况。[⑤]这也成为全省山区、台地普遍存在的问题。[⑥]土壤中有机质过少、施肥不足、表土浅薄，水稻田过量使用石灰，都会引起土地生产力的下降，晚清广东粮食亩产就有下降的趋势。[⑦]

二、农业危机的解决需要社会进步

晚清到民国初是传统农业与近代农业交汇的时期。这一时期，社会的经济观念、思想文化观念都有了很大的变化，人们开始从各种不同的角度思考挽救农业危机的方法。近代农业的引进预示着农业危机的解决所要遵循的路径。这里只谈晚清民国初出现的这些变化。至于20世纪

---

① 关于农业生产中的高利贷和苛捐杂税，参看吴建新《民国广东的农业与环境》，第34—35页。

② 吴建新：《民国广东的农业与环境》，第45—80页。

③ [清]赵天锡：《调查广州府新宁县实业情形报告》。

④ 同上。

⑤ 吴建新：《明清时期粤北南雄地区的农业与环境》，《古今农业》2006年第4期；[清]黄锡铨：《嘉应州兴山利说帖章程》，光绪二十五年刻本。

⑥ 土壤环境的变化参看吴建新《民国广东的农业与环境》，第45—68页。

⑦ 吴建新：《明清广东山区灰粪与平原泥肥应用的历史演变》，《中国农史》2008年第3期。

二三十年代人们从更新的角度去思考和寻求解决农业危机，推进农业改良的情况，将在后面的叙述中展开。

1. 社会呼唤科技进步

农业调查是近代农学常用的方法，作用是通过调查农业资源，以确定农业发展方针，做好农业规划。新宁士绅赵天锡撰《调查广州府新宁县实业情形报告》，详细介绍了新宁的土地、物产等资源，提出了改良新宁县土壤的方法，认为要解决土壤肥力，“多添腐殖物质而已”；如果土地板结或者黏结过甚，“宜用客土改良法，添沙和之”；“遇旱岁则用机器汲水而灌溉之”。① 这些方法体现了对农业新技术的渴望。光绪年间也有人主张“弥珠江水患”，以刷沙，即以机器疏浚珠江水道加深河道，减少潦水之患。② 当时，农业界有人希望生产更多的替代产品以抵消进口最多的农产品，以塞漏卮。客家士绅黄锡铨将这种思想运用到山区资源的开发中，主张按照市场的需要种植经济作物，增加农民收入，特别注意发展那些能提供手工业原料的经济作物的生产，使农业、手工业和商业能形成一条产业链。③

清末民国初时，一些有识之士已经初步尝试将传统技术和新技术结合，创办公司潮悄然兴起。光绪末年，有士绅或新学之人申请办公司或者传播种养新技术，光绪三十四年（1908 年）在南海县就有一个向农民宣传新的种养技术的农业公司。④1906 年，广东人吴、赖、方、周等人招股二万金创办麦草辫制造公司。⑤ 同年，嘉应州有人创办广生植牧公司种植桂树。⑥ 清末始兴等县有宗族集股份设立林木种植公司。⑦ 广州地区是民国早期全国农牧渔公司最多的地区。据 1912 年统计，在广州的“垦殖公司”有 43 个，已缴资本 1 349 415 元，广东是这类资本最多

① ［清］赵天锡：《调查广州府新宁县实业情形报告》。

② 《策弭水灾刍议》，收入光绪《南海乡土志》，光绪手抄本，广东省立中山图书馆藏。

③ ［清］黄锡铨：《嘉应州兴山利说帖章程》，光绪二十五年刻本。

④ 《时事画报》1908年第4版。

⑤ 《东方杂志》1906年第6期，第137页。

⑥ 《实业·各省农桑汇志》，《东方杂志》1906年第8期，第170页。

⑦ 吴建新：《民国广东的农业与环境》，第224—225页。

的省份。[1]当时，不少资本主义的农场式经营组织，由于缺少技术而导致种植失败，所以运用农业新技术改造传统农业是迫切的社会需要。同时有识之士呼吁支持具有资金、技术优势的农场式经营，梁启超在光绪年间写的《橙说》，反映的就是这种主张。[2]

2. 社会需要工业进步推动农业进步

农产品加工技术的弱势，使农业危机同时体现为工业危机，在蚕丝业和蔗糖业表现得尤为明显。因此，晚清的有识之士已经开始尝试推进农产品的加工以促进种养业的发展。罗振玉（近代农学家）来广东调查时，侧重于广东的蚕丝业、蔗糖业，以及各地的实业，表明近代农学已经突破了传统的以种植业特别是粮食种植业为主的观念。

晚清时生丝价格飞涨，于是机器缫丝业以前所未有的速度发展起来。清同治十一年（1872 年）陈启沅在南海简村创办继昌隆缫丝厂，推动南海、顺德两地机器缫丝业大发展，刺激了基塘农业的普及。顺德全县、南海大部成为华南地区蚕桑生产最多、生丝生产和出口最多、茧种流通最广、资金流通数量巨大的区域，被称为“广东的银行”。[3]这是近代中国以工业进步推动农业发展的一个典型案例。

为了推广蚕桑养殖技术，陈启沅在研究机器缫丝技术之外，还研究了南海、顺德的蚕桑缫丝技术，在光绪十二年（1886 年）写成《蚕桑谱》，用通俗的语言叙述蚕桑业的技术，务求平民百姓都能读懂这本书，以普及蚕桑技术。随后又有卢燮宸的《粤中蚕桑要则》、赖新依的《岭南蚕桑刍言》，都是对顺德蚕桑技术的总结，目的都是促进蚕桑生产技术进步以适应缫丝技术的发展。以往广东从未有蚕书，而晚清同时出现三种观点几乎一致的蚕书，就是以农业产品为原料的新兴工业要求农业进步的社会需要的反映。

---

① 李文治：《中国近代农业史资料》第一辑（1840—1911），生活·读书·新知三联书店，1957，第697页。

② 吴建新：《梁启超的农业思想》，《广东史志》2000年第3期。

③ 关于晚清南海、顺德的机器缫丝业发展，参看吴建新《南国丝都——顺德蚕桑丝绸业发展史研究》，人民出版社，2011；吴建新：《陈启沅》，广东人民出版社，2012。

3. 社会呼唤改善生态

改善生态环境成为社会的共同要求，农业发展需要有充足、稳定的水土条件。清末赵天锡认为："宜仿日本造林法，分地课功，密补之，又山谷中可以种竹，出入虽艰，将来可以设厂其间，或以织器，或以制纸，但此必俟宪令既行，为之方有效也。"①

晚清黄锡铨认为改善环境和开发资源是一个社会系统工程。他在宣传种植树木、绿化荒山时，向嘉应州官员提出一个植树造林的方案，动员全社会的力量来进行。②民国初期，广州的士绅、商人、慈善家们召开了一个关于珠江水系治理的讨论会，议论减少珠江水灾的方法，会上提出了"刷沙"、"浚河"、加高堤围、建造大型蓄水池、种植林木等方案，当时的广东治河处对这些方案做了回应。这些争论促进了水利工程学在广东的实践，以及新的治水社会的建立。③

4. 社会需要农业行政进步

传统农业以一家一户的小农经济为基础，古代的劝农制度体现了农业管理、农业推广和农业行政的思想。虽然古代的劝农与近代的农业行政有天壤之别，但是晚清时具有传统劝农思想的士绅，已经意识到改造环境、开发资源必须改良吏治，开启民智，统筹推进。光绪十五年（1889年），黄锡铨在《嘉应州兴山利说帖章程》中指出："以儒术饰吏治，教养兼资；转瘠土为素封，兴利为要。"以下还有一大段叙述嘉应州生态环境恶化、丰富资源未能充分利用、商业落后、农民穷困至极的内容，如"补救不早，后患尚堪设想哉"。④黄锡铨在下文铺陈改善环境与开发资源的紧迫性，表明他已经朦朦胧胧意识到这些经济行为的社会性。黄锡铨号召人们加快山区资源开发，但是史载："黄绅钧选（锡铨字）刊布兴山利说帖，劝人种植，应者寥寥。"⑤这说明只有政权驱动的农

① ［清］赵天锡：《调查广州府新宁县实业情形报告》。

② ［清］黄锡铨：《嘉应州兴山利说帖章程》，光绪二十五年刻本。

③ 吴建新：《民国广东的农业与环境》，第314—330页。

④ ［清］黄锡铨：《嘉应州兴山利说帖章程》，光绪二十五年刻本，第1页上。

⑤ 《各省农业汇志》，《东方杂志》1907年第2期。

业行政机构才有组织生产的力量。晚清的《粤中蚕桑刍言》《岭南蚕桑要则》都提出推进蚕丝改良要设“局”——蚕业推广机构，这是早期蚕业改良的呼声。尽管当时这些呼声还很微弱，但是在引进近代农业并将新技术应用于农业环节上，建立农业行政机关已经成为社会性需要。

第二节

近代农业的肇始

清宣统元年（1909 年），广东农林试验场的正式成立是广东近代农业肇始的“一个界标性事件”[①]。农学家、留美博士唐有恒派人勘定广东东门外区村前犀牛尾右侧为场址，后购民地 98 亩，得侨商张弼士捐地 80 亩，合计 178 亩，推动建场工作的开展。广东农林试验场的第一任场长及其附设的农林讲习所的教习都是留学归来的农业专门人才，他们在清末出版了两期试验报告书。进入民国，试验场更名为广东地方农林试验场，接着出版了第三、第四、第五期报告书，都是试验场的农学试验报告，记载了试验的基本数据和结论，基本涵盖了农学的各个学科，反映了这一试验机构的农业研究水平。试验场还创办了《广东农林月刊》，专门刊载广东农业界学者的农业科学研究成果。由于这个刊物是在民国早期办的，所以它也从侧面反映了辛亥革命之后，广东新兴的近代农业文化。1917 年和 1918 年的两期《广东农林月刊》的资料显示，这个农事试验机关在民国早期对近代农业有以下的贡献：

第一，提出以技术进步解决广东缺粮问题，大力提倡在广东进行冬作。

1919 年，试验场编写了《冬耕浅说》小册子，最早号召农民冬耕，指出反对冬耕者的依据是冬作耗肥，会使次年水稻减收。对此，试验场建议农民在冬闲地上种植豆类作物，收获后将豆蔓埋入地下，之后可以不用施肥。即使种大小麦、马铃薯等，依法施肥，亦不致过耗地力。该

① 吴建新：《民国广东的农业与环境》，第36—38页。

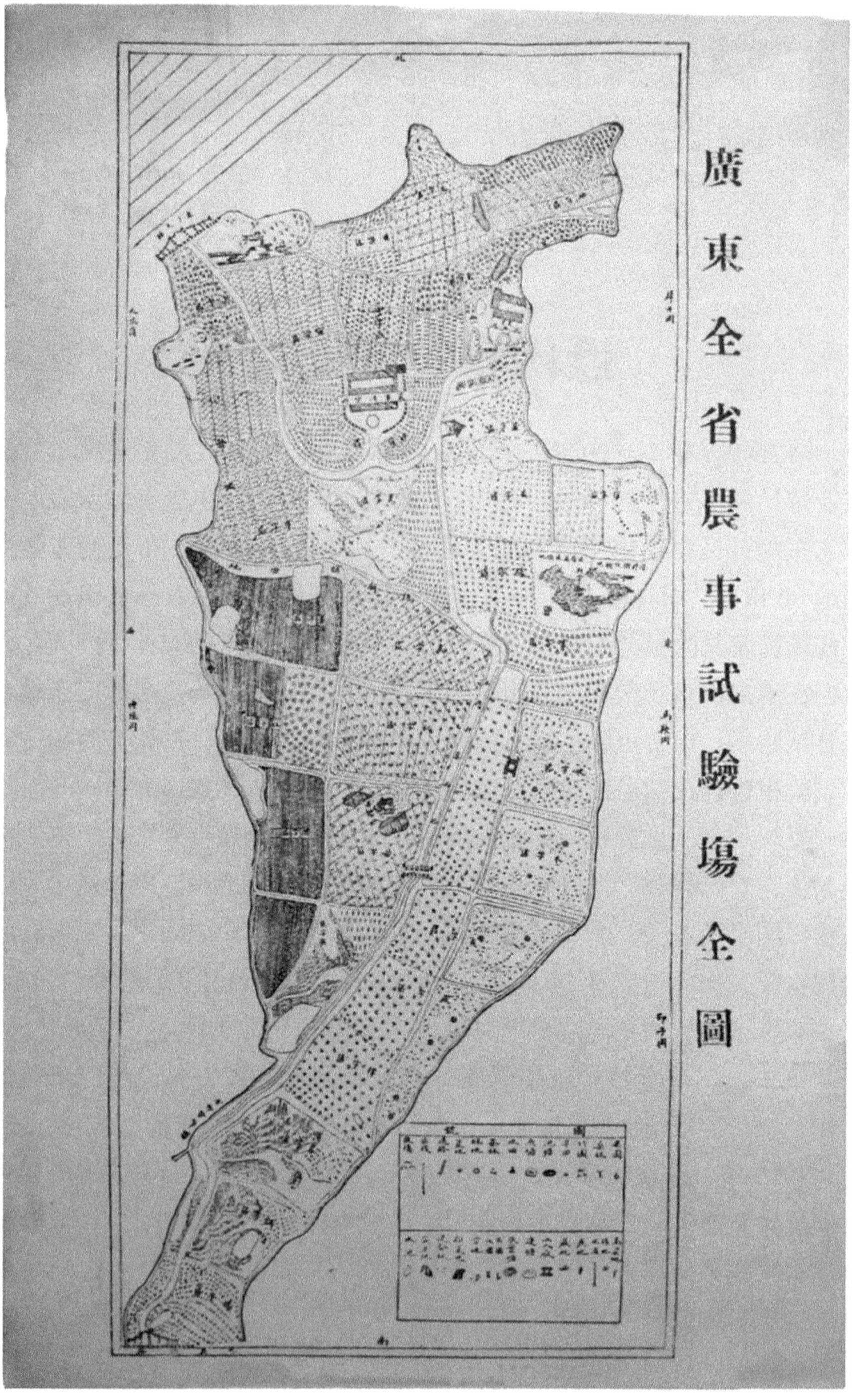

图 1–1　近代广东最早的农业试验机关

场的试验成绩证明，冬季种麦田，与冬季休闲田比较，次年早晚熟收获稻量相差不多。并引述各地的租佃关系，冬种所收归佃户，提出冬种并无障碍。后番禺、花县、增城、东莞、梅县等处，佃户种麦，田主均无另索租金。[①]农林试验场认为反对冬种并无必要，还进行了冬种的试验。其实冬种在明清时期已普及，清末民国初重提这一措施，是为了挽救地力。

第二，继续对广东蚕业改良和糖业改良进行研究。

蚕丝业和蔗糖业是广东最重要的经济产业，当时这两个产业的生产技术都需要改良。1917 年，试验场的科研人员关乾甫对蚕业改良继续研究，提出用广东蚕与外省蚕杂交，用新法防止蚕病蔓延扩散。[②]清末农林试验场的报告书指出国内糖业与洋糖在技术水平方面的差异，提出要对甘蔗栽培和加工技术进行改造。进入民国，农林试验场的学者最先进行机器糖业的研究。1917 年，试验场科研人员邵尧年发表了《广东亟宜讲求蔗糖政策论》[③]，具体提出了加快发展广东蔗糖业的建议。同时也有张石朋的《爪哇农业论》，介绍爪哇的甘蔗栽培和蔗糖加工一体化，作为广东发展蔗糖业的借鉴。[④]这些都是 1929—1936 年广东糖业政策的要点和依据。

第三，从环境科学技术的角度探讨广东水患发生的原因，提倡植树造林。

民国初期，广东水灾频繁且猛烈，造成了严重的损失。广东地方自治研究社于 1918 年在《七十二行商报》上发起关于疏河之策的讨论。但这些疏河之策只反映了商人阶层要求河道畅通，保证航运业和商业发展的要求。[⑤]试验场的科研人员没有附和疏河之说，而是在《广东农林月报》上发表文章，论述科学治水的可行性。在《广东农林月报》二卷

① 广东地方农林试验场：《广东农林月报》1919年12月20日第3卷第1期，第5—6页。

② ［民国］关乾甫：《广东改良蚕种议》，《广东农林月报》1917年11月15日第2卷第3期，第8—15页。

③ 广东地方农林试验场：《冬耕浅说》，《广东农林月报》1916年1卷第4期。

④ 广东地方农林试验场：《广东农林月报》1917年第1卷第4期。

⑤ 吴建新：《辛亥革命与治水体系的发端——以〈筹潦汇述〉为中心》，广州文史馆辛亥革命研讨会论文集，2012。

第二期，黄枯桐发表《论森林之荒废及其挽救之意见》，对治水和森林的关系作了阐述。1918 年，关乾甫发表《论降雨与农业之关系》，认为治广东之水患而实行植林，实为无上之善策。

第四，研究广东种植棉花的自然条件，最早指出广东不宜大规模推广棉花的种植。

晚清以来，有志改良广东棉业的人士提倡种棉，一时成为风气。邵尧年经过多年试验，发现广东的气候不宜植棉。通过分析，他指出广州雨水多的气候并不适合栽种棉花。[①] 这给当局盲目推广棉花种植敲响了警钟。

第五，开创了试验场进行农业调查的学术传统。

《广东农林月报》上刊登了不少的农业调查报告，以园艺业、林业的调查最多。这开创了民国时期大兴农业调查的先河。

此外，外来作物和畜禽品种、化肥等新材料及新技术为传统农业向近代农业转型创造了条件。新的农业经营方式，如本地富商、华侨，甚至宗族建立新的资本主义经营式农场，也是近代农业肇始的表象之一。[②]

① [民国]邵尧年：《广州种棉之商榷》，《广东农林月报》1918年2月第2卷第6期，第1—5页；邵尧年：《广州种棉之商榷（续）》有种棉收支计算，《广东农林月报》1918年10月15日第2卷第10期，第10—15页。

② 吴建新：《民国广东的农业与环境》，第23—25、39—43页。

第二章

农业教育与农业行政的兴起

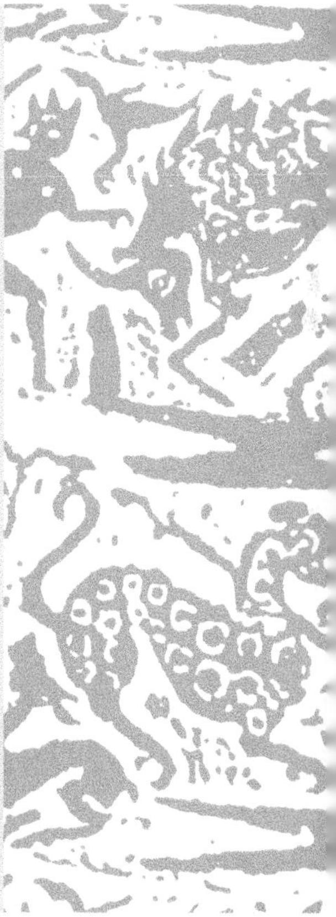

第一节

近代农业教育的兴起及农业新人才的作用

一、从广东农业专门学校到中山大学农学院

1911 年，广东农林试验场附设农林讲习所正式招生和开学，同年改名为农业教员讲习所。1913 年，场长利寅将其改为“广东公立农业专门学校”。1917 年，广东公立农业专门学校（以下简称“广东农专”）仍在农林讲习所旧址办学，农林试验场场长黄遵庚兼任校长。1911—1917 年，农林讲习所培养出 262 名农业专业人才。这是广东高等农业

图 2-1　1936 年国立中山大学农学院学者在石牌稻作试验场研讨会后合影。前排左起依次为邓植仪、丁颖、张龙；后二、三排为丁颖稻作研究团队的青年学者。

教育的开端。

1920年，土壤学家邓植仪接任广东农专校长，此后，广东农专有了较大的发展。1921年，他要求省府当局将军队迁出试验场，同年向省长公署要求将场内50亩试验场地拨归学校作为学生试验地，并在石马岗建成一座兼具教学、科研、行政办公、教职员住宿功能的大楼。[①]1923年，广东农专改为本科四年制。本科课程的设置“均仿之欧西各国之有名农大”[②]，强调教学与实践的结合。

在师资方面，邓植仪先后聘请了欧华清、张天才、邝嵩龄、缪任衡、沈鹏飞、戴芳澜、黄国华、黄枯桐等知名学者到广东农专任教，他们中不少人后来还成为国立广东大学、国立中山大学农学院的骨干教师或教学带头人。[③]

图 2–2　中山大学搬到石牌之后，邹鲁书此八字嘉奖开辟新校区的农学院学人，并鼓励全校师生。

尽管政局动荡，但广东农专的教职员与邓植仪一起，为学校的成长而奋斗。他们挤在石马岗简陋的校舍里，虽经常遭受欠薪，但仍坚持教学和科研。1923年底1924年初，邓植仪领导广东农专师生进行了“农专改大”运动，要求广东省政府将“广东农业专门学校”改为“农业大学”。

孙中山在1924年2月9日发出大元帅令第52号令，将国立广东高等师范、广东法科大学、广东农专

① 《农声》1923年10月第7期；国立中山大学农学院推广部编《农声汇刊》，1934，第113页。

② 张农：《我们今后应有的特殊工作》，《农声》1923年5月25日旬刊创刊号，广东农专学生会出版，第1—2页。

③ 华南农业大学校史编委会编《华南农业大学校史》，广东科技出版社，1999，第8页。

三校合并，改为国立广东大学，派邹鲁为筹备主任，[①] 邓植仪担任国立广东大学农科筹备委员会筹备长。

孙中山志在办“一文一武”学校（“武”指黄埔军校）以培育人才，国立广东大学就是为培养文化教育人才而设的。但是办大学需要很多经费，这个问题在邹鲁、廖仲恺等人的活动下初步得到解决，广东农专的财产不仅得到保留，农场等重要教育资产还得到扩充。

1924 年 11 月 11 日，国立广东大学举行成立典礼，广东农专正式并入国立广东大学，成为农科学院。在邓植仪的领导下，农科学院成为当时国立广东大学一个著名学院，设备、图书、农业试验的仪器在当时国内的农业学校中处于先进水平，农科学院在东山的第一农场、在石牌的第二农场也在筹备中。

农科学院分为农学部和林学部。农学部设农艺学和农艺化学两系，农艺学系分农艺、园艺、蚕桑、畜牧、病虫害、农业经济等门；农艺化学系包括了农产制造和土壤学。林学部下只有林学系，分森林生产、森林经营、森林经济。农科学院继续实行在广东农专时期的年级制和选科制相结合的办法，学生修完规定的课程且成绩及格、完成规定的农场实习、在第四年做完毕业论文且成绩及格，就可以获得农科学士学位。

农科学院根据国立广东大学的规定实行教授治校，制定了各项关于农科教学、科研、设备、农场等方面的管理规则和制度。邓植仪聘任了东南大学教授戴芳澜、黄国华、张巨伯。1924 年 8 月，已经聘任的教授有林科的萧诚、侯过、姚文沃、曾济宽，农科的黄昆、张远峰、唐在均、丁颖、杨炳勋等九人，[②] 再加上原来就任的沈鹏飞、利寅、邝嵩龄等，这些人为国立广东大学农科的发展做出了非常重要的贡献。这一时期的授课多采用教授的自编教材。

1926 年，国立广东大学更名为国立中山大学，原国立广东大学农科改为国立中山大学农林科，以沈鹏飞为主任。沈鹏飞主持农林科时期，白云山林场归中大农林科管理；石牌农场的建设也断断续续地进行，丁

---

① 黄义祥:《中山大学史稿（1924—1949）》，中山大学出版社，1999，第13页。

② 以上《农声》1924年8月第27期，国立中山大学农学院推广部编《农声汇刊》，1934，第433页。

颖在南路茂名建立了华南最早的稻作试验场；在清远洲心墟设立农林科附设第一蚕种改良所的工作取得了很大进展；南路茂名的蚕桑试验场也在筹划中。

1927年6月，石牌农场由从广西归来的邓植仪担任主任。石牌稻作试验总场建立，农场按照农艺、蚕桑、畜牧、园艺、林学等股进行建设和研究，中山大学石牌新校的规划也随着农场的建设加快进行。1932年初，邹鲁重新担任国立中山大学校长，并委任邓植仪为农学院院长。邓植仪在1932年到1949年10月期间，除了1940年6月到1941年底在重庆国民政府中担任农林部技监之外，其余时间都担任农学院院长。他大力推行农业研究、农业教育与农业生产相结合的方针，委任农学家张农为石牌农场主任，加快建设，将荒地全部垦殖。石牌新校在1934年建成，除了医科还在旧校区，中大其余全部学科迁到新校。到1933年，农学院的教职员人数比广东农专时增加一倍，研究和推广的人员增加一倍。到1938年10月，农学院下属有教务、研究、经营、推广四大部门，拥有农学、林学、蚕学、农林化学四个学系，除了本科教育、专科教育、短期培训班，还有农林植物学部、土壤学部的硕士研究生教育，拥有体系完整的农业教育。学院管理5个稻作试验场、2个蚕种试验场、2个模范林场及石牌、东山农场，农林、农林化学系还各有自己的农产制造和研究室。农林植物学部附设农林植物研究所，土壤学部附设土壤研究所及气候观测站。经营部负责农场和林场的生产，推广部则负责将各学部、农场、林场的研究成果和产品向农村推广。[①]1938—1945年，农学院先后迁到云南澄江、湖南栗原堡坚持办学，教学和科研仍能取得成效。1945年底，学院迁回石牌旧址办学。

二、从私立岭南农科大学到岭南大学农学院

1917年，美国基督教长老会在广州创办岭南文理科大学附设农学部。1921年，岭南文理科大学将农学部扩充为岭南农科大学。1927年，

① 国立广东大学编《国立中山大学农学院概览》，1926，第1—6页。

岭南农科大学收归国人自办后，正式定名为私立岭南大学，下辖文理学院、农学院、蚕丝学院。1929 年，蚕丝学院改为农学院下属的蚕丝系。

岭南农科大学在早期的创办过程中，除了得到华侨的捐款，也得到了广东当局的大力支持。20世纪20年代初，当局因广东未有一所农业大学，所以拨款 30 万元为设备费。1921 年起，每年补助经费 10 万元，不足部分由钟荣光代表岭南农科董事局向海内外募捐。钟荣光对此不遗余力，还大力从国内外罗致教学骨干。20 世纪 20 年代，在岭南农科大学任教的有美国教授高鲁甫，国内教授傅保光、邵尧年等，到 1927 年教师队伍增加到 19 人。讲授的课程主要有农林教育、农林工程、农艺化学、垦殖、畜牧、森林、兽医、乳业、昆虫、蚕桑、园艺、家政、水产等。

岭南农科大学奉行教学和科研、生产结合的办学宗旨，原占地 900 余亩，多为建筑物，农场无多。岭南大学成立之后，政府批准购买千亩山地，其中 800 亩为农场。校外则在香山县（孙中山逝世后改为中山县）领得土地 6 000 多亩、潮安领得 2 万亩为农场。农场不仅是教学试验的基地，“每一农场设立，则附设专校，如蚕业、糖业、牛乳业等，教授附近之农家子弟”。[①] 岭大农科还有试验部，着重引种新品种和良种，在农场试种和改良后推广给农家并出售。营业部则将本校农场生产的农产物推销和推广给社会，包括种子、瓜果、蚕纸、牛奶、自养家禽及肉类加工品等，在 1921 年的收入为 81 000 元。此外，还设有劝农部，专门从事农业推广。

岭南大学的蚕丝学院原与农学部合在一起。1917 年，农学部蚕桑科的蚕学研究取得了很大成绩，育成免疫的轮月种，在珠江三角洲的蚕区中推广；次年，接受广东万国丝业改良会的委托负责改良蚕种。1923 年 11 月，省长廖仲恺和岭南农大签订十年合约，委托岭大设立广东蚕丝改良局，归实业厅管辖，委任蚕桑科主任、美国蚕桑专家考活教授为局长，局址就在岭大内。政府每年拨给经费 15 万元，目的是利用岭大的学术力量推进广东的蚕丝业改良。1927 年 8 月，岭大蚕桑科升格为

① 岭南农科大学（后为岭南大学农科学院）编《岭南农科大学成立及其进行概况》，《农事月刊》1923年1月第1卷第7号，第53页。

蚕丝学院，后来又并入农学院。

到 1938 年 10 月，岭南大学农学院在农艺研究、园艺研究、畜牧研究、植物病理研究，以及在蚕学、桑学、缫丝学、林学等学科建设方面都取得了重要的成果，在蚕业、稻作、林业等方面的推广也有不错的成绩，培育的人才也活跃在广东的农林战线，是除中山大学农学院之外广东又一个重要的高等农业学校。

三、私立仲凯农工专业学校与其他形式的农业教育

抗战前，广东已经形成了各种形式的农业教育。除了中大农学院和岭大农学院这些本科的大学，还有其他形式的农业教育。

1. 高等农业专科教育

中大农学院的农业专门部有三年制的专门技术教育，1932 年还附设两年制的农业专修班。但比较重要的农业专科学校则是为了纪念廖仲恺而创立的私立仲恺农工学校。仲恺农工学校比较著名的是蚕桑科。1938—1945 年，在粤北还成立了九龄农学院，不过它存在的时间并不长。

2. 中等农业职业教育

广东中等农业教育在清末时起步。宣统三年（1911 年），惠州办农业学校，以蚕桑教育为主，至民国二年（1913 年）学生卒业者三十余人。[①] 民国初期，政府创办三间中等农校，其中有高州省立第一农业学校，另外两间分别设在顺德、梅县。1932 年 8 月 16 日，省府将顺德县立初级中学改为省立第二农业学校，侧重办理蚕桑科。[②]1932 年，顺德有私立岭南蚕丝职业学校，因为办学出色，受到广东省督学的嘉奖。[③]1932 年，郁南、云浮两县设立“郁云联合喜泉中等农业技术学校”，

① ［民国］郑振周等：《广东农业概况调查报告书》，国立中山大学农科学院，1925，第8页。

② 《民国时期广东省府对顺德县事的审议》，顺德县方志办《顺德修志》1990年3月第52期第2版。

③ 《1932年广东省督学〈视察顺德教育意见书〉》，顺德县方志办《顺德修志简报》1986年10月第4版。

1935 年改名为“广东省立喜泉农业职业学校”，增设高级农艺科，是粤西最大的农业职业学校。[①]1930 年，岭南大学农学院附设高中农科学校，后改为农事职业科。[②]

1928 年，广东成立水产试验场及附属水产讲习所。1931 年 5 月，讲习所因水产试验场停办而裁撤，仅办一期，毕业生 16 人。该所被称为“广东省水产教育之开端”。[③]1935 年 1 月 25 日，教育厅在民国广东省政府第六届委员会第 357 次会议上提议在汕头筹办省立水产学校一所。据 1940 年《广东年鉴》统计，省立水产学校有渔捞科高级和初级两个专业，均为三年制。1942 年秋季，学校增设养殖科，招收男女初中毕业生，学制两年。学校共开办 14 年（1935—1949），培养毕业生近三百名，其中渔捞科二百余人，养殖科五十余人。课程以海洋渔业教育为主，完全效仿欧美新式教学内容和教学制度设置。1945 年 8 月，汕头创办广东省立海事专科学校，教授关于海洋渔业的内容。[④]

此外，还有各式农业讲习机构。各地中学增设农业职业教育，1930 年，广东省教育厅饬令各县市中学必须重视职业教育，尤其要重视农业知识技能的教育，让学生毕业之后有谋生的技能。[⑤]1933 年，政府规定各地小学“在需要农业的地方，应该进行农业职业知识传授”。[⑥]中山大学农科学院、岭南大学农学院也在各地办短期农业培训班以及专业的农业讲习所。20 世纪 30 年代，各大绥靖区和各县办的非学历的农业讲习所，也培育了不少农业人才。

① 郁南县政协文史委员会：《郁南文史》1988年第11期。

② 岭南农科大学：《农事双月刊》1930年12月第8卷第1号，第43页。

③ 米健：《民国时期广东省水产教育机构及工作概况》，《广东渔业史志研究资料》1988年4月第20期。

④ 叶恒：《民国广东海洋渔业研究——以粤东沿海为中心》，硕士学位论文，华南农业大学历史系，2013，第29页。

⑤ 《农声》第146期合刊，中山大学农学院《农林消息》1931年6月，第44页。

⑥ 《农声》第172期，中山大学农学院《农林消息》1933年12月，《本省小学校实施职业教育》，第38页。

四、近代农业人才的出现

1905 年科举制废除后，传统的儒学教育逐步被近代教育所替代。近代农业教育体系以实验农学为依托，有明确的农业教育方针、学科体系、教学方法、课程设置、研究设备和方法，培养出来的人才掌握了近代农业技术，能进行农业研究、农业推广并贯彻国家的农业方针，也能推动乡村农业改革和乡村治理。

近代中国农学的传播和发展大致经历了三代农业科学先驱者的努力和奋斗。传播近代农学到中国的第一代人士是旧式的知识分子，他们没有受到完整的农业教育，但是知道近代农学的重要性，对宣传近代农学不遗余力。[①] 这些人对近代广东农业的兴起有过短暂的作用。如清末罗振玉曾到广东搞实业调查，梁启超撰《橙说》宣传资本主义经营农场的作用，香山县人士编纂大型农书《农荟》，清末士绅江孔殷在广州郊区引进外国蜂群办养蜂场，新宁士绅赵天锡协助罗振玉进行广东最早的农业调查等。

第二代是在外国接受高等农业教育的留学人士，这些人才随着晚清留洋潮的兴起而出国留学，学成回国后从事农业教育和科研，这是一个伟大的转变。近代广东的第一批留洋人才，有建立广东农林试验场的唐有恒，以及后来的场长利寅、黄遵庚、邓植仪。广东农专、国立广东大学农科学院、国立中山大学农学院、岭南大学农学院的大部分教师，都曾出国进修农林牧科。他们中的不少人，在民国时期广东高等农业教育中有崇高的学术地位，是国内学科的顶尖人物。如邓植仪是中国土壤学的创始人之一，丁颖是中国稻作学的创始人，侯过和沈鹏飞都是中国林学的创始人之一，利寅是著名的农产制造专家。此外，张巨伯是昆虫学专家，陈焕镛是著名的植物分类学家，温文光是著名的园艺专家，沈敦辉是蚕学专家，黄枯桐与张农是农学家也是农业经济学专家。留美博士冯锐是岭南大学农学院院长，在 1932 年末到 1936 年 6 月担任广东农林局局长，第一、第二甘蔗营造场负责人，在任上完善广东农业行政机构，

① 曹幸穗：《从引进到本土化：民国时期的农业科技》，《古今农业》2004年第1期。

还建立了中国最大规模的机器榨糖厂，被称为“中国机器糖业之父”。

第三代是在民国成立的高等农业教育机构中培养出来的人才和在民国期间出国留学后回国服务农业教育的人才。这些著名的人才中，在1949年之后仍为中国农业做贡献的，有农学家邵尧年，土壤学家谢申、陆发熹，土壤微生物学家简浩然，昆虫学专家赵善欢、蒲哲龙，稻作学家黄耀祥、凌化育、刘祥集、梁光商，园艺专家黄昌贤等。此外，还有在民国的农学教育机构中受过教育但是早逝的人，如岭南大学的园艺学者郭华秀，中山大学土壤学者叶廷乔、苏旭光等。在中大农科从事农业经济学研究的翟克、糖业学者黎献仁等，也是名重一时的农业人才。

民国时期的农业教育机构培育出不少人才。中大农学院在1932—1935年，共培育本科毕业生154人、专科毕业生169人。岭大农学院在1921—1936年，共培育本科生72人；1920—1934年，共培育农业专修生196人，短期培训班未计。[①] 这些人后来不少活跃在农业科学战线，为民国时期广东农业的发展做出了贡献。民国高等农业教育机构的学生，对推动社会进步和农业科技进步起了重大的作用。如国立广东大学和私立岭南大学农科学院的学生组成各种社团，推动校园文化，促进学术研究，参与社会实践，都呈现出新时代人才的特点。[②] 如国立中山大学农学院一位籍贯海南的学生，成立了《琼崖研究会》，出版《琼农杂志》，为开发海南热带资源献计献策。[③] 此外，在各类专门的短期培训班、农业教育机构培育的人才中，也有不少活跃在基层农村的农业推广或乡村建设、水利建设事业中，他们是广东近代农业发展的无名英雄。

近代农业人才是民国时代一批推进农业进步的中坚力量，具有良好素质。这离不开民国的高等农业教育机构坚持对学生素质的培养。1917年，农业教育专家黄枯桐就提出农科学生应具备三方面的素质：“应具沉毅之气质，专心农业，实事求是；应具俭朴之气质，致力生产，切戒

---

① 华南农业大学校史编委会编《华南农业大学校史》，第78页。

② 罗璇：《民国时期广东高等农业教育机构的学生社团》，硕士学位论文，华南农业大学历史系，2011。

③ 吴建新：《抗战以前海南热带农业资源的研究与开发》，《中国农史》1989年第2期。

浮躁；应具勇迈之气质，坚苦向学，勿为形役。”[1]高等农业专门学校在成立之初，就在东山建立农场，这不仅是为了给农业教育和试验提供场地，也是为了培养学生热爱农业和具备在农村工作的能力和素质。1929—1931 年，邓植仪在担任中山大学农场场长时，制订了学生在农场实习的制度，并将此实习制度与培养方案相结合，农场实习成绩也有学分，学生修完这个学分才能毕业。这样培养出的的新式农业人才不仅具有完整的农业专门知识和农业推广的技能，还具有服务农村、农业、农民，直接为社会的经济发展做贡献的精神和能力。

民国期间，这些农科学生（包括从外国学习农学归来的学生）在基层社会做出了不少成绩。如晚清到民国初期，广东农林讲习所等教育机构培育了约 150 名学员，这些人之中“有供职农林机关者，有自行兴办农林实业者，而充当中等学校、高等小学校及国民学校教员者亦属不少”。[2]20 世纪 20 年代末，农科毕业的人才更抢手。1928 年，东区善后公署函请中大农学院介绍该校毕业生到潮梅地区从事农业工作。[3]抗战前广东各县的农业推广处、抗战期间农业工作指导站的主要成员，大多是中大农科和岭大农科的毕业生。抗战期间，广东稻作改良所的研究和推广人员以中大农学院的教师和学生占多数。广东的农业改良和农业发展，少不了他们的功劳。同时间，后方农业“缺少经费和缺乏人才，农林技术人员极感缺乏，各处争相罗致”。[4]抗战前后建立的基层农业推广机构中，有不少来自各级农业教育机构的人才。

农业专门人才沉淀在基层，直接为农业生产服务。清末创办的广东农林试验场附设高等农业学校，培养了一批最早活跃在基层的农业人才，促进了近代农业文化的传播。例如，清末翰林江孔殷在 1913 年向加拿大购进意大利良种蜂百余群，聘请广东农林讲习所第一届毕业生祁自强

① 黄枯桐：《农业学生之气质》，《广东农林月报》1918年2月第2卷第6期，第6—8页。

② 《本场农林讲习所各班毕业生须知》，《广东农林月报》1918年2月第2卷第6期，第11页。

③ 《农声》1928年11月第115期，中山大学农学院，第69页。

④ 广东省档案馆藏：《1941年度建设厅工作情况总结暨1942年工作月报》，卷宗号6-2-349。

为技师，办起了一个养蜂场；[①]江西省兴国县的胡淳兄弟二人，“是本场蚕业实习简易科学生，学成回乡大办蚕业”。[②]农科学生还创办新式农业企业，取得了不俗的成绩。20世纪20年代初，岭大毕业的畜牧医生彭利在河南小港办起专门养猪的畜牧场。[③]彭利在防治猪瘟中颇有成绩，他应邀在广东第二次农品展览会上作猪瘟防治的学术报告。1922年，在南海盐步新墟，有人用最新方法组建一大牧场，专门供牛乳给省佛两地，其创办人为留学日本的农学士陆精治，顾问兼医生为卫生局长陈俊干，另外还有兽医多人，规模极其宏大，资本亦丰足。[④]同年，岭南大学农科学生叶大星、陈思喧、谢树邦、胡保楷，与旧生李名德等人，在香山龙塘开办大星垦牧有限公司，专门改良蚕种，兼种植草菇、水稻、果木和其他树木，还在当地办阅书报社，也开办了平民学校。该公司虽有经营的目的，也有慈善的性质。[⑤]民国的农科毕业生，不少人在实践中成长起来，而且有所成就，成为农学的专家。至于国立中山大学和岭南大学等高等农业教育机构培养出来的人才更是不胜枚举。

① 江沛扬：《从翰林到养蜂专家》，载广州文史研究馆编《〈文史纵横〉精选·羊石春秋》，花城出版社，2008，第315—320页。

② 《蚕道大行》，广东农林试验场《广东农林月报》1918年1月第2卷第5期，第12页。

③ 岭南农科大学劝农部《农事月刊》1922年7月第1卷第1号，第30页。

④ 《新闻》，《农事月刊》1922年7月第1卷第1号，第52页。

⑤ 《农事月刊》1922年9月第1卷第3号，第48—49页。

第二节

近代农业行政管理体制与农业行政管理学的萌芽

一、广东农业行政机构的建立与演变

民国初年，广东尚未建立专业化的农业行政机构和农业推广机构，就只能由广东农林试验场代理这个职能。如1917年，省长朱庆澜购买大量美棉种子，意在振兴棉业。他命令试验场负责棉花种植的推广，在棉花种植期内分发种子到各县试种，“并拟定栽培方法，编为浅说，交来省长署”，由省发给各县推广棉花种植。[①] 试验场还负责与外地农业试验机关的农业交流，如1918年该场寄给江西糖业试验场蔗种十六箱，其中除了本地蔗种之外，还有外国夏威夷种三十根。[②]

1917年，试验场附设林务办事处，这是广东最早的林业行政机构，省府还命令各道设立苗圃，林务人员选择具有林务学识和经验者为限。[③] 首任林务专员为试验场场长黄遵庚，督办各地的林圃设立、搜集林木资源种子、审查私有林权等。后来，当局将林务专员撤销，林业行政实际仍由试验场负责。

1920年，农林试验场场长一职由邓植仪接任，他对试验场进行了改革，使试验场作为全省农业行政机构的职能加强了。因为农业政策的

① 《纪事》,《广东农林月报》1918年1月第2卷第5期，第1页。
② 同上。
③ 《纪事》,《广东农林月报》1917年11月第2卷第3期，第1页。

制订要以农业资源、农业生产情况、农村经济的调查为基础，所以他设立了调查科，让著名农学家利寅当主任，并派 9 人前往各县调查农林情况，其中 4 人为场中技术员，其余为学校毕业生中的优秀者。调查人员先后调查了惠阳、博罗、南雄、佛冈、潮安、揭阳、澄海、罗定、茂名、信宜、化县、海康、徐闻、感恩、琼东、琼山、定安、儋县、陵水、昌江、崖县、澄迈的农业地理、气候、水土资源、农林牧副渔概况；调查了顺德、南海、香山、东江一带共 10 个县的蚕桑概况；调查了各县的糖业概况，包括番禺、增城、东莞、中山。这项调查持续到国立中山大学农科学院时期才完结。[①] 农林试验场还承担向全省推广农业的责任。[②]1917 年，农林试验场举办广东第一次农品展览会，展览品有上万种。[③]1922 年，农林试验场举办第二次全省农品展览会。此次农品展览会在农林试验场进行，以省长名义发文命各县上交大量优良的农产品参加展览，并邀请了廖仲恺作关于农政与农业团体的演讲，还有农业专业人士作关于猪瘟防治、琼崖农业、农产制造的知识演讲，这说明当时农业试验场的农业行政职能较之 1917 年加强了。

1921 年，邓植仪派人调查广东蚕业后，向省府建议加速发展广东蚕丝业，但是由于 1921—1924 年广东政局动荡，因此，在这一时期，广东农林试验场的农业行政职能还是很弱的。

1925 年，广东省级行政制度多次变更，农业行政归属不定。1928 年，农业行政归属建设厅。1929 年，广东建设厅内设森林局，只管理林业，农业行政仍由建设厅管理。直到 1930 年 7 月，森林局改组为农林局，将林业行政和农业行政合为一体，由建设厅厅长邓彦华兼任局长，廖崇真和侯过为副局长，分为农业、林业、总务三课。原森林局局长侯过管理林业课，廖崇真管农业课，下设农艺、园艺、畜牧、兽医、昆虫、推广五股。1931 年，胡继贤继任建设厅厅长，以张卓堃为农林局局长，侯过为副局长，农林局内部组织稍有变更。到 1931 年夏，广东农林局

① 以上引自《广东省地方农林试验场第六次报告书》，1922。

② 情况见本书“农业推广理论的探讨”一节。

③ 关乾甫：《广东农品展览会之经过及成绩之大要》，《广东农林月报》1917 年5月第1卷第8期。

拥有畜牧兽医场、农艺试验场、琼州农林试验场、中山翠亨村的中山农事试验场和汕尾的水产试验场，并增设了水产课。

20世纪30年代初，广东推行“三年实业计划”。时任岭南大学农学院院长的冯锐博士担任农林局局长，经过冯锐改组的农林局按农林类别分设十系：农艺系，辖有中山农事试验场（专为研究华南重要作物）、琼崖农事试验场（专为研究热带作物）；园艺系，辖有蔬菜试验场及果树试验场；林业系，辖有鼎湖、罗浮、南华、潮安、德庆五处模范林场；水产系，专事海河塘三种水产研究及改良全省渔民生活设计；畜牧兽医系，设有鸡种场，并拟设牛种场、猪种场，以备改良全省畜种、禽种，并设有血清制造所，制造各种血清，防范猪瘟、牛瘟及鸡瘟等；农业化学系，专理农产制造，土壤肥料改良事项，并设有土壤调查所，拟设农产制造所、肥料制造所；农业经济系，处理农业实验合作事业及进行调查统计事业；昆虫系，设立养虫室，研究各种益虫之繁殖及害虫之防除；植物病理系，专研究本省之作物蔬果病害及防除方法；农业工程系，处理实验水利工程及改良农具。[①] 农林局经过冯锐的改组，组织设置和职能扩充，分工更为细密，符合农业行政管理的要求。农林局不仅进行农业管理，同时具有农业科学研究的职能，并能通过行政力量将农业成果推广到农业生产环节中去。

广东蚕丝业改良早在1923年就有机构专门管理。省政府每年拨给岭大资金，委托岭大蚕丝学院设立蚕丝改良局，该校蚕丝学院和广东蚕丝改良局是“两个牌子一班人马”，广东蚕丝改良局地址就在岭大内。岭大蚕丝学院的研究成果以改良局的名义向外宣传和推广。岭南大学主持的蚕丝改良局在推广良种、改良缫丝方法、改良蚕种测定、蚕业调查等方面取得了诸多成绩。1933年，省政府和岭大的协议期满，蚕丝改良局搬出岭南大学。冯锐同时兼任蚕丝改良局局长，领导顺德等地的蚕丝改良工作。

广东农林局还增加及调整了下属的试验机构，以强化其农业行政、

① 广东省建设厅农林局：《局闻·本局改组后之设施情形》，《农业革命》1932年1月第1卷第1期。

农业研究和农业推广的功能。如为了加强对进口化肥的管理，1934 年增设化学肥田料管理股，附设在总务股，办理化学肥田料配制（管理）事宜；另在汕头设驻汕办事处、在香港设驻港签证处，对进口化肥进行检测，合格才发给进口许可证。1935 年，在东沙岛成立东沙海产管理处，招商开发西沙和东沙的鸟粪堆积。后为了加快对作物良种的研究，陆续开办了直属的优良稻种繁殖场；同时还与番禺县政府合办果树繁殖场，经费各负担一半。在江门增设新会柑橘繁殖场，又将与番禺县政府合办的果树繁殖场收为省办，改名为番禺果树繁殖场。为了减少经费开支，将直属的琼州农事试验场划归琼崖实业局管理。将南华、潮安、德庆、鼎湖、罗浮各属林场更名为第一、第二、第三、第四模范林场；将第五模范林场拨归罗浮公园管理处接办，林场经费也由该处直接领支。将琼崖热带作物繁殖场改名为琼崖热带农林场。因为经费问题停办优良稻种繁殖场和省立第二苗圃，还将中山经济作物繁殖场划归当地中学管理。

1937 年，全面抗战爆发后，为了配合省政府增加粮食生产的号召，农林局派出职员 90 人，奔赴各县指导农民种植杂粮，以及指导农民贷款。此时农林局只能得到一半的划拨经费，只得将昆虫、园艺两系划归农艺系管理，将部分职员裁撤，以节约经费。1938 年 10 月，日军进攻广州，农林局分别撤退到遂溪、德庆和附近的县。这一时期，从 1930 年开办的农林局实际上已经停办。[①]

1939 年，广东当局特别重视农林业，重建全省农林行政机关。当年 3 月，当局命令散处各地的农林局职员集中韶关，整顿农林局的机构。机关整顿期内每月经费五千元。[②]由于蚕丝区已经沦于敌手，因战时需要，将蚕丝局归并农林局，同时将全部机构和内部组织分为总务课、推广课、农艺课、林业课、畜牧兽医课、蚕丝课、水产课（1940 年裁撤）七课以及会计处。1940 年，陆续设水利课、肥菌培养室，并选择五十六区设立农林指导工作站，开设病虫害室、农村经济课，附属场所有稻作改进所及其辖下之北区、东北区、西南区三个稻作改进指导区和二十个指

① 广东经济年鉴编纂委员会：《二十九年度广东经济年鉴》，广东省银行经济研究室，1941，第4页。

② 同上。

导分区，此外复设东西北中四个林业促进区（原有第一、第二、第三、第四林场分别改组并重新成立）、天蚕丝试验场（由原来的连县、阳山两个天蚕试验场合并）、乐昌蚕桑改良场（由原蚕丝改良局、乐昌原有蚕种场改组）、畜疫防疗所（原有血清所恢复，现在连县设址，制造血清）、徐闻垦殖场、农业试验场、东陂酒壶岭畜牧场、农业示范区等。1941年，举办西江蚕桑改良场。由农林部和本省各拨一万元建设水源林；在粮食增产经费项下拨款开办南雄、紫金、河源三个苗圃。还建立了骨粉制造、畜疫防疗所第一分所；于六县增设农业指导工作站，连原有的站，共有六十二县设立农业指导工作站。[①] 从农业行政机构来说，农林局机构设置较1938年10月前更加完备，特别是在稻作改良和林业推广方面。但是经费紧张，以及所处的战时环境，导致农业改良的效果不佳。

抗战时期的广东农业行政机构，除了有农林局全面负责农林建设，还有建设厅内第三科管理农村合作。在经济组织方面，建设厅下设合作事业管理处管理农村合作事业，广东地政局管理田赋，广东省银行合作贷款部以及中央银行、中国银行、交通银行、中国农民银行四行联合办事处韶关分处贷款部直接办理农村贷款；在土地利用和垦殖方面，地政局负责核准土地产权和发给土地权证，广东省银行合作垦殖场直接开办银行系统的林场，广东省侨资垦殖委员会负责安置归国华侨从事垦殖业；在学术研究方面，有国立中山大学农学院、私立岭南大学农学院。抗战胜利后，广东的农林行政机构与1938年10月前大致相同。

二、近代广东农业政策的制订与农业管理学的萌芽

1928年以前，广东还没有形成系统的农业政策，广东的经济建设“是从1929年开始变得活跃的”。[②] 但是从民国建立之初就有农业科学家开始对广东的农业政策进行研究与讨论，到20世纪20年代末期，农业政

① 广东经济年鉴编纂委员会：《二十九年度广东经济年鉴》，广东省银行经济研究室，1941，第4页。

② 连浩鋈：《陈济棠踞粤的由来与“广东省三年施政计划”的缘起》，广东省委党史研究室《广东党史资料》第35期（出版时间不详），第412页。

策已初具雏形。

广东农业界的主要学者认为，要科学地引进外来的农业科技，使之本土化，不能摒弃中国古老的农业传统，要用近代农业科学技术改造它。作为广东近代农业科学先驱者的邓植仪、冯锐对此都有比较清醒的认识。

1923 年，邓植仪在《中美农业之比较》一文中，比较中美两国不同的自然条件、农业生产条件、农业人口、出产的农产数量，以此对比两国的农业生产水平。由此得出结论："我国一农人耕十亩，美国则一农人耕五百亩，是则耕植管理之能力，彼则五十倍于我，唯以所出衣食材料而论，则我国以十亩地所出，可养三人，彼则以五百亩之地所出始养七人，则我巧用地力之功，二十倍于彼而有余。开拓耕植，我当效法于美，然保持地力而巧用之，则我法尚焉。"接着，他分析了中美农业差异形成的历史。他认为既要学习美国提倡垦荒利用机械的优点，也要继承古代农业遗产中"保持地力，审定适宜作物轮栽之原有数千年经验之法"。[①]早在 20 世纪 20 年代，就对中国近代农业道路怎样走有如此清晰的认识，确属难能可贵。邓植仪任农林试验场场长时主持的农业调查，以及后来国立中山大学时期进行的农业调查，都为当时的农业规划提供了借鉴。而后邓植仪任广东省政府顾问，对广东农业政策的形成有重要的影响。

进入30年代之后，广东学者对这一问题的表述就更清楚了。1931年，冯锐已在河北定县从事多年乡村建设，他在一篇用英文写的《论中国农业》中，认为中国优良的古农学传统，确有其精粹存在，但他也正确分析了当时中国的农业危机及其产生原因、中国农业与西方农业存在的重大差距，提出了要加快农业科学中农艺学、园艺学、畜牧兽医学、昆虫学等门类的研究，以及加强对中国农业的研究。为此他提出四种研究方法：（1）研究中国本土优良的农业资源并用新方法改良之；（2）研究本土的耕作和栽培方法并用新方法改良之；（3）农业科学研究不能局限在实验室中而应该最终应用在实际生产中；（4）应该应用表证方法

① [民国]邓植仪：《中美农业之比较》，《农声》1923年第13—15期合期，《农声汇刊》，第193—195页。

将农业研究的新成果和新材料介绍给农民，为此要建立农业示范站和示范农场，将农业成果推广开来。[①] 冯锐在担任农林局长期间就是循着这些思路开展农业改良的。

1929 年之前，广东农业高校的学者除了进行农业科学研究，对广东全省的农业发展规划也进行了探讨。代表人物有蒲良柱[②]、沈鹏飞[③]、曾济宽，他们都对广东农业发展提出了全面的看法。

对广东农业界最重要的三大农业经济部门——水稻、蚕桑、糖业，高校学者以调查报告、论文等形式发表自己的观点。对于广东的粮食问题，高校的学者建议从改良稻种入手。1923 年，岭大张济雄的《改良稻种刍言》[④]，是广东地区第一篇关于稻种改良的论文。1924 年开始，中大学者对稻种改良场的讨论渐多。中大农学院的学者于 1925—1927 年在《农声》发表了有关稻作研究的论文、调查报告、译作共十多篇。此外，邓植仪在中大农科倡导科研、教学、推广、生产相结合的办学理念。中大农科研究人员所具备的技术优势、广大的试验场地，拥有的自农林试验场以来包括种质资源在内的学术资源，以及对广东各县的农业调查结果（其中稻作调查是主要部分）都为以后中山大学农科学院成为华南地区稻作研究的中心奠定了基础。丁颖参考国内外的情况，于 1927 年撰写了《改良广东稻作计划书》，提议在广东省各产稻地方（如广州、东江、韩江、北江、西江、琼州等地）分区设立稻作试验场，进行稻作改良试验研究及推广工作，这一计划是中大农学院学者集体智慧的结晶。丁颖拟定了育种场设置大纲，并对稻作育种场的选址、人员设置安排、

① AGRICULTURE，ByR，FENG：Symposium on Chinese Culture，edited by Sophia H，Chen Zen，Shanghai：China in Stitute of pacific Relations，1931，P224。

② ［民国］蒲良柱：《改进广东农业的具体计划》，《农声》1926年12月第81期，第1—2页；《农声》1927年3月第82期，第11—12页；《农声》1927年3月第83—85合刊，第49页。

③ ［民国］沈鹏飞：《改良广东全省农业计划书之评论》，《农声》1928年8月第110—112期合刊，第11—12页。

④ 《农事月刊》1923年10月第2卷第4号，第6—8页。

规模大小、核心工作、品种改良试验进程等都做了较为周详的计划[①]，该计划实际上勾勒出了后来中大农科稻作育种体系和推广体系的框架。

引起讨论最多的是蚕丝业。1922年，广东公立农业专门学校已经出版了刘伯渊的《广东蚕业调查报告书》；1925年，岭南农科大学出版了考活的《南中国丝业调查报告书》，两者都对蚕业改良提出了建议。刘伯渊主要从蚕桑技术层面提出建议[②]；而考活则从更高的层次提出蚕业技术改良到蚕业推广制度构建的一揽子计划[③]，参考价值更高。20年代中后期，邓植仪、廖迪雍、赵烈、刘伯渊等人都在论文中对广东蚕丝业改良提出建议[④]。可见在20年代，广东农业界对蚕丝业改良已经有了较成熟的看法。

对于广东的糖业，邵尧年在1918年最早探讨糖业改良的途径。[⑤]邓植仪在就任广东农林试验场场长时，安排邵尧年对珠三角主要蔗区的甘蔗栽培业和土糖业做了详细的调查，为广东糖业的发展提供了原料方面的详细情况。[⑥]1923年，邓植仪发表关于糖业的文章，提出了糖业改良的几个要点：第一，要改良土法制糖，采用新式制糖法；第二，由农业学校和试验场推行蔗种改良、引进外国蔗种；第三，政府奖励使用简单榨蔗机器和制糖法改良；第四，推广建立适应大规模糖厂的大蔗场；第五，设立大规模的糖厂或炼糖厂，以大型糖厂向农民做示范。[⑦]1925年，

① ［民国］丁颖：《改良广东稻作计划书》，《农声》1927年3月第82期，第8—10页。

② ［民国］刘伯渊：《广东蚕业调查报告书》，广东地方农林试验场，1922，第85—91页。

③ ［美］考活：《南中国丝业调查报告书》，第151—172页。

④ ［民国］邓植仪：《论丝业改良及丝市振兴之法》，《农声》1924年5月第20期；［民国］廖迪雍：《改良及推广粤省蚕业计划》，《农声》1927年7月第86—90期合刊；［民国］赵烈：《改良粤省蚕业刍议》，《农声》1929年1月第117期；［民国］刘伯渊：《广东蚕业急应组织联合改良会之意见书》，《农声》1928年12月第119期。

⑤ 《广东农林月报》1918年第1卷第4期。

⑥ ［民国］邵尧年：《番禺、增城、东莞、中山糖业调查报告书》，国立广东大学农学院，1925，第1—2页。

⑦ ［民国］邓植仪：《世界糖业之状况和广东糖业之前途》，《农林季刊》1923年4月第1期。

邓植仪为邵尧年的《番禺、增城、东莞、中山糖业调查报告书》作序，简要重申了他的观点，强调要推进糖业改良，“希望于政府之有以奖励而诱掖之也”，邓植仪实际上勾勒出了30年代当局“糖业复兴运动”的基本框架。当时广东当局“三年复兴计划”原来没有“糖业复兴运动”内容，是冯锐提出后加上的。冯锐以敏锐的经济眼光看出广东发展糖业的优势，他将30年代之前广东学者对糖业的研究成果综合起来，提出“糖业复兴运动”具体内容，这个建议被接受，冯锐也因此被委以重任。

1939年，广东粮业、糖业和蚕业的主产地珠三角沦陷，农业资源受到很大损失。根据战时需要，政府将农业政策的重点转到稻作改良、开垦荒地和种植杂粮，以增加粮食产量。1939年8月到1940年7月，广东当局强化了农业行政管理，加强了与中大农学院的合作，完善了农业推广制度，粮食增产运动取得了成功。此外，政府在畜牧、蚕桑业、林业、肥料制造、水利建设等方面都采取了一些有效的措施。[①] 这些对抗战胜利之后的广东农业政策产生了一定影响。

1947年，黄干桥在《怎样推进县农林建设》中提出：在抗战胜利之后，首先要推进农业推广事业，包括健全农业推广机构，增加农林研究经费，特别是要增加县一级的农林建设经费。其次是增加粮食生产，在没有设稻作改良分区的县份要加快建立，督促冬耕。此外还有组织农场、扩大垦殖面积、防止牛瘟、推广绿肥、推广效益高的经济作物种植等。广东当局计划培育农业专门人才3 000人，拨给农林经费3亿元。[②] 但是由于战乱，这些计划实施的时间都不长。

有了国家建立的行政管理机构，与适合本地农业资源、环境、条件的农业规划、农业政策的制订和执行，民国时期的农业改良就不再是农业生产者的单方面行为，而是国家主导下的社会行为。这是保证20世纪三四十年代农业改良运动成功的社会条件。

① 广东省农林局一年来工作和事业进程表（1940年8月15日），广东省档案馆6-2-356。

② 黄干桥：《怎样推进县农林建设》，《广东农讯》1947年6月21日第1期，广东省农林处编印，第1—3页。

有了农业行政管理部门，就有相应农业行政管理学的发展。这是农业行政管理学的萌芽。虽然当时没有人提出过“农业行政管理学”这一概念，但是这个学科实际已经处于萌芽的状态。邓植仪提出的“农业行政科学化”就是标志。

第三章

主要农业经济部门的改良和相关学科

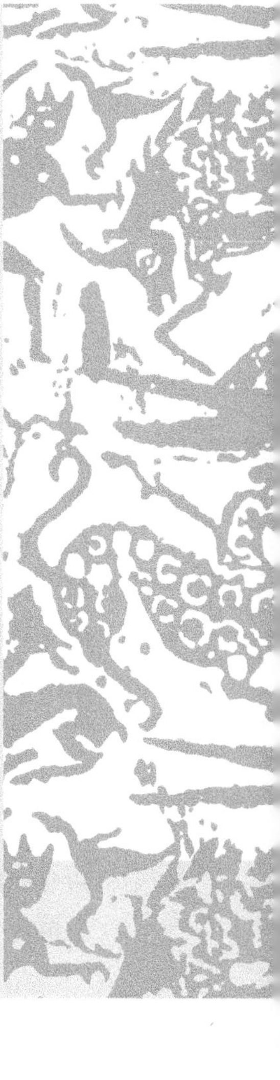

第一节

稻作农业与稻作学成就

一、广东的粮食生产结构与技术

广东虽然是一个经济作物大省，但水稻仍是占主要地位的大田作物。1936 年公布的全省耕地面积为 40 409 000 亩，其中水稻耕作面积为 25 023 251.4 亩，占全部耕地的 61.92%。[①] 这是民国时期广东经济最稳定的时期。

1938 年 10 月前，广东省每年所产米粮一般只能供九个月之用，其余三月，须靠外洋供给。[②] 大多数农民为了保证粮食安全，仍坚持将大部分耕地用于种植粮食作物，特别是在商品经济不发达的山区。在粮食结构中，番薯和豆类、麦子的栽培也非常重要。

1938 年 10 月以后，广东产粮食最多的珠三角沙田区和潮汕平原等沿海地区沦陷，国统区主要在山区，粮食进口渠道堵塞，沿海平原港口被封，外洋米来源断绝，[③] 故粮食种植在全部耕地中占绝对地位。1941—1945 年，全省种植水稻和杂粮的耕地面积为 33 556 504.8 亩，产出粮食总共 108 871 345.8 担，全省人口年消费粮食 118 121 245 担，缺

① 广东省统计局：《统计月刊》1936年5月，第35—36页。

② 广东省建设委员会统计事务处：《广东之民食问题》，《农声》1928年第115期，第35—36页。

③ 广东省农林局编《广东省建设厅农林局增加粮食生产之经过》，1938年6月，第1页。

口 9 249 899 担。[①] 上述 1941—1945 年的粮食产量没有将沦陷区的耕地计算在内，但是种植粮食作物的耕地面积已经接近 1936 年的总耕地面积，可见 1939—1945 年国统区的耕地开垦已经达到高潮。而水稻和杂粮加在一起的亩产才 3.24 担，虽高于 1938 年 10 月前的水稻亩产，但土地实际的粮食生产能力下降了。1939—1941 年滥垦荒山所造成的水土流失，以及冬耕缺乏肥料造成地力下降的现象很快就出现。1941 年的报告称：全省耕地的平均粮食亩产，“有趋于减低之势”。[②]1947 年，广东省政府农林处编《广东省粮食增产五项运动纲要》，提出精选稻种运动、广种甘薯运动、广种木薯运动、普种绿肥运动和防治稻虫运动，显示战后广东粮食危机仍十分严重。[③] 缺少外汇购买进口稻米，缺乏肥料，以及虫害、水利失修等因素使粮食生产仍有下降的趋势。

传统技术在稻作农业中仍占主要地位，耕作工具是锄头、犁等。拖拉机被称为“耕地机”，民国时期这一机器屈指可数，广东农事试验场在民国初曾引进过。1922 年，在广东第二次农品展览会上，该场技士利寅操作机器实地试验。[④] 利寅操作新式耕地机，松土后种蔗。1929 年，广东省政府送给中大石牌农场一台“耕地机”。[⑤]1930 年，农场已有抽水机、蔗机、开山犁、脱粒机、脱麦机及各种喷雾器等新式农具 37 种，其他农具数百种。[⑥] 岭南大学在中山的农场也用进口的耕地机进行试验，应用深耕排水机一架、播种施肥机一架，与人力进行对比试验。[⑦]20 世纪 30 年代前期，省农林局设农具厂，“农具方面对于犁耙、中耕器、

① 行政院善后救济总署广东分署周报社编——《广东粮食概况》；广东省政府田粮处：广东省粮食产销盈亏统计表（1937，1941—1945），第12页。

② ［民国］翟克：《论广东粮食增产之基本原因》，《农声》1942年12月第228期，第45页。

③ 广东省建设厅农林局编印《广东省粮食增产五项运动纲要》，1947。

④ 广东地方农林试验场编印《广东省第二次农品展览会报告书》，1922。

⑤ 《校闻》，《农声》1929年第137期，第35页。

⑥ ［民国］钟桃：《国立中山大学农科农场报告》，《农声》1929年第137期，第35页。

⑦ 〔美〕高鲁甫：《本校中山分厂利用机械垦荒对土地利用以裕民食之关系》，《农事双月刊》1931年10月第8卷第6号，第20—26页。

牛轭播种机等之改良，现在均已有相当之成绩。并交厂制造，积极指导各县领用和实行”。[①]1930 年，广东农林局改良的脚踏脱谷机器问世，比旧式农具省力且效率高，准备向农民推广。[②]但总的来说，新式农具数量太少，普及度低，在民国稻作农业中影响不大。在栽培过程中，除了化肥的应用之外，其余技术环节大体仍停留在传统农业的水平。当时的农业界虽然对稻作改良有不同的论述，但是一致的意见是：推广良种是最有效和成本最低的稻米增产方案。1929—1949 年，广东稻作改良取得了显著的成绩，离不开近代稻作学的建立、优良稻种的推广。

二、稻作学的建立

民国时期，从事稻作研究的有国立中山大学农学院、岭南大学农学院、广东稻作改进所、国民政府华南作物繁殖推广站、广东农林局等机构，其中以国立中山大学农学院的成绩最为卓著。以中大稻作学教授丁颖为首的稻作研究团队，为近代广东稻作研究做出了重大贡献。以下着重介绍中大学者在这方面的主要成果：

1. 水稻遗传学研究

丁颖等依据孟德尔遗传法则，在水稻高产育种时，选择与产量有较高遗传相关性状的稻种。1923 年，丁颖就撰文详细说明，在育种时观察水稻品系特性非常必要。[③]1932 年，丁颖发现了纯种的谷收量和平均穗重与其穗长、粒数及密度显著相关，秆长可以通过栽培技术改造，秆长、穗多、粒多，这样产量也自然提高。[④]1933 年，刘祥集在稻作试验场经过长期观察，着重指出分蘖期中水稻生长特性和收量的关系。[⑤]二人对水稻特性遗传的相关研究，为水稻育种打开了新思路，使后来学者

① ［民国］冯锐：《广东农林建设及一年来实施之状况》，《农业推广》1933年第1期，建设厅农林局发行，第6页。

② 《农事消息》，《农事双月刊》1930年12月第8卷第1号，第53—54页。

③ ［民国］丁颖：《稻之特性调查》，《中华农学会报》1923年第40期。

④ ［民国］丁颖：《水稻特性调查与育种》，《中华农学会报》1936年第144期。

⑤ ［民国］刘祥集：《水稻特性与收量之相关现象的考察》，《农声》1933年第169期，第24—27页。

在研究水稻育种时考虑的因素更为全面，而不只是注重产量因素。

2. 水稻开花习性研究

水稻开花习性直接关系到水稻杂交育种问题，丁颖、梁光商两人在这方面的研究颇具代表性。1925 年，丁颖以早造东莞白及晚造糯杂为材料，调查其开花习性等生态特性，特别强调不同的生长、生态环境对水稻开花的影响。丁颖是国内最早对水稻开花习性做系统研究的学者，其研究思路与研究成果对后来学者在这方面的研究及水稻育种均有重要启发意义，他开创了水稻生态学的先河。中大农学院的学者在丁颖的指导下将水稻开花的习性写成了论文发表在《农声》杂志上。

梁光商于 1934 年在石牌稻作试验场分别考察了 5 个早稻品种和 5 个晚稻品种的抽穗及开花情况，对不同稻种从孕穗到开花时期的穗伸长度、早晚造的开花范围、开花时长、花丝的发育经过、开花时的温度和湿度、开花次序与着粒的位置、一枝梗内的开花顺序，都做了精密的记载和统计。[①] 这是杂交育种前必须进行的调查工作，也是水稻生态学的一部分。

3. 纯系育种理论的引进与技术的发展

纯系育种学说是 20 世纪前期出现的先进育种学说。1920 年，原颂周依据这一学说，对从全国各地搜集来的数十种优良品种进行育种试验。这一试验虽然存在以下缺点：供试品种数量太少，计算产量的统计方法、分析结果不完全符合纯系选择原理，但这一试验在近代稻作育种史上具有重要意义。[②]1925 年，丁颖在广东大学农学院开设稻作改良专科，着重进行水稻纯系育种实践，他的助手在其影响下，先后对纯系学说理论和应用进行了深入探索。1925 年，刘祥集提出改良广东稻品种的先决问题就是采用纯系育种。[③]1927 年，中大设立的南路稻作育种场第一次采用纯系育种理论指导育种工作。育种步骤为：第一年采选原种；第二

① ［民国］梁光商：《水稻人工交配法之研究》，《农声》1936年第194、195合刊。

② ［民国］周拾禄：《三十年来之中国稻作改进（上）》，《中国稻作》1948年第7卷第1期。

③ ［民国］刘祥集：《改良粤稻品种之先决问题——纯系育种》，《农声》1925年第55期，第989—992页。

年进行纯系分离试验；第三年进行遗传力试验；第四年进行地方生产力试验；第五年繁殖纯种及推广。[①] 南路稻作育种场的主要成就是对育种过程进行了精密的数据统计及比较分析。中山大学曾对凌化育在稻作研究中的数据统计方法成果颁发奖励。[②] 此后，中山大学的石牌、沙田、东江、韩江及北江等育种场成立后，都积极采集当地的优良土种展开纯系育种工作。

根据多年的纯系育种实践结果及经验，丁颖提出水稻纯系育种的六个主要的方法：（1）从优良品种中选出优良系统；（2）用原品种作标准种；（3）用区制移植法行收量试验；（4）用品种平均差法求误差将原种收量与各系比较；（5）特性观察与收量试验并重；（6）如按照第（1）至（5）的方法，循序渐进，育成纯种需 4—5 年，比洛夫需 8—9 年的方法大大缩短。[③] 丁颖提出的“区制选种法”，即在选育过程中采取农家惯用的栽培管理方法，最具创造性。丁颖研究发现，在栽培悠久、分布广泛的优良品种中一定有该品种的代表系存在，找出代表系后再进行纯系育种，就能以代表系性状为参照标准，从而与其他杂系相区别，同时使纯系育种目标更加明确。[④] 丁颖对纯系育种法的改进基本实现了洛夫的育种法在中国的本土化，使之更适应中国的具体国情，而且更加快捷有效。中大农学院随着纯系育种法的不断改进，至 1938 年 10 月前已纯育良种近 70 品系，成绩斐然。

4. 杂交育种研究与实践、水稻特性育种研究

稻种杂交是在 20 世纪初出现的新技术。1926 年夏，丁颖和他的团队开始在华南各地搜集野生稻种，至 1936 年已经搜集了 9 种。丁颖发现这些野生稻种都有很强的抗逆性，于是将这些野生稻和农家种杂交试

---

① ［民国］刘祥集：《水稻纯系育种》，《农声》1933年第162期，第1—19页。

② 《本校奖励农学院技助凌化育——编著稻作研究常用表》，《国立中山大学日报》1934年2月23日第3版。

③ ［民国］丁颖：《水稻纯系育种之理论与实施》，《农声》1936年第194、195期合刊，A1—4页。

④ ［民国］丁颖：《水稻纯系育种法之研讨》，载《丁颖稻作论文选集》，农业出版社，1983，第475—476页。

验，取得了诸多研究成果。[①] 其中，最大的成果是发现了野生稻的不实现象。丁颖、林亮东于1931—1933年经过大量的观察和统计，弄清楚了野生稻不实性嬗变为结实性的机理。[②] 这一成果使育种能在人工杂交时避免出现不实的环节，提高杂交成功率。丁颖主持进行的“中山一号”野生种和农家种的杂交种培育，历时7年才育成，它的发芽能力与分蘖能力强，对寒害、热害及萎黄病等不良环境的抵抗力比一般的栽培种强，而且产量比其他的农家优良种增加了约30%。[③] 后来这个品种经过系选、杂交、诱变等育种方法，育成衍生品种多达85个。[④]1934年，梁光商对中大农学院多年来在杂交育种方面的实践经验进行了总结。[⑤] 丁颖的这一试验是中国最早的野生稻与栽培稻种的杂交试验。

5. 对水稻栽培条件的研究与种质资源的检定收集

丁颖等对广东水稻栽培的气候条件、土壤情形以及栽培制度进行了深入研究，而不仅仅限于稻种的改良。他们提出选择农家优良种的依据不仅是产量高，而且必须是风土适应性强、耐密植、耐肥、难倒伏、抗落粒性及病虫害力强、具有高产因素及收成稳定的优良品种。[⑥] 林永圻于1933年发现耐旱性强的品种，指出其植物根部特别发达，这为选择抗旱稻种提供了生物学的依据。[⑦] 胡少波在抗螟育种方面有杰出贡献，他描述了螟虫抵抗性能特别强的稻种的生态特征，这一成果的结论是：通过选种和杂交，能使抗螟性强的品种特性固定下来。[⑧]

---

① 校闻《农场稻作区派人采集野禾种》，《农声》1930年第141期，第65页。

② [民国]林亮东、丁颖：《广东野生稻不实现象之观察》，《农艺专刊》1934年第44期。

③ [民国]丁颖：《广东野生稻及由野稻育成之新种》，《中华农学会报》1933年第114期。

④ [民国]熊振民、蔡洪法主编《中国水稻》，中国农业科技出版社，1992。

⑤ [民国]梁光商：《水稻人工交配法之研究》，《农声》1936年第194、195合刊，第1—68页。

⑥ 黄耀祥：《水稻选种良种介绍》，载《广东省农业生产展览会资料》，华南农学院图书馆藏，1950。

⑦ [民国]林永圻：《稻种耐旱性之研究》，《农声》1935年第183期，第1—19页。

⑧ [民国]胡少波：《水陆稻品种特性与螟虫为害关系之初步研究》，《农声》1936年第196、197期合刊，第1—67页。

上述的理论研究对种质资源的检定有很大的指导意义。早在1924年，顾复、潘简良等人就指出了稻的种质资源检定的意义，潘甚至把农家品种检定法当作仅次于纯系育种法的一个重要育种方法。[①]丁颖在稻作试验场建立以后一直重视对稻的种质资源的检定。1939年广东稻作改进所成立后，在中大稻作研究团队的协助下，开始对广东全省范围内的稻种进行大面积的调查检定。丁颖对稻作改进所的稻种检定工作提出实施细则，使这一工作不致陷入盲目性而浪费资源。[②]1942—1948年，农林部广东省推广繁殖站也在丁颖团队的协助下，进行了较大规模的稻种检定及搜集工作。[③]上述的稻作检定、稻种检定，在广东省稻作史上是“清理稻作遗产之伟大成就”。[④]

6. 对稻种分类的研究

稻种分类是稻作学中重要的理论问题。以往学术界侧重于从植物的形态特征、遗传生理特性或栽培特性等角度进行栽培稻的分类。丁颖在育种过程中认识到，水稻栽培品种在空间地域上的具体分布情形、在历史时间上的栽培演变过程以及各品种与其生长环境的关系等因素对稻种分类有着重要的参考价值，并据此对中国栽培稻种进行了科学的分类。他根据栽培历史及其分布情况，把我国的栽培稻种命名为籼亚种和粳亚种，再从粳籼型与野生型的植物形态和生理关系上来看，判定籼亚为标准型，并在此基础上首次提出了关于中国栽培稻种新的分类方法。[⑤]丁颖在此基础上提出了中国稻作起源的“华南说”[⑥]，此说至今仍是中国

① [民国]顾复：《改良我国稻作之商榷》，《中华农学会报》1924年第49期；潘简良：《各省水稻改良种推广近况》，《农报》1940年第5卷第34—36合期。

② [民国]丁颖：《本省改进稻作五年计划之现阶段的问题》，《广东稻作》1942年第5期。

③ [民国]梁光商：《广东优良稻种推广事业之回顾与前瞻》，《农业通讯》1947年第9期。

④ 同上。

⑤ [民国]丁颖：《中国古来粳籼稻种栽培及分布之探讨与现在栽培稻种分类法预报》，《农艺专刊》1949年第6号。

⑥ [民国]丁颖：《中国栽培稻种的起源及其演变》，《农业学报》1957年第8卷第3期。

稻作起源诸说中有价值的观点。

7. 对稻栽培技术的研究

丁颖与邓植仪、丁宗墀合作的一项研究，对水稻土和迟早熟品种根系、耕作对水稻土中稻的根系分布、稻的上部和水稻土中根系的分布之关系做了详细的数据分析，观察时间从 1934 年到 1935 年，长达两年。他们参考了 10 种外国学者的相关研究，做了 11 个表格，收集了 100 多个数据，进行了非常详细的记录和分析，结果发现：水稻在水稻土中的根数因早晚造而有很大的不同；中耕对根的伸长影响很大，说明中耕能使稻的根系向下伸长而增加其对土壤肥分和水分的吸收，可以增强其抗风能力与产量；根部发展情形，似与茎部有密切关系。这一研究为水稻的品种选择和水稻的耕作法选择提供了根系方面的理论根据。①1932 年，邓植仪以合作的方式为丁颖的稻田地力研究、水稻三要素适量试验、水稻吸收三要素时期试验提供支持和帮助，丁颖在关于沙田水稻的肥料试验的论文中也多次引用了邓植仪、陈瑞麟对虎门沙田（地名）水稻灌溉适宜时间的研究。②

为了解决环珠江口沙田区的水稻灌溉难题，1931—1933 年，邓植仪和他的助手陈瑞麟合作撰写《沙角稻田土壤咸性之初步研究》。原来农民只是靠尝潮水来确定咸度，将咸度分为十等并据此放水入稻田，但是对咸度把握不准确时会使田受咸害。他们连续三年在东莞虎门的沙角，在潮水进入田中的不同时段取土化验水溶盐质，最后分别确定了隆冬、夏令和初春时节沙田水分的含盐量，使农民可以据此选择沙田耕作和灌溉的最佳时间。这项研究能确定放闸和闭闸的时间，使稻田吸收淡水的时间更准确，③对珠江口沙田的耕作和灌溉很有实用价值。珠江口老沙围田区农民有“偷淡”的技术措施，“偷淡是指潮区的居民，利用潮汐规律，根据咸淡水分层情况准确判定淡水位进行灌溉。沙围田区每日都

① ［民国］邓植仪、丁颖、丁宗墀：《稻根发展与分布情形之观察》，《中华农学会报》1936年第155期。

② ［民国］丁颖：《水稻肥料试验报告》，载《丁颖稻作论文选集》，第387页。

③ ［民国］邓植仪、陈瑞麟：《沙角稻田土壤咸性之初步研究》，《农声》1933年第172期。

出现潮水涨落，当海潮上涨时，河水被顶托形成倒流，水位高，田面比河水面低，便可开闸灌水；当海潮退落时，河涌水位也随之降低，田面比河水面高，便可开闸排水，这样每天都可利用潮水涨退进行自流排灌”。“偷淡”可以减少咸潮对田地的侵害，达到增产的目的。[①]1931 年，东莞南栅乡乡委会“以该乡潮田颇多，每当秋季，必须关闭水闸，以防咸水浸入，与粮食问题及农村经济甚有关系。因函请本校农科派员到该乡指示改良耕作方法”。当地邀请邓植仪和丁颖前往研究咸田的灌溉时间。[②]而邓植仪和陈瑞麟研究的就属于“偷淡”的技术，比农民靠尝潮水来确定咸度要精确得多。当然，各地潮水涨落的时间不同，咸度也有区别，因此确定潮灌的时间也有差异。

三、推广优良稻种增加粮食产量

广东农业界在清末已经进行稻作改良，推广优良稻种。清末民初广东农林试验场向番禺、东莞等地农村推广日本产稻种和本地产“香山白”等品种。[③]利寅和黄遵庚任场长时期，都进行过稻种试验，但缺乏推广活动的资料。1920 年以后，邓植仪任场长期间，选出成熟期最短的 16 个品种，以便农民选择种植；又进行水稻和其他作物的轮种，发现蚕豆和水稻的轮种收获多，而且使用肥料最少。[④]有人认为，1920 年邓植仪主持广东农林试验场时期，开始了广东最早的稻作育种。[⑤]

1922—1929 年，张农、刘祥集、邓植仪、冯乃荫、曾济宽、廖迪雍、梁光商、丁颖等人先后撰文说明稻种改良和设立稻种繁殖场的重要性。

① 周晴：《传统时代珠江三角洲农业生态史研究》，华南农业大学博士后研究报告，2012，第83页。

② 国立中山大学日报编辑处，《中山大学日报》1931年4月14日第3版。

③ 民国《番禺县续志》卷一二《实业志》，中国方志丛书本，第162页上。

④ 《广东省地方农林试验场第六次报告书》，1922。

⑤ 谈家桢、赵功民主编《中国遗传学史》，上海科技教育出版社，2002，第630页。

丁颖发现广东省稻种最大的缺点在于出穗不整、穗粒稀疏及耐肥性弱，[①]故稻种改良成为广东稻作发展史上的必然选择。[②]

丁颖于1927年3月10日发表了《改良广东稻作计划书》，对全省稻作改良作了较为周详的计划。[③]1927年3月10日，中大农学院南路稻作育种场正式成立，著名育种专家赵连芳称该场是“我国第一个稻作育种场”，[④]这也标志着中大稻种改良和推广的正式启动。

澂江稻作法之考験

丁颖 梁光商

(一)緒言

(二)品種特性

图3-1 即使是在困难的云南，丁颖为首的中大稻作学者仍在研究澄江稻作。

① [民国]丁颖：《广东稻作改良及将来米食自给之可能性》，《中华农学会报》1933年第113期。

② 闵丽华：《民国时期（1911—1949）广东的稻作农业》，硕士学位论文，华南农业大学农史室，2011，第13页。

③ [民国]丁颖：《改良广东稻作计划书》，《农声》1927年3月第82期。

④ [民国]赵连芳：《抗战下我国的稻作建设》，《农业推广通讯》1940年第4卷第2期。

1927 年，丁颖主持的广东南路稻作试验场正式成立。[①] 时任中大农场场长的邓植仪教授在石牌农场购买水田 80 亩，设立石牌稻作总场。[②]1931 年 4 月，在邓植仪与丁颖的协助下，广东省建设厅农林局成立沙田稻作试验场，专供咸水沙田稻作试验之用；同年 8 月，该场改隶中山大学农学院。[③]1933 年，又分别在惠阳梁化、梅县沟湖两地增设东江及韩江稻作试验分场。[④] 中大各稻作试验场均由丁颖兼任场主任，全面主持工作。中大农学院下属的五个稻作试验场，几乎辐射了广东的主要稻区，它们标志着民国时期广东稻作育种体系和推广体系的雏形开始出现。中大农学院下属的稻作试验场成为南中国最大的稻作试验基地。

据梁光商统计，至 1942 年，中大农学院各稻作试验场共计育成水、陆稻新品种 74 品系，其中早造 21 品种、35 品系，晚造 30 品种、39 品系；其中一种为陆稻，其余均为水稻；除“中山一号”为晚造 30 杂交种外，其余均为纯系分离育成良种，且以上品种各具特性，熟期不同，适宜广东省不同田类及土质。就整个南方地区来说，广东的改良稻种品类最为丰富，广东成为华南地区水稻良种培育中心。[⑤]

1925—1936 年，石牌总场、南路、沙田、韩江等场早造主要育成良种平均亩产为 427.62 斤，比原土种增产 0.89%—39.78%，平均增产 13.89%。[⑥]晚造主要育成良种平均亩产为 449.6 斤，比原土种增产 2.3%—28.86%，平均增产 11.32%。1946 年，陈仁在《农报》上发表的《全国主要改良稻种》一文，详细介绍了全国良种的育成时间、优良特性及产

① ［民国］《本院南路稻作场成立宣言》，《农声》1927年3月第83—85合期，第58—59页。

② 《农声》1928年12月第116期，第62页。

③ 国立中山大学农学院稻作试验场：《稻作试验场概况》，国立中山大学农学院丛刊，1935。

④ 同上书，第6—7页。

⑤ ［民国］梁光商：《西南各省水稻改良种之来历及其推广》，《广东稻作》1942年第5期。

⑥ 根据《中山大学农学院稻作试验场育成早造改良品种特性表》统计，原件藏华南农业大学档案馆，MR1-041-3，1950。

量等情况，文中介绍广东育成良种数量达 24 种，居全国首位。①

1938—1945 年，广东当局将稻种推广作为主要的粮食增产方针之一，建立了北江稻作改良场。国民政府农林部在广东也设立华南植物推广站，优良品种的推广在当时取得的成绩甚至超过 1938 年以前。从这一时期起，政府才正式成为良种推广的主导力量。广东稻作改进所是在省政府领导下，以丁颖稻作研究团队为主力，有主要研究机关并与基层社会结合的推广体系，除了利用以往的稻作成果，还大范围地选种育种，用贷种、收购良种、指导购良种三种方式推广良种到农村去，稻种推广取得了极大的成绩。

表 3–1　1941—1948 年广东水稻良种推广成绩表

年份	耕地面积（亩）	年产粮食（谷担）	良种推广面积（亩）	良种推广面积占耕地百分比	良种推广带来的增产数（谷担）	良种增产数占年产粮食百分比
1940年			8 654.09		5 192.45	
1941年		11 606 077	116 327		69 796.2	0.60 %
1942年	29 527 122	102 811 441	396 500	1.340	237 900	0.20 %
1943年	33 023 140	98 463 140	915 816.26	2.770	549 498.75	0.550 %
1944年	36 946 893	109 118 484	1 837 124.55	4.970	1 102 274.87	1.00 %
1945年	41 390 068	121 714 201	2 251 074	5.420	1 350 644	1.10 %
1946年	44 303 541	117 376 779	4 194 638	9.460	1 780 042.62	1.50 %
1947年	40 190 095	128 060 486	4 597 871	11.440	1 977 623.25	1.540 %
1948年	42 246 818	122 718 633	6 000 000	14.20	25 800 000	2.10 %

资料来源：吴建新《民国广东的农业与环境》，第155页。

从上表来看，良种推广面积、良种推广面积占耕地百分比、良种推广带来的增产数、良种增产数占年产粮食百分比等几个指标都在逐年上升，即使在抗战最困难的 1941—1945 年都有不错的成绩，且在 1947 年、1948 年达到最高峰。这体现了民国时期广东水稻育种科学的进步与良种推广的成效。尽管良种推广带来的增产数，以及

① ［民国］陈仁：《全国主要改良稻种》，《农报》1946年第1卷第10—18合期。

占年产粮食百分比都不是很高，但能取得这样的成效，也是很不容易的，特别是在1938年10月—1945年9月。[①] 如果以广东中等水田亩产4.5担谷计算，从1940年到1948年，推广优良稻种带来的增产数，分别等于以下水田的产量：1 144.22亩、15 510亩、52 866亩、122 110.8亩、311 616.6亩、395 564.9亩、439 471.8亩、5 733 333亩。这相当于从1940—1948年增加了亩产4.5担谷的水田共7 071 617.32亩。1940—1948年，优良稻种增加的稻谷产量共为32 872 937.94担，这是稻种改良的重要成果。

① 吴建新：《民国广东的农业与环境》，第155页。

第二节

蚕桑改良与蚕桑学的成就

生丝和丝绸业是广东经济中的重中之重，而顺德蚕桑丝绸业又占据了广东丝业的大部分。顺德生丝出口量及丝价的涨落与港币值的变动成反比例关系[①]，经营贸易活动也影响了广东的外汇变动，从而极大地影响广东经济。“广州银业多由顺德人经营，故顺德人向执广东银行界之牛耳。”[②]20 世纪 20 年代，顺德人经营的银号占广州银号总数的 52%，资本额占 55.6%。广州银业的行会组织忠信堂，经理人员多是顺德人，其主要业务就是每年按季节向茧市和丝厂大量放款。[③] 在丝业兴盛的时期，顺德每天从广州运回现银三十万元返回容奇、桂洲等丝业重镇。

民国时期，广东的蚕桑改良重点在顺德、南海地区。蚕桑改良比稻作改良和糖业改良的难度要大得多。蚕种改良是蚕桑改良的核心问题之一。改良蚕种的质量要取得蚕农的信任，且要有足够的数量满足蚕业的需要，这需要花费较长的时间和经历较长的过程，特别是针对个体蚕农的推广难度很大。而且，蚕桑改良面对的是已经拥有庞大资产的私营机器缫丝产业，政府不能像推广机器糖业那样以国家资本的形式介入参与，再以强制性的行政形式同时实现缫丝业和蚕桑业的进步。积重难返的外贸购销体制使丝价受国际市场的牵制，也加大了蚕桑改良的难度。

① 吴振兴：《近代珠江三角洲机器缫丝业的发展及其对社会经济的影响》，《广东社会科学》1991年第5期。

② 吴建新：《南国丝都——顺德蚕桑丝绸业发展史研究》（顺德文丛第三辑），第145页。

③ 同上书，第143—145页。

一、蚕丝业改良的开端

从民国初年到20世纪30年代，学者们从不同的角度对蚕丝业改良进行了不同程度的论述。早期的讨论集中在技术改革的层面。1925年，岭南农科大学出版了美国蚕丝专家考活的《南中国丝业调查报告书》，考活从更高的层次提出从蚕业技术改良到蚕业推广制度的一揽子计划，参考价值较高。从生产贩运体制、蚕业生产的资金流通、缫丝厂商要介入养蚕的农业生产过程，以工业促进蚕丝业的进步，政府要设立蚕业学校，培育蚕业人才。他最有价值的观点是政府在蚕丝业改良中的重要作用。[①]20世纪20年代后期，较早对广东蚕丝业改良提出建议的还有邓植仪、廖迪雍、刘伯渊、赵烈等人，他们也有与考活类似的观点。[②]

经过多年的探索，1928年建设厅已经有了很详细的“筹设蚕业试验场之计划”，制订了该场的组织形式、经费、功能。[③]1932年10月，蚕丝改良局拟定了“建设救济丝业方案”；[④]当年12月，蚕丝改良局又编就“改良蚕丝五年计划书”，呈请建设厅核准。[⑤]1933年1月1日，“三年施政计划纲要”正式实施，蚕丝改良被列入施政重点。1933年2月，冯锐兼任蚕丝局长，[⑥]由于冯锐把主要精力放在蔗糖业改良上，后来由廖崇真任局长。廖崇真在顺德等蚕区开办蚕丝改良实施总区，一场由政府主导的蚕丝改良运动轰轰烈烈地展开了。

① 〔美〕考活：《南中国丝业调查报告书》，第151—172页。
② 吴建新：《民国广东的农业与环境》，第182—185页。
③ 《农林消息》，《农声》1929年4月第120期，第81—84页。
④ 《农声》1932年10月第156、157期合刊，第113—115页。
⑤ 《农业消息》，《农声》1932年12月第160期，第68—69页。
⑥ 《农林消息》，《农声》1933年2月第162期，第65—66页。

二、蚕业科学和桑种植的主要研究成果

1. 蚕种繁育理论

广东蚕学界在蚕种育成的理论方面有所突破，认为不同地方蚕种的杂交是培育强壮蚕种的主要方向。1930 年，中大在茂名设南路蚕业试验场，认为“南路蚕茧重量为本地（珠三角）蚕茧的两倍，丝质远胜于粤丝”，试图在当地发展蚕业。[①] 岭大很早就有人主张以本地种为选种基础，因为这既可保留本地蚕丝的特点，又可保留本地种适应本地风土的特征。[②]20 年代末至 30 年代初，蚕学界认识到在杂交种中完全排斥外国种不是完全正确的。30 年代中期，蚕丝改良局认为“优良蚕种的育成，必须要以本地优良种为基础，同时又要引进优良品种，如江浙日本种，使之适应广东本地的气候，进行适应性养殖，再利用本地种和外地优良种杂交，育成新种”。[③]

在探索蚕种理论的同时，新蚕种以杂交的方式育成，并在蚕区中推广。1925 年，中大将大量强健蚕种以低廉的价格卖给（清远）各地农民。[④] 在 30 年代初，仲恺农工学校也育成新种 258 号。[⑤] 同时期由岭大蚕丝学院育成的碧交种也是改良区向蚕农推广的一个优良蚕种。它由本地轮月种和山东的碧莲种杂交而成，不仅适应本地气候，缫出的生丝还颇受蚕丝界欢迎。最初的碧交蚕种，只能适应头造、二造及六造、七造饲养，三造、四造、五造因为天气酷热而不能饲养。后来经过顺德马齐等改良分区的试验研究，1935 年，碧交蚕种在三造、四造、五造中也得出好成绩，最终能全年饲育，而且能卖出好价格。这些优良的碧交种受到了蚕农的欢迎。[⑥] 后来的碧交种再与日本 107 号蚕种杂交，定名为粤白 33 号，而

① 《农声（造林运动特刊）》1930年2月第118期，第84—86页。

② [民国]钟宝璇译《改良广东丝业不宜用外国蚕种说》，《农事月刊》1923年2月第1卷第8号，第1—2页。

③ 《从建设蚕村说到广东蚕种问题》，《广东蚕声》1936年第2卷第1期。

④ 《校闻》，《农声》1925年9月第61期。

⑤ [民国]叶超：《广东珠江三角洲蚕丝业调查》，《中国丝业》1936年11月第2卷第5号，第112页。

⑥ 《碧交蚕种将可全年饲育》，《广东蚕声》1935年第1卷第10期。

1936 年推行的碧交种，又是粤白 33 号再与土种轮月种杂交而成的。[①] 新蚕种结成的蚕茧，出丝率高且质量好，远远胜于已经弱化的本地种。在蚕种的饲育方面，1929 年 7 月下旬开始，国立中山大学应用遗传学以纯系分离方法将广东大造轮月蚕种作单蛾育，选出纯粹优良之原种，饲育数造之后，发现其出丝量增加。1929 年秋天的“下三造养育之蚕，其成绩特别优美，出沽市面，极得制丝家所欢迎者，皆赖单蛾育选种之功也”。中大又征集中外蚕种三十余种，除研究其性质与广东气候是否合适外，还用外来种与粤种交配，育成一代杂种，或从征集的蚕种中分离出优秀的原种进行繁殖。[②] 不同的蚕业研究机构都将蚕业研究的重点放在新蚕种育成方面。

2. 蚕病防治学

1917 年，关乾甫提出用广东蚕与外省蚕杂交，用框制蚕种法，以显微镜检验蚕蛾有无微粒子病，然后留种。饲育留种的时候，先消毒杀菌，严格淘汰有传染病的蚕种。[③] 民国初期，黄遵庚认为要大力防治蚕微粒子病，认为这一蚕病会使广东蚕丝业陷入困境。[④] 刘伯渊认为应取缔滥造蚕种以及猛火制种，因为顺德等地的蚕种制种家这样做会造成蚕种病弱，容易受病害。[⑤] 考活全面总结了顺德等地的蚕病害，提出在制种到蚕体育成的过程中全面防治微粒子病、脓病、软体病的方法，重点在于防治微粒子病。[⑥] 中山大学蚕桑系的学者对此也有独到的研究。1934 年，中山大学新校园设有蚕学馆，有专门研究蚕病防治的项目，培育出了强壮而能抗病的蚕种。1937 年，中山大学蚕学系送给蚕丝改良局下属的第五和第六场所好几种做试验的蚕种，“经他们试验两造的结果，成绩

① 《从建设蚕村说到广东蚕种问题》，《广东蚕声》1936年第2卷第1期。

② ［民国］钟桃：《国立中山大学农场报告（续）》，《农声》1930年12月第140期，第36页。

③ ［民国］关乾甫：《广东改良蚕种议》，《广东农林月报》1917年11月15日第2卷第3期。

④ ［民国］黄遵庚：《拟实行改良粤省蚕种意见书》，《广东农林月报》1917年12月15日第2卷第4期，第9—16页。

⑤ 〔美〕考活、布士维：《南中国丝业调查报告书》，第85—91页。

⑥ 同上书，第161—163页。

很不错”。顺德的制种家还计划派青年到中大蚕学馆受训，学习制种技术和蚕病防治技术。[①] 蚕丝改良区技术人员教农民给蚕房消毒的方法以防治蚕病害。

3. 桑栽培学

广东的桑叶小，桑种的改良使桑树的叶片肥大、汁液多，能使蚕体发育出厚而强壮的茧；桑叶产量大，养的蚕数也多。1930 年，中大石牌农场的桑园中栽种湖桑和从外国征集的桑树品种，选出优良桑种，并采用插条及接木的方法繁殖新桑种。到 1930 年 3 月，已经育成新的桑树品种 104 种，共 5 019 株。[②] 在茂名的中大蚕业试验场，研究人员也发现当地“所植之桑，叶大如轮”，因此取其桑种加以培育。[③] 中大农场也特别强调桑园的精耕细作和施肥，“每一亩桑叶如肥料充足，每造可得桑叶七百余斤”。[④] 桑基鱼塘中，桑树过度密植和连作造成的桑叶亩产下降，是需要改善的。

三、1925—1938年10月蚕业的发展情况

1938 年 10 月以前的蚕丝改良运动，主要围绕着新蚕种的推广进行。优良茧种的育成是蚕丝改良运动最重要的物质基础。但推广优良蚕种要冲破重重阻力。

1925 年成立的蚕丝改良局，在顺德、南海设立蚕种推广处，这时的新蚕种推广受到了当地传统制种业的抵制，很难进入旧的蚕种销售体制，主要靠“南顺一带蚕农，发信函到该局请给蚕种者”。[⑤] 或者靠农业高校到蚕区举办展览，将改良蚕种分发给农民试养，如 1930 年仲恺

① 《邓院长于六月十四日在农学院轮值纪念周中报告词》,《国立中山大学日报》1926年6月17日第18—21版。

② [民国]钟桃:《国立中山大学农场报告(续)》,《农声》1930年12月第140期，第36页。

③ 《校闻》,《农声(造林运动特刊)》1930年2月第118期，第85页。

④ [民国]刘伯渊:《广东蚕业应急组织联合改良会之意见书》,《农声》1928年12月第116期。

⑤ 《农林消息》,《农声》1931年6月第146期，第46页。

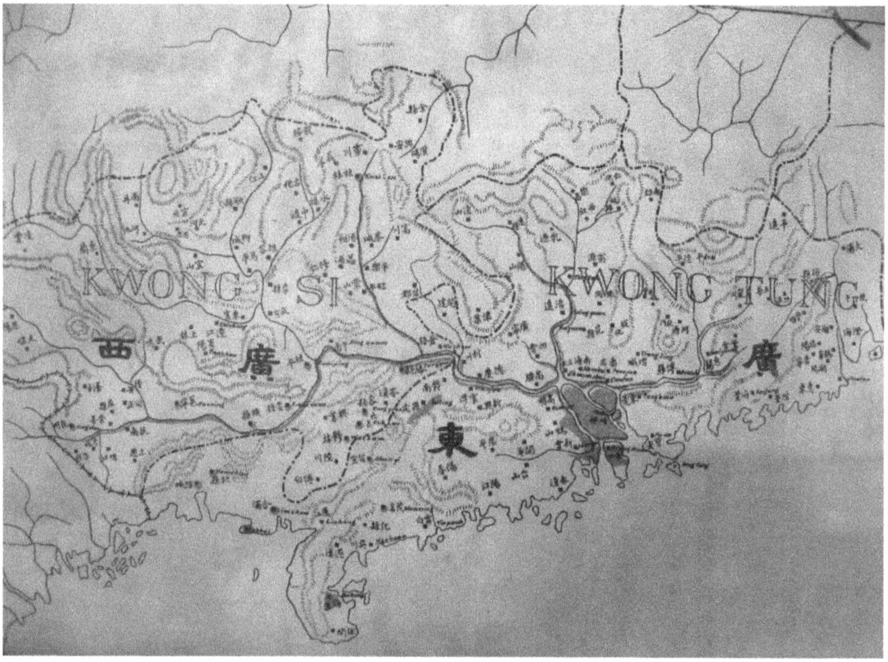

图 3–2　1925 年的蚕桑区分布图，阴影部分是以顺德、南海为中心的蚕区

农校在官山召开蚕茧品评会。[①] 但是这样的方式影响力不够大，实施范围也不够广。更重要的是，零敲碎打的推广活动，不能冲破旧的土种购销体系。

只有行政力量的介入，才能打破传统蚕桑业和机器缫丝业之间的天然界限，解决小农的分散性生产和工厂的集中化生产之间的矛盾。经济统制的提倡者强调只有强制性的“统制”才能解决这一矛盾。1933 年，省农林局建立了蚕丝改良总区，着重在顺德、南海等传统蚕区推进蚕业改良，保留了原设的顺德容奇第一蚕业指导所、九江第二指导所、乐昌北区蚕业推广指导所三个机构，并且增设了龙山第二蚕种制造场、小榄第三蚕种制造场、黄连第四蚕种制造场、南海官山第五蚕种制造场。各制种场设备配套，制种室还有冷藏室和先进的检验设备。这些设备都是当时民间的土种制作作坊没有的。廖崇真任局长期间，蚕丝改良局还设

① 《农林消息》，《农声》1930年10月第139期，第116页。

有总务、栽桑、进种、制丝、病理、推广等股。[①]1933年，蚕丝改良局在顺德县大良一处地名为“十二亩”的地方设立了首个蚕丝改良实施区，后增设了10个分区，范围遍及顺德、中山、南海的主要蚕区。蚕丝改良实施区以及各分区的任务除了蚕丝推广以外，还有义务教育、公共卫生、蚕村社会改良。总区是10个改良分区的总机关，各分区任务各有侧重：云路，侧重栽桑育蚕；容奇、桂洲，与第一育种场毗连，侧重育蚕特约组织；龙江、龙山，侧重育种特约组织；黄连，当地生产茧绸和丝绵，侧重茧绸和丝绵制造的技术改良和运销；伦教，居民多从事纱绸业，侧重改良丝织印染；槚镇，侧重茧种推广和新法育蚕；官山，功能和槚镇相同；民乐，侧重改良丝织印染。[②]到了1936年，蚕丝改良总区已经是一个体系健全、职能完备的机构了。总区的主要职能是育种和搭建推广体系。在粤北有曲江原蚕种育种场，主要负责收集国内外的优良品种加以改造选育，广育选定的外来品种，然后供给各原种繁殖场大量繁殖。在顺德设有两个原种繁殖场，一个在两龙试验区，专门繁育碧交蚕种，送各制种家培育然后将改良蚕种供应给蚕农；另一个在马齐，因为当地的蚕农以栽桑养蚕著称，所以该场的目的是向蚕农供给公营制种场的蚕种。

蚕丝改良区将蚕种研究和蚕的病理试验作为蚕丝推广中最重要的部分，派员到各地“选择各种蚕种回粤，举行杂配试验以资研究而求得最适于粤省豢养之蚕种”，1933年起，每月投入经费毫银两千元。[③]改良区制定《广东全省蚕业改良实施区总区分区组设某某中心表证蚕户暂行条例》，划定若干区域，在“每村或每里每坊蚕户达三十家以上者”，选择一家作为“表证蚕户”，可以得到以下服务：改良蚕室；蚕具消毒；优先得到优良蚕种、副业种子，享受半价优惠；优先获得农业贷款；协助改良育蚕、副业设施；成绩优良可得奖励；完成中心托付

① 《广东建设厅蚕丝改良局实施大纲》，《广东蚕声》1936年第2卷第5期。

② ［民国］廖崇真：《广东蚕丝事业之重要性及三年来之改良工作》，《广东建设月刊》1937年第4期。

③ 《蚕丝改良局扩充、制造、改良、支配蚕种经费预算书》，广东省档案馆藏，卷宗号6-2-1238。

工作，可得奖励。而表证蚕户也有以下义务：传达蚕业改良中心意旨；召集蚕户参加巡回讲演；作为中心和蚕户的媒介；对于优良蚕种，代为购买；代中心收购蚕茧；收集蚕农意见；与推广员协调蚕业推广的其他事宜。[①]到了 1936 年，改良区的表证蚕户已经遍及顺德的主要蚕区。[②]改良区的技术人员经常做巡回示范和讲演，并在蚕造闲暇，派人到乡间征选代理发种蚕农。[③]蚕丝改良总区还廉价出售改良蚕种，1933 年 9 月开始发给廉价蚕种，最后来取种者，仅 40 户，发出蚕纸 49 张，每张 500 蚁，并派员前往指导。十月第七造，蚕农见上次改良种确实优于土种，且受指导员劝诱者确能获利。所以来取种者增加。[④]

1936 年，顺德碧交种代理处共 28 家，于民乐分区发布“定种日期、定种地点、蚕种小期、蚕种价值、加收二茧、收茧地点等布告，请当地人推广”。[⑤]由于改良蚕种受到欢迎，竟然有人“抬高价格，转卖图利，甚或取巧自制茧种，冒牌影射”，以至改良区出告示，告知蚕农务必到改良区购买。[⑥]1936 年，改良区的表证活动还使农业学校培育的新蚕种得到推广。如在顺德，仲恺学校的 258 号改良种、中大发出的新一代改良杂种都为蚕农所接受。[⑦]这意味着顺德蚕区传统的茧种流通体制被逐步打破，土种的“制种家”开始接受新的茧种和采用新的育种方法。蚕丝改良区还介绍蚕农直接到工厂出售蚕茧，节省交易费用，使其增加了 10% 的收入。[⑧]抗战前在顺德等地进行的蚕丝复兴运动在 1936 年终于见成效，当年广州出口的粤丝“渐复旧观”，上等丝最低售价 375 港元，

① 广东蚕丝改良区《广东蚕声》1936年第2卷第2期。

② 同上。

③ 《派人落乡征选代理发种蚕户》,《总区消息》,《广东蚕声》1936年第2卷第12期。

④ 广东省建设厅顺德蚕业改良实施区总区：《一岁之广东蚕业改良实施区》，1935年4月，第43页。

⑤ 《分区消息》,《广东蚕声》1936年第2卷第4期。

⑥ 《本区重要启事》,《广东蚕声》1935年第1卷第8期。

⑦ [民国]叶超：《广东珠江三角洲蚕丝业调查》,《中国丝业》1936年11月第2卷第5号，第112页。

⑧ 广东省建设厅顺德蚕业改良实施区总区：《一岁之广东蚕业改良实施区》，1935年4月，第50页。

最高 625 港元，这是 1933 年以来粤丝出口的最好价格。[①]

改良局在桑区推广种植杂粮和经济作物。珠三角的桑区，很早就有在桑园间种作物的习惯。桑园的多种经营能增加桑农的收入。30 年代前期，世界经济尚未完全复苏，有必要加强桑农的多种经营以增加收入。所以总区和各分区大力推广在桑田间种豆类、番薯、马铃薯、蔬菜，甚至陆稻等作物，给桑农做表证示范，还免费发放杂粮种子给桑农种植。[②]同时，蚕丝改良区在桑区内大力推广种桑新技术，增加桑叶的产量。由于糖业复兴运动给基塘农业带来的影响，不少桑基变为蔗基，桑基鱼塘变为蔗基鱼塘。

缫丝业的改良也取得了成绩。1923 年设立的蚕丝改良局，设有示范缫丝厂；1927 年省政府拨给特别经费 2 万元，作扩大缫丝厂和蚕种制造之用。[③]扩大之后的缫丝厂开展各种新式缫丝法比较试验，制造的上等生丝运往美国并获得奖章。[④]1929—1930 年，大力在顺德丝区推广将共橪式改为单橪式，一度有多间丝厂共 2 000 釜相继试改。但是由于缫丝厂在技术细节上仍然墨守成规，试改最终归于失败，使得 30 年代以前的缫丝技术推广举步维艰。1930 年，由民营资本建立的顺德大华丝厂、广州大亚丝厂，在技术上得到岭大和改良局的全力支持，产品取得成功，只是由于市场原因才归于失败。[⑤]

广东的蚕种统制，没有像江浙地区那样，一开始就杜绝土法制种业，使民间制种业走向绝境[⑥]；而是采取循序渐进的方式，很长时间内允许土法制种的存在，但是引导制种家去获取新蚕种并培育出来以供应市场。新蚕种通过推广逐步获取蚕农的信任，再加上良种制作的加快，土法制种逐步被取代。改良种的优势，终于使蚕农和制种家认识到，必须杜绝

① 程浩：《广州港史（近代部分）》，海洋出版社，1985，第236页。

② 《蚕区推广桑田间作》，《广州民国日报》1935年10月4日第2版。

③ 广东省建设厅编辑处：《蚕丝改良局沿革》，《新建设·蚕丝专号》1929年第3期。

④ 同上。

⑤ 黄永安：《岭南大学的蚕丝改良机构和广东制丝改良失败》，载《广州文史资料》第十三辑，1964，第198页。

⑥ 吴建新：《民国广东的农业与环境》，中国农业出版社，2011，第195页。

土种的粗制滥造，加快良种的应用。蚕种统制的观念终于冲破旧的蚕种营销体系。1936年，还有土种制种家“为了宣传，与改良局的新种竞争，自行繁育杂交种，使品种更为混乱，又没有检测手段，病害也更容易泛滥。茧种的粗制滥造严重威胁了蚕丝业”。[①]但是随着土种的营销体制被打破，取缔蚕种的私人制造、强制实行良种统一制造和推广的观念已经被广大土种制种家所接受。1937年5月，百余位民营制种家召开第一次全省制种家会议，通过决议要求政府将改良区5个蚕种制造场改为乐昌形式的原种制造场，以增加产量。会议还决定：严格取缔粗制滥造，根绝劣种，杜绝排挤、倾销，组织全省蚕种业协进会等。制种家这次自发集会，为改良蚕种而呼吁，实属破天荒之举。[②]1938年广东沦陷以前，蚕丝业一度出现生机，公营制种场大量制造原种，并将原种免费发放给各民营制种家复制。[③]制种家组成合作社式的组织，向蚕桑推广机构学习采用新的繁育技术制种，然后向蚕农供应优良蚕种。公营的缫丝厂设立收购站或通过特约“水斗”，从用新法饲养新茧种的蚕农手中高价回收公营制种场蚕种所饲育的茧种。这证明，全面抗战前广东的蚕丝改良已经达到“统制”的初步成果。

蚕业统制中的政府，是同时作为技术、资金和制度的供给者出现的。民营制种家之所以愿意接受蚕种统制，是因为新蚕种确实优于土种，并且有相关的育种配套措施，土法制种望尘莫及。如果民营制种家联合起来以合作社形式和改良区的制种场合作，经济利益不在话下。改良区的蚕种推广，实际上以补贴的形式出现，开始时免费发放，后来廉价售卖。碧交种成本为5元，但是蚕丝改良区发售给农民，只售2元，实际上亏本3元；蚕丝改良区后来还将价格降到1元，亏本4元。此场从开办到1936年，时间长达5年。[④]1937年，改良区的蚕种制造场扩充到5间，

① 《改良广东蚕丝第二期三年施政计划》，《蚕丝统制计划》，《广东蚕声》1936年第2卷。

② 章诤：《民国广东蚕丝复兴运动》，《广东史志》1990年第3期。

③ 黄启臣主编《广东海上丝绸之路史》，广东经济出版社，2003，第713页。

④ [民国]叶超：《广东珠江三角洲蚕丝业调查》，《中国丝业》1936年11月第2卷第5号，第114页。

每造出产 1 万张，就要补贴 4 万元。所以有人主张选育优良固定种，建立原蚕种研究所，[①] 这样可以将原蚕种的繁育过程交给制种家，减少补贴。而原种制造场的蚕种必须由制种家饲育后售给蚕农，比制种家自己育土种获利更多，这样，民营制种家接受蚕种统制就不足为奇了。1935—1936 年，当时广东经济发展积累的资金完全可以支撑蚕丝复兴运动，政府对蚕丝业的资金供给，除了直接补贴、投资以外，还让农民通过合作社形式获得银行贷款。如蚕丝改良实施区在顺德丝区，与广东省银行和交通银行，共同分期举办合作社社员讲习班，并于 1936 年与交通银行签订 50 万元贷款草约。[②]1937 年，蚕丝局与各银行签订 1 000 万元的蚕丝贷款支持蚕户和丝商。[③]

但是到了 1938 年 10 月，这个计划已经没有多大意义了。日军占领广东以后，广东蚕丝改良运动中断，南顺蚕丝区沦入敌手。广东当局派人将顺德蚕丝改良区的全部蚕种资料、设备运到后方，部分保留在民间。1938 年 10 月—1945 年 9 月，广东蚕丝业主要集中在国统区的高要以西地区和粤北地区。农业部门也注意发展天蚕的饲养，天蚕丝用于军事用途和出口赚取外汇，不过饲养规模很小。抗战胜利后，顺德等地的蚕丝业已被摧毁殆尽，生产的蚕茧很少，复工的丝厂也不多。广东蚕丝业的盛况不再。

① 《从建设蚕村说到广东蚕种问题》，《广东蚕声》1936年第2卷第1期。

② 《合作社社员讲习班近讯》，《广东蚕声》1936年第2卷第12期。

③ 黄启臣主编《广东海上丝绸之路史》，第713页。

第三节

糖业改良与甘蔗栽培学、机器糖业的兴起

一、甘蔗栽培学研究

1. 机器糖厂和甘蔗栽培学结合在一起的研究

民国早期，广东农业界将甘蔗和制糖的研究结合在一起，从中探索出一条解决广东糖业危机的方案。

清末农林试验场的报告书中指出国内糖业与洋糖在技术水平方面的差异，提出要对甘蔗栽培和加工技术进行改造。[①] 邓植仪是最早明确提出要依靠政府的力量实现广东蔗糖业产业转型的学者。

1924—1925 年广东大学成立以后，该校学者在《农声》杂志上发表了十多篇文章来论述甘蔗栽培学。1929 年，侯过介绍了台湾甘蔗栽培和机器糖业的情况，给广东的糖业改良提供了借鉴。[②] 大部分的研究认为，在甘蔗栽培方面应强调蔗种的改良，在榨蔗和糖业方面应推广机器制糖。在 1932—1933 年，广东糖业政策的形成受到这些研究成果的影响。

① 广东地方农林试验场 :《广东地方农林试验场第二次报告书》“甘蔗”条，1911。

② [民国] 侯过 :《台湾糖业调查》,《农声》1929年第124期，第49页。

2. 甘蔗栽培学

（1）关于甘蔗品种的研究

传统的竹蔗属中国种原种代表种，是我国地方古老甘蔗原种，广泛分布在华南地区，具有耐寒、耐旱、耐贫瘠、宿根性强的特点。但其蔗糖糖分仅有9%—10%，且多为2.0—2.5厘米的细茎条，只能适应传统辊轴式的土糖寮生产。这与近代机器糖厂茎条粗、糖分高的蔗种要求相距甚远。所以，近代糖业改良的前提条件之一，是以粗茎条、高糖分的蔗种取代细茎种。

民国初年，农林试验场根据试验结果，建议蔗农采用台湾蔗种而放弃本地种。①1924年以后，广东大学农科学院、国立中山大学农科学院一直进行外来甘蔗品种的引进试验。1927年初，岭南农科大学田艺系引入檀香山和菲律宾蔗种数十品种试种。② 两校都对这些甘蔗的糖分进行了比较研究，发现粗茎蔗的糖分、产量远远高于细茎条甘蔗。以后所有的研究都认为，粗茎条蔗种必须取代细茎条蔗种。

（2）关于蔗种繁殖的研究

无性繁殖法是传统农业时代繁殖甘蔗的主要技术，因此，华南地区几千年的甘蔗史上只有几个品种流传，晚清时已经有粗茎种引进，但是因缺乏选种技术而很快退化。作物遗传学技术的引进，解决了杂交育种的难题。

关于蔗苗的选择育种，彭绍光认为选择的蔗苗必须是没有病害、健全、发育旺盛的一年生茎条，排除宿根作为蔗种，而且蔗种需取自茎条的中下部；细心观察蔗苗的变异，如果变异优于母株，就立刻繁殖；对于外国品种，要有选择地引进，因为水土不同，外来甘蔗品种不一定适应中国。杂种育成法是其文章的主体部分，详细介绍了甘蔗的有性繁殖法。③ 彭的研究指出，有选择性地引进外来品种的观点是对的。在糖业改良的初期，粗茎种的繁殖大都是以无性繁殖法进行，必须进行杂交试验。1937年，梁光商对甘蔗的有性繁殖做了理论性和实验性的研究，

① 广东地方农林试验场：《广东地方农林试验场第二次报告书》“甘蔗”条。

② 《农事双月刊》1927年第5卷第5号，第30页。

③ ［民国］彭绍光：《甘蔗品种改良法》，《岭南农刊》1935年，第29—52页。

他认为甘蔗雌雄本的生殖能力和品种是“实用形质”，是品种的遗传因子和分离复合等现象。这是从植物遗传学角度分析甘蔗的有性繁殖的基础。他将国际上著名的甘蔗实生种品种的父母本来源列出，包括爪哇38种父母本来源、菲律宾26种父母本来源、夏威夷3种父母本来源、印度27种父母本来源、中国台湾17种父母本来源。这是当时甘蔗杂交育种的最重要参考资料，至今仍然具有一定的参考意义。它使研究者了解已知的杂交品种的父母本来源，避免育种过程中的盲目性，并且能根据所要选育的良种标准进行定向选育。此外，他还在文章中论述了甘蔗的开花习性、抽穗期、5个检验甘蔗雌雄本的生殖能力的方法、甘蔗种子采集法、最简易的杂交法。他参照了世界各地的繁育方法，列举出了预选实生苗的几个阶段中的重要注意事项。[①]

与无性繁殖法相比，有性繁殖技术更适应甘蔗品种不断改良与更新的需要。因为外来甘蔗品种在无性繁殖条件下，会很快出现退化的现象，从而影响糖分和抗病害能力。只有不断地通过选择优良品种进行杂交，不断培育适应本地风土和抗病害能力的新品种，才能防止蔗种的退化。

（3）关于栽培技术的研究

甘蔗多病害，病害蔓延则使甘蔗减产。1935年，何畏冷发表了《广东甘蔗病害汇志》，这是当时最为完整的关于广东甘蔗病害的研究。他将甘蔗叶、梢、茎、根的病害归纳为19种，其中叶病12种、梢病2种、茎病3种、根病2种。他称尚有数种病害未在文中加以报告。何畏冷详细描述了病害的病理、病害发生的途径、病害的分布地区、病害的病症表现、病原，还绘了菌图。最重要的是，他记载了病害的防除方法。[②]另外，谢其炳对甘蔗螟虫的成虫过程、为害方式及发生原因、防治方法也进行了较为全面的研究，提出了化学防治法、农业防治法、人工防治法、生物防治法，大都简单易行，非常实用，尤其是他根据中外文献，指出了蔗螟虫的九大类114种天敌，在蔗螟虫的生物防治史上具有先行意义。[③]

---

① [民国]梁光商：《甘蔗交配育种法》，《农声》1937年第216期。

② [民国]何畏冷：《广东甘蔗病害汇志》，《岭南农刊·园艺专刊》1935年第2卷第1期，第53—102页。

③ [民国]谢其炳：《蔗蛀虫之防治法》，《农声（昆虫专号）》1936年第196、197期合刊。

在栽培技术方面，林家齐《甘蔗栽培讲话》研究最全面。他在文中介绍了蔗园中除草、剥叶、中耕培土、甘蔗出芽时适当除蘖芽等方法。[①]蔗农称去除多余的蘖芽为“打蔗鸡”，剥叶就是“剥荚”，此外，壅土、除草两次都是早已盛行于珠三角蔗区的技术。但是林家齐的研究具体说明了这些栽培法的操作要领，更具科学性。一个民营农场撰写的《爪哇蔗栽培法》指出：在甘蔗栽培后，如果甘蔗枯萎，就要补植；在蔗园外要有个苗床，蔗苗假植，随时预备补种。新会的民生农场还总结出一套独特的中耕壅土的方法：蔗苗刚种下时，要“畦脊之泥，徐徐拨下”；蔗苗长高时，培土使蔗头深藏土中，根深蒂固，才不易被风吹倒；培土时用“互换地形”的方法使甘蔗得到不同的新泥。[②]对于甘蔗的灌溉，林家齐主张甘蔗的“发芽之际并夏期生长旺盛之时”，是甘蔗最需水的时间，必须加强灌溉，否则会导致甘蔗成活率降低和糖分汁液减少。[③]沙围田的蔗园采用挖泥艇挖泥，再用人工运入蔗园，称为“上泥之法”，这是明清以来的甘蔗栽培法，能使蔗田保持湿润环境，保持甘蔗对水分和养分的需求；并竖竹木撑持甘蔗以防风，能达到林家齐所述的效果。

在选择品种方面，林家齐提出要综合考虑不同的适应性强的品种，对于灌溉条件不好的地区，“要选定能耐秋冬干燥期中之旱魃者”；而对于灌溉条件好的地区，就要定向培育耐浸和喜欢水的品种。[④]

在甘蔗和其他作物的轮种方面，1935 年金格教授的《广州三角洲之甘蔗栽培》一书中提到在番禺、东莞、顺德的十个甘蔗试验场，应用豆科作物作绿肥，在蔗苗幼小的时候就开始间种豆类作物，能使甘蔗产量大幅度增加。[⑤]这是甘蔗与豆科作物间种而大幅度增产的成功例证。珠三角蔗农认为围田地区实行水稻与甘蔗的轮作，是防治蔗龟最有效的

① ［民国］林家齐：《甘蔗栽培讲话》，《农声（农艺论丛·茶蔗专号）》1932年第154、155合刊，第423页。

② 新会河塘民生农场：《爪哇蔗种植法》，新会天成印刷馆，1936，第6—8页。

③ ［民国］林家齐：《甘蔗栽培讲话》，第425页。

④ 同上文。第433页。

⑤ 广州区第一蔗糖营造场：《广州三角洲之甘蔗栽培》，1935，第128页。

办法，同时，还可以收到水稻增产的效果。① 这是在明清时期就已出现的技术。

施肥方面，在20世纪二三十年代，化肥已经在珠三角地区的蔗园中普遍使用。1933年苏旭光的《广东化学肥料营业施用概况调查报告书》给我们提供了20世纪30年代初部分主要蔗区化肥应用的情况："腊蔗、木蔗多产于珠江三角洲，交通利便，肥料用麸粪河坭，少施硫酸亚；竹蔗多种于岗陵岸地，远离城市，农民为轻便计，近数年来多用硫酸亚。"② 在蔗糖复兴运动中，随着优良蔗种的推广，化肥使用率上升了。

3. 榨糖技术的研究

新式榨糖技术的引进，从晚清时就已经开始。光绪末期，汕头有一西洋式机器制造厂，不到一年即行倒闭。③ 清末到民国初都没有开设机器糖厂的记载。关键原因可能是当时没有粗茎甘蔗作为原料，以竹蔗为原料，糖厂必然亏本。

1930年，中大农场种植甘蔗的土种和改良种，"甘蔗之栽植，生势良好，其中肉蔗23亩，价值900元，竹蔗90亩，专供榨糖，下月可以榨糖。"④1931年，农场的新机器榨糖取得较好的效益。⑤1930—1931年，石牌农场进行小型机器糖厂的建设，是广东糖业改良的先声。

新式机器榨糖技术，其实包含着机械大型化、熬糖化学化的复杂技术过程，这一技术当时只能引进和消化。广东农业界的任务，是向农民宣传土榨法和机器榨糖法的利弊得失，引导他们种植粗茎条的甘蔗，为糖厂提供原料。中大农学院的学者将对竹蔗和外来蔗的成本利益作对比：在使用传统技术的情况下，竹蔗每亩所需资本30元，产糖4担，每担制造费和成本12元；夏威夷蔗（粗茎种）所需资本60元，产糖9担，每担制造费和成本12元。木蔗（粗茎种）产量100担，分别用新旧式

---

① 广东省人民政府农林厅：《珠江区甘蔗丰产经验介绍》，华南人民出版社，1953，第11页。

② [民国]苏旭光：《广东化学肥料营业施用概况调查报告书》，国立中山大学农学院，1933，第101页。

③ [清]兴礼：《潮州糖业调查概略》，收入罗振玉编《农学丛书》第六集。

④ 《校闻》，《农声（化学专号）》第139期，第130页。

⑤ 《十二月十九日十八次农场会议纪录》，《校闻》，《农声》第140期，第87页。

榨糖法的利益成本对比，如用旧式榨糖法：蔗径重量100担，蔗汁液70担，制成糖量10.5担，含结晶糖70%，市价每担16元，所得总值168元，所需制造费5元，共制造费52.5元，每百担蔗糖价值115.5元。新式榨糖法：蔗径重量100担，蔗汁液85担，制成糖量9.5担，含结晶糖99.5%，市价每担27元，所得总值256.5元，所需制造费2元，共制造费28.5元，每百担蔗糖价值228元。[①] 种植竹蔗和粗茎蔗，采用新旧榨糖法所得利益，一目了然，农民自然接受。大型糖厂也是用利益比较的方法对农民进行宣传使农民接受粗茎种的栽培。

二、糖业复兴的主要成果

1. 大型机器糖厂的设立

陈济棠在20世纪30年代初主政广东，使全省的财政收入好转，建设全省工业有了实力。但是引进糖厂机器是使用外资的，当时正值国际经济危机，外商也乐于向广东赊销机器。1933年8月、12月，广东当局先后和美国、捷克的糖业机器制造商购买机器。1934年12月，市头、新造两厂先后建成，并开机榨蔗。1935年底、1936年初，惠阳、顺德、揭阳、东莞4间糖厂也相继建成投产，并且盈利，仅1935年，各糖厂盈利达1 000万元，并在上海挤占了洋塘市场。[②] 这一速度和效率在中国近代工业史上是一个奇迹。尽管陈济棠在建厂期间的走私糖（称“无烟糖”）冲击了市场，但这是广东当局与南京中央政府经济矛盾的结果，实际上为加快筹集建糖厂所需的大笔资金起到了积极作用。这些机器虽然是从国际市场上买来的廉价机械设备，但也是当时中国大陆技术上最先进的糖加工设备，包括可生产精糖的双亚硫酸法压榨机、沉淀箱框板式压滤机、低温蒸发罐和真空蒸发罐等糖加工设备和自备的发电厂、锅炉以及酒精生产设备等。[③] 糖厂以最快的速度建成，对当时广东农业的

① ［民国］司徒廉：《本省农村复兴与蔗糖业》，《农声》1934年12月第179、180合刊，第10—12页。

② 肖自力：《陈济棠传》，广东人民出版社，2002，第332页。

③ 冼子恩：《陈济棠办糖厂经过及其真相》，收入《广东文史资料精编》上编第3卷，中国文史出版社，2008，第183页。

图 3-3　顺德糖厂旧址

发展有极大的促进作用，对当时其他工业的发展也有不可低估的促进作用，如促进了机械配件的制造、酒精厂的建造、饮料厂的建造。包括机器糖厂在内的省营工业形成一套独特的管理办法，将工厂分为制造、经理、财务、设计、监督五个互相独立又互相牵制的部分，各自负责产品制造、原料购买和产品销售、贷款收支和资金筹划、工厂的设计和建造等。

此外还有省政府派出的“省营工业审核委员会”对工厂的账目进行独立审核。而工厂也有独立的用人权和管理权。[①]虽然这种官营工业不可避免地存在官僚主义与贪腐等现象，但可以说，它们是20世纪30年代广东近代工业最重要、效益最高的部分，从设备到管理都具备了近代化工业企业的主要特征。甘蔗品种的大规模推广就是在这个基础上进行的。

2. 甘蔗蔗种的引进和推广

糖厂需要数量巨大的原料，必须引进和大量繁殖粗茎种。20世纪20年代开始，广东农业界已经很重视粗茎种的引进。古桂芬毕业于岭大，1923年在美国专门修习糖业，寄给母校夏威夷蔗种一批。[②]1928年，著名林学家侯过担任琼崖农林试验场场长时，到台湾访问，调查台湾的糖业。后得友人赠送爪哇2725改良蔗种一万株，辗转运往琼州。侯过同时在台湾购十余蔗种，又在爪哇买来其他蔗种，都种植于琼崖农林试验场。后来侯过卸去场长职务，海南农林试验场的一个技师将这批蔗种的一部分带回新会、中山，在甘蔗繁育场中试种和推广。1934年，这批原引自台湾、运到海南，然后又辗转运至广东的蔗种，成为惠阳糖厂开办时蔗种推广的主要蔗源。侯过还曾经到过惠阳糖厂三蔗区，视察过这批甘蔗品种的生长情况。[③]同时岭南大学和中山大学的农场也都进行了粗茎蔗种的繁殖试验。1929年，邓植仪担任中大农场场长，进行粗茎蔗种的栽培繁育，同时进行榨糖法试验。

广东建设厅农林局系统引进外来蔗种的力度更大。1932年，糖业复兴运动正式启动，主持糖业复兴运动的原岭南大学农学院院长、广东农林局局长冯锐教授，在1933年前往菲律宾考察，搜集到“世界公认为最优良之蔗苗”共52种。同年，广东当局从菲律宾聘请任职于菲律宾大学的美国糖业专家金格教授来广州主持蔗种改良工作，他也从菲律宾带来蔗种52种。后来这些蔗种都在农林局系统的甘蔗繁育场中试种和推广。[④]冯锐在珠三角设立了新洲、磨碟沙、陈村、东圃、农林局五

① 肖自力：《陈济棠》，广东人民出版社，2002，第333页。

② 《农事月刊》1923年5月第1卷第11号，第53页。

③ ［民国］魏双凤：《侯过教授与广东蔗林业》，《农声》1942年第255期，第119页。

④ ［民国］陈绍宇：《广东糖业与冯锐》，1937，第2—6页。

个优良蔗种繁殖场，由金格和本地专家专门负责对甘蔗良种进行大规模的繁殖。农林局系统的试验结果表明，以爪哇系列的品种最为优良，成熟期早，如果采用新式栽培法，平均亩产可达100担，爪哇2883甚至可以达到300担。[①] 农林局一些县级的机构也自行引进和推广蔗种，如1936年，揭阳农林推广处为配合揭阳糖厂的需求，在本县的第一苗圃场、洋泮村、渡头村建立了三个甘蔗繁育场，“预购者不绝”。[②] 冯锐引进的这批蔗种，经过繁殖场的繁育和推广，在机器糖厂中用量最大。

广州地区农业院校早在糖业复兴运动时就自行引进甘蔗良种并且加以繁殖。1931年，岭南大学农学院与农林局设于中山县的中山经济作物繁殖场合作，从檀香山、菲律宾、爪哇引进了一批甘蔗良种进行繁育。[③]1934年11月11日，在中山大学成立十周年暨新校落成仪式上，中山大学举行展览会，农科学院的展览厅展出了该学院引进的爪哇蔗种3种、夏威夷糖蔗3种、印度改良种1种、澳洲良种1种、本校改良的广东果蔗1种。在展览中说明“爪哇蔗最佳”，并说明了经过本院改进的广东优良果蔗特性。[④] 中大农场在《农声》上发告示，称有大量的爪哇蔗出售。[⑤] 高校和政府下属研究机构合作，调查粗茎种资源以便繁育新种。1936年，中山大学农学院农场蔗园与广东省营永安甘蔗繁殖场合作，对全省甘蔗品种资源和特性进行了调查，由农学家梁光商主持。[⑥]

民间农业企业引进良种也不少。新会河塘民生农场是一个比较典型的例子，它建于正好是糖业复兴运动高潮的1934年，占地数百亩，专门从事蔗种的改良和推广，它的建立似乎得到当局的大力支持。农场自行出版了一本免费发放给农民的小册子《爪哇蔗种植法》，扉页上有冯锐、军人李杨敬、政界名流区芳浦等多人的题词。它的蔗源来自爪哇、菲律宾、

① ［美］金格：《广州三角洲之甘蔗栽培》，［民国］徐旭勋、何伯平译，广州第一甘蔗营造场，1935，第128页。

② 揭阳县农林推广处：《晓农》1937年6月第2期，第6页。

③ 广东省建设厅农林局：《中山经济作物繁殖场专刊》，1934，第4页。

④ 《国立中山大学成立十周年新校落成纪念册》，国立中山大学，1934年11月，第106—107页。

⑤ 《农声（农林化学专刊）》1935年10月第188、189期合刊，扉页。

⑥ ［民国］梁光商：《甘蔗品种特性之初步调查》，《农声》1937年第215、216期合刊。

中国台湾等地，经过试验认为引自台湾的爪哇 2714、2725、2883 等品种最适宜广东的风土。[①]

以上的引进试种都围绕着大型糖厂的设立进行。主渠道是农林局系统的甘蔗繁育和推广工作，其他渠道则作为补充。农林局系统的甘蔗营造场是一个所谓“公营事业”性质的类似农工一体化的实体。随着大型糖厂的设立，糖厂的周围形成了附属于机器糖加工业的蔗区，繁育场的甘蔗良种就在这些蔗区中得到推广。

工作人员根据优良蔗种的选择目标，对大量的引进品种进行了科学的筛选，不同的试验结果均指向爪哇系列。爪哇种的特性是茎粗大、直生、生长力强、耐旱、糖分高、分蘖性强、宿根佳良。从土地利用来说，分别有适应旱地、高地、水边的不同品种；从成熟期来说，有早、中、晚的不同品种。从许多品种中筛选出爪哇 2714、爪哇 2725、爪哇 2727、爪哇 2878、爪哇 2883。试验结果多认为爪哇 2878、爪哇 2883 最适宜本地风土，这两种在蔗种推广中最普遍。[②]

大型糖厂的甘蔗繁育场用“优良品种表证”向蔗农展示良种优于竹蔗的突出效果，用“栽培法表证”展示先进栽培方法的增产效应，用“肥料试验表证”向农民展示化肥的使用方法和快速增产效果。[③] 随着良种的推广，科研机构里的研究成果以前所未有的速度走向田间而得到应用。30 年代以前，中大农学院和岭大农学院各有学者进行过不少的研究，主要在学校农场实践，而这些研究成果大都被冯锐在甘蔗“表证”的推广活动中吸收。当然，在糖业复兴运动中，高等农业院校的蔗园也直接向蔗农供应优良蔗种。[④] 民营的专业蔗种繁殖场开始崭露头角。[⑤]

3. 机器糖厂带动甘蔗栽培业的发展

随着大型糖厂的设立，糖厂的周围形成了附属于机器糖加工业的蔗区。设在番禺的新造糖厂、市头糖厂主要覆盖广州郊区、番禺、增城，

① 新会河塘民生农场：《爪哇蔗种植法》。

② [民国]梁光商：《甘蔗品种特性之初步调查》；新会河塘民生农场：《爪哇蔗种植法》；广州第一甘蔗营造场：《甘蔗种植浅说》，1935，第10页。

③ [民国]黎献仁：《中国糖业政策》，《农声》1935年第190期，第29—30页。

④ 参看20世纪30年代前期《农声》《农事月刊》上的相关广告。

⑤ 新会河塘民生农场：《爪哇蔗种植法》。

顺德糖厂覆盖顺德、中山、南海，东莞糖厂覆盖东莞，惠阳糖厂覆盖东江流域，揭阳糖厂覆盖潮汕平原，以上糖厂和蔗区在1933—1936年间形成。这一布局基本上按照1933年冯锐提出的糖业复兴计划的设想进行。1936年，广东还计划建立中山潭州糖厂，其规模和产糖能力超过原有的惠阳和东莞、顺德糖厂，同时徐闻和海南的糖厂也在筹备之中。[①] 只是由于陈济棠下台和全面抗战接近爆发，这些糖厂没有建立起来。在计划设立大型糖厂的地方，蔗种改良甚至先走一步。如甘蔗种植条件甚佳的雷州半岛，糖厂尚在计划中，1933—1935年，广东建设厅农林局已在徐闻办垦殖场，开垦荒地2 200亩，引种的甘蔗良种有爪哇、印度、夏威夷、巴地拉等品种。[②]

由于甘蔗栽培有利可图，农民纷纷种植。1935年，各糖厂开工，珠三角的南海、顺德、番禺、中山、东莞、新会等县种植甘蔗面积就有2 000顷，加上北江各属和南路各县所种植的甘蔗，"亦属相等"，[③] 则1935年全省蔗田面积超过4 000顷。有学者估计，到1938年上半年广东未沦陷之前，仅仅在番禺县，蔗田就有90万亩，全省统计蔗田面积"为数不下千余万亩"，超过爪哇、古巴、中国台湾、菲律宾等地的蔗田总和。[④] 上述这些估算尽管不一定准确，但也表明在全面抗战前广东的甘蔗栽培业达到了全盛时期。

30年代中期甘蔗栽培业的发展，促进了粗茎种取代细茎种的进程，这是甘蔗栽培史上的重要变化。广东成为产糖大省，甘蔗的栽培面积在全国最多，机器榨糖技术水平最高，产糖量在20世纪30年代前中期居全国领先地位，这是近代中国经济史上的大事。

4. 土糖业的改造

机器糖业的发展，并没有完全排斥土糖业的发展。因为粗茎条甘蔗的产量不足，传统的竹蔗种植面积很大，土糖寮仍星罗棋布地分布在甘蔗产区。过度排挤土糖业，对农业经济并不是好事。因此，陈济棠政府

---

① 全国经济委员会：《制糖工业报告书》，1936，第62页。

② 文生：《改良甘蔗始于何时》，《徐闻文史》1984年第1期。

③ 广东省调查统计局编《统计月刊》1935年10月第12期，第7页。

④ [民国]邓兆槐：《广东甘蔗糖业改良刍议》，《农声》1938年7月第218、219期合刊，第36—56页。

采取“两条腿走路”的方针，在发展机器糖业的同时，对土糖业采取继续扶植的政策。

1933 年 9 月，广东省政府虽然通过发布《广东省民营糖厂监督暂行规程》，堵死了民营资本进入机器糖业的投资领域的路，[①] 但没有对其进入土糖业进行限制，这是因为土糖业对机器糖厂的精制白糖不构成威胁，反而土糖可以作为机器糖厂加工白糖的原料。因为糖厂榨季只有 100 天，榨季过后可以利用闲置的设备，收买土糖精炼，减少因蔗种资源不足而造成的糖厂开工不足，同时也是为了不彻底扼杀农民的家庭副业，使之有增加收入的机会。糖业统制没有使土糖业受到损害，反而使之有一定程度的恢复。[②] 这是机器糖业出现以后土糖业发展的原因之一。对土糖免征捐税，也是扶植小农经济的措施。[③]

在当时的报道中，出现了一些介于土糖寮和新式大型糖厂之间的小型糖厂。1934 年，花县有台湾人办的毕村糖厂，该厂种植竹蔗、木蔗和爪哇蔗，有七十马力的发动机一台、榨蔗机器一架、沉淀池三个、锅三口、蒸汽炉一台等。所产糖的质量比土糖好，但颜色不够白，显然比大型糖厂的差。[④] 在抗战中和以后发展起来的小型糖厂，为了提高榨蔗的效率和能够加工粗茎的爪哇蔗而改用铁制压榨机，动力由畜力改为机动力，制糖方法亦由漏糖而改用分密机，遂使产品质量均稍提高，成本亦比小糖寮要低。全面抗战爆发后，番禺的两间大糖厂先后在 1938 年停产，但是蔗糖业作为番禺的支柱产业仍然存在，蔗糖业的技术变革仍然缓慢进行，粗茎条蔗种的普及引起了土糖加工业的技术变革。到 1949 年底，番禺全县有榨蔗糖寮 15 间，其中小型的机器糖厂 13 户，牛榨糖寮 2 户，拥有糖炉 40 个。全年压榨甘蔗能力 45 172 吨，糖产

① 1933年9月广东省政府通过农林局拟订的《广东省民营糖厂监督暂行规程》，广东省政府第六届委员会第216次会议录，民国时期广东省政府档案资料选编，3册，第463页。

② [民国]陈绍宇：《广东糖业与冯锐》，第61页。广州的报纸影印版，1934年10月7日“土糖业趋于顺境”。

③ 《农林消息》，《财厅免征土糖捐》，《农声》1934年3月第176、177期合刊，第116页。

④ 《农业消息》，《花县毕村糖厂近况》，《农业推广》1934年4月1日第3、4期综合号，建设厅农林局发行，第68—69页。

量 4 800 吨。全县种蔗面积 14 300 亩，每亩产量为 3.4 吨，甘蔗总产为 47 390 吨。[①] 顺德的机器缫丝厂在生丝出口不景气的时候，就转而利用缫丝厂的动力生产蔗糖。此外还有不少专门榨蔗的小糖厂，1947 年，顺德县正式挂牌的民营糖厂就有 50 家，年产糖近 1 200 万斤，连同顺德糖厂的产量，接近 3 000 万斤。[②]1950 年，小型糖厂 74 家，大部分使用小型加工机械。[③] 到 1950 年，全省私营糖厂有 150 家。[④]

1938 年 10 月，广东沦陷，新式糖厂或落于敌手，或被炸毁。除了顺德糖厂能继续生产，其他糖厂全部停产或连工厂也都被毁。1940 年，在国统区 27 个县种植的主要是竹蔗，产土糖 845 842 担，价值为 109 380 974 元，在高要等靠近珠三角的地方有些粗茎种甘蔗，但是榨糖法完全是土法，遂溪县产糖最多，其次是曲江县。[⑤] 可见全面抗战时期甘蔗种植的地方有西移、北移的趋向。

抗战胜利后，原有的引进的粗茎蔗种因为缺乏后续的杂交育种而严重退化，且病害严重，只有本土竹蔗仍在广泛种植。原有的糖厂中，市头糖厂准备修复机器复工，顺德糖厂具备一定的生产条件，东莞糖厂稍后也恢复了生产。1948 年，中大农化系的学生前往东莞糖厂考察一个星期，[⑥] 还参观了顺德糖厂。[⑦] 但是抗战胜利之后的三年，广东蔗糖业无论如何都达不到 1938 年 10 月以前的水平。

① 番禺县糖业志编写组：《番禺县糖业志》，1990，第2页。

② 顺德县志办公室：《民国时期顺德蔗糖业的兴衰》，《顺德修志》1989年9月第45期。

③ 《珠江区顺德县甘蔗糖口典型调查报告书》，顺德糖厂业务课、广东糖业公司业务室，1950。

④ 《广东糖业调查》，广东糖业公司，1950，油印本。

⑤ 广东经济年鉴续编委员会：《三十年度广东经济年鉴续编》，广东省银行经济研究室，1942，第68页。

⑥ 《校闻》，《国立中山大学校报》1947年3月11日，第1页。

⑦ 《国立中山大学校报》1947年2月7日，第1页。

第四节

园艺业与园艺学的成就

一、园艺业发展概况

民国时期出现了不少园艺种植园，这些园艺种植园大多有资本充足、种植技术高、利润丰厚等特点。以园艺业最发达的增城县为例，民国时期有："启芳园在云都朱村小学礤山下，为朱云生、朱采田合资五千金营筑，经始于光绪三十四年（1908 年），计内植珍品荔枝千余株，乌榄、白榄各六百余，橙、柑桔各二三千株，菠萝不可胜数。其他花竹树等以千万计。"此外，该场还经营畜牧业。适可园在云都朱村，"植佳品荔枝八百本，其他果类称是。另开花畦植玫瑰万余本，岁撷其花售为酿糖品，获利颇厚。"下都石厦村附近，"护田围基纵横亘十里，向多弃置，不甚爱惜，村人就地种植荔枝，一望平原万株佳植，现已披柯覆荫气象葱茏矣。""牛都白面石有崟荃叟者，园主人以其号名也。叟姓王，家世业儒，中年以避世隐居于附近山麓，辟地种植，以菠萝为至多，其他乌榄、香蕉、柠檬、梨、桔、桃、梅、竹木之属，相其土宜而杂以泰西新法手自培溉，蕃植尤速云。""羊蹄峰园，在牛都横岭村，为何继文营建。以植茶为大宗，沙梨、乌榄、桃、梅、菠（萝）诸品为盛。福都山塘橙园，村人杨榕高等筑。拓地五十余亩，有橙万余株，其他种植附属品不可胜数。上都西瓜岭村，附近圆岭、薪岭、斜贝岭等处面积数百亩，光绪三十二年（1906 年）村人就地遍种乌榄五千余株、荔枝千余株，历年从事扩充

會場內景之十三 工藝原料部

會場內景之十四 林產及林產製造部

图 3–4　广东第二次农产品展览会，其中以园艺产品为多

经营未艾，现所植之木已发荣滋长而获利亦溥云。”[①] 新塘即《广东新语》中记载的沙贝，“家家以种植果木为生，多为柑橘、香蕉、石榴、柠檬等，荔枝以糯米糍、桂味为最多。每亩地收获二三十担，每亩每年利益约百五十元。肥料以人粪尿和泥肥为多。果木种植每年扩张，近数年间多种植数倍，村中田地，三分之二种植果木，一分禾田。不满十年间，全村皆变为果园，所收之利，比未械斗之前多十余万元。”[②]

广州东郊的萝岗洞，民国时此地大小三十余村无处不种植梅、荔枝、黄皮、沙梨、橙、柿、栗等。总计每年生产各种果品五百余万斤，产品经火车运往香港和省内。除了小农经营，也有大规模的种植园。[③]

四会的砂糖橘、橙子在明清时也非常著名，民国时也出现了大规模的合股经营的园林。1918 年，四会西沙万春园一百余亩，每年租银四百元，所种植者甜橙、柳橙、红柠檬、白柠檬、胭脂脚、桑麻柚等，耕者梁碧云、业主为吴佀琴等。[④] 在四会，这类果园很多，种植橙子和荔枝。[⑤] 粤东的潮安，所产柑子是潮州柑的代表，品种有蜜柑、蕉柑、甜柑、雪柑等。[⑥]

荔枝产区大致沿袭清代以来的产地分布。广州的荔枝干焙晒业所用的荔枝，产自南海、番禺、增城、从化等处；水东黑叶从高州运来；糯米糍多从番禺、增城各地运来。[⑦] 乌榄种植以增城、番禺、东莞最多。[⑧]

---

① 民国《增城县志》卷九《实业·工商》，中国方志丛书本，第182—183页上。

② [民国]朱耀廷：《增城新塘东洲村种果调查》，《农事月刊》1924年12月第3卷第6号，第38—39页。

③ [民国]黄遵庚：《萝岗洞之果树园艺观》，《广东农林月报》1918年12月15日第2卷第12期，第15页。

④ [民国]郭华秀：《四会西沙万春园橙及桔柚之种植法》，《广东农林月报》1918年11月15日第2卷第11期。

⑤ [民国]郭华秀：《四会县柑橘类调查记》，《广东农林月报》1918年11月15日第2卷第11期，第4—5页。

⑥ [民国]温文光：《广东省柑橘类调查》，中山大学农学院农林研究委员会园艺专号第1号，1935，第8页。

⑦ [民国]邵尧年：《广州荔枝干之焙晒事业》，《农事月刊》1925年12月第4卷第6号（园艺特号），第69—75页。

⑧ [民国]友圃：《增城之乌榄业》，《广东农林月报》1918年5月第2卷第9期，第1—6页。

蔬菜业多集中在城市的附近。广州蔬菜产区主要在近郊，如西村、河南、大北门、小北门、沙河、石牌一带，北江、南路、东江、西江等地的蔬菜种植也不少。其著名者有新会荷塘的芥蓝、江门的白菜、潮州的大芥菜、泮塘的莲藕和石牌的苦瓜。[①]

广州的花卉业集中在花埭、芳村等地。1925 年，“花埭为最盛之区，名闻全国。其余市区内之花园，大小不下十余。另有租赁破屋隙地摆列时花百十盆待沽售者。”[②]1930 年，花埭的花卉种植园不下二三十家，每家资本数万元至十万元不等。[③] 玫瑰花的栽培也给农民带来丰厚的利润。[④]

广东的园艺业同时面向国内和国外市场。1936 年，全省水果种植面积 1 822 500 亩。出口水果平均每年价值为 237 万元，柑橘类占 47%，其余为荔枝、龙眼等；销往国内为 123 万元。外国水果进口，打击本地的果业，广州市果栏只有五十家左右。[⑤]20 世纪 30 年代中期全省柑橘的栽培面积约十万亩，每亩的收获平均为 1 200 斤，每斤价银大洋一角五分，每亩收入为 176 元，则十万亩果园的产值约为 1 700 万元，对农业经济的影响很大。[⑥] 广东农林局当时估计全省的柑橘、荔枝、龙眼等果树产值在 3 000 万元左右。[⑦] 以出口为主的果树种植，在 20 世纪 20 年代末至 30 年代前期，由于世界性经济危机，以及国内战乱的影响，而销路大减。如潮安柑橘，20 世纪 20 年代销路还不错，能销往南洋、天津、上海、北平等地。九一八事变之后销路疲软，1932 年销往北方的货大大

① ［民国］何淞海：《广州市蔬菜事业谈》，《农声（园艺专号）》1930年6月第134期，第10—21页。

② ［民国］郑凤桐：《广州花卉营业概况及其改良》，《农事月刊》1925年12月第4卷第6号（园艺特号），第21—36页。

③ ［民国］梁家勉：《园艺研究会过去及今后之工作》，《农声（园艺专号）》1931年8月第147、148期合刊，第96页。

④ ［民国］友圃：《玫瑰业之调查》，《广东农林月报》1918年4月第2卷第8期，第1页。

⑤ 《农林消息》，《农声》1936年5月第194、195期合刊，第14—16页。

⑥ ［民国］温文光：《广东柑橘果树退化之现象与今后改良之要点》，《农业推广》1934年4月1日第3、4期综合号，建设厅农林局发行，第16—19页。

⑦ 《农林消息》，《农声》1936年第194、195期合刊，第16页。

减少；上海事变之后，销路更是一落千丈。南洋各埠，也因为增加税饷而销路减少。[①]20世纪30年代，水果进口数量惊人：包括生果和制品，1934年价值就达1 319 000元（海关两）。[②]花卉业也一样，20世纪20年代中期，花埭的种植业“经营似乎日渐退缩，远不如其他行业之盛。城市之花园，已经日见其减。花埭之花园，亦年年如旧，毫无新色”。[③]

民国时期对园艺业的调查，是为了调查清楚有多少优良种质资源，宣传那些能带来高利润的品种，使农民获得经营利益。如莫辉堂《种植柠檬可获速利》记载：种植柠檬，“种植后三年，每株有果五斤，四年后可以得果十斤。到第七年为限，每亩地可以种植柠檬120株，可以得果数千斤，每百斤沽售银七八元，经过加工和贮藏，下年二三月沽售，每百斤可以得二十余元。柠檬水可以作为染料染丝绸，可以蒸酒，可以制作蕃碱。凡是种植家不可不种植柠檬。”[④]在这方面，民国早期的学者如郭华秀、黄遵庚、友圃等做了不少工作，他们的调查，挖掘、传播了有价值的传统种植技术。郭华秀的《番荔枝栽培法》记载了番荔枝的民间种植法，[⑤]邵尧年的《北番禺之马蹄栽培》计算了每亩马蹄需要使用的肥料数量，[⑥]郭华秀的《黄皮栽培法》介绍了黄皮果的繁殖和种植法。[⑦]20世纪二、三十年代，《农事月刊》上这类文章很多。

二、近代园艺学研究与实践、引进的外来园艺产品

近代园艺学从栽培学、耕作学、遗传学、植物营养学等方面进行园艺作物栽培技术的探讨。民国园艺学对柑橘类作物研究最多，例如：砧木和接穗均要恰当，两者都不能滥用；注意保留果树的优良品种，

① 《农业消息》，《农业革命》1932年2月15日第1卷第4期，第26页。

② 《农林消息》，《东区农林月报》1935年7月28日第1卷第7期，第5页。

③ [民国]郑凤桐：《广州花卉营业概况及其改良》，《农事月刊》1925年12月第4卷第6号（园艺特号），第21—36页。

④ 《园艺》，《农事月刊》1922年10月第1卷第4号，第8页。

⑤ 《园艺》，《农事月刊》1923年8月第2卷第2号，第10—12页。

⑥ 《农事月刊》1923年10月第2卷第4号，第20—21页。

⑦ 《农事月刊》1924年3月第2卷第9号，第6—7页。

正确应用嫁接、驳枝等无性繁殖法和有性繁殖法；果园管理须科学化，注意中耕、除草、施肥；果园中注意灌溉和排水，注意不同土壤、地势和地下水位对不同果树的影响；果树之间定植的果木、树木比例要合适，不能过密，且要注意剪枝的时间，以防枝叶过密影响通风效果而致果树生长不良，树叶过多影响果树的结实；在害虫防治方面，由于农药少，须以综合防治法降低成本又能达到效果。

此外，不同学科的学者也加入园艺栽培的研究，如邓植仪撰《园艺作物的土宜》一文，根据土壤的类别分别种植不同的园艺作物，发现蔬菜、花卉等作物需要的土壤宜空气流通；水分须充分适宜，大约占其空窍的 60%，空气占 40% 为宜；排水宜良好；有机质丰富并须腐化透彻；营养材料充足。而果树的土宜虽与此类似，但稍有区别，如表土宜深，底土的物理性良好，切不宜太密实或疏松。文中还细致说明了柑橘类、菠萝、桃、荔枝及龙眼、番石榴对土壤和耕作管理的要求。[①] 如果说民国早期的园艺调查主要在于记载和总结传统种植技术的精华并加以宣传的话，进入 20 世纪 20 年代末和 30 年代、40 年代，运用近代园艺学对传统园艺业进行改造，是当时园艺学者的任务。

1925 年，郑凤桐对广州的花卉园艺业进行了调查，对改善花卉栽培提出了经营和技术改革的建议。[②]1930 年，傅思杰通过调查，提出了对潮汕地区果园的改良建议。1934 年，温文光对全省柑橘进行调查以后，指出当时的柑橘树普遍存在的问题：（1）形质退化。老树果实纤维粗硬，果心大，坚实，汁液少，丧失甜味。（2）产量退化。橙子树定植后三年，结果极少，但是自初结果，以后的三四年，每株平均产量为三十斤，以后逐年增加，达到最盛结实时（树龄十年），每株平均产量为五十斤到一百斤。但是当时的调查显示，各树产量退化，表现为枝叶过多，果枝少，且病虫害多，因此影响产量。（3）树的生命退化。广东果树到十五年的树龄之后，产量下降，比起原有四五十年的结果习性和树龄大大退化了。美国的橙子树的树龄至少为五十年。退化的原因：对砧木的选择不

① 《农声》1932年12月第160期，第57—59页。

② [民国]郑凤桐：《广州花卉营业概况及其改良》，《农事月刊》1925年12月第4卷第6号（园艺特号），第21—36页。

够适宜；滥用接穗而行繁殖；对病虫害的防治和预防不够；缺乏科学化的栽培管理。[①]1935 年，温文光经过调查，从农业经济管理的角度谈了广东柑橘业衰落的原因和解决办法。[②]李庆甡《普通经营果园失败之原因》也从果园经营学和栽培学的角度论述了当时一般经营者经营果园失败的原因。[③]

1935 年，江秩等对潮汕平原的柑橘园调查，主要从技术上分析了潮汕柑橘园的劣势，提出柑橘园中要有完整的排水设施。潮州柑橘品种适宜高地，应该做柑橘砧木的选择试验，选择更适宜低地的砧木代替酸桔。嫁接时，接穗要选择质地优良的纯正母本，征集各国优良品种，然后繁殖推广；定植不宜距离过近，要增加各树之距离；根据地势，植株之间改种覆盖植物；收获时选用圆口剪刀，以免损伤果皮；包装时注意不要挤压过度使果实受到损害。注意防除病虫害。[④]

1934 年，李马松对广东的气候和土壤资源和果树资源作了分析，提出迅速发展广东的果木业且要对全省果园进行改造，以提升果树的树龄和产果能力。[⑤]

个别学者的研究，还不足以推动果树园艺业的发展，只有在广东省农林行政机构初具雏形的 20 世纪 20 年代末才出现对园艺业的大规模技术推广。1930 年，广东建设厅在番禺办农业改良示范区，派人奔赴萝岗，进行果树新嫁接法表证。[⑥] 这是用正确的嫁接方法纠正农民在应用这一技术时的不符合规范的动作，以提高嫁接的成活率。20 世纪 30 年代初，

① [民国]温文光：《广东柑橘果树退化之现象与今后改良之要点》，《农业推广》1934年4月第3、4期综合号，建设厅农林局发行，第16—19页。

② [民国]温文光：《广东柑橘业经济崩溃之原因及其挽救办法》，《农声（园艺专号）》1935年12月第191期合刊，第1—6页。（《农声》有的版本每篇文章重算页码）

③ 同上书，第1—12页。

④ 《汕头附近柑橘栽培法之考察及改良之建议》，《岭南农刊》1935年4月第1卷第2期，岭南大学农学会，第1—6页。

⑤ 《广东省为果产中心之拟议》，《岭南农刊》1934年12月第1卷创刊号，岭南大学农学会，第1—6页。

⑥ 《农林消息》，《农声》1930年4月30日第132期，第64页。

广东省建设厅和番禺县合作，建立优良果树繁殖场，已经育成二十万株良好砧木，并陆续将砧木与优良果树嫁接。预计第二年这二十万株树苗，最少有十五万株可以生长。[①]1933年，广东农林局改组之后，内设园艺部门，在全省范围内选择了十余种最优的橙种共千余株，良好砧木四十万余株，设立繁殖场进行培育，育成新果树供应各地。[②]

1934年，潮汕地区设立广东东区果树繁殖场，场址在东区模范林场办事处内。果园占地160亩，其中禾田100亩，山地60亩。繁殖场从东区各地搜集生长优良的果树品种，包括柚子、酸桔、酸橙、柠檬、桃、李等，进行培育；并已经从省农林局取到洋柠檬等外来果树。侧重于用嫁接法培育本地生长的强壮柑树。[③]

1934年，广东农林局与番禺县政府合办的果树繁殖场已经有初步成绩，栽植蒲桃、青梅、乌橄榄、黄皮、橙树等优良果树，培育树苗。进行果树病虫害的防除试验：对病树使用烟骨和石灰水，防除蚜虫等。施肥：使用生麸等，还有剪枝、灌溉等技术试验。[④]1937年，广东农林局与广东合作委员会合作办"全省柑橘业产销合作实验区筹备委员会"，地点选在柑橘业最发达的潮汕地区，贷款20万元。[⑤]后来这个柑橘试验场没有办成，倒是在新会县设立了一个柑橘改良场，由中大学者何立才担任负责人。全面抗战时，新会的柑橘场停办，当局转在化州设柑橘改良场。这一时期，园艺专家温文光还坚持在化州的广东柑橘园艺场工作，1943年才辗转回到设在粤北的中山大学。[⑥]抗战胜利后，中大园艺系黄昌贤教授与联合国广东善后救济委员会合办广东柑橘繁殖场，这项工作

① 《农林局一年来之工作》，《广东建设月刊》第1卷第8期，第7页。

② 《园艺之改良》，《广东建设月刊（计划专号）》1933年第1卷第4、5期合刊，广东省建设厅刊行，第4页。

③ 《广东东区果树繁殖场工作报告书（廿三年九月成立至十二月止）》，《东区农林月报》1935年2月第1卷第2期，第1—8页。

④ 《局闻》，广东省农林局《本局与番禺县合办果树繁殖场民国廿三年三、四月份工作报告》，《农业推广》1934年12月1日第5号，建设厅农林局发行，第44—51页。

⑤ 《广东农讯》1937年5月1日第1卷第5期，建设厅农林局发行，第26页。

⑥ 《国立中山大学日报》1943年10月23日第1版。

从 1946 年开始，他们注重各种砧木之栽育，汇集各地名种以充母本，积极完善各项设备，策划地域分配工作，并向各方洽商接穗供应问题。该场除繁殖柑橘类苗木外，其他果树、蔬菜、花卉、杂粮莫不尽量引种以供研究繁殖推广之用。黄昌贤亲自到萝岗、珠村、仑头等地著名产区带回名种接穗，然后供应给各处果农。①

岭南大学虽然没有大规模的园艺场计划，但是对果树园艺也进行了改良和推广。如 1925 年，“驳接番石榴品种和桃树种子。在各地收买品质优良的疏果种植进行繁殖，以备推广。”②《农事月刊》上类似这样的报道很多。中大一直计划设大型果木繁殖场，1933 年，邓植仪计划用政府对外来农产品的征税中拨给中山大学的部分经费，办一个柑橘试验场，在从化已经选择好场址，后来因为经费没着落而没有办成。③

在果树害虫的防治方面，广东农林局获得受益农户的表扬。1934 年，广东农林局派人到东莞金橘岭指导农民防除荔枝椿象，组织农民成立“树德会”，依照农林局的防除病虫害办法，取得显著效果，所有荔枝均获丰收，历年不结果的老树结果。其他地区的果农纷纷询问防除害虫的方法。④1947 年，广东农林局的技术人员帮助仑头乡农民防治杨桃树的害虫，果树收获时，“收入较之平时增加五倍。果农为了表示感激，制备了银鼎一座，送给农林局。”⑤由于园艺作物在农业经济中的重要性远小于稻作等大田作物，所以文献上记载的这方面的农业改良多是小规模的。

岭南大学农学院与海外的联系较多，园艺研究中以引进外来果木花卉栽培为主。1923 年，岭南大学从檀香山、菲律宾引进木瓜，在河南扩大种植面积。1930 年起，省内各地纷纷向岭南大学索取木瓜种子。

① 《中山大学日报》1948年3月10日，第2页。

② ［民国］郭华秀：《对于柑橘砧木之研究》，《农事月刊》1924年7月第3卷第1号，第18—22页。

③ 《农林消息》，《农声》1933年4月第164期，第100—101页。

④ 《局闻》，《广东农业推广》1934年12月1日第5号，建设厅农林局发行，第6—7页。

⑤ 《广东农讯》1947年9月21日第4期，建设厅农林局发行，第8页。

岭南大学将试验的成果印成册子，一时声价十倍。[①]1923 年，岭大引进灯笼果，种植之后与原产地所产无异。此果有特殊甜味，深受欢迎，值得推广。[②]1924 年，岭大的园艺试验基地占地五十亩，搜罗中外名果三十余种，岭大可以同时向农民传授种植法和供应良种。[③]1926 年，输入丹麦椰菜花、蝴蝶花、猴子花。[④]1926 年，广州市第二次国货展览会上，展出了岭大的产品红菜头、金笋、结包椰菜、芹菜、大兰豆、椰菜花、甜玉米等。还有番木瓜、菠萝等。[⑤]1926 年，岭大引入番石榴品种百余株。其果大，味道香甜，果皮甚薄。[⑥]1927 年，引进地果即荷兰莓，每年的一二月均能收获，经过试验，早果在十二月能收获，宿根收成也不错。冬天温暖，引进的边豆、大荚荷兰豆、洋芫荽、番茄、菜用大黄、结球生菜、白芹菜等，均有大宗收获。花卉中的香豆花、金盏草、罗伞花等，都有很高的观赏价值。[⑦]20 世纪 30 年代，岭大搜集香豆花 124 种；将外国改良的中国翠菊花再引进培育，有 120 余品种。[⑧] 当时在岭大农学院一楼展览香豆花，展品有 200 种，吸引了中外游客数千人参观。[⑨]1932 年从暹罗引入芭蕉新品种，已经在广州市传播，每穗果有 120—160 只，重约三十五斤。肉质甜滑而有香味，果身肥大，缺点是包装困难。[⑩]

上述引进的园艺作物中，以岭南大学培育的木瓜最为著名，1949 年后这个品种被命名为“岭南木瓜”，是木瓜品种中的佼佼者，受到消费者欢迎。果实硕大的番石榴、结球莴苣也是现在常见的果蔬。

---

① 《农事消息》,《岭南木瓜之近讯》,《农事月刊》1924年6月第2卷第12号，第58页。

② 《农事消息》,《农事月刊》1924年6月第2卷第12号，第58页。

③ ［民国］容秉衡 :《岭南农科大学果树园艺之概观》,《农事月刊》1924年10月第3卷第4号，第16—17页。

④ 《园艺系消息》,《农事月刊》1926年3月第4卷第9号，第68—69页。

⑤ 《本校消息》,《农事月刊（蚕桑特号）》1926年2月第4卷第8号，第178页。

⑥ 《农事双月刊》1926年9月第5卷第2号，第62页。

⑦ 《园艺系消息》,《农事双月刊》1927年1月第5卷第4号，第70页。

⑧ 《农事双月刊》1930年12月第8卷第1号，第42—43页。

⑨ 《农事双月刊》1931年2月第8卷第2号，第52—53页。

⑩ ［民国］何雄涛 :《广东之新芭蕉》,《农事双月刊》1932年4月第9卷第2号，第50—51页。

第四章 其他农业经济部门和相关学科

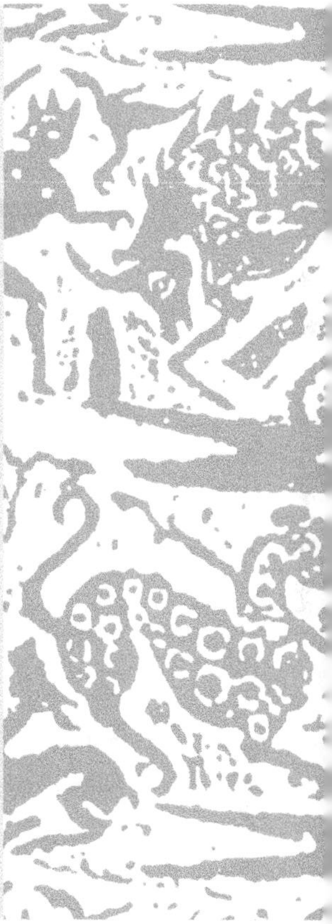

第一节

林业与林学

一、林木经营的概况

民国时期，民间延续明清以来的造林传统，虽然对天然林林木进行砍伐，但在靠近村庄的山地，私有林还是不少的。因为在山地种植林木可以给山农带来不错的收入。如 1925 年的报道：广东农民用少量资本投资竹园，一年可以有两次收入。[①] 山林所有权大多属于宗族地主，所以租佃形式造林占了大多数。租佃形式也有多种，一种是山主招农民造林和管护，山主按照造林的面积和质量付酬金，林地间作物归造林者，山林定期管护，3—5 年后山林归山主。[②]20 世纪 20 年代南雄县的竹山就是这种经营形式：在竹山采竹造纸之后需要养山的“小年”，种竹之家请工人，不给工值，工人负责除荆棘，疏通道路，添植竹子于空地，预防火灾，工人的收入靠从竹山取之。在“大年”，工人收入与山主按比例分之。[③] 这其实是租佃形式的养山，租佃双方的分成比例有四六、五五、三七。1934 年，中大林学系在乐昌调查，乐昌两江口地主提供山地，种树者负责保护山林。砍伐收入，由双方平分。[④] 清远县的滘江朱姓，其“白

① [民国]梁爱唐：《广东产重要竹类之调查》，《农声》第46期，《农声汇刊》，国立中山大学农学院，1925，第839—842页。

② 韶关市林业志编纂领导小组：《韶关市林业志》，1993，第117页。

③ [民国]郑振周等：《广东农业概况调查报告书》，第174页。

④ 中山大学农学院林学系：《广东乐昌县林业旅行报告》，《农声》1934年3月第176、177期合刊，第113—116页。

牛径”山场直到民国，种树收入仍然是主三佃七分配。[①]

清末民国初，以股份制公司植树造林的形式，在各县山区零零星星地出现。如1911年冬，兴宁县罗氏集股兴办蓼塘罗族树木公司，受其影响，多个宗族相继建立林木公司。[②]由于30年代初对私有林权的确认和保护，始兴县出现了不少私有股份制的林业公司，或种杉，或种松。[③]

民国时期，由于燃料危机加剧，燃料和建筑用材需求增加，林木的价格上升，加上政府鼓励造林，股份制公司开办增加。林木成为山民的重要资产，为了保护林木，民间护林组织在政府的支持下大量涌现。如《和平县志》记载："县属农村产物，每遭偷窃、毁伤或焚烧，最为农村患害，所以向来各乡每有乡禁，如古寨、高陂甲禁山社；贝墩西段村乡巡公所；鹤溪、大鱼潭、粘田抗农林公会；三溪村农林会；水口排大坪堡林业公会；永丰排上堡、鲁岭洞繁毅农林公会；彭寨玉玑岭、茶仔会；均坑曹家山禁山会等，皆订立持约，呈具备案，设置山掌（或称巡丁），随时逡巡以保护农林物产，著有大效，亦禁林警察之意也。"[④]政府的护林法规和民间护林禁约结合，促进了私人林木种植业的兴起。

民国时，进口木材增加，对本地林木产品的销售造成威胁。1932年，全省进口木材400万元，也促使政府鼓励造林，以增加山民收入。[⑤]

但民国早期的造林，还是在传统技术的基础上发展。林业科学的兴起，是推动20世纪三四十年代造林运动兴起的重要因素。

二、林学主要研究成果

林学研究以中山大学为最有成就。1935年《国立中山大学日报》载，林学系学生毕业考试科目主要为林产制造、森林法规、苗圃、林政、森

① [民国]朱云章编（清远）《两岳朱家族谱》卷一一《尝业》、卷一二《杂录》。

② 兴宁县志编修委员会：《兴宁县志》，广东人民出版社，1992，第222页。

③ 民国《始兴县志》卷四《实业》，中国方志丛书本，第311页。

④ 民国《和平县志》卷一〇《实业志》，广东历代方志集成本，第552—553页。

⑤《农林局一年来之工作述略（廿年十一月至廿一年底）》，《建设月刊》第1卷第8期，第13页。

林利用、造林、森林工学等。[①]反映了这个学科的课程设置在清末时起步，到20世纪30年代已经很完善。民国广东林学各分支的成果表现如下：

1. 森林经理学

森林经理学研究的实质上是如何营林的问题，也即制定最好的施业案，从而保证持续获得最大的利益，包括以下方面：（1）选择树种，1927年，林学系先后开展了森林树种试验，搜集“生长于本国南部树种及生长于外国相类气候之有用树种，在本校所属各林场分别试种，逐年调查其生长状况及速度，以判决何者为适合于南部诸省栽植之树木”。[②]（2）播种育苗方法，内分播种法、播种量、播种期及施肥等项试验。（3）造林及抚育方法研究，分播种造林、植树造林、栽植疏密及修枝间伐、施用程度与不同时期的各种试验。[③]侯过撰写的《森林经理学》对于林业目的、森林收获、保续作业、森林采伐与更新有较深刻的理论阐述。

2. 造林学

造林学包括人工林的营造和天然林的培育，涵盖林木种子生产、壮苗培育、造林、幼林抚育与成熟林抚育等。[④]1925年，凌树藩在《林木与矿物养分及有机肥料》一文中提出了林木种子育成的基本方法。[⑤]1930年，林学系芬次尔教授撰《广东造林工作及苗圃设施之实际方法》，提及种子采集、贮藏保存、发芽力的试验等种子理论与方法，用较大的篇幅介绍了苗木的培植、苗圃地址的选择、苗圃的设置、植物的播种及培植、苗圃的移植及苗木由苗圃向林地移植的举措，对1930年以后的广东苗圃造林有很强的指导作用。[⑥]

---

① 《国立中山大学日报》1935年5月20日第2版。

② ［民国］沈鹏飞：《中山大学农科之使命及其概况》，《农声》1927年第83—85期合刊，第54—55页。

③ 同上书，第55页。

④ 赵忠主编《林学概论》，中国农业出版社，2008，第283页。

⑤ 《农声》1925年第44期，《农声汇刊》，第812页。

⑥ 〔德〕芬次尔：《广东造林工作及苗圃设施之实际方法》，齐敬鑫译，国立中山大学农科《农声》第119期，1930，第47—52页。

3. 对广东造林适用的苗木研究

1930年，罗彤鉴在《农声》上发表《广东造林应用的苗木》，提出竹类、马尾松、赤松、洋槐、油桐、苦楝、相思、香椿、合欢木、尤加利树、樟树、杉树为适宜广东荒山的造林树种。[①] 当时造林学关于混交林有11种混交方法，且有对经营后的利弊分析。[②] 在《农声》等杂志上有不少文章论述植树造林法、播种造林法、插木造林法、天然造林法、萌芽更新造林法。

4. 森林保护学

树木害虫防治方面，王世燕的《树木害虫之识别及防除法》提出林木常遇到的10种害虫，并介绍了各自的防除方法；[③] 石牌农场林业股也先后发现甲虫、蛞蝼、白蚁等，尤以白蚁为厉害，并发明有效的防除法。[④] 对森林防火，德国教授芬次尔所撰的《广东造林工作及苗圃设施之实际方法》一文中有部分内容介绍了森林防火的方法；侯过从森林管理角度提出了森林防火的制度管理；[⑤]1934年，金多翰写有《火烧山之研究——广东林野火灾之研究》，对耕地和非耕地的野火发生原因和防治法提出了见解。[⑥] 在重要林木保护方面，中大学者关于天然林的调查和养护的研究最为出色，也强调对古树等纪念树的保护。

5. 树木分类学

树木分类学是林学的基础学科。除了按树木分门别类一直鉴别到种的分类学，还有按林木的用途分，如1925年梁爱唐对广东产的重要竹子的分类。[⑦]1930年，芬次尔通过实地调查，再根据广东的地形、气候、土

① 《农声》1930年第136期，第5—13页；1930年第138期，第17—21页。

② ［民国］罗振基：《几件植树造林应注意的事》，《农声》1929年第118期，第37—38页。

③ 《农声》1925年第47期，第861页。

④ 《农声》1936年第193期，第95页。

⑤ ［民国］侯过：《森林法学》，中山大学农学院，1949，第75—77页。

⑥ ［民国］金多翰：《火烧山之研究——广东林野火灾之研究》，《农声》1934年第179、180期合刊，第13—22页。

⑦ ［民国］梁爱唐：《广东产重要竹类之调查》，《农声》第46期，《农声汇刊》，第839页。

壤特点，将适宜广东种植的林木进行分类。[①]

6. 森林生态学

森林生态学是研究森林与土壤、江河之间关系的一门学科，其中关于江河与水源林的关系最重要。侯过很早就调查和研究广东主要水源林的保护。1929 年，侯过担任广东建设厅内设的森林局局长，即启动对全省主要河流的水源林调查，亲率专业人员前往东江、西江、北江、韩江、南路、海南等地调查水源森林和荒山，出了六种水源林调查报告。这次调查是在处于萌芽状态的森林生态学指导下进行的。在森林内部的生态关系方面，中大学者和经过林学训练的各地林圃管理人员对树木的阴阳性、根部的组织、生长的速度、林木与其他自然灾害的关系、林木与土壤、林木与气候等方面都有论述。[②]

7. 森林经济学

广东大学时期，潘盛圭将林业生产分为三要素：土地、劳力、资本。[③]此后中大学者侯过、沈鹏飞、邓植仪等人对造林的经济效益和生态效益都有不同程度的论述。

8. 森林法学

这个林学的分支结合了林学和法学。民国以来，广东农业界对森林保护和森林法规的制订进行了不少探讨。广东最早的森林局和后来的林政部门都发布过不少林业法规。1928 年，在中山大学林学系任教的德国教授制订了《广东省暂行森林法规》，这是广东历史上第一个全省性的林业法规。[④]1949 年，侯过的《森林法学》出版，对林权的确认、国有林和私有林法律的法律属性、森林法规的制订都进行了探讨，这本书是对民国时期广东农林界关于林业法规、森林法学研究的总结。

---

① 〔德〕芬次尔：《广东造林工作及苗圃设施之实际方法》，第36—45页。

② 李威：《民国时期广东林学研究——以国立中山大学为中心》，硕士学位论文，华南农业大学历史系，2012，第64—67页。

③ [民国]潘盛圭：《林业在国民经济上之位置及其在事业上之性质》，《农声》1924年第25期，第393页。

④ 《建设厅颁布广东省暂行森林法规和森林保护材料》，广东省档案馆藏，卷宗号6-2-470；〔德〕芬次尔编《广东暂行森林法规草案》，齐敬鑫译，《农声》1928年7月第105—107期合刊。

林学的发展，为民国时期广东的造林活动创造了条件。如造林技术为广东各地林场、苗圃的建立提供了技术支持；森林经济学为林场经营提供了经济规划；对水源林的调查直接促成了广东主要江河水源林地的保护，这一工作即使在抗战期间也仍在进行。[①]

三、林业改良

1. 植树节与各地园圃的设立

1917 年，广东省省长规定清明节为植树节；后来将孙中山逝世的那天定为植树节。广州市专门在石牌建立了林场作为省市机关和学校植树的场所。在各个县城，每年的植树节都有当地的机关人员和学生举行植树活动。植树节后来徒具形式，也引来林学界人士的批评。“不要注重口头的宣传，需要切切实实的行动。”[②]

各地建立林圃，以保证植树造林活动有林木来源。1919 年，省政府开始设立林务专员，全省开设九区苗圃，以谋发展农业。唯因地方多故，业务未能发展。[③]20 世纪 20 年代开始有县级苗圃的建立。区域性的苗圃以韩江上游的梅县、兴宁、五华、平远、蕉岭、大埔、丰顺山区最早。20 世纪 20 年代末到 30 年代，各地苗圃的建设成为各县县政之一，必须加以落实。1938 年 10 月以前，各县的苗圃先后建立；即使是 1938 年 10 月—1945 年 9 月，国统区的苗圃在财政吃紧时仍在建设。1938、1939、1940 年各县苗圃数量分别为：137 个、133 个、171 个；苗圃面积分别为 4 369.5 亩、4 262.7 亩、5 067.67 亩；育苗株数分别为 6 226 840 株、5 646 080 株、4 363 125 株；总经费分别为 101 961.25 元、112 738.22 元、122 716.68 元。[④]抗战胜利之后，各地苗圃虽陆续恢复，但仍达不到 1938 年 10 月以前的水平。民国时期，国立中山大学、岭南大学也各有苗圃培育林木。各地苗圃的建立，大大推动了民国时期植树

---

① 吴建新：《民国广东的农业与环境》，第228—229页。

② [民国]金多翰：《造林运动述评》，《农声》1934年第175期合刊，第24—28页。

③ 广东经济年鉴续编委员会：《三十年度广东经济年鉴续编》，第97页。

④ 同上书，第114页。

造林运动的开展。

2. 各种形式的造林活动

（1）国营林与县、乡造林

对水源林的保护和开发是民国林业的一大成绩。1921年韩江治河处成立之后，对韩江上游的水源地实施“保护原有森林，禁止采伐，实行补种”章程。[①]1929年，省林政当局展开了对全省东江、西江、北江、韩江、南路、海南水源林的调查，从此水源林的保护和扩展被列入全省林政的大事。东江流域，主要有石龙寨水源林、樟木寨水源林、阿婆髻水源林、响水坑水源林，还规定了在四处土崩最严重的地方建设砂防林。[②]韩江流域受保护的水源林共有五处，分别是横坑水源林、黄田水源林、逃军嶂水源林、留坑水源林、铁尺水源林。[③]韩江砂防林有五处，是防止山崩和山泥倾斜的防护林。[④]北江水源林有七星墩、梅岭、羊古脑、九峰、小洞、黄莲洞、岩子岭七处，砂防林三处。[⑤]各地的水源林均设苗圃，在水源林附近的荒山上造林。经过实地调查水源林资源并经过林业学者对水源林生态的研究，广东当局高度重视保护这些资源。即使是在最困难的抗战时期，对韩江和东江、北江滑水山水源林的保护仍在进行，以管理区的形式对林木进行更新和保护，并要求水源林所在县将水源林的保护纳入县政管理，水源林的保护方式较抗战前还有所进步。[⑥]

国营林场多称为模范林场，以大规模营林和推广林业为目的。1931年秋，省辖有鼎湖、罗浮、南华、潮安、德庆五处模范林场。林场均自设苗圃，在划定的荒山上植树造林，并对林场内长成的树木进行有计划

① ［民国］罗振基：《两年来韩江上游各属林务之纪实与今后进行之方略》，《农声》1928年第114期，第15—18页。

② 《建设厅拟定东江防潦办法》，《广州民国日报》1930年12月9日1-1版，指定保安林区。

③ ［民国］李觉等：《韩江水源林调查报告书》，《广东建设月刊》第8期，第149页。

④ 同上书，第150页。

⑤ ［民国］陈时森等：《北江水源林调查报告书》，《广东建设月刊》第8期，129页。

⑥ 吴建新：《民国广东的农业与环境》，第230—231页。

地采伐和更新。除了省一级的林场，在各绥靖区也办林场。1929 年，西区在鼎湖山设西区模范林场；1933 年，东区绥靖公署在潮安设东区模范林场。抗战开始，省营林场大多停止育林，被敌人占领后遭到很大的破坏。抗战期间，广东当局在国统区各地设立“林业促进指导区”，有东区、西区、北区、中区等林业行政机关，利用行政力量推进各地的造林事业。但内战期间物价太高、经费太少，推动工作困难。[①]虽然如此，国营林场的育林事业对各地林业的确起到示范的作用。

抗战时期，国民政府在粤北大力建设经济林的垦殖林场。到 1949 年，在粤北国民政府投资兴办的林场、垦殖场，经营面积为 3 万公顷。[②]在粤西南也有较大规模的国有林。

县级林场也属于国有林场。由于造林运动的宣传和法律的强制，由县财政负责拨款成立县办林场，是县政的重要内容。20 世纪 30 年代各县的林业协进会成立，也推动了各地林场的成立。通过“强制造林”，抗战前各县都拥有一个或者两个示范林场，作为当地推动林业的基础。1941 年，国统区内仍拥有县级林场 53 个，总面积 31 061 亩，有林木株数 1 753 703 株（针阔叶合计）。[③]

民国时期的“乡保造产”，是当局增强基层财政能力的途径。以乡保为单位的造林运动，使人造林成为给乡保机构带来收入的资产。但是由于乡保林的营造经费要基层自筹，“以乡（镇）保名义向富户借用”；乡保林也要冲破宗族对山林的垄断，所以实施起来有较大的难度。但是在 1940 年，由于国家权力的介入，当局控制的地区内部分乡保实行了造林运动。[④]

（2）学校育林

农业高校在广东造林运动中走在前面。1927 年，中山大学农科主

① 《广东省农林处卅六年度上半年中心工作检讨报告表》，《广东农讯》1947年8月21日第3期，建设厅农林局发行，第4页。

② 韶关市林业志编纂领导小组：《韶关市林业志》，第103页。

③ 广东经济年鉴续编委员会：《三十年度广东经济年鉴续编》，第115页。

④ 根据以下资料统计：《建设厅复员（1945年）以来施政总说明及成绩统计》，广东省档案馆，卷宗号6-2-377。

任沈鹏飞向中大委员会上书，说明省林务委员被撤销之后林业行政荒废的弊端，要求省府以在岭大附设蚕丝改良局为例，每月付经费 6 000 元给中大农学院设林务机构。[①] 虽然这个动议没能实现，但推动了两年后省森林局的设立。1930 年，中大森林学专家曾济宽的《广东森林建设之纲领》[②]，同年芬次尔著、齐敬鑫翻译的《广东省残余天然林与保护及实行南部之天然林》刊载在《农声》上[③]，这些论文都使当局进一步重视林业建设。中大农学院在校本部有面积广大的农场，农场设森林股管理场内的林业。此外，还经营了大型示范林场，不仅作为教学和实践的基地，还造就了大面积的人工林。1932 年 10 月，中大石牌农场的荒山全部种植林木，经济林木占较大比例，原来坟墓累累的荒山野岭变为郁郁葱葱的一片森林。[④] 白云山第一示范林场的建立，是中大农学院对广州城市环境建设的重大贡献。1926 年曾济宽的《白云山林场及其附近森林保护意见书》，提出建立白云山林场，能够增加城市的景致，改善广州市的空气环境。林学家侯过和农学家黄枯桐先后担任场长。经过数年的经营，到 1935 年，中大模范林场范围内的荒山全部绿化完毕，当时林场总共有人工林地 21 800 亩，树木种类有桉树、枳椇油茶、油桐、苦楝、银桦等 17 种，共 7 万多株。[⑤] 广州城的“市肺”就是从民国起造就的。此外中大还在惠州、乐昌有实验林场。

20 世纪 20 年代后期，中大向广东当局建议将粤北最大的原始林滑水山划归中大，得到批准。1932 年 3 月，德国教授阿善罗到校多时，自愿请缨到英德开办滑水山林场。滑水山林场经过初步发展，[⑥] 后来虽归军队管理，但是中大农学院首倡保护和开发滑水山水源林的作用不可忽视。

广东各县的中学和小学大都会根据各地政府的要求在植树节时动员学生参与植树造林。有财力的学校还会营造自己的林木园和林圃。

---

① [民国]沈鹏飞：《中山大学农科主任沈鹏飞上中大委员会书》，《农声》1927年第82期，第14—15页。

② 《农声》1930年1月30日第117期，第1—10页。

③ 《农声（造林运动特刊）》1930年2月30日第118期，第13—20页。

④ 国立中山大学日报编辑部：《中山大学日报》1932年10月24日第2版。

⑤ 《本校模范林场造林竣事概况》，《国立中山大学日报》1935年5月6日第4版。

⑥ 《校闻》，《农声（茶蔗作专号）》1932年3月第154、155期合刊，第43页。

3. 民国时期造林的主要成绩

1929 年省林政机构设立以后，通过发放无主官荒给人民造林等优惠政策，极大激发了人民植树造林的热情。从 1930—1941 年的统计数据可看出，抗战前期民间有一个营林高潮。

表 4-1　1930—1941 年广东领荒状况表

年份	宗数	面积	投资
1930年	20	13 582.3	183 660
1931年	12	2 6400.56	571 000
1932年	56	74 239.07	184 225
1933年	36	416 225.9	609 320
1934年	58	39 621.33	1 673 012
1935年	66	54 028.5	18 642
1936年	23	33 911.0	60 720
1937年	22	65 751.3	363 805
1938年	20	18 254.3	88 062
1939年	7	4 317.0	32 000
1940年	5	3 955.0	26 450
1941年	16	2 196.97	23 281

资料来源：《三十年度广东经济年鉴续编》，第 98 页。

1930—1941 年，民间承领营林总面积 752 483.23 亩，投资总额达到 3 834 177 元。[①]1938 年后因为抗战而降至低点。但是抗战期间，当局在极为困难的 1939 年下半年，仍将造林作为恢复环境建设的重要政策。由于抗战时期林木遭到很大破坏，抗战结束后，虽然林业行政有所恢复，但造林成绩反而比不上抗战前。

民国前期，广东的森林覆盖率比清末有所下降，大致在 6%—7% 之间；1930 年到战前的造林高潮，森林覆盖率稍有上升；1936 年，广东森林覆盖率为 9.44%。[②]1949 年，全省有林地面积约 5 900 万亩，全

① 广东经济年鉴续编委员会：《三十年度广东经济年鉴续编》，第98页。

② 吴建新：《民国广东的农业与环境》，第238页。

省森林覆盖率为19.4%，[①]比1936年提高了9.96%。当然，这个数字产生的原因之一，可能是民国时期对森林面积的统计不全面，1950年的林业调查将民国林业调查所没有统计的数字挖掘出来；或者是因为统计依据不同。由于战乱，特别是抗战期间，广东森林遭到前所未有的破坏，不可能出现森林覆盖率的大幅度增长。但是1930年开始的植树造林运动，至少遏止了清代以来人工林覆盖率严重下降的趋势，推动了国有林、乡有林、私有林的增长，造林运动、森林保护在抗战时期仍没有停止过，这在植树造林史上是值得肯定的。[②]

造林运动促进了林业科学在山区的推广。如接受过林业科学训练的人士，在国有林场和水源林管理区工作，将林业科学应用于造林。广东各级林政机关中，就有中大、岭大的学生任职。高等教育机构的专家学者就职于省的林政机关，如中大的侯过于1929—1931年在广东森林局当局长，主持了广东各地水源林的调查，这批调查报告是珍贵的林业史资料。随着乡保造林运动的开展，林业科技传入乡村。1933年，“龙川改良杉树种子，拟办种植杉树讲习所。该处农民多以种植杉树为业，没到春分纷纷种植山树苗，但多不得其法。政府聘请有经验的人才，现行分发各处宣传，劝令农民如法种植。”[③]1936年，饶平县成立县农业推广处之后，建立该县三大区的林场和苗圃，颇著成绩，通过农业推广处人工林种植的“表证”指导，民间纷纷筹划种植树木。[④]

另外，清末民国初就有引进外来树种，随着二三十年代植树造林运动的发展，在各地的林场、苗圃、公路和公园中，外来树种大量种植和培育，主要有：大叶尤加利、细叶尤加利、柠檬香桉、白树油桉、圆叶桉、千层桉、石栗、台湾相思、印度黄槐、木麻黄、银桦、南洋杉、凤

① 广东地方志编纂委员会：《广东省志·森林志》，广东人民出版社，1998，第1页。

② 吴建新：《民国广东的农业与环境》，第237—240页。

③ 《农林消息》，《农声》1933年3月第163期，第54页。

④ ［民国］循环：《广东全省实业物产及其富力之调查》，《农声》1936年8月第198、199期合刊，M18页。

凰木、柚木、缅甸合欢、洋槐、日本赤松、日本黑松、印度树胶。[①]民国时期造林的树种，依次为马尾松、杉树、侧柏、油桐、樟树、桉树、合欢、相思、栗树、乌桕、椿、秋枫、黄槐、白槐、苦楝、梧桐、山茶、柯树、枫杨、檫树、玉桂、八角。[②]为了加快成林速度，又引进了速生树种并大力推广。如桉树，大致在20年代初引进。试种结果颇为完满，对土壤选择不苛，适应本省气候，当时随处可见，被认为在引进的外国树种中是最有价值的。[③]速生树种还有缅甸合欢，1911年引进广州。[④]各地的国营苗圃和林场，在推广林木栽培技术方面起到了积极的作用。

① [民国]丁衍:《外来树种在广东造林上之价值》,《农声》1942年6月第225期，第56—57页。

② 广东经济年鉴编纂委员会:《二十九年度广东经济年鉴》，第103页。

③ 广东经济年鉴续编委员会:《三十年度广东经济年鉴续编》第八章《林业》，第8页。

④ 同上。

第二节

水利建设与水利工程学

一、治水机构的建立与治水方略的逐步确立

广东全省性的水利管理机构成立比较早。1914 年 12 月，由北京政府任命新会人谭学衡为广东治河处督办，经费由北京税务处和广东慈善团体办的治河公局一次性拨给数万元，为开办经费和测量西江之用。1915 年又拨赈济款数万元，用于继续测量西江和北江。[①]韩江治河处成立于 1921 年，它是在潮州本地热心地方事务的商人的推动下成立的，经过 1921 年省长公署 6080 号令批准并发给印章，准许其经费由当地的盐捐拨付。[②]1929 年 7 月 24 日，国民政府公布广东治河委员会组织条例，改为委员制，掌理全省河海的疏浚、筑堤、建设港口、开埠、预防水患、发展水利及筹款施工事项。此后地方性的治河机构完全失去自治色彩，完全归政府管辖。广东治河委员会的位置仅次于导淮委员会与黄河水利委员会，国民政府在文件中明确指出广东治河会是主管珠江流域之水利机关，职责重要。[③]1930 年，以广东治河委员会潮梅分会取代韩江治河处。20 世纪 30 年代，全国性的水利行政逐步划归中

① 《广东省年来水灾及水利建设概况》，《农声》1935年第187期，第9—11页。

② 黄挺：《商人团体、地方政府与民初政局下之社会权力——以1921—1929年的韩江治河处为例》，《潮学研究》第九辑，花城出版社，2001，第190页。

③ 珠江水利委员会《珠江水利简史》编纂委员会：《珠江水利简史》，水利电力出版社，1990，第260页。

央管理。1933 年，国民政府设立全国经济委员会，统一全国的水利行政事业。次年 12 月，全国经济委员会接管各大河跨流域的水利机构，广东治河委员会亦属其下。①

1936 年，广东治河委员会改为广东水利局，直属全国经济委员会，旋即改称珠江水利局。经济部成立以后，珠江水利局改属于经济部，珠江水利建设进入全国统筹时期。珠江水利局的工作项目包括防洪、灌溉、航运、水力、港埠等，管辖范围包括珠江流域的两广境内河流及韩江。广东治河委员会时期，修建了北江芦苞水闸、东江马嘶水闸、西江宋隆水闸等一批大型的流域性水利工程，并修复了堤围等水利设施。自从广东省专业治水机构成立，全省水利工程有了统筹专办的机构，在水文、雨量测量，水闸修筑、筑堤、建桥、凿滩、河道裁弯等各项工程建设方面，治水机构也发挥了领导和协调作用。②

广东省建设厅也有水利建设的指导机关。1930 年，建设厅第一、第二、第三、第四、第五科都各兼管水利，农林局建立以后监管水、旱灾害的预防、抗灾与善后。1935 年，省专业治水机构与建设厅管理水利的职能明确划分，珠江水利局负责珠江和韩江的干河的水利以及有关两省市以上的水利建设，而次要航道的水利由建设厅主办，小范围的农田水利由省政府奖励人民兴办。③

1938 年 10 月广州沦陷，珠江水利局的水利事业并没有停止，而是转向国统区珠江水系上游发展，随军事需要，筹设疏浚河道、农田水利等工程。1941 年冬，行政院水利委员会成立，统筹全国水利建设，对国内南北三大流域之水利发展，均积极规划。珠江水利局抗战期间的事业区域，也扩大为粤桂黔三省。于是珠江水利局的附属单位渐渐增加，如各地有农田水利建设、水利发电需求，均派队测量设计。④ 为了配合粮食增产运动，1940 年，广东省农林局成立了水利课，加强对小型水利工程的督导与“一保一塘”运动。1945 年抗日战争胜利后，珠江水

① 广东经济年鉴编纂委员会 :《二十九年度广东经济年鉴》，第 1 页。

② 《广东省年来水灾及水利建设概况》,《农声》1935年第187期，第9—11页。

③ 《建设厅档案》，广东省档案馆藏，卷宗号6-2-980。

④ 《珠江水利（复刊版）》1947年5月第1期。

利局迁回广州办公。

1947 年 12 月成立的堤工委员会，实际上已经取代了珠江水利局的部分治水功能。堤工委员会虽然为紧急救灾而设，存在的时间很短，但能直接将围董会等社会资源动员起来，利用美援修复了一大批堤围。

为利用更广泛的社会资源于农田水利建设，1948 年 9 月，国民政府将堤工委员会扩充改组为农田水利委员会，由有关机关首长、社会贤达以及水利专家分任委员，联合官民合作推动水利事业。该会接管省堤工委员会，进行防潦排水、海堤垦殖和引淡洗咸等工程的规划、预算、施工、放款和收款。[①] 不过因为内战的爆发，农田水利委员会也没有真正开展大规模有实效的工作。

1914 年以后珠江流域专职水利机构的出现和演变，有利于引进和推广近代西方的科学技术，珠江水利治理开发能以流域综合治理开发的理念全方位去进行。[②]

全省性的治水方略是随着全省治水机构的建立而推行的。水利工程学应用于社会，是一个很大的社会运转系统，需要国家政权的推动来实现治水方略。

1915 年，珠江三角洲地区遭遇了重大水灾，受损失之大，激发了广东地方自治研究社成员积极参与治水活动的热情。1918 年，该研究社在《七十二行商报》上发起对珠江水系治水方法的研讨，这次讨论收到公众来信近 80 封，在《筹潦汇述》收录来信 46 封。当时的来信从宏观和微观两个方面分析了珠江水系的水文与泥沙淤积情况，指出这是引起水患的原因。1918 年参与治水讨论的人们，尚缺少实地调查，且不具备近代水利环境科学素养，他们的生态环境观大体上处于从传统时代到近代的转折点上。[③]

当时社会上关于治河方法的探讨有几种：“一曰凿河，二曰开湖，

① 《广东省政府建设厅工作报告书（1948年度6-12）》，广东省档案馆藏，卷宗号6-2-352。

② 珠江水利委员会《珠江水利简史》编纂委员会：《珠江水利简史》，第219页。

③ 吴建新：《辛亥革命与治水体系的发端——以〈筹潦汇述〉为中心》。

三曰辟塘，四曰植林，五曰去壅之数说者。”[①] 更多的人主张疏河。广东治河处对 1918 年的疏河讨论作出了回应，《筹潦汇述》刊载了谭学衡关于治河的六则布告。广东治河处经过实地勘测并讨论了七种治河方案，认为治理珠三角水患最快和最有效的办法是：完善各基围，加高培厚，至少加高三英尺以上，整理旧堤系，筑闸联围和建设水利枢纽工程。[②] 至此以后，珠江三角洲的堤围建设都是围绕这个治理方案进行。在韩江三角洲，也由韩江治水机构完善堤围、引水渠和防海大堤的建设，山区则大建陂塘水利，增加灌溉面积和防旱功能。这是全省性的治水机构运用水利工程学的原理阐述治水方略和水利行政的创举。

二、近代水利工程学的引进和实践

近代水利工程学与传统水利学关于堤围、陂塘的建设方法完全不同。水利工程学包括水利建设的工程材料学、工程地质学、工程水文学、工程测量学；水利工程的概算和预算、水利项目的管理、项目评估；水利建筑物的施工管理学、水资源的规划与利用、水利工程制图等分支。民国广东水利工程学与其他的农业科学不同，它不是在高校中建立并逐步规划学科的建设和发展，而是在全省水利管理机构成立的同时，直接从外国引进这门学科并在实践中应用。

民国初广东治河督办处的首任督办谭学衡是一个有新学思想的人，对水利工程学有一定的认识。他先后聘请外国水利专家海德生、柯维廉为治河处首席专家，注重实地勘测和工程规划、工程概预算和设计，直接利用近代的水利工程技术和理论指导对各种治河方法的探讨。[③] 水利工程学直接在广东实践，取得了以下成就。

① [民国]次伟：《治河之决策》，广东地方自治研究社编《筹潦汇述》，1918，第30页上。

② 广东治河委员会：《广东二十年来治河防潦汇刊》，《论治河各种计划》，1933，第36—46页。

③ 吴建新：《辛亥革命与治水体系的发端——以〈筹潦汇述〉为中心》。

1. 水利勘测方法的运用

通过雨量和水文观测的综合结果，可以得到由于气候变化引起江河水文变化的资料，主要包括水位、流量、含沙量、雨量和蒸发量等项目。

广东境内的雨量观测是在清光绪二十五年（1899年）一月，由三水海关进行的。1916年，广东治河处开始在各地设立雨量观测站，多委托教会或其他团体代办，多是临时性质，或者是在洪泛时期进行，多不连续。[①]20世纪20年代末，各地设立的雨量观测站才固定下来，广东治河处在各江（含广西）设立了25处观测站。[②]在抗战前，除了海南岛，省农林局给各县都配发了雨量观测仪器。1940年仍能继续观察并按时寄缴记录者，计有16处，并拟恢复到三十余处，采取的办法是给各地苗圃林场学校以补助，委托其进行雨量观测。[③]

珠江水系的水文观测始于1915年，治河处在西北江中下游12个地点设立水尺测水站，并使用国外购回的流速仪。1921年韩江治河处成立后，也积极测量韩江上游河道，设水尺和雨量站。[④]1935年，广东治河处在各江的31处设立水文观测站。[⑤]1937年，珠江水利局设水标站40处，珠江水系的水文观测系统始见完备。[⑥]1938年10月以前，在国统区的水文站仍有水文观测，1948年，57个水文观测站大部分设在广东境内，小部分在广西。[⑦]

国立中山大学与广东当局合作设立土壤调查所、两广地质调查所，在珠江流域分别进行土壤调查与地质调查，由国立中山大学农学院进行农业调查。这些调查资料与气候、水文资料结合，使当时广东当局的水

① 广东经济年鉴续编委员会：《三十年度广东经济年鉴续编》第十一编《水利》，第7页。

② 《广东省年来水灾及水利建设概况》，《农声》1935年第187期，第9—11页。

③ 广东经济年鉴编纂委员会：《二十九年度广东经济年鉴》，第5—6页。

④ [民国]罗振基：《两年来韩江上游各属林务之纪实与今后进行之方略》，《农声》1928年第114期，第15—18页。

⑤ 《广东省年来水灾及水利建设概况》，《农声》1935年第187期，第9—11页。

⑥ 广东经济年鉴续编委员会：《三十年度广东经济年鉴续编》第十一编《水利》，第7页。

⑦ 《珠江水利（复刊版）》1947年5月第1期。

利建设决策有了综合的科学依据。

2. 水利工程勘测与预算、概算

广东治河处在成立初期，首要工作就是进行测量，柯维廉亲自主持了这项工作。1916年，西江测量完竣，继续测量东江、北江和珠江。1919年，始将各报告书编完。[①]1933年出版的省治河委员会的《广东二十年（民国三年至民国二十二年）来治河防潦汇刊》，以及后来珠江水利局等机构的报告书中，工程测量和工程预算、施工方案都是主要内容。对西江、北江、东江和珠江三角洲的河流特性的掌握，以及大规模的工程勘测工作，为大型水利工程的建设提供了依据。

治河处面对1918年的疏河讨论，公布了治河处人员在实地勘测的基础上对各种治河办法的看法。[②]1936年，治水机构对省内主要河流水患已经有了完整的治理方案，当时的文献将此称为“治本”的计划。其中已经完成或者正在进行的最重要的工程，“在东江有马嘶、塞溪二水闸，堵塞潼湖工程，以及赤岭一带三十余公里。干渠之修筑，在北江有芦苞水闸，堵塞青杭海工程，在西江有宋隆、阮涌、西窦三水闸，改建大湾、南岸、联安等干堤二十余公里，则上述工程之兴办，对防潦已经收到良好之效果”。[③] 即使是在1938年10月—1945年，省治水机构仍然没有停止工程勘测。治水机构在未沦陷的西江下游以及山区做勘测，为水利建设提供依据。[④] 全面抗战时期对山区水利勘测最多。1941年，为提高粤北山区的农田抗旱能力，增产粮食，珠江水利局的工程人员分为两队，一队查勘连县、阳山、英德等县，一队查勘曲江、始兴、南雄、仁化、乐昌等县。历时两个月，查勘大小灌区五十余处，[⑤]这为20世纪40年代前期粤北山区的水利建设提供了科学依据。

1945年12月，珠江水利局派出勘测人员，分赴东江、西江、北江

① 广东治河委员会：《二十年来各江潦患及工作之经过》，《广东二十年来（民国三年至民国二十二年）治河防潦汇刊》，1933，第375页。

② 广东地方自治研究社编《筹潦汇述》，1918，第54—60页。

③ 《珠江水利局十年工作概况（民国二十六年至三十五年十月）》，《珠江水利（复刊版）》1947年5月第1期。

④ 广东经济年鉴编纂委员会：《二十九年度广东经济年鉴》，第7页。

⑤ 经济部珠江水利局：《粤北各县农田水利查勘报告》，第2页上。

及韩江勘测沿岸堤防，作为修筑和整理的依据，测量要点为各堤段及其附属建筑物，护岸涵闸情况。根据勘测报告，水利局摸清了各江需要修理的工程简况，整理各地勘测成果后，遂拟定初步计划，于1935年3月拟妥，10月间开始实施，在较短的时期内恢复了各江水利工程的防洪能力。①

水利的勘测过程也是水利工程的筹划过程。因此，在当时的勘测活动之后都会有一个报告书，除了报道勘测情况，对水利工程的概算也有详细的报道。这些水利工程的概算以实地勘测为基础，计算工程如何才能达到防洪或者灌溉效果，需用什么材料，以及材料的用量和价格，用工量计算值。这些都为水利工程的建设和实施提供了依据。

北江的芦苞活闸，是20年代广东应用水利工程勘测技术创造的一个杰作，也是近代广东第一个利用水利工程学勘测、设计、施工的大型防洪工程。治河处对这一工程，制订了详细的工程勘测报告、预算、概算和施工方案。三水芦苞涌是从北江直通广州的一条已经淤积干涸的旧水道，在此建设水闸，洪水到来时可以调节北江进入芦苞涌的水量，减轻广州及其西北部平原的水患威胁。这个工程由省治河处拟定防潦计划之后，由粤海关拨款，1921年动工，1924年建成，耗资107万元。在潦涨期内，这个工程发挥了调节洪水水量的作用，“凡花县、三水、南海一带农田皆受屏障”“耕地借其改良者不下二十万亩”。②并有屏卫广州的作用，直到现在（经过改造）仍发挥作用。此外还有西江宋隆水闸、东江马嘶水闸与韩溪水闸等重大工程，都是在勘测的基础上做出的水利决策。

① 《珠江善后救济堵口复堤工程总报告》，《珠江水利（复刊版）》1948年5月第2期。

② 广东经济年鉴续编委员会：《三十年度广东经济年鉴续编》第十一编《水利》第五章《防洪》，第97页。

图 4–1　民国宋隆水闸的护基石墙

3. 水利建设新材料、新技术的应用

民国时期水利工程材料革命主要表现在混凝土的广泛应用。士敏土在晚清时已经使用，光绪十八年（1892 年）陈启沅主持建设南海桑园围的吉水窦时就使用了“红毛泥”（粤语对水泥的俗称）。光绪三十四年（1908 年）的广州海关报告中有水泥一项，有增加进口数量的记载。[①] 同年设在河南的广东官办士敏土已经投产。[②] 民国二十三年（1934 年）拥有二处士敏土厂。[③] 进口和国产的士敏土，在本省的水利工程中应用的比例逐步提高。士敏土用于水利工程的混凝土建筑和石堤的砌石中，是水利工程材料的一大革命。清末珠三角的水利工程建设中已经开始采用水泥和混凝土结构，但还不普遍，如 1924 年双水塘河陂将原来的草木陂改为混凝土结构，是新会的第一座圬工水陂。[④] 在新材料中还有钢材的应用，不过钢材没有国产，都是从国外进口的。

① 广州市地方志编纂委员会办公室：《近代广州口岸经济社会概况》，第476页。

② 同上书，第482页。

③ 同上书，第802页。

④ 新会县水利电力局：《新会县水利志》，1990，第119页。

芦苞活闸的建设利用了大量的新材料、新技术。芦苞活闸有活坝六孔，每阔十米，皆有活动铁闸，是从英国伦敦兰森纳伯尔公司定做的。活闸的附属部件如启闭机、坝墩的桥等也用钢铁。在河坝的桩柱，使用了蒸汽打桩机，也是在外国定做。坝的桥梁、坝址的地脚、坝墩、关键的坝身、闸底护墙等关键部位，都用钢筋三合土，使用的洋灰和钢材从外国进口。①新材料是根据水文和抗洪需要，按照工程勘测设计而使用的。芦苞活闸的建设新材料不排斥传统建筑材料，但是严格选用，以质优为先。由于有了省专业治水机构的倡导，民间建设的水利工程中，有条件的就淘汰了旧的竹木料、陶制水管、砖砌石，采用钢材、士敏土等材料制作混凝土结构建造水陂、引水渠管、闸窦，或者大量用石方代替土方，从而带来了水利建筑材料的革新和进步。

4. 水利工程施工制度和监管制度

在水利工程学基础上建立的工程监理和质量评估，对水利工程的施工和监管提出了很高的要求。省治水机构的施工管理有两种，一种是省治水机构直接投资和施工的工程，如芦苞水利枢纽由省治河处投资和管理。

当初芦苞枢纽工程的选址有些问题。由于活闸的基址是砂质土，中孔巨大水流冲击两边产生静水回流，侵蚀两岸护坦形成深潭，威胁闸底基础，所以建成以后需常年在非潦水季节进行加工培护，采用束枝沉排、在护坦外罩混凝土、在闸底增加护石等补救措施。虽有省治水机构的直属单位对此进行管理和施工，但在抗战时芦苞工程还是受到了一定的破坏且失去维护。抗战胜利后，当局对芦苞活闸进行了大规模抢修，于 1946 年 11 月完工，恢复了它的防潦功能。②

在东江则有马嘶水闸与韩溪水闸的修建，这是对大量官督民办工程实施监理制度的另一种形式——由省专业治水机构派出工程师驻扎在民间，出资或由省治河处贷款，民间出资偿还的水利工程，如宋隆水闸施

① 《芦苞活闸调节流量防潦设计》，《广东二十年（民国三年至民国二十二年）来治河防潦汇刊》，1993，第202—203页。

② 《珠江水利局十年工作概况（民国二十六年至三十五年十月）》，《珠江水利（复刊版）》1947年5月第1期。

工时，“全部工程，由本处派洋工程师一员，直接管理，并派华人工程技术人员及事务人员，协同办理，在宋隆水口设立办事处，并在距离较远之各外段，另设分段办事处，以便就近管理。工人就近招募”。在工程人员的监理下，将工程分作小段直接批给各工队承办，可以保证质量，也能严格按照预算、保质保量完成工程。[①] 在这种施工制度下，避免了旧的治水体系的弊端，即可以防止主持施工的士绅、耆老利用职权谋私，而降低工程质量。

后来施工监理制度被推广到各地的围董会。[②] 如西江下游宋隆水闸是官督民办的工程，在宋隆流域与西江交界的地方设水闸，由当地人组成投资公司，施工和设计均由省治河处监理，由于基闸建成带来收益，股民向围民抽收回报，“围民皆乐行之”，抗战胜利后股东收回全部投资。[③] 对水利工程的施工管理和监管还体现在堤围的岁修、抢险等方面。

珠江三角洲还在全省最先兴起电动排灌。1915 年，一个英国人在高明县秀丽围设抽水机牟利；1925 年，新会县潮连乡建设了三座电动抽水站；1932 年，广东农林局在番禺县以贷款形式资助当地农民购买抽水机。抗战胜利后到 1949 年底，广东排灌机装机容量共 6 149 马力，其中珠江三角洲装机容量最多。[④]

三、农田水利的主要成就

1. 对珠江水系堤围的整理

（1）大型防潦工程的建设。一是主要利用闸门的建设，达到调节水量以防潦的目的，这类较大型的工程在西江、北江、东江均有。北江的芦苞活闸是广州西北面的屏障；西江下游宋隆水闸是官督民办的工程；东江则有马嘶水闸与韩溪水闸的修建。马嘶防潦修理工程分为围基和水闸两部分，1918 年省治河会拨款修建，1937 年珠江水利局完成工程。

① 广东省治河处：《宋隆防潦计划》，第17—18页。

② 吴建新：《民国广东的农业与环境》，第276—277页。

③ 《建筑宋隆基闸碑志》，载《珠江志》第五卷，广东科技出版社，1993，第124—126页；高要县水利电力局：《高要县堤防志》，1990，第15页。

④ 吴建新：《民国广东的农业与环境》，第290页。

竣工后可以保障九十村落、十余万人口免受潦患，捍护农田八万亩。[①]

（2）珠江三角洲进行大规模的筑闸联围工程建设，需要整理混乱的堤系，合并小围为大围，缩短堤围长度，在支流处筑闸，增强堤围的防洪能力。治河会成立以后，改建天河、大榄、思霖、青塘、榕塞各堤围，新建赤岭、东岸、山尾、下南等大堤。后来的省治河委员会、珠江水利局、珠江水利工程总局时期，“继承一贯施政方针，指导围堤董事会之组织，促成畸形围堤之合并，筹划支流水闸之建筑，例如大榄、思霖合并为联安围，丰乐、院主并为丰乐院主围，长利、赤顶并为长赤围，秀丽、泰和合并为（高）要（高）明十三围，新兴、莲塘等小围合并为公信围，又银江等六围合并为新江大围是也”。[②]民国（高）要（高）明十三围，堤围高度比清末加高 1 米左右，堤围长度从原来的 85 公里缩短为 44.87 公里。[③]珠江三角洲最大型的桑园围横跨南（海）、顺（德）两县主要的桑基鱼塘区，捍护耕地 20.05 万亩，人口 21 万。1925 年，将桑园围联成整体。[④]容奇围是民国期间顺德县修筑最大的基围，始建于 1947 年冬天。到 1948 年春土方工程基本完成，这一水闸最终在 1949 年 10 月后完成。[⑤]以上只是比较大型的工程，还有不少小型的工程尚未计算在内。

大型区域性防洪工程与筑闸联围工程的进行表明，民国时期对珠江三角洲水利的综合治理取得了很大的成绩，比起宋元明清的珠江三角洲水利史，是一大进步。有学者认为，将这一时期西江、北江和东江三条河流及由它们所携带的泥沙，在广州以南的浅海湾所淤淀的珠江三角洲和蛛网般的河道，正式命名并统称为珠江水系和珠江流域，这是自然演变和水利工作发展的结果。[⑥]根据 1953 年珠江水利总局调查结果，珠

① 《珠江水利局十年工作概况（民国二十六年至三十五年十月）》,《珠江水利（复刊版）》1947年5月第1期。

② 杨华日:《广东围堤与防洪——为东华三院编印院刊特写》,《珠江水利（复刊版）》1948年5月第2期。

③ 高明水利电力局等:《高明县水利志》，1989，第17页。

④ 广东省顺德县水利志编纂组:《顺德县水利志》，1990，第44页；广东省南海县水电局编《南海县水利志》，1990，第86页。

⑤ 广东省顺德县水利志编纂组:《顺德县水利志》，第44页。

⑥ 珠江水利委员会《珠江水利简史》编纂委员会:《珠江水利简史》，第221页。

江水系堤围273个（未含沙田区的堤线），共长4 300公里，捍卫耕地881万亩，人口525万多，并有水闸460座，涵洞436座。《珠江水利简史》认为1953年的调查结果就是旧中国经过多年修筑以后的堤围规模。[①] 该书所称“旧中国”是指从宋代珠江三角洲有堤围起到1949年以前的中国。而民国时期修筑的堤围，西江约200多公里，北江约100公里，东江约80公里。[②] 如此，民国期间（1911—1949）在珠江三条主要河流的增建堤围长度为380公里，约占民国以前历代堤围长度总数的8.84%。从这个数字看，在38年间达到这个比例实在不算低，堤围的建设速度超越了前代。

2. 灌溉工程数量增加，增强了农田的抗旱能力

20世纪20年代到抗战爆发之前，广东当局开展农业改良，在山区台地已经建设了不少陂塘水利。抗战爆发以后，广东当局在山区开展“一保一塘”运动，小型简易的水利工程大量涌现。

表4-2　广东省小型农田水利工程（1943—1947年）

年份	工程名称与数量					灌溉面积（市亩）
	山塘	陂圳	堤坝	其他	合计	
1943年	26	28	17	77	148	89 388
1944年	3 926	743	112	125	4906	784 086
1945年	277	9	11	129	426	85 599
1946年	549	94	397	20	1060	171 353
1947年	157	309	178	173	817	797 799

资料来源：《广东建设汇刊》，广东省建设厅统计室，1949。

从上表可以看出，1943年“一保一塘”运动开始启动时，山塘不足30宗；1944年该运动达到最高峰，山塘接近4 000宗；1946—1947年不过是这一运动的余波；1943—1947年广东省小型水利工程建设总数为7 357宗，总灌溉面积为1 928 225亩，平均每宗工程的灌溉田亩数为262.09亩，符合小型水利工程的特征。

① 广东省顺德县水利志编纂组：《顺德县水利志》，第223页。

② 佛山地区革命委员会《珠江三角洲农业志》编写组：《珠江三角洲农业志（初稿）》第一册，1976，第60页。

根据对明清广东方志的统计，明代全省陂塘渠圳 1 023 宗，清代 2 540 宗。[①] 而在 1943—1947 年的 5 年间，广东建设小山塘数为 4 935 宗，陂圳数为 1 183 宗，合计为 6 118 宗。从统计数字看，民国时期大型、小型的水利工程建设远远超过了明清时期。

3. 利用自上而下的水利组织，加强堤围岁修与堵口复堤

岁修是保障堤围安全的一项重要措施。清代往往只对南海、顺德的桑园围以及南海罗格围这类规模较大、设有水利组织的堤围进行岁修，按照“司堤分甲”的原则，将堤围分成基段，由各业户进行岁修。大规模的通围岁修则由堤围的围董或修围公所等组织进行。由于水利组织不一定遍布各地的堤围，所以岁修不一定是各处堤围每年必须进行的水利活动。民国时期，随着各地围董会的设立，岁修成为政府逐级下达指令的水利活动，并且对堤围建设提出了一定的要求。抗战胜利以后，岁修是围董会每年组织的活动，政府给予指标。如 1948 年元月，南海县政府对各地围董会发布关于培修基围的标准：要求堤围宽三米，内外坡比 1 ∶ 2，即高一米、横二米，堤围高逾历年最高洪水位一米，筑堤取土必须离开基脚三十米以外。内河基围依照大汛水位加高一米，堤围顶宽二米。[②] 这类堤围的岁修经费往往是围民自筹。

水灾时发生的决口，如果围民没有能力修复，堵口复堤就以政府投入为主，或者政府先行垫款维护，围董会组织围民还款。1940 年，广东当局为了增加粮食生产，对因为战事而受到损害的西江上游堤围进行大规模修复，修建大小防洪工程 500 余处，受益田地 164 062 亩。次年，再度投入 172 102.07 元修复西江堤围，受益田地 582 070 亩。[③]1947 年广东发生特大水灾时，宋子文主政广东，以联合国善后救济款将受损堤围全面恢复，并成立堤工委员会，在各受灾县成立民工组织，堤工委员会派人监理工程，“驻围监办”，按质验收，各民工组织按照工程设计施工。

---

① 吴建新：《明清时期广东的陂塘水利与生态环境》，《人大复印资料 · 明清史》2011年第9期。

② 广东省南海县水电局编《南海县水利志》，第70页。

③ 《珠江水利局十年工作概况（民国二十六年至三十五年十月）》，《珠江水利（复刊版）》1947年5月第1期。

最后完成工程数68宗，捍卫田亩1 633 810亩，涉及人口1 268 834人。[①]但是战后腐化现象严重，以致个别堤围成为豆腐渣工程，如惠阳马鞍围工程崩塌，与官员的贪污有关。[②]

4. 进行了大规模的疏浚河道工程

民国时期对广州与西北江三角洲水上交通最繁忙的陈村水道进行了多次疏浚。陈村水道蜿蜒曲折，水流复杂迂缓，冬季水枯时水浅不利航行；水涨时潦水浸泛两岸，茫无际涯，而弯曲又多，历年来往航渡，有驶上田园的危险，轮船航行时泛起波浪，也影响两岸堤围安全。1932年11月，省当局成立陈村浚河委员会，采用挖泥机疏浚，合北江方面工程计算费用，共1 291 189元。工程完成以后，不仅便利航运，而且可以保护农田64万亩。[③]抗战胜利之后，陈村水道淤浅如故，1947年，广州轮船商业同业公会发起成立“疏浚三山、苇涌、半浦河道促进会”，疏浚三山、苇涌、半浦河道与陈村水道。[④]

珠江口虎门和广州之间有四处浅滩，阻碍船只进出黄埔港，疏浚航道是很大的工程。1936年在大石段疏浚挖泥25 000立方米，由于经费的限制而不能彻底实现工程目标。1946年在大尾段挖泥37 000立方米。珠江水利局对鸦片战争时废弃的沥滘水道勘测研究后，决定重开水道，工程包括清除石坝和挖深河槽，浚深至最低水位下以利于航行，共需挖石方4 326立方米，挖泥26.7万立方米。1948年动工，1949年1月恢复通航。[⑤]

在韩江流域，疏浚河道是主要的工程。1921年成立的韩江治河处，已经将韩江上下游河道裁弯取直，并开辟运洞新河，疏浚潮阳后溪及揭阳金坑等乡的河道，爆凿梅河中西阳、马口等滩石，修筑各属危堤四十

① 《省堤工委员会三十六年水灾善后工程捍卫田亩人口统计表》，广东省档案馆藏，卷宗号17-1-6。

② 杨丽婷：《马鞍围崩塌事件与民国后期的惠阳社会》，学士学位论文，华南农业大学历史系，2013，第24—26页。

③ 《广东省年来水灾及水利建设概况》，《农声》1935年第187期，第9—11页。

④ 《郁南民国政府社团：疏浚三山、苇涌、半浦河道促进会征信录》，郁南县档案馆藏，卷宗号519-1920，第8页。

⑤ 珠江水利委员会《珠江水利简史》编纂委员会：《珠江水利简史》，第257页。

余处，筹划开办水源林植树。1929 年韩江治河处改组为广东治河处分管机构后，复经改建回澜桥一座，筑鳌河上下口码头五座，梅溪大路等处河段继续裁弯取直，疏浚澄海新港河道，开凿大埔河滩石。普宁及潮阳神仙乡河道，亦在测量疏浚中。[①] 潮梅治河分会成立以后，韩江上游，大抵注重凿滩工程，共炸石方 2 074 井，使船只可以通行。韩江下游注重裁弯取直，工程实施之后，若遇到天旱，每天来往潮汕之数百艘船只可以通行无阻，又可减轻全区水灾。[②]1938 年 10 月广东沦陷以后，韩江成为粤东的水上命脉，为沟通粤东、赣南、闽西的水上要道。自潮汕沦陷，韩江尾闾封锁后，潮梅的工商业中心转移到韩江上游各县，交通日趋频繁。为了抗战需要，要疏通韩江上游，方便航运，1940 年 10 月，珠江水利局开始整理韩江，主要目标是浚深浅处和炸礁。这一工程在 1942 年 2 月开工，4 月水涨并停止工作，对九处险滩进行整理，扒沙 293 立方米，炸礁石 155 立方米，完成计划工程量的 82%，用款 538 820 元。工程完成后，韩江上游航行较前顺利，事故减少。[③]

① 《广东省年来水灾及水利建设概况》,《农声》1935年第187期，第9—11页。

② 同上。

③ 《珠江水利局十年工作概况（民国二十六年至三十五年十月）》,《珠江水利（复刊版）》1947年5月第1期。

第三节

畜牧业改良与畜牧学

一、畜牧业概况

1. 牛的养殖

牛是首要的牲畜，主要是作为役畜使用，肉食是很次要的。在牧业不发达的山区“穷乏之徒，终岁不得肉食”。[①] 这是1931年的记载。20世纪20年代全省的农业文献表明，不论山区和平原，不少农家并没有牛，与清代类似。如1921年南雄县自有耕牛者十之二三，两三人合资购买十之二三，向富户租用者十之六七。[②]20年代的调查还表明，英德、梅县等山区，还盛行农家联合养殖耕牛，原因是一户农家负担不起养一头牛的成本。即使在地多人少的香山县沙田区，在1924年“多以人力犁田”，原因是一只牛百元以上，贫家买不起。香山沙田多草坦，所长草肥美，最宜养牛，富家则买母牛租给贫户耕种，贫户每年向富家交纳牛的租金，母牛产犊应归主家；牛有意外，各安天命。[③] 牛的价格一直走高。到1930年，市场上一头牛的价格为200多元；1931年，东江流域的牛价继续上涨。[④]1937年，有报道说广东农家“役畜类平均每农家仅有牛

① 民国《乐昌县志》卷四《物产》，中国方志丛书本，第133页。

② ［民国］郑振周等：《广东农业概况调查报告书》，第164页。

③ ［民国］欧佐德：《改良香山东南农村的意见》，《农事月刊》1924年10月第3卷第4号，第7页。

④ 《农声》1931年第151期，第78页；《农声》1932年第153期，第57页。

图 4-2　民国农产品展览会上的牛和耕具

一头。”[①] 经过 30 年代前期农业改良的珠江三角洲地区，有牛的农户增加，但一户一牛很难达到，因为牛的价格走高，穷困的农民是很难买得起一只牛的。

粤西南地区，是广东牛的传统产地。海南荒地多，农民以野牧方式养牛，能减少饲料的投入。如文昌县，每年输出牛一万多头；[②] 琼山县

① [民国]潘光庆：《广东畜牧事业概况及其改进方案》,《农声》1937年2月第203、204期合刊，A1—A27页。

② [民国]循环：《广东全省实业物产及其富力之调查》,《农声》1936年8月第198、199期合刊，第25页。

鸡卜洞，“牛马牧其内”[①]，可见生黎、熟黎以野牧方式养牛。“有养牛之家照牛只征收者”[②]。可见海南仍是广东大陆牛的主要供应地。“牛只之成群者，间见于信宜、吴川、徐闻、合浦等地”[③]，可见粤西南牛的产地和运输网络大致是延续了清代的格局。

2. 猪的养殖

1937年，有报道说广东农家平均每家有两只猪。[④]这一说法是确实的。20世纪20年代的广东各县农林调查报告书中也记载了广东各县农家每家都养猪。这是由于猪杂食，野生植物、杂粮的茎叶和农家的剩饭都可以作为饲料。农民养猪其实是储蓄的方式，养殖过多则负担不起米糠的成本。客家地区人民勤劳，农家养猪较多，如赤溪县，农家务农之外，兼事畜牧。每年产谷五万石，牛二千头，猪七千头，鸡一万八千只，鸭子三万六千只。[⑤]茂名年出产生猪六万八千头外销。[⑥]

3. 鸭与鹅的养殖

鸭子在珠三角沙田区养殖最多。1922年，广州黄埔有名为“鸭乸细”的经营主，以养殖母鸭为生，逐渐扩展到三千余只之多，以此起家，竟成巨富。[⑦]广东黄埔近东江，有不少沙田，“鸭乸细”能以租用鸭埠的方式节省饲料，进行大规模养鸭。这类农户在民国沙田区还是不少的。肇庆西江河边多养鸭的寮寨，养鸭者说七十天可以出产。该处农民，大多以传统经验养殖，守其旧法。还有专门生产鹅仔的农民。[⑧]

珠江三角洲民间办喜事，多用烧鹅、烧猪，故养鹅者也不少。20

① 民国《琼山县志》卷三《岩峒》。

② 民国《琼山县志》卷八《经政》。

③ [民国]潘光庆：《广东畜牧事业概况及其改进方案》，A1—A27页。

④ 同上。

⑤ [民国]循环：《广东全省实业物产及其富力之调查（续）》，《农声》1936年11月第200、201期合刊，L6页。

⑥ [民国]循环：《广东全省实业物产及其富力之调查》，《农声》1936年8月第198、199期合刊，第11页。

⑦ 《新闻》，《农事月刊》1922年7月第1卷第1号，岭南农科大学劝农部出版，第52页。

⑧ [民国]梁宝霖：《肇庆黄江之农事调查》，《农事月刊》1924年10月第3卷第4号，第38页。

世纪20年代，清远的“草鹅”很著名，在长满草的北江河滩地有“鹅厂”百余间，每间有母鹅百余头至上千头。鹅吃草甚多，草不多的地方禁止放牧母鹅，因为母鹅吃草太多，不利牛的放牧。①每只鹅每年可以获纯利一元至二元五角。②缺乏资本的贫民则养鸭，一人可以放牧六十只至百只。③因为鹅吃草，饲料投入少，故贫家养鹅还是能获利。

构成农家副业的养殖业，大约是每家不足一头牛，另外有猪两头，鸡鸭数十只。④

民国时期也出现了较大规模的畜牧场。河南小港的养猪场，场主彭利擅长兽医，养猪方法中外并行。⑤彭利研究猪瘟多年，利用病猪，“为制造猪瘟痘浆之原料，因此群猪可保无恙。以中国人在中国制造猪瘟痘浆者，此为第一次耳”。⑥这可能是国内最早提取猪血清防治猪瘟的个案。盐步牧场所产牛乳多供应省佛两地。⑦有的农垦企业采用的技术，是当时最先进的。香山前山人刘希明，研究了一种孵卵机器，同外国的差不多。每台机器每星期能孵化鸡卵300只，10台机器可以孵化3 000只。一个人可以管理20台机器，一个月可以出7 000只鸡，利润为300银元。⑧近代牛乳的食俗在广东兴起。具有标志意义的是荷兰奶牛的引进与繁殖，1947年的报道：“近代以来广东输入荷兰种乳牛，且饮用鲜奶颇为时尚，而黄牛与水牛也有乳用者。晚近通都大邑乳牛场之设立如雨后春笋。”所言“近代”，是指民国早期。⑨1931年，广州经营牛乳业的商铺有55间，全市有乳牛场8处、乳牛房74间，养殖洋牛211头、水牛536头，

① [民国]郑振周等：《广东农业概况调查报告书》，第216页。

② 同上。

③ 同上书，第219页。

④ [民国]潘光庆：《广东畜牧事业概况及其改进方案》，A1—A17页。

⑤ 《农事月刊》1922年7月第1卷第1号，岭南农科大学劝农部出版，第30—31页。

⑥ 《新闻》，《农事月刊》1923年2月第1卷第8号，第57页。

⑦ 《新闻》，《农事月刊》1922年7月第1卷第1号，第53页。

⑧ [民国]傅保光：《养鸡好过做官》，《农事月刊》1922年8月第1卷第2号，第31页。

⑨ [民国]何亨荣：《改进本省畜牧事业管见》，《广东农讯》1947年8月21日第3期第2版，广东省建设厅农林局，第1—2页。

日产乳4 080磅。岭南大学学生调查了广州的乳业，代广州市卫生局拟“乳牛业卫生条例”，建议当局颁布施行。[①] 香港商人区兆铭是香港中华农学求新会会员，也是华侨，回家乡投资养鸡场，从外国购回多种鸡种试养。[②] 番禺南沙有农妇颜氏，数十年来孵化鸡仔养大出售为生，八十岁而终，死后有白银二大埕。[③] 以上的例子都表明，规模化的畜牧养殖业也能致富，而且在20世纪20年代末以前，广东民间已有采用近代畜牧技术的经营式畜牧场。

民国时期畜牧业构成了农业经济的一个重要组成部分。1934年，据中央农业实验所估计，广东畜产总值为3亿元。广东是全国畜牧业最发达的省份，家禽类占全国第一位，猪、牛占全国第二位，仅次于四川。畜禽的粪便是最大的肥源，广东全省农户数为340万，可见每户平均所有畜产价值不下百元。种植业需要的巨量之肥料中，畜禽粪占大部分。畜牧业衰落，农产损失必然巨大。畜产作为耕地、运输的役畜，与农业关系甚大。每年从国外进口的畜牧类产品价值不下三四千万元，“足为漏卮”。[④] 所以畜牧改良的迫切性不下于种植业。

二、畜牧业的研究与改良

畜牧业如此重要，民国时期的高等农业教育机构和农林局对畜牧改良都进行了研究和实践，以便在农业生产中推广。

1. 对全省的畜牧改良提出方案

1937年潘光庆的《广东畜牧事业概况及其改进方案》，叙述了广东的畜牧业现状，认为应该在畜禽良种培育和繁殖、畜牧养殖技术和饲料、禽畜病防治方面做改良，以提高畜牧业的生产力，增加农民畜牧业的生产价值，对种植业需要的肥料也会有贡献。[⑤]

---

① [民国]黄启元：《广州市乳业概况》，《农事双月刊》1931年第8卷第2号，第12—33页。

② 《农事月刊》1922年9月第1卷第3号，第48页。

③ 《农事月刊》1922年11月第1卷第5号，第51—52页。

④ [民国]潘光庆：《广东畜牧事业概况及其改进方案》，A1—A17页。

⑤ 同上。

1947 年何亨荣的《改进本省畜牧事业管见》[①] 提出了改良耕牛、改良畜种，包括猪、牛、羊优良品种的选择和杂交；认为饲料的改良要注重优良牧草的栽培，以便牲畜获得好的饲料。他还认为乳牛业、蛋业要产业化以增加人民生活的食料，改良骨肥业可以充分利用磷肥，将禽畜的毛收集起来充作手工业的原料、发展腌制业都可以提升禽畜产品的附加值。

2. 改良畜禽品种

民国广东农林机关都把畜禽品种的改良放在首位。岭南大学畜牧科 1920 年就针对华南猪腰折腹大、肥多肉少的缺点开始研究瘦肉型猪种，发现用改换饲料的方法能改善肉质，提出用干饲料喂养。此外用良种英国种与本国种杂交也能达到这一目的。1916 年第一次从香港输入英国约塞亚猪种与华南猪杂交。在家禽的改良方面，搜集了纯种的土种黄鸡、汕头白鸡、白竹丝鸡、黑扣毛鸡、外国种黑鸡等，还有洋鸭，并制造出新式孵卵器。岭大除了用乳牛产牛奶，还发现水牛乳的成分较好，并且试验优质土黄牛和乳牛杂交，以便提高牛的产奶量。[②] 这些实验都很有针对性。二三十年代岭南大学不断引进更多的外国畜禽。1932 年，岭南大学畜牧系举行相畜比赛会。[③] 相畜学是传统农法，岭南大学相畜家畜表演，是结合了古代相畜学和近代家畜外形鉴定学的成果。

国立中山大学的畜牧门将畜禽改良和教学实践结合，1924 年，广东大学尚在筹办中，广东农业专门学校的师生合股创办了以改良牛种、试验新法育牛的“畜牧团”，以股份制的形式办一个盈利的小型养殖场。[④]1935 年，中大农学院学生响应农林局推广良种鸡的号召，课余时间利用石牌校舍空隙地大办小规模养鸡场，“一时农学院园林中鸡舍林

① 《广东农讯》1947年8月21日第3期，广东省建设厅农林局，第1—3版。

② ［民国］何亮：《岭南大学农科进行事业》，《岭南农学特号》1920年12月第4卷第4号，第80—84页。

③ 《农事双月刊》1932年2月第9卷第1号。

④ 《本院消息》《农声》1924年3月第16期，载《农声汇刊》，第254页。

立，喔喔之声，不绝于耳”。[①] 中大石牌农场的畜牧科是畜牧门禽畜品种繁育、饲养的基地，1935 年，一个学生记载了他在农场学习配制饲料、圈舍清洁、阉割和配种等技术的情况。[②]1932 年发表在《农声》的《广东潮汕孵卵法与外国孵卵法之比较》一文，认为改进孵卵法是提高禽类孵化成活率的有效途径。[③]

广东的农林管理当局也大力进行禽畜品种改良的试验。1930 年，广东建设厅购买了菲律宾的优良鸡种和巴克西猪种，准备改良和推广之用。[④] 县级的农业推广机关也进行禽畜改良，1935 年，番禺县立畜种繁殖场讯："推广饲养北京鸭，拟定推广办法五项。"[⑤] 同年潮安县在广州购买意大利鸡种试养，繁育鸡种供应农民。[⑥]

3. 饲养法和饲料试验

改进饲养方法，可以促进禽畜的生长。1923 年，岭南大学进行槽鸡试验，岭大用广州产的鸡种进行育肥试验，取得成功；[⑦]1925 年，岭南大学畜牧部的饲养法完全用新法。[⑧] 岭南大学充分利用和外国的农业交流优势，进行优良牧草的引进和栽培试验。1921 年，岭大从檀香山引入木豆，进行适应性试种，发现其可以做饲料；[⑨]1926 年，由菲律宾引入草种试种，分给园艺系一部分作为肥料试验；[⑩]1931 年，岭南大学从菲律宾引入牧草种子多种，有长高四尺就可以收割作为牧草者。[⑪]

---

① 《农声》1933年4月第164期，第106页。

② ［民国］滕传煜：《国立中山大学农场畜牧股实习报告书》，《农声》1935年第184、185期合刊，第1—7页。

③ ［民国］何广瑞：《广东潮州孵卵法与外国孵卵法之比较》，《农声》1932年1月第158、159期合刊，第15—18页。

④ 《农林消息》，《农声》1930年4月30日第132期，第66页。

⑤ 《农林消息》，《东区农林月报》1935年2月28日第1卷第2期，第6页。

⑥ 《潮安县农林推广处二十四年三月份工作报告》，《东区农林月报》1935年4月28日第1卷第4期，第2页。

⑦ 《新闻》，《农事月刊》1923年5月第1卷第11号，第48页。

⑧ 《校闻》，《农事月刊》1925年10月第4卷第4号，第101—108页。

⑨ 《新闻》，《农事月刊》1923年5月第1卷第11号，第53页。

⑩ 《校闻》，《农事双月刊》1926年9月第5卷第2号，第63页。

⑪ 《本院消息》，《农事双月刊》1931年2月第8卷第2号，第52页。

4. 改良养蜂法

20世纪30年代广东的农林机关都很关注养蜂技术改良。因为广东是花卉和果树生产大省，养蜂业是园艺业的重要副业，但是需要蜂群杂交并改进养蜂技术。1932年，国立中山大学专门从美国请来养蜂学教授乌里德尔教欧美养蜂法。[①]中大石牌农场从北平购入制造蜂巢机一副，所制造的蜂巢确为精致适用。[②]中大畜牧门拟定《推广及改良土蜂计划书》，指出改良蜂业技术的重要性，中大第二农场已经建立果林，是建立蜂蜜改良场的良好基地，请省府一次性补助6 000元作为建立养蜂场的费用，专门介绍良种给农民，且新设实习养蜂班，实行教学和推广一体。[③]

养蜂技师到惠州调查，培育养蜂人才，发展养蜂事业。中大农科师生组织的养蜂研究会试验新的蜂群饲养法。[④]1933年，广东农林局经过试验，认为广东的土蜂用新法饲养，较之意大利土蜂更有把握，且能抵御恶劣气候，夏秋两季没有蜜源时，也会竭力寻找蜜源，越夏危险少。用新法养殖，利益更大。[⑤]

5. 兽医学研究

岭南农业大学畜牧系有研究兽医学的人员，1925年10月由在学学生和教师、校友成立了“畜牧学会”，学会章程的内容有总结畜禽疾病疗治法、定期演讲、宣传兽医学的成果。1925年，由于美国海关借口广州的腊味肉品没有经过卫生检疫，禁止进口。为此，岭大畜牧系的留学日本的兽医专家钟保璇发起成立“广州兽医学会”，拟具禽畜产品出口的检疫条例给广州市当局，力争广东产的腊肉能达到国际卫生标准，能出口到美国。[⑥]

中大农学院动物兽医系在1938年10月以前就与广东农林局的畜牧

---

① 《校闻》,《农声》1932年1月30日第153期，第74页。

② 《校闻》,《农声（茶蔗作专号）》1932年3月第154、155合刊，第52页。

③ 《国立中山大学日报》1932年6月22日第2版。

④ 《校闻》,《农声》1931年6月第146期，第62页。

⑤ 《农林消息》,《农声》1933年11月第171期，第17页。

⑥ 《农事月刊》1925年11月第4卷第5号，第84—85页；《农事月刊》1925年12月第4卷第6号，第109—110页。

兽医合作，取得了一些成绩。1946 年以后得到较大发展，院长邓植仪在农学院设立农林动物研究室，将害虫、益虫、兽病研究等都包括在内，以蒲蛰龙拟定详细计划呈学校。[①]1947 年 11 月，在庆祝中山大学成立 23 周年的学校展览会上，第三展览室展览了畜牧系的各种兽医应用仪器，以及兽医内外科的研究成果，特别是对常见畜禽病的预防与治疗方法的应用。该室第二部分展示了畜牧兽医系所拥有的大型试验仪器，以及对家畜病菌和病理的研究图集。[②]

20 世纪 30 年代，广东农林局的牛瘟防治方法取得突破性进展，并且成立了血清研究所和生产机构，为防治牛瘟做了准备。

三、畜牧业改良成果的推广

1. 改良禽畜良种、养殖方法的推广和产品销售

高等教育机构的禽畜良种都在市面上销售。1920 年，岭南大学育成的良种鸡均交农学部营业处出售。[③] 中山大学育成的良种禽畜也有销售。但是由于高校农业推广机构的实力较小，20 世纪 30 年代开始，改良禽畜品种由农林局推广。30 年代前期，农林局制订大规模推广禽畜良种的计划：“改良本省鸡种以增加生产之工作。”“现在本局试验得力行鸡种与本省鸡种交配，则改良之后可以增加一倍之产蛋量。……设立优良鸡种繁殖场。”[④] 但是由于经费问题，这个繁殖场的设立进程很缓慢。当时农林局也“已经向外国购买纯种波支及北赛亚良种猪，运回繁殖，分发各县以与本地母猪交配。希望每县有 20 头猪种，则全省猪

① 《农学院设立农林动物研究室》,《国立中山大学日报》1942年2月12日第1版。

② 《国立中山大学日报》1922年5月1日第2版。

③ [民国]何亮 :《岭南大学农科进行事业》,《岭南农学特号》1920年12月第4卷第4号，第82页。

④ 《农林局一年来之工作述略（廿年十一月至廿一年底）》,《建设月刊》1933年第1卷第8期，第10页。

种改良之问题，即可解决。”[①]1933 年，农林局的繁殖场有公猪 60 头，用 20 头在番禺县以表证的形式推广，在顺德、南海两县配种。[②]但是由于购买良种要各县政府出钱，这就要看各县政府的财力和官员是否热心。如 1933 年农林局受鹤山县政府委托，购买北赛亚猪种三只，一公二母，作为改良本地猪种之用。[③]但是这样的记载不多。可见 30 年代前期的禽畜良种推广力度还是不大。农林局设置的畜牧场在 1940 年先迁连县，建立酒壶岭牧场，饲育牛羊家畜，以供应战时肉食市场。该场兼繁殖优良品种，以作推广之用。其次，筹设种畜饲养指导区：分设东、西、南、北四区进行饲育指导工作，由各家畜防疫人员担任，办理农民种畜鉴定登记，以期劣种减少。[④]1945 年抗战胜利后这个养殖场搬到清远，对优良牛羊品种的繁殖和推广没有停止过，但是规模很小。

在家禽品质繁殖和养殖方法方面，1930 年设在广州东郊的农业改良区，由推广人员演讲改良家禽的技术。[③]1933 年，农林局在广州举办养鸡讲习会，会员有 321 人。于 1933 年 3 月 20 日开始授课，为期两个月。[⑥]此外农林局的繁殖场还进行北京鸭种的介绍和繁殖。[⑦]

在改良畜牧产品的销售方面，以岭南大学的牛乳最负盛名。20 世纪 20 年代，岭南大学的畜牧场引进国外的优良奶牛，生产乳品供应本校师生和广州市的医院。由于品质优良，供不应求，市内人士以得到岭大牛乳为幸。1931 年，岭大成立岭南农产制造公司，将乳牛场迁到这个公司，并引进优良品种，改进本地劣种；将试验报告和结果公布给农民；会同农林局，调查和检验全市牛奶的生产、经营和卫生状况。又引

① 《农林局一年来之工作述略（廿年十一月至廿一年底）》，《建设月刊》1933年第1卷第8期，第10页。

② 《局闻》，《农业推广》1933年第1期，建设厅农林局发行，第68页。

③ 《农林消息》，《农声》1933年10月第170期，第43页。

④ 广东经济年鉴编纂委员会：《二十九年度广东经济年鉴》，第89页。

③ 《农林消息》，《农声》1930年5月第133期，第43页。

⑥ 《养鸡讲习会之开办》，《农业推广》1933年8月第2期，建设厅农林局发行，第141页。

⑦ 《广东建设月刊（计划专号）》1933年第1卷第4、5期合刊，广东省建设厅刊行，第68页。

进洋牛 8 头，种猪增加到 47 头。[①]

20世纪30年代，农林局研究了蜜蜂的养殖新法，在芳村花地、河南、石牌一带果业发达的地区推广，经营果园与专业养蜂者两获其利。[②]1937年，在荔枝种植最多的东莞设立养蜂表证区，由农林局派出专家为表证区主任，组织养蜂合作社。表证有成效，就向全省推广。[③]1938 年 10 月以后，这一计划也搁浅了。

2. 畜牧卫生与兽医改良

广州城市对牛乳的需求很大，1931 年，广州有经营牛乳业的商铺 55 间，有乳牛场 8 处、乳牛房 74 间，养殖洋牛 211 头、水牛 536 头，日产乳 4 080 磅。岭大学生黄启元对广州奶牛业进行了调查，促进了广州市卫生局专门针对这个行业制定乳牛业卫生条例，以规范其发展。[④]

牛瘟是困扰广东畜牧业的难题。牛瘟发生时，往往形成传染病，导致耕牛的死亡率很高，严重阻碍了农业生产的发展。1931 年，农林局畜牧系派人协助社会局办理集体保护耕牛事宜，派出兽医到广州市医护奶牛。[⑤] 最重要的是广东血清研究所的建立。1930 年，广东农林局成立了畜类血清制造所，1931 年，制猪牛血清成功，初期赠送给农民以防畜疫。[⑥] 但一开始农民不相信牛瘟能防治，自请法师驱瘟，经过解释实例之后方肯相信血清的疗效。[⑦] 农林局自有牛瘟防疫队，经常派员到各乡注射牛瘟血清。1934 年制定了除牛瘟运动办法，五个绥靖区选择中心地区，平均每区注射 4 万头；在有牛瘟的区域实行隔离措施以防瘟疫扩散；训练人才，拟设牛瘟注射训练班。预定年内注射牛只 20 万头，

① 《本院消息》，《十九年至二十年畜牧系报告》，《农事双月刊》1931年10月第8卷第6号，第53、55页。

② 《农业消息》，《农声》1933年10月第170期，第43页。

③ 《改良养蜂事业》，《广东农业推广》1933年第1卷第1号，第69页。

④ 《广州市乳业概况》，《农事双月刊》1931年2月第8卷第2号，第13—33页。

⑤ 《十九年至二十年畜牧系报告》，《农事双月刊》1931年10月第8卷第6号，第52页。

⑥ 《新闻》，《农事双月刊》1931年6月第8卷第4号，第75页。

⑦ 《西江发生牛瘟》，《农声》1933年2月第162期，第77页。

训练人才160人。为此政府拨款十万元作为经费。[①] 到1936年，此训练班举办凡七届，特别班三班，毕业者共232人。[②] 连县瑶族、海南黎族多野牧牛马，为了将牛瘟防治推广到少数民族地区，1934年，陈济棠命令从军校选少数民族学员祝羽庆等20人，训练注射牛血清方法，并赠送注射器，待他们退役回乡成为兽医，服务少数民族。[③]

农林局设立制造血清的机构，从1931年到1936年6月止，制造能治理牛瘟的血清1 250 000毫升，发出数量为1 065 000毫升；制造能防治牛瘟的疫苗血清240 100毫升，对遏制牛瘟的蔓延起了一定的作用。后来还研制了成本更低、收效较大的血清疫苗，每只牛的注射成本由二元降低到三角，后来再降到一角，从而有利于大规模推广。[④] 当时还计划建立覆盖全省的以区公所为单位的牛瘟疫情报告网与区级的防治机构，扩大防治牛瘟的范围。当然这一计划于1938年10月以后而搁浅。

1938年底至1939年中防治牛瘟的工作只是短暂的停顿。1939年10月，连县原“畜类血清制造所”更名为“畜疫防疗所”，继续从事牛瘟血清和牛瘟疫苗的制造。并于1941年12月在茂名设立第一分所，1941—1943年分别在开平、肇庆、河源、兴宁、韩江等处设立防疗分区，全省防疗机构，至此渐臻完备。[⑤]1941年，造血清疫苗17 400毫升，牛瘟疫苗145 860毫升，作为防治牛瘟等疫病的材料。1942年，有牛瘟情报员的县份有乐昌等18县；同年，恢复东、西江防疗分区，办理东、西两区的防除事务。[⑥]

由于经费短缺和战事的影响，畜疫防疗所的工作在1944年实际上

---

① 《本局防除牛瘟运动办法》，《农业推广》1934年12月1日第5号，建设厅农林局发行，第78页。

② ［民国］李川容：《广东省防除牛瘟之管见》，《广东农讯》1937年1月1日第1卷第1期，建设厅农林局，第4—8页。

③ 《局闻》，《农业推广（水产专号）》1935年第7期，第95页。

④ ［民国］李川容：《广东省防除牛瘟之管见》。

⑤ ［民国］黄耀苍：《广东兽疫防治工作概述》，《广东农讯》1947年6月21日第1期第7版，广东省农林处编印。

⑥ 《1941年度建设厅工作情况总结暨1942年工作月报告》，广东省档案馆藏，卷宗号6-2-349。

已停止。抗战结束后，畜疫防疗所迁回广州，防治工作的条件大大改善。1948 年医治了病牛 27 965 头，1949 年上半年医治了 2 000 头。[①] 除了防治牛瘟，其他的畜禽病害也在防治的范围内。以注射免疫预防疫苗为主，普遍注射，才能达到预防的目的。为此，防疗所常常派员下乡向农民灌输预防畜类瘟疫的常识。[②]40 年代后期，还使用了美国的鸡化疫苗（*Avianze*），这种疫苗用鸡蛋制造，有成本低、粉剂携带便利、注射量少、免疫期长等优点。经过两个月的试验，防治牛瘟效果大大改进。1946 年 12 月到 1947 年上半年用鸡化疫苗注射耕牛 4 万头，这是战后耕牛防疫的最好成绩。[③]

① 《1947—1948年建设工作情况报告和1949年上半年政绩交代比较表》，广东省档案馆藏，卷宗号6-2-353。

② ［民国］黄耀苍：《广东兽疫防治工作概述》。

③ ［民国］吕渭纶：《如何扑灭本省牛瘟》，《广东农讯》1947年6月21日第1期第5版，广东省农林处编印。

第四节

其他主要经济作物种植与农产制造学

一、烟草种植与加工

烟草是广东重要的经济作物，产地主要是珠三角的新会、鹤山，粤西的阳春，粤东北的嘉应州，粤北的清远、南雄等地。20世纪20年代到30年代初，广东烟叶品质有“衰颓”的迹象，原因之一是化肥的使用，使烟叶缺少油质，色泽最为不良。[①] 在五华县，来自外省的烟叶商人前来收购，当地“入民国多种烟叶，近年卷烟者颇多，各圩皆有此商人”。[②] 烟草除了作为嗜好作物，其下脚料在虫害防治方面也有广泛的用途。

这一时期引进来自菲律宾的烟叶，如1935年东区绥靖委员公署得到吕宋烟优良品种，命令东区果树繁殖场试种和推广。[③] 中大和岭南大学农艺系也有引种烟草的新品种。

广东农林局为了提高烟草的产量和质量，1935年在鹤山择地建烟叶繁殖场一所。[④]1937年广东省银行农贷部门将烟草列入特种作物，给农民贷款，使其扩大烟草的栽培面积。由于烟草利润高，因此烟草贷款在各种农作物贷款中的回收率中是最高的。1939年下半年，农林局

---

① [民国]谢焕庭：《鹤山烟草概况报告》，《农声》1936年11月第200、201期合刊，第33页。

② 民国《五华县志》卷五《实业志》，第284页。

③ 《训令》，《东区农林月报》1935年4月28日第1卷第4期，广东东区绥靖委员会公署令，第2—3页。

④ 《农林消息》，《东区农林月报》1946年7月28日第1卷第7期，第5页。

在南雄通过推广改良技术扶持农民的烟草栽培，将烟草栽培推广到连县。1939 年，未沦陷区全年烟草产量 831 581 担，价值 8 107 333 元。其中南雄烟叶质量最优，产量也最高，为 300 000 担，价值 504 000 元。1939 年，9 县烟草种植面积 850 290 亩，产量 14 400 300 斤。[①]

二、茶叶种植与加工

民国时期茶叶的传统产区如广州河南、西樵山的茶园已经衰落，在珠三角只有鹤山、从化等地产茶。1920 年，有私营资本在从化建民福茶场，有茶树 1 300 亩，茶种来自鹤山为多，改用种子繁殖，年产茶 13 000 斤。所有茶叶由当地茶贩子运到龙门、清远各地销售。1927 年，民福茶场购买机器制茶，浙江人为经理，职员 40 人也多为浙江人。机器制茶从浙江传入广东。1931 年，民福茶场面积达 1 000 亩，茶园间作荔枝、凉粉草等植物，茶种以古劳种居多，用机器制茶，产茶 3 万斤左右。[②]古劳茶种是清代时从西樵山引进的，所以从化民乐茶是西樵茶种。1935 年，全省有 13 243 亩茶园，产茶 2 897 500 斤，[③]规模不大。1936 年，由广东农林当局在鹤山组织茶叶改良所，由中大农学院毕业生担任所长，开辟山地 30 亩为模范茶园，广行栽种，以资表证，并购买制茶机器，准备设厂进行机器制茶，计划以茶厂直接向农民购买茶叶大量加工，机器茶厂负责推广和外销，改善成品茶的品质，使农民获得厚利。[④]后来购买的机器来不及安装，推广工作也因为战争而没有多大成绩。但是 1940 年农林局仍派人前往鹤山接收茶叶改良所，指导农民改良制茶方法，同时将购买的机器设备安装，筹备设厂。[⑤]

① 广东经济年鉴编纂委员会：《二十九年度广东经济年鉴》，第75—77页。

② [民国]梁光商：《从化民福茶场考察记》，《农声》1934年3月第176、177期合刊，第123—128页。

③ 《农林消息》，《农声（森林专号）》1936年2月第193期，R3页。

④ [民国]邓兆槐：《广东鹤山县茶烟叶调查报告》，《农声》1937年7月第209期，第3页。

⑤ 广东经济年鉴编纂委员会：《二十九年度广东经济年鉴》，第53页。

三、油料作物种植与加工、造纸加工

油料作物仍以花生、豆类为主，在民国乡村的墟市，一般都有土榨油铺，购买农民的花生、豆类榨油出售。粤北多种植油桐树，部分桐油经由广州出口。[①] 在清远也有种植桐树榨油的。[②]1928年，恩平农家多以花生为副业，当年丰收市价由4元上升至6元。[③]增城县山多樟树，农民取其叶甑蒸为樟脑，可以作药丸的原料，贩运出外，得到很好的收入。[④]

为了持久抗战，国民政府在粤北大力建设经济林垦殖场林场。广东省银行以桐油为出口创汇的物资，1939年在连山、乐昌一带设桐树林、油茶混交林为主的林场，面积数万亩。[⑤] 西宁县则种植桂树，制取桂油、桂皮等出口。

以家庭织布为主体的土布业，仍是民国农家的重要副业。民国广东每年进口棉花占全国进口棉花总值的十分之一。[⑥] 农民用洋纱织布，在市面销售，以补日用。但是当局对棉纱课税很重，这对土布业是一大打击。1931年，"土布商再请免重征运粤棉纱统税"。[⑦] 民国的家机布所用机器，也有些改进。如和平县，家机原只"可织粗纱，织成之布甚坚致耐用"，但是女工操作辛苦，1921年造成改良土机一种，亦称撤梭矮机，操作过程"工作安闲，成布加倍，而布质坚致"。[⑧] 兴宁县本地土布出产很多，当地外销产品，"以土布为大宗，邑人设布庄于珠江流域和广西梧州等

---

① 《农林消息》,《东区农林月报》1935年3月28日第1卷第3期，第3页。

② ［民国］循环：《广东全省实业物产及其富力之调查》,《农声》1936年8月第198、199期合刊，第10页。

③ 《农事双月刊》1928年10月第7卷第2号，第100页。

④ 民国《增城县志》卷九《实业·工商》，第177页上。

⑤ ［民国］周允元：《广东省银行连山农林垦殖场油桐林经营状况》,《农声》1942年6月第225期，第44—50页。

⑥ 《局闻》,《农业推广》1933年8月1日第2号，广东建设厅农林局发行，第144页。

⑦ 《广州民国日报》1931年7月2日第2版第2张。

⑧ 民国《和平县志》卷一〇《实业志》，第557页。

一带为数甚多，巧于取利。经营小生意的兴宁人遍布全省。”[①]20世纪30年代，广东农林局为了解决土布的原料问题，选择了140种棉花，可耐雨和抗病虫害能力强，分南北区试种，南区在中山农场，北区为英德一带试种，待试种成功之后，再行推广。[②]

广东杂食性野蚕、山大蚕分布很广，山区农民除了将其蚕蛹采集来吃之外，还将其蚕卵采集回来孵化成虫，喂之以樟树、柞树、乌桕树等树叶，养殖的野蚕成茧，则纾解成天蚕丝。1934年，广州民国政府农林部门设立天蚕试验场之后，试验成功制成天蚕丝棉，其质量能与骆驼绒和洋毛相仿。广东省农林局局长冯锐为此与局内的技正兼昆虫系主任吴光博士等商谋发展。[③]由于战争，这一试验未能继续下去。1940年，广东当局派人在国统区的粤北和西江各县调查，发现生产天蚕丝颇多，且能织造缝制伤口之线和其他军用品，还可输出赚取外汇。于是在阳山和连山设立两大蚕场，推进天蚕事业。1940年阳山和连县年产丝量2 300斤。云浮县也有生产天蚕的传统，只是因为战争，蚕农不懂得留种，滥为捕杀和食用蚕蛹，蚕种来源减少，采集的野生茧制丝不良，丝质恶劣，销路大受影响。[④]

广东的土纸业多以竹子为原料。20世纪30年代开始探索机器新法造纸。20世纪30年代前期设在河南的纸厂已经开始安装设备。当时广东建设厅以松树为原料的造纸试验成功，而且“试验成绩优良。建设厅纸厂已经决定用机器造纸，明年机器运到就可以开工”。[⑤]1933年造纸厂的建设方案已经决定，广东省政府和瑞典商家订立合同。[⑥]

1931年，留学日本攻读造纸业的台山人余觉之邀集台山华侨集资在江门文昌沙兴办江门制纸股份有限公司（即江门造纸厂），自任总经

① ［民国］循环：《广东全省实业物产及其富力之调查》，《农声》1936年8月第198、199期合刊，第19页。

② 《农林局一年来之工作述略》，《建设月刊》1933年第1卷第8期，第145页。

③ 《农林消息》，《农业推广》1934年4月1日第3、4期综合号，第1页。

④ 广东经济年鉴编纂委员会：《二十九年度广东经济年鉴》，第85页。

⑤ 《农林消息》，《东区农林月报》1935年1月15日第1卷第1期，第81页。

⑥ 广州市地方志编纂委员会办公室：《近代广州口岸经济社会概况》，第798页。

理，业务蒸蒸日上。中大农学院义务承担林场规划及技术指导，后种植松树百万株，果树数百亩。1939 年该场才破产。[①]1942 年，广东推广新法造纸，五华县的农家纸厂，在合作社指导下，“落纸槽时，再加各种胶料，如松香、白矾、糯米、白泥粉枧水和合成纸，焙燥后木用轮辗之，而光滑薄白，如舶来之品。”[②]

四、海南热带作物的引进和栽培、农产制造

1938 年 10 月以前，华侨在海南引种的热带作物有橡胶、咖啡、金鸡纳树，这一时期引进的新品种有菠萝爪哇种、黄色种等五六个品种以及美国产海岛棉；烟草的吕宋种、小牛利种；甘蔗品种中有南洋种，果实丰满、皮极薄、味道甘美。芒果在琼山就有菲律宾优良品种 *Carabas*，在文昌有产于南洋的“差鹅椰子”。上述华侨引进的作物，在我国外来作物的引种史上有重大意义。这些作物大都品种优良，如引进的菠萝、椰子、烟草、香蕉等作物的外来新品种都比海南原有的品种优良。这些作物大都经济价值高。如海南种植的橡胶，质地优良，在世界市场上能卖好价钱，能比新加坡所产约高一元。菠萝可作罐头原料，如文昌县所产菠萝，就能供应海口市几间罐头厂加工罐头食品。椰子也有多种用途，如华侨种植椰子最多的文昌，有各种椰子副产品加工，出产大量椰油、椰干、椰布、椰绳、椰鼓等。可惜当时海南所产橡胶，大都出口国外，仅有小部分能供应国内橡胶制品工业的需要。[③]到 1937 年，海南橡胶园已达到 91 家，咖啡园 67 家，菠萝园 77 家。这些种植园，与海南侨乡的分布大致是重合的。上述三类种植园共 235 家，华侨最多的文昌县就有 133 家，占 52%。[④]

---

① 《冈州植牧股份有限公司》，载《新会文史资料选辑》第9辑，1983，第12—15页。

② 民国《和平县志》卷一〇《实业志》，第546页。

③ 吴建新：《抗战以前海南热带农业资源的研究与开发》，《中国农史》1989年第2期。

④ 林永昕：《海南热带作物调查报告书》，《农艺专刊》1937年第1号，中大农林研究委员会，第10—91页。

在上述海南的热带作物中，以橡胶树最有战略意义。1923 年，海南亭父实业公司所产橡胶，“较南洋、新加坡尤胜数倍”，[①] 多出口南洋。1928 年，海南出产橡胶一百几十吨，广州的厂家也喜欢用，但是运费奇昂，沿途关卡厘金关税很重，至二十元之多。商人见无利可图，转运到香港或南洋销售。20 年代末，广州的胶厂已经倒闭多间。[②] 广东当局成立琼崖实业局，1935 年 10 月间，命令各橡胶园选择强壮且产胶液多的树苗育种。[③]

陈济棠踞粤时期，在海南热带农业资源的开发方面亦有过富有价值的构想。由岭南大学农学院教授冯锐拟定的《发展广东三年计划书》中，把广东分为五个重点蔗糖区，琼崖即其中之一区。陈济棠在 1934 年 9 月提出的《救济广东农村计划》中，提出建立“热带经济林业经营区”，种植橡胶、高根树、柚木、咖啡、金鸡纳树、椰子等，重点在橡胶，并设树胶、咖啡、椰子等加工厂。[④] 当时在海南还建立了占地数万亩的军垦农场，种植了甘蔗、橡胶等作物，垦殖场除士兵外，还吸收了琼崖失业农民。陈济棠时期还采取了一些吸引侨资返琼建立热带种植园的政策。省侨务委员会赴琼调查，指定人员驻于当地与华侨接洽投资建场事宜。[⑤]

全面抗战前夕，国民党政府针对日本人侵略海南采取了一些预防措施。如发现有外国人假借本国人名义，在海南购买了土地数万亩进行开垦，因此发布禁止外人操纵地权的命令。面对日本帝国主义步步南侵的威胁，国内官僚资本与民族资本有南移海南开发热带农业资源的意向。1936 年 11—12 月间，宋子文视察海南，提出“开发海南实业，巩固海南国防”的口号。宋归上海后，曾请上海实业界、金融界头面人物共商投资海南事宜。一些工商、金融团体亦曾派人来海南考察。如上海永安公司经理、永安纱厂经理郭顺考察海南后，决定投资，在海南西北新墟

① 《农事月刊》1923年12月第2卷第6号，第55页。

② 《农事双月刊》1928年12月第7卷第3号，第72页。

③ 《农林消息》，《东区农林月报》1935年1月15日第1卷第1期，第4页。

④ 广东省档案馆：《陈济棠研究史料》，1985，第305页。

⑤ 《广东省侨务委员会准备招致华侨来琼垦殖》，《琼农》1936年6月第28期。

购地二万亩，试种棉花。[①]但是由于陈济棠的经济计划实施重点在广东内地，上述的投资开发计划不能完全实施。[②]日本人侵略海南后，把掠夺海南的热带资源作为其“南进”政策之一，建立了机器制糖厂、橡胶园等设施。

五、机器加工米面食品

晚清时广州民间机器制造业的兴起，是从陈启沅创办机器缫丝厂开始的。当时的“陈联泰号”为此掌握了蒸汽机的制作原理，制造了能推动机器碾米的装置。1876年，“陈联泰号”正式更名为陈联泰机器厂，添置了车床等机器，连大型的机器也能生产了；1888年，陈联泰的后人联合一批股东，创办了均和安机器厂；1912年，均和安机器厂分离出部分股东和技术骨干，又于广州芳村的大涌口创办了协同和碾米厂。民国期间，协同和碾米厂改办为协同和机器厂，专门制造能加工大米的机械，机器碾米普及，大多分布在广州城内东堤、芳村花地河畔等大米船能停泊的河边。磨麦子、大米为粉也用机器。如增城县有人用“磨面水机”，一机轮可装置织带、小机器十数具，与火机同工而费较省。在牛都深坑地方，还有铁切机粉。当地向出粉丝，其舂米、磨米、蒸粉、切粉，“皆以一人操之，故所成少而获利薄。近有采用新法装置铁机一具，二人运之，工倍十人。邑有刘柏芬者擅制造此铁机”。[③]在广州的东堤、花地河一带，佛山、顺德陈村等地，机器加工米谷成为一个行业。米价平稳时经营尚可，“米价高昂无利可图”。[④]为了维持经营，米加工厂一般多种经营，利用米加工后的米糠酿酒，酿酒后的酒糟喂猪，如1936年南海县养猪很多，利用酒糟为饲料，多为米厂兼酿酒。[⑤]说的就是这种情况。

① 《琼农》1937年4月第36—38期合刊。

② 吴建新：《抗战以前海南热带农业资源的研究与开发》，《中国农史》1989年第2期。

③ 民国《增城县志》卷九《实业·工商》，第183—184页。

④ 《农林消息》，《农声》1931年12月第152期，第58页。

⑤ [民国]循环：《广东全省实业物产及其富力之调查》，《农声》1936年8月第198、199期合刊，M3页。

六、其他农副产品加工

民国广东的农副产品加工业中，土席业的分布有所扩展。低洼地茳草的栽培与加工，扩散到粤东山地的低洼田，如和平县，“林寨自清末来，因河底日高，日禾常被水浸，乃渐改种席草，此草耕种亦需人力，施以大肥，春种夏收，现计种田约二百亩，年收席草十余万斤”。[①]雷州种植编包专用的茳草历史悠久。据记载，每年经过雷州海关出口的蒲包，有六百万元左右。清末民初雷人生活困难，蒲包质量变差，进口国被迫改用麻包。1924年，有识之士组织“雷州改良蒲包会”。蒲草多种植在常有流水的坑田，需要施肥。[②]

广东荔枝以广州附近地区出产最多。荔枝干的焙晒厂，过去多以佛山镇和附近乡落为盛。20世纪20年代则以河南二涌口一带为集中地，当地土地空旷且租价低廉，交通便利，经营此业者聚集此处多。萝岗、仙村、新塘、从化之街口和杨村等处，也以晒荔枝著名。荔枝多产自南海、番禺、增城、从化等处。佛山、河南焙晒荔枝各店肆，大都购买自广州市之果栏；其余则就各产地订购，照果栏沽价计价值。水东黑叶，从高州运来。糯米糍，多从番禺、增城各地采买。[③]烘干荔枝法仍是传统工艺。

乌橄榄制成咸豉，以番禺和增城为多，“乌榄肉可制豉，榨油，其核肉可为果品，皆供食用。其核壳可作烧料，……每值收成，商贾居积贩运，岁以为常，有操为永业者焉”。[④]

广东酒类多用旧法。20世纪30年代，广东建设厅在东山砂地设工业试验所，试验成果之一是改良酿酒法。该所曾召集广州的各酒厂商人，在东山砂地工业试验所开会，以传播新的酿酒方法。[⑤]不过改良酿酒法成效不大，在文献上见到的大多是沿用旧式酿酒法的小作坊。

① 民国《和平县志》卷一〇《实业志》，第550页。

② ［民国］蔡鹤龄：《雷州之蒲包业》，《农声》1936年12月第81期，第1—2页。

③ ［民国］邵尧年：《广州荔枝干之焙晒事业》，《农事月刊》1925年12月第4卷第6号（园艺特号），第69—75页。

④ 民国《增城县志》卷九《实业·工商》，第184页上。

⑤《农林消息》，《农声（化学专号）》1930年11月第139期，第114页。

七、农产制造学

民国农产制造学主要是指食品加工制造学。它的特点是在营养学的基础上探索食物的贮藏和加工方法。民国时不少学者参与到营养学的研究中，邓植仪有《人之食料》的长文，探讨了食物中含有的水、有机物质、灰分等成分以及谷食、蔬菜、果类、豆类、糖类、肉食品、蛋乳、醋等食物的营养价值和食用价值，并对食物消化作了解释。[①]还有《研究"影响农植物体内物质成分种种情形述要"》，叙述了作物生长过程中雨量等气候因素、土壤中元素对作物营养成分的影响。[②]《农声》上也有不少关于营养学和农产制造学的专文。邓植仪虽是土壤学家，但他写的这些文章并非不专业，他认为土壤成分与农作物品质、营养很有关系。而且他所在的学系是农林化学系，这个学系有农产制造学，系中元老利寅教授是农产制造学专家，专门从事食物加工和储存的研究。中大农学院农林化学系设农产制造部，利寅研究食品制造，所研究最精良者为洋酱油等十种，中大校长曾发函省长要求给予十年的专利权。[③]

罐头制造学是农产制造学的分支。岭南大学有罐头科，专门将本校农场产的水果加工为罐头，加工与教学结合。[④]1923年，岭大农学院用桑果制作成饮料，是广东最早的桑果汁饮料。[⑤]这种饮料必须用真空的瓶子或罐头。1923年，岭南大学董事与省港巨商李煜堂、卓和叔等合资成立"岭南农产制造有限公司"，注册资本50万元，罐头业是主业之一。这显示了岭大在罐头制造学方面的优势。[⑥]罐头制造在此之前已经由民营企业从外国引进罐头生产线，由有资本的人设厂，收买水果制作罐头后出口。20年代到30年代，罐头业在潮州、广州最为兴盛。1922年，汕头有罐头公司六间，专门做各种食物罐头出口外洋，获利

---

① 《农林季刊》1923年。

② 《农声》1923年第5期，《农声汇刊》，第73—76页。

③ 《新闻》，《农声》1924年10月10日第32期，《农声汇刊》，第523页。

④ [民国]何亮：《岭南大学农科进行事业》，《岭南农学特号》1920年12月第4卷第4号，第78—80页。

⑤ 《农事月刊》1923年5月第1卷第11号，第50页。

⑥ 《农事月刊》1923年11月第2卷第5号，第58—59页。

颇多。[①]海南的热带作物场，种植菠萝者直接生产罐头。岭大的罐头制造方法引起了这个行业的注意，1923年，广州“制罐头大家来校参观”。[②]所谓“制罐头大家”就是广州制造罐头的厂家。中大农学院的农林化学系也研究罐头制造，利寅担任农产制造门课程教师，曾带领学生到广州太平南路冠益罐头食品厂等处参观。[③]

① [民国]林健中:《潮州林业公司概况》,《农事月刊》1922年8月第1卷第2号，第34页。

② 《农事月刊》1923年8月第2卷第2号，第61页。

③ 《农声》1934年5月30日第176、177期合刊，第185页。

第五节

渔业与水产养殖学

广东沿海海岸线长，而珠三角低洼地多，因而水产业是本省重要的农业经济部门。沿海县份中，水产是财政收入中的大头，如民国时期海丰县水产收入占整个县财政收入的 70%。而在珠三角的基塘区，淡水养殖占了农业经济的大头。

民国时期外国水产品倾销中国，对本土水产业造成极大的威胁。根据 1929 年粤海关的报告，水产品由外国输入广东的价值，每年不下 800 万元，由广州入口者约占 500 万元。报告认为广东沿海水域广大，生产的水产品应该自给有余，但是外国水产品输入广东，每年竟然达到 1 000 万斤以上，价值 350 万元，其中日本产品约占 70%。陈同白认为要挽回漏卮，一方面要拒用外货，另一方面要进行水产建设，发展渔业。[①] 民国时期的水产业改良，就是在这样的背景下发展起来。

一、渔业改良机构与渔业改良方针

民国广东的高等农业教育机构都没有水产养殖的专业。广东省立水产试验场的筹备工作是从 1928 年 10 月开始的，政府于 1930 年 3 月 22 日委任方仲吾为场长兼讲习所所长。方仲吾任职期间，该场设有渔捞、养殖、制造三部。1929—1930 年，该场有三艘捕捞的试验船，其他如鱼类罐头制造试验器械、化学仪器及药品调查仪器、气象观测仪器以及

① [民国]陈同白:《日本水产品输入广州状况》,《农业革命》1932年1月第1卷第1期，第17—20页。

各种水产图书、杂志等共计 1 100 余种，均自 1929 年度分别向英、美、日等国购置，使学校具备教学和实验资源。[①]

方仲吾聘请当时中山大学的教授费鸿年、鲍应中、曾广清及水产专家姚焕洲，国内水产学校的教授吴毅、陈椿寿等人为科研人员。[②] 开展的调查涉及海上捕捞、水产养殖鱼类和贝类、西江鱼苗运输、珠江口微生物和水质水温测量、渔村和渔民生活等。进行的研究有曾广清的水产罐头试验、冰鲜冷藏试验、精制蚝油和制造蚝脯干，试验场的横拖网试验等。[③] 但是省立水产试验场因为经费问题在 1931 年 6 月停办。

广东农林局成立以后，内设水产课，但是成绩不多。冯锐接任农林局局长后，于 1932 年 11 月 21 日改水产课为水产系，在水产专家李象元的领导下，水产科研和推广集中在保护四大家鱼鱼苗生产资源、家鱼养殖和繁育、其他鱼类的养殖和推广上；在海洋捕捞方面，向渔民传播先进的捕捞技术。[④] 这构成了民国时期渔业改良的主要内容。

二、淡水养殖业概况与淡水养殖学的实践

南海、顺德是广东淡水养殖业最发达的地方。1925 年，岭大的考活调查顺德有桑基 6 650 顷，假设鱼塘面积为 30 万亩，每亩鱼塘可获鱼 600 斤上下，每百斤 15 元，[⑤] 则 1925 年顺德县的鱼塘产值近 2 700 万元。南海较顺德的鱼塘少些，1935 年南海县鱼池面积 6.62 万亩。每年产额为 16 万担，每担 15 元，产值共 240 万元。据统计全省养鱼者约 50 万人，养鱼池塘面积约 100 万顷以上，每年出产量为 300 万担左右，价值为 4 000 万元左右。广州各地，因为鱼类资源丰富，鱼类每担价格约为

① [民国] 方仲吾：《本场成立一周年之经过》，《广东建设公报》1930年第4、5期，第26页。

② 《筹备水产试验场近训》，《农声》1929年第118期，第78页。

③ 广东省建设厅：《广东建设公报》1930年第4、5期；《新建设半月刊》1930年第9、11期及《新建设》1930年第10、11期上。

④ [民国] 李象元：《如何改良广东养鱼业》，《农业推广（水产专号）》1935年第7期，第1—4页。

⑤ 〔美〕考活：《南中国丝业调查报告书》，第12、105页。

15 元，而北江各地则为二三十元。所以淡水鱼类供不应求。[①] 东莞、番禺以东直至潮州一带，池塘面积 41.43 万亩，年产 124.29 万担，年产值 1 864 万元。北江流域鱼塘面积 1.6 万亩，年产 4.8 万担，产值 72 万元。[②] 可见二三十年代水产养殖在农业生产中的地位很重要。基塘区的渔业和蚕丝业密切相关。30 年代顺德县，“蚕业衰败，农民赖以为生者，鱼塘而已”。[③]

鱼花养殖仍然用天然鱼苗，四大家鱼养殖依赖西江的鱼花捕捞业，产地和主要销售地还是南海九江乡，但在高要形成新的鱼花集散地，“所以北江、东江、南路各地，对于鱼种之需求很大，价格亦昂。潮州、惠州、韶关、钦廉等地，每年专门到肇庆一带订购鱼苗，总额亦有八九万元，运到目的地，价值转增加至数倍和数十倍不等”。[④] 其实肇庆鱼花多为九江人经营。

广东农林局的水产研究机构用新技术改良传统养殖业。首先对关系淡水养殖的鱼花业进行改良。传统的鱼花运输业，运输方法落后，加上基塘业因为蚕业衰落，与蚕业相关的淡水养殖业萎缩，西江沿岸的鱼花捕捞业“由肇庆到南宁一带，沿江皆有，每年以来，因为经济危机之影响而倒闭者不少”。[⑤] 运输途中鱼苗的死亡率很高。广东农林局水产系鼓励鱼花运输商人采用新法，在运输途中给鱼苗输氧。用煤油打气机往运鱼的桶中打气，以及使用温度调节机在广三铁路试行运载鱼苗，成绩甚佳。此法降低了鱼苗的死亡率，保证鱼苗较长的安全存活时间，减省了运输的成本。1934 年，当局将此方法印成改良鱼苗运输法丛书，还

① [民国]李象元：《如何发展广东之养鱼业》，《农业推广（水产专号）》1935年第7期，第1页。

② 《农林消息》，《农声（园艺专号（下）》1936年1月第192期，第4—5页。

③ [民国]循环：《广东全省实业物产及其富力之调查》，《农声》1936年8月第198、199期合刊，M5页。

④ [民国]李象元：《如何发展广东之养鱼业》，《农业推广（水产专号）》1935年第7期，第2页。

⑤ 同上。

制造出简单打气箱。[①]

当局还采取措施，人工繁殖鱼苗。首先是用科学方法试验成功四大家鱼的人工繁殖法。1934 年，农林局水产系发现鲩卵，被称为“中国水产界最大发现”，养鱼事业开创新纪元。水产系的技士林书颜，在西江上游调查育苗，历时二月。后来又派其他技士前往调查，在大雨滂沱之时，采集到鲩卵，进行人工孵化。当时四大家鱼的产卵地点和习惯，尚未清楚。但这一发现为人工繁殖四大家鱼创造了条件。[②]经过三年的试验，终于探索出四大鱼类的人工繁殖法，1937 年，农林局决定选择鱼池，试验人工繁殖。[③]虽然人工繁殖四大家鱼试验的成功和推广不见报道，却是广东人工孵化四大家鱼鱼种的先声。

农林局水产系的鲤鱼繁殖试验成功，并与稻田养鱼的形式一起推广。1934 年，水产系捕捉到鲥鱼卵，进行人工孵化，获得成功。这种鱼的美味非四大家鱼可比。当局计划在西江上游设立鲥鱼繁殖场，生产数量可以增加。[④]

人工养殖鳜鱼也取得成果。鳜鱼生长能力强，可以与其他家鱼混养，经济效益极佳。水产专家李象元，研究成功人工养殖鳜鱼，并有多种优良的鳜鱼鱼种，实行推广饲养。农林局可以代运到农民的鱼塘，地点限于本省中区各县。购买者先交定金。饲养方法随买鱼时附送。[⑤]1934 年，各处已经有试养鳜鱼。三水县一处养殖场养了 300 亩。[⑥]1937 年广东农林局有 47 亩鱼塘供试验，还准备由省府给经费 7 500 万元用于永胜上沙改造原有鱼塘为饲养鳜鱼试验场。[⑦]此外，还准备与广西合作设两广

---

① [民国]徐日光：《简便鱼苗桶试验之经过》，《农业推广（水产专号）》1934年第7期，第53—55页。

② 《农业推广》1934年12月1日第5号，第67页。

③ 《广东农讯》1937年5月1日第1卷第5期，第27页。

④ 《农业推广》1934年12月1日第5号，第70—71页。

⑤ 《农业推广》1934年12月1日第5号，第72—73页。

⑥ [民国]何享荣：《三水县立鱼类养殖场办理之经过》，《农业推广》1934年12月1日第5号，第68页。

⑦ 《本处三十六年度渔业工作概况》，《广东农讯》1948年2月13日第8期，第2—3版。

鱼类繁殖场。[①] 李象元等对广东淡水鱼类的常见疾病和寄生虫菌类进行了研究，对鱼类传染病、皮肤病、血管病、筋肉病、眼病、呼吸器官病、消化系统病、生殖器官病等进行了初步研究并试验出防治方法，并准备在养鱼区进行推广。[②] 但是由于战争，这些活动都停止了。

三、海洋捕捞渔业与海产养殖

民国时期，广东沿海开始出现机动船捕鱼。民国初年，在汕头成立的中国领海渔业无限公司曾从日本购买过三艘发动机渔船，但都因为动力太小，没能奏效。此种渔船船体小，马力在 54 匹到 60 匹，一遇强风怒涛，难以外海作业，只可使用小拖网或横木张网或延绳钓，难与具有 600 匹马力以上的蒸汽机拖网渔轮相比。[③]1920 年代末到 1938 年 10 月，广东沿海捕捞渔业改良没有大动作。在抗战结束后，机动渔业反而有长足发展。1946—1947 年，广东省共有新式渔轮 15 艘，占当时全国统计渔轮数的七分之一。[④]1946 年登记成立的南海渔业公司和南方渔业公司都购置了新式机动渔轮。[⑤] 珠江口的机动大渔船网捞业产量高，没有动力的小船竞争不过大马力渔船，因而向当局提出抗议。

海水养殖中仍以蚝的养殖产值最大。1930 年沿海养蚝业以东莞、阳江、宝安、中山为最多，年产达 10 000 担或以上，中山可能达 20 000 担；其余为饶平、陆丰、海丰、台山，年产均在 4 000—6 000 担。[⑥] 养

① ［民国］李象元：《水产系历年工作成绩报告》，《农业推广（水产专号）》1935年第7期，第49页。

② ［民国］李象元等：《广东池鱼常见之病害及其防治法》，《农业推广（水产专号）》1935年第7期，第11—18页。

③ ［民国］吕汝珍：《拟开办汕头轮船拖网渔业建议书》，《新建设半月刊（水产专号）》1930年9月，第195页。

④ 杨家骆：《大陆沦陷前之中华民国》第四册《林业·渔业》，台湾鼎文书局，1973，第1319页。

⑤ 《建设厅1946年度建设工作统计总表》，广东省档案馆藏，档案号6-2-379，1947。

⑥ 实业部中国经济年鉴编纂委员会编《中国经济年鉴续编》第十章《渔牧》，1935，J251页。

蚝业沿袭清代的技术而有所改进。“移养育肥”在 1917 年的记载中还未见，1930 年的调查称海丰蚝质量好，价格很高，与采用“移养育肥”技术有关，蚝民在当年八九月蚝长得差不多时，将幼蚝移放到水流通畅、咸淡水比重适宜、微生物丰富的水面养殖，收获的蚝肚大、蚝耳小、肉色带红，且蚝肚充实，绝无凹陷，肉质和脂肪多，以之晒脯，每百斤可得 25—28 斤，较之未移养的蚝产量晒干高 3.5 倍。为了增加蚝的单位面积产量，粤东蚝民对养蚝附着器也进行了改良，当时已尝试“垂下式养蚝法”，即在海面造蚝排，再以土包十二个，沉于海底，用绳与架连接，再将大蚝绑在铁线上，使不漂走。这样的养殖方法比海底放蚝法增重 60%—105%。[①] 值得注意的是，民国广东沿海的海产养殖业技术进步是在民间出现的，未见广东农林局水产股等行政机关的参与或指导。这说明民间的技术创造力是存在的。

① ［民国］彭尚浩：《汫洲之养蚝业调查》，《广东建设月刊》1932年第6期，第65页。

第五章

农业科学的其他分支与农业科学交流

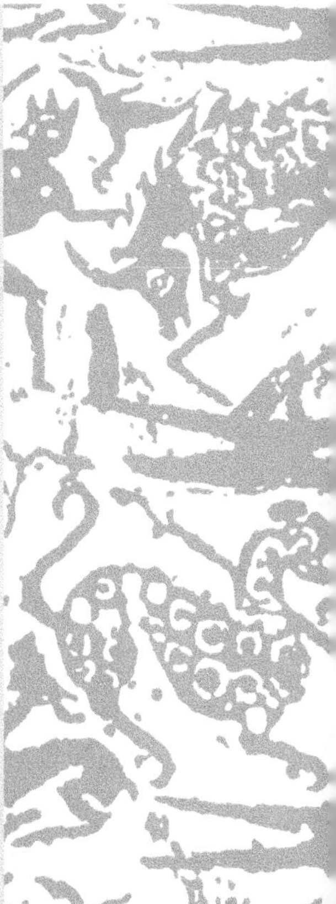

第一节

肥料应用和土壤肥料学的成就

一、肥料应用与土壤状况

民国时期，传统肥料仍占主要地位，以榨油后的麸粪，如豆麸、花生麸等为主。在专门种植油料作物的地方，榨油后的麸粪除当地用之外还用于出口，如阳江县："年出产花生油约百万斤，花生麸是油的一倍多，除了供应本地用，其运售出口者约三分之二。"[①]

人粪也是主要的肥料。清代延续下来的广州城内的人粪搜集系统，在民国时期由于城市卫生管理而得到整顿。由清粪公司承投纳税，公司有清粪工在早上沿街道收集粪便，运到广州的黄沙等沿岸码头，卖给来自顺德桑基鱼塘等地的粪艇。畜禽粪也是主要的农家肥，民国早期广东农家饲养的禽畜不多，畜禽粪尿的来源有限。广东农户多用麸料。麸料以花生麸、茶麸、菜子麸等为主。如果北方来的豆麸比本地花生麸价格低，农民则用豆麸；但是豆麸的用量必须是花生麸的二倍。[②]因此，只有在豆麸价格比花生麸价廉得多时，农民才会用。烟草含钾，清代以来烟的下脚料普遍被用作农药，兼有肥料的作用。农家经济中肥料应用的多少，取决于农家经济的强弱。民国农家普遍贫困化，用钱买肥料的机会就少了。

1920年邓植仪组织科研人员对广东各县农林情况进行调查，报告

① 民国《阳江县志》卷一六《物产》，中国方志丛书本，第734页。

② [清]兴礼：《潮州糖业调查概略》，收入罗振玉编《农学丛书》第六集。

中显示，地力下降、肥料不足的现象在各地都有，尤其以山区为最。即使是在珠三角，农民也因贫困而少下肥。如新会的稻农，稍穷者则减少下肥料的数量，再穷者有不下肥，只在稻秧返青时插烟骨廿斤，管理除草二三次。[①] 这类记载很多。施肥不足和施肥方法不科学并存，对农业产生了很大的影响。有些地方甚至“施肥不用粪溺，浪费实大”。[②]

肥料的不足使广东历史悠久的多熟种植受到很大的限制。一般农夫，每因栽麦后耕地肥分为其吸收，越年早造水稻收成减少，故栽培甚少。农家于双季稻后种植小麦，但收成不及双季稻十分之一。且耕作粗放，管理不周；以小麦为多，大麦种者甚少。[③] 所以，明清盛行的双季稻后种植其他作物的传统，在民国因肥源不足而受到限制。增城“麦作不甚普遍，较之数十年前亦有日就衰颓之象”。[④] 这种情况也与地力的下降有关。民国《潮州志·实业志》对此也有记载。

肥料问题会对作物选择产生影响。潮阳县无处不植果树，原因是种果树的头几年不用施肥。“山村中地旷人稀，运输不便，肥料劳力之供给，均不充足，故农民皆趋种果树。”[⑤] 肥料问题也影响作物的品质，潮安的农民在柑橘园改种甘蔗之后，“多用余肥，有全免施肥者，或只施水肥一二次”。[⑥] 柑橘少施肥则果实品质会下降。甘蔗如果少施肥，蘖发根芽就会减少，收获甘蔗少了，产糖量就降低了。施肥量减少导致的作物产量下降是普遍性的，如高要县，“生产品如烟叶、荔枝、柑、橙等不能逐年增加，甚者日形减少。查其原因实由土地肥力不能维持，农工（劳动力）缺少之所致也”[⑦]。肥源不足，还会诱发果树病害。潮州柑橘赤衣病，是因为单纯使用牛蹄、牛角等单素肥料，“三要素不能

① ［民国］郑振周：《广东农业概况调查报告书》，第276页。

② 《封川县调查报告》，《统计月刊》1935年9月第11期。

③ ［民国］郑振周：《广东农业概况调查报告书》，第81页。

④ ［民国］林纯熙等：《广东农业概况调查报告书续编（上卷）》，国立中山大学农学院，1929，第168页。

⑤ ［民国］郑振周：《广东农业概况调查报告书》，第123页。

⑥ 同上书，第82页。

⑦ ［民国］卓正丰、钟桃编《广东农业概况调查报告书续编（下卷）》，第62页。

充分提供，因而营养不良，遂为本病之诱因”[①]。

在二三十年代的农业调查与土壤调查中，普遍显示广东的土壤缺乏有机质，不少山区土地瘦瘠。民国时期水土流失的状况不减于清代，[②]在施肥不足时继续种植，导致地力下降。

民国早期，农家使用石灰过量，或者不使用石灰。广东乐昌附城的水稻田，每亩每年施用石灰有至 10 担以上的，“致令田土变白，有机质过于缺乏，收量因之不佳”[③]。乐昌县石灰使用过多，地力下降，导致农产品质量低劣。[④]使用石灰不足也会使土地酸性过高而不利于作物生长。如“台山县第十区都斛地方有荒田约七千亩，土人谓此地植禾不生。查其不生原因，系其因土壤酸性过度且沙土过少所致”[⑤]。

民国时期，取自然生长的草木和铲草皮为熏肥的做法依然存在，但受到一定限制。农田附近的植被数量也决定了肥料的来源是否充足。民国时期的山区种烟，普遍用熏土，制法和明清时期一样。即使在 1949 年以后很长的时期内，烧制的草皮泥、用草皮泥制作的厩肥仍然是主要的农家肥。[⑥]造林运动和强制禁止烧山也使灰粪的利用受到限制，从而影响田地的肥力。

化肥在清末时已经在广州等局部地区应用。20 世纪 20 年代中期到 30 年代，化肥使用激增。20 年代，农民越来越多地使用硫酸铵作化肥，以至于广州口岸从国内其他港口运入的豆麸和花生麸数量下降。[⑦]到了 30 年代，因为北方时局不稳定，豆麸的来源减少，就造成了 30 年代化肥应用激增的情况。[⑧]外国肥田料公司为了推销化肥，每年用于广告等

---

① 《农事双月刊》1927年3月第5卷第5号。

② 吴建新：《民国广东的农业与环境》，第61—68页。

③ [民国]邓植仪：《广东土壤提要初集》，载《邓植仪文选》，广东高等教育出版社，2006，第48页。

④ [民国]林纯熙等：《广东农业概况调查报告书续编（上卷）》，第263页。

⑤ [民国]卓正丰、钟桃编《广东农业概况调查报告书续编（下卷）》，第46页。

⑥ 南雄县水土保持办公室：《南雄水土保持志》，1989，第13页。

⑦ 广州市地方志编纂委员会办公室：《近代广州口岸经济社会概况》，第1064页。

⑧ [民国]苏旭光：《广东化学肥料营业施用概况调查报告书》，第13页。

宣传的费用数十万计，又在新推广区域赠送肥料，作小区试验，“农民观其速效，故逐渐乐用。洋行广设代理机构，使居间者有利可图。故商人唯利是图，所以推行日广”[①]。经过肥料商人数年的宣传和推广表证，化肥的效用日益被农民所信任，化肥的使用在1926年以后达到高峰，直到1930年，都是化肥使用的盛行期。[②]到了20年代末、30年代初，外国化肥商的销售批发点分布在珠江三角洲，沿着东、西、北三江流域沿岸建立了庞大的销售网络。[③]粤西的高州、吴川、茂名等地农民，则从广州湾输入化肥。[④]潮、梅各县农民使用化肥很普遍，皆由香港运至汕头分销潮、梅各县。[⑤]

由于化肥广告的误导和化肥的速效性，农民得不到科学引导，以致出现过度使用化肥的趋向。甚至有农民将用作肥料的牛骨拿去出售，而将获利的钱拿去购买化肥。[⑥]此外，一些外商输入劣质化肥，农民贪图便宜而购买。如1928年高州、茂名、吴川的农民从广州湾购买进口的化肥，施用之后，作物“枯黄衰落”，“业此者大为亏损”。[⑦]化肥使用不当，对水稻、甘蔗、蔬菜、葵、烟麻、甘薯与花生轮种之后花生的质量，都有不同程度的不良影响。[⑧]化肥的过度使用，使土壤环境趋向恶化。这在20世纪20—30年代的报告中屡屡出现。[⑨]

---

① [民国]彭家元：《人造肥料是否可用》，《农声》1930年10月第139期，第24—31页。

② [民国]苏旭光：《广东化学肥料营业施用概况调查报告书》，第14页。

③ 同上书，第24—33页。

④ 《农林消息》，《劣货田料含有毒素》，《农声》1928年12月第116期，第62页。

⑤ [民国]苏旭光：《广东化学肥料营业施用概况调查报告书》，第35—36页。

⑥ 广州市地方志编纂委员会办公室：《近代广州口岸经济社会概况》，第1082页。

⑦ 《农林消息》，《劣货田料含有毒素》，《农声》1928年12月第116期，第62页。

⑧ [民国]苏旭光：《广东化学肥料营业施用概况调查报告书》，第100—102页。

⑨ [民国]郑步青：《“肥田粉”之失败原因及其将来应行之补救手续》，《农声》1937年11月第94期，第8—12页。

二、土壤肥料学的成就

1. 重视土壤调查，出现一批对中国土壤学形成有重要作用的文献

土壤学家邓植仪和彭家元经过多年实践，总结了土壤学的成果，合作写成《土壤学》。此书初时只是作为中山大学农学院的教材，1931年正式出版[①]。1937年出第二版，内容有所扩充，尤其将广东土壤调查的成果吸收在内，同时吸收了当时国内外最新的土壤学研究成果，在教材本土化的道路上迈进了一大步。这本书的第二版，标志着有特色的中国土壤学学科体系的形成，也标志着中国农业院校的土壤学教材的本土化已经完成，代表了当时国内土壤学的水平。[②]

20世纪30年代，广东农业界大力展开了土壤肥料学的广泛调查。在这方面，排在首位的是中大农学院的农林化学系与土壤研究所，其学术研究水平居于全国前列。1930年广东土壤研究所成立之后，邓植仪撰写了《广东土壤调查暂行办法》《广东土壤调查进行计划书》,《广东土壤调查暂行办法》对土壤调查的理论问题、野外操作、室内机械分析、化验分析都作了阐述，是指导土壤调查工作的纲领性文件。邓植仪制定的工作计划分为三个步骤：第一是全省之重要土壤系、区调查，第二是各县之详细调查，第三是各县之简略调查。[③]

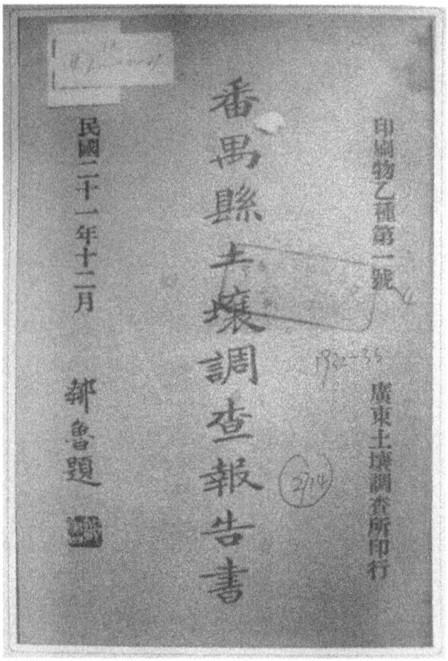

图 5-1　邓植仪主持土壤调查，并亲自撰写调查报告书

---

① ［民国］邓植仪：《土壤学》序，国立中山大学农学院，1931年9月。

② 吴建新：《邓植仪评传》，广东人民出版社，2014，第186—188页。

③ ［民国］邓植仪：《广东之重要土系概论》,《中华农学会报》第128期。

邓植仪在完成对全省重要土系的野外调查和采集样本的基础上，在彭家元等同事的协助下，完成了在室内对土壤样本的物理分析和化学分析，并利用这些资料在 1934 年初撰写完成《广东土壤提要初集》一书，该书于 1934 年 5 月由中山大学农学院农林研究委员会出版。这本书对广东各区县的重要土壤进行了分类和命名，分析其生成、变化，土壤对各地农业、林业的影响并提出应如何开发利用土壤。这是当时国内土壤学具有学术前驱性的研究成果，对后来调查所人员继续进行各县土壤调查具有指导性作用。所以后来进行的各县调查均以这本书为主要参考文献，对各地土系的命名和分析都参照这本书采用的研究方法和成果。1937 年以前，邓植仪领导的广东土壤调查所已经完成全省 70 多县的土壤调查。由广州商品检验局资助，以国立中山大学农学院农林研究委员会的名义出版“土壤调查报告”的丛书，到 1940 年，共出版 27 个县的报告。这批报告给当时的农业规划、土壤肥料决策提供了依据，也给外省的土壤调查提供了操作方法和理论。[①]

2. 重视对肥料学的理论基础研究

学术界对滥用化肥的现象进行了批评和纠正。1923—1929 年间广东农学界的《农声》《农事月刊（双月刊）》刊载了十多篇文章，对滥施化肥的现象进行了研究，并且对市面上出售的化肥的质量提出了质疑。30 年代对化肥应用的研究，以 1930 年土壤肥料专家彭家元的长篇论文《人造肥料是否可用》为重要研究成果。该文指出进口化肥产品的混乱状况，以及滥用化肥的六大弊端。为此他提出“今后之肥料政策”，主要有两点：一是“提倡固有之天然肥料”；二是对人造肥料加重税收。他认为化肥不是不可以用，而是使用的人“需要传授（知识）和经过培训”，才能科学使用。[②] 邓植仪为了使一般农民了解化肥的使用方法，改正不正确的使用方法，撰写普及著作《化学肥田料之使用法》[③]，介

① 吴建新：《邓植仪评传》，第189—190页。

② ［民国］彭家元：《人造肥料是否可用》，《农声》1930年10月第139期，第24—31页。

③ 中山图书馆藏本，刊印者应该是中山大学农学院，撰期在20世纪30年代前期或中期。

绍了当时市面上出售的化肥种类，各种化肥的原料、性质和效用。他根据在土壤调查中掌握的广东土壤分类，提出要根据土壤情况和作物生长情况合理施肥，以达到作物增产和改良土壤的目的。

农学家们认为“实则肥田料之根本并无疵可指”，只是使用者缺乏常识。[①] 所以对化肥展开了基础研究。中大农学院农学系的肥料研究部，着重研究化肥使用对土壤酸度的影响，发现早造和晚造水稻使用化肥，对土壤的酸度影响各有不同。该机构从1934年起，分赴各县选择向来使用化肥偏重的重要农作物实行田野试验。其目的，一是试验该系土壤之植物养分的供给量，及各种作物在当地生长所需的三要素究竟应该如何配合，作为施用肥料的根据；二是探究只用化肥对各种作物的品质及其土质的影响，以其试验效果与校内比照。[②]30年代广东农业界的学者对水稻、甘蔗、水果、蔬菜等作物中使用肥料三要素的效果进行了深入细致的分类、分组研究。这对纠正民间对化肥的错误使用有重要指导作用。针对普遍存在的滥施石灰或者不施石灰的问题，学者们对不同土壤上石灰的使用量和使用方法做了深入的研究。[③]

在承认化肥有效的同时，坚持不放弃有机肥，是当时土壤肥料学者比较一致的意见。1923年，邓植仪在《中美农业之比较》一文中表达了这一看法。[④]1927年，郑步青最早主张对进口化肥实行综合管理，提醒在引进应用化肥的同时要坚持不放弃使用了数千年的农家肥。[⑤]1930年，彭家元也提出了类似的主张。[⑥] 彭家元在《人造肥料是否可用》一文中提倡使用本国肥料。此外还有学者提倡种植绿肥，通过合理轮种、间种绿肥等方式增强地力。

① ［民国］汪琇：《几种商品肥料理化性的认识》，《农声》1928年第100期。

② 《肥料研究部之工作经过及成绩提要》，《农声》1935年10月第188、189期合刊（农林化学专刊），第1页。

③ 吴建新：《民国广东的农业与环境》，第244—245页。

④ ［民国］邓植仪：《中美农业之比较》，《农声》1923年第13—15期合期，《农声汇刊》，第193—195页。

⑤ ［民国］郑步青：《“肥田粉”之失败原因及其将来应行之补救手续》，《农声》1927年11月第94期，第8—12页。

⑥ 《农声》1930年10月第139期，第8—13页。

3. 根据广东的土壤肥料情况提出肥料决策的建议

广东农学界研究各种肥料的制成品，以方便农民使用，这为肥料的工厂化生产提供了依据。1924 年，莫文鑫研究了磷肥的制造方法。[①]1925 年，凌化育研究了混合肥料的制法和功用。[②] 中大农学院最早提出开发西沙群岛的鸟粪作为磷肥，而且通过试验得出了将鸟粪加工为磷肥的理化过程和工艺技术。[③]1935 年，张铠铿研究发现骨肥可以作为磷肥，并叙述了骨肥的生产工艺。[④] 油料作物榨油之后的渣滓是使用最广和数量最多的有机肥，但是民间处理措施不当，肥效不能完全发挥出来，造成肥效的浪费。为此，1938 年初，彭家元与他的学生研制了"元平式菌化麸肥制造法"，用好熟性的菌类处理麸肥，成本低而简单易行。用中大农林化学系的粉状菌 50 克，就可以处理一担麸肥，且能提高麸肥的肥效。[⑤] 这个菌种制造肥料的方法在抗战期间得到了应用。

出于挽回利权以及抵制外来化肥倾销的考虑，农学界还提出挖掘国内资源，建立国产化肥工厂的建议。1930 年，彭家元建议勘察国内的磷、钾、氮资源，设法开采，并倡议制造适合本国土质的复合肥料。[⑥] 这是广东农学界提出建立化肥工厂的最早建议。对肥料实行科学化、工厂化生产，以抵制外来肥料的倾销，是当时农学界一个颇为新颖的主张。

20 世纪二三十年代广东农学界对土壤肥料的研究成果和建议，在广东实行对有关肥料的决策以及对土壤环境的管理措施时，都得到了不同程度的重视和采纳。

---

① [民国]莫文鑫：《磷肥之重要及其制法》，《农声》1924年11月第35期，《农声汇刊》，第564—568页。

② [民国]凌化育：《肥料之功用及混合肥之制法》，《农声》1925年5月第51期，《农声汇刊》，第921—925页。

③ [民国]彭家元：《直接利用西沙群岛鸟粪之研究》，《农声》1934年第139期，第40—45、59—68页。

④ [民国]张铠铿：《牛骨之食料及肥料研究》，《农声》1935年3月第183期。

⑤ [民国]彭家元、陈禹平等：《元平式菌化麸肥之制造法》，《农声》1938年2月第215、216期合刊，第1—3页。

⑥ [民国]彭家元：《人造肥料是否可用》，《农声》1930年10月第139期，第24—31页。

三、土壤肥料学对农业改良的影响

1. 促使当局加强对进口化肥的监管

当局接受了广东农业界的建议，对进口化肥进行监管。首先在30年代初对舶来肥料增收捐税，将每年新增的数十万元收入作为中山大学新校舍的建筑费。①1929年，农矿部广州农产物检查所成立，并制定了地方性法规《广州农产检查所检验肥料暂行办法》，化肥进口商必须填报《肥料报验单》，化肥经过检验才可以入境。每次到货时，必须将报验单和税单以及检查费交给检验所，通知检查所人员前去取样检验，进口商在报验单上填报最低保证成分。②1930年，广州农产物检查所在福州、厦门和汕头设分所。③1934年3月，广东农林局农林化学系设立肥田料管理股，专办肥田料的试验之外，还管理进口化肥在省内市场的运销、征费、发证等事项。1937年7月，为了进一步将肥料管理纳入经济统制的轨道，农林局将"肥田料管理股"升格为"肥田料试验所"，加强对化肥的监管，如登记发证及收费、查缉化肥的走私、取缔违章贩卖、检查化肥宣传品；进行化肥的试验工作，与各地在化肥推广、改良试验方面进行指导合作。④1937年以前，化肥在进口环节的检验制度已经非常完善。1939年秋，农林局组织恢复之后，肥田料试验所重新成立，为了杜绝劣质化肥通过走私渠道进入国统区，恢复了对内销化肥的化验和管制工作。⑤

抗战胜利之后，化肥的主要来源是联合国救济总署的救济物资。仅1946年8月，第一批到达的化肥就有3万包，14 500吨。1947年2月

① [民国]邓植仪：《庆祝本大学十周年感言》，载《邓植仪文选》，第366页。

② 《农声》1929年12月第128期，第39—45页。

③ 《农林消息》，《农声》1930年3月第131期，第63页。

④ 《广东省建设厅农林局试验所办事细则》，《农林局有关管理化学肥料的文书材料》，广东省档案馆藏，卷宗号6-3-444，第32页。

⑤ 《农林局有关管理化学肥料的文书材料》，广东省档案馆藏，卷宗号6-3-522，第192—193页。

到 1947 年 8 月 15 日，仅在广州市发放的化肥数为 18 380 138 吨。[①] 当时对救济总署所拨化肥的管理主要是完善运输和发放的环节，文献上没有提及检验等措施。

2. 推动了开设肥料工厂的尝试

（1）开发西沙群岛鸟粪

1928 年，当局决定委任中大农科主任沈鹏飞教授为调查委员会主席，由中大农学院、民政厅、实业厅、海陆军有关部门、两广地质调查所等单位的 15 人组成的联合调查队前往西沙群岛调查，撰成《调查西沙群岛报告书》，引起当局对西沙群岛丰富磷矿资源的重视。[②] 后来，这一资源的开发权由中华农矿公司以 212 700 元投得，以 20 年为限。1930 年，中华农矿公司利用西沙鸟粪生产磷肥，农民多乐于采用，仅在潮汕就销售 10 万包；东江一带的农民也乐意应用。[③]

（2）广东肥田料厂的建设

陈济棠治粤时期，以大规模工业建设为主导思想，建立省营工业，实现“进口替代”。1930 年，广东化肥进口价值达千余万两，使当局加速了化肥的国产化。当局还认为化肥厂的建立，可以增加省内粮食生产，以减少对洋米以及其他农产的进口。化肥生产中的氮气工业，可以转制军用硝酸和炸药，具有国防意义。[④]1935 年 8 月 20 日，设在广州西村，占地 46 亩的省营肥料厂正式开工。工厂分为氮肥部、磷肥部和钾肥部。氮肥部机械购买自英国化学工程公司，内分亚母尼亚、硝酸、硝酸亚、硫酸亚四部，其中以亚母尼亚部最为重要。其次为磷肥部，除了磨碎机为进口，其他机器在本省制造，1933 年 10 月开工，能生产硫酸，磷肥供应浙江。钾肥部有硫酸钾、氯化钾、硝酸钾和碳酸钾等产品，其中以硫酸钾用途最广。

广东肥田料厂的产品，主要用于生产适合各类作物的混合肥。该厂

---

① 《广东省善后推广辅导委员会肥料设计组回忆录及有关化肥发放、肥料实验设计的文书材料》，广东省档案馆藏，卷宗号6-3-964，第4—6页，第80页。

② 《西沙群岛磷矿开采问题续讯》，《农声》1929年5月第121期，第85页。

③ 《农林消息》，《农声》1930年8月第137期，第66页。

④ 广东省调查统计局编《统计月刊》1936年5月第5期，第1页。

依照广东建设厅肥料研究会规定各类肥料含氮、磷、钾的适当配合分量，暂行生产六类完全化学肥田料。这类产品，“据农林局试验混合肥之结果，谷米之收获，增加百分之三十至五十，且能适应各种泥土之特殊状况，并适合各种作物之必需分量，却为肥田料之完美者”。且价格低廉，适合农民购买使用。[①] 省营工厂的肥料产品，被纳入化肥统制的计划中。实业厅拟具了《广东省配合完全化学肥田料章程》，并将制成的混合肥供应甘蔗、果类、蔬菜、烟草等作物的种植，拟定说明书，使农民依照使用。[②]1935 年 3 月，产品运到汕头，当地农政部门向农民大力推荐稻肥的使用方法。[③] 全面抗战爆发后，建在广州的省营肥料厂完全毁于战火。

（3）骨肥厂与堆肥的生产

对于骨肥，农民多烧成灰使用，导致氮素流失，肥效降低。1941 年，当局拨款 4 万元，在乐昌设骨粉肥料厂，采用中大农学院研究的工艺，用高压蒸汽法将兽骨脱脂再用机械粉碎，使骨肥便于搬运且肥效不致损失，收效亦速。制成的产品含磷酸 21%—23%，氮素 3%。该厂在 1940 年 11 月成立开工。当月出产 150 担，推广面积 600 亩；12 月出产 300 担，使用面积 1 100 亩。[④] 由于原料来源有限，生产规模很小。

中大的“元平式菌化麸肥”在抗战时期实现了工厂化生产。政府建立了工厂生产菌种给农民生产堆肥。1942 年 11 月，当局在乐昌、梅县、恩平、郁南设堆肥厂。后来因为战事和资金不足均暂停。[⑤] 当局在 1940 年 6 月成立速效肥（菌种）改良培养室[⑥]，将制成的菌种廉价发放给农民，可用于制作速效堆肥，方法简便易行。这个培养室每年可制堆肥菌

① 广东省调查统计局编：《统计月刊》1936年5月第5期，第4页。

② 《实施统制化学肥田料》,《农业推广》1935年5月1日第6号，建设厅农林局发行，第106—108页。

③ 《农林消息》,《东区农林月报》1935年3月28日第1卷第3期，第1—2页。

④ 广东经济年鉴续编委员会：《三十年度广东经济年鉴续编》，第83页。

⑤ 《建设厅复员以来施政总说明及成绩统计》，广东省档案馆藏，卷宗号6-2-377。

⑥ 《广东省农林局一年来工作和事业进程表》，广东省档案馆藏，卷宗号6-2-356，1940年8月15日。

种达 8 万克，可以制造堆肥 240 000 担。[1] 由于缺少经费，直到 1945 年以前，总共才制造堆肥菌种 2 301 046 克，但全部获推广使用。[2] 抗战胜利之后，这种菌肥仍然得以推广应用，1946 年推广堆肥菌 239 560 克，1947 年 392 400 克，1948 年 455 720 克。[3]

（4）在生产环节鼓励农民种植绿肥

随着化肥弊端的日益显现，加上农业机关的宣传，20 年代末 30 年代初，农民对有机肥料又开始重视起来。1930 年的报道记载，广州近郊“各果园耕农，大有后悔，仍要用本地肥料，如垃圾、猪毛、牛骨、猪骨灰等”[4]。30 年代初“生麸销量近见激增”[5]。农业推广机构向广东农民推广重视有机肥的使用。1930 年 7 月成立的位于广州东郊的广东农业改良试验区，大张旗鼓地开展绿肥运动，以政府补贴的形式，种植绿肥。所种作物主要是蚕豆，开花之时，将之犁入田中，使之腐烂作为种植水稻时的肥料。[6] 各级农业推广机关大力推广绿肥的种植并宣传合理施肥。1937 年以前，广东农村种植绿肥达到高潮。

1937 年后，化肥的来源几乎断绝，施用绿肥是战争期间粮食增产的主要措施。1937 年 8 月，农林局抽调 80 名职员，分赴 87 县，发动农民开展粮食增产运动。他们的工作内容之一是发动农民冬种，选择麦子、甘薯、芋头、豌豆等为冬耕作物。[7]1941 年，省当局在乐昌等 60 县推广种植冬季绿肥 13 万亩，并确定曲江、乐昌、南雄为推广实施

① 《广东省建设厅1940—1942年度工作实施计划和进度表》，广东省档案馆藏，卷宗号6-2-357。

② 《建设厅复员以来施政总说明及成绩统计》，广东省档案馆藏，卷宗号6-2-377。

③ 《1947—1948年建设工作情况报告和1949年上半年政绩交代比较表》，广东省档案馆藏，卷宗号6-2-353。

④ 《农声（园艺专号）》1930年6月第134期，第101页。

⑤ 《农林消息》，《农声》1931年10月第150期，第63页。

⑥ 广东省农林局农业改良试验区：《广东农业改良试验区之过去与将来》，1931，第29、34页。

⑦ 广东省农林局编《广东省建设厅农林局增加粮食生产之经过》，第3页。

示范区。预计每亩绿肥可以达到 1 500 斤。[1] 绿肥作物为紫云英、苜蓿、蚕豆、猪屎豆，与十字花科的油菜、萝卜青等。由于连年的推广，抗战后，在缺乏化肥的粤北山区，绿肥种植较为盛行，连县尤为普遍。当时的报道记载：夏季绿肥不及冬季绿肥得农家爱好，且冬季绿肥中，如萝卜青、红花草皆为连县农田中的肥田草，肥效极大，尤其利于稻作生长。[2] 各农业工作站人员深入农村指导，使农民耕种技术逐步臻于科学化；同时编印各种技术改良的小册子，大量分发农民，以补指导之不足。[3] 抗战胜利之后，化肥进口量仍少，绿肥、禽畜肥、人粪尿、油料渣滓仍是农家的重要肥源。

① 《1941年度建设厅工作情况总结暨1942年工作月报》，广东省档案馆藏，卷宗号6-2-349。

② 《连县农业概况》，《广东农讯》1947年11月15日第5期第5—6版，建设厅农林局。

③ 广东经济年鉴编纂委员会：《二十九年度广东经济年鉴》，第117页。

第二节

植物学、植物保护学与作物病虫害防治

一、植物学研究

植物学是与农学关系最密切的学科之一。中山大学聘请从外国留学归来的植物学家陈焕镛为植物学教授，请他组建了农林植物研究所。这个机构有几个任务：一是负责搜集华南的热带、亚热带植物并建造一个标本园；二是进行植物分类学研究；三是研究能被驯化为作物的野生植物或能开发利用的野生植物。1932 年，邓植仪重新担任农学院院长后，向邹鲁要求将农林植物研究所划归农学院。[①] 农林植物研究所划归农学院不久，陈焕镛即派人前往广东南路采集标本，邓植仪函校长请给予批准。[②] 此后，农林植物研究所经常派人出外采集植物标本，尤其是深入人迹罕至的海南深山采集热带植物，都得到邓植仪的支

图 5-2　著名植物学家陈焕镛，我国近代植物分类学的开拓者和奠基者之一，1955 年被选聘为中国科学院院士（学部委员）

① 《农学院本年度第八次教授会议》，《国立中山大学日报》1932年2月17日第2版。

② 《国立中山大学日报》1932年3月5日第3版。

持。此外，邓植仪也在科研资金上支持研究所标本园的建设。到 1933 年，农林植物研究所采集的野生植物数量大增，“而历次海南植物之运回，尤能充实该园的内容，现计该园有荫棚五座，工人宿舍一座，而海南之兰科植物，竟占荫棚一座，中多广东本部少见之植物，每当开花时，凡来参观者，莫不叹为奇观。因之来园参观者，日以聚焉”[①]。该所还通过采集、交换的方式，获得了大量珍贵的植物标本，到 1937 年以前，已经积累了 15 万号珍贵标本；此外还有大量的图书资料、科学仪器。[②] 陈焕镛将中华文化基金会董事会聘请其为讲座教授的薪金捐出，作为农植所的设备费用。[③] 在中大研究生院还设有农林植物学部，与土壤学部一起为农学院仅有的两个硕士学位授予点。

1937 年，陈焕镛与助手匆匆将植物标本运到香港，并用自己的积蓄维持对标本的维护。日寇占领广东以后，为了保护中山大学的植物标本不受损失，陈焕镛假意听从伪广东省政府教育厅的请求，将藏在香港的属于中大的珍贵植物标本运回广州，当时他还声明：他和植物研究所的职员回到广州市，只是为了科学研究，与政治无关。抗战胜利后，陈焕镛教授以“如释重负”的愉快心情向中大农林植物研究所移交保护的植物标本。1945 年末，陈焕镛如实向学校说明此事的来龙去脉，说明自己舍名节而保护公共财产的过程与良苦用心。农学院院长邓植仪在 1945 年的最后一天向校长王星拱递交报告，报告中提到陈焕镛教授在抗战中为保护中大财产而忍辱负重的事情：“查所称各节与经过之记载，确属实情。该员（按：指陈焕镛）忍辱负重，历尽艰危，完成本校原许之特殊任务——保存该所全部文物，使我国植物学研究得以不坠，且成为我国植物学研究机关唯一复兴基础，厥功甚伟，其心良苦，其志堪嘉。”[④] 陈焕镛还培育了蒋英等著名的植物学家。

---

① ［民国］陈焕镛：《农林植物研究所最近之工作报告》，《农声》1933年第166、167期合刊，第117—118页。

② 华南农业大学校史编委会编《华南农业大学校史》，第354页。

③ 《国立中山大学日报》1933年9月22日第3版。

④ 冯双：《中山大学生命科学学院（生物学系）编年史：1924—2007》，中山大学出版社，2007，第102页；何贻赞：《陈焕镛教授》，载《华南农业大学校史》，第354—355页。

1938年10月到1939年初，农林植物研究所部分师生随校迁到澄江，对云南的经济作物和药用植物进行了调查，并在农场内设立药用植物苗圃，设立荫棚繁殖荫生植物，以研究其价值。[①]1940年春，农林植物研究所的调查队在澄江的河口二十里内采集到大量标本。[②]当时主持植物学部的是蒋英。他因云南植物资源丰富且有经济价值和药用价值，抓紧时间进行云南植物资源的系统调查，并进行研究。他先拟订调查计划，从设立植物资源苗圃入手，将全省划分为五区，工作拟四年完成；后派研究员王孝率技助、技术员多人到各区调查。药用植物苗圃确定在昆明大普吉本校农场内拨出地段，进行经济植物和药用植物的繁殖。[③]

1942年，中大迁到粤北，农学院在湖南栗原堡。农林植物学部派员至栗原堡附近山岭采集植物标本，还在乐昌的九峰山、乳源九峰山等人迹罕至之深山采集。[④]

二、植物保护学的成就

20世纪30年代，中山大学农学院还没有病虫害系，病虫害研究只是农艺系下的一个门，但是这个学科的活动很频繁，由教授和学生组成的昆虫学会经常外出采集昆虫进行研究。如1933年，由教授尤其伟等带队，率领学生赵善欢、蒲蛰龙、利翠英、王贵儒等共10人，费时6—9日，采集昆虫十五目，数量千余个，数种是以前未经发现之新种。[⑤]农业害虫研究成绩比较突出的有赵善欢的水稻多化螟虫研究、利翠英的柑橘凤蝶研究、蒲蛰龙的松毛虫研究。昆虫学会还出了专刊，每位会员至少承担一项研究，分期考察广州昆虫种类，专刊上并附各会员之研究专题。活动还吸引了校外昆虫爱好者前来参加。[⑥]昆虫学会在邓植仪“教学—研究—

① 《国立中山大学日报》1940年1月14日第2版。

② 《国立中山大学日报》1940年1月26日第2版。

③ 《国立中山大学日报》1939年12月8日第1版。

④ 《国立中山大学日报》1942年9月4日第2版；《国立中山大学日报》1942年10月20日第2版。

⑤ 《农声》1933年4月第164期，第106页。

⑥ 《本学院昆虫学会工作进行概况》，《农声》第179、180期合刊，第152页。

生产结合”的理念指导下，积极研究广东农业害虫的防治法。他们拟具《解决广东虫害问题程序方案大纲》，针对广东建设厅文件中对虫灾描述的简单化及缺乏科学研究基础的治虫方针提出质询。[①] 他们给农林局的这个函件称：农林局最近所拟“广东农业建设三年计划”中的害虫防治计划，仅规定防除荔枝椿象、守瓜、凤蝶三种。但该会认为广东省农业害虫远远不止这三种，据该会调查结果，仅仅在广州地区，已经有 74 种害虫。该会指出农林局函复清远县政府的治蝗虫法，仅仅提到采卵和拔枯苗，但是蝗虫喜欢食禾本科植物，“食之至尽，但是未有枯死者。且蝗产卵，尽在土中，未有在叶子上，何云采卵”？该会认为应为螟虫而非蝗虫。且该会认为，农林机关不能有此不符常识的见解和指导。特具呈邓植仪院长呈学校转省政府饬令农林局更正之。[②] 广东省政府为此发“令字第 13760”《令发广东虫害方案》给广东省建设厅，文件背后附中大昆虫学会的《解决广东虫害问题程序方案大纲》，令广东省建设厅按此执行。[③] 华南的学者中，以赵善欢最早对害虫天敌寄生蜂进行研究，并在 1931 年、1936 年发表这方面的论文 3 篇。[④]

抗战期间，以丁颖为首的稻作研究团队对澄江的水稻栽培法进行了深入研究。1939 年 11 月，农艺研究会的 40 多人举行了到达澄江之后的第一次学术会议，主题为“澄江稻作栽培法之改善”，其讨论内容有关于水稻害虫的研究：萎黄病之为害情形及其防治法之探讨；稻热病及稻曲病之为害实况；螟害情形及其防治法之推论。[⑤]

鉴于农学院的病虫害研究力量很强，动物兽医研究力量也很强，邓植仪便设立了农林动物研究室，将害虫、益虫、兽病等都包括在内，以蒲蛰龙拟定详细计划，上呈学校。[⑥]

① 《农声》1933年第166、167期合刊，第69—70页。

② 《农声（园艺专号）》1933年第168期，第37—38页。

③ 广东省政府：《公报》第226期，第129—113页。

④ 王思明、周尧：《中国近代昆虫学史》，陕西科学技术出版社，1995，第101页。

⑤ 《国立中山大学日报》1939年12月24月第2版；《国立中山大学日报》1939年12月25日第2版。

⑥ 《农学院设立农林动物研究室》，《国立中山大学日报》1942年2月12日第1版。

农学系病虫害组的林亮东偕同助教，于1942年秋天出发到湖南和广西东北部一带调查农作物分布。[①] 赵善欢教授受广东农林局委托，调查广东作物虫害情况和治理方法。赵已经有报告，对害虫的形态、生活习性、试验土产杀虫药均有叙述。当时已经出版该报告。[②] 赵善欢主持的中国杀虫植物的调查试验，也取得了优异的成果，形成了《我国西南各省杀虫植物调查报告》，分别用中英文发表。美国康奈尔大学基金会来函补助40万元，资助这一具有学术意义的研究，后用于刊印《我国西南各省杀虫植物毒力试验》。[③]1948年，赵善欢教授采集了新的杀虫植物，后专门派人将植物标本带到台湾化验其成分，以提取其毒性物质制造杀虫剂。[④] 赵善欢等还出版了关于作物病害的图谱以供生产部门和研究者应用。现在华南农业大学的有毒植物标本园就起源于这一时期。

三、作物病虫害防治

广东作物的病虫害防治始于1928年，岭南大学设植物病理科“是本省该科发达之始”。1932年，植物病害防除事业，由农林局委托岭大植物病理系办理，是为该科事业发轫之始。后何畏冷、陆大京、林亮东等教授在岭大继续研究，此为发扬光大之时期。同年7月，农林补助经费项下设立病害室，对于粮食作物病害的防治尤为注意。[⑤]

30年代，国立中山大学也派出人员前往灾区协助防除虫害。清远等地蝗虫为灾，当地请农学院派员前往除治。邓植仪派出助教谢其炳、胡少波，学生梁澄等到番禺、清远等地，“闻该员等曾告彼等采用数种简而易行之除治法，一般农民均欢跃称庆云”[⑥]。1937年，中大农学院昆虫门为研究广东害虫种类、分布、为害情形，以便研究防治方法，派员前往翁源、从化、番禺等10县调查，并乘假期之便，派出助教前赴

① 《国立中山大学日报》1942年4月30日第2版。

② 《国立中山大学日报》1943年11月10日第1版。

③ 《国立中山大学日报》1946年6月3日第1页。

④ 《国立中山大学日报》1948年2月26日第1页。

⑤ 广东经济年鉴续编委员会：《三十年度广东经济年鉴续编》，第84页。

⑥ 《农声》1935年12月第191期，第21—39页。

信宜调查。邓植仪请校长发给证明，要求沿途各县政府接洽和保护。①

1930年，省农林局下属的昆虫系由昆虫专家张景欧任主任，是农业行政管理机构专业领导作物病害防治工作的开端。1932年，昆虫系还设立果树害虫室，专司果树病虫防治之工作。1934年设稻虫室，专司稻作害虫之防治。1935年设立蔗虫室，专司甘蔗害虫之防治。还出版了1种虫害杂志，农业害虫防除法等11种普及著作。②农林局昆虫系防治作物病害是研究与推广相结合的。1933年，昆虫课已经取得一定成绩："本省虫害之最著者，莫如荔枝椿象虫，此种害虫为害于荔枝龙眼者极大；经本局一年之集中研究，经获得有效之防除方法，及编印推广丛书及各种图画，广为宣传，并于番禺南沙为防除表证。又如为害蔬菜之行军虫，及蚜虫；蠹食柑橘类之凤蝶，蠹食瓜类之守瓜虫、蛀禾之螟，等等，亦均经寻出防除之方法，本年内可以在各县择地表证。"③1934年，昆虫系技士研究得出橙树经过6年以上者，每年被星天牛为害，约占90%以上。他们常年驻守番禺吉山、珠村的橙树产区，指导农民在该虫产卵期的一二星期前（四月末），用一种自制药膏遍涂于泥土面树头的五寸以内的皮部，每株树的用量为七钱，即可以防治天牛虫产卵，也可以毒杀一切蛀食木部的幼虫。如果荔枝、青梅等果树有虫蛀食，用该药膏也可以毒杀，农林局据此制备多量的药物准备推广。当年昆虫系还研究砒酸钙石灰，专门毒杀各种食叶害虫。广州东郊东圃各乡试用成绩甚佳，农民争相购买，农林局制备多种以供应各处农民。昆虫系还研究出蔬菜害虫粉蝶的综合防除法，在广州近郊的菜园推广。④

1933年，农林局对植物病理学的研究也有进展。柑橘类果木的脂疮茄病、橙类之萎黄病是令果木园林产生重大损失的细菌病害。当时对

① 《农学院昆虫门派员赴信宜调查害虫》，《国立中山大学日报》1937年8月5日第6版。

② 广东经济年鉴续编委员会：《三十年度广东经济年鉴续编》，第85页。

③ [民国]冯锐：《广东农林建设及一年来实施之状况》，《农业推广》1933年第1期，建设厅农林局发行，第6页。

④ 《广东东区果树繁殖场工作报告书（廿三年九月成立至十二月止）》，《工作报告》，《东区农林月报》1935年3月28日第1卷第3期，第1—4页。

此“均已有相当之方法，不日当可由各县推广”①。

1935年，设在潮州的东区果树繁殖场对果树病虫害的防除也取得了成绩。研究人员向潮州农民介绍了星天牛、柑天牛、凤蝶的幼虫、绵状介壳虫、白粉介壳虫、柑叶的黑霉病、斑锈病的防除方法，简单易行，防除效果好。此外还有桃树和李树害虫的防除方法，配制各种药剂供应果农。②尤其伟撰文介绍了农业防除法和人工防除法、化学防除法的综合治虫法，包括除草、耕耘、改变播种期、轮作以及作物诱杀法、灯光诱杀法、食物诱杀法、潜所诱杀法、防止蔓延法、药物杀除法6种。③

1937年，省农林局迁到粤北，仍注意指导农民防治虫害，以减少损失。1940年秋，粤北稻飞虱为害颇烈，其蔓延县份，计达9县，受害面积80万亩。农林局派人到受灾地区指导农民驱除害虫，用竹子制成梳耙，防治稻飞虱。还撰写各种病害虫防治说明书，让国统区内的农业推广站分发给农民，帮助农民自力防治。④由于缺乏农药，当时的农林机关向农民推广农业防除害虫法、植物农药和使用简易工具的人工防治法、保护害虫天敌等传统的方法。⑤抗战期间旱地杂粮生产是山地农业的重点。1941年，广东省农林局利用基层的农业推广员向农民推广麦种保存法，“由推广员先期通知农会或保甲或其他乡村组织，将农民之麦种集中指定地点”，由技术人员讲解具体的操作方法。又教导农民麦病防治，通过各县的农业工作站将技术推广给农民。⑥

省农林局的病虫害防治规模虽然小，但是仍产生了一定的经济效益。1942年编的《三十年度广东经济年鉴续编》，记载了1932—1941年防治各类作物虫害的效益。

① 《广东建设月刊（计划专号）》第1卷第4、5期合刊，广东省建设厅刊行，1933，第14页。

② 《工作报告》，《东区农林月报》1935年3月28日第1卷第3期，第1—4页。

③ [民国]尤其伟：《粤产几种蔬菜害虫及蔬菜害虫一般方法之防治》，《农声》1931年8月第147、148期合刊，第15—24页。

④ 广东经济年鉴编纂委员会：《二十九年度广东经济年鉴》，第117页。

⑤ 见本章第四节“生态农业与农业生态学的萌芽”。

⑥ 广东经济年鉴续编委员会：《三十年度广东经济年鉴续编》，第84页。

表 5-1　1932—1941 年广东省防治各类作物虫害情况

作物	害虫种类	发生年度	防治增产估计	损失估计		增产价值	发生区域
稻作	剃枝虫	1932年	3万担	12万元	10万担	40万元	清远、从化、增城、番禺
	螟虫	1933年	10万担	40万元	400万担	2000万元	全省
	稻苞虫	1933年	3万担	12万元	10万担	40万元	翁源、郁南
	螟虫	1935年	5万担	25万元	200万担	1000万元	全省
	剃枝虫	1935年	12万担	60万元	30万担	600万元	全省
	螟虫	1939年	3万担	60万元	30万担	600万元	西区
	稻飞虱	1940年	10万担	400万元	50万担	2000万元	粤北
	螟虫	1941年	2万担	10万元	20万担	150万元	全省
十字花科蔬菜	夜盗蛾	1930年	0.8万担	4万元	4万担	20万元	广州石牌
	猿叶虫	1940年	0.3万担	12万元	2.5万担	100万元	曲江、乐昌
瓜菜	守瓜虫	1940年	0.5万担	20万元	2.5万担	200万元	曲江、乐昌
荔枝	椿象	1931年	8万担	80万元	20万担	200万元	曲江、乐昌
柑橘类	天牛	1935年	12万担	120万元	40万担	400万元	全省

资料来源：《三十年度广东经济年鉴续编》，第87页。

从上表看，1932—1941 年，省农林局为防治稻作和园艺作物虫害而挽回的经济损失约 855 万元。上述数字还未包括甘蔗等作物的病虫害防治，以及中大和岭大的病虫害防治推广活动。所以说，民国时期的病虫害防治还是取得了一些成绩的。

第三节

农村经济与农业经济学

农业经济学是农业科学的一个分支，包括对农业生产关系的研究以及相关农业产品的交换、消费、流通，农业资源的配置和规划的研究，农业生产力诸要素合理组织和开发利用的规律和运行的研究。

一、农业经济学的引进与研究

1. 广东农业界的重要学者对农业经济的研究

邓植仪和冯锐都是农业界的重要学者，他们对农业经济学的理解在很大程度上影响着这个学科的发展和农业经济学在广东的实践。

邓植仪在 1920 年任广东农林试验场场长时，就组织农业调查，将乡村农业经济状况和农民生活作为调查的主要内容之一。1924 年，邓植仪对广东农业经济有精辟的论述："农业实为本省实业最重要之一部分。就农业人口论，虽无精确之调查，但总在全省执业人口三分之二以上。虽气候土宜，适合多种农产之繁殖，第以农民团体向乏组织，泥守旧法，罔知改良，术虽有些称巧，然鲜能尽量利用之者。且以生齿日繁，经济日困，农之生活渐逊于商，其间虽业大模范之农，颇有可观之事业，然其数寥若晨星，不可多觏，故就农之事业言，非根本改善农民生活状况不可。"①

这段话涉及了农业人口、农产品、农民组织、农民经济生活、农业

① ［民国］邓植仪：《论吾粤实业与实业教育》，《广东省教育会杂志》1924年第2卷第4号。

经营规模等方面，作者虽然没有完整提出“三农”的概念，但实际内容直指当时的三农状况。

他经历清末民国初的社会变迁，对当时糟糕的三农问题一直予以关注：“粤省农民经济自清末已渐趋于困难。入民国以后，一以土匪土豪之劫夺，二以苛捐杂税之剥削，三以列强经济之侵略，于是农村经济濒于破产。惟是1924年以前，政府对于农民经济绝未理会。”[①]这是对清末民国初以来政局严重影响三农问题的尖锐批判，是1935年他在总结清末民国初三十年以来的三农状况时说的，下面还有尖锐的批评：“此三十年间，农村之现象，竟弄至大农变中农，中农变小农，小农变佃农，由佃农而至失业，以致游民遍地，百业凋残。”指出农业崩溃的几大原因是：鸦片、赌博、苛捐杂税、土匪为害、外货侵略、农民智识太低。[②]

对于1924年中国国民党改组开第一次全国代表大会通过的涉及农村、农业、农民问题的决议，邓植仪感到高兴：“自是年中国国民党改组开第一次全国代表大会，始注意及之，旋议决政纲，内有减轻佃农田租25%，统一地税，废除苛细杂捐，禁止先期收租，禁止重利盘剥，最高利率不得过20%，禁止包田制，不得预征钱粮，及改良水利等规定。”[③]虽然这些纸面上的决议都未能如期实现，但是他一直对农业改良充满希望。

邓植仪对农业生产基本要素如土地、劳力及资本有充分的了解。例如他认为农民在生产、流通的环节普遍缺乏资金，需要从外部注入资本以促进农业生产及其产品的流通。1929—1936年，陈济棠实行三年施政计划，邓植仪赞同当局将设立农民银行及提倡组织合作社为改善农村经济的最有效办法。“此项办法，现定为三年计划之一种，合作社由全省合作总社负责提倡指导之。农民银行则令行各县切实筹备，而番禺县现已首先成立矣。”[④]他从农业经济学的角度对糖业、稻米、蚕桑业的改良提出了自己的见解，他在30年代主持的广东土壤调查，涉及不同

① [民国]邓植仪：《三十年来之广东农业》，《农声》1935年第186期，第10页。

② 同上书，第15—16页。

③ 同上书，第10页。

④ 同上书，第11页。

的土壤对农业经济的影响，对当时的农业规划有很大影响。

如果说，邓植仪仅是一个具有农业经济思想的农业专家，冯锐则是具有深刻经济理论造诣、多年实践经验与较强农业行政管理能力的农业经济学家。1925 年，他对旧的农业经济组织条件下农业新技术传播的障碍有深刻的认识，“近二十年来外国传入的农业技术，皆在研究和教授之中，多未出校门，直接传授给农民的技术甚少。没有农业推广制度，虽然有研究适应于本地的技术，也无法直接传授给农民。由于商业不够发达，农产不能畅销。复无农民组合以为改良之团体，乡村借贷之制度，以调剂农业金融，故致改良手续皆无所设施。这是难以改良农业的三大困难”①。他回到广东农林局担任要职之前，在定县长达六七年的农业改良实践中，已经积累了丰富的农业经济改良经验。担任广东省农林局长后，他能利用农业经济学的理论深刻分析农业经济发展的条件：“农业经济之发展，增进农业经济三大要素——资本、土地、人工。如集中资本于农村，调剂农业金融，消除高利贷对农民的压迫；资助农民对生产资料的运用，降低农民的生产成本。”②“改进农民经济组织，有急进缓进之分。急进如苏联没收民地，集中生产是也。缓进如丹麦之提倡合作事业，合作生产是也。我国经济状况急进有所不能，故应努力于农村合作事业之提倡，如组织农民银行及信用、生产、运销、消费等合作社，以合作之主义创立新经济之制度，则农民经济组织可渐次改革。此农民经济革命之方略也。”③

所以，冯锐在落实“广东农业三年建设计划”时，主持广东主要农业经济部门稻作、蔗糖、蚕桑业等改良运动，无不以农业经济学的犀利眼光制订计划而加以落实，故他主持的这三方面的改良均在较短的时间内取得成就。

---

① ［民国］冯锐：《我国应用农业科学之状况及其困难问题》，《农事月刊》1925年1月第3卷第7号。

② ［民国］冯锐：《广东农业三年建设计划纲要》，广东农林局编印，1933，第5—18页。

③ ［民国］冯锐：《广东农业革命之方略》，《农业革命》1932年第1卷第1期，第1—2页。

2. 高等农业教育机构的农业经济学研究

民国时期，岭南大学与中山大学的学者对当时的农业经济都有不同程度的论述，促进了农业经济学这门学科的发展。

（1）注重农业经济和农村、农民的调查研究

1928年陈显国《中国的农业与农民》一文，分析了农民和农业问题，提出了解决办法：改良税制；拓展农地；提倡垦荒；修正佃制；推广教育。[①] 张农在农村社会学方面有造诣，教育部专门向他征询农业社会学科学实验办法，张农给了很详细的回答。[②] 这说明中大农学院农政门在中国农村社会学研究中有较高的学术地位。

（2）研究农业生产经营管理

岭南大学虽然没有农业经济系，而《农事月刊》《农事双月刊》大量刊载当时农业经营的成功案例，介绍了新式农业经营的方式，以及能取得经营成功的作物、畜禽养殖业。对于农业经营，中大农政门的学者们有论述，李庆甡《普通经营果园失败之原因》一文，对当时果园经营失败的案例进行了农业经济学、经济管理学的分析，对一般的果园经营有较强的实践指导作用。[③]1929年7月—1931年6月，邓植仪任中山大学石牌农场场长，在农场管理中引入了会计核算法，以此作为以后中大农业经济学与农场管理的教学案例。[④]

（3）研究农业金融

岑伯英《从银潮说到丝业》一文研究了广东蚕丝业中资金的周转状况，指出银行业与蚕丝业之间的关系。[⑤] 中大彭侃《协助农村金融与银行放款》指出了农业贷款如何支持农民经营获利和还贷款。[⑥]1942年金能旺《广东五华县之农村金融》一文研究了粤东北农村农业借贷中存在

---

① 《农事双月刊》1928年6月第6卷第6号，第3—16页。

② 《张农教授答教育部征求意见》，《校闻》，《农声》1933年4月30日第164期，第102页。

③ 《农声（园艺专号（上）》1935年12月第191期，第1—11页。

④ 吴建新：《邓植仪评传》，第58—59页。

⑤ 《农事双月刊》1932年6月第9卷第3号，第3—16页。

⑥ 《农声》1934年5月第165期，第4—7页。

的问题，并提出了解决的办法。[①]

（4）研究农业生产组织和租佃关系

温文光《组织近代农业合作问题》一文简述了组织农业合作社的问题。[②]黄士辉《丹麦农业及其合作制度》一文通过介绍丹麦的农业合作制度，给广东农业合作社工作的开展提供了借鉴。[③]

（5）注重农产品的流通

中大学者向广东当局建议向化肥征收肥料捐，1932年核定肥料捐十分之一为研究费后，农学院即拟定新增研究事业十四项，以及研究费分配表。[④]

张农还上书陈济棠主持的西南政务委员会，建议征收外洋谷米输入特税，分析征收洋米税的理由，以及税收之用法。所得收入之一用作资助农学研究和农业改良。[⑤]这项建议得到采纳，该税项每担征收大洋一元，每年可有几千万，西南政务委员会已经决定拨部分税款给中大农学院。邓植仪即拟农学院的教育和研究方面所需资金，强调资金支持对农业科学研究的重要性，向上申请。[⑥]对洋糖征收高额进口税，有利于广东土糖的发展和糖业改良运动；建议对进口化肥征税，抽取税收的一部分资助肥料研究和推广国产肥料的使用。

（6）主张农产品工业化

中大农政门的教授有张农、黄枯桐等，他们研究农村社会、农村经济与农民生活，在《农声》上发表具有创见的挽救农业危机的论文。如1933年助教林缵春在列举30年代广东蚕丝、蔗糖、茶叶等农产品的颓势之后，指出要注重发展农产品的加工业，而且应主要发展农村的家庭手工业，为此提出了“农产品工业化”的主张，其核心思想是通过一定的手段，使分散的小农家庭手工业联结成为大产业的一部分，

① 《农声》1942年12月第228期，第55—62页。

② 《农事月刊》1925年6月第3卷第12号，第4—6页。

③ 《农声》1924年9月10日第29期，《农声汇刊》，第455—460页。

④ 《国立中山大学日报》1933年4月27日第4版。

⑤ 《校闻》，《农声（园艺专号）》1933年第168期，第34—35页。

⑥ 《政务委员会拨款发展本校农业教育》，《国立中山大学日报》1933年11月6日第1版。

以增强小农经济的竞争力。[1] 这个主张给当时广东当局进行的农业改良提出了一个值得注意的发展方向。当时在顺德的蚕丝改良中，一个重要举措就是扶持农家的家庭纺织业。当局对土糖业的扶持也是对蔗农副业的扶助。

（7）注重农业调查

中大农政门的教授经常带学生出外调查。农政门成立了由教师和学生参加的农政研究会，活动非常活跃，不仅时常举行研讨会，还先后有《上元岗之农家经济概况调查》《龙眼洞农村经济概况研究》等书出版。[2]

（8）从宏观层面对中国农业经济提出建议

中大农业经济学者善于从宏观层面对中国农业经济改良提出分析和建议。中大翟克在学时就撰有两本关于中国农业经济的专著，受到学校表彰。抗战期间，他发表了多篇关于战时农业经济学的论文。

1937 年以前，中大农学院只有农政门，在《农声》上编过几期“农政专辑”。为了适应农政研究的需要，农业经济系在 1939 年秋成立，这是民国时期广东高等农业教育机构唯一的农业经济专业。1942 年，中大迁到粤北，农业经济系青年学者对粤北的农村经济进行了调查，主要成果有魏双凤《粤东五华农村经济调查观感》[3]、翟克《论广东粮食增产之基本原因》[4]、金能旺《广东五华县之农村金融》等。这些文章分别分析了战时广东国民党战区的乡村经济改良、粮食增产的原因和乡村贷款状况，并且提出进一步改良的建议。

二、农业经济学在农业改良中的实践和成就

1. 根据农业资源分布进行合理的农业规划，促进农业资源的有效配置

农业经济学在农业改良中的实践，主要体现在设立本省各种重要的

① ［民国］林缵春：《挽救广东农村经济应以农产品工业化为前提》，《农声》1933年6月第165期，第32—39页。

② 《农学院农政研究会会务近讯》，《国立中山大学日报》1937年6月3日第8版。

③ 《农声》1942年10月第227期，第86—89页。

④ 《农声》1942年12月第228期，第1—4页。

农产经营区域，包括蔗糖经营区、蚕丝经营区、烟叶经营区，繁殖优良品种，发展这些作物的加工技术，以高效益的经济作物挽回本省利权。此外还有天蚕经营区，分布区遍及南路、北江流域、海南。设立棉花经营区，认为广东气候虽不太适宜棉花的栽培，但是可以通过改良适宜本地气候的品种，促进本地棉业和小型棉纺业的发展。设立热带作物经营区，主要发展海南的热带经济作物，由此可以带动树胶厂、金鸡纳霜（奎宁）厂、椰子和咖啡加工厂的设立。樟脑经营区，主要在阳春、阳江、北江流域、高州、雷州、海南、钦县等区域，政府设立樟树育苗场，发动农民种植，五年后可以设立樟脑制造厂。设立滑水山森林场，经过调查，确定此地原始森林的资源丰富，实行国营之后，可以间伐，利用木材，可以人工栽培，以增加林地面积，增加农民收入，防治滥伐，可以起到保护水源林的作用。此外还建议设立东江和韩江水源林经营区。①

2. 促进农产品流通，促进农业终端产品的销售

1932年，南京财政部对洋糖进口课重税，增大了洋糖进口成本，广东生产的糖因此销量大增。②1932年，广州口岸“（外国产）糖品及其他重税货物，（进口）均见减缩”③。广东所建糖厂恰逢其时。糖厂建成以后收购农民的甘蔗，农民就不用担心产品的销售。随着新式糖厂的建立，旧的糖业流通方式发生变化。过去的蔗农，多要十多户联合开设蔗寮生产蔗糖，再挑去圩市出卖；或者将产品卖给糖户、糖栈，流通环节多，受到多渠道的盘剥，加重了交易成本。现在糖厂直接向蔗农收购甘蔗，使蔗农脱离了糖寮这种手工业，减少了生产环节和流通环节。糖厂收买甘蔗，可以立即向蔗农付款。也有所谓“大农”，向中小农民压低收购价，转售给糖厂，“复经糖厂和县政府会同布告各处农民，使之一律直接和糖厂交易，以杜绝任何人从中操纵。复请省政府和总司令部，随时派员密查，有无下级职员从中作弊。而厂内办理此事人员，也

---

① 冯锐：《救济农村计划书》，《农业推广》1934年12月1日第5号，建设厅农林局发行，第9—16页。

② 《农林消息》，《农声》1935年11月第158、159期合刊，第77页。

③ 广州市地方志编纂委员会办公室：《近代广州口岸经济社会概况》，第796页。

有专门委员会公开料理。须知数万人交易之事，不能有人从中渔利”①。官方公告敷衍了事，在收购蔗的环节中，确实是有人操纵牟利的。在顺德新蔗区，豪绅收购农民的甘蔗再交给糖厂而盘剥农民，后来广东省合作事业委员会组织中小农民建立合作社，直接向糖厂贷款，在一定程度上堵截了豪绅的中间剥削。②

稻米改良也是这样，先从流通入手，限制洋米的输入，保证本地稻米的价格优势，增加农民收入，刺激稻米的种植。大力推广良种，先在珠江三角洲的产米区着手；其次筹集款项，购买化肥和良种平价卖给农民。③抗战期间农民种植的优良稻种，直接卖给政府下属的稻作推广机构。

3. 促进农业示范区的建设，改造农业经济的同时，推进农村社会的改造

20 世纪 30 年代以农业示范区的形式巩固农业改良的成果，以便在更大范围内推广。1930 年在广州东郊设立的广东农业改良试验区，为了使农民摆脱对化肥的过度依赖，发起了“绿肥运动”，以便农民用较低的成本来提高土地的肥力。④1933 年，广东农林局在珠江三角洲蚕丝业的传统产区建立了蚕丝改良总区和分区，范围遍及南海、顺德、中山、蚕丝改良实施区以及各分区，任务除了蚕丝推广以外，还有义务教育、公共卫生、乡村教育与蚕村社会改良。⑤到了 1936 年，蚕丝改良总区已经是一个体系设置、职责都相当完备的蚕区社会改良机构了。

4. 以农业贷款给农业生产输液

冯锐担任农林局长期间启动了大规模的农业贷款，以舒缓农村金融枯竭的情况。具体方式有两种：一是计划每项农业推广工作进行时须贷款，如安装抽水机、建设水塘等；二是农民零星贷款。他还制订了贷款的细节条款，以保证低息和可以回收贷款，从而实现资金的良

---

① 《农业推广》第6号，建设厅农林局发行，1935年5月1日，第101页。

② 《1936年的顺德农业》，顺德县志办公室据民国时期《循环日报》《群声报》整理，见《顺德修志简报》1990年10月第59期。

③ [民国]冯锐：《救济农村计划书》，第9—16页。

④ 《广东农业改良试验区之过去与将来》，建设厅农林局，1930，第27—28页。

⑤ [民国]廖崇真：《广东蚕丝事业之重要性及三年来之改良工作》，《广东建设月刊》1937年第4期。

性循环。冯锐说这一贷款方法的重要意义，“是运用资本来极力发展本省固有之土地和人工力量，令资本、人工、土地均可得到均衡之发展”。他认为这三要素，缺一不可。[①]

为了防止农民收到贷款后转贷牟利，也使农民能直接得到农业生产资料，贷款只能借贷蔗种和肥料。为了吸引农民种植优良蔗种，收获时收购甘蔗的价格以爪哇甘蔗为最高；为了防止一家农户贷款过多而带来风险，因此限定每户农民贷款种植甘蔗以 100 亩为最高数目。同时完善贷款过程中的调查程序，有广州甘蔗营造场安排调查员，由“各农业学校毕业生充任，从事调查及测量蔗农填报之蔗田”，其目的是为了“杜绝虚报滥借款”。[②]借款农民必须填写更为完善的借款合同。糖厂为了鼓励大蔗农的集约经营，降低种植成本，“骤将蔗价十毫五仙减为九毫，且只限爪哇蔗，蔗农之愤恨不言可知。但冯氏之减低蔗价，蔗农仍旧有利可图，仅较九毫者稍少耳，然公营之糖厂，则减少成本甚多矣”[③]。但冯锐此举限制了贫苦农民种植甘蔗的利润，引来很多批评。

1934 年 1 月开始，第一期贷出借款 99 200 余元，第二期贷出借款 86 100 余元，1934 年的第三期贷款还没有结束，广州附近的蔗区贷款种植的甘蔗栽培面积就增加了 2 万余亩。[④]根据记载，1934 年的贷款总额为 398 000 元，贷款订约的蔗田有 36 000 亩，分布于番禺、顺德、东莞、中山等县。1935 年 1 月到 9 月间，第一蔗糖营造场贷出款额达 659 000 元，订约之蔗田有 33 000 亩。同期，顺德、中山蔗区的第二蔗糖营造场贷出款额为 349 000 元，而订约的蔗田有 16 000 亩。东莞与惠阳两县的蔗农贷款，亦由上海商业储蓄银行粤分行办理。[⑤]东莞、惠阳两县的糖务，属于陈济棠军事集团的军垦系统，文献上很少记载。根据黎献仁的记载，1934 年，军垦系统的惠阳糖厂贷出款项 380 000 元，计 7 000 余农户，

---

① [民国]冯锐：《救济农村计划书》。

② [民国]陈昭宇：《广东糖业与冯锐》，1937，第48页。

③ 同上书，第52页。

④ [民国]黎献仁：《中国糖业政策》，《农声》1936年8月第198、199期合刊，C4-C5。

⑤ 以上参看《广州第一蔗糖营造场概况》，第71—73页；另参看连浩沃《军阀与商人：陈济棠与广东商人个案研究》，打印本，第4页。

蔗田有 30 000 亩以上。[①]1935 年，潮汕平原政府也向蔗农“贷肥豆饼与人造肥”。[②]对蔗农的贷款使农业生产资金流通方式发生变化。虽然贷款仅限于几个大型糖厂的周围农村，但有了它，才真正开始了在甘蔗栽培中大规模应用化肥、良种和新的先进栽培技术的时代，从而把传统甘蔗栽培业向近代的转型推向一个新的高度。

1937 年前广东的农业贷款达到高潮。1937 年，由于省政归中央，政治渐趋稳定。各银行在政府复兴农村号召下，纷纷向本省农村贷款。当时有中国银行、农民银行、省银行参加，以合作社的形式向农民发放贷款，面对效益较高的特产，如烟叶、蚕丝、棉麻、柑橘类等产品的生产贷款，1937 年 1—10 月，组社数目达到 700 余社，贷款数达 3 600 000 元，平均每社贷 5 000 余元。其中以烟叶贷款最多，蚕丝第二；回收贷款最快的是烟叶；水利堤围的贷款，由于建设周期长，或者堤围建设地方沦陷，水利贷款几十万尚未收回。[③]1939 年，省行迁到粤北，更扩大农贷，改合作社为贷款对象。1938、1939、1940 年省银行的农业贷款额分别为 2 317 599 万元、579 140 万元、17 775 075 万元，总数为 20 671 814 万元。[④]1940 年，省银行派人深入农村，组织农产促进会和合作社，这些会社当时已经有 1 700 多所，一年贷款 500 多万。1940 年，在英德、翁源、清远、新丰、佛冈都有信贷员在活动。几个月时间里，在粤北各县办理农产抵押，设立许多农仓，囤备米谷。[⑤]

抗战胜利以后，虽然财政紧张，广东当局还是较为注意农业贷款。1947 年，全省普通农贷增加到 13.5 亿元，其中生产贷款 8 亿元，小型水利贷款 4.5 亿元，由农行各分行直接贷款给农民。同时经广东善后总署贷放各种农业物资，包括农具、农药，其中肥料达 2.5 万吨。[⑥]但是

① [民国]黎献仁：《中国糖业政策》。

② 民国《潮州志·实业志·农业》，第22页下。

③ 广东经济年鉴编纂委员会：《二十九年度广东经济年鉴》，第121页。

④ 广东经济年鉴续编委员会：《三十年度广东经济年鉴续编》，第132页。

⑤ [民国]冒景煊：《战时广东金融》，广东省银行农村贷款部编印，《农贷消息（半月刊）》1940年3月15日第2卷第1期。

⑥ 《本处三十六年度5至10月份工作报告》，《广东农讯》1947年12月15日第6期，建设厅农林局发行，第3版。

由于内战爆发，金融混乱与通货膨胀，农民从农贷中获益很少。

5. 以农业合作社促进农业劳动力的组合

20 世纪三四十年代，合作社在广东农村有较大的发展。1933 年，“以地方合作社之组织最重要，并经依照合作社条例及办法，督促各县积极进行，农民银行之组织，亦经列入三年计划，藉为调剂农村经济之流通”[①]。

合作社有以下几种：水利合作社，以 1933 年广东农林局举办的用贷款帮助农民设立灌溉合作社为例，已经有 50 多台抽水机发出；贷款供农民挖井，增加水坝和临时修筑基围。[②]抗战时期，在山区实行“一保一塘”，水利合作社在农村中蓬勃发展起来。此外还有生产合作社、消费合作社、运输合作社等形式。但是在 1937 年以前，广东当局没有将合作社运动式覆盖到农村，已经成立的合作社只占全国合作社总数的 1.17%，比起河北、江苏和山东等省差多了。[③]1937—1945 年，广东当局对基层农村的改造已经完成。1945 年后，乡村的保甲制度、农会、合作组织与乡村耆老势力是结合在一起的。[④]民国《潮州志·实业志·农业》记载，抗战胜利后，当局规定贷款须经合作社，故成立合作社成为风气。1947 年，全省农业合作社累计有 13 831 个。[⑤]

1945 年以后，当局组建农会。这一时期的农会与合作社的功能是有区别的，后者是一种经济合作组织，前者具有一些农业技术推广、农业调查、条陈农事的作用。清末成立的农会多为前清士绅集团把控，主事者不懂农事，与农民无多大关系。1924 年，国民党第一次全国代表大会决定，通过各省、市、县成立农会，其职能范围包括租佃关系改革、

① [民国]冯锐：《广东农林建设及一年来实施之状况》，《农业推广》1933年第1期，建设厅农林局发行，第6页。

② [民国]冯锐：《救济农村计划书》，《农业推广》1934年12月1日第5号，建设厅农林局发行，第9—16页。

③ [民国]郑彦棻：《广东合作事业在国内之地位》，《中山日报》1937年1月第4期第2版。

④ 吴建新：《民国广东的农业与环境》，第105页。

⑤ 《建设厅复员以来施政总说明及成绩统计》，广东省档案馆藏，卷宗号6-2-377。笔者按：民国书面语“复员”指抗战胜利之后的时间。

水利建设等方面，有准许农民建立武装的规定。[1]1927年"四一二"事变以前，农会与乡村政治结合；事变以后，各地农会被撤销，广东的农会组织自此沉寂多年。"战后因政府之倡导，已经渐渐有发展。本省近年之农会，共有20个乡的农会。未曾备案而已经成立的尚有曲江等20县。总共有农会的县不过30个。"[2]1939—1945年，广东省政府已经能利用基层政权动员和组织农民接受农业改良，如1941年广东省农林局在推广麦子的保存法时，就提到要基层的农业推广员，"先期通知农会或保甲或其他乡村组织，将农民之麦种集中指定地点"[3]。抗战胜利后，政府组织各地成立的农会数量增加不少，对农业推广也有一定的作用。

① [民国]邓植仪：《三十年来之广东农业》，第5页。

② 广东经济年鉴续编委员会：《三十年度广东经济年鉴续编》，第137—138页。

③ 同上书，第84页。

第四节

生态农业与农业生态学的萌芽

一、对传统生态农业的改造

1. 符合生态学原则的除虫法

民国早期农学家对传统的生态防治害虫法进行了详细的记载。如黄遵庚记载萝岗洞果农除虫，靠的是人工防除法和利用害虫趋光的特性杀虫，放养黄猄蚁、保护益鸟构成一种特殊和高效的综合除虫技术。[①]这些记载较之明清文献详细得多，对黄猄蚁治柑橘害虫的记载显示，这一方法在广州增城、[②]四会、[③]从化等地的柑橘园都有应用。[④]可见利用黄猄蚁治柑橘害虫是岭南柑橘园中普遍应用的技术。郭华秀还指出，黄猄蚁一般生长在橄榄树上，增城客家村有产，农民按斤出售。[⑤]

1932年，冯锐为农林局昆虫系的研究定下方针：不仅要采集昆虫做样本，也要注重搜集和研究对农作物有害的害虫，研究防治的方法，

① [民国]黄遵庚：《萝冈洞之果树园艺观》，《广东农林月报》1918年12月15日第2卷第12期，第17页。

② [民国]郭华秀：《西沙柑之种植》，《广东农林月报》1918年11月15日第2卷第11期，第11页。

③ [民国]郭华秀：《四会柑桔栽培法》，《农事月刊》1923年9月第2卷第3号，第15页。

④ [民国]赵善欢：《广东虫害初步调查报告书》，国立中山大学农学院出版部，1935，第20页。

⑤ [民国]郭华秀：《西沙何园之柚桔》，《广东农林月报》1918年10月15日第2卷第10期。

才算做有效益的。[①]农林局昆虫系将主要的除虫法归纳为三个方面：（1）发掘作物抗虫品种，可以供研究及为繁殖推广之用；（2）鼓励农民护育害虫天敌，而免被误杀；（3）颁行保护害虫之天敌法规。以此作为害虫防治的重要手段。[②]

图 5–3　农业杂志登载荔枝椿象的生态防治法

30 年代，农林局向农民推广害虫防治法时，大力宣传以害虫天敌除虫等方法的综合运用。广州第一甘蔗营造场在推广甘蔗栽培技术的过程中用图谱介绍了甘蔗螟虫的天敌赤眼蜂等 30 种，提倡保护益虫以防治甘蔗螟虫，建议人工繁殖和利用甘蔗绵虫的天敌食蚜虻、蠼螋、步行虫及数种瓢虫等。但还没有形成一整套的生物防治方法。[③]此外，深入研究害虫的生态习性，提倡在出现幼虫卵时就采用低成本的方法除虫。1933 年，农林局在调查中得知本省的橙树经过六年以上者，被星天牛为害约占 90% 以上。昆虫系技士黄启元常年驻守番禺吉山、珠村的橙树产区，又研究出避免天牛产卵的方法，即于该虫产卵期的一二星期前（四月尾），用一种自制的药膏遍涂于泥土面树头以杀除害虫产的卵虫。[④]此法虽然属于化学防除法，但不是广谱性的杀虫法而是定向杀虫法，对生态环境的影响不大，符合生态学的原则。

此外，大力开发植物农药。民间一向以烟草梗以及其他有毒植物为

① ［民国］冯锐：《今后广东农业建设之政策》，《农业革命》1932年1月第1卷第1期，建设厅农林局发行，第4页。

② ［民国］陈桂生：《昆虫系研究与试验之事业设计》，《农业革命》1932年3月16日第1卷第6期，第5—9页。

③ 广州第一甘蔗营造场：《甘蔗种植浅说》，第39页。

④ 《农业推广》1934年12月1日第5号，建设厅农林局发行，第70页。

农药。农业当局宣传雷公藤粉剂：可以防治各种软体害虫，可以毒杀瓜类蝇及其蝶、蛾类幼虫；这种粉剂和烟草粉混合后施用，防治蚜虫及其金花虫、猿叶虫及黄条虫、菜蚤，在朝露未干时用疏布袋或喷粉器撒布于被害作物的枝叶上。烟草粉剂：可以防治秧田的三化螟虫、稻螟蛉、稻黑椿象和其他稻椿象，杀灭蚜虫和黄条菜虫以及一般软体害虫。毒鱼藤剂：可以防治各种害虫和家禽跳蚤虫、牛蛆蝇等。[①] 将烟草和野生的有毒植物作为农药，扩大了植物农药的应用。

农林局还大力向农民推广害虫的综合防治法。如推广蔬菜害虫粉蝶防除法：先行清除园圃的杂草，避免粉蝶潜伏滋生；先用该虫喜欢食的粗生植物，以引诱之，然后杀除，再行栽植蔬菜；用人工扑杀其卵、蛹、幼虫、成虫等；利用天敌防治，保护寄生蜂和肉食蜂；用石灰和生石灰制成溶液喷洒，毒鱼藤和烟骨水也有同样功效。[②]

在对抗虫品种的研究方面，1932 年农林局昆虫系的防治害虫方针，特别将“抗虫品种”的培育作为研究和繁殖推广的项目之一。[③] 中山大学农学院胡少波在抗螟育种方面有杰出贡献。他证明先用选种法等选育抗虫的稻种，再用杂交法能获得更优良的抗虫稻种。[④] 虽然中大学者当时还没有育成抗虫品种，但是其相关研究在育种史上具有重要的前驱性意义。

2. 推广水稻、水生作物与鱼的共生或轮作

从古代开始的水稻与水生作物、鱼类的共生、轮作在民国时期得到延续。高要一带西江沿岸多塱塘，水深有尺余，四面筑窦，“穴口常以竹簰断绝塘鱼潜出。收益多半为鱼禾两利。在正月种撒谷，五月收获后则买鱼种养殖。不必饲料，全赖浮生物及塘底自然物质。然必赖天雨平匀，乃成丰岁”。[⑤] 塱塘就是《粤东闻见录》上所记载的“西水塘”。种植

① 《广东农讯》1947年12月15日第6期第6版，建设厅农林局发行。

② 《农业推广》建设厅农林局第5号，建设厅农林局发行，第72页。

③ ［民国］陈桂生：《昆虫系研究与试验之事业设计》。

④ ［民国］胡少波：《水陆稻品种特性与螟虫为害关系之初步研究》，《农声》1936年第196、197期合刊，第1—67页。

⑤ 《高要县志稿·渔业概况》，1986。

的是深水稻，也可以是水生作物。1923 年郭华秀《高要县调查录》记载：高要的塱塘中除了种植水稻，还种植芡实、莲藕等水生植物，只养殖不吃作物的鲮鱼等。[①] 顺德的基塘，如果池塘过肥，池塘干塘收鱼类之后，就种植茨菰，或者种植芹菜。茨菰、芹菜收成过后再养鱼。[②]

民国时期的农业研究机构改良并推广稻田养鱼的技术。农林局的水产专家李象元在广州河南磨碟沙农场进行稻田养殖鲤鱼的试验获得成功。稻田养鲤可以节省饲养鲤鱼的饲料成本，禾稻也丰收，每亩养鲤稻田比不养殖的稻田收获稻谷增加 30 斤。农林局特孵化多种优良鲤鱼种供应农户并给农民辅导养殖法。[③] 李象元等著有《稻田养鲤之利益及其方法》一文，有单纯种稻和稻田养鲤的比较利益表。结合了优良稻种的推广和养殖鲤鱼的受益计算，对养殖技术的研究也很详细，是在总结了传统技术基础上的创新。[④] 这一项目在 1935 年中山县的稻田有较大规模的养殖推广，成绩颇佳。[⑤]1948 年，广东省农林处收集适应本省风土气候的优良鲤鱼鱼苗，用新方法繁殖鱼种，经过试验养殖，证明产量高、成长快、鱼的肉质也好，适宜推广，故制定这一办法。只要当地农会、合作社和乡镇公所证明农家有鱼塘就可以获得廉价供应，每一亩鱼塘可以供应廉价鱼苗 300 尾，价格按照时价七折收费，农林处有专人上门指导，或者寄送养殖方法，并随时回答养殖农户的询问。[⑥]

3. 对稻田养鸭技术的提升

民国时期环珠江口还有广大的沙田，还延续明清的做法，分为春水鸭和秋天的鸭埠。如民国间，东莞篁村张氏有乌沙鸭埠，“数百年来相安无异”，族人为了保障鸭埠的权益，“将界至绘图粘抄呈核，请转请

---

① [民国]郭华秀：《高要县调查录》，《农事月刊》1923年8月第2卷第2号，第37—39页。

② [民国]岑伯英：《养鱼业调查记》，《农事月刊》1926年4月第4卷第10号，第71页。

③ 《农业推广》1935年第6号，建设厅农林局发行，第72页。

④ 《农业推广（水产专号）》1935年第7期，第108页。

⑤ 《水产系历年工作成绩报告》，《农业推广（水产专号）》1935年第7期，第452页。

⑥ 《广东农讯》1948年1月13日第7期，第14页。

官厅备案。”[①]这说明前代宗族的鸭埠权益基本上是得到政府保护的。这也说明沙田区的鸭埠制度，在民国时期还普遍存在。

农林局的研究人员对鸭子除虫的技术进行了改进。1935年，清远农民用鸭子除水稻剃枝虫，农林局人员经过调查，发现清远县高平乡石角村，耕地三四百亩，在虫害发生后，有人买鸭子千余，花费三四百元治虫，不仅稻田没有损失，而且获利三四千元。每一鸭子，每天可以吃1 200—1 500只害虫，饥饿时甚至可以吃2 000只害虫。鸭子能深入稻的根际，寻觅幼虫和虫蛹吃，但是鸭群吃多量后会产生摇头似醉的征象。针对这一情况，当时农林局技术人员建议稻农在放养鸭子吃虫之后，可以用蒜头给鸭子喂食，便于排便。[②]1935年，糖业复兴运动期间，广州第一甘蔗营造场在推广甘蔗害虫防治法时建议蔗农在蔗园中放养鸡鸭以消灭甘蔗蝼蛄。[③]

4. 对基塘农业的改造

对基塘农业的改造主要体现在转换基面作物上。在蚕丝业危机期间，种桑无利可图。30年代前期，蚕丝改良区的农业推广人员建议农民在基面上种植杂粮和蔬菜，以增加收入。最重要的措施是在桑园上改种甘蔗。1935年底，顺德糖厂建成以后，顺德的很大一部分桑园就转变为蔗园，蔗基鱼塘就成为新的基塘类型。

种蔗的效益在前面一些章节中已经谈过。从耕作学和栽培学来说，在桑基上轮种甘蔗，对基面土地也是改良过程。顺德的桑园依靠上泥的方式使杂草不能生长，这减少了桑农对除草的投入，但连年种植桑树，使桑园土壤趋向紧密。种植甘蔗需要耙碎土壤，开沟做畦，甘蔗生长过程中需要经常除草和中耕，这对基面土地具有改良作用。甘蔗需要经常剥除蔗叶，以利于蔗茎生长粗壮。蔗农则将剥除的蔗叶切碎，投入池塘中喂鱼。榨蔗之后的蔗渣切碎了也可以喂鱼。当然，蔗基回馈鱼塘的物

① [民国]张其淦：《东莞张氏如见堂族谱》卷二五《田图》，莞城驿前街福文堂刻本，1922。

② [民国]谢其炳等：《民国廿四年广东省清远县各地晚造水稻剃枝虫调查报告》，《农声（昆虫专号）》1936年6月196、197期合刊，L27—28页。

③ 广州第一甘蔗营造场：《甘蔗种植浅说》，第46页。

质还是少于桑基，故与蔗基搭配的鱼塘需要的麸粪更多。而池塘中的泥土，或者河涌上的泥土覆上蔗基作为肥料，可以减少购买肥料的费用，也使蔗园能保持湿润的小气候，利于甘蔗的成长。更重要的是，基面作物与池塘的物质有了循环的形式，蔗基鱼塘的人工生态系统得以形成。

蔗基鱼塘不是彻底排斥了桑基鱼塘，而是作为基塘农业的一种类型与桑基鱼塘并存。即使甘蔗栽培能给农民带来暂时的经济利益，但农民还是喜欢种桑养蚕，因为蚕桑业能充分地利用家庭劳动力。而甘蔗种在基面上，一年后才有收获，使劳动力闲置，家庭副业收入减少。同时甘蔗高大，不利于间种杂粮、蔬菜。一般来说，桑基改种甘蔗之后，蔗农就基本放弃蚕桑业了，如甘蔗品种宿根性强时，即使丝价回升，蔗农也不愿意改种桑。甘蔗种植多年，蚕具废弃，如蔗园改桑园，农民要重新添置蚕具，需要一笔很大的投资。而且第一年改种桑树，桑叶收成比常年要低 30%，为此茧和鱼的收成会大受影响。所以频繁的蔗桑轮种是不存在的。[①] 当然，甘蔗种久了，土地要轮种花生、杂粮等作物。到 1936 年以后，顺德桑农多在桑地改植甘薯、玉米、豆类、花生等杂粮作物，并大量间作大头菜、白菜等蔬菜。大头菜、白菜耐储藏，可以制成菜干，运到各地发售。同时，在桑地的隙地也多种植芭蕉、荔枝、龙眼、桔橙等果树。在土地较多鱼塘较少的桑区，农民直接把桑树掘去，每年种植两造禾稻，因原桑基土质肥美，种稻不用施用肥料，普通早造也可收两担谷，晚造可收三担谷。[②]

蔗基鱼塘是 1935 年出现的新生事物。在抗日战争期间，顺德糖厂是 1938 年前所建的六间糖厂中唯一没有中断生产的，这给了顺德农民实践蔗基鱼塘的机会。[③] 到了 40 年代末 50 年代初，顺德蔗基鱼塘的发展已经十分成熟了。据 50 年代初的记载：顺德县龙清乡的农民郭炎在每亩鱼塘中加入蔗叶，以及用上泥的方法给蔗田施肥之外，还往鱼塘投

① 吴建新：《佛山桑基鱼塘史》，广东人民出版社，2019，第169—170页。

② [民国]连子诚：《广东顺德蚕丝业之现状》，《经济月刊》1943年第1卷第3期，第1—11页。

③ 广州市地方志编纂委员会办公室：《近代广州口岸经济社会概况》，第824页。

入猪粪、蚕蛹、嫩草、水草、花生麸、蚕粪、米糠等，总投入量为9 620斤，每亩鱼塘的产量为470斤，而当时一般鱼塘的产量只有150斤。基面的甘蔗也获得了高产，有的农民还用蟚蜞（蟹类）沤水给甘蔗施肥，用野生的凤眼莲给蔗地作绿肥。[①] 这一蔗基鱼塘的技术当是经过长时间逐渐形成的，而不是在50年代初突然出现。这也说明，蔗基鱼塘不是一个孤立的生态系统，它也受着蚕桑业的滋润，同时系统内的物质循环加入了外系统物质的参与，甘蔗与鱼的产出特别高。但是珠三角的基塘农业是将厕所建设在鱼塘中，粪便直接喂鱼，这样会引起人畜共患的疾病。为此，广东农业界翻译了克维廉的《钩虫病与施肥》，指出这种虫在人体中，通过粪便传染。认为要改变人粪的使用方法，通过贮藏法沤肥，消灭传染源。[②] 基塘区一般以勤换活水来防止池塘水的富氧化。

5. 保护害虫天敌和对农业资源的保护

广东农业界在1928年已经提出保护益虫和益鸟。[③]1931年，农林局推行生物治虫的方针，园艺系发明出一种引诱荔枝臭屁虫入内产卵的箱子，先将臭屁虫诱入箱中产卵，然后放入寄生蜂，噬食臭屁虫卵子；并将这种箱子引入荔枝产区推广。[④]1935年，农林局的水产系还研究出饲养蛙类的方法，并设立了蛙类繁殖场，卖青蛙给农民，农民将青蛙养大后可以出售获利，以减少对野生蛙类的捕杀。[⑤] 国家发令禁止捕捉田鸡（青蛙），广东当局发出地方性法规执行这一规定。[⑥]1936年，农业界对甘蔗害虫的生物防治方法有了更为完整的研究，并将益虫的保护措

① 广东省人民政府农村厅编《珠江区甘蔗丰产经验介绍》，华南人民出版社，1953。

② 《农事月刊》1924年5月第2卷第11号，第5—6页。

③ [民国]谢其炳：《保护益虫与保护鸟之识别》，《农声》1928年7月第105、106期合刊，第37—38页。

④ 《消息》，《农事双月刊》1931年第8卷第2号，第47—48页；参见吴建新《民国广东的农业与环境》，第265—268页。

⑤ 《养殖蛙类之简要方法》《农业推广（水产专号）》1935年第7期，第27—28页。

⑥ 《农事双月刊》1929年2月第7卷第4号，第70页；《农林消息》，《农声》1933年9月第169期，第25—26页。

施纳入防治方法之中，以图文并茂、明白了然的形式教育农民保护害虫天敌。[①]

在渔业方面，1940—1941 年邓植仪任农林部技术总监时，建议保护大河流域的野生鱼类产卵区。他制订了一个《保护淡水鱼类产卵区亲鱼鱼卵育苗暂行办法》，分为十一条，主要内容是：农林部或地方当局可以根据需要设立河段的鱼类产卵保护区；在该鱼类保护区内采捕必须获得许可证，无证捕捞者受禁止；捕捞者不得使用过密的渔网，禁止施用鱼爆及投掷毒害鱼类之药物；船队经过保护区内时轮船减速等措施。[②] 后来农林部在广西境内设置了“浔江鱼类产卵示范区亲鱼区”，还设立了“农林部淡水鱼养殖场珠江工作站”。[③] 广西是广东境内四大家鱼的产卵区，家鱼卵孵化成鱼苗之后，西江上的渔户捞取鱼花，养大之后就出售给各地的淡水养殖户。邓植仪深知保护广西境内鱼类产卵区对广东淡水养殖业的重要性，所以他在岗位上与农林部的渔业管理机构策划了保护野生鱼类珠江工作站的建立。这个工作站的经费预算得到了农林部的支持。

二、农业生态学的萌芽

农业生态学是当代农学的一个分支学科。尽管在民国时期广东农业科学发展中还没有“农业生态学”这个概念，但是不同农学的不同分支大都涉及这一学科。“农业生态学”处于萌芽阶段。

农业气象学是农业科学的基础，是农业生态学的分支。广东农林试验场成立时，就设立了气象观测机构。1920 年，邓植仪为广东农林试验场场长，正式成立气象观测所，后来这个气象观测所随广东农专并入了广东大学、中山大学。《农声》上每期都有气候观测记录，成为当时农学研究的重要资料，为作物栽培试验提供了难得的数据，在海关所属

① 广州第一蔗糖营造场：《甘蔗害虫防除法：附益虫图》，1935。

② 《保护淡水鱼类产卵区亲鱼鱼卵育苗暂行办法》，《法规》，《农林公报》1941年5月11日第2卷第4、5、6期合刊，第27—28页。

③ 国民政府农林部：《农林公报》第2卷第4、5、6期合刊，第40页；《农林部淡水鱼养殖场珠江工作站保护鲦鱼产卵示范区概况》，《农林公报》第2卷第4、5、6期合刊，第82—83页。

各分关也有气象观测。[①] 在石牌新校建成时，广州地势最高的气象站在五山建成使用。[②]

广东农学界利用气候资料研究广东作物栽培的适应性。较早有 1918 年邵尧年的《广州种棉之商榷》，通过科学分析气候和棉花生长的关系，指出广州雨水多的气候，并不适合栽种棉花。[③] 同年有关乾甫的《广州周年气候与花果出产情形略说》，将广州气候和花果的生产结合起来研究。[④] 广州荔枝有大小年之分，1923 年邵尧年利用历史气候资料，研究了荔枝大小年和气候的关系。[⑤] 在作物的品种培育方面，1923 年曹云汉指出广东的橙园果树的行距太密，没有剪枝，阳光不能透射，病虫害触目皆是，[⑥] 这是对作物果园局部生态环境与果树生长之间关系研究的成果。

在广东的水稻良种培育中，对水稻品种与生态环境之间关系的认识有一个逐渐深化的过程。岭南大学最早从外国引进水稻良种，“曾经取美国、吕宋、檀香山、爪哇等处之优良品种，每不得良好效果。”1923 年，张济雄总结说，外来水稻品种的引种地的地理环境，“应该是（与被引种地的）地点、气候相似的”。[⑦] 应该说，在 20 年代后期兴起的广东大学和广东农林局的稻作改良，是吸取了岭大这一经验教训。所以中大在 1927 年开始布局的稻作试验场，充分考虑了稻品种生长的区域性气候的影响。丁颖最早将稻作引入生态学的研究，他不仅在水稻分类学方面有重要创见，还将生态学观点用于育种过程中。他创造的“小区移栽法”代替洛夫的“纯系株行法”，以便培育出适宜于本土栽培环境的

---

① ［民国］邓植仪：《三十年来之广东农业》，《农声》1935年7月第186期，第11页。

② 《农林消息》，《农声》1933年9月第169期，第24页。

③ 《广东农林月报》1918年2月第2卷第6期，第1—5页。

④ 《广东农林月报》1919年12月20日第3卷第1期，第1—3页。

⑤ ［民国］邵尧年：《二十年来荔枝生产丰凶与气候关系》，《岭南农刊（园艺专刊）》1936年第2卷第1期，第1—9页。

⑥ ［民国］曹云汉：《番禺沥滘观橙记》，《农事月刊》1923年4月第1卷第10号。

⑦ ［民国］张济雄：《改良稻种刍言》，《农事月刊》1923年10月第2卷第4号，第6—8页。

品种，经他改进后的纯系育种法更加经济、快捷。在杂交育种方面，丁颖更是大胆创新，将不同的品种进行杂交，培育出不少环境抗逆性很强的具有杂交优势的品种，使当时广东省的水稻杂交育种技术在全国处于先进水平。

在甘蔗改良中，研究者们根据生态学的要求，提出了引进的甘蔗良种要符合广东的“风土”，这个“风土”的概念就是指甘蔗生长的土壤和气候等因素。学者们根据优良蔗种的选择目标，对大量引进品种进行了科学筛选。不同的试验结果均指向爪哇系列。爪哇种的特性是生长强盛、茎粗大、直生、生长力强、耐旱、糖分高、分蘖性强和宿根佳良。最终育成了适应旱地、高地、水边的不同品种，从成熟期来说，有早、中、晚的不同品种。[①] 由于有性繁殖的甘蔗品种退化很快，当时梁光商等对甘蔗母本和父本的资源进行调查，就是为了不断培育出适应生态环境的优良蔗种。

广东的林业学者侯过最早将林业生态学引入林业改良中，对天然林的调查研究和保护是民国时期林业科学与生态环境学结合的一个成功范例。民国的林业生态学认为，经营单纯林的结果是不能产出各种木材以满足社会的各种需要，没有充分利用地力、土壤、树性等各方面的优势。而且很多树种在其他树木的底阴之下才能完全生长，所以混交林的培育是很重要的。对此，罗振基总结出了阴树与阴树的混交、阴树与阳树的混交、阳树与阳树的混交、同龄混交、异龄混交、团状混交、块状混交、保残混交、散生混交、一时的混交、永久的混交共 11 种混交方法及经营后的利弊。[②] 中大德国籍教授芬次尔认为，熟悉本省各区气候及土壤情形者，若对各种差异之气候与土壤所形成各种林木之内容加以观察，然后于造林时，学者可以推知何种林木宜于何种自然环境，则所植之树木，自可与自然和谐，而可获最确实之效果，这是最经济的造林法。[③]

① ［民国］梁光商：《甘蔗品种特性之初步调查》，《农声》1937年第215、216期合刊。

② ［民国］罗振基：《几件植树造林应注意的事》，《农声》1929年第118期，第37—38页。

③ ［德］芬次尔：《广东造林工作及苗圃设施之实际方法》，第6页。

在植物保护学方面，广东农业界对害虫天敌的保护以及对生物治虫法、植物农药的研究和推广，其实已经反映出对生态学的原则有深刻的认识。最早从生态学的观点对生物治虫进行理论探讨的是赵善欢，他认为昆虫界有生态关系的相互制约，害虫有天敌制约，通过保护和增殖害虫天敌能抑制害虫的过度生长，使昆虫生态保持平衡，能达到治虫的最佳效果。[①] 除此之外，赵善欢还认为有毒植物较之化学农药对生态的危害更少，所以赵善欢不仅在昆虫学方面有出色的研究，对有毒植物的研究在当时国际农业界中也是领先的。当然，还有其他学者对有毒植物进行了研究，如刘调化《治虫土药调查报告》对民间的植物农药做了调查。[②]

在土壤生态学方面，邓植仪认为土壤的生成，受气候环境等大的生态环境所影响，由此提出了中国的土壤分类学。而且他认为土壤本身就是一个小的生态系统，里面除了沙、壤、水分、矿物质，还有微生物。因此他的第一个研究生简浩然就是研究土壤微生物的，后来简浩然成为中国微生物环境学的奠基人。邓植仪还对与土壤学相关的灌溉水、土壤中栽培根茎和土壤的关系、地上根茎和地下根茎的关系都有研究。他对于园艺作物与栽培的土宜的关系也有论述。[③]

在水文生态学方面，广东治河处对水文观测最为重视。最早的水文观测是由海关进行的，后来广东治河处和广东农林局都在各地设有水文观测站。民国初的农林试验场的职员们对水土保持有出色的研究。此后，岭南大学和国立中山大学的学者们对土壤、山林和水文、水灾、旱灾之间的关系也有不少论述。

民国时期的农业科学研究中，各个不同的农业科学分支都自觉和生态环境研究、生态学结合，其实是当代农业生态学的滥觞。国立中山大学农学院的水稻生态学在华南农业大学的农学院中延续下来，后来在丁颖的主持下，华南农学院成立了“水稻生态学研究室”，该校的水稻生态学发展为“农业生态学”，就是延续了民国时期在这一方面研究。

① [民国]赵善欢：《昆虫生态与害虫防治》，《农声（昆虫专号）》1934年第173、174期合刊，第172—187页。

② 《农声（昆虫专号）》1934年第173、174期。

③ [民国]邓植仪：《研究“影响农植物体内物质成分种种情形”述要》，《农声》1923年第5期合刊，《农声汇刊》，第73—75页。

第五节

农业推广活动和农业推广理论学的探讨

农业推广学是近代农业科学的一个分支，它牵涉到农业科学技术、农业管理、农业经济、教育学、心理学等方面，其着重点是如何将科学技术通过一定的途径，传播到农业生产环节中，让农民掌握新技术，最终将新技术转化为生产力，增加农民的收入。虽然民国的农业文献上还没有出现“农业推广学”的概念，但是广东农业界对这个学科已经进行了深入的探讨，建立起一套农业推广制度并取得了实效。

一、农业推广理论的探讨

1. 关于农业推广的重要性

民国广东农业界的代表性人物很早就意识到了农业推广的重要性。1920年6月，邓植仪任广东农林试验场场长，改革了试验场的组织结构，专设推广科。他认为这个位置十分重要，便亲任科长，利用有限的财力和人力，进行民国早期的农业推广活动。虽然邓植仪没有发表过农业推广理论的专文，但是他强调农业推广在农业改良中的重要地位。1922年，他受命主办第二次广东农品展览会，会后出版了《广东第二次农品展览会报告书》。邓植仪在这个报告书的后序提出“刷新农业之方法，原有三大端：曰教育，曰试验，曰推广”，认为农品展览会是农业推广的一种方式，第一次概述了农业推广的内容。[①] 邓植仪将农业推广置于农业

① [民国]邓植仪：《在第二次全省农品展览会上的讲话》，载《广东第二次农品展览会报告书》，1923，第31页。

教育和农业科学试验之后，充分体现了他对农业推广的重视。他的“教（农业教育）、建（农业建设）合作”就是主张将高等农业教育机构的教学和科研推广到农业建设中去。他在中大任农学院院长时，推动中大农学院的研究成果应用到农村去；他在1940—1941年底任国民政府农林部技术总监时，促成教育部与农林部“农林技术机关与农林教育机关之联系与合作纲要草案”。[①]

1925年，冯锐撰写了《我国应用农业科学之状况及其困难问题》，阐述了建立农业推广制度的必要性。他认为，从19、20世纪之交开始传入的外国先进技术，“皆在研究和教授之中，多未出校门，直接传授给农民的技术甚少”。他还认为，虽然有研究适应于本地的技术，但是没有农业推广制度、流通农产的商业组织、合理调剂农业金融的乡村借贷之制度，这是改良农业的三大困难。[②]1932年冯锐发表《我国农业推广制度的产生》，主要观点是：农业试验和农业推广并重。他引用美国学者纳皮氏（S.A.Knapp）的话说：“美国没有施行推广制度以前，研究所得的农业科学方法，在四百件中农民所能够应用的，不过五件。”冯锐认为美国的农业进步，得益于农业科学实验和农业推广制度的结合。同时他认为中国的农业科学研究机关和学校兴起也有二十多年了，但是农业还是没有很大的进步，是没有农业推广制度的缘故。冯锐曾经认为，中国农业不发达就是这个缘由。他和多位朋友在河北定县做农业推广研究的工作，可算是有些成就了。但那些只是试验，还不能成为制度。后来很多的农业机关和学校，就仿效起来，成立推广部。他认为要使农业科学发生更大的作用，政府就应该重视农业推广。[③]所以冯锐在广东农林局长的位置上时，大力推行建立全省的农业推广制度。1939—1945年，广东的农业推广制度较之1938年10月前更为完善，农业界对农业推广理论的探讨更为深入。1942年2月，中大学者翟克发表《中国农业推广新建设之理论与实施》，较为全面地总结了中国农业推广的理论和实施

① 吴建新：《邓植仪评传》，第119—132页。

② 《农事月刊》1925年1月第3卷第9号，第1—13页。

③ 《农业革命》1932年2月15日第1卷第4期，第3—4页。

情况。[1]1942年10月，翟克发表的《战时我国农业推广问题》和林北海的《农业建设与农业推广》，都进一步对抗战时期的农业推广体制提出了建议。[2]

2. 关于农业推广制度的形式

20世纪30年代以前，农业推广制度主要是高校型的农业推广活动和制度。尽管它起过一定的作用，但是因高校财力弱小，也缺乏政府型农业推广制度的巨大的行政资源，所以高校型农业推广制度不能大面积推广农业科学试验的成果，而必须由政府型农业推广制度承担起农业推广的重责。[3]农专改大以后，邓植仪在1924年5月的《论吾粤实业与事业教育》一文中，强调建立实业行政机关（包括农业行政机关）的重要性，要有“整理振兴之政策，详细订定办法，与教育厅及将来成立之国立广东大学共策进行”。[4]而农业行政机关的建立是政府型农业推广制度建立的一个很重要的前提。

冯锐很早探讨农业推广制度的形式。1925年，冯锐介绍了他已经发表的论文《推广我国农业之建设计划书》，建议各省速建立农业推广制度，实行农业推广教育。当时国内农业界，正式提出建立系统的农业推广制度的建议，只有东南大学农科主任邹秉文、金陵大学教授徐正鉴，以及岭南农科大学的冯锐三人。[5]虽然冯锐在他20年代写的文章中没有细化其提出的农业推广制度，但是他提出了农业推广中一个很关键的问题，要“各省组织农业局，以统一各省农业行政、试验及推广事务”。[6]他担任农林局长之后，发表文章认为以往的农业研究机关和高校的农业推广部，不是制度化的农业推广机构。他认为真正的农业推广制度“是

① 《农声》1942年2月第223期，第1—3页。

② 《农声》1942年10月第227期。

③ 吴建新：《民国广东的农业与环境》，第92—99、132—140页。

④ 《广东教育会杂志》1924年5月第2卷第4号。

⑤ [民国]冯锐：《我国应用农业科学之状况及其困难问题》，《农事月刊》1925年1月第3卷第7号，第24页。

⑥ 同上。

广东建设厅为全省最高的统帅机关，县设推广处，区乡有农业表证场，各乡有表证农家，务使上下得以一贯”。①

3. 关于农业推广的方式和农业推广人员的素质

关于农业推广的形式，在全省性的农业推广制度没有建立起来之前，20年代前期，邓植仪认为，直接派农业技术人员到农村去、印发农林普及读物、举办展览会等方式是比较有效的。②1928年，罗颂卿认为，农业推广的形式，应该是：政府应该与各农学机关合作；调查农村实况以资改良；确定改良计划而促其实现；普及农村教育以提高农民认识；出版各种读物和利用多种宣传形式，利用文化观念以促进农业推广的实效。他提出农业推广需要以改变文化观念来进行。③将农业推广行政与教育结合，以及提出农业推广的主要形式，并且将此上升到农业文化观念的角度，这是当时农业推广理论的一个重要突破。

1933年，陈桂生认为只有做好以下工作才能取得农业推广的成绩：扎实抓紧对推广员的训练，准备好推广材料和方案；推广员具有献身农村的精神且需要有研究的能力。关于推广政策，政府必须制定农业政策，厉行推广政策法规。④活跃在基层的农业推广人员的素质决定着农业推广活动的成效。1932年，黄泽普论述了农业推广人员的责任，推广员的资格、实践经验、人格魅力、毅力、从业精神以及解决问题的能力、对乡村社会要有感情和了解，还提出推广员的职责和工作的原则。⑤对推广员素质的界定，有利于选择合格的人才以取得农业推广的实效。

① ［民国］冯锐：《我国农业推广制度的产生》，《农业革命》1932年2月15日第1卷第4期，第3—4页。

② 吴建新：《邓植仪评传》，载《邓植仪文选》，广东高等教育出版社，2006，第15—50页。

③ ［民国］罗颂卿：《论农业推广之方法》，《农事双月刊》1928年2月第6卷第4号，第1—7页。

④ ［民国］陈桂生：《农林推广成功的要素》，《农业推广》1934年12月1日第5号，第5—7页。

⑤ ［民国］黄泽普：《关于农业推广人员的几件重要问题》，《农业革命》1932年1月16日第1卷第2期，第1—6页。

二、农业推广制度的建立

冯锐任农林局长之后，迅速将高校、省农林机关的资源和政府自上而下的行政资源整合起来。首先在农林局设推广课，设宣传、训练、材料及视导四股，分别处理农业推广工作。训练股之下设行政人员养成所，招收农业大学毕业生训练之，使具有充分推广之技能，经过三个月之训练后，派赴各县任县农业推广处主任，处理推广行政工作；同时，筹办推广助理员讲习所，招收普通初中毕业生入所训练三年，毕业后，则派赴各县充任县推广处助理员。视导股拟在各县设县农业推广处，区表证场，村表证农家。首先规划在番禺县办推广模范县，于县内筹设农业推广处，各区设一农业表证场，同时指导各村农民成立村表证农家，以推广农业之改良设计于全县，使之成为一农业推广模范县。宣传股在文字方面，除编印刊物每月出版二期外，并编印各种农业研究丛书、农业浅说、农业推广丛书、调查报告书、画报等，达十数种；在展览方面，派员赴番禺县第三区与该处之农村建设促进会协同筹办河南农品展览会，使该处农民观察优良农品，吸收新技术。材料股之与局内各系、场、所、股、组等接洽，将历年在广东已实验有效果者，拟成简单推广设计，及预备设计材料，并技术方面材料等。① 事实上，整个农林局的各部门都有农业推广的功能，只不过农业推广课更为专业。1939 年李汉魂主政之后，重建的农林局内，推广课没有被撤销。1946 年 1 月，农林局改组为农林处，在内部机构设置上一度取消了推广课。但是抗战后迫切需要救济农村，促进农业改良，同年 5 月又成立了农业推广委员会，下分业务、宣传、督导三组，以统一推广事业。所以 30 年代建立起来的省级农业推广机构实际上延续到了 40 年代。

县级农业推广机构的设计是 30 年代初期开始出现的。由于县级农业推广处的经费要地方财政负担，因此 1938 年 10 月前县级推广处的数量只有 16 个。1939 年，为强化粮食增产运动，推广稻良种和林业，在国统区普遍建立农业推广站。1942 年，全省有 62 个县级农业推广工作

---

① 《推广课最近工作情形，课内设回收分别工作》，《农业革命》1932年2月1日第1卷第3期，建设厅农林局发行，第22页。

站。[1] 这些农业推广机构都是在极为困难的情况下开展工作的。[2] 抗战胜利之后，各地的农业推广所大都陆续建立起来。到 1947 年，全省已经设立农业推广所的县市共有 57 个。[3]

三、农业推广的形式

早期的农业推广主要是派技术人员下乡向农民宣传农业技术，通过演讲、派发宣传资料、兴办各种类型的非学历的农林讲习班、稻作试验场、林圃等。[4] 而省农林局建立以后，以行政资源和财力建立起了富有实效的农业推广形式。

首先，做好农业推广项目的顶层设计。1932 年，黄泽普提出“要到乡下去”“要有组织”“推广要有方法”三个农业推广顶层设计的要素，农业推广要有针对性和效果，易于接受。[5] 有了这个认识，农业推广就避免了形式上的弊端。为此，农林局成立农业设计委员会，经过专家讨论，从众多的农业科技成果中选出最迫切的推广项目。为了有效而系统地推广农业，农林局制订了一系列内容空前广泛的农业推广设计。如 1932 年制订的《本局二十一年度暂行农业推广设计大纲目录》不仅包括了传统意义上的稻作、肥料、土壤、果树、病虫害防治等狭义的农业改良，还包括了牛瘟免疫，改良猪种、鸡种等家畜饲养的知识，以及改良土蜂、村有林营造、灌溉合作社等内容，更包括了有关农业教育的内容、农民训练设计、选择表证农家等。[6] 农业设计委员会既有农林局

① 《广东省建设厅1940—1947年度工作实施计划和进度表》，广东省档案馆藏，卷宗号6-2-357。

② 吴建新：《民国广东的农业与环境》，第95—98页。

③ 黄文恩：《广东农业推广概况》，《广东农讯》1947年7月21日第2期，第2—3版。

④ 吴建新：《民国广东的农业与环境》，第116—117页。

⑤ [民国]黄泽普：《我们对于农业推广应具的基本概念》，《农业革命》1932年2月15日第4期，第11—25页。

⑥ [民国]冯锐：《第二次纪念周报告》，《农业革命》1932年1月第1卷第1期，建设厅农林局发行，第33—34页。

的专家，也有中大和岭大的教授学者，以及省相关部门的人员。甚至对一个地区的农业改良和农业推广，也用这种形式先进行“农业设计”。1932年，为了开发海南岛，广东当局成立“琼崖调查团”，由农林设计委员会冯锐、公路局局长林逸民、邓植仪、岭南大学教授高鲁甫等拟定调查计划，与伍朝枢商定办法后，由建设厅确定调查员十余人，以罗清生、李觉为正副主任。调查团成员有谭仲约、高鲁甫、邵尧年、何富文、赖礼、张达修、鲍应中、温耀文、刘茂青等。此外还有交通、工商、矿业方面的专家。这类调查团成员的组成结构，在国内是首创。① 这样组织成员，有利于以一个地区的农业改良和农业推广为中心，结合工商业、交通业的发展综合进行。这一计划因为资金问题而得不到实现。农业推广的顶层设计得好，是30年代前期广东在主要的农业经济部门的农业改良取得极大成绩的原因之一。

30年代的农业推广，主要形式是“表证”方式的运用。主要有：

1. 农业示范区

1930年，广东农林局在番禺设立“广东农业改良试验区”，最大的成绩是“绿肥运动”，种植的作物主要是蚕豆，开花之时，指导农民将之犁入田中，使之腐烂作为种植水稻时的肥料。应用印刷品、演讲、广播等形式进行推广活动。② 在蚕丝改良运动中，1933年，农林局在顺德、南海等主要蚕桑区建立“蚕丝改良总区”，乡村下设改良分区，推广优良蚕种和桑种，推广蚕病防治和养蚕种桑技术，改造基面作物以提升基塘生产力。蚕丝改良区还涉及手工业改良、丝织品销售、乡村建设、策划政府的蚕种统制和对旧的生丝外贸体制进行改造，似乎是一个包含了很多方面职责的政府机构。③ 这一机构的农业推广已经不属于狭义的技术推广，而属于包含乡村建设在内的广义农业推广活动了。

2. “表证”场

30年代前期广东农林局办了园艺繁殖场、稻作试验场、示范林场、养殖场等，既培育作物和动物良种，同时又向农民传授种养技术和出售

① 《农业革命》1932年4月1日第1卷第7期，第28页。

② 广东省建设厅农林局：《广东农业改良试验区之过去与将来》，1930，第34页。

③ 吴建新：《民国广东的农业与环境》，第186页。

良种给农民，以维持这些“表证”场经费的来源。30 年代前期设立的机器糖厂都有甘蔗良种繁殖场，既供应甘蔗良种，还贷化肥、蔗种给农民，还教蔗农栽培、施肥方法，收获时回收甘蔗，扣除本息，利润就是农民的。

3. “表证”农家

在中大的稻作试验场，通过“借种”、“贷种”、委托繁育等方式给农家，得到新种的农家就给其他农民提供了示范。农林局的良种繁殖场也大多有“表证”农家。“蚕丝改良总区”及其下面的改良分区都有养蚕的“表证”农家。甘蔗良种繁殖场也有“表证”农家，内容有化肥、良种、种植技术的分类示范。“表证”农家是经过农业推广人员挑选的。“表证”农家不只是接受了技术、良种的推广，他们还必须向邻里宣传和解答技术难题，负有推广的责任。这样，“表证”在乡村民众中所引起的“羊群效应”是非常大的。“表证”的成功是 30 年代前期广东主要农业经济稻作、蔗糖、蚕业改良取得成果的重要原因之一。抗战时期的稻作改良继续这种“表证”形式，因此能取得 1939 年以前所没有的成果。

第六节

国民政府对广东的农业政策、广东与邻省的农业交流

一、国民政府的农业政策与广东农业

民国初期，国民政府尚未形成全国性的农业政策。20 世纪 20 年代年代中期，孙中山领导的国民政府驻广州，1925 年，廖仲恺代表国民政府与岭南大学订立关于在岭南大学内设蚕丝改良局的合同，以促进蚕丝改良。1924—1925 年间设国立广东大学，内设农科学院。当时广州国民政府的农工厅、实业厅还颁布政令取消苛捐杂税。1924 年，农民到广州市请愿，反对田料捐税，抗议不法商人向财政厅瞒承田料捐税每担二元，盘剥农民，声明如不取消此项捐税，农民将再来省请愿。孙中山遂令取消此项税收。[①] 颁布多个禁止向农民征收苛捐杂税的命令，算是最早的国民政府对广东农业的支持。至于广东农林试验场，虽然具有农业行政的一些功能，但是不能说是惠及全省的农业政策措施。

1927 年“四一二”事变以后，国民党定都南京，忙于内战，具体的农业政策也无暇顾及。政局稍稳定后，独立的农业行政管理机构开始建立，如 1929 年广东省建设厅内设森林局，对全省水源林进行调查和保护；此外，建设厅在全省提倡冬耕，全省性的农业政策始现端倪。由

① 《消息》,《农事月刊》1924年3月第2卷第9号，第43页。

于 1929 年陈济棠治粤，军事、政治等方面的政策都与南京对立，其农业政策看似与中央无多大关系，实际上也受到当时国民政府经济政策的影响。南京国民政府农矿部向广东派出“广州农产物检查所”，对广东进出口农产品实行检验，包括对化肥质量和农林品种的病害的监测，这个机构还支持广东土壤调查研究所的设立。30 年代初，南京的中央研究机构对广东的稻作改良给予了支持。1931 年冬季，国民政府实业部与江苏实业厅、浙江建设厅曾会同举办第一次冬季农作物改良讨论会，广东农业界应邀派人参加。1932 年，南京政府实业部继续举办第二次讨论会，由外国著名稻作改良专家洛夫博士主讲授课，邀请广东农业界参加，国立中山大学农学院由丁颖派稻作试验场技助陈仕慈出席。[①]1931 年，南京“国民政府的实业部已经有计划在广州、上海设炼糖厂，造精糖”。[②]这个消息对广东当局震动很大，因为南京在广东设糖厂，只会使机器糖业的利益流向南京，这是陈济棠所不愿意看到的，他因而决定加快广东机器糖业的发展速度。可以说，30 年代前期广东机器糖业的迅速发展，也是南京政府和广东当局在经济上博弈的结果。广东当局的农业政策与南京相左，还表现在关于“五千万麦棉大借款”的争论上。受陈济棠当局授意，“广州农学分会反对棉麦大借款”。[③]当时的农林局长冯锐还亲自发文表示反对。[④]

1936 年 7 月，陈济棠正式下野，广东当局的农业政策受南京政府的影响更大。为了推进广东稻作改良，南京中央政府的“全国稻麦改进所”与国立中山大学农学院紧密合作。1937 年 9 月，全国稻麦改进所所长赵连芳来粤，到中大农学院稻作试验场参观并给予了高度评价，与丁颖拟定双方合作的九条原则，从资金、技术上支持广东稻作改良。[⑤]南京

① 《校闻》,《农声》1932年12月30日第160期，第78页。

② 《农林消息》,《农声》1931年3月第143期，第33—34页。

③ 《农声》1933年6—7月第166、167期合刊，第133—134页。

④ [民国]冯锐 :《为反对五千万美麦棉借款而感到本省农业有急筹保护方法之必要》,《农业革命》1933年8月第2号，第3—5页。

⑤ 《校闻》,《农声》1937年4月第205、206期合刊，第2—3页。

中央农院实验所于同年召开第四次冬季作物讨论会，从12月9日开始，连续进行五个星期。中大农学院邓院长接函后，即交丁颖，丁颖派技助丁宗墀、谢焕然参加，并搜集广东历年冬种的数据以便交流。[①]1937年，南京实业部给广东渔业发放贷款800万元，首期在潮汕渔场发放200万元；为了防治潮州柑橘树病，派专家抵汕头调查，拟设立柑橘病害防治研究所。[②]由于战争影响，这些款项就无下文了。

全面抗战爆发之后，广东农业界对全国战时农业体制的建立有重大贡献。原来全国农业行政管理机构还没有独立。1939年，陈济棠因为捐赠飞机而与蒋介石的矛盾有所缓和。1940年，蒋介石委任陈济棠为农林部首任部长。陈济棠说当部长，技术上要靠专家，就邀请了当时还担任中山大学农学院院长的邓植仪为农林部技术总监，让他率领一个专家团队为农林部的农业政策把关。农林部下属有总务司、农事司、农村经济司、林业司、渔政司、垦务总局，技术处、参事处与上述各机关并列。技术总监即为技术处的最高长官，率领一个34—40人的技术专家团队，负责审理农林部下属单位机关文件的有关技术上的问题，提供意见给农林部部长。邓植仪就是农林部部长陈济棠的技术总顾问。1940年6月之后，邓植仪和他带领的技术顾问团队，帮助陈济棠制订了《本部工作方针》，这个文件在1940年9月17日由陈济棠在农林部例行的“中枢纪念周”上宣读。这个文件规定要“根据战时的需要”“树立永久的基础”，建立战时的农业管理体制。在邓植仪主导农林部技术部工作期间，农林部重视对农业专门人才的管理并强化全国各地的农业行政机构；编辑全国性的农业实验报告参考资料；在大后方建立农业教育、农业建设部门合作的制度；完善督导制度以增加粮食生产，减缓大后方的粮食危机；协助陈济棠组办了1941年3月12—18日第一次全国农林行政会议，为陈济棠撰写闭幕词，系统地阐述了农林部今后的工作方针和大后方农林工作的要点。邓植仪与陈济棠一起，为创建战时全国的农业管理体制

① 《农林消息》，《农声》1934年12月第179、180期合刊，第149页。

② 《农林消息》，《农声》1937年7月第209期，第7—8页。

做出了贡献。[1]抗战期间，重庆国民政府对广东农业也给予了一定的支持。例如，1941 年国民政府在财政极为困难的情况下，拨款给广东当局在赣粤边界建设“赣韩水源林保护区”。[2]40 年代初，重庆政府还拨款建设“农林部广东作物推广繁殖站”，以支持广东的稻种改良。[3]

抗战胜利后，广东农业生产的恢复受到中央经济上和物质上的支持。1947 年初，广东省农林处会同农林部农业推广委员会驻粤代表，核发中大农学院茶蔗研究部研制的杀虫药剂、硫酸钙等 130 磅，会同派员到海陆丰配发免费肥料 1 110 吨。农林部配发省农林处乳牛 25 头。农林处还“拟具北海稻田水灾紧急救济办法，联系中国农业银行办理救济贷款百亿元，以便秋耕”。[4]1947 年 8 月中旬，广东省农业善后辅导会议农具设计组召开第五次会议，农林处长、农业复员督导专员、农业设计组召集人出席会议，决议分配运到救济总署的犁具 110 箱。[5] 农林部推广会奉令拨给粤省蔬菜种子 50 吨，1 594 箱，分配各县种植。计有甘蓝、番茄、四季豆、萝卜、甜玉米、大豆、黄瓜、豌豆、洋葱、菠菜、南瓜、芜菁、花椰菜、胡萝卜等。[6]1947 年，宋子文主政广东，利用联合国救灾委员会的援助，将广东受灾损坏的堤围修复，完成水利工程 68 宗，捍护田地 1 633 810 亩。[7] 但是由于国民党热衷内战，对广东农业的支持力度很微弱。

① 吴建新：《邓植仪评传》，第119—133页。

② 广东省档案馆藏：《广东省扩充东（江）、韩（江）水源林暨增设北江水源林苗圃计划》，卷宗号6-4-480，1941年1月；《东（江）、韩（江）水源林所开办费拟算及东、北、西三江上游各县营造水源林办法》，卷宗号6-2-481，1942年1月；《东、西、北三江上游各县营造水源林办法，韩江水源林铁环苗圃工作及农林部赣韩水源林区管理区概况》，卷宗号6-3-567，1943年1月。

③ 吴建新：《民国广东的农业与环境》，第152—153页。

④ 《本处工作概述（三十六年一月至四月）》，《广东农讯》1947年6月21日第2期，广东省农林处编印，第4—5版。

⑤ 《农林消息》，《广东农讯》1947年9月21日第4期，第8版。

⑥ 同上。

⑦ 《省堤工委员会三十六年水灾善后工程捍卫田亩、人口统计表》，广东省档案馆藏，档案号17-1-6。

二、广东农学界与国内学术界的交流

20世纪20年代，广东农业界与国内科技组织开始有交流。1926年8月15日，广东大学农科主办第一次中华农学会年会，邓植仪在会上讲《广东之农业问题》。[①]20年代末，竺可桢是中国科学社上海总社负责人，请中大学者组建中国科学社广州分社，以促进广东科学界与该组织的科学交流。中国科学社广州分社的社员半数为中大教授，其中农科社员有沈鹏飞、丁颖、邓植仪等。[②]1936年，中华土壤肥料学会成立。邓植仪虽然没有参加会议，但仍被选为该学会的理事长。1937年12月，邓植仪随同校长邹鲁到上海，归途中转到杭州参加中华土壤肥料学会年会。[③]

在两广的农学交流中，广东对广西的影响较大。1927年8月至1929年5月间，邓植仪应广西省政府的邀请，前往广西柳州羊角山创办了广西实业院。随同邓植仪前往的还有一批来自中大的教授或者是从外国留学归来的粤籍学者，他们从事农业科学研究，推广农业科研成果，进行实业调查和实业试验，建立农业科研设施，开办专科农业教育机构。邓植仪还协助广西当局举办了第一次广西实业建设会议，传播了农业改良和乡村建设的理念。邓植仪在广西开创的农业科学研究事业和思路在新桂系时期得到了继续。[④]1934年5月，李宗仁与白崇禧等来广东与陈济棠议事，慕名前往已经初具规模的中山大学农场参观，并向中大农学教授请教农业改良方面的问题。中大农场场长张农在1937年2月还应广西当局之邀请前往筹划该省的“农林生产”。[⑤]30年代广西、四川、福建的甘蔗改良也受到广东甘蔗专家彭绍光、古桂芬的支援，甘蔗改良

① 《校闻》,《农声》1926年8月24日第76期,《农声汇刊》, 第1333—1334页。

② 《中国科学社广州分社由本校教授重新组织》,《国立中山大学日报》1930年1月11日第4版。

③ 《校闻》,《农声》1937年2月第203、204期合刊, O1页。

④ 吴建新:《邓植仪评传》, 第23—33页。

⑤ 同上书, 第82—83页。

和糖业改良方式也受到广东的影响。[①]

湖南当局也曾邀请中山大学农学院入湘商讨开发南岳农林业的计划。湖南省主席和邓植仪联系，要求中大协助在南岳造林。邓植仪根据要求，指示林学系拟具南岳造林大纲。1936 年 12 月底，邓植仪还和张农、侯过等亲往南岳实地调查该地造林环境。邓植仪和张农、侯过对林区的土壤和造林方案进行调查之后拟就南岳造林计划大纲，送至湖南省主席。该大纲内容：（1）山林调查概况；（2）造林计划概要；（3）造林特别办法。书中拟定了详细的实施方法。[②]湖南当局审阅了中大农学院拟具的造林大纲，甚为满意，次年即邀请邓植仪、张农再来湖南商议合作事宜。1937 年 1 月，邓植仪赴杭州出席中华土壤肥料学会，湖南当局邀请邓植仪在返粤途中到湖南一行，为期约三星期，商议双方合作事宜。在此期间农学院的院务由黄枯桐代理。[③]当时张农正在广西，一再接到湖南当局电催赴长沙，随即与开完土壤肥料会议的邓植仪在长沙会合。1937 年 1 月，湖南当局成立南岳垦殖委员会，聘邓植仪、张农等为委员。同时设南岳管理局，负责林业，管理治安、交通、卫生。3 月，南岳垦殖委员会正式运作。[④]当月，南岳造林计划开始实施，农学院教务会议上决定按照湖南当局的要求调用农场职员前往负责此事。[⑤]

全面抗战期间，中山大学迁到云南澄江。澄江时期农学院的科研项目和成果，大都是对云南农业的研究。迁校时，邓植仪特别派谢申发动土壤研究所的人员将土壤调查所的大部分仪器设备都打包运走，所以在澄江时期，土壤研究所能顺利开展工作。1939 年 4 月，邓植仪与丁颖、侯过等沿滇缅公路考察农业资源和生产，邓植仪采集土壤资料，后来在学校教务、农学院教务繁忙的情况下，亲自撰写了《沿滇缅公

① 吴建新：《近代华南甘蔗品种的演变与传播》，载《传统农业与乡村社会研究》，中国农业出版社，2007，第108—109页。

② 《农林消息》，《农声》1936年12月第202期，Q 2 页。

③ 《农林消息》，《农声》1937年2月第203、204期，O1页。

④ 湖南省地方志编纂委员会：《南岳志》，湖南出版社，1996，第15页。

⑤ 《农学院廿五年度第九次院务会议议案录》，《国立中山大学日报》1937年3月11日第3版。

路考察昆明至大理间农林及土壤概况报告》一文。[①] 后来邓植仪太忙，由已经是教授的谢申担任土壤调查所所长。邓植仪命谢申率黎旭祥、刘致清等调查澄江土壤，写成《澄江之土壤调查报告书》，对澄江的土壤资源做了详细的研究，并针对农业生产和土地利用方面存在的情况，提出了六点改进意见。后来谢申还在《中山学报》上发表了关于澄江土壤研究的论文。[②]

以丁颖为首的稻作研究团队对澄江的水稻栽培法进行了深入研究。丁颖和梁光商在《中山学报》上发表了研究澄江稻作的文章。后《农声》上刊登了《澄江县稻田深耕法之研究》。农艺系有农艺研究会，摘录学术论文，编印农艺文献目录；在农院社会教育委员会附设农业问事办事处，为农民解答农业技术方面的问题。1939 年 11 月，该农艺研究会 40 多人，举行到达澄江之后的第一次学术会议，主题为"澄江稻作栽培法之改善"，讨论的都是关于澄江稻作改良的问题，如冷期育秧法、秧田育苗法、小株稻苗密植法、防治当地水稻病虫害的措施等。此后，农艺研究会还开过多次研讨会，并在《农声》上发表他们的研究成果。[③] 农院杨宗锡助教前往云南宾川、滇越铁路沿线调查蔗作，并有报告书呈邓植仪转学校及云南省政府。[④]

农林植物研究所则着重对云南的经济作物和药用植物进行调查，其费用在农场经费项下支出，并在农场内设立药用植物苗圃，设立荫棚繁殖荫生植物，以研究其价值。[⑤]1940 年春，农林植物研究所的调查队在澄江的河口二十里内采集到大量标本。[⑥] 当时主持植物学部的是蒋英，他认为云南植物资源丰富且有经济价值和药用价值，提出抓紧时间系统调查云南植物资源，设立植物资源苗圃，将全省划分为五区，工作拟四

---

① 华南农业大学校史编委会编《华南农业大学校史》，第43页。

② [民国]谢申：《滇缅公路昆明至保山段土壤概况》，《中山学报》1941年第1卷第2期。

③ 《国立中山大学日报》1939年12月24日第2版；《国立中山大学日报》1939年12月25日第2版。

④ 《国立中山大学日报》1940年1月17日第1版。

⑤ 《国立中山大学日报》1940年1月14日第2版。

⑥ 《国立中山大学日报》1940年1月26日第2版。

年完成。并派研究员王孝率技助、技术员多人到各区调查。药用植物苗圃确定在昆明大普吉本校农场内拨出地段，进行经济植物和药用植物的繁殖。①

1943 年 8 月，迁到湖南栗原堡的中大农学院，由邓植仪重新担任院长。1944 年，邓植仪应邀前往湖南演讲。《湖南之土壤问题》一文是对湖南土壤的研究，在对各种土壤做了分析之后，他提出了对湖南各种土壤的合理利用办法。②他给湖南农林界人士演讲《湖南之农业问题》，除了讲述湖南农业人才的培育问题、作物合理种植之外，其余三分之一的篇幅谈了湖南山地开垦和湖南四江（湘资沅澧）、洞庭湖之间的水利关系。③栗原堡时期的中大农学院，举办农产展览会，进行栗原堡耕牛调查，研究农家概况、耕牛经济、疾病、繁殖、饲养等等，还筹设耕牛保险社，目的是预防因耕牛死亡所造成的损失。④

广东水利行政在全国产生了影响，是全国最早对整个流域实施跨地域管理的省份。1931 年以前，黄河水利法规都参照广东的相关规定来制订。河北省甚至将广东治河处章程分发到各县，命令参照施行，可见 1931 年以前广东的水利行政具有全国性的影响。⑤

三、广东农业界与外国的学术交流

民国时广东农业界与国外农业界交流密切。在农业改良合作方面，美国育种专家洛夫与岭南大学、中大农学院共同组建广东稻作改良研究委员会。1933 年 2 月上旬，洛夫抵达广州，在中大农学院与丁颖等进

① 《国立中山大学日报》1939年12月8日第1版。

② ［民国］邓植仪：《湖南之土壤问题》，《经济季刊》1944年第7期，第71—74页。

③ ［民国］邓植仪：《湖南之农业问题》，湖南《新农会刊》创刊号，1944年第1期，第4—5页。

④ ［民国］翟克等：《本校农学院农业推广工作——卅一年度工作的总结》，《农声》1942年第229期，第91页。

⑤ 《河北省抄发广东省治河处章程到各县令》，河北省民政厅训令680号，1929年8月7日。

行学术交流。[1]稻作学与外国的交流很多，中大的稻作学专家撰文介绍日本、美国的稻种改良技术。丁颖发文介绍了日本、越南等地的稻作研究成果。

中大的植物分类学在国际上很有名，中大农学院农林植物研究所所长陈焕镛在当时已经是蜚声中外的植物学家。1931 年他代表中大和中国外交部出席在英国召开的第五次世界植物学会，被选为国际植物学命名法规委员会委员，为中国植物学界取得荣誉。[2]邓植仪很重视国际交流，1935 年，邓植仪参加了第三次国际土壤学大会。这次会议，除了全体大会以外，还有 60—70 人的小会。邓植仪向各国土壤学家详细介绍了中国土壤学界的学术活动，包括国内学者情况和出版的论文、著作，着重介绍了国内的土壤调查情况和国内主要的土壤学研究机构，并将他的《番禺县土壤调查报告》附上英文稿，在大会上散发，使各国同行能充分了解中国学者的研究情况，提升了中国土壤学在国际土壤学界的地位，促进了中外土壤学界的学术交流。

即使是在抗战期间，中大与外国的学术交流也没有停止过。1944 年，英国剑桥大学生物学研究员李约瑟到栗原堡参观和演讲。1944 年 5 月初，李约瑟到校，邓植仪和他商谈了中英科学研究的合作事宜，并安排他前往各院及图书馆参观或演讲。[3]李约瑟是研究中国科技史的学者，他就古代中国农学的若干问题和农学院的学者们进行了交流。关于古代的土壤学，李约瑟与邓植仪以及四川的国家农业考察局土壤学顾问理查逊博士（L.Richardson）讨论了土壤科学的问题，并第一次探讨了“可能是世界上最古老的土壤学著作”——中国公元前 5 世纪前后的《禹贡》。[4]李约瑟同农史专家梁家勉进行了一个下午的关于中国古农书与古农学的

① 《洛（夫）博士来校参酌稻作改良研究计划》，《国立中山大学日报》1933年2月13日第7版。

② 《校闻》，《农声（茶蔗作专号）》1932年3月第154、155期合刊，第55页。

③ 《校本部纪念周邓植仪教务长作校务报告》，《国立中山大学日报》1944年5月9日第2版。

④ 王国忠：《李约瑟与中国》，上海科学普及出版社，1992，第132页。

座谈。[①] 由此开创了李约瑟与中国农史界的学术交流。

民国时期，一批来自德国、美国等国的著名学者来到中山大学、岭南大学农科任教，带来了外国的先进农学知识、技术和教学经验。岭南大学农学院院长美国人高鲁甫是著名的园艺学、植物学专家，蚕丝学院院长考活也是美国著名的蚕桑学专家。他们在岭南大学农学院的教学和研究中做出重要的贡献，高鲁甫发表了不少关于华南植物和作物研究的著作，考活对广东蚕业的调查报告有很高的学术价值和实践价值。中大林学系的德国教授芬次尔被任命为广州白云山第一模范林场主任，主持筹建工作；德国教授阿善罗担任林场顾问，负责林场具体规划和实施，他们多次开展林业调查，撰写了不少林业科技文章。1928 年，芬次尔还担任过广东省森林局副局长，编著了《广东暂行森林法规草案》，因此欧洲的林业法学对民国广东林业法规的制订影响很大。[②]1932 年，在中大任教多年的教授阿善罗，请缨到条件非常艰苦的英德开办滑水山林场。[③] 水利工程学由瑞典专家柯维廉引进，对广东治水方略、水利行政、水利工程学的实践和水利建设起到了重要的作用。

广东学者根据本地的实际情况，提出了本土化的农业发展观，以邓植仪和冯锐的观点最为突出，他们都认为一方面既要发扬中国传统农学的精华，另一方面又要将引进的近代农学本土化。因此在中外农业交流中，农政机构的本土化改造、农业教育机构的本土化改造、农业大学的教材本土化改造都显得非常迫切。这以稻作学和土壤学最具代表性。如丁颖创造的“小区移栽法”代替洛夫的“纯系株行法”，以适应本土水稻栽培的环境，经他改进后的纯系育种法更加经济快捷。[④] 丁颖强调应根据我国的具体情况探讨出合适的试验方法，这一思路就是强调不能照搬从国外引进的纯系育种技术，而要根据本地稻种生长的资源环境，创

---

① 林枫林：《李约瑟与华南农业大学的农史研究》，《中国科技史料》1988年第3期。

② 《农声》1928年第105—107期合刊，第41—53页。

③ 《校闻》，《农声（茶蔗作专号）》1932年3月第154、155期合刊，第43页。

④ 闵丽华：《民国时期（1911—1949）广东的稻作农业》，硕士学位论文，华南农业大学历史系，2012，第34页。

新中国的稻作学。在杂交育种方面，丁颖更是大胆创新，将不同的品种进行杂交，培育出不少具有杂交优势的品种，使当时广东省的水稻杂交育种技术在全国处于先进水平。邓植仪善于追踪国际上的学术动态，认为这是学术界参与国际学术交流的基础。他注意吸收外国人的观点，但不会盲从。[①]如他的《研究土壤分类之趋势》一文在介绍了国际上通行的原则以后，认为“对此最近实行之新法则，窃以为应切实考虑是否适应我地大中华而定去取”，即既要参考国际通行的原则，也要根据中国土壤的具体情况定出土壤分类的原则。他认为以前对于土壤分类，过多偏重地质和地文，而很少注意到气候对土壤产生的影响，“结果对于同样土壤之比较，没有种种事实，难图解释者”。从而认为气候对于土壤调查很重要。他在与彭家元合撰的《土壤学》中确定土壤分类的6项原则，[②]提出了中国学者的土壤分类学原则和方法。邓植仪在土壤学方面的成就也是得到国际公认的。[③]民国时期广东与外国的农业交流促进了农业改良的发展。

① 1925年，邓植仪在《农村》第一号上发表《论砂与泥之性状及土壤分类法》，是中国应用现代土壤学理论进行土壤分类的首篇论文。见石元春：《20世纪中国学术大典：农业科学》，福建教育出版社，2002，第679页。

② [民国]邓植仪、彭家元：《土壤学》，国立中山大学农学院，1937，第62页。

③ 吴建新：《民国广东的农业与环境》，第118—127页。

第六章

农业文化、乡村社会与农业商业化

第一节

农业文化的变迁

一、农业文献的大量涌现

民国时期，随着近代农业的兴起，农业文献数量空前增加。农业文献是新时代农业文化、农业科技的载体，它们的出现表明农业科技文化以前所未有的信息量向社会渗透，从而引起了社会经济文化的变迁。

1. 教材与专著类、试验报告类

1925 年，广东大学农科林科教授侯过新著《测树学》；曾济宽所著《造林学》经过邓植仪、黄枯桐、陈国玑等教授审议得到通过后，由中山大学出版委员会定为大学丛书。[①] 这两本书是民国时期国内最早一批本土化教材。侯过在 20 世纪 40 年代后期还出版过《森林法学》。1932 年，温文光《柑橘果类栽培改良法》出版，这是作者多年研究的成果。[②] 岭大教授谭锡鸿写出广东最早的荔枝研究专著。[③]1929 年，邓植仪和彭家元合撰《土壤学》教材，在中山大学农学院和土壤化学部使用，对推动国内农业院校的土壤学基础教育和研究有非常重要的意义。在岭南大学和中山大学的农科，很多教授都自编教材，只是没有出版而已。这些已经出版和未出版的讲义，表明国内农学院校在教材本土化的道路上迈进了一大步。

① 《农声》1925年2月第45期，第833页。

② 《国立中山大学日报》1932年10月5日第2版。

③ 《农事月刊》1924年第3卷第2号，第32页。

广东最早的农业试验报告是《广东地方农林试验场试验报告书》第一次（1910年）、第二次（1911年）报告书。民国初期黄遵庚接掌试验场，陆续刊印第三次报告书，第四次报告书材料已经编好但没有出版。1920年，邓植仪接任场长，将第四次报告书出版，后来还出版了第五次、第六次报告书。这些报告书显示了广东近代农业试验的肇始。至于国立广东大学、中山大学、岭南农科大学以及30年代初成立的广东农林局和各种农业场、林场、农事研究机构出的农业试验报告，出版的和没有出版的种类和数量就更多了。稻作研究方面，以丁颖关于水稻分类学、水稻生态学、野生稻与中国稻作起源的研究著作为重要；农业经济学方面，冯锐的《广东糖业复兴三年计划书》是以农业经济学视角对发展机器糖业和甘蔗栽培业、糖业流通、农业金融进行总体性设计的杰作；广东治河处出版的《广东二十年来治河防潦汇刊》是20年代到30年代中期该水利机关的水利勘测和研究报告的汇编，是重要的水利工程学史料。

2. 农业调查报告类

民国时期广东农业界进行了大量的农业调查。综合调查以20年代初广东农业专门学校时期开始的对广东各县农林状况的调查为开端，内容涉及各县的农业地理、气候、作物、畜养业和农副产品等，后还附调查员对当地发展农林业的建议。这一调查从20年代初到1933年，延续了十二三年之久。报告由国立中山大学农学院出版，为《广东各县农业调查报告书》及《广东各县农业调查报告书续编》上下卷，共约70万字。专题调查以邓植仪主持的《广东各县土壤调查报告书》最为著名，经过多年调查，最后出版了27个县的土壤调查报告，总字数也有六七十万字。邓植仪在广东农业专门学校时期安排邵尧年调查广东糖业，1925年由国立广东大学农学院出版《番禺、增城、东莞、香山糖业调查报告书》，约8万字。此外邓植仪还安排刘伯渊做《广东蚕业调查报告》，由国立广东大学出版。受广东蚕丝改良局委托，岭南大学蚕丝学院考活等撰《南中国丝业调查报告书》，霍华德等撰《华南蚕丝业之调查》，1925年出版。20年代末30年代初，广东森林局成立，侯过为局长，策划了广东各江水源林调查报告书，先后出版了东江、北江、韩江、南路、琼崖、粤北滑水山、十万大山等地的水源林调查报告[①]，为当时的水源林保护提供了依据。1932 年，邓植仪安排苏旭光对广东的化肥市场和化肥使用情况进行了广泛、深入的调查，写成《广东化学肥料营业施用概况调查报告书》，1933 年由中山大学农学院出版。30 年代广东农林局成立以后，也有不少的农业调查。

3. 杂志类

民国时期，农业学者撰写了大量的论文，大多发表在农业专业杂志上。岭南大学有《农学季刊》、《岭南大学农刊》、《农事月刊》（双月刊），其中以《农事月刊》影响最大。《农事月刊》既刊登农学论文，还大量刊登农事调查和农林消息，为研究 20 年代至 30 年代前期的广东农业提供了丰富的资料。

《农声》于 1923 年在广东农业专门学校创刊，最初是该校学生会的刊物，经费主要靠学校教职员捐助和学校补助，早期有质量的论文不多，非学术类占大多数。1932 年初，邓植仪重任农学院院长，对农学院的出版物进行了调整，他要求《农声》多登载农业科学研究方面的学术论文。据统计，以第 164—190 期为一个阶段，1932—1935 年，大致是农学院三年建设计划的时期内，《农声》所登载论文数量达到 150 篇，远远超过以前，表明《农声》已经发展为学术类期刊，[②]在国内农学界的影响逐渐增大。《农声》还有《农林消息》栏目，刊登国内外的农林事件，其中以广东省的最多，也是重要的农业史料。中大抗战期间办《中山学报》，先后刊登过丁颖、邓植仪、谢申等人的农业论文。岭南大学有《岭南学报》，刊登该校农学和植物学的论文。《中国农学会报》有几十篇广东农业专家的论文。民国时期广东农业学校也有多个学生团体办过一些农业刊物。

《农事月刊》《农声》都有农事问答之类的栏目，专门回应农民提出的农事方面的问题，由学校专家作答。这两个刊物还有《校闻》板块，刊登本校的学术和教学活动，是研究这一时期高等农业教育的重要史料。

① 广东省建设厅：《建设月刊（农林专号下册）》1933年第1卷第9期。

② 刘子呢：《民国广东农声研究》，硕士学位论文，华南农业大学农史研究室，2011，第50页。

仲恺农工学校学生自治会出版了《新农业》，也刊登关于广东农业改良的论文，报道了该校进行的农业改良研究活动。不过《新农业》在学术上的影响远不及《农声》与《农事月刊》。中山大学农学院的海南籍学生创办的《琼农》杂志，是研究1938年10以前海南农业的重要文献。

省级农业机构也有不少的农业杂志。黄遵庚主持广东农林试验场期间，有《广东农林月报》。冯锐主持省农林局期间，有《广东建设月刊》《农业革命》《农业推广》《广东农讯》等杂志；农林局属下的蚕丝改良总区有《广东蚕声》，报道了顺德等地蚕区蚕丝复兴运动的情况。抗战期间有《广东战时农业通讯》《稻作研究》《土壤与肥料》等。抗战结束后，广东农林处的《广东农讯》复刊；水利方面，有珠江水利局出版的《珠江水利》；关于农业金融，有广东省银行出版的《广东农贷》。

高州农业中学、梅县职业中学等广东一些县份的学校也出过农业杂志，30年代揭阳县农业推广处也出过《晓农》杂志，但是地方上的农业杂志不多。

4．丛书类

最早的农业丛书是20年代广东农林试验场推广科出版的《广东造林法摘要》《苗圃年务便览》《兽疫预防须知丛书》等。广东农林试验场另外编印了《农产种植纪要》《种树须知》《养蚕浅说》《草菇培养法》《种蔗浅说》《马铃薯水稻选种法》《黄金树之利益》《鸡卵贮藏法》《水稻良种》《我广东应多种桐油树》《冷藏蚕种之利益》《劝种马铃薯》《治螟虫》《广东使用之种桑法》《桑园改良法》《预防小麦黑穗病》《治植物之主重药》《榨桐油之新法》《种棉浅说》等20多种书籍，分送农家，稍认识文字的农民都能看懂，使农业技术得到推广。①20年代和30年代岭南大学农学院有丛书《相马指南》《蒲草之栽培》《广东与桉树》《宰畜制肉指南》。②

1932年，邓植仪重任中大农学院院长，提出成立农林研究委员会，将以前所出的书籍，统一用委员会的名义出版，以邓植仪、张农、黄枯桐、

① 以上引自《广东省地方农林试验场第六次报告书》，1922。

② 《农事双月刊》1931年6月第8卷第4号，第76页。

彭家元、丁颖等五人为委员。[①] 农学院还将在《农声》各期的《农林顾问》专栏上，经该院各系教授详为答复各地农民询问农业上所遇到各种疑难问题的信件汇集出版，便于向农民推广技术。[②]30 年代，广东农林局出版的“农林丛书”发行量也很大，影响很广。[③]

二、形成新的农业民俗

入民国，旧的风俗习惯开始被革除。民国初年，广东法令上已经禁止神诞戏。20 世纪 20 年代后期，禁令始多。30 年代初，“琼山严禁神诞演戏”[④]；客家山区，“人民尚少娱乐，惟新年多舞龙舞狮，闹锣鼓习技击，圩场坛庙则有神诞赛会演戏，建醮之事，近年防耗民财，演戏建醮之习渐除，赌博亦严厉禁止”[⑤]。清远县的农民种植水稻，有了虫害，就“请神”，中大农学院的学者到乡村，向当地人宣传以鸭子除虫，并教给人工捕捉、挖沟以防蔓延、灌水加油和使用烟骨石灰等法。[⑥] 西江发生牛瘟，损失巨大，高要县政府派人注射血清，但是乡人迷信，自请法师驱瘟，经过科技人员用实际个案详细解释，农民方肯让兽医给牛注射抗牛瘟血清。[⑦]

随着国家政权介入基层社会，政府倡导造林运动，葬俗在一定程度上发生了变化，有关林业的法令也在一定程度上限制了葬地对林地和荒山的侵蚀。1930 年，中大“函番禺县饬属协助林场：主要是中大农科管辖之第一林场（白云山）土葬较多，请协助清除”。[⑧] 中山大学农学院要求政府清除了顺德苏氏借葬地占有的白云山林场的土地。30 年代

① 《农学院廿二年度第一次院务会议》，《农声》1934年第175期，第154页。

② 《农声》1935年12月第191期，第2—3页。

③ 《农业推广》1934年12月1日第五号，第91—92页。

④ 《广州民国日报》1931年4月28日第2版第4张。

⑤ 民国《五华县志》卷一五《礼俗志》，第682页。

⑥ [民国]谢其炳等：《民国廿四年广东省清远县各地晚造水稻剃枝虫调查报告》，《农声（昆虫专号）》1936年6月第196、197期合刊，L26—L34页。

⑦ 《农业消息》，《农声》1933年2月第162期，第77页。

⑧ 《农声》1930年8月30日第137期，第76页。

各地兴办林业促进会，调解葬地的纷争。政府关于葬地和荒山的规定，既尊重了历史上造成的因为葬地而产生的占有权问题，又限制了宗族借葬地滥占荒山的现象，对开发荒山有很大的意义。[①]

当时，随着科技的进步，阅读书报与听收音机成为民众娱乐的新方式。岭南大学的《农事月刊》是赠阅给农民的；早期的《农声》，只要农民提供地址，也是赠阅的。有的乡村由华侨出钱办的杂志，也有新农学的宣传，如中山《竹秀园月报》，每期三百余本，分送各村及华侨。[②]大星垦牧有限公司除了农业经营，还在当地办阅书报社，还开办了平民学校。该公司既有经营的目的，也有慈善的性质。[③]即使是山村，“邑中好读书阅报之人，今渐增加，故学校林立，定销报章略，虽好亦知向学，乡村地培植农作物为重，好种花”[④]。在20年代到40年代，收音机是奢侈品，1929年，广东建设厅在广州东郊建农业试验区，装设无线电播音机广播农业知识和娱乐节目，使农民感到很新奇，将农民从赌博、闲聊等旧习中吸引过来。[⑤]1935年，陈济棠在顺德伦教蚕村建设“伯南中心模范蚕村”，“购置六管长短波收音机一具，每晚接放东亚各地音乐、新闻、演讲、报告等，引起该地民众无限之兴趣”，而蚕农对这一高新技术带来的娱乐享受颇为接受，“每晚接放时间，村内听众，摩肩接踵云”。[⑥]农民阅读书报上的农林知识，不是被动的，而是主动接受并用之于农业生产中。《农声》和《农事月刊》都有大量的农民来信询问农林养殖知识，《农事月刊》上有不少农民来稿介绍自己的农学经验。在传播新技术的过程中，《农事月刊》和《农声》以及广东农林局的杂志，将农业新技术和新农事月令以粤曲等群众喜闻乐见的娱乐形式登载出来，从而加快了农业新技术的传播。在侨乡，由于华侨的介入，宗族以新面貌出现，开平司徒氏与关氏办宗族图书馆，宗族的“侨刊”

① 吴建新：《民国广东的农业与环境》，第106页。

② [民国]郭华秀：《香山良都农村状况》，《农事月刊》1922年10月第1卷第4号，第35—37页。

③ 《农事月刊》1922年9月第1卷第3号，第47—48页。

④ 民国《和平县志》卷二《人民志》。

⑤ 《农业消息》，《农声》1929年12月第128期，第43页。

⑥ [民国]张策：《安装收音机》，《广东蚕声》1935年第1卷第12期，第40页。

在开平、台山、恩平等侨乡普遍出现，传播了新知识，对农业改良在乡村的深入推进也有积极作用。

1934年以后成立的蚕丝改良实验总区，范围为顺德大良、伦教、两龙、云路、黄莲、容桂、马齐分区，以及中山、南海、官山实验区，通过各种活动增加农民的娱乐方式，以达到推广蚕业的效果。[①] 国家也不排斥对农业神灵的崇拜，如在纪念蚕神嫘祖时，当局举行盛大的嫘祖祭祀活动，借用传统文化资源推动蚕业改良。但是民国期间能获得新娱乐机会的仅限于政府进行乡村建设能达到的地方，这说明民国时期在乡村进行的农业文化变革还是缓慢的。

三、农林管理法规化

有关农业的法制和法规是近代农业文化的重要部分。民国时期随着近代国家法律法规的建立，农业管理也出现了法规化的趋势。首先是农业行政管理体制的法规化，这个过程在20世纪30年代开始逐步完善。每一个农业行政机构、农业试验机构，或者一项农业推广活动和科研活动，都会先出台相关的法规或者规定。中央的农业行政管理法规在30年代已经有不少，这推动了广东农业行政管理法规或规定的出台。如农林局成立以后，就有《广东省建设厅农林局组织章程》；广东农业改良示范区成立，相继制订示范区的组织章程、办事细则；广东农业推广制度出台，就有《广东省建设厅农林局农业推广委员会章程草案》，县一级的农业推广处也有省规定的章程。邓植仪主持广东土壤调查研究所，就有《土壤调查所组织大纲》《土壤调查实施办法》。省农林局属下的稻作试验场、园艺试验场、畜类血清制造所、昆虫研究所、糖业试验场、省模范林场等都有组织大纲、办事细则或章程。各类合作社也有简章。[②]

① [民国]张策：《成年蚕农夜校娱乐社成立》，《广东蚕声》1935年第1卷第6期，第34页；张策：《举行庆祝国庆纪念》，《广东蚕声》1935年第1卷第11期，第40页；张策：《蚕茧品评会、蚕丝展览会、蚕农联欢会经过择要》，《广东蚕声》1936年第2卷第1期，第93页。

② 广东省建设厅：《建设月刊农林专号（下册）》1933年第1卷第9期。

林业法规在这一时期也具备了近代林业法学的特征。民国初期到20世纪三四十年代，政府颁布的林业法规有不少。30年代，关于森林保护的法规逐步完善。1930年，关于私有林的奖励办法、私有荒山强制造林暂行规程颁布，对私有林权给予登记和确认，私有荒山不造林会被政府没收。同年，政府还颁布了对林务人员造林奖励暂行规程、乡村团体造林奖励办法、省模范林场管理规程、模范林场组织章程、规定各县林业促进会成立暂行规程、设立苗圃规程、森林道草放火办法、承领荒山造林改善办法等法规制度，此外还有广东省林野防火暂行草案、广东省地方林业试验场组织章程、广东省各县乡村林营造办法。[①]民国的各项林业法规中，对林权的确认最具现实意义，促进了私人造林热情的高涨。[②]传统时代的民间护林规约和政府颁布的林业法规结合，是民国时期林业法规的特点。

水利法规的制订体现了改造旧的治水体系、建立新的治水体系的国家意志。1914年，广东治河处是北京国民政府派驻珠江流域的管理机关，在法理上代表国家对珠江流域的治水公权。此后，虽然广东治水机构的名称和隶属关系有所变更，但是它的治水公权从来没有改变过，反而是法律上加强了这一地位，如1937年全国经济委员会将广东治河处之后的广东省水利局改组为“珠江水利局”，并颁布《珠江水利局组织章程》，在法律上确认它具有对整个珠江流域与广东境内韩江等河流的治水权。此外，国家对清代遗留下来的各地水利设施的治水私权给予确认，但是逐步将它们改造：在珠江和韩江流域，以围董会的形式改造乡村的堤围组织，制订了《广东省围董会组织章程》；在山区则设立陂水会、水利促进会等水利组织，有《广东省各县区乡水利委员会组织大纲》。各地的治水私权与治水公权存在前者从属于后者而又互动的关系。国家同时保护私有或公共性质的水权，以法律形式裁决水利纠纷。民国时期颁布的水利法有27部，促进了民国时期水利法制的完善。[③]

① 广东经济年鉴编纂委员会：《二十九年度广东经济年鉴续编》，第55页。

② 参看第四章“林业与林学”一节；吴建新：《民国广东的农业与环境》，第298—313页。

③ 吴建新：《民国广东的农业与环境》，第314—330页。

有关种植业的禁令有助于遏止鸦片的种植。民国时期，尽管政府严禁，但还是有罂粟花的种植。如 1931 年，连平县政府派队铲除烟苗，并将偷种住户拘案究办。[①] 此外，对珠江口的肆意围垦也有相关的禁令。如1915年，香山乡警察所发布命令，禁止“沙棍”在“泥湾门虎跳门填筑”，“以畅河流而消水患”，违者“勒令毁平”。[②] 广东治河处也将珠江口门滥垦视作违反珠江水系防潦的行为，申明要禁止。[③]

四、对农业科学体系建构的思考

近代农业科学体系是近代农业文化的核心部分。民国时期的农学家对引进的西方农业科学进行了本土化改造，包括农业科学的各个分支，从农业发展观、农业政策、研究方法、理论、教材、教育制度等方面都根据广东的实际情况，构建了有特色的广东农业科学体系、农业教育体系、农业推广体系。[④] 在农业改良的过程中，农业科学家们将农业科学当作一个科学体系来思考与实践。冯锐在 1932 年提出“农业革命”的概念，认为：“农业革命云者，系应用农业科学改革一切农作之成法。申言之，即以科学之技术改进农业生产；用科学之方法，改善农民生活之谓也。”他提出，第一点，“今后进行之工作，非应用有效之技术，力求牲畜、种子、栽植、农具、灌溉、肥料、土壤种种之改良，无由达到增加生产量之希望”。这已经包括了农业科技的各个方面。第二点，他认为农业革命有急进和缓进之分，他倾向于缓进，“努力于农村合作事业之提倡，如组织农民银行及信用、生产、运销、消费等合作社，以合作之主义创立新经济之制度”，他以农业经济学家的专业眼光，认为推行这些农业改革，就是为农业科学技术渗透到农村、农业创造了条件。第三点，“改善农村工艺以增加农民生产”，即改造“榨油、制糖、缫

① 《广州民国日报》1931年5月4日第1版第4张；《广州民国日报》1932年10月12日第2版第4张。

② 《香山县知事警察所禁示碑》，载《中山文物志》，广东人民出版社，1999。

③ 《谭督办之治河意见书》，收入广东地方自治研究社编《筹潦汇述》，第56页下—58页上。

④ 吴建新：《民国广东的农业与环境》，第118—126页。

丝等之利甚溥”的农村手工业，使末端农产品通过技术改良来升值，以增加农民的收入。冯锐更希望这个计划能“使农村工艺生产得以增加，则全国经济状况更被其益矣”。[①] 冯锐的观点已经近似于当代的综观经济学，以此来看待整个农业科学体系，思考它在经济社会环境中的运行。这是非常有创意的观点。

邓植仪经过多年的农业教学和研究，在1944年提出“农业科学化”的主张。他提出将农业科学分为两大部分：“一为自然科学，如生物学、化学、物理学、地质学等，此即农业基本之自然科学也；二为社会科学，如农村社会学、农村经济学，此即农业基本之社会经济科学也。”他不仅对农业科学下定义，而且将农业科学技术用于改变农业生产的环节，包括以农业科学中的农业经济学、农村社会学知识促进“农业经营之改善，农民生活之向上及农村社会组织之改良”，也就是对“三农”的整体改造。为此，要实现“农业科学化运动”，“欲求科学之大众化，须有农业科学之基础，亦有可为，农业改进与科学基础，息息相关”。因为“技术异常落后，农民生活甚为困苦，经营多不合理”，所以，必须实现“农业科学化运动”。在这方面，邓植仪再度讨论了如何对待传统农业技术的问题，他主张的农业科学化运动有两个方面，一是“将我国以往之农业经验即宝贵之知识，经过科学的研究、整理、组织与提炼之工作，成为我国文化本位的农业科学”；二是“推广农业科学新知识，从农业生产之技术、经济、社会各方面，加速其改进”。[②] 这是一个很有见地的观点。

当然，民国时期其他的广东农学家，也有不少类似的观点。只是冯锐、邓植仪的观点更有代表性，他们对农业科学体系建构的思考以及实践，在中国近代农业科学发展的学术史上，具有重要的历史地位。

① [民国]冯锐：《广东农业革命之方略》，《农业革命》1932年1月1日第1卷第1期，第1—2页。

② [民国]邓植仪：《农业科学化》，《农业推广通讯》1944年第6卷第9期，第14—15页。

第二节

村社、宗族与农业改良

一、国家近代化过程中的村社与宗族

民国早期，士绅集团、强大宗族对地方政治、经济残留了影响。20世纪20年代，由于丝厂女工罢工，顺德的机器缫丝厂停工，影响了宗族的租金收入，各乡村的宗族和士绅把持的自卫团局以“将父兄出族和取消太公猪肉”胁迫女工复工。①

但是总体来说，民国初年战乱频仍，社会道德沦丧，宗族势力式微。如南海庞氏，“民国初年，一二强横欺压良善”，族人将祖尝和支派的土地变卖，甚至想毁坏宗祠，族谱编修者说：“式微式微之咏，慨其叹矣。”② 以族田奖励族众投身科举的办法已经改变，“民国以来，政体已变，而书田之办法，亦随之而变矣”③。因为广东当局命令宗族将祖尝的收入用于资助办新学校。按照宗族旧规，祭祀祖先和敬宗收族的风气，“入民国此风杀矣”④。而且乡村教育不发达，青少年易于“流入卑劣”⑤，宗族缺少祠规、族规的约束，族众中无赖、流氓、土豪多了，宗族就会变成“强宗”“恶宗”，乡村中强宗巨族欺压小宗族很常见。

① 《消息》,《农事月刊》1925年第3卷第12号，第65—66页。

② 《南海庞氏族谱》卷一六《杂录谱》，同治十一年刻本。

③ 民国《新会潮莲乡志》卷一《风俗》，收入《中国地方志集成·乡镇志(32)》，第18页。

④ 民国《乐昌县志》卷三《风俗》，第113页。

⑤ 同上书，第106页。

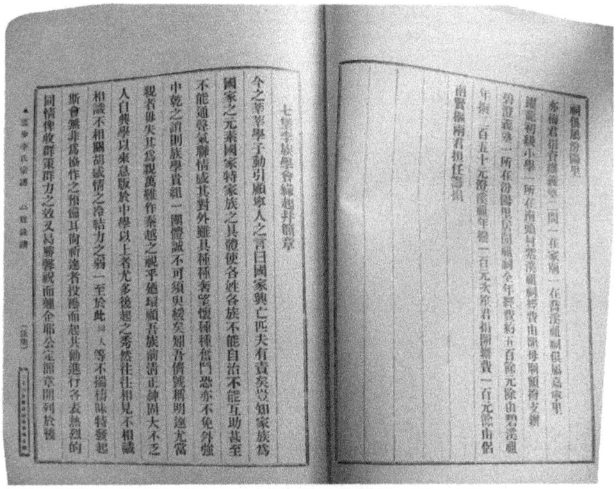

七堡李族學會緣起并簡章

今之華宰學子動引顧寧人之言曰國家興亡匹夫有責矣豈知家族爲國家之元素國家特家族之具體使各姓各族不能自治不能互助甚至不能通聲氣聯情感其對外雖具種種奢望懷種種抱負恐亦不免外強中乾之消則族學實組一團體誠不可須臾緩矣溯吾儕號稱明達尤當[illegible]人自興學以來[illegible]於中學以上者尤多後起之秀然往往相見不相識相識不相關甚感情之冷結力之弱一至於此[illegible]等不揣梼昧特發起斯會無非爲協作之預備其尚希[illegible]者投袂而起共勵進行各表熱烈的同情俾收群策群力之效[illegible]公定簡章開列於後

图 6-1　新会云步李氏在民国集资办学的章程

1923 年，郭华秀报道：“小村和小姓氏经常被大村和大姓氏欺负。如黄埔村人口少，常被谭布村欺负。”[①] 郭华秀在另一篇调查中报道：“大宗族欺压小姓宗族。劫掠掳人，使之田地抛荒，甚至改从大姓。收成之时，请大村人吃喝，小村年中收获之禾稻，每百斤拿四斤给大村，其他果蔬薯芋也是如此。增城之村落，类多如此。”[②] 民国时期，受城镇化的影响，在村地主减少而致乡村精英数量下降，也是宗族势力式微的原因之一。南海庞氏的大墟房，“该房人多远出，或宦游，或迁徙，省居亦不少，皆大半与族人不通音问。至二房二宅庆堂公子孙留居佛山为多数，惟文士极少。自民国以来更觉式微，不特数典忘祖，甚至祠宇尘垢半归废圮，祠前左右地方交相典卖，文士公正之人日少，难以查究”[③]。山区的情况也多如此，1934 年，中大农学院师生在乐昌调查林业，报道：“两江口村民种植杉树为主。村民之山，多在城市人手中。地主提供山地，

① ［民国］郭华秀：《农家苦况》，《农事月刊》1923年4月第1卷第10号，第4页。

② ［民国］郭华秀：《大农村欺压小农村》，《农事月刊》1924年3月第2卷第9号，第1—2页。

③ ［民国］庞藻生、庞紫云等纂修《南海庞氏族谱》卷一六《杂录谱》，1932年广州大昌友店铅印本。

种树者负责保护山林。主伐收入，由双方平分。”[①] 上述记载表明，民国时期不论在平原还是山区，在乡地主的数量都减少了，这与明清时地主沉淀在乡村的情况有所不同。乡村精英势力弱化，导致乡村环境保护处于缺失状态。如清代顺德乡村精英势力强大，与农田相关的蚝壳带是严禁挖掘的；但 1936 年当地蚝壳带“常常有人偷挖”[②]。

虽然民国农业危机加重，但交通工具和信息传播大大发展，沿海地区出洋经商或打工的人也随之增加。即使是在沙田多而人少的中山县，民国时出洋人口也不少。1922 年郭华秀报道，香山良都“前廿年，该都人士以耕作为业者约十之七八，有耕五六亩至三四百亩者。其余不耕田者俱出洋谋生。近十年来，耕作者日渐退化（减少），仅得十之三四，出洋之人，家家有之。地主与佃户，该都地主多金山客，将出洋之得银两置买田业，而批与佃丁耕种。到期不交租者，则将田中物抵押。遇到水灾旱灾，也可以减租。”出洋人口增加对乡村经济的影响是很大的，一方面减少了农业人口，造成农业劳动力奇缺；另一方面，华侨购买土地，造成了田价的高涨，[③] 进而造成田租上涨，使佃户经济压力增大。

尽管民国村社、宗族发生了变化，但是国家对乡村的治理还是在很大程度上依赖村社和宗族的“耆老”们。国家加紧对乡村基层组织的改造。1928 年开始，国家权力渗入基层政权，尽管过程缓慢但毕竟在推进中。在这一过程中，新政权尚未完全稳固，旧的势力仍牢牢掌控着基层的控制权。1934 年陈翰笙指出，现时正在推行乡村自治的制度，但实际上，区长、乡长、村长、里长等都被那些在宗族中有权威者所保荐的人充当，“许多族长和理数（管理宗族财务的人员）简直自身就兼任了乡长或村长。甚至用了地方自治制度所给予的名称以后，族中地位的名称也渐渐被忘却。……在最近实施的保甲制下，乡长即保长，

---

① 林学系：《广东乐昌县林业旅行报告》，《农声》1934年3月第176、177期合刊，第113页。

② ［民国］循环：《广东全省实业物产及其富力之调查》，《农声》1936年8月第198、199期合刊，M5页。

③ ［民国］郭华秀：《香山良都农村状况》，《农事月刊》1922年10月第1卷第4号，第36—38页。

里长即保长，乡镇长即甲长。”[①] 无论后来的新县制如何变化，“传统的宗族组织仍然存在，并利用传统力量影响官方对地方权威的人事安排”，宗族组织通过对基层政权的渗透进入国家官制体系，基层政权的控制者依然是代表乡绅地主利益的地方权威。[②] 大地主、劣绅控制乡村的情况不少见。而无论如何，在陈济棠治粤时期，农业改良与对乡村的改造几乎同时进行。全面抗战期间，国统区与国民党势力较大的游击区对乡村的改造加快，这有利于战时的农业推广，包括稻良种的推广、乡保造林运动、基层水利组织的建立都比 1938 年 10 月以前更快。1946 年，全省新县制乡镇村基层政权建设基本完成，宗族、围董会、合作社、农会等组织则与基层政权结合在一起。

二、农业近代化对村社、宗族的影响

1. 祠堂、乡村议事场所被改造为农业设施

20 世纪 30 年代，有不少祠堂和议事场所被改造为农业设施。1930 年，广东农林局办的广州东郊农业改良示范区，设在东圃的简氏大宗祠。[③] 番禺县成立较早的农村信用合作社，在农业改良区的寺右乡开办。农林局派出人员，与农民商定，选择寺右乡的姚公祠为社地址。实施步骤也已经拟定。[④] 中山大学农学院在清远、三水的蚕种改良所一直设立在三水西南镇的陈然祠，因为场地太小，中大要将蚕种改良所扩大为蚕种制造场，就将这个祠堂还给业主，中大农学院“另行租赁宽敞的祠堂作为制种场，每月租银十元，费用在本所经费下支出。函请地方政府保护，并不得驻兵”[⑤]。这个蚕种场从小的祠堂搬到大的祠堂，证明当时祠堂

① [民国]陈翰笙：《广东农村的生产关系与农村生产力》，中山文化教育馆印行，1934年12月，第19页。

② 张群：《广东新县制下乡（镇）村基层政权建设（1940—1945）》，硕士学位论文，暨南大学，2003，第25—28页。

③ [民国]廖崇真：《农业改良试验区举办农村教育计划》，《农声》1929年12月30日第128期，第9页。

④ 《农场信用社进行步骤》，《农声》1930年8月30日第137期，第66页。

⑤ 《国立中山大学日报》1932年4月12日第3版。

的公共功能显然与清代祠规中的规定大相径庭。

民国新学兴起，清代的书院、公所原有的功能丧失，或改为新学校，需要的时候就被用作农业设施。中大办的清远蚕学巡回讲习所，原来“建在城北的瑞峰书院，后来改在城内滘属公所，地点适中，厅堂也可以作为蚕房”。① 入民国，不少地方的祠庙神圣性减弱，被用于建设学校，或者是农业设施。如1930年中大附设茂名县蚕业中学，“申请将庙坛作为宿舍”。②

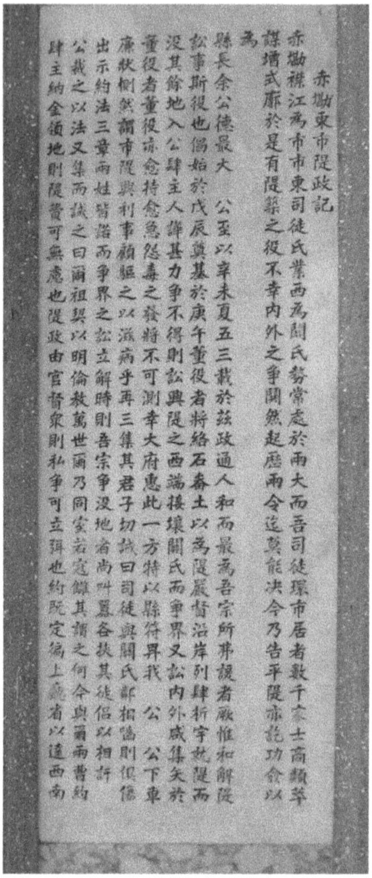

图 6–2　开平司徒氏的水利碑刻

农业改良时期的祠堂和乡村议事场所被改造为农业设施，是宗族、地方精英与国家妥协和合作的结果。1932年番禺农业模范县推行，是陈济棠时期政府农业推广的典范之一。原计划推广的范围由原来的一区扩展到一县，再推广到全省，实际上各县农业推广处的设立因为经费和人员的问题而困难重重。初期在番禺的尝试较为成功，但也是得到地方乡绅以及像“河南农村建设促进会”等地方组织的支持才得以顺利进行的。农业推广人员不但要善于与地方乡绅沟通，得到他们的大力支持，而且推广机构的设置也较好地利用了乡区原有的宗族祠堂、庙宇或团练社学。1932年，番禺农业推广处只是区域性的农业推广组织的一个雏形，它的建立为后来各县农业推广处的建立提供了一些经验。③

① 《农林消息 · 清远巡回讲习所》,《农声》1924年9月第61期，第194页。

② 《校闻》,《农声》1930年5月30日第133期，第78—79页。

③ 吴建新、朱光文：《冯锐与1931—1936年广东的农业推广》，载《民国人物与广州城市发展研究》，广东经济出版社，2010，第180页。

2. 宗族办公司

研究岭南宗族的学者，指出明清的宗族是契约化的“控产公司”。清末始，岭南一些宗族用明文契约凑集宗族成员的资金以办公司。清宣统三年（1911 年），兴宁县龙田人罗则桓以白石岭张庙塘祖尝山为基地，集股兴办蓼塘罗族树木公司。在其影响下，曲塘的学洒公树木公司、车沥的长岗埂树木公司亦相继建立。[①] 蓼塘罗族树木公司制订了种树章程，包括定名、场地、股本、股东、职员、植树、保护、分利、罚则、报告等十项，规定公司成员的义务、权利、利益等，具有股份公司的性质。族众集股四百元，将所有应该种植的山地绘图，呈县立案。其时县令李文莱，注意提倡实业，核准派员勘查，除去车马费六元，不征勘查费等项杂费。公司成立以后，在山窝地种植油桐一千株，四边山地种植赤松一万株，1930 年已经种植四万株松树。1921 年，种植的树木成活，并开始盈利。1929 年止，每股一元分得息银二元二毫。以后每年每股可以分得二元至三元。“族长则桓先生说，自从该公司开办以后，继起仿效者颇众。”[②]20 年代始，始兴县林业公司多了，几乎每区都有，“查近年来，如罗琪象山公司、兴仁里陈氏公司、流田水群兴公司、成城乡联兴公司、杨公岭茂兴公司、新村维新公司，或种杉，或栽松，颇著成效”[③]。这些公司有不少是宗族办的。

钦县有苏氏林场百余亩，种植松树三十万株；李氏林场百余亩，种植赤松二十万株。[④] 这些以姓氏为名的林场，就是宗族办的公司。这是山区出现的新事物，宗族从传统时代的以血缘为关系的“控产公司”，变为受合同约束的近代股份公司，无疑是近代岭南基层社会重要变迁。

3. 祖尝为农业改良服务

宋元明清以来，广东的宗族积累了巨大的族产，宗族成员的共有

---

① 兴宁县志编修委员会：《兴宁县志》，第222页。

② ［民国］罗振基：《调查蓼塘罗族树木公司经营之概况》，《农声》1930年8月第136期，第45—48页。

③ ［民国］林纯煦等：《广东农业概况调查报告书续编（上卷）》，国立中山大学农林科，1928，第252页。

④ ［民国］循环：《广东全省实业物产及其富力之调查》，《农声》1936年8月第198、199期合刊，M23页。

财产，实际上被宗族的士绅、上层分子所掌控。但从 20 世纪 20 年代末 30 年代初开始，族产也必须按照国家规定，为农业改良服务。如 1929 年，兴宁县长马文芳，命令当地的实业局长拟具造林计划书，制定林区，筹办苗圃，办法是饬令各乡责成各户长每十户共同组织，择定地点办苗圃，所需经费，由该甲内祖尝负担。[①]这不是兴宁县的独创，而是反映了广东当局的政策取向。30 年代兴起以乡保为单位的造林运动，人造林成为给乡保机构带来收入的资产。1935 年，农林局拟定“广东省各乡村公有林营造计划”，经省政府第六届第四三一次会议决议通过。[②]乡保造林在全面抗战期间的国统区山区实行较为顺利。根据档案材料，四个林业促进指导区，全省各县乡保林建设，1940—1942 年，推动保林面积 27 万亩。[③]1940—1945 年的六年中，有 794 个乡保设立了公有林，种植桉树、松树、杉树、油桐树、茶树等，总面积 355 712 亩。平均每个乡保林面积为 448 亩。[④]办理公有林的乡保数量占的比例不是很大，但是在艰难的战争条件下取得这样的成绩，也是难能可贵的，其经费来源之一就是乡村宗族的尝产。宗族和农会、农业合作社结合，在一定程度上配合了农业改良的推进。

4. 乡村士绅、精英集团对农业改良态度的变化

乡村的士绅、精英集团大多对农业改良采取牟利的态度，当农业改良触及了村社宗族利益时，他们会对当局采取敌对措施，鼓动村民对抗。1929 年，中大农科设在潮安的苗圃，收到当地士绅请拨 50 亩为安养所的要求。[⑤]这一要求被理所当然地拒绝。1925 年，中大在广州东郊石牌的官荒设第二农场，石牌村士绅认为这触及了他们的利益，鼓动村民到省政府抗议，并且策划了 1925 年 5 月 1 日的事件，将前来勘察荒山的

① 《兴宁县造林计划》,《农声（畜牧专号）》1929年6月第122期，第77页。

② 《广东省建设厅1940—1942年度工作实施计划和进度表》，广东省档案馆藏，卷宗号6-2-357。

③ 《本省卅三年度施政计划：关于粮食增产、农林牧渔报告》，广东省档案馆藏，卷宗号6-2-357。

④ 《建设厅复员（1945年）以来施政总说明及成绩统计》，广东省档案馆藏，卷宗号6-2-377。

⑤ 《校闻》,《农声》1929年1月第117期，第78页。

农科学者邓植仪等十多人打伤。“经番禺县将乡人留押究办。现该乡绅耆情愿赔回医药及损失，并将嗣后第二农场一切管理种植及安全，不敢再有阻挠等情，具结到案，并由番禺县划定界址作为了结。”[①]1929年，“番禺县长令附近各乡团局，预防乡人造谣生事，以及容留歹徒，饬令各乡乡事会，对于农场负责保护”[②]。自此石牌农场与石牌村再没有发生纠纷。1929年，邓植仪复任石牌农场场长，通过政府催令石牌村民将在农场内的所有葬地迁移，没有遇到阻力。农场购买石牌村土地时，石牌乡治水机构要求农场征收水田后，每亩每年要交陂水谷15斤，一次性交每亩一元五角给石牌村，还要交治安费每亩谷15斤，这对农场是一大负担。邓植仪函告学校转石牌村，农场不能负担这些费用。石牌村各宗族和村政权对此也无可奈何，乡村宗族势力在国家政权的强势面前只有妥协。中大的稻作总场设在石牌，石牌农场的教师经常到石牌村推广良种和新技术，石牌村民得到实实在在的利益。抗战胜利后，邓植仪不计前嫌，派庞雄飞等三位教师指导石牌村人建设了几个陂塘，他设法获取联合国救济总署的材料资助陂塘建设。石牌村父老立碑纪念。[③]1933年，广东蚕丝改良局在顺德建立蚕业改良实验总区。顺德大良东乡乡长代表该乡村民，要求在该乡设立改良分区，使蚕业改良的成果能惠及该处农民。[④]又有龙裕华代表顺德全体绅耆要求建设厅拨款在顺德扩大蚕丝改良区的范围。[⑤]村社宗族、精英群体都转而希望农业改良带来好处。

三、村社、宗族与水利建设

民国早期还存在旧式治水体系的痕迹。宗族仍在村落水利建设中起很大作用，如南海庞姓的大观街水窦，“于民国甲寅重修，款由田心房

① 《农声》1925年9月第61期，《农声汇刊》，第1095页。

② 《校闻》，《农声》1929年4月第120期，第90页。

③ 吴建新：《邓植仪评传》，第56页。

④ 广东省建设厅顺德蚕业改良实施区总区编《一岁之蚕业改良实施区》，1935，第135页。

⑤ 《顺德全体绅耆代表龙裕华等呈请举办实施区呈文》，收入广东省建设厅顺德蚕业改良实施区总区编《一岁之蚕业改良实施区》，第136页。

庞姓族筹措，并未向外筹资”。[1]大的堤围就由区域性的治水机构组织工程维护。1925年，香山的小榄大围各界商议修围筹资，出席的有崇德善院、护沙团保两局、商会、商团、农务分会、自治分所等机关。[2]这些机构的负责人中，有的是商人，有的是乡村士绅。南、顺桑园围的首事有士绅，还有香港的商人。重要的不是这些人担任职务，而是在工程维护的费用使用中，这些人有了中饱私囊的机会。在旧的治水体系中，几乎每一次的修围都是乡村士绅集团的盛宴。1925年，广东治河处的专家就说：“此等围董，每遇难题发生时，多存因陋就简之心，而不谋彻底解决之法。目光所及，仅仅本基围。”[3]基围维护“因陋就简”就是降低堤围的修筑标准而给负责修围的人牟利的机会。这对基围防潦的效果产生不利的影响，也是水灾发生的重要原因。[4]

随着广东治河处治水方略的实施和大型治水工程建设的推进，对基层社会旧的治水体系的改造也在逐步进行。30年代，广东当局要求沿海平原的堤围组成围董会，可以是单个村社，或者是几个相连的村社联合组成。不少围董会其实就是宗族的变体，围董会董事多由宗族上层分子或者权势人物掌握。但是像清代水利组织那样牟利的机会减少了。大型堤围的修筑和维护工程由治河处勘测并进行施工监管，费用一般是堤围自筹，施工亦由堤围自行组织。治河处的修围计划一般是不可变更的。如1934年南海碧岸围防潦，治河处已经出了勘测书和用款计划，基围内“由各基围代表组织围董会”组织工程施工，所需五万五千元，由治河处借给，月息五厘，五年内还完本息，由围内围董会从受益田亩中抽收应付的资金。各基围推举代表，大围三人，中围二人，小围一人，由治河处派人管理。但是有围民代表要求加筑碧岸围近高明河的薄弱部分，治河处以“所借款用途已定，不能再议”回应。[5]又如1935年，省治河

① 《南海庞氏族谱》卷一六《杂录谱》。

② 《消息》,《农事月刊（农民运动专号）》1924年9月第3卷第3号，第55—57页。

③ 〔瑞典〕柯维廉:《广东水患问题》,《农事月刊》1925年7月1日第4卷第1号，第8—9页。

④ 吴建新:《民国广东的农业与环境》，第274—275页。

⑤ 《广州民国日报》1934年3月23日第2版第1张。

处在东莞和惠阳交界处建铜湖（潼湖）基围，以庚子款5万元转借给围民，省治河处令东莞和惠阳两县“召集乡民组设防潦会”，“东莞和惠阳之县长，就近遴选殷实士绅耆老担任”，分级征收工程费和组织围民施工，由治河处监理工程，防潦会在工程结束后裁撤。[①]这些个案表明，在30年代，国家对基层水利组织有资金、技术、制度的投入，促进了省治河处对乡村治水组织的整合和管理，开创了与清代水利“官督民办”不同的新的治水模式。1933年，治河会发布《修正各江围董会规程》，围董会受治河会及该县县长监督，围董五人至九人，设正副董长各一。围董会不受地域限制，同一县内有两围以上者，在地势上有必要的可以合并组织。如有分立之必要者应即分别组织之。[②]当局将围董会作为地方自治的一个重要措施推出，规定用民选的方法产生围董会，并规定了选举的地域、选民来源和选举方式、被选举人的资格等。[③]各地围董会在30年代陆续建立，但是到了抗战结束以后才普及。如1946年11月，潮安县政府下令各区乡长主持成立各堤段围董会，次年4月6日潮州北堤基围围董会才成立。[④]又如珠江三角洲最大的桑园围，长期只有修基公所，围董会是在民国后期，即1949年以前才成立的。[⑤]1937年底，全省围董会只有70个。[⑥]1945—1947年，围董会增加到235个[⑦]。到1949年以前，绝大多数堤围都成立了围董会。[⑧]有人认为民国的围董会是民间性基层组织。[⑨]事实并非完全如此，围董会其实是政府强力监管下的自治形式的水利组织。抗战结束后，国家权力已经完成了对它的渗

① 《广州民国日报》1935年2月23日第4版第2张。

② 《广州民国日报》1933年12月18日第2版第1张。

③ 《广东东西北各江基围围董会组织规程》，《广东水利》1932年第3号。

④ 潮州市水利局：《潮州市水利志》，1998，第273—275页。

⑤ 广东省南海县水电局：《南海县水利志》，第86页。

⑥ 广东水利局：《广东水利年刊》，1937，第48—52页。

⑦ 广东建设厅统计室：《广东建设汇刊》，1949。

⑧ 王华霖：《民国时期广东水利法规研究》，硕士学位论文，华南农业大学历史系，2012，第42页。

⑨ 唐富满、周兴樑：《试论珠江三角洲的围董及围董会》，《中山大学学报（社会科学版）》2006年第2期。

透和掌控。[1]

山区的水利工程，一般规模较小，就以乡保为单位组成水利组织。山区的陂塘，如果是“公塘”，就有塘会。选出塘董，“以专护塘之责，抽收塘谷以资护塘之用”。[2]或者称为“陂水会”，“每遇大水，随决随修，按照受灌荫之田收租，为修筑工役之费”。[3]1939—1945 年，当局大力推行“一保一塘”活动，以保为单位实行小型水利的建设，或者将保变成灌溉合作社，这样政府就将乡保变成了一个水利单位。当然，政府不直接管理乡保的水利事务，而是在各地建立水利协会，由它来管理乡保的水利。民国时期从上到下形成一个治水社会的体系，较之清代的水利社会完善得多，这是民国时期水利建设的巨大成就之一。

① 吴建新：《民国广东的农业与环境》，第108—109页。
② 民国《始兴县志》卷五《水利》，第388页。
③ 民国《花县志》卷二《水利》，中国地方志集成本，第11页下。

第三节

农业改良给农民带来的利益和农业改良的制约因素

农业改良作为社会变迁的重要部分之一，进步意义不言而喻。评价它的成效的标准是它是否能给经营者带来实实在在的效益。

一、主要农业经济部门的改良给农民带来的利益

1. 稻作改良给农民带来的收益

在高校型的农业推广体系中，中大育成的杂交稻种的推广影响最广。据 1935 年统计，丁颖主持的南路稻作育种场育成的新种，收量比原来的土种，约增加 20% 以上。[①] 中大的中山一号是一个用野生稻和农家品种交配的杂交种，其培育经历了七年的时间，三年平均亩产约 450 余斤，较之竹粘、油粘及齐眉三个农家品种增加了约 30% 的产量。[②] 中山一号先在广东省西部、南部推广，后引种至广西并推广，经系选、杂交、诱变等育种方法，育成衍生品种多达 85 个，其中著名品种有中山红（又名包胎红）、中山白（又名包胎白）、包选二号、包胎矮、包矮选、大

① ［民国］刘祥集：《国立中山大学农业学院南路稻作育种场试验概况》，《高农月刊》创刊号，1935。

② ［民国］丁颖：《广东野生稻及由野稻育成之新种》，《中华农学会报》1933 年第114期。

灵矮等，这些稻种都延续了中山一号杂交种的增产优势。[①] 高校型的稻作改良给农民带来了很大的种植收益。但是由于高校推广体系的局限，良种覆盖的地方有限。[②]

1939—1945年以政府型的农业推广体系推广的新稻种为主。1941年推广早造优良稻，种于台山等县，推广种为黑督四号等42品系，推广面积83 000亩，收获量508 481市担，平均每亩产量436斤，较土种每亩约增产85斤，合计增产量70 550担。同年，晚造良种在台山等县推广，推广优良稻种共18个品系，推广面积33 327亩，收获量119 977担，平均每亩产量360市斤，较土种每亩约增产60斤，合计增产量19 996担，早晚造收获量总计628 458担，平均每亩约增产78斤，增产总量90 546担，每担以60元计，约值540万元。[③]1940下半年至1941年短短一年半内，稻作改进所“推广面积为124 044亩，增产稻谷94 019担，若以每担市价60元计，总共可增加农民收益5 641 140元”。[④] 每亩增产0.76担，假如农户有十亩地，可以增加45元的收益。在第三章“稻作改良”一节中我们说明了从1940年到1948年，推广优良稻种的增产数额和增产带来的收益。

2. 糖业改良给农民带来的收益

优良蔗种含糖分高、产量高，机器糖厂提高了制糖效率，降低了生产成本，在糖价节节升高的情况下，农民的经济收益提高。种植良种蔗成本虽然高，但是由于产量高出竹蔗一倍多，蔗农的收入自然增加。如果农民种植木蔗，“农家种植一亩，可以得纯利二十至三十元。收益为农产品中少见”[⑤]。如果种植爪哇蔗，每亩可以有80元的纯利，比木蔗

---

① 闵丽华：《民国时期（1911—1949）广东的稻作农业》，硕士学位论文，华南农业大学历史系，2010，第37页。

② 吴建新：《民国广东的农业与环境》，第132—140页。

③ ［民国］刘荣基：《广东省三十年度粮食增产概况》，《农业推广通讯》1941年第3卷第12期。

④ ［民国］吴恒舜：《广东稻作改进事业近况》，《广东农业通讯》1942年第3卷第1、2期合刊。

⑤ ［民国］邓兆槐：《广东甘蔗糖业改良刍议》，《农声》1938年7月第218、219期合刊，第48页。

每亩的纯利要高，比竹蔗的纯利更高。[1]1935年底到1936年初，惠阳、顺德、揭阳、东莞4间糖厂也相继建成投产；到1936年12月，六间糖厂总榨蔗量达到6 000吨/日。[2]所以1937年以前，在围绕着机器糖厂的甘蔗区，农民种植甘蔗收益很高，珠三角甘蔗种植面积急剧增长。由于机器糖厂推动了土糖业中的技术变革，机动的榨机和新式小型的煮糖设施的应用，激发了农民种植粗茎种的热情。故1937年以前甘蔗改良给蔗农带来的收益是很大的。

利用本地竹蔗种，在20年代能实现亩产13担，[3]但是在糖业复兴运动中，竹蔗若能采用新技术栽培和应用化肥，亩产量可大大提高。如在东江流域和潮州平原，蔗园"每亩成本三四十元，产量四十至五十担，每担制糖六七斤"[4]，等于增加了数倍的产量。在土糖寮生产中，如果采用铁制榨机和经过改革的熬糖法，蔗糖产量和质量都会提高，也比旧榨糖法收益高。

3. 农业改良给基塘农户带来的收益

20世纪20年代丝价好的时候，蚕农所养均为土种。1925年成立的广东蚕丝改良局在30年代育成新种碧交种，推出之后，"已经获得蚕农信仰。茧型大而丝层厚，丝质优良，收成较之土种多三分之一"。茧栈加价收购。[5]

如果按照1925年蚕业盛时，桑基四亩，蚕农可养二张蚕纸，"可获利一百一十七元，全年均计则获利八百余元"[6]。如果1933年有1925年的丝价，蚕农则可增加240元的收入。但是1933年丝价大跌，新蚕种带来的收益被压低的丝价所吞噬。不过在1930—1936年长达5年的时间里，政府开办的蚕丝改良总区下属的改良蚕种育种场，一直以

① 新会河塘民生农场：《爪哇蔗种植法》，第15—16页。
② 冼子恩：《陈济棠办糖厂经过及其真相》。
③ [民国]邵尧年：《番禺、增城、东莞、中山糖业调查报告书》，第9页。
④ 广州第一蔗糖营造场：《甘蔗种植浅说》，1935，第8—10页。
⑤ 《顺德改良丝业概况》，《广州民国日报》1933年11月25日第4版第2张。
⑥ 〔美〕考活：《南中国丝业调查报告书》，第105页。

补贴的形式将改良蚕种低价供应给蚕农，以亏本三元到四元补贴蚕农。[①]这样，应用新蚕种的蚕农在茧价高时就能得到较高的收益。

鱼塘在1925年每亩可获利30元，若有塘四亩者可获利120元。[②]1935年顺德糖厂投产，顺德基塘区不少桑基改为蔗基。如果蔗基种植爪哇蔗，每亩甘蔗的年产量为150—200担，取175担，每亩可以有75元的纯利，总利润300元；加上120元鱼获，总利润可达420元。在丝价走低的30年代，这个收入算很好了。而且农业推广人员向基塘农户推广在桑田间种杂粮、蔬菜等作物，也能给农民带来收益。

4. 水利工程带来的收益

水利建设使水稻田面积增加。在珠江三角洲主要产粮区，筑闸联围，以增强对潦水的防御能力，民国的筑围长度数高于宋元明清时代。[③]珠三角围田区建立排灌站，在1949年底，广东兴起机械排灌，排灌站多设置在南海、中山、肇庆、开平、广州等地，有抽水机的地方比闸窦排涝灌溉的效率更高，作物种植受灾的程度从而减轻。[④]1943—1947年，广东新增大型水利工程17个，灌溉面积达到451 470亩，稻谷产量增加901 140担。[⑤]按照水利建设的面积计算，民国时期广东的水田面积超过了明清时期，但由于民国时期广东仍处于传统农业时期，全省不少地方地力下降，且生态环境恶化影响作物收成，能受益于农业改良的地方主要是珠三角，所以总体上民国的水稻产量与明清大体持平。旱田一般亩产只有150斤左右，水田单产一般可达300斤，如果土地肥沃，肥料足、耕耘好，种植单季稻，亩产一般会达到300—400斤，双季稻会达到500斤以上。

水利建设工程会增加双季稻的种植面积，如高要宋隆水闸建造以后，经常受浸泛的田地可改变“十年三收”的情况，16万亩农田可以种植

① ［民国］叶超：《广东珠江三角洲蚕丝业调查》，《中国丝业》1936年11月第2卷第5号，第114页。

② 〔美〕考活：《南中国丝业调查报告书》，第105页。

③ 吴建新：《民国广东的农业与环境》，第289页。

④ 珠江水利委员会《珠江水利简史》编纂委员会：《珠江水利简史》，第22—23页。

⑤ 吴建新：《民国广东的农业与环境》，第291页。

双季稻；宋隆流域地势低洼的地方，可以挖塘养鱼。免除潦患之后，仅养鱼一项每年所得利益，最少是从前每年所得之五倍。据估算，工程建成之后，每年双季稻产生的效益，与淡水养殖增加的效益，共增加港币100万元以上。[①] 可见水利设施使水田面积和双季稻种植面积增加了，直接提高了粮食产量。宋隆水闸建成之后也证明其收益巨大。[②] 稳固的水利设施，还能增加田地的价值，按照明清的文献记载，旱地属于下等田，有稳定水利灌溉或防涝能力的田地一般属于中等田和上等田，上等田地的价格分别是下等田的7—8倍、中等田的2—3倍。[③]

5. 肥料科学管理给农民带来的收益

对进口化肥销售环节的管理、生产环节的化肥应用管理、国产混合肥在20世纪30年代前期的推广以及纠正农民过度使用石灰，改良土壤，都能给农民带来收益。[④] 全面抗战期间，化肥来源断绝，当局向农民推广骨肥、绿肥、堆肥等农家肥，也能给农民带来收益。如1941年省当局在乐昌等60县推广种植冬季绿肥13万亩，并制定曲江、乐昌、南雄为推广实施示范区。预计每亩绿肥可以达到1 500斤，总收量为195 000 000斤，可供195 000亩耕地的肥料。[⑤] 绿肥作物为紫云英、苜蓿、蚕豆、猪屎豆与十字花科的油菜、萝卜青等。由于连年的推广，绿肥种植在抗战后缺乏化肥的粤北山区较为盛行，在连县尤为普遍，“夏季绿肥不及冬季绿肥之得农家爱好，且冬季绿肥中，如萝卜青、红花草皆为连县农田中的肥田草，肥效极大，尤其利于稻作生长”[⑥]。

推广栽培技术、防除作物病害、防治牛瘟都给农民带来收益，前面

① 《宋隆防潦计划》，第27—30页。

② 《建筑宋隆基闸碑志（1948年）》，载《珠江水利志》第五卷，广东科技出版社，1994，第124—126页；高要县水利电力局：《高要县堤防志》，1990，第15页。

③ 吴建新：《明清广东山区的陂塘水利与生态环境》，《人大复印资料·明清史》2011年第9期。

④ 吴建新：《民国广东的农业与环境》，第241—258页。

⑤ 《1941年度建设厅工作情况总结暨1942年工作月报》，广东省档案馆藏，卷宗号6-2-349。

⑥ 《连县农业概况》，《广东农讯》1947年11月15日第5期第5—7版，建设厅农林局发行。

已经叙述过。有学者认为，1912—1937年，“从总体上看，广东的农业生产是向前发展的，稻谷、甘蔗、烟叶、花生、芝麻、黄麻、油菜籽等农作物的产量达到民国前期的最高水平”[①]。虽然作者对民国农业的叙述较为简略，但其结论与本书论述趋同。

二、影响农业改良成效的各种因素

20世纪20年代末、30年代开始的农业改良，还会受到以下各种因素的影响。

1. 经营方式和规模

由于古代的诸子平分财产的继承制度，田场面积不断缩小，甚至达到细碎化的程度。如顺德的基塘区，20世纪50年代初的土改资料表明，北水村基塘户的田地面积大多为3—5亩，甚至有几分地的单蔗基或桑基。[②]这与1925年考活所述的“农户有桑基鱼塘十亩”的情况迥然有别。田场面积变小会对经营效益产生负面影响。

1935年正是广东农业改良的高潮时期，自民国初年以来农业经济衰落的趋势还没有减弱，这里面有国内外经济社会的各种因素。在农业经营方式中，以资本主义的经验式农场最有经营优势，它们采用新式的农业经营方式，代表了近代农业发展的方向。它们的经营者大多有知识，容易接受新的品种和新技术，这有利于近代农业科技的推广和应用。[③]

20世纪30年代有不少经营式农场出现，这在糖业改良运动中最明显。糖业复兴运动促使新式农场出现。公营大型糖厂附设的蔗苗繁殖场，实际上是一个新式农场，只不过它以推广蔗苗为目的，而不是以盈利为目的。但是蔗苗价格的飞涨，使这类农场如雨后春笋般出现。1935年，各地农民大种甘蔗，蔗苗供不应求，价格飞涨。本地种的木蔗蔗苗，1934年每万支价值40元；1935年上涨一倍。外国蔗苗，1934年每万

① 张晓辉：《民国时期广东社会经济史》，广东人民出版社，2005，第64页。

② 广东省社会科学院等编《一个村庄的原始记录（1950—1983）》第一卷第一册，经济管理出版社，2010，第3—27页。

③ 吴建新：《民国广东的农业与环境》，第39—44页。

支30元，1935年上涨到80元，“且来源减少，一般农民不容易买到”。[①]种植甘蔗有利可图，繁殖甘蔗利益更大且甘蔗不愁销路，所以甘蔗种植场如雨后春笋，遍及沿海平原。到1935年，全省公私新种蔗苗繁殖场约有八千余亩。

陈翰笙1934年的调查表明，“从必要的生产费和劳动力计算起来，确实可以证明大规模经营较优于小规模经营”[②]。他的调查还表明：“番禺十个代表村九百二十三家农户的统计告诉我们，富农百分之十八是纯粹没有自（耕）田的。绝不能只因为他们无地而称他们为雇农，实际上他们倒是雇佣雇农的富农呢。”“富农租进农田的能力远胜于贫农。占农户数百分之十三的富农占到租田的百分之二十八。”[③]贫农为生活所迫，不得不租进较好的农田以求每亩较多的收入；富农却能利用他们剩余的资本去租进那些贫农无力经营的旱地，而从事较大规模的生产。[④]这说明大规模的经营式农场在20世纪30年代还是有所发展的。

小规模的自耕农田场，与大规模的经营式农场相比有很大的劣势。陈翰笙指出：“实际上一家种很少的自（耕）田而必须出外当雇工的自耕农，比起一家租种很多农田而大批地雇工来耕种的佃农，还要贫穷很多。”[⑤]他讲的租田很多的佃农，是明清时期的大耕家。拥有田地少的自耕农，或者是租佃田地少的佃农，必须外出做雇工维持生计。

2. 租佃关系

一般来说，大规模的经营农场一般采用雇工经营。但是民国的经营农场采用介于雇工经营和佃户经营之间的“共植农”形式。即农场由田主租地或出地，生产资料由经营主和佃户各出一半，收获对分。1933年，在潮州鹊巢乡的柑橘场，有自耕农、租佃农、共植农，其中以共植农最多。共植农由田主出地，农夫出力，买苗木、施肥与其他

① 广东省调查统计局：《广东省营糖厂概况（续）》，《广东统计月刊》1935年9月第12期，第6页。

② [民国]陈翰笙：《广东农村的生产关系与农村生产力》，第6页。

③ 同上书，第3页。

④ 同上书，第4页。

⑤ 同上书，第2—3页。

一切费用由田主与农夫各负责一半，将来的收获对半分。此种制度在柑橘产区比较普遍。[①]

在珠江三角洲的大型种植场也有这种形式。1935 年，有官商组建华南实业场，以大宗现金贷给自耕农，合约为期三年，田地、人工、种植、管理归耕农负责；华南实业场负责雇工的伙食、蔗苗、肥料，甘蔗收获时，实业场和农民计算成本支出，利润对半分，但是农民须负担利息，以月息八厘计算。[②] 官办农场也采用这种方式，可见“共植农”可能是参考了民间的形式。共植农与场主风险共担，利润对半分，农民的生产积极性有所提高。

小户的佃农因收益少，一般向集团地主租入“公田”，即族田、庙尝田或学田。小规模经营的佃户，一般占村庄农民的 60%—70%。20 世纪 30 年代番禺鹿步司二十五村，文献记载：当地农户多勤俭耐劳，对于耕地颇为异常在意筑堤贮水，以为灌溉排水，掘渠以防过度的雨量，有用压青法以增田肥等，以保持地力。该区半租农各佃户约占农户的百分之六十，然个人所租之田，多为祖尝田，私人之田甚少。[③] 佃农种植水果等经济作物收成较好，经济效益较高。而在种植水稻为主的地区，“每家每年均能获利多少，但是因为家人工作尚未计算工资，若以平常工值给与工作之家人，则入息当为负数。此不敷之数，平均每家每年约在一百元至二百元之间。若遇天灾虫害，不敷更多”。[④]1935 年，广东以有田 10 亩以下农户为多，成为佃农者为 900 万人左右。[⑤]30 年代广东还是以稻作为主的农业结构，所以大多数小规模经营的佃户还是生活拮据的。在珠江三角洲沙田区，盛行包佃制，土地层层转包，佃农所受剥削可以说是惊人的，其中以东莞明伦堂万顷沙的十几万亩沙田为甚，

---

① 《潮州鹊巢乡柑橘之调查》，《农业推广》1933年第1期，第57—60页。

② 《农业消息：华南实业场与农民合作种蔗》，《农业推广》1935年5月1日第6号，建设厅农林局发行，第98—99页。

③ 广东经济年鉴续编委员会：《三十年度广东经济年鉴续编》，第39页。

④ 广东省建设厅：《农林局一年来工作述略（廿年十一月至廿一年底）》，《建设月刊》第1卷第8期，第90—92页。

⑤ 广东省调查统计局：《广东省营糖厂概况（续）》，《广东统计月刊》1935年9月第12期，第6页；《三十年度广东经济年鉴续编》，第44页。

农业改良的成果在这些地区几乎起不到什么作用。[①]

图 6–3　清末民国初的当铺

20 世纪 20 年代中后期兴起农民运动，传统的租佃关系在新的政治格局下发生了一些改变，改善佃农地位的问题也受到重视。30 年代初期，广东省政府已制订《修正保障佃农办法》，可见政府当时已经有改善生产关系的设想，倾向于限制地租率，以保障佃农的利益。[②] 但是没有文献记载实质性的政策实施。

租佃关系在宗族伦理尚温和的地区还较为稳定。如在顺德，基塘收益虽高，但还是延续了清代的长期租约制度，“或五年，或十年，少有一年为期者，租则分现交或两季，少有欠租者，以故主客极洽”。[③] 而在增城山区，“田地每年一投，多不续批。每年交租在三月和九月。转

① 吴建新：《建国前东莞万顷沙的农业与农村社会史料》，载《东莞历史与文化学术讨论会论文集》，广东人民出版社，2009，第294—305页。

② 广东省建设厅：《建设月刊》1933年第1卷第8期，第151页。

③ [民国] 卢衍来：《顺德大晚乡农村状况》，《农事月刊》1923年5月第1卷第11号，第32—40页。

批也不能欠租"。[①]这种短期租约显然限制了佃户对土地集约投入的热情。但总的来说，民国时期，农业改良，商业和工业发展，向外移民倾向增加，乡村中佃主关系发生微妙的变化。如大埔县"近数十年民智渐开，邑人经济多向外发展，为佃户者不必专恃佃农为生，多能出外经商，渐致丰裕。为田主者已不专靠祖宗遗留之谷石以资度日，且以祖宗遗留之业转流经管，只好表示和柔亲善，以避免抗欠，故此种不良之弊已罕有所闻"[②]。民国租佃关系除了在政治之争中较为紧张，在农业改良时期还是有所缓和的，这有利于当时农业改良的进行。

3. 经营环境与影响农业改良的其他因素

民国时期的社会环境是很不利于农业经营的。1935 年虽是广东社会治安最好的时候，但是邓植仪指出当时农业崩溃的几大原因：鸦片、赌博、苛捐杂税、土匪为害、外货侵略、农民知识太低。[③]不合理的租佃关系，也吞噬了农业改良的效益。据当时学者推算，30 年代"全省公田亩租收入在 1 万万元以上"。[④]可见，农业生产关系不改革，农业改良成效的很大一部分都落到地主乡绅的口袋中了。当农业经营由于农业改良提升了效益时，地主就要增加地租。这要求政府将地租率限制在一个合理的范围内，以保障佃农获得农业改良带来的好处，可是当局实际上做不到这一点。30 年代前期机器糖厂建立以后，地主普遍对蔗田加租，如惠阳，"当禾田改为蔗田时，地主每每借口而加租，因此糖厂附近之佃户，蔗还没有收入而租额已经增加"。为了保护蔗农的利益，当局还禁止地主随意提高土地租金。在惠阳糖厂筹备时，惠阳县政府特于民国廿二年（1933 年）冬发布十五号布告："在糖厂二十五里见方内，业主在四年内不许抬高租额。"[⑤]但是除了这一记载，其他地区则不见

① ［民国］郭华秀：《增城县水口农村状况（续）》，《农事月刊》1923年3月第1卷第9号，第49—50页。

② 民国《大埔县志》卷一〇《民生志上·农田》，中国地方志集成本，第220页上。

③ ［民国］邓植仪：《三十年来之广东农业》，《农声》1935年第186期，第15—16页。

④ 广东经济年鉴编纂委员会：《二十九年度广东经济年鉴》，第44页。

⑤ 广东经济年鉴编纂委员会：《二十九年度广东经济年鉴》，第51页。

相关报道。

社会治安也会影响农业经营。由于治安不好，1937年以前，海南不少华侨经营农场失败。尽管陈济棠治粤和下台的一段时间内广东治安还算好，但是在发生战乱的地方，农业经营必然会受到严重影响。如1936年，博罗县出产以谷米、蔗糖为主，但是由于战乱，“工商各业俱形凋敝，县民无以为生”。①

农业改良时期的不当措施也会影响佃农生活。山区佃农除了耕作之外，在荒山上放牧牛羊，也能获得一些收入，但是当局强迫造林，一些乡村当局将这些荒山都视为官荒，发放给注册兴山利者，以致管理潮汕、惠州的东区当局下令：“资为耕牧以赡生活者不得收用（为官荒）。”②生产资料价格上涨，导致农民生产成本上升，30年代初，广东耕牛的价格上涨到每只200元。③生产资料价格上涨还因为税捐增加。1933年，“关于农业成本的税捐，除劳役以外还有猪糠和豆麸等税。猪糠因税捐重而涨价，生猪因市场而跌价。豆麸每块的价格已从三元跌到一元六毫，而税捐须付五毫左右。汕头一个地方每年所抽豆麸捐就超过一百万元。近年来外国肥料的施用，因价格较贵，在广东已大见减少；可是，豆麸的税率还是高过外国肥料的。”④

地方农业行政管理不到位，影响了农业推广的实效。如1934年，清远县政府，遇到螟虫为害，只是报灾，报完了事。陈梦士等受建设厅农林局委派，到当地指导灭虫，无人配合。⑤全面抗战时期的农业推广活动对推进山区农业的发展有非常重要的作用。粤北连县的农业在全面抗战期间曾经有较大的发展，“复员后，各机关回穗，本县农业推广骤形缩小”，而且农业推广的人员和经费都减少，使农业推广受到很大

---

① ［民国］循环：《广东全省实业物产及其富力之调查》，《农声》1936年8月第198、199期合刊，M17页。

② 《农林消息》，《农声》1934年12月第179、180期，第148页。

③ 《农林消息》，《农声》1931年11月第151期，第78页。

④ ［民国］陈翰笙：《广东农村的生产关系与农村生产力》，第42页。

⑤ ［民国］陈梦士：《广东治虫问题》，《农声（昆虫专号）》1934年1月第173、174期合刊，第76—79页。

影响。[①]

农业改良中政府资金投入的连续性有非常重要的影响。在顺德等地，政府财政本来对蚕丝改良是有一定的资金投入的。1935—1936年，当时广东经济发展积累的资金完全可以支撑蚕丝复兴运动。政府对蚕丝业的资金供给，除了直接补贴、投资以外，还让农民通过合作社形式获得银行贷款，如蚕丝改良实施区在顺德丝区与广东省银行和交通银行共同分期举办合作社社员讲习班。并于1936年与交行签订50万元贷款草约。[②]1937年以前，蚕丝局与各银行签订1 000万元的蚕丝贷款用于支持蚕户和丝商。[③]但是由于中央政府实行外汇统制，使丝商和蚕农都蒙受重大损失，丝商与蚕农吁请也无济于事。

广东的农业改良在1936年达到高峰，直到1938年广东沦陷之前还在进行中。在全面抗战的八年间，1938年10月以前的农业改良成果几乎损失殆尽。仅在李汉魂主政时期，为了解决战时的粮食问题，广东国统区的农林建设取得了一些成绩。[④]

① 《连县农业概况》，《广东农讯》1947年11月15日第5期，建设厅农林局发行，第5—7页。

② 《合作社社员讲习班近讯》，《广东蚕声》1936年12月第2卷第12期。

③ 张晓辉：《民国时期海上丝绸之路的滑坡》，载黄启臣主编《广东海上丝绸之路史》，第713页。

④ 黄菊艳：《抗战时期广东经济损失研究》，广东人民出版社，2005，第190—240页。

第四节

墟市、交通与农林土产流通

一、墟市、市镇与农林产品流通

1. 墟市与农林产品流通

民国的墟市较之清代有所增加。如民国时期恩平县有32个墟市①，而道光五年(1825年)只有22个墟市②。开平县，“无问大小，齐之曰市”，方志记载前代和民国建设的墟市共60个，其中在民国新建的墟市有8个。③山区的墟市亦有所增加，如乐昌城外，有八条街道的“街市”，其他地区有17个墟市。民国改建的墟市有1个：羊富田墟，在湘粤分界地。④民国时期仁化县墟市有13间。⑤阳山县只有1个墟市，5个市场。大约《阳山县志》的编者只记载县城内的市场和附城墟市，对县内其他墟市缺载。⑥清代道光年间，阳江县的墟市有53个⑦，民国时有48个墟市，减少的数量不多。⑧粤西的石城县有38个墟市。⑨海南的琼山县共记载

① 民国《恩平县志》卷七《墟市》，中国方志丛书本，第263页。
② 道光《恩平县志》卷七《墟市》，中国方志丛书本，第46页。
③ 民国《开平县志》卷一二《墟市》，中国方志丛书本，第86—87页。
④ 民国《乐昌县志》卷七《墟市》，第267—268页。
⑤ 民国《仁化县志》卷首《墟市》，中国方志丛书本，第47页。
⑥ 民国《阳山县志》卷三《市场》，中国方志丛书本，第200页。
⑦ 道光《阳江县志》卷一《墟市》，中国方志丛书本，第151—154页。
⑧ 民国《阳江县志》卷二《墟市》，第187—193页。
⑨ 民国《石城县志》卷三《墟市》，中国方志丛书本，第277—281页。

过 92 个墟市，清代的 9 个废弃，余墟市 81 个。① 文昌县有墟市 38 个。②

民国的墟市有坐商、行商。如五华县以木材为主，“每年出产木材甚富，如桁、桷、棚、枋树材等，运销各地，颇为大宗，沿河墟市多树行商店”。③ 山区和台地的墟市，本地人经商的很少，多由资本雄厚的外地人前来收买农林产品和杂货。如海南感恩县，本地人安土重迁，不事远贩，“惟货本土番薯、芒果、瓜仁、谷米、猪、畜等物，皆不甚抵价值。故产以万金者诚居少数”。④ 感恩县的黎族山区，盛产奇禽异兽、材料板块、香格、牛皮、白藤等土产，由黎民、汉民到墟市售卖。⑤ 河源县，“商店多为兴宁、东莞等外县人经营。本地人多小本经营”。⑥ 乐昌城外，有八条街道的“街市”，“衣食日见丰给，但乏商战之力。市场为外县外省人麇集”。⑦ 由于交通的发展，民国墟市的市场功能较之清代大大提高了。民国专业化的墟市延续了清代的传统，是乡村日用品和各种农特土产的流通场所。如清代开平县的楼冈市，每年 8 月 11 日，“网市尤为闹热。是日，凡顺德、新会、新兴、恩平、台山各疍民所织造之网先期运至，以待发售。其邻县购网者亦结队齐到”。这个墟市举行三天，其他地方没有网缯的专门墟市。⑧

2. 城市、市镇与农林产品流通

由于交通条件改善，民国时期的城市和市镇承担的贸易功能增加，交通发达的地方商品流通特别畅顺。由于连接佛山、三水的广三线和香港到广州的铁路建成，广州港在陈济棠时期也投入使用，广州的商业地

① 民国《琼山县志》卷五《墟市》，收入《广东历代方志集成·琼州府部》，第668—669页。

② 民国《文昌县志》卷三《墟市》，收入《广东历代方志集成·琼州府部》，第72页上栏。

③ 民国《五华县志》卷五《实业志》，第284页。

④ 民国《感恩县志》卷一《风俗》，中国方志丛书本，第67页。

⑤ 民国《感恩县志》卷二《山》，第72页。

⑥ [民国] 循环：《广东全省实业物产及其富力之调查》，《农声》1936年8月第198、199期合刊，M17页。

⑦ 民国《乐昌县志》卷三《风俗》，第108页。

⑧ 民国《开平县志》卷一二《墟市》，第87页。

位大大提高。聚集在佛山、三水，来自省内西江、北江以及广西、湖南各省的货物经过广三线运到广州，东江、潮梅地区的货物经过水路和陆路也运到广州。粤汉铁路在陈济棠时期开通以后，华中地区的商品得以更便捷地运到广州。由于海路大汽轮的使用，福建等地与广州的经济联系更紧密。所以，30 年代初到 1938 年 10 月以前，广州的商业地位较之以前提升了。1929 年以后，广州港外贸地位高于汉口，次于大连，位列全国第四位。1931 年东北沦陷，广州港外贸居全国第三位。[①]1936 年广州经济达最高峰，广州港外贸出口货价值增长，农产品质量改善。[②]根据粤海关的资料，1937 年，广州港进口货值较 1936 年增长 48.5%，1938 年（沦陷之前）较 1936 年增长 122.9%。出口货值增长更大，1937 年比 1936 年增长 51.12%，1938 年 10 月以前较 1936 年增长 151.06%，广州港对外贸易出现出超，改变了外贸逆差的局面。[③]出现这种状况的原因之一是当时的农业改良以及其他方面的经济改革取得了成效；当然北方战事吃紧是主要原因。广州城作为华南贸易中心的地位得到进一步提升。

佛山在广三铁路开通以后，货物多为过境贸易商品。从民国《佛山忠义乡志》卷六《实业志》的记载看，佛山的贸易行大体上仍保留着清代的格局，贸易量却是大大减低了。一些贸易行甚至消失，如“土靛木膏行”，由于颜色、光泽好的外洋颜料和油漆的进入，土产的蓝靛和漆油销路大大减少。“洋面盛行，土面营业式微，业此者只有数家。”类似的还有纸行等。[④]另外，不少货物直接由三水运到广州，如烟叶行“前有数家，近迁省垣”。进口的大米和杂货、洋糖等，“自外洋来者多先至省城，销行内地及广、肇各属”[⑤]，民国佛山的贸易中心地位较之清代大大降低了。

各地商业市镇的地位与清代相比也有不同的变化。如南海九江乡，

① 程浩：《广州港史（近代部分）》，海洋出版社，1985，第236页。

② 同上书，第236页。

③ 同上书，第268页。

④ 民国《佛山忠义乡志》卷六《实业志》，第23页下、24页下、25页下。

⑤ 同上书，第25页下。

在清代是稻米、蚕种、鱼花的集散地；民国时，这里稻米的销售减少，蚕种集散地为顺德龙山和龙江所夺，鱼花的集散地为迁到肇庆的九江人所夺，“西江的鱼苗铺，由肇庆到南宁一带，沿江皆有”[①]，则鱼花的捕捞和养殖就不再是九江乡本地的专利。九江乡的鱼花业外迁，加上人口多而地少，清后期迁往外洋的九江乡人日多，使南海成为最大的侨乡。民国机器缫丝业虽有所衰落，但顺德容奇、桂洲仍是最大的茧市，珠江流域及周边各地生产的茧都拿到这里交易。江门陆路货物的贸易减少，但是由于水路机动运输的发达，陆路贸易的减少能由水路运输而抵消，沙田区的谷米都到这里交易，“江门谷市十分畅旺”。[②]顺德的陈村也是清代和民国主要的米谷集散地。如清代开平县的水口、长沙都是著名的市镇，晚清时赤坎镇兴起，“赤坎建市后于水口、长沙，而三十年前商务之盛且过之。其时高（州）、阳（江）货物由恩平以出江门，必取道赤坎也。今则海道交通、水东、梅菉之货舶迳经厓门达江门，而赤坎之商务不如前矣”[③]。广州东郊、东莞和惠州的部分地区则由于广九铁路的开通，商业较以前更加繁荣了。

各地的著名市镇也有不同程度的变化，如梅菉，为化州、吴川、茂名等地的商业中心，巨商大贾，多聚集在此。扼内河船运要冲，商货由此出海，都运往茂名、信宜、化州等地。1936年梅菉商业衰落，原因是：厘金税务繁重，商人视为畏途；陆路运输发达，水运便形衰落；走私利便，主要是广州湾到高州各属，私运货物极多。[④]粤东汕头在近代为商埠，民国《潮州志·实业志·商业》记载汕头的商业盛期曾经排在广州之后，商业地位占全国第七，全面抗战前公路和海运畅通，商业更加发达；而潮州的对外贸易赤字却增加，沦为转口贸易，只是因为侨汇多而弥补了赤字。在民国的城市和市镇，农产品占总贸易量比重下降，显示了工业

① ［民国］李象元：《如何发展广东之养鱼业》，《农业推广（水产专号）》1935年第7期，第2页。

② 《消息》，《农事月刊》1922年9月第1卷第3号，第45页。

③ 民国《开平县志》卷一二《墟市》，第86页。

④ ［民国］循环：《广东全省实业物产及其富力之调查（续）》，《农声》1936年11月第200、201期合刊，L14—15页。

化时代的特点。广州和佛山等地的骑楼风格延伸到乡村的市镇，开平“近岁邑中新市踵兴，旧市亦次第改建骑楼、辟马路，气象一新，然充斥于市境，外洋货尤占大宗。”[①]仁化县在城内的道路两旁“建骑楼店铺三十余廛”[②]。许多农林产品和工业产品都在这些楼店内出售，但只限于木材产品、干果、谷米、果脯、肉脯等，蔬菜、禽肉等生鲜农产品多在另外的市场或墟市出售。

二、交通的发展与农林产品流通

民国广东农业界在研究农业改良时也提到交通运输对农产品流通的重要作用。如1933年丁颖提到广东粮食问题时，认为加抽洋米进口税不能彻底解决问题。解决交通问题，从海路和铁路运送省外大米到粤，这与稻作的技术改良和推广同样重要。[③]故广东当局重视交通的改善。1929—1936年，陈济棠实施“三年施政计划”，重点之一就是改善广东的交通。所以30年代前期广东交通大发展，形成了铁路、公路、内河和海运结合的交通体系，不仅广州等城市的交通得到改善，农村地区的交通网络也初步形成。这促进了农林产品的流通。

1. 铁路使沿线农村受益

民国前期广东有广三线和广州至九龙、韶关至广州的铁路。铁路使沿线的乡村商品运输更方便。如广州东郊的萝岗洞，明清时已经是著名的水果产区。1918年萝岗人集资建铁路与广九铁路连接，带动了当地产品的内销、外销，民国学者的调查记载“以有限之地积与人口，能生产出巨量之果品者，殆不得不推乎萝岗洞也”，该地园艺产品之盛，因为当地有铁路运输。当地的山岗平地，无处不种植梅、荔枝、黄皮、沙梨、橙、柿、栗等。总计每年生产各种果品五百余万斤。如果以干果计算，则达700万—800万斤。除了果树，萝冈还出产姜、荸荠、葛、花

① 民国《开平县志》卷一二《墟市》，第88页。

② 民国《仁化县志》卷首《墟市》，第75页。

③ ［民国］丁颖：《洋米抽税问题》，《农声》1933年10月第170期，第1—7页。

生、玫瑰花、酴醾花等十余万斤。[①]广州对玫瑰花及其干品需求甚大，“玫瑰一亩，可收花量二三百斤至五百斤。照近年沽于省城饼果店计，每百斤价银三十元至四十元。其种植地上，不必十分选种，普通多用果园间空地种之，管理亦不甚繁难。……广九铁路如增城一带地方，农家之种玫瑰者，年年增多。询之该处之土人，皆云其获利甚多，将来推广种植，实可为农界增一利薮也”[②]。

韶关至广州的铁路虽已开通，但是在湖南至韶关的铁路未连接之前，“湘赣土产运粤之困难，韶州以上交通梗阻”[③]。华中的农产品就只能通过公路运输，1931 年乐昌号称“楚粤通衢”，物产流通甚盛。[④]粤汉铁路 1936 年通车后，华中和粤地的农林产品交流就顺畅多了。

2. 水路机动船运输推动水乡商品性农业

民国时期，水路运输由于汽轮的使用而大大发展。一艘汽轮可以拖运很多艘木船，能够逆水、逆风航行，增加运量。这种现象在珠江三角洲水乡最常见。南海、顺德的丝艇，清代时专门运本地所产的生丝前往广州的丝庄交易，“艇小而坚牢，城乡来往，均以傍晚联帮启行。橹桨呕轧，枪炮迭发，互为声援。破曙即至，最妥速，行旅便之”[⑤]。民国时已改为机动船牵引着大帮的丝艇，还有武装押运，场面甚为壮观。顺德容桂的茧市，也是用机动船将顺德、南海的茧农运到茧市交易。《新会乡土志》记载江门水路内可通顺德、香山、广州、佛山等地，外通粤西南和粤东沿海，以及香港和澳门。[⑥]民国江门、陈村都是机动船聚集的地方。1938 年 10 月，中山大学从广州匆忙撤退时，在广州珠江水面四处找不到机动驳船，最后是在江门、陈村找到汽轮拖运木船的。[⑦]

---

① [民国]黄遵庚：《萝岗洞之果树园艺观》，《广东农林月报》1918年12月第2卷第12期，第15—17页。

② [民国]友圃：《玫瑰业之调查》，《广东农林月报》1918年4月第2卷第8期，第1页。

③ 《消息》，《农事双月刊》1928年8月第7卷第1号，第79页。

④ 民国《乐昌县志》卷一〇《实业》，第320页。

⑤ 同治《南海县志》卷五《津渡》，中国方志丛书本，第125页下。

⑥ 光绪《新会乡土志》一二《水道》，粤东编译公司铅印本，第7页。

⑦ 吴建新：《植仪文评传》，第104页。

当时，机动船在珠江三角洲水乡已经普及。即使是偏僻的沙田区，由于水路运输发达，商品性农业也发达起来，不少地区将稻作栽培改为经济作物、园艺作物的栽培。1920 年，岭南大学郭华秀等人从广州乘坐到江门的拖轮，沿途经过新会城、江门、外海、古镇、小榄、香山石岐、隆都、竹秀园、云径寺山、雍陌、翠微、前山等地，作者记述，新会江门多大葵林，大滘及东甲沙多柑、橙、香蕉、李、桑等树。由江门而至北街，则多瓜蔬园圃。外海及南山麻园等处，则多禾稻、桑蔗烟草等。古镇则弥望皆桑，而少禾稻。其他如橙桔、荔枝也多。曹步、海洲、小榄等处，所经之地皆桑园。由大径至港口，多植桑、香蕉。长洲东西一带平原，皆禾田也。竹秀园及沙涌、羊寮一带，则山冈种果，平地种禾。由大布至雍陌而至翠微、前山皆禾田。以地势而论，则新会城、外海、古镇、曹步、小榄、长洲，都有河流环绕，借潮水灌溉，多是冲积肥腴粘土。水乡之间农产品的交流也很频繁，中山竹秀园等地的果园，所需的荔枝苗，多从东莞运来，橄榄树用实生法繁殖；江门北街附近皆蔬圃。①

随着水路运输的发达和商品性种植业的发展，沙田水乡出现了一些新的市镇。如 1923 年香山县的古镇，水路交通非常方便。店铺有一百五六十间，多沽稻米、生麸、烟骨、苏杭物料等。蚕桑造时，甚为热闹。桑市有四间，蚕种市三、六、九日在墟市发售。无茧市。这里的蚕茧能通过水路运往顺德的容奇、桂洲。②

山区的农产品也通过水路运到广州。1931 年，在乐昌，水路上包括机动船在内的船“共六七百艘，运货年计千万，盐为大宗，百货次之。邑中土产畜牧谷麻油糖又次之”③。1932 年 1 月，“北江新菇源源上市：北江的南雄、韶关、翁源一带为著，每年运至广州销售者，亦属不鲜。

---

① [民国]郭华秀：《往新会、香山两县调查记》，《岭南农学特号》1920年12月第4卷第4号，第74页。

② [民国]郭华秀：《香山古镇农村状况》，《农事月刊》1923年4月第1卷第10号，第67—74页。

③ 民国《乐昌县志》卷二《水利》，第97页。

一到冬季，即大帮源源而来”[①]。西江沿岸的农产品也多经过水路运往鹤山，西江的支流淤浅时，运输受到阻碍，水利、农业也受到影响。如1936年的新兴县，“谷米年产100万石，三分之一运销广州、肇庆；烟叶80万斤，十分之七运广州；土糖年约30万斤，十分之六运广州、香港；此外荔枝干从北江运到广州；葛粉2万斤运到广州，生猪150万头运销广州。有两条溪水贯全境，颇利于灌溉，但是河床淤浅，山水暴发，辄成灾害。土地瘦瘠，人民贫困，仅足温饱，年来天灾人祸，贫者饔餐不给，富者不遑宁处”，水路阻塞，田地受灾。[②]只有河道畅通的地方才出产多，如五华出产木材很多，有不少树行商，出产林木产品颇为大宗，“沿河墟市多树行商店”。[③]乐昌县“邑中之杉，以九峰西乡为最，五山次之。杉木运入广州者获利甚多”。经过水路运出外的还有苎麻、纸、木炭、毛茶、糖等土货。[④]运出的林木产品较清代多。民国时期珠江和韩江都曾经有过大规模的疏浚[⑤]，有利于山地运出林木到城市出售。

海路运输中，汽轮载重量较内河的小轮运载量大。由于黄埔新港的建设，海轮可直接到达广州。粤东的汕头、粤西南的北海、海南的海口、雷州的徐闻等地的海路运输业都很发达，这对沿海的米谷、木材、海产的运销有很大的促进作用。

3. 公路深入山村，促进农副土产流通，改变乡村面貌

20世纪30年代，以广州为中心，形成了由纵横省内东西南北的17条干线、826条支线构成的交通运输网。1935年修筑公路4 000公里，比1932年增加两倍，公路网不仅贯通全省重要集镇，而且连接赣、湘、桂、闽邻省边境。[⑥]山区人民能出外营商，农副产品得以流通。如1932年以前，和平县“人处万山之中，田园屋宇，祖父相传，安土重迁，已成习性，

---

① 《农业消息》，《农业革命》1932年1月第1卷第1期，第31页。

② ［民国］循环：《广东全省实业物产及其富力之调查（续）》，《农声》1936年11月第200、201期合刊，L4页。

③ 民国《五华县志》卷五《实业志》，第284—285页。

④ 民国《乐昌县志》卷五《物产下》，第172页。

⑤ 吴建新：《民国广东的农业与环境》，第295—296页。

⑥ 蒋祖缘、方志钦主编《简明广东史》，广东人民出版社，1987，第718页。

自近数十年，东江交通日便，迩更筑成和忠和定公路，出外营生渐多”[①]。出外营生就包括了将本地产品运销出外，或者是从外地运入其他产品。

公路、铁路旁一般栽种树木，也促进了树苗的培育。“业此者在市郊花地为多，且有兼营生花、盆景、果树等。树苗一项，因为近年提倡造林，以及各公路、铁路、马路两旁植树，兼之新建住宅，多以植树为美观，故尤以苗木一项，颇为畅销。”[②]陆路交通改变了乡村经济和农民生活。“在公路未筑成之前，洋货不能进入乡村。而公路建成之后，洋货充分运输到乡曲，农民尽用洋货，且外国的货币也在乡间流通。农产品较之以前上涨倍余，但是日用品也较十年前增加二倍到三四倍。”[③]可见交通发展，农产品畅销而价格随之上涨，但是洋货充斥和外币的流通对农民生活也有影响。

4. 水陆联运促进省际农业交流

民国时期两广的经济联系更为紧密。广西大部分城镇的各类收购行主要是粤商开设和经营的。[④]清代广西的产品多在西江及其支流边的墟市贩卖。民国由于广西的公路交通也发展起来，更多的广西农林产品由公路运到水路，再从水路运入广东，两广农林产品的运输量和交易量大于清代。罗定毗邻广西，当地商人顺西江北上贸易，“商业恒往境外贸易，（商人）结队联群跋涉山川，自广西至云、贵、川，恒一二年而后返，或十数年而后返。计在广西各埠营工商业者四万余人”[⑤]。这与清代罗定人成群结队往广西打工的情况形成鲜明对比。湖南和广东的农产品交流，以始兴县为例：“土产棉苎甚稀，多由湖南运入棉花，岁需一二千斤，苎麻岁需二三万斤，湖南产茶油输入始兴三十余万斤。烟叶出自本境，而为肥料之烟骨，须运到江西之南安，广州之西南，岁需十余万斤，其余洋货……皆由广州输入，每年销行价值不下十万元，惟绫罗绸绉以

① 民国《和平县志》卷二《人民志》，第183页。

② 《树苗圃营业畅销》，《农业推广》1933年第1期，第65页。

③ 《（1926年）广东南路各县农民政治经济概况》，载《中国近代农业史资料第二辑》，生活·读书·新知三联书店，1957，第253页。

④ 黄滨：《晚清民国广东商人与广西城镇农林土特产收购行（下）》，《广西地方志》2002年第2期。

⑤ 民国《罗定县志》卷一《风俗》，中国方志丛书本，第292页。

及珠玉等饰，因邑人朴实，服之者少，每岁行销价值不过万元。米谷一项，本境出产可敷本境之食，附城各乡有余则运往韶州。而清化、都亨又需翁源、虔南米接济，此往彼来，殆因水陆运输之便焉。……外地商人以广州为多，江西、福建、嘉应州次之。”①

由于水陆联运的跨区运输更广，省际不只是限于相邻两省交界处，数省十多个地区的物资在一个地区流通都是很常见的商业现象。仍以始兴县为例：“输入品来自广州及湘赣，由雄、韶两处转运入境，多者为洋纱布匹及各货，本地原有土棉，妇孺纺织成布，名曰家机布，厚重耐久，远胜他布，然土机呆笨，纺织迟滞，洋纱既兴，土纱几至绝迹，邑人向喜用江西土布，自洋布入境，兼以嘉应州、兴宁输入各色布匹，江西布遂一落千丈，合计洋纱、布匹二宗，每岁行销，价值二十余万元。（花）生油出本境，邑人独嗜茶油，土产茶油不敷，仰给湘产，岁需三十余万斤。火水油由广州运入，岁需二十余万斤，食盐为（南）雄赣埠引地，岁需八十余万斤，黄豆自赣湘，岁需四五万斤。黄糖来自曲江，间有贩自清远者，白糖、冰糖俱自广州，黄糖岁需十余万斤，白糖、冰糖则不过数万。海味、咸鱼、榄豉、酱料、石工、瓦蜜饯、糖果、蕉荔、柑，俱由广州运来，此多南海及周村人，每岁行销七八万元。药材瓷漆染靛，江西产也，赣人业之，每岁销行给药材二万余元，瓷漆染靛一万余元。”②这里的水陆运输涉及的地域有广州、佛山，粤东北的梅县、南雄、兴宁，粤北的曲江、韶关等地，还牵涉到湖南、江西两省，产品种类繁多，不仅有农林产品、土特产品，还有日用品。潮汕地区，民国间“地濒南海，交通利便，估贩云集，工商业较农业易于发展。州人逐利所趋”。水陆交通便利，“估贩”亦多贩卖农副产品，故农民多从事商品性农业，这些人中，“中产阶级者独多，次为贫农、富农，而雇农者人数最鲜”。③可以说，民国时代由于水陆联运的发展，跨省的农林产品交流较之前代大大发展。

① 民国《始兴县志》卷四《实业》，第317—318页。

② 民国《始兴县志》卷四《实业》，第316—317页。

③ 民国《潮州志·实业志·农业》，第36页。

本篇结语

民国时期开启了岭南近代农业的伟大篇章。近代农业以全新的态势改造传统农业，并赋予农业社会新技术、新人才、新学科、新的农业观、新的农业行政管理以及新的农业文献与文化。20世纪20年代后期酝酿的农业改良，在20世纪30年代前中期达到高峰，抗战期间虽一度受阻，但未停止过。化肥、农药、水利工程新技术、育种新技术、新栽培技术、作物新品种、农业环境治理新技术等方面，以广东当局的农业行政部门为主导，农业高等院校和农业科研机构为依托，农业推广部门为桥梁，以传统时代所不能比拟的速度向前发展，使农业出现晚清以前未有过的局面。每一个农业经济部门的兴起和发展，都伴随着一个农学新学科的诞生，稻作学、林学、园艺学、土壤学等走在全国农学的前列。同时，农业改良与近代工业相互促进，农业为新工业提供原料，新工业的需求推动农业改良，成绩最显著的是广东糖业的兴起。广东是机器榨糖业大省，同时也是甘蔗种植大省，广东糖业的发展离不开二者的相互促进。可以说，广东是民国时期中国农业最发达的地区，民国时期也是汉唐以来广东农业发展的高峰时期。但是，民国农业改良与农业推广存在农业经济部门和地区的不平衡性，农业改良也没有触动当时农村的生产关系，这极大限制了农业改良的效果。

结束语

一、岭南农业史在中国农业史上的地位

1. 古代形成具有热带、亚热带特色的岭南农业体系

在作物起源和传播方面，岭南是不少热带、亚热带作物的起源地。岭南野生稻资源丰富，且很早就有野生稻的驯化。岭南是中国栽培稻起源中心的边缘地带，对中国栽培稻起源也有一定的贡献。此外，岭南是荔枝、龙眼、芭蕉、柑橘、橄榄、甘蔗等作物的原产地，在新石器时代中晚期，岭南人就已经开始利用这些植物，或已经进行早期的驯化栽培。

岭南也是不少外来作物的传播地。木本的木棉、槟榔、椰子在先秦时期就传入海南岛，六朝时传入素馨花、耶悉茗，唐代传入海枣、扁核桃、树菠萝等果品。菠菜、莴苣、莙达、芥蓝等蔬菜也在唐至宋元时自岭南传入。明代，岭南是中国最早传入番薯、玉米、烟草的地区之一。明末清初传入花生。嘉靖年间芒果引进到广东，清代传入的果品有番木瓜、番荔枝、番石榴、草本菠萝。在明末清初传入的花卉有赛兰、西番莲、洋绣球、洋菊、洋山茶等。在外来蔬菜作物中，南瓜最早在明代从广东传入，清初在广东还传入了洋葱、番茄、矮脚茄瓜，清中叶传入细荚荷兰豆、辣椒，清末传入西洋菜、大荚荷兰豆、结球甘蓝（甘蓝的一个变种椰菜花）、胡萝卜。民国时传入的外来作物更多。岭南历史上起源于本土的热带、亚热带作物与外来作物的传播，不仅对本地农业历史产生了重大影响，而且对中国农业历史也产生了深刻影响。

汉唐开始，广东的作物初具全国性意义。焙干的荔枝、龙

眼在南越国时就已经进贡到岭北王朝。汉武帝建的上林苑移植了荔枝、龙眼、芭蕉、柑橘、橄榄、槟榔、椰子等岭南佳果。虽然这次岭南作物大规模移植失败，却对岭南文化北传造成了一定的影响，岭南产的“异物”进入中原王朝的视野。中国现存的第一本农业百科全书《齐民要术》第一次较为全面地记载了岭南的作物和植物。经济作物中，广东最早栽培吉贝、甘蔗，最早种植棕榈科的葵树。经过长期积累的棉纺技术在宋元时北传，对江南的棉纺织业有重要影响。唐宋以后，荔枝以“鲜献”（盆栽）的方式传到岭北。南宋、元代到明代前期，“广米”是东南数省行销的重要商品。明清时期，广东的荔枝、龙眼、蔗糖、柑橘、芭蕉、烟草、花生、葵扇等在全国具有重要地位。明中叶以后，蚕丝、蔗糖、茶叶在岭南的对外贸易中也占有重要的地位。广东的四大家鱼饲养规模和鱼苗养殖都走在南中国前列，南海九江乡等地的鱼苗捕捞和饲养在华南经济中有重要地位。

在长期的农业发展过程中，岭南形成了热带、亚热带的种植制度。在东汉到唐代的文献里，“再熟稻”主要是再生稻和“异时异亩异获”的一造制，却是投入产出比高的自然农业。到了宋元时代，在珠江三角洲和潮州平原，精耕细作农业开始在这些平原地带扎下根来。广东是最早传入占城稻的地区之一，由此形成至少是南宋时期开始的广东的稻种革命，宋元时期双季连作稻在珠江平原和潮州平原中的围田区已经出现。明清时期，随着广东精耕细作制度的发展，多熟制全面开花。双季稻在明代已占较大的比例，在清代成为占主导地位的种植制度。双季稻还和外来作物番薯、花生以及其他本地作物如豆类、肥田作物、经济作物结合，形成养地用地的三熟制。在平原地区，经济作物与园艺作物的轮种、套种、间种制度形式复杂多样，从而使土地利用达到了传统农业的最高水平。民国时期为了提高土地肥力和消除滥用化肥，大力倡导绿肥的使用与作物的轮种和间种，以及应用改良地力、提高产出的各种种植制度，多熟制在这一时期有较大的发展。

岭南的生态农业也颇具特色。自西晋时到民国，广东的柑橘园大都采用黄猄蚁防治害虫，是世界上最早和持续时间最长的柑橘栽培的生物治虫案例。宋元到民国，广东沿海低地平原采用养鸭治虫、低塱田和沙田中采用稻鱼共作，围田中采用稻鱼轮作。基塘农业大致在元末时萌芽；明清有果基鱼塘、桑基鱼塘等类型；民国时期兴起蔗基鱼塘，并且在稻田养鱼、生物治虫法的研究和推广中取得成绩。桑基鱼塘、蔗基鱼塘都是闻名世界的种养结合的循环式生态农业。

明清以来，珠三角独特的农田水利系统是其农业发展的基础。明清时期，在珠江三角洲形成了南方特色的基水地和围田系统。以围垦工程、基塘工程、水利工程结合的农业工程，是当时的一大特色。清代中叶到民国早期，此地的桑基鱼塘、蚕丝业独树一帜，生丝出口成为广东经济的支柱，而且在经济史学家所称的“道光衰退期”内战胜自然灾害而取得农业的辉煌成就。同治年间，陈启沅创办第一间机器缫丝工厂，带动了广东机器缫丝业的蓬勃发展，对蚕茧种业和蚕业经营方式都有重大的影响。此外，机器缫丝业的发达也推动了民营机器制造业和民营轮船业的发展。

岭南也是农产品资源出口量最多和本地品种对外交流最频繁的地区。广东是海上丝绸之路的始发地，广东的珍珠、象牙、犀角、香料、药材等土产从汉代起就向外销售。唐代广州附近地区有大片桑园，生产的蚕丝出口阿拉伯国家。元代有“广米”出口外国的记录。宋元时期，广州有珠市、花市、香市、药市等，是番商采购商品的重要集市，元代大德《南海志》有不少农产品出口的记载。明清时期，广东的农产品出口更多，广东自明代后期卷入世界市场体系以后，粤丝、粤糖、粤茶等农产品皆是海上丝绸之路上的主要产品。在畜牧业方面，华南猪对欧洲猪种的形成有重要影响，广东鸡种对外也有重要的影响。

岭南农业史上形成的各种农业资源仍是现代农业赖以发展的基础。岭南的水稻土，在宋元，珠三角平原开发的耕地面积最广；明清时期沿海沙田开发远远超过宋元，沙田开发成熟以后加上水利系统形成围田，成为最重要的土地资源。瘦瘠的砖红壤被逐步开发成适宜栽种林木、果木的林地和园圃地，山坑的瘦瘠地形成坑田、峒田等耕作土壤资源。宋元时期珠江水系出现雏形；明清时期珠江水系初步形成；民国时期珠江水利系统正式形成，在平原、山区和台地都形成了有利于耕作的水环境。热带、亚热带农作物繁育出种类繁多的品种。渔业中的四大家鱼资源最为重要。禽畜中也有至今仍见其迹的优良品种。

2. 民国岭南农业科技在当时处于领先地位

民国岭南农业科技在全国处于领先的地位。广东的稻作改良、蔗糖改良、蚕丝改良在20世纪30年代前期取得了重要成就。稻作改良中培育了不少高产品种，建成华南分布最广、推广良种面积最大的稻作试验场，良种在1939年以后普遍推广。蔗糖改良中，广东建成的机器糖厂、良种甘蔗繁殖场最多，在1939年以后是全国第一的甘蔗产糖大省。蚕丝改良中，育成一批适宜本地风土的、丝茧质量高的改良蚕种，并进行了改良蚕种养殖技术、桑种种植技术的推广，其良种推广效果好于江南。以上是民国广东农业科技进步中最重要的三个方面。1939—1945年，以丁颖为首的稻作研究团队配合国统区的粮食增产运动，致力于稻作研究。他们的工作与国统区的稻作推广体系的建立，为抗战做出了贡献。1939—1945年在蔗糖业中，崛起的机器糖厂虽然沦陷了，但是粗茎蔗取代细茎蔗的过程没有中断，受机器糖厂影响而发生的土糖业技术改革没有停止。蚕丝改良在北江和西江的国统区继续进行，顺德、南海沦陷前将在蚕丝改良总区的工具、蚕种等资料和设备都运到国统区。最重要的是在稻种改良、糖业改良、蚕丝改良中形成的科技成果被以文献的形式保存了下来，为抗战胜利后继续进行这些方面的工作提供经验借鉴。

农业人才领先全国。这得益于广东农业教育的发达和20世纪20年代末开始的农业改良。广东有私立岭南大学和国立中山大学，以及各级学历和非学历的农业教育机构，为近代农业培育了一批活跃在农业科研和农业推广第一线的人才，而且由他们组成研究团队对农业改良起到了重要的推动作用。如丁颖的稻作研究团队，以邓植仪为首的土壤学研究团队，以陈焕镛为首的农林植物研究团队，以赵善欢、蒲蛰龙等为骨干的昆虫学、植物保护学学术团体。

民国广东农业改良中的不少学科都走在全国的前列，这些研究团队的带头人在这些学科的近代史上具有重要地位。如丁颖是中国稻作学的奠基人，邓植仪是中国土壤学的奠基人之一，陈焕镛是中国植物学的奠基人之一。稻作学中的梁光商、刘祥集，林学中的侯过和沈鹏飞，园艺学中的温文光、黄昌贤，蚕学中的沈敦辉、杨邦杰，土壤学中的彭家元、简浩然、谢申，民国时期广东农学界的上述人物（除了个别）以及本书未提及的其他农学家，大都跨越了中华民国和中华人民共和国两个时段，为近代农学在广东的发展做出了贡献。

民国时期，广东的农业科学体系已经初步成型。在1931—1936年冯锐执掌广东农林局工作期间，邓植仪任国立中山大学农学院院长和担任广东省政府顾问时，他们的近代农业发展观影响了广东当局的农业政策的制订和执行。1939—1945年，广东当局以其庞大的行政资源进行农业改良，从而使广东农业改良不仅在1920年代末到1938年10月以前取得成就，还延伸到1939—1945年。陈济棠是重庆国民政府第一任农林部长。从1940年5月到1941年底，邓植仪担任农林部的技术总监，率领一批专家协助陈济棠建立了战时全国的农业领导体制，其体制延伸到1945年，这是广东农业界对战时中国农业领导体制建立与运行的重要贡献。

二、农业的发展为岭南社会进步奠定基础

岭南农业的发展，不断推动岭南的政治、经济、文化的进步。新石器中晚期的岭南大地上零零星星的农业起源，开启了原始人类在岭南经济活动的新篇章。汉唐以前，岭南还被视作蛮荒之地。但是在汉唐时期，岭南农业已经踏入传统农业的

早期阶段，尽管岭北王朝还不太重视岭南的农业，但是自南越国起就有岭北先进农业传入的迹象，已经逐步确立对中原文化的向心力。南朝梁陈时粤西的冼冯集团就是岭南农业文化的代表。随着宋元以来国家对岭南控制的加强，珠江三角洲等沿海平原的农业逐渐向精耕细作方向转变。这为岭南的社会进步奠定了基础。由于“广米”日益重要，宋元王朝加强了对以广州为中心的岭南地区的政治控制，整肃吏治并对岭南实行特定的农业政策。劝农制度对传统农学的传播有一定作用。有病不吃药、杀牛祭鬼等陋俗在珠江三角洲等地被排斥，而耕读传家、祭祀祖先的文化传统在稳定的农业聚落中扎根。通过水利建设而形成早期水利社会的雏形。宋元时通过贩销、生产米谷而形成“富有阶层”，这个阶层的不少人都支持国家统治，耕读传家的文化传统与正统的礼仪制度开始确立。明清时期，“耕读传家”的文化传统逐步转变为“四民皆本”的思想，随着儒学的平民化，从事农业与研究“资生之术”被视作符合儒学规范的行为，商品性农业与手工业、商业成为普遍的谋生职业，从而推动精耕细作农业技术的推广。农业发展壮大了宗族的势力，宗族势力培育符合儒学正统意识形态的文化精英，使从事农业的平民能通过科举制度跻身社会上层，这是岭南转入士绅社会的时期。宗族制度成为村社的基本制度，在水利建设中形成地域性的社会关系得到延伸，水利社会基本形成，乡村的农业管理规约有利于规范农业生产秩序。“一条鞭法”与对外贸易发展、白银的使用，刺激了外向型的农业商品化，岭南的不少经济作物在对外贸易和国内贸易中都占重要地位。学术界所述“明中叶以后广东经济后来居上”的现象，是以商品性农业飞跃发展为基础的。

清末到民国，近代农学的各大分支得到不同程度的发展，近代农业体系初步建立。农业管理制度和环境管理制度、治水方案和治水体系、农业推广制度的建立和完善，显示出国家对社会有一定的动员能力，从而促进农业社会的快速发展。高等农业教育的发展培育了大量专业化的农业人才。专业的农业人才和大量的农业文献，以前所未有的速度推动农业科学各个不同分支的发展，赋予岭南农业文化科学化的内涵。

民国时期，以农业改良为基础，经济社会表现出如下特征——近代工业的建立促进了近代农业的发展。如晚清民国初机器丝业的出现推动了桑基鱼塘的发展，并延续到20世纪20年代末；20世纪30年代前中期，机器糖业促进了甘蔗栽培中应用良种、化肥、栽种新技术的出现及发展。机器缫丝业使华南丝的出口一度超过上海，而机器糖业使广东成为全国的产糖大省。机器缫丝业、机器糖业使一大批农民成为产业工人；丝、糖的贸易又催生了金融业；丝、糖的工业生产也促进了机械制造业、能源工业的发展。工业企业与农业之间的关系趋于紧密。这些都是明清时期广东农业所没有的现象。

岭南农业文化还是岭南文化的重要组成部分。富有岭南地方特色的歌舞、节庆文化、信仰民俗无不打上农业文化的烙印，今天的非物质文化遗产大都与古代特别是明清时期的农业文化有直接或间接的关系。岭南农业文化发展到民国时期，已经大大超越了传统社会的水平而具有科学化的特征和开启民智的进步意义，“表证”等农业推广的形式使农民接受农业技术文化，农业改良运动和农业推广运动开启了乡村社会改良的序幕，已经在解决三农问题的道路上走出了具有前瞻性意义的第一步。农业改良虽不能彻底改变岭南的传统农业与乡村社会，但是给近现代农学以迅速发展的机会，为中华人民共和国早期农业发展奠定了坚实的基础，留下了农林牧渔等方面的种质资源、水利系统资源、农业生产环境资源、农业思想文化资源、农业人才资源以及基本成型的农业科技体系。

跋

壬戌年（1982年）秋，余忝列春晓初霁室主人门墙，受教多矣。甲子年（1984年），先师即命余撰《广东农业史》，从毕业论文始。余以研究疍家人与农业、渔业之关系为题，亦受已故张寿祺教授启发。毕业，随留华农，随先师左右，所作多以岭南农史为题材。后余因事离华农而辍笔。癸未（2003年）春复入校。先师之命，言犹在耳。甲午（2014年）初退休，复睹先师所收藏书，不无感慨，成诗一首：

最忆歌声遍八垓，嘉禾收毕稻苗开。
十秋载笔翻黄卷，弯月窥园照瘦梅。
芸草夹书辟蠹害，镜台无意惹尘埃。
江湖走遍心仍往，上下千年粉笔灰。

甲午秋，《岭南农业史》终稿。曾教授雄生兄欣然为之作序，感激无尽。光阴荏苒，距今又八载矣，余有负雄生兄赐序，惭愧！余学粗疏，欲完善之，每校书，多次增删，承蒙出版方同意。然求学无涯，何时是尽头耶？以一己之力，述数千年农业之岭南农业史，错误在所难免，祈有识之君子赐教！然此书之成，亦有赖于华南农业大学已故江惠生书记的大力支持。又得骆世明校长，以及人文学院历任主事、农史室倪根金、衷海燕、魏露苓、王福昌、谢丽诸位教授及诸位同事之关怀及指教之劳。感激无尽！

书将付梓矣，乃不负先师之命。是书之竣，赖世界图书出版广东有限公司执事卢家彬剞劂之功，朱霞女士编辑之劳，而学棣闵丽华等有助焉。又，余著此书间，得中山大学黄国信教授、师兄黄世瑞教授推荐之劳，曾得广东省社会科学联合会之规划办支持，谨致谢意。

笔者识见浅薄，书中谬误难免，赖有识之士教之。农乃治国之本，若此书对理解数千年之岭南农业、岭南文化有所裨益，则此书之作，余岂徒然哉。又，校书期间，方知著者项为编著。出版方谓不可改。余哑然失笑，著与编著，与我何干？惟读者鉴之。

是为跋。

广州吴建新

记于 庚子末广州塔下山人书斋